Recurso Extraordinário e Recurso Especial

Recurso Extraordinário e Recurso Especial

(PRESSUPOSTOS E REQUISITOS DE ADMISSIBILIDADE NO NOVO C.P.C.)
DE ACORDO COM A LEI 13.256, DE 4/2/2016

2017

Artur César de Souza

RECURSO EXTRAORDINÁRIO E RECURSO ESPECIAL
(PRESSUPOSTOS E REQUISITOS DE ADMISSIBILIDADE NO NOVO C.P.C.)
DE ACORDO COM A LEI 13.256, DE 4/2/2016
© Almedina, 2017

AUTOR: Artur César de Souza
DIAGRAMAÇÃO: Almedina
DESIGN DE CAPA: FBA
ISBN: 978-858-49-3236-8

Dados Internacionais de Catalogação na Publicação (CIP)
(Câmara Brasileira do Livro, SP, Brasil)

Souza, Artur César de
Recurso extraordinário e recurso especial:
(pressupostos e requisitos de admissibilidade no novo
C. P. C.): de acordo com a Lei 13.256 de 4/2/2016/
Artur César de Souza. – São Paulo: Almedina, 2017.
Bibliografia
ISBN: 978-85-8493-236-8
1. Processo civil – Brasil 2. Recursos (Direito) –
Leis e legislação – Brasil 3. Recurso especial – Brasil
4. Recurso extraordinário – Brasil I. Título.

17-06798   CDU-347.957(81)

Índices para catálogo sistemático:

1. Brasil : Recurso especial: Direito processual
347.957(81)
2. Brasil : Recurso extraordinário: Direito processual
347.957(81)

Este livro segue as regras do novo Acordo Ortográfico da Língua Portuguesa (1990).

Todos os direitos reservados. Nenhuma parte deste livro, protegido por copyright, pode ser reproduzida, armazenada ou transmitida de alguma forma ou por algum meio, seja eletrônico ou mecânico, inclusive fotocópia, gravação ou qualquer sistema de armazenagem de informações, sem a permissão expressa e por escrito da editora.

Setembro, 2017

EDITORA: Almedina Brasil
Rua José Maria Lisboa, 860, Conj.131 e 132, Jardim Paulista | 01423-001 São Paulo | Brasil
editora@almedina.com.br
www.almedina.com.br

Em memória do meu pai, Artur de Souza.
À minha mãe, Maria Ap. de Souza.
À minha amada esposa Geovania e aos meus queridos filhos, Isis e João Henrique pelo apoio e compreensão.
À minha linda e amada neta, Maria Alice de Souza Guazzi.

Agradeço ao Engenheiro Carlos Pinto, à Sofia Barraca e Carolina Santiago pelo apoio, confiança e pela oportunidade de divulgação deste trabalho na Editora Almedina, bem como a Alexandre Grigoletto, Karen Abuin, Sónia Morgado, Carlos Ferreira e Carolina Trupel pela inestimável colaboração na elaboração e divulgação da obra.

Gostaria de agradecer, em especial, à minha estimada amiga, Juíza Federal do Tribunal Regional Federal da 4ª Região, Dra. Tais Schilling Ferraz, que gentilmente reservou parte de seu precioso tempo para sugerir algumas modificações e correções no texto original, o que muito contribuiu para o aprimoramento do trabalho.

APRESENTAÇÃO

Fiquei muito honrado com o convite que me foi formulado pelo Magistrado Federal Artur César de Souza, para prefaciar este seu novo livro, que trata dos pressupostos e requisitos de admissibilidade dos recursos de estrito direito, especial e extraordinário.

O livro é fruto da soma de dois elementos que lhe dão consistência e que certamente fará com que sua utilidade seja por todos os leitores elogiada. O primeiro elemento é a inegável bagagem teórica do autor, homem culto e estudioso. O segundo, é sua experiência na atividade judicial, notadamente na que desempenhou recentemente, como juiz-auxiliar da Vice-Presidência do Tribunal Regional Federal da 4ª Região.

Neste livro, o autor analisa inicialmente os antecedentes históricos do controle de constitucionalidade, assim como do recurso extraordinário, na tradição constitucional brasileira.

Ao tratar da competência do Superior Tribunal de Justiça, o autor observa as origens do recurso especial e, em seguida, trata de vários dos principais sistemas recursais das Cortes Superiores.

Em seguida, sempre lastreado em sua experiência, em seus conhecimentos e em autorizada bibliografia, o autor trata dos requisitos de admissibilidade dos recursos de estrito direito no Código de Processo Civil de 2.015. Nesse capítulo, que é o sexto, o autor desenvolve estudos a respeito de diversas questões, como, por exemplo, a que diz respeito ao exaurimento da instância recursal como pressuposto para a interposição do recurso extraordinário e do recurso especial.

No capítulo seguinte, o autor analisa o recurso extraordinário, em toda a sua extensão, tratando das hipóteses de decisão que contraria dispositivo constitucional; que declara a inconstitucionalidade de tratado ou lei federal; que julga válida lei ou ato de governo local contestado diante da Constituição ou diante de lei federal.

Ao recurso especial o autor dedica o capítulo oitavo. E o faz exaurientemente.

Em seguida, no capítulo nono, o autor trata de questões que costumam atormentar os operadores menos habituados ao trato dos recursos de estrito direito, que são, justamente, os requisitos da petição de interposição de um e de outro desses recursos (especial e extraordinário).

Dedica expressivo trecho de seu livro ao item relativo à demonstração do cabimento do recurso interposto, tratando da matéria com a necessária profundidade.

E trata, inclusive, de aspectos que costumam significar verdadeiras "armadilhas" para os recorrentes, como, por exemplo, o recolhimento de custas recursais.

No capítulo décimo o autor trata do dissídio jurisprudencial e da motivação necessária para o seu não conhecimento e, no capítulo seguinte, discorre sobre a possibilidade aberta pelo CPC/2015, de desconsideração de vícios formais e da possibilidade de sua regularização, como resposta legislativa à necessidade de dar maior rendimento ao processo, sob o ponto de vista da busca de decisões que efetivamente prestem a jurisdição, em seu sentido amplo.

Em relação ao incidente de resolução de demandas repetitivas, método de julgamento por amostragem igualmente instituído pelo CPC/2015, o autor analisa a possibilidade de suspensão de processos que tramitem em todo o território nacional, e que tenham por objeto questão idêntica à versada no IRDR.

Mas o autor ainda vai além, para fortuna de seus leitores, e trabalha questões sobre prazo, forma de tramitação, decisão de admissibilidade e remessa dos recursos de estrito direito.

Analisa também a questão da ofensa reflexa à Constituição Federal.

Encerra seu livro tratando da repercussão geral que se exige para que o recurso extraordinário seja admitido no Supremo Tribunal Federal. Anota algumas circunstâncias que, no seu entender, caracterizam a existência de repercussão geral, e trata de seu procedimento, assim como da eventual participação de terceiro na análise da repercussão geral.

PREFÁCIO

    É um trabalho completo, bem escrito, obra de Magistrado culto e com vasta experiência na matéria objeto de suas preocupações e reflexões.

    Certamente será livro obrigatório para aqueles que pretendam, com sucesso, operar os recursos de estrito direito perante o Superior Tribunal de Justiça e o Supremo Tribunal Federal.

    Meus sinceros cumprimentos ao autor, Artur César de Souza, assim como à Editora, pelo lançamento deste livro.

LUIZ RODRIGUES WAMBIER

PREFÁCIO

O autor, Dr. Artur César de Souza, Magistrado e Professor de Processo Civil, é já bastante conhecido por excelentes estudos sobre questões ligadas ao Direito Público e ao Direito Processual.

Valendo-se de sua valiosa experiência como Juiz Federal, tendo exercido importantes funções junto à Vice-Presidência e, presentemente, junto à Presidência do Tribunal Regional Federal da 4ª Região, apresenta, agora, valiosa contribuição com o seu "Recurso Extraordinário e Recurso Especial (Pressupostos e requisitos de admissibilidade no novo C.P.C.)".

Dotado de estilo claro e preciso, virtudes exigidas por Sainte-Beuve, é um escritor de raro talento.

Lembrava Anatole France que Maupassant foi grande escritor porque possuía as três maiores qualidades do espírito francês: primeiro a clareza, em seguida, ainda, a clareza, por fim a clareza. Nos debates jurídicos e nas investigações científicas a clareza é uma virtude insuperável.

O eminente Magistrado, Dr. Artur César de Souza, é autor de consagradas obras jurídicas, inclusive um alentado comentário ao Novo Código de Processo Civil, bem como inúmeros artigos de doutrina.

Ao examinar os requisitos de admissibilidade dos recursos extraordinário e especial à luz do Novo Código de Processo Civil, procurou inspirar-se na melhor doutrina e nos julgados dos Egrégios Supremo Tribunal Federal e Superior Tribunal de Justiça.

Ademais, é preciso enfatizar, o Poder Judiciário no Brasil apresenta uma peculiaridade que o diferencia dos demais Poderes que constituem o Estado brasileiro: é federal ou estadual no que concerne à integração político-administrativa na União ou nos Estados-membros; é, contudo, *uno* e *nacional* no que diz respeito à sua prerrogativa principal, ou seja, o exercício da prestação jurisdicional.

Esse caráter nacional do Poder Judiciário brasileiro, quanto à prestação jurisdicional, já havia sido percebido pelo consagrado jurista que foi João Mendes de Almeida Júnior, nos primeiros anos do nosso federalismo, quando vigorava a Constituição de 1891:

> "Os Estados particulares têm um Poder Legislativo e um Poder Executivo, para se regerem em seus interesses 'próprios', que dependem de sua ação direta e imediata; quanto ao Poder Judiciário, esse é eminentemente nacional, tanto na jurisdição federal, como nas jurisdições estaduais, porque a sua ação, dependendo de provocação do indivíduo, é sempre indireta e mediata, e se aplica a direitos regulados por uma lei 'comum' da nação."[1]

No sistema judiciário adotado pelo nosso País, o direito aplicado pela Justiça ordinária é, praticamente, todo federal, motivo pelo qual a Justiça Estadual aplica muito pouco as leis locais (estaduais e municipais), e, de modo preponderante, as leis federais.

Assim, a administração da Justiça, no Brasil, é um serviço público preponderantemente nacional. Essa é a razão pela qual a União tem interesse em regular a organização e o funcionamento dos Juízos e Tribunais Estaduais, com o fim de proteger a aplicação do direito federal por eles realizada.

Como corolário desse sistema, todas as Constituições brasileiras, a partir da de 1934, dispuseram sobre os órgãos do Poder Judiciário, quer na jurisdição federal, quer na estadual, estabelecendo as prerrogativas, os direitos e os deveres dos magistrados em todo o País.

Com a Reforma do Poder Judiciário, que ocorreu com a Emenda Constitucional n. 7, de 1977, inspirada, na sua grande parte, no Diagnóstico elaborado pela Comissão Especial de Ministros do Supremo Tribunal Federal, editou-se a Lei Orgânica da Magistratura Nacional, antiga aspiração dos setores mais esclarecidos do Poder Judiciário.

---

[1] Almeida Jr., João Mendes de. Direito Judiciário Brasileiro, 3ª ed., Freitas Bastos Ed., 1940, p. 34.

PREFÁCIO

No início da década de trinta, ainda durante o Governo Provisório, o Dr. GETÚLIO VARGAS nomeou uma Comissão Especial, presidida pelo Min. BENTO DE FARIA, e da qual participaram juristas de renome como CARLOS MAXIMILIANO, OCTÁVIO KELLY e MIRANDA VALVERDE, com o objetivo de reorganizar a magistratura nacional.

Essa Comissão atentou para a necessidade de se organizar uma Lei Orgânica da Magistratura, como consta da Exposição de Motivos que acompanhou o respectivo anteprojeto, apresentado naquela oportunidade:

> "Restavam, ainda, alguns males de vulto, que despertaram a atenção do Governo Provisório e suscitaram a idéia de promulgar uma Lei Orgânica da Justiça Nacional.
> Íntima a ligação entre o processo e a organização judiciária, a unidade daquele 'pressupõe', necessariamente, 'menor' arbítrio das assembléias locais para resolver sobre esta. 'Urgia' fixar os limites da competência estadual, traçar normas gerais, compulsórias para todo o Brasil: acima das disposições regionais sobre a Justiça pairaria a lei orgânica, decretada pelos Poderes nacionais." [2]

O Diagnóstico preparado para a Reforma Judiciária de 1977 também enfatizou a necessidade da edição da mencionada Lei Orgânica da Magistratura, sugestão acolhida pelo legislador constituinte de então[3].

Em seu célebre "Testamento Político", o notável homem público da França, o Cardeal de RICHELIEU, no século XVIII, assinalara, com inteira propriedade, "que é mais fácil reconhecer os defeitos da justiça do que conseguir-lhes remédio".

Realmente, tarefa de grande complexidade, as sucessivas tentativas de reforma do Poder Judiciário vêm se operando com dificuldades, sobretudo a partir de 1975, quando o Supremo Tribunal Federal elaborou o seu magnífico "Diagnóstico do Poder Judiciário", reconhecidamente o mais

---

[2] Anteprojeto da Reforma da Justiça: Exposição de Motivos. Apresentado pela Comissão de Reorganização da Justiça Nacional, Rio de Janeiro, Imprensa Nacional, 1933, p. IV.
[3] Reforma do Poder Judiciário – Diagnóstico, Supremo Tribunal Federal, Departamento de Imprensa Nacional, 1975, p. 31-2.

completo estudo até hoje realizado acerca da Justiça brasileira, e que serviu de fundamento à Reforma Judiciária de 1977.

A respeito, dispunha aquele histórico documento elaborado pelos eminentes Ministros Thompson Flores, Rodrigues Alckmin e Xavier de Albuquerque, em palavras lapidares, *verbis*:

> "Antes do exame das falhas e dificuldades do exercício da função judiciária, há mister considerar a existência de fenômeno mais amplo, com fatores que perturbam o eficiente exercício daquelas funções, fenômeno que é a crise da própria ordem jurídica. Refletem-se no Poder Judiciário e contribuem para o desprestígio dele críticas dirigidas, na verdade, à ordem jurídica interna. Uma das falhas imputadas à Justiça é o retardamento dos processos e a ineficácia da execução dos julgados. A queixa é vetusta e generalizada. Mas qualquer que seja o grau de competência e de dedicação ao ofício dos juízes, sempre lhes terá limites a capacidade de produção. O primário expediente de multiplicação de juízes e tribunais, embora muitas vezes indispensável, encontra óbices na necessidade de um recrutamento em alto nível. Cumpre examinar, consequentemente, as razões dos altos índices de litigiosidade e de criminalidade, que constituem moléstias sociais acarretadoras de sobrecarga aos trabalhos da Justiça e cujas causas devem ser pesquisadas e combatidas (...)
>
> Todos esses fatores, que contribuem para a morosidade ou para a ineficácia na aplicação do Direito, nem podem ser esquecidos, nem se removerão com a só reforma do Poder Judiciário. Estranhos ao âmbito das funções deste Poder, dependerão de estudos e de medidas de outras áreas da atividade estatal. Vale mencioná-los para que se não suponha que simples alterações da organização judiciária e de normas instrumentais serão bastantes para resolver todos os problemas relativos à boa distribuição da Justiça sem medidas outras que as complementem."

Esse texto foi produzido em 1975 pelo Supremo Tribunal Federal e o seu pensamento conserva grande atualidade no presente momento.

Como órgão máximo do Poder Judiciário encontra-se o Supremo Tribunal Federal, para onde convergem as decisões das jurisdições federal e estadual e que estende a sua jurisdição sobre qualquer setor ou categoria da magistratura nacional.

PREFÁCIO

O Supremo Tribunal Federal, situado no cume do Poder Judiciário, é o intérprete último da Constituição, guardião maior dos direitos e garantias individuais.

A denominada 'crise' do Supremo Tribunal Federal, expressão utilizada pela primeira vez por PHILADELPHO DE AZEVEDO[4], e que consiste no excessivo número de feitos submetidos a seu julgamento, há vários anos preocupa numerosos juristas.

Na sessão solene comemorativa aos 150 anos do Supremo Tribunal Federal, o então Presidente da Corte Suprema, Ministro CARLOS THOMPSON FLORES, assinalou o peso das atividades daquele Tribunal:

> "O peso das atividades continua preocupando os julgadores, que, para vencê-lo, estão a exigir penosos sacrifícios de sua própria saúde, e para os quais, de há muito, não há fins de semana livres, nem o total descanso das noites. Só assim conseguem manter em dia seus encargos funcionais."[5]

Nos últimos 50 anos, várias foram as tentativas no sentido de minorar a denominada 'crise' do Supremo Tribunal Federal.

A primeira delas foi a edição da Lei n. 3.396/58, que possibilitou a seleção dos recursos extraordinários pela instância *a quo*.

A referida lei atribuiu aos Presidentes dos Tribunais de Justiça dos Estados a competência para o exame dos requisitos de admissibilidade dos recursos, permitindo a sua denegação quando não preenchidos os pressupostos.

A segunda providência foi a instituição da Súmula do Supremo Tribunal Federal, aprovada em sessão plenária de 13.12.63 e que não só contribuiu para que os julgamentos na Excelsa Corte fossem agilizados como, também, para que muitos recursos extraordinários não fossem, sequer, interpostos.

A terceira medida originou-se do Ato Institucional n. 6/69, que extinguiu com o recurso ordinário em mandado de segurança e suprimiu o apelo extremo nas decisões de primeiro grau, estabelecendo que só era

---

[4] AZEVEDO, Philadelpho de. "A Crise do Supremo Tribunal", *in* Arquivos do Ministério da Justiça, v. 1º, p. 2.
[5] Discurso do Presidente THOMPSON FLORES na sessão solene comemorativa do sesquicentenário do STF, *in* Relatório da Presidência relativo ao ano de 1978, p. 91.

cabível recurso extraordinário de causas decididas "em única ou última instância por outros Tribunais".

A quarta providência teve origem na Emenda Constitucional n. 1/69, esta, no dizer de CALMON DE PASSOS, a mais rica de conseqüências práticas: tratava-se do § 1º do art. 119 da Constituição Federal de 1969 onde se deferiu ao Supremo Tribunal Federal o poder de indicar em seu Regimento Interno as causas que, por sua natureza, espécie e valor pecuniário, autorizavam a interposição do recurso extraordinário com base nas alíneas a e d do inc. III do referido dispositivo constitucional. A Emenda Constitucional n. 7/77 acrescentou, à enumeração do § 1º do art. 119, a relevância da questão federal.

O § 1º do art. 119 da CF/69 foi fruto de sugestão do Ministro THOMPSON FLORES[6] à Comissão presidida pelo então Vice-Presidente da República, Dr. PEDRO ALEIXO, encarregada da revisão da Carta de 1967.

A adoção da aludida sugestão pelo legislador constituinte, com o advento da Emenda Constitucional n. 1/69, trouxe profundas alterações no recurso extraordinário embasado nas citadas alíneas a e d do art. 119, III, da CF/69.

Nesse sentido, anotou o eminente Professor MANOEL GONÇALVES FERREIRA FILHO, *verbis*:

> "No plano estritamente jurídico, aqui está uma das mais importantes inovações da Emenda n. 1, de 1969.
>
> ...
>
> Ao contrário do que ocorria até a vigência da Emenda n. 1, quando, em todos os casos previstos na Constituição, o Supremo tinha de conhecer e julgar o recurso extraordinário, hoje, a situação é diversa. Atualmente, o preceito constitucional 'não obriga mas simplesmente permite' que o Supremo Tribunal admita recurso extraordinário, segundo as 'normas regimentais', nos casos das alíneas a e d'."[7]

---

[6] O jurista Carlos Thompson Flores, edição do jornal Correio do Povo, de 18.3.81, p. 14.
[7] FERREIRA FILHO, Manoel G. Coments. à Constituição Brasileira, 5ª ed., Saraiva, São Paulo, 1984, p. 481-2.

PREFÁCIO

Com a entrada em vigor da Constituição Federal de 1988, com as inovações decorrentes da Emenda Constitucional nº 45/2004, o legislador constituinte preservou no Supremo Tribunal Federal, como função precípua, a guarda da Constituição, instituindo o Superior Tribunal de Justiça com a missão de julgar o recurso especial, visando à uniformização do direito federal infraconstitucional.

O dedicado autor, Dr. ARTUR CÉSAR DE SOUZA, presta, novamente, ao seu País uma notável contribuição com a publicação da sua obra, em que compendia selecionada jurisprudência e qualificada doutrina, fazendo-o com uma dose particular de desvelo, motivo pelo qual concluo estar de parabéns o Mundo Jurídico por mais esta marcante iniciativa.

CARLOS EDUARDO THOMPSON FLORES LENZ
Desembargador Federal.
Presidente do Tribunal Regional Federal da 4ª Região

ABREVIATURAS

AC TC – Acórdão Tribunal Constitucional
Ac. – Acórdão
ACO – Ação Civil Ordinária
ACP – Ação Civil Pública
ADI-MC – Medida Cautelar em Ação Direta de Inconstitucionalidade
ADI – Ação Direta de Inconstitucionalidade
ADIN – Ação Direta de Inconstitucionalidade
ADPF – Arguição de Descumprimento de Preceito Fundamental
AG – Agravo
Ag.Int. no REsp – Agravo Interno no Recurso Especial
AGRPET – Agravo em Petição
AResp – Agravo em Recurso Especial
AgR – Agravo Regimental
AGRCR – Agravo Regimental em Carta Rogatória
AgREsp – Agravo em Recurso Especial
AGRRE – Agravo em Recurso Extraordinário
AgRg na APn – Agravo Regimental na Ação Penal
AgRg no Ag – Agravo Regimental no Agravo
AgRg no Ag – Agravo Regimental no Agravo
AgRg no AgRg na SLS – Agravo Regimental no Agravo Regimental na Suspensão Liminar de Sentença
AgRg no AREsp – Agravo Regimental no Agravo em Recurso Especial
AgRg no CC – Agravo no Conflito de Competência

AgR-ED-EI – Agravo Regimental nos Embargos de Declaração na Exceção de Incompetência.
AgR-ED-EDV-AGR – Agravo Regimental em Embargos de Declaração em Embargos de Divergência em Agravo Regimental
AgRg no RMS – Agravo Regimental no Recurso em Mandado de Segurança
AgRg nos EREsp – Agravo Regimental nos Embargos em Recurso Especial
AJURIS – Associação dos Juízes do Rio Grande do Sul
AAGU – Advocacia Geral da União
AI – Agravo de Instrumento
AI-QO – Questão de Ordem no Agravo de Instrumento
AL – Alínea
ALI – American Law Institute.
AP – Ação Penal
AR – Ação Rescisória
ARE – Recurso Extraordinário com Agravo.
Art. – Artigo
BACENJUD – Banco Central do Brasil Judiciário
BGB – Código Civil Alemão
C. Pr. Civil – Código de Processo Civil
C.C. – Código Civil
C.C.B. – Código Civil Brasileiro
C.c.b. – Código Civil Brasileiro
CEDH – Convenção Européia sobre Direitos Humanos
C.D.C. – Código de Defesa do Consumidor
C.E. – Constituição Europeia
C.E.F. – Caixa Econômica Federal
C.F. – Constituição Federal
C.J.F. – Conselho da Justiça Federal
CJF-RES – Resolução Conselho da Justiça Federal
C.L.T. – Consolidação das Leis do Trabalho
C.N.J. – Conselho Nacional de Justiça
C.P. – Código Penal
C.P.C. – Código de Processo Civil
C.P.F. – Cadastro de Pessoa Física
C.P.M. – Código Penal Militar

C.P.P. – Código de Processo Penal
C.T.N. – Código Tribunal Nacional
Cass. – Cassação
CC – Código Civil
CC – Conflito de Competência
CDA – Certidão de Dívida Ativa
CDC – Código de Defesa do Consumidor
CE – Constituição Europeia
CEF – Caixa Econômica Federal
CEJ – Centro de Estudos Judiciários
Com. – Comentários
CONFEA – Conselho Federal de Engenharia e Agronomia
Conv. Eur. Dir. Uomo – Convênio Europeu dos Direitos dos Homens
Coord. – Coordenação
CPC – Código de Processo Civil
CPCC – Código de Processo Civil Comentado
CPMF – Contribuição Provisória sobre Movimentação Financeira
CRC – Conselho Regional de Contabilidade
CREAA – Conselho Regional de Engenharia e Agronomia e Arquitetura
CRM – Conselho Regional de Medicina
CRP – Constituição da República Portuguesa.
C. Rep – Constituição da República
CSLL – Contribuição Social sobre Lucro Líquido
CTN – Código Tributário Nacional
D – Digesto
D.E. – Diário Eletrônico
DARF – Documento de Arrecadação Fiscal
Dec. – Decreto
Desis – Desistência
DF – Distrito Federal
DI – Direito Internacional
Disp. Trans. – Disposições Transitórias
DIVULG – Divulgação
DJ – Diário da Justiça
DJe – Diário da Justiça Eletrônico

DJU – Diário da Justiça da União
DNA – ácido desoxirribonucléico
DOU – Diário da Justiça da União
DR – Diário da República
EAD – Ensino à Distância
EC – Emenda Constitucional
ECA – Estatuto da Criança e do adolescente
ECT – Empresa de Correios e Telégrafos
ED – Embargos de Declaração
EDcl – Embargos de Declaração
EDcl no AgRg no REsp – Embargos de Declaração no Agravo Regimental no Recurso Especial
EDcl nos EDcl no AgRg na MC. – Embargos de Declaração nos Embargos de Declaração no Agravo Regimental na Medida Cautelar
EDcl nos EDcl no RHC – Embargos de Declaração nos Embargos de Declaração no Recurso em Habeas Corpus
EDcl nos EDcl nos EDcl no AgRg na ExSusp – Embargos de Declaração nos Embargos de Declaração nos Embargos de Declaração no Agravo Regimental na Exceção de Suspeição.
EDcl nos EDcl nos EDcl nos EDcl no AgRg no REsp – Embargos de declaração nos Embargos de Declaração nos Embargos de Declaração nos Embargos de Declaração no Agravo Regimental no Recurso Especial
EDeclCComp – Embargos de Declaração em Conflito de Competência.
EDcl no CC – Embargos de Declaração no Conflito de Competência.
ED-ED-AgR – Embargos de Declaração em Embargos de Declaração em Agravo Regimental
EDV – Embargos de Divergência
EMENT – Ementário
ENFAM – Escola Nacional de Formação e Aperfeiçoamento da Magistratura

EOA – Estatuto da Ordem dos Advogados
e-Proc – Processo Eletrônico
e-STJ – Processo Eletrônico do Superior Tribunal de Justiça
FGTS – Fundo de Garantia por Tempo de Serviço
FUNAI – Fundação Nacional do Índio
GATT – Acordo Geral sobre Tarifas e Comércio
GRU – Guia de Recolhimento da União
HC – Habeas Corpus
ICMS – Imposto sobre Circulação de Mercadorias e Serviços
INC. – Inciso
INCRA – Instituto Nacional de Colonização e Reforma Agrária
INFOJUD – Sistemas de Informação ao Judiciário
INSS – Instituto Nacional de Seguridade Social
IRDR – Incidente de Resolução de Demandas Repetitivas
IRPJ – Imposto de Renda Pessoa Jurídica
J. – julgamento
JEF – Juizados Especiais Federais
L. – Lei.
LACP – Lei da Ação Civil Pública
LEC – Ley Enjuiciamiento Civil
LEF – Lei de Execuções Fiscais
LC – Lei Complementar
LDi – Lei de Divórcio
LICC – Lei de Introdução ao Código Civil brasileiro
LJEF – Lei dos Juizados Especiais Federais
LMS – Lei de Mandado de Segurança
LOMAN – Lei Orgânica da Magistratura Nacional
LOPJ – Lei Orgânica do Poder Judiciária
MC – Medida Cautelar
MC-REF – Referendo Medida Cautelar
MI – Mandado de Injunção
MIN. – Ministro
M.P. – Ministério Público
MP – Medida Provisória
MPF – Ministério Público Federal
MRE/MF – Ministério das Relações Exteriores/Ministério da Fazenda

MS – Mandado de Segurança
N. – número
NCPC – Novo Código de Processo Civil
OAB – Ordem dos Advogados do Brasil
ONG – Organização não Governamental
ONU – Organização das Nações Unidas
ORTN – Obrigações Reajustáveis do Tesouro Nacional.
PET – Petição
PJe – Processo Eletrônico
PIS/PASEP – Programa de Integração Social/Programa de Formação do Patrimônio do Servidor Público
PIDCP – Pacto Internacional sobre Direitos Civis e Políticos
PROJUDI – Processo Judicial
P.U. – Parágrafo Único
PUBLIC – Publicação
QO – Questão de Ordem
R0 – Recurso Ordinário
Rcl – Reclamação
RCD nos EREsp – Reconsideração nos Embargos de Divergência em Recurso Especial
RCDESP – Reconsideração de Despacho
RE – Recurso Extraordinário
RHC – Recurso em Habeas Corpus
Rel. – Relação
Rel. – Relator
RENAJUD – Sistema de Restrições Judiciais sobre Veículos Automotores
REsp – Recurso Especial
Rev. – Revista
RHC – Recurso em Habeas Corpus
RISTF – Regimento Interno do Supremo Tribunal Federal
RISTJ – Regimento Interno do Superior Tribunal de Justiça
RMS – Recurso em Mandado de Segurança
RO – Recurso Originário
RPV – Requisição de Pequeno Valor
RSTJ – Revista do Superior Tribunal de Justiça
RT – Revista dos Tribunais

RTJ – Revista Trimestral de Jurisprudência
S.T.F. – Supremo Tribunal Federal
S.T.J. – Superior Tribunal de Justiça
STJ/GP – Superior Tribunal de Justiça– Gabinete Presidência
SE – Sentença Estrangeira
SEC – Sentença Estrangeira Contestada
SEDEX – Serviço de Encomenda Expressa
SENT. – Sentença
SIMP – Simpósio
SISTCON – Sistema de Conciliação
SRIP – Secretaria de Registro e Informação Processual
SSTC – Sala do Supremo Tribunal Constitucional
STC – Supremo Tribunal Constitucional
STM – Superior Tribunal Militar
STEDH – Sentença do Tribunal Europeu de Direitos Humanos
SUP – Sistema Unificado de Protocolo
TJSP – Tribunal de Justiça de São Paulo
T.C.F. – Tribunal Constitucional Federal
T.C.U. – Tribunal de Contas da União
T.R.Fs. – Tribunais Regionais Federais
T.R.F.1 – Tribunal Regional Federal da 1ª Região
T.R.F.3 – Tribunal Regional Federal da 3ª Região
T.R.F.4 – Tribunal Regional Federal da 4ª Região
T.R.F.5 – Tribunal Regional Federal da 5ª Região
T.R.T. – Tribunal Regional do Trabalho
T.S.E. – Tribunal Superior Eleitoral
T.S.M. – Tribunal Superior Militar
T.S.T. – Tribunal Superior do Trabalho
TEDH – Tribunal Europeu de Direitos Humanos
TFR – Tribunal Federal de Recurso
TJ/CE – Tribunal de Justiça do Ceará
TJ/MG – Tribunal de Justiça de Minas Gerais
TJ/PR – Tribunal de Justiça do Paraná
TJ/RS – Tribunal de Justiça do Rio Grande do Sul
TJ/SC – Tribunal de Justiça de Santa Catarina
TJ/SP – Tribunal de Justiça de São Paulo
TNU – Turma Nacional de Uniformização

TRF 1ª – Tribunal Regional Federal da 1ª Região
TRF4 – Tribunal Regional Federal da 4ª Região.
TR – Turma Recursal
TRT – Tribunal Regional do Trabalho
TRU – Turma Regional de Uniformização
TSE – Tribunal Superior Eleitoral
TST – Tribunal Superior do Trabalho
UERJ – Universidade Estadual do Rio de Janeiro
UNCITRAL – United Nations Commission on International Trade Law
UNIDROIT – International Institute for the Unification
UTI – Unidade de Terapia Intensiva
VOL – Volume
ZPO – Código de Processo Civil Alemão

SUMÁRIO

1. INTRODUÇÃO 37
2. DO CONTROLE DE CONSTITUCIONALIDADE – UMA PERSPECTIVA HISTÓRICA 41
3. MODELOS DE CONTROLE DE CONSTITUCIONALIDADE.... 53
4. ANTECEDENTE HISTÓRICO NO BRASIL DO RECURSO EXTRAORDINÁRIO COMO MEIO DE CONTROLE DE CONSTITUCIONALIDADE 63
4.1. Natureza 'objetiva' do recurso extraordinário........................... 76
5. ORIGEM DO 'RECURSO ESPECIAL' DE COMPETÊNCIA DO SUPERIOR TRIBUNAL DE JUSTIÇA 81
6. SISTEMAS RECURSAIS DAS CORTES SUPERIORES NO DIREITO COMPARADO 87
6.1. Sistema francês 88
    6.1.1. Corte de Cassação... 88
    6.1.2. Conselho Constitucional (*Conseil Constitutionnel*) 92
6.2. Sistema alemão 93
    6.2.1. Tribunal Constitucional Federal 93
    6.2.2. Tribunal Federal de Justiça (*Bundesgerichtohof, BGH*)............. 95
6.3. Sistema italiano 97
    6.3.1. Corte de Cassação... 97
    6.3.2. Corte Constitucional (*Corte Costituzionale*)..................... 100

6.4. Sistema português... 102
    6.4.1. Supremo Tribunal de Justiça 102
    6.4.2. Tribunal Constitucional 106
6.5. Sistema espanhol.. 114
    6.5.1. Tribunal Supremo.. 114
    6.5.2. Tribunal Constitucional 117

7. **PRECEITOS NORMATIVOS PROCEDIMENTAIS DE ADMISSIBILIDADE DO RECURSO EXTRAORDINÁRIO E DO RECURSO ESPECIAL NO NOVO C.P.C.**................... 123
7.1. Competência para realização do juízo de admissibilidade do recurso especial ou extraordinário no novo C.P.C.............................. 125
7.2. Forma e requisitos para interposição do recurso extraordinário ou especial.. 133
    7.2.1. Requisitos Constitucionais para interposição de recurso extraordinário e recurso especial 135
    7.2.1.1. Natureza jurídica do órgão jurisdicional que decidiu a causa objeto do recurso especial ou extraordinário 135
        7.2.1.1.1. Decisão de única ou última instância para efeito de recurso extraordinário 136
        7.2.1.1.1.1. Natureza jurídica do órgão jurisdicional................ 136
        7.2.1.1.1.2. Decisão única ou última instância – decisão monocrática ou de relator... 137
        7.2.1.1.1.3. Decisão de única ou última instância – análise de incidência de inconstitucionalidade..................... 139
        7.2.1.1.1.4. Decisão de única ou última instância – Turma Recursal, Turma Regional de Uniformização (TRU) e Turma Nacional de Uniformização (TNU) 141
        7.2.1.1.2. Decisão de única ou última instância para efeito de recurso especial 159
        7.2.1.1.2.1. Natureza jurídica do órgão jurisdicional................ 159
        7.2.1.1.2.2. Qualificativa "Tribunal" – juízo de primeiro grau e Turma Recursal dos juizados especiais, Turma Regional e Turma Nacional de Uniformização 161
        7.2.1.1.2.3. Incidente de uniformização de jurisprudência e reclamação ao S.T.J. no âmbito dos juizados especiais federais e estaduais................................... 164

SUMÁRIO

7.2.1.2. Causa decidida em única ou última instância.................... 177
    7.2.1.2.1. Causa decidida em única instância..................... 177
    7.2.1.2.2. Causa decidida em última instância.................... 179
7.2.1.3. Exaurimento da instância recursal como pressuposto para interposição do recurso extraordinário e especial................ 184
7.2.1.4. Impossibilidade de análise e revisão de prova – distinção entre 'questão de fato' e 'questão de direito' 192
7.2.1.5. Correção da injustiça do julgado recorrido...................... 218

8. FUNDAMENTOS CONSTITUCIONAIS PARA INTERPOSIÇÃO DO RECURSO EXTRAORDINÁRIO........................... 227
8.1. Recurso extraordinário – causa de pedir aberta........................ 227
8.2. Hipóteses constitucionais que fundamentam a interposição do recurso extraordinário 235
    8.2.1. Decisão recorrida contraria dispositivo da Constituição.......... 236
        8.2.1.1. Direito pré-constitucional 236
        8.2.1.2. Contrariar dispositivo da Constituição 240
    8.2.2. Declarar a inconstitucionalidade de tratado ou lei federal 243
        8.2.2.1. Tratado 243
        8.2.2.2. Lei Federal 265
    8.2.3. Julgar válida lei ou ato do governo local contestado em face da Constituição 266
    8.2.4. Julgar válida lei local contestada em face de lei federal 269

9. FUNDAMENTOS CONSTITUCIONAIS PARA INTERPOSIÇÃO DO RECURSO ESPECIAL 277
9.1. Causas decididas em única ou última instância 277
    9.1.1. Causa decidida em única ou última instância e tutela provisória.... 281
9.2. Contrariar tratado ou lei federal, ou negar-lhe vigência 285
    9.2.1. *Tratado* 292
    9.2.2. Lei Federal 310
9.3. Der à lei federal interpretação divergente da que lhe haja atribuído outro tribunal 314

10. REQUISITOS DA PETIÇÃO DO RECURSO EXTRAORDINÁRIO E ESPECIAL 323
10.1. A exposição do fato 323

10.2. Exposição do direito 326
10.3. Demonstração do cabimento do recurso interposto................... 331
  10.3.1. Prequestionamento 331
    10.3.1.1. Prequestionamento expresso e implícito 333
    10.3.1.2. Embargos de declaração e o prequestionamento implícito 340
    10.3.1.3. Prequestionamento e questão debatida no voto-vencido 353
    10.3.1.4. Prequestionamento e recurso interposto por terceiro interessado 354
    10.3.1.5. Prequestionamento e questões de ordem pública 355
    10.3.1.6. Prequestionamento e Turma Nacional de Uniformização 364
10.4. As razões do pedido de reforma ou de invalidação da decisão recorrida 365
10.5. Recolhimento de custas e requerimento de gratuidade de justiça 366
  10.5.1. Do preparo.. 366
  10.5.2. Gratuidade de justiça..................................... 376
10.6. Dissídio jurisprudencial – repositório de jurisprudência 382

11. DISSÍDIO JURISPRUDENCIAL – NÃO CONHECIMENTO – MOTIVAÇÃO 391

12. DESCONSIDERAÇÃO DE VÍCIOS FORMAIS – POSSIBILIDADE DE REGULARIZAÇÃO DA INTERPOSIÇÃO DO RECURSO ESPECIAL OU EXTRAORDINÁRIO 393

13. SUSPENSÃO NACIONAL DOS PROCESSOS QUE TENHAM POR OBJETO QUESTÃO SUJEITA AO INCIDENTE DE RESOLUÇÃO DE DEMANDAS REPETITIVAS.............. 405

14. ÓRGÃO LEGITIMADO PARA CONCESSÃO DE EFEITO SUSPENSIVO A RECURSO ESPECIAL E EXTRAORDINÁRIO 407

15. PRAZO, TRAMITAÇÃO, ADMISSIBILIDADE E REMESSA DOS RECURSOS ESPECIAIS OU EXTRAORDINÁRIOS 417

16. TRAMITAÇÃO DO RECURSO EXTRAORDINÁRIO OU ESPECIAL NO TRIBUNAL RECORRIDO 431

17. NEGATIVA DE SEGUIMENTO, JUÍZO DE RETRATAÇÃO, ADMISSIBILIDADE E NÃO ADMISSIBILIDADE A RECURSO ESPECIAL E EXTRAORDINÁRIO.............................. 435

18. RECURSO CABÍVEL CONTRA DECISÃO DO PRESIDENTE
OU VICE-PRESIDENTE DO TRIBUNAL RECORRIDO
NA HIPÓTESE DE NÃO SEGUIMENTO OU DE NÃO
ADMISSIBILIDADE DO RECURSO EXTRAORDINÁRIO
OU DO RECURSO ESPECIAL 451
18.1. Hipóteses em que não se admite a interposição de qualquer recurso ... 451
18.2. Negativa de seguimento e recurso cabível 455
18.3. Sobrestamento de recurso que versar sobre controvérsia de caráter
repetitivo e o recurso cabível 456
18.4. Juízo negativo (de não admissibilidade) e recurso cabível 457

19. JUÍZO DE ADMISSIBILIDADE E RECURSO NO ÂMBITO
DOS JUIZADOS ESPECIAIS 463
19.1. Do recurso extraordinário nos juizados............................. 464
19.2. Recurso cabível contra decisão que não admite ou nega seguimento
ao recurso extraordinário no âmbito dos juizados especiais............ 472
19.3. Recurso cabível contra decisão que não admite ou nega seguimento
ao pedido de uniformização nos juizados especiais federais........... 475
19.4. Reclamação ao S.T.J. ou ao S.T.F. 476

20. INTERPOSIÇÃO SIMULTÂNEA DE RECURSO ESPECIAL
E EXTRAORDINÁRIO – CONSEQÜÊNCIAS JURÍDICAS...... 493
20.1. Obrigatoriedade de interposição conjunta de recurso especial
e extraordinário.. 494
20.2. Matéria constitucional suscitada em recurso especial 495
20.3. Conclusão do julgamento do recurso especial....................... 499
20.4. Prejudicialidade do recurso extraordinário em relação ao recurso especial 499

21. OFENSA REFLEXA À CONSTITUIÇÃO FEDERAL 503

22. ADMISSIBILIDADE DO RECURSO EXTRAORDINÁRIO E
ESPECIAL – APLICAÇÃO DO DIREITO – *JURA NOVIT CURIA* 509

23. DA REPERCUSSÃO GERAL – NOTA INTRODUTÓRIA 515
23.1. Diferenciação entre repercussão geral e recurso extraordinário
repetitivo.. 520

23.2. Demonstração da existência de repercussão geral para apreciação exclusiva do S.T.F. 520
23.3. Circunstâncias que denotam a existência de repercussão geral 524
23.4. Repercussão geral presumida...................................... 528
23.5. Do procedimento normativo para análise da repercussão geral........ 542
23.6. Participação de terceiro na análise da repercussão geral 545
23.7. Reconhecimento da repercussão geral – suspensão dos demais processos 546
23.8. Exclusão de processo do sobrestamento 548
23.9. Recurso contra decisão que indeferir a retirada do processo do sobrestamento 550
23.10. Consequências jurídicas da negativa da repercussão geral 551
23.11. Prazo máximo de sobrestamento dos processos em face da repercussão geral 551
23.12. Súmula da decisão sobre repercussão geral......................... 552

24. DECISÃO MONOCRÁTICA DO RELATOR SOBRE A ADMISSIBILIDADE OU NÃO DO RECURSO EXTRAORDINÁRIO E RECURSO ESPECIAL.................. 553

25. RECURSO ADESIVO EM RECURSO ESPECIAL E EXTRAORDINÁRIO.. 559

26. RECURSO ESPECIAL E RECURSO EXTRAORDINÁRIO EM MODO RETIDO 565

27. RECURSO ESPECIAL E RECURSO EXTRAORDINÁRIO REPETITIVO.. 567

28. INTERPOSIÇÃO DO RECURSO ESPECIAL E EXTRAORDINÁRIO ANTES DO JULGAMENTO DOS EMBARGOS DE DECLARAÇÃO 569

29. DO DIREITO *INTERTEMPORAL*. – TRANSIÇÃO ENTRE O C.P.C. DE 1973 E O NOVO C.P.C. EM RELAÇÃO À LEGISLAÇÃO APLICÁVEL QUANDO DA INTERPOSIÇÃO DO RECURSO ESPECIAL OU EXTRAORDINÁRIO 573

30. AGRAVO EM RECURSO ESPECIAL OU EXTRAORDINÁRIO . 587
30.1. Considerações gerais 587
30.2. Hipóteses em que cabe o agravo em recurso especial e extraordinário ... 588
30.3. Órgão jurisdicional competente para interposição do agravo 592
30.4. Prazo para interposição e resposta do agravo........................ 593
30.5. Processamento do agravo 593

31. REFERÊNCIAS 607

1.
Introdução

No período de 20 de junho de 2014 a 20 de junho de 2015 tive a oportunidade de exercer o cargo de juiz-auxiliar da Vice-Presidência do Tribunal Regional Federal da 4ª Região, na profícua gestão do eminente Desembargador Federal Luiz Fernando Wolk Penteado, que se iniciou com um passivo aproximado de 28.000 (vinte e oito) mil processos (aguardando análise de juízo de admissibilidade de recurso especial e de recurso extraordinário), encerrando-se, dois anos mais tarde, praticamente com o número de processos distribuídos mensalmente, em torno de 5.000 (cinco mil) processos/mês. Não seria justo de minha parte deixar de enaltecer, igualmente, a excelência no exercício da atividade jurisdicional, focado na observância incontestável do princípio da celeridade processual e da efetiva eficácia da prestação da tutela jurisdicional, que foi realizado e aperfeiçoado pelo então Vice-Presidente do Tribunal Regional Federal da 4ª Região, atualmente seu Presidente, o eminente Desembargador Federal Carlos Eduardo Thompson Flores Lenz.

Dentre as atribuições conferidas à Vice-Presidência do Tribunal Regional Federal da 4ª Região, encontra-se aquela prevista no §2º do art. 24 do Regimento Interno do tribunal, a saber:

"*Art. 24. Ao Vice-Presidente incumbe substituir o Presidente nas férias, licenças, ausências e impedimentos eventuais, bem como sucedê-lo, no caso de vaga, na forma do artigo 20.*

(...).

§2º. Ao Vice-Presidente cabe, ainda:

Inc. I – por delegação do Presidente:
a) decidir sobre a admissibilidade de recurso extraordinário, recurso especial, recurso ordinário de habeas corpus, recurso ordinário em mandado de segurança e respectivos agravos, bem como resolver os incidentes suscitados".

Percebe-se, portanto, que uma das principais atribuições conferidas à Vice-Presidência, por delegação da Presidência do Tribunal, é, justamente, a preliminar análise de juízo de admissibilidade de recurso especial de competência do S.T.J e de recurso extraordinário de competência do S.T.F.

Durante o período de exercício de auxílio na Vice-Presidência foi possível perceber que o trâmite processual desenvolve-se muito bem até a fase do recurso de apelação, demonstrando os operadores do direito amplo conhecimento da sistemática do transcurso processual em primeiro e segundo grau de jurisdição.

Porém, observou-se igualmente que havia, por vezes, alguma deficiência na condução da relação jurídica processual com o fim de se alcançar o terceiro grau de jurisdição (S.T.J e S.T.F.), deficiência essa que acarretava a prolação de inúmeras decisões de inadmissibilidade ou de não seguimento do recurso especial ou do recurso extraordinário.

Percebeu-se, ainda, que muitas dessas deficiências decorriam de profundo desconhecimento jurídico das particularidades sistêmicas exigidas, tanto pelos preceitos normativos processuais quanto pela jurisprudência, para a admissibilidade do recurso especial ou do recurso extraordinário.

Diante das particularidades normativas e, em especial, da interpretação jurisprudencial dos tribunais superiores, quanto aos requisitos de admissibilidade do recurso especial ou do recurso extraordinário, observa-se que é imprescindível que o profissional da área jurídica, desde a primeira peça processual que insira no processo, o faça de forma a preencher todos os requisitos necessários para que a questão de direito posta em juízo, se necessário, possa chegar ao terceiro grau de jurisdição, ou seja, possa ser conduzida ao crivo do S.T.F. ou do S.T.J., ultrapassando-se a perigosa fase da admissibilidade e do seguimento do recurso extraordinário ou especial.

A finalidade deste trabalho, com base no novo C.P.C. de 2015, é justamente procurar traçar os pressupostos procedimentais necessários do recurso especial e do recurso extraordinário, assim como sanar algumas dúvidas sobre os requisitos de admissibilidade dessas espécies recursais, bem como chamar a atenção do profissional do direito para a necessidade de uma preocupação efetiva, desde o início do processo, quanto à observância desses pressupostos, para que a causa possa ser recepcionada e conhecida pelo S.T.J. ou pelo S.T.F.

O trabalho é árduo e ao mesmo tempo instigante, especialmente pelo fato de que o os pressupostos e requisitos de admissibilidade do recurso extraordinário e especial não decorrem somente dos imperativos legais, mas, principalmente, e com maior extensão, do conteúdo decisório dos precedentes do S.T.F. ou do S.T.J.

O leitor, portanto, transitará ao mesmo tempo pelo conteúdo da dogmática jurídica e pela interpretação dada pelos precedentes do S.T.F. ou do S.T.J. no que concerne ao preenchimento dos pressupostos e requisitos indispensáveis para um bom trâmite processual do recurso extraordinário ou do recurso especial.

2.
Do controle de constitucionalidade – uma perspectiva histórica

Coessencial à formação da Constituição é a predisposição de expedientes diretos e concretos a garantir-lhe a observância e a sua própria sobrevivência. Na realidade, ainda que possam variar as justificações ideológicas de uma constituição, e, portanto, das conexas formas de Estado, é certo que as forças políticas que adotam uma determinada constituição buscam assegurar que seu trâmite ocorra com certa *estabilização* com o fim de se perpetuar, pois, de uma maneira geral, 'constituição' é também sinônimo de estabilidade das circunstâncias políticas e institucionais. Nessa perspectiva, é, portanto, fácil compreender a importância que reveste a tutela da Constituição.[8]

Conforme afirma Giuseppe Vergottini, *"As modalidades de defesa da constituição são conexas à própria concepção organizacional dos poderes públicos bem como à normativa específica de tutela da constituição ou de institutos que de todo modo a caracterizam e à individualização dos órgãos dotados de funções específicas de garantia, entre as quais aquela consistente em confiar aos juízes a obrigação de verificar se atos de autoridade administrativa ou política (parlamento) estão de acordo com as prescrições constitucionais. Da análise efetuada sobre esse específico tema resulta de extrema importância que todo ordenamento estatal promova a defesa da constituição e preveja variedade de modalidades concebidas para garanti-la"*.[9]

---

[8] VERGOTTINI, Giuseppe. *Diritto costituzionale comparato*. Quinta Edizione. Padova: CEDAM, 1999. p. 234 e 235
[9] VERGOTTINI, G., idem, p. 235.

Portanto, uma forma particular de garantia/fiscalização da Constituição é oferecida pelo reconhecimento a um órgão ou a um sistema de órgãos com competência para verificar se os atos de outros órgãos estão ou não de acordo com a Constituição.[10]

A fiscalização da Constituição significa essencialmente uma coisa: *"que a Constituição é a 'lei básica do país' e que toda a ordem jurídica deve ser conforme com ela. Ela é corolário da consideração da Constituição como 'facto jurídico', como 'realidade normativa', isto é, como lei fundamental da ordem jurídica"*.[11]

Quando se fala em controle/fiscalização de constitucionalidade, de certa forma pretende-se referir ao denominado 'Defensor da Constituição', ou seja, *"um órgão cuja função é defender a Constituição contra as violações"*.[12] Também se pretende aduzir, geralmente, a uma 'garantia' da própria Constituição, dado que esta é um ordenamento e como tal, enquanto ao seu conteúdo, um conjunto de normas determinadas. A 'violação' da Constituição significa a verificação de um fato que contradiz à própria Constituição, seja por ação, seja por omissão. Como toda norma, também a Constituição pode ser violada somente por aqueles que devem cumpri-la ou preservá-la.[13]

Na realidade, os critérios existentes nos ordenamentos jurídicos que admitem o controle de constitucionalidade são de duas ordens: *"um tende a consentir a verificação da constitucionalidade do ato ou das suas singulares dis-*

---

[10] *"Os atos passíveis de verificação de compatibilidade com a constituição são aqueles administrativos, bem como aqueles normativos provenientes dos organismos políticos como os atos das assembleias legislativas. Na separação de poderes dos ordenamentos da Europa continental, um ato administrativo contrário à constituição pode ser anulado pela própria autoridade administrativa ou por um juiz que tenha competência específica para examinar em recurso os atos da administração; por outro lado, pode ser afastada a competência de todos os outros juízes, tendo em vista que em razão do princípio da separação dos poderes, não são habilitados a conhecer em hipótese alguma as determinações de um órgão do poder executivo. Este sistema é aquele seguido pelos ordenamentos que reconhecem a distinção entre jurisdição ordinária e jurisdição administrativa, como é o caso do ordenamento italiano".* (Vergottini, G., idem, p. 244).

[11] Gomes Canotilho, J. J.; Moreira, Vital. *Fundamentos da constituição*. Coimbra: Editora Coimbra, 1991. p. 237.

[12] Lombardi, Giorgi. *Carl Schmitt y Hans Kelsen – la polémica Schmitt/Kelsen sobre la justicia constitucional: El defensor de la Constitución versus quién debe ser el defensor de la Constitución?*. Trad. Manuel Sánchez Sarto y Roberto J. Brie. Madrid: Tecnos, 2009. p. 291.

[13] Lombardi, G., idem, ibidem.

posições no âmbito do próprio órgão constitucional que exercitam a função de 'controle político'; o outro tende admitir que essa verificação seja confiada também a órgãos diversos, terceiros imparciais em relação à questão de constitucionalidade (controle jurisdicional), distinguindo-se a hipótese em que todos os juízos possam proceder a essa verificação de compatibilidade, daquela em que tal verificação seja concentrada em um só juízo especializado".[14]

Assim, alguns juristas defendem a tese de que a função de controlar a constitucionalidade das leis é uma *atividade legislativa* (Kelsen, Calamandrei, C. Schimidt etc) ou *paralegislativa* (Redenti, Cappelletti, Lavagna, Freissenhahn, Faller etc), inclusive própria de um órgão *superlegislativo*.[15]

No final da Primeira Guerra Mundial (1919), surge uma importante polêmica entre Carl Schimitt e Hans Kelsen que transcorre integralmente no período final da Constituição de Weimar (1929-1933) sobre a questão da *justiça constitucional*.

No que diz respeito a essa polêmica, à primeira vista o ponto de contraste fundamental sobre o que gravita toda a discussão gira em torno da figura ou, melhor dizendo, do órgão ou instituição, a quem se deve atribuir a faculdade e a obrigação de defender ou de salvaguardar a Constituição em decorrência dos diferentes tipos de violações possíveis que colocam em xeque seu destino existencial e sua vigência temporal. Nesse sentido, Kelsen e Schmitt coincidem na conveniência ou necessidade de se reconhecer a figura do defensor, do vigilante ou do garantidor da Constituição. Porém, enquanto que para Kelsen o defensor da Constituição resulta ser um órgão *ad hoc*, um tribunal especificamente concebido para tal efeito e dotado dessa específica atribuição – o Tribunal Constitucional –, para Schmitt tão gravosa atribuição recai com exclusividade na figura do *Rechspräsident*, o Chefe do Estado.[16]

Tendo em vista que o controle de constitucionalidade ou a defesa da Constituição, em nosso ordenamento jurídico, dissemina-se pelos diversos órgãos do Poder Judiciário brasileiro (controle difuso ou controle concentrado), faremos um corte epistemológico quanto aos anteceden-

---

[14] VERGOTTNI, G., op. Cit., p. 245.
[15] GORDO, Alfonso Pérez. *El tribunal constitucional y sus funciones*. Barcelona: BOSCH – Casa Editorial, S.A., 1982. p. 41.
[16] LOMBARDI, G. op. Cit., p. X e XI.

tes históricos desse controle realizado pelo Poder Judiciário, tangenciando-se a polêmica entre Schmitt e Kelsen.[17]

Centralizaremos os antecedentes do controle de constitucionalidade pelo Poder Judiciário a partir da análise histórica do controle de constitucionalidade norte-americano.

O rompimento do vínculo existente entre as treze colônias norte-americanas e a Coroa da Inglaterra aconteceu efetivamente quando a Coroa Inglesa e o Parlamento perderam a sua soberania em definitivo pelo desencadeamento da guerra da Independência, em decorrência, por um lado, da atitude do governo metropolitano que reduziu os colonos a uma efetiva submissão, e de outro, em razão de um Congresso Continental que assumiu o poder de conduzir os assuntos beligerantes. Tais acontecimentos, embora não observáveis de plano, restaram confirmados pelo conhecido nome de *Declaração de Independência* ocorrida em 4 de julho de 1776.[18]

Rompidos os laços políticos com a Inglaterra, os signatários da Declaração de Independência exclamaram: *"Temos estas verdades como evidentes: que todos os homens são iguais; que pelo Criador foram dotados de certos direitos inalienáveis, entre os quais o da vida, o de liberdade e o de procura da felicidade; que para os assegurar foi que se instituíram os governos, derivando a sua justa autoridade do consenso dos governados; que qualquer que seja a forma de governo que atentar contra tais fins, é um direito do povo mudá-la ou aboli-la e instituir um novo governo, fundando-o sobre aquelas bases, e organizando-o da forma que mais apta lhes parecer para promover a própria segurança e a própria felicidade"*.[19]

Observa-se que nesse primeiro momento da independência, o governo da União sob o Congresso Continental foi estritamente revolucionário, o que, em razão dessa sua característica, e em decorrência do fortaleci-

---

[17] *"Historicamente, a emergência do conceito de fiscalização da constitucionalidade ficou assinalada por dois elementos fundamentais: a) a possibilidade de declarar a ilegitimidade de uma norma por motivo de desrespeito pela Constituição; b) a entrega dessa competência a instâncias independentes de natureza judicial, seja aos tribunais comuns (sistema americano), seja a um tribunal especializado, um tribunal constitucional (sistema austríaco)".* (GOME CANOTILHO, J. J.; VITAL, M., op. Cit., p. 243).

[18] COOLEY, Thomas M. *Princípios gerais de direito constitucional nos estados unidos da América.* Traduzido e anotado por Ricardo Rodrigues Gama. Campinas: Russell, 2002. p. 21.

[19] COOLEY, T. M., idem., p. 22.

mento dos Estados membros, não podia por muito tempo corresponder aos fins da União. Na verdade, o Congresso Continental era considerado tanto pelo povo como pelos governos estaduais, mais como uma assembleia consultiva do que um verdadeiro governo. Além do que, somente quando diante de questões externas urgentes é que se justificava o grau de obediência que mereceriam os seus preceitos e conselhos.[20]

A forma de se solucionar tal entrave pragmático veio com os denominados *Artigos de Confederação e União Perpétua*, elaborados pelo Congresso e submetidos aos Estados em 1777, mais tarde ratificados pela maioria dos Estados em 1778.

Os defeitos apresentados pela Confederação, principalmente a *falta de tribunais para tomar conhecimento das infrações de sua autoridade*, fizeram com que o seu insucesso fosse inevitável.

Em fevereiro de 1787, o Congresso norte-americano recomendou a instauração de uma convenção a ser realizada na Filadélfia, mediante convocação de delegados dos vários Estados, com a intenção de rever os Artigos de Confederação e propor ao Congresso e às diversas Assembleias Legislativas estaduais emendas que, além de outras particularidades, visariam, acima de tudo, à preservação da União. A Convenção, quando reunida, percebeu que não bastava apenas a revisão daquilo que até então não estava surtindo efeito e, além do mais, colocava em risco a própria integridade da União, razão pela qual resolveu propor uma nova Constituição, que dependeria apenas da ratificação de nove Estados para que pudesse prevalecer entre eles.[21] Na verdade, estava-se diante de um

---

[20] "Nos assuntos mais importantes, muitas vezes não foram atendidos, e a Confederação esteve a ponto de se desmantelar, devido à falta de um elo legal de união e de um poder, também legal, para obrigar o desempenho de deveres a ela (Confederação) inerentes por parte de seus diferentes membros" (COOLEY, T. M., idem. p. 23).

[21] "*O processo de ratificação mencionado foi cenário para um combate entre partidários da nova Constituição federal (os 'federalistas') e aqueles que a rechaçavam ('antifederalista'). Tanto um como outro eram herdeiros do legado ideológico constitucional britânico. Porém, os primeiros inovaram em torno a certos princípios da filosofia política, augurando um sistema distinto a todos os anteriores e logrando o apoio majoritário dos estadounidenses ao documento da Convenção, não sem diversas vicissitudes e obstáculos. Os federalistas tiveram como autores principais Alexander Hamilton, James Madison (ambos presentes na Convenção) e John Jay, quem, sob o pseudônimo de 'Publius', publicariam setenta e sete artigos de outubro de 1787 a maio de 1788, em três periódicos diferentes de New York...O federalismo foi uma tendência política que pretendia erigir um governo forte e trans-*

novo processo revolucionário, pois tal deliberação contrariava aquilo que dispunham os Artigos da Confederação, ou seja, a exigência do consentimento de todos os Estados para tal deliberação. Não obstante a crise institucional que se avizinhava, essa deliberação revolucionária fez com que, em princípio, onze Estados a ratificassem, exceto os Estados da Carolina do Norte e *Rhode Island*, que permaneceram algum tempo excluídos da União. Ambos, contudo, exteriorizaram os seus consentimentos, respectivamente, em novembro de 1789 e maio de 1790.[22]

Tendo em vista essa nova característica do Estado americano, segundo uma perspectiva desta vez federalista, os americanos tinham por objetivo encontrar mecanismos de unificação do país, política e territorial. Para tanto, era necessária a construção de um novo equilíbrio entre a liberdade e a ordem, conjuntamente delineado por uma igualdade de distribuição de poderes entre o Estado e a Nação.[23]

Na realidade, a supremacia constitucional que inspirou os constituintes da Convenção reunida em 1787, implicava na busca de algum mecanismo que pudesse protegê-la. Como antecedente a essa operação se contava com o Conselho de Censores de Pensilvânia e o Conselho de Revisão de New York. Uma primeira proposta surgiu do *Plan Virginia* que pretendia conceber um poder amplíssimo às duas câmaras nacionais, assim como a possibilidade de se vetar leis estaduais que considerassem contrárias à Constituição. O seu artigo 8º estabelecia que o Executivo e um número apropriado de membros da judicatura Nacional deveriam constituir um conselho de revisão com autoridade para examinar toda lei

---

versal aos estados, de forma que chegasse a atuar de forma direta sobre os cidadãos: 'o grande vício de raiz que apresenta a construção da Confederação existente, está no princípio de que se legisle para os Estados ou aos Governos, em suas qualidades corporativas ou coletivas, por oposição aos Indivíduos que os integram'. Tratava-se, pois, de um federalismo centrípeto e não centrífugo. Os mencionados artigos foram considerados tradicionalmente como fontes principais de interpretação para o texto constitucional como fontes principais de interpretação para o texto constitucional norteamericano, sob a denominação de The Federalist Papers". (FERNANDEZ, Ricardo Cueva. *De los niveladores a Marbury vs. Madison: la génesis de la democracia constitucional*. Madrid: Centro de Estudios Políticos y Constitucionales, 2011. p. 346 e 347).

[22] COLLEY, T. M., op. Cit.., p. 27.
[23] ROSAS, Roberto. Suprema corte americana: acompanhamento da realidade política e econômica. *In Arquivos do Ministério da Justiça*. ano 49, número 187, janeiro/junho de 1996,(91-110), p.91.

da Legislatura Nacional antes que entrasse em vigor, assim como toda lei dos Legislativos particulares antes que o veto sobre a mesma fosse definitivo; e que eventual dissentimento do mencionado Conselho significaria um rechaço, a não ser que a lei da Legislatura Nacional fosse aprovada novamente ou que o veto sobre uma lei da Legislatura particular fosse de novo acordado por cada uma das Câmaras. Este sistema, porém, foi rechaçado por diversos delegados, sob o fundamento de que nele os juízes estariam presos a um organismo que não lhes permitiria conservar sua imparcialidade: *'os juízes devem ter a possibilidade de interpretar as leis, livres de qualquer prejulgamento derivado de sua participação na formação da norma jurídica'*. A separação dos poderes era o critério justificativo dessa premissa. Assim, o *Plan* foi rechaçado integralmente tendo em vista que os pequenos estados se viam oprimidos por suas consequências. Pelas razões já expostas, também não foi aprovado o *Plan de New Jersey*. Assim, em 15 de agosto de 1787, não obstante os esforços de Madison para manter o Conselho de Revisão, este resultou definitivamente rechaçado.[24]

O que se pretendia em todo e qualquer tipo de controle era conseguir certa centralização que impediria a possíveis forças centrífugas desmembrar a União. Permanecia em pé a possibilidade de que os juízes exerciam algum tipo de vigilância para fazer respeitar a Constituição federal. Algo que se traduziria, muito mais tarde, como *judicial review*.[25]

A intenção dos federalistas, neste ponto, resulta bem evidenciada: os juízes teriam o 'dever' de 'declarar nulos todos os atos contrários ao sentido evidente da Constituição.[26]

Como forma de dar eficácia a essa perspectiva do federalismo americano, a Constituição dos Estados Unidos da América, na Seção 1 do art.

---

[24] FERNÁNDEZ, R. C., op. cit, p. 390 e 391.
[25] *"A expressão 'judicial review' como denominação técnica do poder judiciário de controle, não se generaliza nos E.U.A. até a segunda década do século XX. Marian Ahumada, 'Marbury versus Madison', duzentos anos (e mais) depois', Fundamentos n. 4, Oviedo, Junta General Del Principado de Astúrias y Universidad de Oviedo, 2006, PP. 109-49, em concreto, p. 117, nota 7: 'a cunhagem da expressão 'judicial review' como denominação técnica da competência dos juízes para o controle de constitucionalidade das leis atribui-se a Edward Corwin, que teria começado a empregá-la em uma série de artigos, muito influentes em seu momento, publicados a partir de 1910 em ma 'Michigan Law Review' (o primeiro, 'The Establishment of Judicial Review'). A expressão populariza-se entre os acadêmicos antes de ser finalmente adotada pela Suprema Corte".* (FERNÁNDEZ, R. C., idem, p. 391).
[26] FERNÁNDEZ, R. C., idem, p. 394.

3º criou a Suprema Corte e lhe concedeu a posição de vértice do Poder Judiciário, ao dispor: *"o Poder Judiciário dos Estados Unidos será investido a uma Suprema Corte"*.[27]

Segundo Madison, o Judiciário seria considerado *"como instrumento de proteção simultânea das autoridades nacional e estadual"*. Já no pensamento de Hamilton,[28] *"os juízes são investidos de poderes para reforçar esta supremacia em detrimento das Constituições e leis estaduais"*.[29]

Na realidade, Hamilton dá à Constituição um salto ainda mais audacioso, pois assinala, com relação aos 'tribunais de justiça', que seu 'dever há de ser declarar nulos todos os atos contrários ao sentido evidente da Constituição. Sem isso, todas as reservas que se estabeleçam em relação a determinados direitos ou privilégios serão letras mortas'[30]

A Suprema Corte, com sede em Washington, é o único tribunal originariamente previsto no texto constitucional norte-americano. O número de seus integrantes (chamados *justices*) é determinado por ato do Congresso, segundo os limites traçados pelo artigo 3º da Constituição. A Corte apresenta nove integrantes, sendo que um deles é designado como *Chief Justice of the United States*. Sua jurisdição contempla a revisão de todas as decisões das cortes de apelação federal, além de reapreciar

---

[27] *"The judicial Power of the United States, shall be vested in one supreme court, and in such inferior Courts as the Congress may from time to time ordain and establish. The Judges, both of the supreme and inferior Courts, shall hold their Offices during good Behavior, and shall, at stated Times, receive for their Services, a Compensation, which shall not be diminished during their Continuance in Office"*. (O Poder Judiciário dos Estados Unidos será investido em uma Suprema Corte e nos tribunais inferiores que forem oportunamente estabelecidos por determinações do Congresso. Os juízes, tanto da Suprema Corte como dos tribunais inferiores conservarão seus cargos enquanto bem servirem, e perceberão por seus serviços uma remuneração que não poderá ser diminuída durante a permanência do cargo).

[28] "Hamilton, o gênio financeiro da Confederação, mais tarde tesoureiro sob a Constituição, tinha suas funções descritas durante o período de guerra como 'Recebedor dos Impostos Continentais' – o 'Recebedor' e não o 'Coletor'". (BURGER, Warren E. Constituição norte-americana. Conferência pronunciada perante a ABA (American Bar Association), publicada *in Revista de Direito Público*, São Paulo, Ed. Revista dos Tribunais, n. 80 – out./dez de 1986, (143/146), p. 143.

[29] ROSAS, R., op. cit., loc. cit.

[30] FERNANDEZ, R. C., op. Cit. p. 360.

as decisões das mais altas cortes estaduais quando tenham decidido uma questão de direito federal.[31]

A jurisdição da Suprema Corte, salvo quando revê decisões dos tribunais de segunda-instância, federais e estaduais, "revisão judicial" (*judicial review*), é discricionária (Bob Woodward e Scott Armstrong, *The Bretheren*. New York: Avalon, 1981, pg. XII).[32] O jurisdicionado interessado requer que seu pedido seja atendido através de um (*writ of certiorari*) e fica na expectativa de seu deferimento (William H. Rehnquist, *The Supreme Court*. New York: Vintage Books, 2001, p.8 e ss.).[33] Com o deferimento do *certiorari*, as partes são intimadas para confecção e encaminhamento de razões escritas (*briefs*): petições concisas, diretas, com limitado número de laudas. (Martha Faulk e Irving Mehler, *The Elements of Legal Writing*, New York: Longamn, 1994).[34] Interesse nacional, manutenção da ordem, desafio constitucional e nuances políticas, além da carga de trabalho (*woorkload*), orientam a discricionariedade da Suprema Corte. Daí a tendência contemporânea em julgamentos vinculados a ações afirmativas (*affirmative action*) e a direitos de homossexuais (*gays rights*).[35] Segundo William Burnham, a discricionariedade é exercida nos seguintes termos: *"Em conferência privada realizada semanalmente, são decididos os certiorari, de acordo com a 'regra dos quatro' (...). A Suprema Corte não se vê no papel de corrigir erros judiciários, vê-se como servidora de amplos interesses da lei e do sistema legal. Assim, seu regulamento prevê que questões serão apreciadas somente quando tribunal federal ou estadual decidira questão de lei federal em conflito com outro tribunal, ou quando tribunal estadual ou federal decidira importante questão que não fora, porém deveria ser, decidida pela Suprema Corte, ou ainda que tais tribunais tenham decidido de forma distinta ou conflitante com as decisões da mesma Suprema Corte".*[36]

Direito e política são funções interligadas no modelo norte-americano.

---

[31] MEADOR, Daniel John. *Os tribunais nos estados unidos*. Tradução de Ellen G. Northfleet. Brasília: Serviço de Divulgação e Relações Culturais dos Estados Unidos da América – USIS, 1996. p. 29 e 30.
[32] GODOY, Arnaldo Sampaio de Moraes. *Direito nos estados unidos*. Obra inédita. p. 8.
[33] GODOY, A. S. M., id, ibid.
[34] GODOY, A. S. M., id., ibid.
[35] GODOY, A. S. M., id., ibid.
[36] GODOY, A. S. M., id., ibid.

Segundo afirmou o Ministro Robert Jackson, a função política desempenhada pela Suprema Corte, resume-se em dois princípios: *"Numa sociedade em que transformações rápidas tendem a romper todo equilíbrio, a Suprema Corte, sem ultrapassar seus próprios poderes limitados, deve empenhar-se por manter o grande sistema de compensações sobre o qual baseia-se nosso governo livre. Se esses contrapesos e controles são essenciais à liberdade em outros lugares do mundo, é fora de questão, são necessários na sociedade que conhecemos".*[37]

Quando da criação da Suprema Corte, havia, sim, uma perspectiva de que este tribunal, como órgão máximo do Poder Judiciário norte-americano, pudesse avaliar e rever as decisões de outros órgãos do judiciário ou mesmo os atos normativos de poderes diversos.

É evidente que essa construção em torno do chamado *judicial review* não passou incólume às críticas.

Segundo William Crosskey, Professor da Universidade de Chicago, *"o judicial review não era uma estipulação genérica existente na Constituição, antes, pelo contrário, foi proibida na Carta Suprema".*[38] Além do mais, conforme observou Hamilton, a aplicação arbitrária do *judicial review* poderia acarretar excessos ou abusos, pois se os tribunais resolvessem impor vontades ao invés de julgamentos, a consequência seria a substituição de seu desejo pelo do Corpo legislativo.[39]

Os antifederalistas, pois, fieis a suas premissas favoráveis ao auto-governo local e à supremacia do legislativo, rechaçavam a concepção de que os juízes e tribunais sob a nova Constituição federal seriam portadores da última palavra nas controvérsias de índole constitucional. Essa usurpação de faculdades impediria uma autêntica separação de poderes.[40]

Porém, não obstante as críticas lançadas por William Crosskey e Hamilton, o *judicial review* tornou-se um dos pilares de consolidação, não só da revisão de decisões judiciais, mas, também, do controle de constitucionalidade por parte da Suprema Corte.

Observa-se que com o *judicial review* surge na história uma forma de controle de constitucionalidade, seja pela revisão de decisões judiciais,

---

[37] Rosa, R., op. cit., p. 94.
[38] Rosas, R., id., p. 92.
[39] Rosas, R., id., p. 93.
[40] Fernandez, R. C., op. Cit. p. 362.

seja pela verificação da constitucionalidade de normas provenientes de outros poderes do estado.

É certo que a doutrina do *judicial review*, muito embora esteja atualmente consolidada nos países com Constituição rígida democrática, não esteve à margem de algumas dificuldades iniciais. Lúcio Bittencourt indica ao menos três, a saber: *"Marshall renuncia à supremacia do judiciário, propondo a criação de uma corte constitucional dentro do congresso, em virtude do insopitável partidarismo do 'justice' Samuel Chase, cujo 'impeachment' lhe foi intentado, causando a reação da opinião pública e o desgaste da facção federalista da Corte. Ao final o 'impeachment' foi rejeitado e a lógica de Marshall permaneceu íntegra. No segundo momento, a dificuldade se deveu a Andrew Jackson, que pretendeu declarar a inconstitucionalidade do ato de reorganização do Banco dos Estados Unidos, cuja qual já havia sido declarada constitucional por Marshall. Susentava Jackson que a decisão do judiciário era apenas opinativa, sem força compulsória. Finalmente, a terceira dificuldade foi obrada por Lincoln ao recusar acatar decisão da corte, à época presidida por Taney, que declarava a inconstitucionalidade do chamado 'Missouri Compromise e, consequentemente, ter invalidado a emancipação do escravo negro Dred Scott".*[41]

Percebe-se, portanto, que a construção de institutos voltados ao controle de peso e contrapeso não transcorreu de forma tranquila e linear.

---

[41] VALADÃO. José Arildo. *A nova função do recurso extraordinário*. Coleção Andrea Proto Pisani. Coord. Ada Pellegrini Grinover e Petronio Calmon. Vol. 8. Brasília: Gazeta Jurídica, 2013. p. 108 e 109.

3.
Modelos de controle jurisdicional de constitucionalidade

Conforme anota Guiuseppe de Vergottini, *"o controle jurisdicional constitucional comporta, de regra, uma verificação 'sucessiva' ao aperfeiçoamento do ato, à sua promulgação e publicação e entrada em vigor, verificação essa que é operada por um órgão bem distinto dos 'organi di indirizzo' que tem a obrigação de adotar o ato normativo. Este controle, portanto, existe de forma regular nos ordenamentos que garantem a separação de poderes e se distingue por um controle concedido indistintamente aos juízes (controle difuso) e em controle concedido a um órgão especializado que tem (entre outras) a função de se pronunciar sobre questões de constitucionalidade (controle concentrado)"*[42]

O controle jurisdicional de constitucionalidade pode ser concebido como *modelo difuso* (de natureza norte-americano) ou como *modelo concentrado* (de natureza austríaco).

Na hipótese de controle difuso, todo juiz é titular do poder para verificar a compatibilidade em relação à Constituição das normas que é chamado a aplicar. Não tem, todavia, o poder de anular esta norma, mas simplesmente aquele de não aplicá-la ao caso que lhe foi submetido.[43]

Pelo controle difuso qualquer órgão do Poder Judiciário que exerça função jurisdicional poderá avaliar a aplicação da lei em face da norma incompatível com a Constituição.

---

[42] VERGOTTINI, Guiuseppe de. *Diritto costituzionale comparto*. Quinta Edizione. Padova: CEDAM, 1999. p. 250.
[43] VERGOTTINI, G., idem, p. 250 e 251.

Na hipótese de controle concentrado, o juízo sobre a conformidade com a Constituição é concebido ao um órgão que se encontra no vértice da estrutura jurisdicional ou a órgãos *ad hoc* que de tal modo operam em via primária como garantidor da constituição. Trata-se dos tribunais ou cortes constitucionais que acumulam também outras relevantes competências.[44]

Pelo controle constitucional concentrado, a atribuição para o julgamento de matéria constitucional é de um único órgão que tem por fim resguardar a Constituição Federal.

O controle de constitucionalidade por meio de um órgão jurisdicional especial foi introduzido na Áustria (Corte Constitucional federal) com a Constituição de 1920, imitada pela Constituição da Tchecoslováquia do mesmo ano, acolhendo-se as considerações de Hans Kelsen.

Como se percebe, o acesso às cortes constitucionais, ainda que com diversas variáveis, permite oferecer um remédio contra as leis que violam a Constituição, seja pela via direta seja pela via indireta (incidental); em ambos os casos, as cortes examinam a compatibilidade das normas em relação à Constituição.

O modelo brasileiro adotou o sistema *misto*, pois tanto aplica o modelo concentrado quanto o modelo difuso no controle de constitucionalidade.

No Brasil, o controle concentrado de constitucionalidade é realizado exclusivamente pelo Supremo Tribunal Federal.

A Constituição Federal, assim como o novo C.P.C., permitem o controle difuso de constitucionalidade por qualquer órgão do Poder Judiciário, e, em especial, pelo S.T.F. por meio do *recurso extraordinário*.[45]

---

[44] *"As competências dos tribunais constitucionais são compostas e variam sensivelmente de ordenamento a ordenamento, exceto, obviamente, em relação à competência de controle de constitucionalidade. A título exemplificativo: competência em tema de 'referendum' e em matéria eleitoral (Corte austríaca e Conselho Constitucional francês); competência de justiça política (Corte Constitucional austríaca, Tribunal Constitucional alemão, Corte Constitucional italiana, Tribunal Constitucional espanhol, Corte Suprema da Grécia); competência em tema de questão de morte ou impedimento do chefe de estado (Conselho Constitucional francês e Tribunal Constitucional português)..."* (VERGOTTINI, G., idem., p. 250 e 251).

[45] É certo que ainda não foi cancelada a Súmula 347 do S.T.F., que assim dispõe: *O Tribunal de Contas, no exercício de suas atribuições, pode apreciar a constitucionalidade das leis e dos atos do poder público.*

O *recurso extraordinário* tem origem norte-americana, muito embora não tenha sido criado pela Constituição Federal dos E.U.A.

Note-se que o T.C.U. não é considerado pelo ordenamento jurídico brasileiro como órgão do Poder Judiciário, ao contrário do T.C.U. de Portugal. (Sobre o assunto ver nossa obra monográfica: *Conflito de atribuições entre o Tribunal de Contas da União e os órgãos administrativos luso-brasileiros de controle da magistratura: uma perspectiva democrática fiscalizatória 'checks and balances'*, publicada pelo Centro de Estudos Judiciários do Conselho da Justiça Federal, abril de 2015).

Porém, o S.T.F. dá indícios de que poderá alterar o entendimento da Súmula 347, conforme a seguinte decisão monocrática proferida no MS 25.888, relator Min. Gilmar Mendes:
DECISÃO: Trata-se de mandado de segurança, com pedido de medida liminar, impetrado pela Petróleo Brasileiro S.A. – PETROBRÁS, contra ato do Tribunal de Contas da União, consubstanciado em decisão que determinou à impetrante e seus gestores que se abstenham de aplicar o Regulamento de Procedimento Licitatório Simplificado, aprovado pelo Decreto nº 2.745, de 24/08/1998, do Exmo. Sr. Presidente da República. Consta da petição inicial que o Tribunal de Contas da União, ao apreciar o processo TC nº 008.210/2004-7 (Relatório de Auditoria), determinou que a impetrante (Acórdão nº 1.498/2004): a) justifique, de modo circunstanciado, a aplicação das sanções previstas no art. 87 da Lei nº 8.666/93, garantindo prévia defesa da contratada e mantendo no respectivo processo administrativo os documentos que evidenciem tais procedimentos; b) obedeça ao estabelecido nos arts. 22 e 23 da Lei nº 8.666/93 no que se refere às modalidades de licitação e seus respectivos limites, tendo em vista o valor estimado de contratação (fl. 48). Contra essa decisão, a impetrante interpôs recurso de reexame (fls. 98-105), alegando que seus procedimentos de contratação não estariam regulados pela Lei nº 8.666/93, mas sim pelo Regulamento de Procedimento Licitatório Simplificado aprovado pelo Decreto nº 2.745/98, do Exmo. Sr. Presidente da República, o qual possui lastro legal no art. 67 da Lei nº 9.478/97. Sustentou, ainda, que o Parecer AC-15, da Advocacia-Geral da União, aprovado pelo Exmo. Sr. Presidente da República, vinculante para a administração pública federal, conclui que a Petrobrás e suas subsidiárias devem se submeter às regras do citado Decreto nº 2.745/98. Ao analisar o pedido de reexame, o TCU negou-lhe provimento (fls. 29-42), com base nos seguintes fundamentos (Acórdão nº 1.767/2005): a) o Parecer da AGU vincula tão-somente os órgãos do Poder Executivo, não se estendendo ao TCU; b) na Decisão nº 633/2002 (fls. 121-177), o TCU já havia declarado a inconstitucionalidade do art. 67 da Lei nº 9.478/97 e do Decreto nº 2.745/98, determinando que a Petrobrás observasse os ditames da Lei nº 8.666/93; c) segundo a Súmula 347 do STF, "o Tribunal de Contas, no exercício de suas atribuições, pode apreciar a constitucionalidade das Leis e dos Atos do Poder Público". A Petrobrás interpôs embargos de declaração, os quais não foram acolhidos pelo TCU (Acórdão nº 39/2006) (fls. 23-27). Contra essa decisão do TCU (Acórdão nº 39/2006), a Petrobrás impetra o presente mandado de segurança, alegando que: a) o Tribunal de Contas da União não possui competência para declarar a inconstitucionalidade de lei ou ato normativo. A Súmula 347 do STF foi editada em 1963, tendo como base o art. 77 da Constituição de 1946, há muito revogado. A regra do Regimento Interno do TCU, que prevê essa competência, não pode se sobrepor à Constituição; b) a Petrobrás, empresa integrante da Administração Indireta, está submetida ao princípio da legalidade e, portanto, deve cumprir o art. 67 da Lei nº 9.478/97 e o Decreto nº 2.745/98, que permanecem

A Constituição norte-americana apenas outorgou à Suprema Corte a competência originária e a competência *recursal (appellate jurisdiction)* em relação a determinadas questões.

vigentes, e determinam que os contratos celebrados pela impetrante, para aquisição de bens e serviços, serão precedidos de procedimento licitatório simplificado, afastando a aplicação da Lei nº 8.666/93. c) por força do § 1o do art. 40 da LC nº 73/93, a Petrobrás está obrigada a cumprir o Parecer AC-15, da Advocacia-Geral da União, que conclui que "a inaplicação (do Decreto nº 2.745/98) – por alegada inconstitucionalidade do regime simplificado – à todo o Grupo Petrobrás, esbarra no respeito ao princípio da presunção de constitucionalidade das leis e da legalidade dos atos da administração até que sobrevenha decisão judicial em contrário, sendo insuficiente a opinião do TCU, a quem cabe tão só julgar a regularidade das contas". d) após a Emenda Constitucional nº 9/95, que alterou o § 1o do art. 177 da Constituição, a impetrante passou a atuar na exploração do petróleo em regime de livre concorrência com outras empresas. Com isso, o art. 67 da Lei nº 9.478/97 determinou a submissão da impetrante a um procedimento licitatório simplificado, afastando a aplicação da Lei nº 8.666/93, que estabelece um regime de licitação e contratação inadequado para a atuação da empresa num ambiente de livre competição. Quanto à urgência da pretensão cautelar, a impetrante sustenta que "o não cumprimento da prefalada decisão acarretará na aplicação das mais diversas penalidades, tais como multas, inabilitação para o exercício de cargo ou função, e arresto de bens, como estampado, v.g, nos arts. 45, § 1o, inc. III, 58, incs. II, IV, VII e § 1o, 60 e 61, todos da Lei nº 8.443/92" (fl. 10). Assim, a impetrante requer, em sede de medida liminar, a suspensão da decisão proferida pelo Tribunal de Contas da União (Acórdão nº 39/2006) no processo TC nº 008.210/2004-7 (Relatório de Auditoria). É o relatório. Passo a decidir. Existe plausibilidade jurídica no pedido. A EC nº 9/95, apesar de ter mantido o monopólio estatal da atividade econômica relacionada ao petróleo e ao gás natural e outros hidrocarbonetos fluidos, acabou com o monopólio do exercício dessa atividade. Em outros termos, a EC nº 9/95, ao alterar o texto constitucional de 1988, continuou a abrigar o monopólio da atividade do petróleo, porém, flexibilizou a sua execução, permitindo que empresas privadas participem dessa atividade econômica, mediante a celebração, com a União, de contratos administrativos de concessão de exploração de bem público. Segundo o disposto no art. 177, § 1o, da Constituição, na redação da EC nº 9/95: "§ 1º A União poderá contratar com empresas estatais ou privadas a realização das atividades previstas nos incisos I a IV deste artigo, observadas as condições estabelecidas em lei". Dessa forma, embora submetidas ao regime de monopólio da União, as atividades de pesquisa, lavra, refinação, importação, exportação, transporte marítimo e transporte por meio de conduto (incisos I a IV do art. 177), podem ser exercidas por empresas estatais ou privadas num âmbito de livre concorrência. A hipótese prevista no art. 177, § 1o, da CRFB/88, que relativizou o monopólio do petróleo, remete a lei a disciplina dessa forma especial de contratação. A Lei nº 9.478/97, portanto, disciplina a matéria. Em seu artigo 67, deixa explícito que "os contratos celebrados pela Petrobrás, para aquisição de bens e serviços, serão precedidos de procedimento licitatório simplificado, a ser definido em decreto do Presidente da República". A matéria está regulamentada pelo Decreto nº 2.745, de 1998, o qual aprova o regulamento licitatório simplificado da Petrobrás. A submissão legal da Petrobrás a um regime diferenciado de licitação parece estar justificado pelo fato de que, com a relativização do

Foi o *Judiciary Act* de 24 de setembro de 1789 que permitiu a revisão pela Suprema Corte de decisões finais dos mais altos tribunais dos Estados, mediante *writ of error*, em diversas hipóteses relacionadas com a

monopólio do petróleo trazida pela EC nº 9/95, a empresa passou a exercer a atividade econômica de exploração do petróleo em regime de livre competição com as empresas privadas concessionárias da atividade, as quais, frise-se, não estão submetidas às regras rígidas de licitação e contratação da Lei nº 8.666/93. Lembre-se, nesse sentido, que a livre concorrência pressupõe a igualdade de condições entre os concorrentes. Assim, a declaração de inconstitucionalidade, pelo Tribunal de Contas da União, do art. 67 da Lei nº 9.478/97, e do Decreto nº 2.745/98, obrigando a Petrobrás, conseqüentemente, a cumprir as exigências da Lei nº 8.666/93, parece estar em confronto com normas constitucionais, mormente as que traduzem o princípio da legalidade, as que delimitam as competências do TCU (art. 71), assim como aquelas que conformam o regime de exploração da atividade econômica do petróleo (art. 177). Não me impressiona o teor da Súmula nº 347 desta Corte, segundo o qual "o Tribunal de Contas, o exercício de suas atribuições, pode apreciar a constitucionalidade das leis e dos atos do Poder Público". A referida regra sumular foi aprovada na Sessão Plenária de 13.12.1963, num contexto constitucional totalmente diferente do atual. Até o advento da Emenda Constitucional nº 16, de 1965, que introduziu em nosso sistema o controle abstrato de normas, admitia-se como legítima a recusa, por parte de órgãos não-jurisdicionais, à aplicação da lei considerada inconstitucional. No entanto, é preciso levar em conta que o texto constitucional de 1988 introduziu uma mudança radical no nosso sistema de controle de constitucionalidade. Em escritos doutrinários, tenho enfatizado que a ampla legitimação conferida ao controle abstrato, com a inevitável possibilidade de se submeter qualquer questão constitucional ao Supremo Tribunal Federal, operou uma mudança substancial no modelo de controle de constitucionalidade até então vigente no Brasil. Parece quase intuitivo que, ao ampliar, de forma significativa, o círculo de entes e órgãos legitimados a provocar o Supremo Tribunal Federal, no processo de controle abstrato de normas, acabou o constituinte por restringir, de maneira radical, a amplitude do controle difuso de constitucionalidade. A amplitude do direito de propositura faz com que até mesmo pleitos tipicamente individuais sejam submetidos ao Supremo Tribunal Federal mediante ação direta de inconstitucionalidade. Assim, o processo de controle abstrato de normas cumpre entre nós uma dupla função: atua tanto como instrumento de defesa da ordem objetiva, quanto como instrumento de defesa de posições subjetivas. Assim, a própria evolução do sistema de controle de constitucionalidade no Brasil, verificada desde então, está a demonstrar a necessidade de se reavaliar a subsistência da Súmula 347 em face da ordem constitucional instaurada com a Constituição de 1988. A urgência da pretensão cautelar também parece clara, diante das conseqüências de ordem econômica e política que serão suportadas pela impetrante caso tenha que cumprir imediatamente a decisão atacada. Tais fatores estão a indicar a necessidade da suspensão cautelar da decisão proferida pelo TCU, até o julgamento final deste mandado de segurança. Ante o exposto, defiro o pedido de medida liminar, para suspender os efeitos da decisão proferida pelo Tribunal de Contas da União (Acórdão nº 39/2006) no processo TC nº 008.210/2004-7 (Relatório de Auditoria). Comunique-se, com urgência. Requisitem-se informações ao Tribunal de Contas da União e à Advocacia-Geral da União. Após, dê-se vista dos autos à Procuradoria-Geral

constitucionalidade de leis e com a legitimidade de normas estaduais.[46] Rotulou-se de inconstitucional, mais de uma vez, essa competência constitucional instituída por lei ordinária. Porém, a Corte, por meio de duas decisões famosas, casos *Martin* v. *Hunter's Lessee* e *Cohens* v. *Virginia*, deu por válida a norma. Legislação posterior conferiu à Suprema Corte, de modo explícito e em termos de crescente amplitude, o poder de reexaminar decisões dos Estados, quer por meio do *appeal*, quer do *writ of certiori*".[47]

Observa-se, portanto, que os primeiros âmagos de uma construção da *judicial review* do Tribunal Supremo estiveram dirigidos *contra as leis estaduais, não contra as do Congresso Nacional*".[48]

O primeiro caso bem evidenciado de controle de constitucionalidade de uma *lei nacional* nos Estados Unidos ocorreu com a sentença da Suprema Corte em *Marbury vs. Madison*, redigida, na realidade, por seu presidente, John Marshall.

Portanto, o controle difuso de constitucionalidade de lei nacional passou a ser uma realidade no ordenamento jurídico norte-americano a partir do julgamento do caso *Marbury* v. *Madison*, de 1803.[49]

---

da República. Publique-se. Brasília, 22 de março de 2006. Ministro GILMAR MENDES *Relator* (MS 25888 MC, Relator(a): Min. GILMAR MENDES, julgado em 22/03/2006, publicado em DJ 29/03/2006 PP-00011).

[46] Na Seção 25 assim estabeleceu o *Judiciary Act* em relação à Suprema Corte: *"...uma decisão judicial do tribunal de lei ou equidade mais alto de um Estado, e que seja contra a validade de um tratado, lei ou ato aplicado sob a autoridade dos Estados Unidos; ou outra resolução judicial do mesmo tipo, que se pronuncie a favor da validade de uma lei ou ato estatal, e que se impugne por entender-se que esses são contrários à Constituição, os tratados e ou às leis dos Estados Unidos, ... poderão ser revisados, e ratificados ou revogados pela Suprema Corte dos Estados Unidos, mediante 'writ of error'".*

[47] MOREIRA, José Carlos Barbosa. *Comentários ao código de processo civil*. Vol. V. (arts. 476 a 565). Rio de Janeiro: Forense, 1976. p. 534 e 535.

[48] FERNANDEZ, R. C., op. Cit. p. 397.

[49] *"Antes de 'Marbury vs. Madison', que estabeleceu a inconstitucionalidade de uma lei federal, parece que houve alguns outros casos, entre 1776 e 1787, nos quais se condenou tal tipo de contravenção, porém de leis estaduais em relação com constituições da mesma índole....*

'entre 1776 e 1787 produziram-se mais de meia dezena de casos em que o poder judiciário promoveu a declaração de inconstitucionalidade de normas legislativas que se entendiam contrárias à legislação superior dos Estados' (por exemplo, o mencionado por Sherry, op. Cit., p. 1142: em New Hampshire, em 1786, um tribunal rechaçou seguir uma lei que privava o jurado de questão de débitos de menor

William Marbury havia sido nomeado pelo presidente John Adams como juiz de paz para o Distrito de Columbia. Ainda que tal designação tenha sido formalizada, não deu tempo para enviá-la. O novo Secretário de Estado, James Madison, e em face da derrocada do executivo anterior, não encaminhou a nomeação, apesar de assim ter sido requerido por Marbury. Diante deste fato, Marbury dirige-se à Suprema Corte (em demanda originária) requerendo a emissão de um *writ of mandamus* para determinar que o Secretário encaminhe a designação mencionada, permitindo-se, assim, que Marbury ocupe o posto de juiz de paz. Marbury não inseriu na demanda qualquer questão referente à constitucionalidade de uma lei, mas apenas socorria-se à Corte Suprema para que fosse tutelado o seu direito à nomeação ao cargo de juiz de paz. Num primeiro momento, a Suprema Corte, de forma cautelar, solicitou a Madison que explicasse os motivos pelos quais o órgão judiciário não lhe deveria encaminhar um *writ of mandamus*. O princípio constitucional da separação dos poderes, inserido numa recém nascida Constituição federal, cheia de incertezas, recomendava essa precaução. O novo Secretário não prestou as informações solicitadas. O Tribunal, então, optou por ditar uma decisão que respondia a três perguntas: primeira – tem o demandante direito à designação solicitada; segunda – se tem esse direito e resulte que tenha sido violado, as leis do país lhe outorgam um remédio? terceira – se assim ocorre, o remédio consistiria em um mandamento que tenha que ser expedido pela Suprema Corte? Em relação à primeira indagação, assim decidiu o Tribunal: *"deve-se compreender que o Sr. Marbury tinha sido nomeado para o cargo desde que sua designação foi assinada pelo Presidente e selada pelo Secretário de Estado (anterior); e como a lei que criou o cargo confere o direito ao seu desempenho durante cinco anos, com independência do Poder Executivo, a nomeação não poderia ser revogada"*. Em relação à segunda indagação, Marshall assim se posicionou: *"o governo dos Estados Unidos tem sido marcado com insistência de 'governo das leis' e não de homens. Certamente deixaria de merecer essa elevada designação, se as leis não proporcionassem remédios para a violação de um direito adquirido'. Pois, 'quando a lei estabelece um dever específico e existem direitos individuais que dependem de cumprimento desse dever' está igualmente*

entidade, tendo em vista que a Constituição dali garantia o processo de tal índole)...". (FERNÁNDEZ, R.C., op. Cit. p. 392).

claro que o cidadão que se considere prejudicado tem o direito de apelar às leis de seu país em busca de uma reparação". Já a terceira pergunta foi assim respondida: *"A lei que estabelece os Tribunais dos Estados Unidos habilita a Suprema Corte para 'dirigir mandamentos, nos casos em que se proceda de acordo com os princípios e costumes de Direito, a qualquer tribunal nomeado, ou a pessoas que ocupem um cargo, sob a autoridade dos Estados Unidos. O Secretario de Estado, sendo uma pessoa que ostenta um cargo sob a autoridade dos Estados Unidos, encontra-se nitidamente incluído na letra da descrição legal, e se este Tribunal não está legitimado para dirigir-lhe um mandamento há de ser porque a lei é inconstitucional, e, em tal sentido, absolutamente incapaz de conferir a autoridade e assinalar os deveres que suas palavras pretendem conferir e assinalar, respectivamente'*. E é, com efeito, o que ocorre; o preceito é inconstitucional, pois, *"a Constituição deposita a totalidade do Poder Judiciário em um Tribunal Supremo e em tantos tribunais inferiores como o Congresso ordene estabelecer ao largo do tempo...em todos os casos relativos a embaixadores, a outros ministros plenipotenciários e cônsules, assim como naqueles casos em que seja parte um Estado, a Suprema Corte possuirá jurisdição em única instância. Em todos os demais casos... a Suprema Corte conhecerá em 'apelação'"*. Isso significa dizer que a Constituição não contemplou a possibilidade de que se atribuísse a competência incluída na Seção 13 do *Judiciary Act* à Suprema Corte, permitindo-se encaminhar um *writ of mandamus* ao Secretario de Estado Madison. A Carta Magna americana não outorgou competência *expressa* às Câmaras para aprovarem uma norma dessa índole, pelo qual o preceito assinalado vai contra ela. E em consequência, resulta *nulo*. Caso contrário, *'estar-se-ia atribuindo ao legislativo uma 'onipotência real e prática', ao mesmo tempo que se busca restringir suas competências dentro dos limites estreitos da lei. Seria tanto como estabelecer um limite e ao mesmo tempo permitir-se que se ultrapasse este limite ao seu bel prazer'*.[50]

Na realidade, conforme anota Ricardo Cueva Fernández: *o argumento básico que utilizou John Marshall foi aquele que já havia empregado Hamilton em O Federalista n.78. Porém, 'Marshall converte um argumento que em última instância estava baseado na ponderação das vantagens sobre os inconvenientes, em um argumento total acerca do que é devido'. E se bem 'a decisão desse caso não impulsionou imediatamente o exercício do controle de constitucionalidade das leis', pois, de fato, 'provavelmente o Tribunal Marshall foi o Tribunal mais 'deferente' com o*

---

[50] FERNANDEZ, R. C., op. Cit., p. 398 a 400

*Congresso da história dos Estados Unidos', 'quando se precisou de uma autoridade judicial para se remeter um precedente não questionado, Marbury estava ali'".*⁵¹

É importante salientar que a Suprema Corte já revogou ou declarou inconstitucional algumas leis de grande significação, entre elas, o Acordo de Missouri de 1820, concernente à escravidão nos territórios e que a Corte declarou inconstitucional no caso Dred Scott, em 1857; as leis sobre trabalho do menor que a Corte revogou em 1918 e 1922; e a legislação do *New Deal* que a Corte revogou em 1935 e 1936.⁵²

---

⁵¹ FERNÁNDEZ, R.C., idem., p. 397.
⁵² BAUM Lawrence. *A suprema corte americana – uma análise da mais notória e respeitada instituição judiciária do mundo contemporâneo.* Rio de Janeiro: Forense-Universitária, 1987. p. 261.

4.
Antecedente histórico no Brasil do 'recurso extraordinário' como meio de controle de constitucionalidade

Conforme já teve oportunidade de afirmar o Ministro José Celso de Mello Filho, *"o Supremo Tribunal Federal, como se sabe, projetando-se numa linha histórica de sucessão direta, constitui o legítimo continuador – na condição de órgão de cúpula do sistema judiciário – da Casa da Suplicação do Brasil, que, investida da mesma alçada e competência da Casa de Suplicação de Lisboa, foi instituída, logo após a chegada da Corte Real portuguesa ao nosso País, pelo Princípe-Regente D. João, mediante Alvará de 10.05.1808, 'para se fundarem ali todos os pleitos em última instância, por maior que seja o seu valor, sem que das últimas sentenças proferidas em qualquer das Mezas de sobredita Casa se possa interpor outro recurso(...)', estendendo-se a sua competência a todas as causas julgadas no Brasil e, também, durante o período de um ano, àquelas oriundas das 'Ilhas dos Açores, e Madeira(...)"*.[53]

Um dos objetivos que justifica a existência do Supremo Tribunal Federal no nosso sistema Constitucional processual é justamente a permissibilidade Constitucional de se conceder a esse órgão jurisdicional natureza de Corte Constitucional, assim como ocorreu com a Suprema Corte norte-americana e outras Cortes europeias, mais diretamente, *"no*

---

[53] MELLO FILHO, José Celso de. O supremo tribunal federal e a defesa das liberdades públicas sob a Constituição de 1988: alguns tópicos relevantes. *In:* Leandro Pausen (Coord.) *Repercussão geral no recurso extraordinário*. Porto Alegre: Livraria do Advogado Editora, 2011. p. 14.

plano da construção de uma 'jurisprudência das liberdades' concedida e formulada em favor dos direitos e garantias da pessoa humana".[54]

O Supremo Tribunal Federal mantém, na realidade, a função precípua de guardião da Constituição Federal, competindo-lhe a guarda da Constituição, preservando e interpretando as normas constitucionais, especialmente por meio da uniformização da jurisprudência constitucional nacional quanto à interpretação das normas constitucionais. Daí por que as decisões do STF, ainda que no âmbito do controle difuso de constitucionalidade, despontam como *paradigmáticas*, devendo ser observadas pelos demais tribunais da federação.[55]

E uma das formas de nossa Corte Constitucional exercer sua atividade jurisdicional/constitucional é justamente pelo controle difuso ou incidental proveniente do recurso extraordinário.

O recurso extraordinário tem por finalidade *"assegurar no âmbito da jurisdição constitucional brasileira: a inteireza positiva; a validade; a autoridade e a uniformidade de interpretação da Constituição"*.[56]

No Brasil, o recurso extraordinário passou a viger a partir do Decreto 848/1890, que organizou a Justiça Federal, por inspiração do *writ of error* do direito norte americano, cujo pedido consistia na ampla revisão de decisões proferidas por tribunais inferiores, pela Suprema Corte americana. Já no Brasil, o recurso foi concebido para possibilitar a revisão extraordinária de julgados de segunda instância, desde que houvesse exaurimento das vias ordinárias.[57]

O recurso extraordinário foi acolhido pelo art. 60, §1º, da Constituição de 1891, que assim dispunha:

> Art. 60 – Aos juizes e Tribunaes Federaes: processar e julgar: (Redação dada pela Emenda Constitucional de 3 de setembro de 1926):

---

[54] MELLO FILHO, J. C., idem, ibidem.
[55] CUNHA, Leonardo Carneiro. A função do Supremo Tribunal Federal e a força de seus precedentes: enfoque nas causas repetitivas. *In:* Leandro Pausen (Coord.) *Repercussão geral no recurso extraordinário.* Porto Alegre: Livraria do Advogado Editora, 2011. p.57.
[56] MIRANDA, Pontes de. *Comentários ao código de processo civil.* Vol. VIII, Rio de Janeiro: Forense, 2002. p. 39.
[57] MENDES, Gilmar Ferreira, BRANCO, Paulo Gustavo Gonet. *Curso de direito constitucional.* São Paulo: Editora Saraiva, 2012. p. 1.185.

a) as causas em que alguma das partes fundar a acção, ou a defesa, em disposição da Constituição Federal; (Redação dada pela Emenda Constitucional de 3 de setembro de 1926);

b) todas as causas propostas contra o Governo da União ou Fazenda Nacional, fundadas em disposições da Constituição, leis e regulamentos do Poder Executivo, ou em contractos celebrados com o mesmo Governo;(Redação dada pela Emenda Constitucional de 3 de setembro de 1926);

c) as causas provenientes de compensações, reivindicações, indemnização de prejuizos, ou quaesquer outras, propostas pelo Governo da União contra particulares ou vice--versa; (Redação dada pela Emenda Constitucional de 3 de setembro de 1926);

d) os litígios entre um Estado e habitantes de outro; (Redação dada pela Emenda Constitucional de 3 de setembro de 1926);

e) os pleitos entre Estados estrangeiros e cidadãos brasileiros; (Redação dada pela Emenda Constitucional de 3 de setembro de 1926);

f) as acções movidas por estrangeiros e fundadas, quer em contractos com o Governo da União, quer em convenções ou tratados da União com outras nações; (Redação dada pela Emenda Constitucional de 3 de setembro de 1926);

g) as questões de direito marítimo e navegação, assim no oceano como nos rios e lagos do paiz; (Redação dada pela Emenda Constitucional de 3 de setembro de 1926);

h) os crimes políticos. (Redação dada pela Emenda Constitucional de 3 de setembro de 1926);

§ 1º Das sentenças das justiças dos Estados em ultima instancia haverá recurso para o Supremo Tribunal Federal: (Redação dada pela Emenda Constitucional de 3 de setembro de 1926);

a) quando se questionar sobre a vigência ou a validade das leis federaes em face da Constituição e a decisão do Tribunal do Estado lhes negar applicação; (Incluído pela Emenda Constitucional de 3 de setembro de 1926);

b) quando se contestar a validade de leis ou actos dos governos dos Estados em face da Constituição, ou das leis federaes, e a decisão do tribunal do Estado considerar válidos esses actos, ou essas leis impugnadas;(Incluído pela Emenda Constitucional de 3 de setembro de 1926);

c) quando dous ou mais tribunaes locaes interpretarem de modo differente a mesma lei federal, podendo o recurso ser também interposto por qualquer dos tribunaes referidos ou pelo procurador geral da Republica; (Incluído pela Emenda Constitucional de 3 de setembro de 1926);

d) quando se tratar de questões de direito criminal ou civil internacional. (Incluído pela Emenda Constitucional de 3 de setembro de 1926).

Contudo, a denominação de *recurso extraordinário* somente foi incorporada em nosso ordenamento jurídico quando da entrada em vigor do primeiro Regimento Interno do Supremo Tribunal Federal, art. 24, do Dec. n. 3.084, de 5.11.1898, Parte III, arts. 678, letra 'd', e 744.[58]

A Constituição Federal de 1934 previu o recurso extraordinário em seu art. 76, inc. III, a saber:

> *Art 76 – A Corte Suprema compete:*
> *(...).*
> *III – em recurso extraordinário, as causas decididas pelas Justiças locais em única ou última instância:*
> *a) quando a decisão for contra literal disposição de tratado ou lei federal, sobre cuja aplicação se haja questionado;*
> *b) quando se questionar sobre a vigência ou validade de lei federal em face da Constituição, e a decisão do Tribunal local negar aplicação à lei impugnada;*
> *c) quando se contestar a validade de lei ou ato dos Governos locais em face da Constituição, ou de lei federal, e a decisão do Tribunal local julgar válido o ato ou a lei impugnada;*
> *d) quando ocorrer diversidade de interpretação definitiva da lei federal entre Cortes de Apelação de Estados diferentes, inclusive do Distrito Federal ou dos Territórios, ou entre um destes Tribunais e a Corte Suprema, ou outro Tribunal federal.*

Na Constituição Federal de 1937, o recurso extraordinário foi disciplinado no art. 101, inc. III, *in verbis*:

> *Art. 101 – Ao Supremo Tribunal Federal compete:*
> *(...).*
> *III – julgar, em recurso extraordinário, as causas decididas pelas Justiças locais em única ou última instâncias:*
> *a) quando a decisão for contra a letra de tratado ou lei federal, sobre cuja aplicação se haja questionado;*
> *b) quando se questionar sobre a vigência ou validade da lei federal em face da Constituição, e a decisão do Tribunal local negar aplicação à lei impugnada;*

---

[58] MOREIRA, J. C. B., op. cit., p. 536.

c) quando se contestar a validade de lei ou ato dos Governos locais em face da Constituição, ou de lei federal, e a decisão do Tribunal local julgar válida a lei ou o ato impugnado;

d) quando decisões definitivas dos Tribunais de Apelação de Estados diferentes, inclusive do Distrito Federal ou dos Territórios, ou decisões definitivas de um destes Tribunais e do Supremo Tribunal Federal derem à mesma lei federal inteligência diversa.

A Constituição Federal de 1946 regulou o recurso extraordinário em seu art. 101, inc. III, nos seguintes termos:

Art 101 – Ao Supremo Tribunal Federal compete:
(...)
III – julgar em recurso extraordinário as causas decididas em única ou última instância por outros Tribunais ou Juízes:
a) quando a decisão for contrária a dispositivo desta Constituição ou à letra de tratado ou lei federal;
b) quando se questionar sobre a validade de lei federal em face desta Constituição, e a decisão recorrida negar aplicação à lei impugnada;
c) quando se contestar a validade de lei ou ato de governo local em face desta Constituição ou de lei federal, e a decisão recorrida julgar válida a lei ou o ato;
d) quando na decisão recorrida a interpretação da lei federal invocada for diversa da que lhe haja dado qualquer dos outros Tribunais ou o próprio Supremo Tribunal Federal.

Na Constituição Federal de 1967, com a Emenda Constitucional n. 1 de 1969, o recurso extraordinário foi regulado no art. 119, inc. III, *in verbis*:

Art. 119. Compete ao Supremo Tribunal Federal:
(...).
III – julgar, mediante recurso extraordinário, as causas decididas em única ou última instância por outros tribunais, quando a decisão recorrida:
a) contrariar dispositivo desta Constituição ou negar vigência de tratado ou lei federal;
b) declarar a inconstitucionalidade de tratado ou lei federal;
c) julgar válida lei ou ato do govêrno local contestado em face da Constituição ou de lei federal; ou

d) der à lei federal interpretação divergente da que lhe tenha dado outro Tribunal ou o próprio Supremo Tribunal Federal.

A partir da Constituição Federal de 1988, o recurso extraordinário tornou-se cabível apenas para reapreciação de matéria constitucional. A sua disciplina está esculpida no art. 102, inc. III, letras 'a' a 'd' da C.F.:

> "Art. 102. Compete ao Supremo Tribunal Federal, precipuamente, a guarda da Constituição, cabendo-lhe:
> (...).
> Inc. III – julgar, mediante recurso extraordinário, as causas decididas em única e última instância, quando a decisão recorrida:
> a) contrariar dispositivo desta Constituição;
> b) declarar a inconstitucionalidade de tratado ou lei federal;
> c) julgar válida lei ou ato de governo local contestado em face desta Constituição.
> d) julgar válida lei local contestada em face de lei federal. (Incluída pela Emenda Constitucional nº 45, de 2004)

Nas letras 'a' a 'c', há expressa menção de que a decisão violou de alguma forma a Constituição.

Por outro lado, a hipótese descrita na letra 'd' não traz qualquer menção expressa de violação à Constituição, pois permite a interposição de recurso extraordinário quando a decisão recorrida julgar válida lei local contestada em face de lei federal. Porém, como a competência do Poder Legislativo para legislar, seja no âmbito federal, estadual e municipal, é estabelecida pela Constituição Federal, o cabimento do recurso extraordinário justifica-se pela não observância das regras constitucionais de competência legislativa.

É importante salientar que não caberá recurso extraordinário por simples ofensa a direito local, conforme estabelece a Súmula 280 do S.T.F.

No RE n. 117.809/PR em que o Supremo Tribunal Federal tratou da autonomia municipal para fixar tarifas de serviço público local, consta-se a seguinte passagem no voto proferido pela Ministra Carmen Lúcia, referente ao conflito entre lei local e a Constituição:

> "Conforme relatado, o exame do que alegado no presente recurso extraordinário tornou-se possível após a apreciação da questão de ordem trazida ao Plenário pelo

então Relator, Ministro Sepúlveda Pertence, quando se decidiu pela competência do Supremo Tribunal Federal para conhecer deste recurso.

Anote-se que Sua Excelência, o Ministro Sepúlveda Pertence, partiu da premissa de que, nos casos de conflito entre lei federal e lei estadual ou municipal, haverá questão constitucional a ser dirimida pela via do recurso extraordinário, e não do recurso especial, quando a preferência pela aplicação da norma local em detrimento da lei nacional adotada no acórdão recorrido tiver-se baseado na circunstância de esta ter cuidado de matéria de competência municipal. Daí o reconhecimento do juízo de constitucionalidade feito pela decisão recorrida a atrair para este Supremo Tribunal a competência recursal.

É a conclusão do Ministro Sepúlveda Pertence: 'Ora, se entre uma lei federal e uma lei estadual ou municipal, a decisão optar pela aplicação da última por entender que a norma central regulou matéria de competência local, é evidente que a terá considerado inconstitucional, o que basta à admissão do recurso extraordinário pela letra b do art. 102, III, da Constituição, como, aliás, ocorreu neste processo. Ao recurso especial, assim, coerentemente com a sua destinação, o que tocará é a outra hipótese, a do cotejo entre lei federal e lei local, sem que se questione a validade da primeira, mas apenas a compatibilidade ou não com ela, a lei federal, da norma estadual ou municipal...".

O *recurso extraordinário*, cujas espécies são indicadas no art. 102, inc. II, letra a) a d) da Constituição Federal de 1988, foi introduzido no Brasil com a República Federativa. Prende-se ele, *como galhos a tronco de raiz*, à necessidade de se assegurar em todo território nacional e em todas as dimensões do ambiente jurídico nacional, a observância, o respeito e a melhor interpretação da Constituição Federal. Não se pode afirmar, como anota Pontes de Miranda, *"que seja inerente ao regime federativo, porque não é impossível o Estado federal com unidade de Justiça, nem, tão-pouco, o Estado unitário com Justiça múltipla"*.[59]

Note-se que o recurso extraordinário no direito brasileiro não se assemelha às figuras recursais a que se costuma, em vários ordenamentos jurídicos estrangeiros, aplicar essa designação. Em algumas legislações estrangeiras, essa nomenclatura de 'extraordinário' refere-se a recursos interponíveis contra decisões já transitadas em julgado, nos mesmos parâmetros da nossa demanda rescisória.

---

[59] PONTES DE MIRANDA. *Comentários à constituição de 1946*. 4ª ed. Tomo III. Rio de Janeiro: 1963. p. 272.

A Constituição Federal de 1988, ao manter o Supremo Tribunal Federal como órgão máximo do Poder Judiciário brasileiro, estabeleceu as seguintes regras de conformidade para sua instituição e competência Constitucional:

> Art. 101. O Supremo Tribunal Federal compõe-se de onze Ministros, escolhidos dentre cidadãos com mais de trinta e cinco e menos de sessenta e cinco anos de idade, de notável saber jurídico e reputação ilibada.
>
> Parágrafo único. Os Ministros do Supremo Tribunal Federal serão nomeados pelo Presidente da República, depois de aprovada a escolha pela maioria absoluta do Senado Federal.
>
> Art. 102. Compete ao Supremo Tribunal Federal, precipuamente, a guarda da Constituição, cabendo-lhe:
>
> I – processar e julgar, originariamente:
>
> a) a ação direta de inconstitucionalidade de lei ou ato normativo federal ou estadual e a ação declaratória de constitucionalidade de lei ou ato normativo federal; (Redação dada pela Emenda Constitucional nº 3, de 1993)
>
> b) nas infrações penais comuns, o Presidente da República, o Vice-Presidente, os membros do Congresso Nacional, seus próprios Ministros e o Procurador-Geral da República;
>
> c) nas infrações penais comuns e nos crimes de responsabilidade, os Ministros de Estado e os Comandantes da Marinha, do Exército e da Aeronáutica, ressalvado o disposto no art. 52, I, os membros dos Tribunais Superiores, os do Tribunal de Contas da União e os chefes de missão diplomática de caráter permanente;(Redação dada pela Emenda Constitucional nº 23, de 1999);
>
> d) o habeas corpus, sendo paciente qualquer das pessoas referidas nas alíneas anteriores; o mandado de segurança e o habeas data contra atos do Presidente da República, das Mesas da Câmara dos Deputados e do Senado Federal, do Tribunal de Contas da União, do Procurador-Geral da República e do próprio Supremo Tribunal Federal;
>
> e) o litígio entre Estado estrangeiro ou organismo internacional e a União, o Estado, o Distrito Federal ou o Território;
>
> f) as causas e os conflitos entre a União e os Estados, a União e o Distrito Federal, ou entre uns e outros, inclusive as respectivas entidades da administração indireta;
>
> g) a extradição solicitada por Estado estrangeiro;
>
> i) o **habeas corpus**, quando o coator for Tribunal Superior ou quando o coator ou o paciente for autoridade ou funcionário cujos atos estejam sujeitos diretamente à

jurisdição do Supremo Tribunal Federal, ou se trate de crime sujeito à mesma jurisdição em uma única instância; (Redação dada pela Emenda Constitucional nº 22, de 1999);

j) a revisão criminal e a ação rescisória de seus julgados;

l) a reclamação para a preservação de sua competência e garantia da autoridade de suas decisões;

m) a execução de sentença nas causas de sua competência originária, facultada a delegação de atribuições para a prática de atos processuais;

n) a ação em que todos os membros da magistratura sejam direta ou indiretamente interessados, e aquela em que mais da metade dos membros do tribunal de origem estejam impedidos ou sejam direta ou indiretamente interessados;

o) os conflitos de competência entre o Superior Tribunal de Justiça e quaisquer tribunais, entre Tribunais Superiores, ou entre estes e qualquer outro tribunal;

p) o pedido de medida cautelar das ações diretas de inconstitucionalidade;

q) o mandado de injunção, quando a elaboração da norma regulamentadora for atribuição do Presidente da República, do Congresso Nacional, da Câmara dos Deputados, do Senado Federal, das Mesas de uma dessas Casas Legislativas, do Tribunal de Contas da União, de um dos Tribunais Superiores, ou do próprio Supremo Tribunal Federal;

r) as ações contra o Conselho Nacional de Justiça e contra o Conselho Nacional do Ministério Público; (Incluída pela Emenda Constitucional nº 45, de 2004);

II – julgar, em recurso ordinário:

a) o habeas corpus, o mandado de segurança, o habeas data e o mandado de injunção decididos em única instância pelos Tribunais Superiores, se denegatória a decisão;

b) o crime político;

III – julgar, mediante recurso extraordinário, as causas decididas em única ou última instância, quando a decisão recorrida:

a) contrariar dispositivo desta Constituição;

b) declarar a inconstitucionalidade de tratado ou lei federal;

c) julgar válida lei ou ato de governo local contestado em face desta Constituição;

d) julgar válida lei local contestada em face de lei federal. (Incluída pela Emenda Constitucional nº 45, de 2004);

§ 1º A argüição de descumprimento de preceito fundamental, decorrente desta Constituição, será apreciada pelo Supremo Tribunal Federal, na forma da lei. (Transformado em § 1º pela Emenda Constitucional nº 3, de 17/03/93);

§ 2º As decisões definitivas de mérito, proferidas pelo Supremo Tribunal Federal, nas ações diretas de inconstitucionalidade e nas ações declaratórias de constitucionalidade produzirão eficácia contra todos e efeito vinculante, relativamente aos demais

órgãos do Poder Judiciário e à administração pública direta e indireta, nas esferas federal, estadual e municipal. (Redação dada pela Emenda Constitucional nº 45, de 2004);

§ 3º No recurso extraordinário o recorrente deverá demonstrar a repercussão geral das questões constitucionais discutidas no caso, nos termos da lei, a fim de que o Tribunal examine a admissão do recurso, somente podendo recusá-lo pela manifestação de dois terços de seus membros. (Incluída pela Emenda Constitucional nº 45, de 2004);

Art. 103. Podem propor a ação direta de inconstitucionalidade e a ação declaratória de constitucionalidade: (Redação dada pela Emenda Constitucional nº 45, de 2004)

I – o Presidente da República;
II – a Mesa do Senado Federal;
III – a Mesa da Câmara dos Deputados;
IV – a Mesa de Assembléia Legislativa ou da Câmara Legislativa do Distrito Federal; (Redação dada pela Emenda Constitucional nº 45, de 2004)
V – o Governador de Estado ou do Distrito Federal; (Redação dada pela Emenda Constitucional nº 45, de 2004)
VI – o Procurador-Geral da República;
VII – o Conselho Federal da Ordem dos Advogados do Brasil;
VIII – partido político com representação no Congresso Nacional;
IX – confederação sindical ou entidade de classe de âmbito nacional.

§ 1º – O Procurador-Geral da República deverá ser previamente ouvido nas ações de inconstitucionalidade e em todos os processos de competência do Supremo Tribunal Federal.

§ 2º – Declarada a inconstitucionalidade por omissão de medida para tornar efetiva norma constitucional, será dada ciência ao Poder competente para a adoção das providências necessárias e, em se tratando de órgão administrativo, para fazê-lo em trinta dias.

§ 3º – Quando o Supremo Tribunal Federal apreciar a inconstitucionalidade, em tese, de norma legal ou ato normativo, citará, previamente, o Advogado-Geral da União, que defenderá o ato ou texto impugnado.

Art. 103-A. O Supremo Tribunal Federal poderá, de ofício ou por provocação, mediante decisão de dois terços dos seus membros, após reiteradas decisões sobre matéria constitucional, aprovar súmula que, a partir de sua publicação na imprensa oficial, terá efeito vinculante em relação aos demais órgãos do Poder Judiciário e à administração pública direta e indireta, nas esferas federal, estadual e municipal, bem como proceder à sua revisão ou cancelamento, na forma estabelecida em lei. (Incluído pela Emenda Constitucional nº 45, de 2004) (Vide Lei nº 11.417, de 2006).

§ 1º A súmula terá por objetivo a validade, a interpretação e a eficácia de normas determinadas, acerca das quais haja controvérsia atual entre órgãos judiciários ou entre esses e a administração pública que acarrete grave insegurança jurídica e relevante multiplicação de processos sobre questão idêntica. (Incluído pela Emenda Constitucional nº 45, de 2004)

§ 2º Sem prejuízo do que vier a ser estabelecido em lei, a aprovação, revisão ou cancelamento de súmula poderá ser provocada por aqueles que podem propor a ação direta de inconstitucionalidade.(Incluído pela Emenda Constitucional nº 45, de 2004)

§ 3º Do ato administrativo ou decisão judicial que contrariar a súmula aplicável ou que indevidamente a aplicar, caberá reclamação ao Supremo Tribunal Federal que, julgando-a procedente, anulará o ato administrativo ou cassará a decisão judicial reclamada, e determinará que outra seja proferida com ou sem a aplicação da súmula, conforme o caso. (Incluído pela Emenda Constitucional nº 45, de 2004)

Art. 103-B. O Conselho Nacional de Justiça compõe-se de 15 (quinze) membros com mandato de 2 (dois) anos, admitida 1 (uma) recondução, sendo: (Redação dada pela Emenda Constitucional nº 61, de 2009)

I – o Presidente do Supremo Tribunal Federal; (Redação dada pela Emenda Constitucional nº 61, de 2009)

II – um Ministro do Superior Tribunal de Justiça, indicado pelo respectivo tribunal; (Incluído pela Emenda Constitucional nº 45, de 2004)

III – um Ministro do Tribunal Superior do Trabalho, indicado pelo respectivo tribunal; (Incluído pela Emenda Constitucional nº 45, de 2004)

IV – um desembargador de Tribunal de Justiça, indicado pelo Supremo Tribunal Federal; (Incluído pela Emenda Constitucional nº 45, de 2004)

V – um juiz estadual, indicado pelo Supremo Tribunal Federal; (Incluído pela Emenda Constitucional nº 45, de 2004)

VI – um juiz de Tribunal Regional Federal, indicado pelo Superior Tribunal de Justiça; (Incluído pela Emenda Constitucional nº 45, de 2004)

VII – um juiz federal, indicado pelo Superior Tribunal de Justiça; (Incluído pela Emenda Constitucional nº 45, de 2004)

VIII – um juiz de Tribunal Regional do Trabalho, indicado pelo Tribunal Superior do Trabalho; (Incluído pela Emenda Constitucional nº 45, de 2004)

IX – um juiz do trabalho, indicado pelo Tribunal Superior do Trabalho; (Incluído pela Emenda Constitucional nº 45, de 2004)

X – um membro do Ministério Público da União, indicado pelo Procurador-Geral da República; (Incluído pela Emenda Constitucional nº 45, de 2004)

XI um membro do Ministério Público estadual, escolhido pelo Procurador-Geral da República dentre os nomes indicados pelo órgão competente de cada instituição estadual; (Incluído pela Emenda Constitucional nº 45, de 2004)

XII – dois advogados, indicados pelo Conselho Federal da Ordem dos Advogados do Brasil; (Incluído pela Emenda Constitucional nº 45, de 2004)

XIII – dois cidadãos, de notável saber jurídico e reputação ilibada, indicados um pela Câmara dos Deputados e outro pelo Senado Federal. (Incluído pela Emenda Constitucional nº 45, de 2004)

§ 1º O Conselho será presidido pelo Presidente do Supremo Tribunal Federal e, nas suas ausências e impedimentos, pelo Vice-Presidente do Supremo Tribunal Federal. (Redação dada pela Emenda Constitucional nº 61, de 2009)

§ 2º Os demais membros do Conselho serão nomeados pelo Presidente da República, depois de aprovada a escolha pela maioria absoluta do Senado Federal. (Redação dada pela Emenda Constitucional nº 61, de 2009)

§ 3º Não efetuadas, no prazo legal, as indicações previstas neste artigo, caberá a escolha ao Supremo Tribunal Federal. (Incluído pela Emenda Constitucional nº 45, de 2004)

§ 4º Compete ao Conselho o controle da atuação administrativa e financeira do Poder Judiciário e do cumprimento dos deveres funcionais dos juízes, cabendo-lhe, além de outras atribuições que lhe forem conferidas pelo Estatuto da Magistratura: (Incluído pela Emenda Constitucional nº 45, de 2004)

I – zelar pela autonomia do Poder Judiciário e pelo cumprimento do Estatuto da Magistratura, podendo expedir atos regulamentares, no âmbito de sua competência, ou recomendar providências; (Incluído pela Emenda Constitucional nº 45, de 2004)

II – zelar pela observância do art. 37 e apreciar, de ofício ou mediante provocação, a legalidade dos atos administrativos praticados por membros ou órgãos do Poder Judiciário, podendo desconstituí-los, revê-los ou fixar prazo para que se adotem as providências necessárias ao exato cumprimento da lei, sem prejuízo da competência do Tribunal de Contas da União; (Incluído pela Emenda Constitucional nº 45, de 2004)

III – receber e conhecer das reclamações contra membros ou órgãos do Poder Judiciário, inclusive contra seus serviços auxiliares, serventias e órgãos prestadores de serviços notariais e de registro que atuem por delegação do poder público ou oficializados, sem prejuízo da competência disciplinar e correicional dos tribunais, podendo avocar processos disciplinares em curso e determinar a remoção, a disponibilidade ou a aposentadoria com subsídios ou proventos proporcionais ao tempo de serviço e aplicar outras sanções administrativas, assegurada ampla defesa; (Incluído pela Emenda Constitucional nº 45, de 2004)

IV – representar ao Ministério Público, no caso de crime contra a administração pública ou de abuso de autoridade; (Incluído pela Emenda Constitucional nº 45, de 2004)

V – rever, de ofício ou mediante provocação, os processos disciplinares de juízes e membros de tribunais julgados há menos de um ano; (Incluído pela Emenda Constitucional nº 45, de 2004)

VI – elaborar semestralmente relatório estatístico sobre processos e sentenças prolatadas, por unidade da Federação, nos diferentes órgãos do Poder Judiciário; (Incluído pela Emenda Constitucional nº 45, de 2004)

VII – elaborar relatório anual, propondo as providências que julgar necessárias, sobre a situação do Poder Judiciário no País e as atividades do Conselho, o qual deve integrar mensagem do Presidente do Supremo Tribunal Federal a ser remetida ao Congresso Nacional, por ocasião da abertura da sessão legislativa. (Incluído pela Emenda Constitucional nº 45, de 2004)

§ 5º O Ministro do Superior Tribunal de Justiça exercerá a função de Ministro-Corregedor e ficará excluído da distribuição de processos no Tribunal, competindo-lhe, além das atribuições que lhe forem conferidas pelo Estatuto da Magistratura, as seguintes: (Incluído pela Emenda Constitucional nº 45, de 2004)

I receber as reclamações e denúncias, de qualquer interessado, relativas aos magistrados e aos serviços judiciários; (Incluído pela Emenda Constitucional nº 45, de 2004)

II exercer funções executivas do Conselho, de inspeção e de correição geral; (Incluído pela Emenda Constitucional nº 45, de 2004)

III requisitar e designar magistrados, delegando-lhes atribuições, e requisitar servidores de juízos ou tribunais, inclusive nos Estados, Distrito Federal e Territórios. (Incluído pela Emenda Constitucional nº 45, de 2004)

§ 6º Junto ao Conselho oficiarão o Procurador-Geral da República e o Presidente do Conselho Federal da Ordem dos Advogados do Brasil. (Incluído pela Emenda Constitucional nº 45, de 2004)

§ 7º A União, inclusive no Distrito Federal e nos Territórios, criará ouvidorias de justiça, competentes para receber reclamações e denúncias de qualquer interessado contra membros ou órgãos do Poder Judiciário, ou contra seus serviços auxiliares, representando diretamente ao Conselho Nacional de Justiça. (Incluído pela Emenda Constitucional nº 45, de 2004).

4.1. Natureza 'objetiva' do recurso extraordinário

A partir da Constituição de 1988, o recurso extraordinário passou a ter um papel ainda mais importante como meio de controle difuso de constitucionalidade perante o S.T.F., especialmente pelo fato de que atualmente tornou-se muito mais evidente a Supremacia das normas Constitucionais como diretrizes normativas de todo o sistema jurídico brasileiro. Na verdade, após a Constituição de 1988 *"intensificou-se o processo de constitucionalização dos Direitos e garantias fundamentais, tão abalados no período entre guerras. Assim, ante aos percalços que o modelo de outrora conduzia na aplicação do Direito justo, surge o Estado preocupado com as questões sociais, e como a ele veio a necessidade de submeter a produção normativa a um controle que prestigiasse os princípios de justiça"*.[60]

Diante dessa importância contextual do recurso extraordinário, verifica-se que ele deixa de ter um caráter marcadamente subjetivo ou de defesa de interesse das partes, para assumir, de forma incisiva, a função de defesa da ordem constitucional objetiva. Nesse sentido é a seguinte passagem retirada do voto proferido pelo Ministro Gilmar Mendes no RE n. 376.856/MC/SC: *"Esse novo modelo legal traduz, sem dúvida, um avanço na concepção vetusta que caracteriza o recurso extraordinário entre nós. Esse instrumento deixa de ter caráter marcadamente subjetivo ou de defesa de interesse das partes, para assumir, de forma decisiva, a função de defesa da ordem constitucional objetiva. Trata-se de orientação que os modernos sistemas de Corte Constitucional vêm conferindo ao recurso de amparo e ao recurso constitucional (verfassungsbeschwerde). Nesse sentido, destaca-se a observação de Häberle segundo a qual a função da Constituição na proteção dos direitos individuais (subjectivos) é apenas uma faceta do recurso de amparo', dotado de uma 'dupla função', subjetiva e objetiva, 'consistindo esta última em assegurar o Direito Constitucional 'objetivo' (Peter Häberle, O recurso de amparo no sistema germânico, Sub Judice 20/21, 2001, p. 33). Essa orientação há muito mostra-se dominante no direito americano. Já no primeiro quartel do século passado, afirmava Triepel que os processos de controle de normas deveriam ser concebidos como 'processos objetivos'. Assim, sustentava ele, no conhecido Referat sobre 'a natureza e desenvolvimento da jurisdição constitucional', que, quanto mais políticas fossem as questões submetidas à jurisdição constitu-*

---

[60] VALADÃO, José Arildo. *A nova função do recurso extraordinário*. Coleção Andrea Proto Pisana; Coord. Ada Pellegrini Grinover e Petroniol Calmon, Vol. 8. Brasília: Gazeta Jurídica, 2013. p. 1 e 2.

cional, tanto mais adequada pareceria a adoção de um processo judicial totalmente diferenciado dos processos ordinários. 'Quanto menos se cogitar, nesse processo, de ação (...), de condenação, de cassação de atos estatais – dizia Triepel – mais facilmente poderão ser resolvidas, sob a forma judicial, as questões políticas, que são, igualmente, questões jurídicas' (Triepel, Heinrich, Wesen und Entewicklung der Staatsgerichtsbarkeit, VVDSTRL, vol. 5 (1929), p. 26). Triepel acrescentava, então, que 'os americanos haviam desenvolvido o mais objetivo dos processos que se poderia imaginar (Die Amerikaner haben für Verfassungsstreitigkeiten das objektivste Verfahren eingeführt, das sich denken lässt) (Triepel, op. cit., p. 26)".

O recurso extraordinário passa a ser um modelo que começa a ganhar força e forma na jurisprudência do S.T.F. direcionado a conhecer, exatamente, daquelas questões de envergadura constitucional, e não para atender direitos subjetivos individuais.[61]

Para se ter uma ideia dessa concepção objetivista do recurso extraordinário, eis as seguintes posturas adotadas pelo S.T.F. no âmbito restrito do recurso extraordinário: o S.T.F., no RE n. 197.917-SP, diante da prevalência do interesse público para assegurar, outorgou, em caráter de exceção, efeitos futuros à declaração incidental de inconstitucionalidade, outorgando efeito *erga omnes* à decisão proferida em recurso extraordinário; O S.T.F., nos REs ns. 416. 827/SC e 415.454/SC, permitiu a participação de *amici curiae* no controle incidental de constitucionalidade.[62]

A realidade objetivista do recurso extraordinário tem sido reconhecida inclusive pelo próprio Superior Tribunal de Justiça. Conforme leciona José Arildo Valadão: "*Nos julgados em recurso especial de n. 744.937 e n. 741.737/SP a Ministra Denise Arruda Alvim destaca, textualmente, que o recurso extraordinário deve ser visto como forma de tutela constitucional objetiva, e não só como meio de defesa de interesses das partes. Na sequência, reafirma a Ministra que o Supremo Tribunal Federal, em caso análogo, proferiu decisão 'confirmando a eficácia erga omnes, com efeito vinculante, de decisão proferida em recurso extraordinário, rejeitou duas Ações Diretas de Inconstitucionalidade (n.s. 3.345 e 3.365) interpostas contra a Resolução n. 21.702/2004, do Tribunal Superior Eleitoral, que, com base no julgamento no RE n. 197.917/SP, disciplinou a matéria a respeito do número de veradores em cada município. A Ministra reconheceu expressamente*

---

[61] VALADÃO, J. A., idem, p. 581.
[62] VALADÃO, J. A., idem. p. 234 e 236.

nesses julgados, a eficácia vinculante das decisões proferidas em recurso extraordinário pelo Plenário do Supremo Tribunal Federal".[63]

A natureza objetivista do recurso extraordinário tornou-se ainda mais evidente com a inserção em nosso ordenamento jurídico do instituto jurídico da *repercussão geral*, sistema que somente permite ser apreciado em recurso extraordinário temas de relevância para a sociedade brasileira, seja na ordem econômica, social ou jurídica, ultrapassando os limites subjetivos das partes do processo.

A repercussão geral impele a verticalização das decisões proferidas em recurso extraordinário pelo S.T.F.[64]

Diante dessa importância dos precedentes formulados por nossa Corte Constitucional, ainda que no controle difuso de constitucionalidade, deve-se ter em mente a seguinte advertência de Eduardo Oteiza: *"La falta de seguimiento de la jurisprudencia por los tribunales inferiores de los criterios seguidos por las cortes superiores provoca incertidumbre sobre la inteligencia de la reglas y los principios....Los tribunales superiores tienen la posibilidad de resolver la cuestión puramente abstracta y devolver el caso al tribunal inferior para que aplique el critério hermeneutico ao caso o bien pronunciarse sobre la substancia del conflicto...".*[65]

Nessa mesma direção são as considerações do Ministro Gilmar Mendes proferidas em seu voto no RE n. 203.498/DF: *"Ora, se ao Supremo Tribunal Federal compete, precipuamente, a guarda da Constituição Federal, é certo que a interpretação do texto constitucional por ele fixada deve ser acompanhada pelos demais Tribunais, em decorrência do efeito definitivo outorgado à sua decisão. Não se pode diminuir a eficácia das decisões do Supremo Tribunal Federal com a manutenção de decisões divergentes. Contrariamente, a manutenção de soluções divergentes, em instâncias inferiores, sobre o mesmo tema, provocaria, além da desconsideração do próprio conteúdo da decisão desta Corte, última intérprete do texto constitucional, a fragilização da força normativa da Constituição!*

Não foi por outra finalidade que Marinoni expressamente assim declarou: *"Não há necessidade de pensar em coisa julgada erga omnes, própria às ações em que o controle de constitucionalidade é concentrado, ou em súmula vinculante.*

---

[63] VALADÃO, J. A., idem, p. 237.
[64] VALADÃO, J. A., idem, p. 281.
[65] OTEIZA, Eduardo. *El problema de la uniformidad de la juriprudencia en la América Latina.* Repro n. 136, São Paulo. R.T., 2006. p. 190.

As decisões tomadas pelo Supremo Tribunal Federal, mesmo em controle difuso, v.g., recurso extraordinário, não podem deixar de ter eficácia vinculante.[66]

É certo, porém, que a tese objetivista das decisões proferidas pelo Plenário do S.T.F. não encontra ainda guarida em relação a todos os Ministros da Corte.

Recentemente, o Plenário do S.T.F., ao negar o Habeas Corpus (HC) n. 126292, por maioria de votos, entendeu que a possibilidade de início da execução da pena condenatória após a confirmação da sentença em segundo grau não ofende o princípio constitucional da presunção de inocência. Para o relator do caso, Ministro Teori Zavascki, a manutenção da sentença penal pela segunda instância encerra a análise de fatos e provas que assentaram a culpa do condenado, o que autoriza o início da execução da pena. Essa decisão indica a mudança de entendimento da Corte, que desde 2009, no julgamento do HC n. 84.078, condicionava a execução da pena ao trânsito em julgado da condenação, mas ressalvava a possibilidade de prisão preventiva.

Contudo, no dia 1 de julho de 2016, o Ministro Celso de Mello, no HC n. 135.100, rompendo com a perspectiva *objetivista* das decisões proferidas pelo Plenário do S.T.F., concedeu liminar para suspender a execução do mandado de prisão expedido contra condenado pelos crimes de homicídio qualificado e ocultação de cadáver. Eis a ementa da decisão:

> *"HABEAS CORPUS". CONDENAÇÃO PENAL. HOMICÍDIO QUALIFICADO (CP, ART. 121, § 2º, INCISOS I E IV). CRIME HEDIONDO. TRÂNSITO EM JULGADO PARA O MINISTÉRIO PÚBLICO. RECURSO EXCLUSIVO DO RÉU. "REFORMATIO IN PEJUS". VEDAÇÃO (CPP, ART. 617, "in fine"). DECRETAÇÃO, "ex officio", DE PRISÃO. EXECUÇÃO PROVISÓRIA DA PENA ("CARCER AD POENAM"). INADMISSIBILIDADE. AFIRMAÇÃO, PELO TRIBUNAL DE JUSTIÇA LOCAL, DE QUE A CONDENAÇÃO CRIMINAL EM PRIMEIRA INSTÂNCIA, NÃO OBSTANTE AINDA RECORRÍVEL, AFASTA A PRESUNÇÃO DE INOCÊNCIA E FAZ PREVALECER A PRESUNÇÃO DE CULPABILIDADE DO RÉU (VOTO DO DESEMBARGADOR REVISOR). INVERSÃO INACEITÁVEL QUE OFENDE E SUBVERTE A*

---

[66] MARINONI, Luiz Guilherme. *Precedentes obrigatórios.* São Paulo: Revista dos Tribunais, 2010. p. 166.

FÓRMULA DA LIBERDADE, QUE CONSAGRA, COMO DIREITO FUNDAMENTAL DE QUALQUER PESSOA, A PRESUNÇÃO CONSTITUCIONAL DE INOCÊNCIA. PRERROGATIVA ESSENCIAL QUE SOMENTE SE DESCARACTERIZA COM O TRÂNSITO EM JULGADO DA CONDENAÇÃO CRIMINAL (CF, ART. 5º, INCISO LVII). CONSEQUENTE ILEGITIMIDADE CONSTITUCIONAL DA EXECUÇÃO PROVISÓRIA DA PENA. ENTENDIMENTO QUE IGUALMENTE DESRESPEITA A PRÓPRIA LEI DE EXECUÇÃO PENAL, QUE IMPÕE, PARA EFEITO DE APLICAÇÃO DAS PENAS PRIVATIVAS DE LIBERDADE E/OU RESTRITIVAS DE DIREITOS, O PRÉVIO TRÂNSITO EM JULGADO DO TÍTULO JUDICIAL CONDENATÓRIO (LEP, ARTS. 105 E 147). **INAPLICABILIDADE, AO CASO, DO JULGAMENTO PLENÁRIO DO HC 126.292/SP: DECISÃO MAJORITÁRIA (7 VOTOS A 4) PROFERIDA EM PROCESSO DE PERFIL MERAMENTE SUBJETIVO, DESVESTIDA DE EFICÁCIA VINCULANTE (CF, ART. 102, § 2º, E ART. 103-A, "CAPUT").** *PRECEDENTE QUE ATUA COMO REFERÊNCIA PARADIGMÁTICA, E NÃO COMO PAUTA VINCULANTE DE JULGAMENTOS. MEDIDA CAUTELAR DEFERIDA.*

No Voto, o Ministro Celso de Mello expressamente fez consignar: *Nem se invoque, finalmente, o julgamento plenário do HC 126.292/SP – em que se entendeu possível, contra o meu voto e os de outros 03 (três) eminentes Juízes deste E. Tribunal, "a execução provisória de acórdão penal condenatório proferido em grau de apelação, ainda que sujeito a recurso especial ou extraordinário" –, pois tal decisão, é necessário enfatizar, pelo fato de haver sido proferida em processo de perfil eminentemente subjetivo, não se reveste de eficácia vinculante, considerado o que prescrevem o art. 102, § 2º, e o art. 103-A, "caput", da Constituição da República, a significar, portanto, que aquele aresto, embora respeitabilíssimo, não se impõe à compulsória observância dos juízes e Tribunais em geral.*

5.
Origem do 'recurso especial' de competência do Superior Tribunal de Justiça

O Supremo Tribunal Federal, até a entrada em vigor da Constituição Federal de 1988, além de um Tribunal Constitucional, também exercia a competência para a uniformização do direito federal infraconstitucional. Nesse sentido era o teor do art. 119, inc. III, letra 'a' a 'd' da C.F. de 1969:

> "Art. 119. Compete ao Supremo Tribunal Federal:
> (...).
> III – *julgar, mediante recurso extraordinário, as causas decididas em única ou última instância por outros tribunais, quando a decisão recorrida:*
> *a) contrariar dispositivo desta Constituição ou negar vigência de tratado ou lei federal;*
> *b) declarar a inconstitucionalidade de tratado ou lei federal;*
> *c) julgar válida lei ou ato do governo local contestado em face da Constituição ou de lei federal; ou*
> *d) der à lei federal interpretação divergente da que lhe tenha dado outro Tribunal ou o próprio Supremo Tribunal Federal.*

Percebe-se, portanto, que *"a missão de assegurar a unidade, a validade e a autoridade do direito federal – constitucional e ordinário – competia, com exclusividade, ao S.T.F., que exerceu, desde o Império (o então Supremo Tribunal de Justiça), papel relevante na sedimentação da unidade nacional, e, na fase da República, passou a exercer a função de garantia da vigência da lei federal"*.[67]

---

[67] GALLOTTI, Isabel. Coord. Isabel Gallotti *et al*. *O papel da jurisprudência no STJ*. São Paulo: Revista dos Tribunais, s/d. p. 649.

Observa-se que a tarefa a ser exercida pelo S.T.F. poderia ser considerada hercúlea. Para se ter uma ideia, José Guilherme Villela, em trabalho publicado em 1986 (*Recurso Extraordinário*, Revista de Informação Legislativa, Brasília, vol. 23, n. 89, jan-mar. 1986. p. 232-252), nos informa que desde a Constituição de 1891 até 1986, foram autuados no STF 106.041 recursos extraordinário, além de milhares de agravos de instrumento (104.308) e arguições de relevânica (30.266).[68]

Com a entrada em vigor da Constituição Federal de 1988, a competência para a uniformização do direito federal infraconstitucional passou a ser do Superior Tribunal de Justiça, conforme preconiza o art. 105, inc. III, letras 'a' a 'c' da C.F. de 1988:

> Art. 105. Compete ao Superior Tribunal de Justiça:
> (...).
> III – julgar, em recurso especial, as causas decididas, em única ou última instância, pelos Tribunais Regionais Federais ou pelos tribunais dos Estados, do Distrito Federal e Territórios, quando a decisão recorrida:
> a) contrariar tratado ou lei federal, ou negar-lhes vigência;
> b) julgar válido ato de governo local contestado em face de lei federal;(Redação dada pela Emenda Constitucional nº 45, de 2004)
> c) der a lei federal interpretação divergente da que lhe haja atribuído outro tribunal.

Para alguns, a origem do recurso especial seria a mesma da do recurso extraordinário, pois nada mais significa do que o 'velho' recurso extraordinário, que tinha por objeto a análise de matéria infraconstitucional, sendo transferido ao S.T.J.

Na realidade, o recurso especial é o resultado do desmembramento do recurso extraordinário realizado pelo Constituinte de 1988, separando a análise da matéria constitucional, da matéria infraconstitucional.

O Superior Tribunal de Justiça teve origem na Constituição de 1988, especialmente em razão da discussão travada em torno da chamada crise do recurso extraordinário e da admissão da arguição de relevância para apreciação dos recursos interpostos sob a alegação de afronta ao direito federal ordinário.

---

[68] GALLOTTI, I., idem, p.

Conforme já teve oportunidade de afirmar Marinoni: *Tais competências, exercidas em face da interposição do recurso especial, caracterizam a função essencial da Corte. O Superior Tribunal de Justiça deve entrar em cena para resguardar a "lei federal" nos dois primeiros casos e para definir a interpretação da lei federal no caso em que a decisão houver dado à lei federal interpretação divergente da que lhe haja atribuído outro tribunal. É interessante notar que a norma constitucional pode ter passado a impressão de que o recurso especial é cabível em caso de contrariedade ao "texto da lei federal". Porém, particularmente no estado atual de evolução da hermenêutica jurídica, tal ideia é insustentável. Demonstrada a distinção entre lei, compreendida como texto legal, e norma jurídica, compreendida como a interpretação ou o sentido extraído do texto pelo hermeneuta ou pelo Juiz, há de se ter, sempre e em qualquer caso, uma interpretação da lei federal, isto é, uma norma jurídica. Como diz Riccardo Guastini, o texto da lei admite uma pluralidade de interpretações, ou seja, exprime potencialmente não apenas uma norma (ditada pelo intérprete) de limites determinados, mas uma multiplicidade de normas alternativas, sempre de conteúdo indeterminado. Portanto, todo recurso especial é interposto contra uma interpretação da lei federal ou contra uma norma jurídica, oriunda de um Tribunal de Justiça ou Regional Federal. De modo que o Superior Tribunal de Justiça, em qualquer caso de recurso especial, necessariamente tem que analisar a validade da norma jurídica fixada pelo tribunal ordinário, "cassando-a", por contrária a sua, ou definindo a interpretação da lei federal, ou melhor, instituindo a norma jurídica que deve prevalecer em todo o território nacional. Se a lei federal foi compreendida, na época que prevalecia o princípio da supremacia do Parlamento, como um "verbo" intocável, que deveria apenas ser aplicado pelos tribunais, hoje o poder de dizer o "verbo", ou ao menos de delineá-lo definitivamente, está nas mãos do Judiciário. Cabe ao Judiciário, ou melhor, ao Superior Tribunal de Justiça, dar figura definitiva ao "verbo", que tem o texto legal apenas como sua base.*[69]

A Constituição Federal de 1988, ao criar o Superior Tribunal de Justiça, estabeleceu as seguintes regras de conformidades para sua instituição e competência Constitucional:

---

[69] MARINONI, Luiz Guilherme. O Superior Tribunal de Justiça enquanto Corte Suprema: De Corte de revisão para corte de precedentes. *IN:* www.marinoni.adv.br/baixar.php?..._/O%20SUPERIOR%20TRIBUNAL...

Art. 104. O Superior Tribunal de Justiça compõe-se de, no mínimo, trinta e três Ministros.

Parágrafo único. Os Ministros do Superior Tribunal de Justiça serão nomeados pelo Presidente da República, dentre brasileiros com mais de trinta e cinco e menos de sessenta e cinco anos, de notável saber jurídico e reputação ilibada, depois de aprovada a escolha pela maioria absoluta do Senado Federal, sendo:(Redação dada pela Emenda Constitucional nº 45, de 2004)

I – um terço dentre juízes dos Tribunais Regionais Federais e um terço dentre desembargadores dos Tribunais de Justiça, indicados em lista tríplice elaborada pelo próprio Tribunal;

II – um terço, em partes iguais, dentre advogados e membros do Ministério Público Federal, Estadual, do Distrito Federal e Territórios, alternadamente, indicados na forma do art. 94.

Art. 105. Compete ao Superior Tribunal de Justiça:

I – processar e julgar, originariamente:

a) nos crimes comuns, os Governadores dos Estados e do Distrito Federal, e, nestes e nos de responsabilidade, os desembargadores dos Tribunais de Justiça dos Estados e do Distrito Federal, os membros dos Tribunais de Contas dos Estados e do Distrito Federal, os dos Tribunais Regionais Federais, dos Tribunais Regionais Eleitorais e do Trabalho, os membros dos Conselhos ou Tribunais de Contas dos Municípios e os do Ministério Público da União que oficiem perante tribunais;

*b) os mandados de segurança e os **habeas data** contra ato de Ministro de Estado, dos Comandantes da Marinha, do Exército e da Aeronáutica ou do próprio Tribunal; (Redação dada pela Emenda Constitucional nº 23, de 1999)*

*c) os **habeas corpus**, quando o coator ou paciente for qualquer das pessoas mencionadas na alínea "a", ou quando o coator for tribunal sujeito à sua jurisdição, Ministro de Estado ou Comandante da Marinha, do Exército ou da Aeronáutica, ressalvada a competência da Justiça Eleitoral; (Redação dada pela Emenda Constitucional nº 23, de 1999)*

d) os conflitos de competência entre quaisquer tribunais, ressalvado o disposto no art. 102, I, "o", bem como entre tribunal e juízes a ele não vinculados e entre juízes vinculados a tribunais diversos;

e) as revisões criminais e as ações rescisórias de seus julgados;

f) a reclamação para a preservação de sua competência e garantia da autoridade de suas decisões;

g) os conflitos de atribuições entre autoridades administrativas e judiciárias da União, ou entre autoridades judiciárias de um Estado e administrativas de outro ou do Distrito Federal, ou entre as deste e da União;

h) o mandado de injunção, quando a elaboração da norma regulamentadora for atribuição de órgão, entidade ou autoridade federal, da administração direta ou indireta, excetuados os casos de competência do Supremo Tribunal Federal e dos órgãos da Justiça Militar, da Justiça Eleitoral, da Justiça do Trabalho e da Justiça Federal;

i) a homologação de sentenças estrangeiras e a concessão de exequatur às cartas rogatórias;(Incluída pela Emenda Constitucional nº 45, de 2004)

II – julgar, em recurso ordinário:

a) os habeas corpus decididos em única ou última instância pelos Tribunais Regionais Federais ou pelos tribunais dos Estados, do Distrito Federal e Territórios, quando a decisão for denegatória;

b) os mandados de segurança decididos em única instância pelos Tribunais Regionais Federais ou pelos tribunais dos Estados, do Distrito Federal e Territórios, quando denegatória a decisão;

c) as causas em que forem partes Estado estrangeiro ou organismo internacional, de um lado, e, do outro, Município ou pessoa residente ou domiciliada no País;

III – julgar, em recurso especial, as causas decididas, em única ou última instância, pelos Tribunais Regionais Federais ou pelos tribunais dos Estados, do Distrito Federal e Territórios, quando a decisão recorrida:

a) contrariar tratado ou lei federal, ou negar-lhes vigência;

b) julgar válido ato de governo local contestado em face de lei federal;(Redação dada pela Emenda Constitucional nº 45, de 2004)

c) der a lei federal interpretação divergente da que lhe haja atribuído outro tribunal.

Parágrafo único. Funcionarão junto ao Superior Tribunal de Justiça: (Redação dada pela Emenda Constitucional nº 45, de 2004)

I – a Escola Nacional de Formação e Aperfeiçoamento de Magistrados, cabendo-lhe, dentre outras funções, regulamentar os cursos oficiais para o ingresso e promoção na carreira; (Incluído pela Emenda Constitucional nº 45, de 2004)

II – o Conselho da Justiça Federal, cabendo-lhe exercer, na forma da lei, a supervisão administrativa e orçamentária da Justiça Federal de primeiro e segundo graus, como órgão central do sistema e com poderes correicionais, cujas decisões terão caráter vinculante. (Incluído pela Emenda Constitucional nº 45, de 2004).

É importante salientar que mesmo com a retirada da competência do S.T.F. para análise de questões vinculadas à esfera da lei federal, o Constituinte de 1988 não conseguiu impedir o elevado número de processos em andamento na mais alta Corte do país. Ao contrário, além de sobrecarregar o S.T.F., agora também observa-se a sobrecarga de processos no âmbito do S.T.J.

6.
Sistemas recursais das Cortes Superiores no direito comparado

Em todo Estado que se intitula civilizado há problemas e conflitos concernentes à política constitucional e problema de técnica legislativa constitucional, da mais alta importância.

O simples recurso de apelação, qualquer que seja o nome que se lhe dê, como exame *in facto* e *in iurie*, não satisfaz a necessidade de política judiciária da unidade das decisões, no que concerne à questão de constitucionalidade ou inconstitucionalidade das leis ou à questão de observância ou não da legislação federal. A gravidade do problema aumenta nos Estados federados em que há dualidade de justiça, Justiça local e Justiça federal, ainda que só de última instância.

Até certo ponto, é compreensível delimitar-se a análise do exame *in facto* no máximo ao âmbito dos tribunais de apelação.

Porém, a análise *in iure*, especialmente aquela que diz respeito ao controle de constitucionalidade ou à observância da legislação federal, vai além dos tribunais de apelação.

Outrossim, observando-se a evolução dos institutos jurídicos europeus desde a sua formação originária até nossos dias, verifica-se facilmente que nas legislações processuais há dois tipos preponderantes: o de *cassação* francesa e o de revisão *germânica*. O primeiro foi adotado pela Itália, Bélgica, Holanda, Luxemburgo, Espanha e Grécia. O segundo pela Alemanha, Áustria, Suíça e Portugal.[70]

---

[70] Buzaid, Alfredo. *A crise do Supremo Tribunal Federal*. In: www.revistas.usp.br/rfdusp/article/download/66355/68965.

Tendo em vista que não é objeto deste trabalho a análise geral e pormenorizada do direito comparado sobre os recursos, uma vez que essa análise já foi feita em nossa obra intitulada *Do Recurso no Novo C.P.C. – Teoria Geral*, publicada nesta Coleção, julga-se importante destacar algumas legislações sobre o controle de constitucionalidade ou de legalidade e a função dos respectivos tribunais constitucionais e tribunais supremos.

6.1. Sistema francês

6.1.1. Corte de Cassação

Conforme já teve oportunidade de afirmar Alfredo Buzaid, em aula inaugural proferida na Faculdade de Direito da Universidade de São Paulo, no dia 6 de abril de 1960, intitulada *A Crise do Supremo Tribunal Federal*, o direito romano distinguiu a sentença injusta, viciada por erro de julgamento (*error in iudicando*), da sentença nula por defeito de forma (*error in procedendo*); a primeira transitava em julgado, não sendo impugnada tempestivamente; a segunda era considerada juridicamente inexistente e por isso *"non videtur appellandi necessitas fuisse, cum sententia iure non teneat."*

O direito romano, segundo observaram Calamandrei e Furno, contém várias regras, através das quais se vê claramente a contraposição entre as duas categorias de vícios da sentença: enquanto é simplesmente apelável a sentença em que o juiz errou ao resolver a questão de fato, ou considerou inaplicável a ele certa disposição de lei *"quod non existimat causam de qua iudicat per eas iuvari"* (D.42.1.32), é, ao contrário, *nulae*, portanto, inexistente a decisão em que o juiz desconheceu a existência *in abstracto* de uma norma jurídica, deixando, assim, de a ter como direito constituído. Nessa segunda hipótese, as fontes romanas (que falam a este respeito de sentença dada *"contra tam manifesti iuris formam"*, *"expressim contra iuris rigorem data"*, *"specialiter contra leges"*) vêem um vício mais alarmante do que o da simples injustiça, porque não está em jogo tanto o interesse do vencido quanto a observância da lei em sua manifestação geral e abstrata; assim a injustiça da sentença acarreta um perigo de caráter constitucional e político, cuja repercussão transcende os limites do caso individual e assinala a rebeldia do juiz diante da lei, de que foi chamado a ser o intérprete. Enquanto, no primeiro caso, o juiz decide *"contra jus litigatoris"*, no segundo o faz *"contra jus constitutionis"* (D.49.8.1. § 2) e ofende, pois, não o direito subjetivo do indivíduo, que é igualmente sacrificado qualquer que seja o erro, de fato ou de direito, de que resulta a injustiça da sentença, mas a observância da lei como preceito abstrato, o obséquio à vontade do legislador e quase se poderia dizer, empregando conceitos modernos, aquele princípio constitucional de distribuição dos poderes, pelo qual ao juiz toca o dever de aplicar a lei, não o de criá-la, ou reformá-la a seu arbítrio. Remonta, pois, ao direito romano a ideia sobre a qual se formou, muitos séculos depois, o instituto da cassação, isto é, a de uma reação mais vigorosa da lei para se defender contra a rebeldia do juiz. Recebendo a distinção entre sentenças *iniustae e nullae*, o direito intermédio elaborou, sobre novas bases, o seu sistema: contra as primeiras admitia sempre a apelação; mas, quanto as segundas, com o objetivo certamente de aumentar a segurança das relações jurídicas, observou Liebman que o direito canônico, a legislação estatutária das cidades italianas e a doutrina medieval exigiram que se alegasse a nulidade por meio de um remédio especial tendente à anulação da sentença, a que denominaram *querela nulitatis*, remédio que não era nem um recurso, nem uma ação, mas uma invocação do *officium iudicis* (ALTIMARO BLASIO, Tract. de Nulitatibus Sententiarum, Venetiis, 1701, rub. 1. 2. 1). Mas as causas de nulidade distinguiam-se em sanáveis e insanáveis; quanto as primeiras, que eram as mais numerosas, devia propor-se a querela dentro de prazo breve, igual ou pouco maior que o da aplicação, transcorrido o qual àquelas se consideravam sanadas. Contudo, a existência paralela da apelação era fonte de incertezas e complicações; por isso a prática permitiu o acúmulo dos dois remédios, que se efetivava com a fórmula *"dico sententiam nullam et si qua est appello."* (Glosa Non obtinebit ao Cód. Just.7.64.1 e Altimaro Blasio, op. cit. rub. 2. III, nº 20); e depois se chegou a admitir que, ainda sem expressa interposição da querela, podia sempre o juiz da apelação conhecer da nulidade (SCACCIA, Tract. de Appellationibus, Roma, 1612, qu. 11 nº 114 e ALTIMARO, op. cit. loc. nº 25). Foi só mais tarde, em França, por força do princípio *"voies de nullité nont pas lieu en France"* (REBUFO, Tract. de Appellationibus, art. 11. gl. II, nº 19) que a querela desapareceu de todo, podendo alegar-se a nulidade na apelação quando ainda cabível, ou então como fundamento de dois recursos extraordinários, a saber, a *requête civile e a demande en cassation.*[71]

---

[71] BUZAID, A. Idem, ibidem.

Essa pequena incursão pelo direito romano e intermédio sobre os vícios da sentença e os remédios existentes no direito positivo, é importante para compreender a natureza jurídica da Corte de Cassação.

A denominação *Corte de Cassação* surge com Napoleão Bonaparte, em 1804.

A Corte de Cassação, em sua forma originária, teve por finalidade obstar que os juízes proferissem decisões *en contravention expresse au texte de loi*, segundo o disposto no Decreto n. 27 de novembro de 1790. Nos termos do que fora definido na Assembleia e que resultou das discussões parlamentares, a Corte de Cassação não seria um órgão judiciário, mas, sim, um órgão de controle constitucional, destinado a impedir que os juízes invadissem a esfera legislativa e se subtraíssem de tal modo à observância da lei.: *"une sentinelle"*, assim dizia PRIEÜR na sessão de 11 de novembro de 1790. A origem próxima da Cassação francesa está, pois, no Conselho do antigo regime, instituído como órgão supremo destinado a controlar a atividade judicial (CALAMANDREI, Cassazione Civile, I, nº 186. Cf. ainda: ERNES T FAYE, La Cour de Cassation, Paris, 1903, pág. 1 e seg.; MANUEL DEL A PLAZA, La Casación Civil, pág. 61 e seg.; JOSÉ SARTORIO, La Casación Argentina, pág. 19 e seg.; GLASSON, MO – TtEL & TissiER, Procêdure Civile, 3.a ed., III, nº 933).[72]

No sistema francês, impede-se a cognição do fundo dos litígios, de modo que o exame dos fatos volta aos tribunais, que dele devem conhecer. Foi o que quis o Decreto francês de 17 de novembro de 1790, promulgado a 1º de dezembro do mesmo ano, que instituiu o Tribunal de Cassação.

A Corte de Cassação, portanto, é um tribunal de tese e não de análise dos fatos.

A competência da Corte de Cassação estende-se por todo território francês, e tem por objetivo a aplicação das regras de direito e da segurança da unidade jurisprudencial.

Num primeiro momento, a Cassação exercia uma função antes negativa que positiva. Anulava a sentença de última instância proferida *en contravention expresse au texte de loi* sem conhecer do mérito, remetendo a causa a outro magistrado para novo julgamento; se este fosse igual ao da

---

[72] BUZAID, A., idem, ibidem.

decisão cassada, podia recorrer-se de novo para a Cassação; se o segundo julgamento persistia em tomar orientação diversa, então tinha lugar o *référê obligatoire* no corpo legislativo, que expedia um decreto de interpretação da lei, tendente a uniformizar a decisão do terceiro juiz. Entre os objetivos da Cassação não se compreendia, pois, o de realizar a unidade do direito através da exegese jurisprudencial; esta função surge só mais tarde, através de lenta e segura evolução, que amplia a sua atividade e lhe confere, especialmente depois da lei de 1º de abril de 1837, o poder positivo de interpretar o direito, elevando-a à eminência de máximo regulador e guia da jurisprudência, a que deviam conformar-se os juízes.[73]

A Corte de Cassação é formada por seis câmaras – três (cíveis), uma câmara social, uma comercial e uma criminal.

Conforme ensina Otávio Luiz Rodrigues Junior: *A Corte de Cassação divide-se em: a) uma Câmara Criminal* (Chambre criminelle – *"Crim."*) *b) uma Câmara Trabalhista* (Chambre sociale – *"Soc."*); *c) uma Câmara Comercial* (Chambre commerciale -*"Com."*); *d) três Câmaras Civis (*Première chambre civile – *"Civ. 1e"); Deuxième chambre civile ("Civ. 2e"); Troisième chambre civile ("Civ. 3e"), assim especializadas: i) direitos pessoais, de família e dos contratos; ii) responsabilidade civil e seguridade social; iii) Direito Imobiliário e da construção. A Corte pode funcionar ainda com "câmaras mistas". O "Primeiro Presidente da Corte de Cassação" é a maior autoridade da Corte e também referido elegante e solenemente como o "primeiro magistrado de França". Sua escolha é atribuída ao Presidente da República Francesa, dentre os juízes indicados pelo Conselho Superior da Magistratura.*[74]

A Corte de Cassação, conforme já se afirmou, não realiza exame de fatos, mas somente análise das normas jurídicas, verificando se foram devidamente interpretadas e aplicadas.

A função da Corte de Cassação não é de rejulgar a questão, como ocorre com as Cortes de Apelação, mas, sim, confirmar a decisão proferida pelos Tribunais inferiores; cassar a decisão, determinar o retorno do processo a outro juízo, mas de igual instância; cassação da decisão,

---

[73] BUZAID, A., idem, ibidem.
[74] RODRIGUES Júnior, Otávio Luiz. Jurisprudência do direito do consumidor evolui na frança, *in: http://www.conjur.com.br/2013-nov-20/direito-comparado-direito-consumidor-nacional-evolui-frances*

mas sem reenvio, devendo a questão ser novamente julgada pela própria Corte de Cassação.

6.1.2. Conselho Constitucional (*Conseil Constitutionnel*)

O controle de constitucionalidade por meio de um órgão político é característico do ordenamento jurídico francês radicado do período revolucionário com base na doutrina da 'soberania' parlamentar, que, segundo a qual, não seria admitido consentir a um órgão estranho ao parlamento, e em particular aos juízes, invalidar uma norma jurídica (Lei de 16 e 24 de agosto de 1790). Em seguida, a Constituição do ano VIII e aquela de 1852 autorizaram ao Senado, 'conservador' da constituição', a obrigação de verificar a constitucionalidade da lei antes de sua promulgação.[75]

Atualmente, a Constituição francesa, em seus arts. 64 a 66, regula a função judicial, sendo que o *controle de constitucionalidade* é exercido exclusivamente pelo Conselho Constitucional (*Conseil Constitutionnel*).

O Conselho Constitucional foi criado pela Constituição da V República, em 4 de outubro de 1958 (arts. 56-63); corpo político composto por nove membros nomeados pelo Presidente da República e pelos Presidentes das duas assembleias parlamentares e integrado pelos ex Presidentes da República, utilizando procedimento de natureza jurisdicional.[76]

---

[75] "*A ideia de instituir um 'juri constitucional' com a obrigação de judicar sobre reclamações apresentadas no caso de violação da constituição foi apresentada por Siéyès e introduzida na Constituição do ano III, permitindo aos Anciões a possibilidade de anular as propostas inconstitucionais provenientes do Conselho dos Quinhentos (art. 97), e depois aperfeiçoada pela Constituição do ano VIII com a introdução do Senado conservador (art. 21)... Também a Constituição de 1946 (art. 91) previu um Comitê constitucional, presidido pelo Presidente da República e composto pelos Presidentes da Assembleia nacional e do Conselho da República, também por sete e três membros respectivamente eleitos pelas duas assembleias com representação proporcional dos grupos, com a obrigação de controle preventivo da constitucionalidade da lei...*". (VERGOTTINI, G., op. Cit., p. 247)

[76] "*Sobre o papel do Conselho Constitucional, e seu progressivo avizinhamento a uma verdadeira e própria jurisdição constitucional, cfr.*: DUPUIS G.; GEORGEL J., MOREAU J., '*Le Conseil Constitutionnel*', Paris, 1970; FRANCK C., '*Les fonctions juridictionnelles du Conseil d'État dans l'ordre constitutionnel*', Paris, 1974; FAVOREU L., '*La délégalisation des textes de forme législative et le controle par le conseil constitutionnel*', in *Mélanges Waline*, II, Paris, 1974, p. 429 ss.; LUCHAIRE F., '*Le Conseil constitutionnel et la protection des droits et libertés des citoyens*', in *Mélanges Waline*, II, Paris, 1974, p. 563 ss.; FAVOREAU L. E PHILIP L., '*Le Conseil Constitutionnel*', Paris, 1978; GOGUEL F., '*Le Conseil Constitutionnel*', RDPSP, 1979, p. 5 ss; HAMON L., '*Vingt ans de jurisprudence du Conseil Constitutionnel*' *Le Monde*, 30 giugno 1979... ». (VERGOTTINI, G., idem, ibidem.).

Trata-se de uma jurisdição dotada de diversas competências, especialmente de controle de conformidade da lei com a Constituição. O Conselho Constitucional não é um Tribunal Supremo situado acima do Conselho de Estado e do Tribunal de Cassação.[77]

O Conselho Constitucional exerce controle *'a priori'* e *'a posteriori'* de constitucionalidade.

No controle *'a priori'*, é obrigatória a consulta ao Conselho Constitucional em relação às leis orgânicas ou aos regulamentos das assembleias parlamentares, antes da promulgação das primeiras e da entrada em vigor dos segundos. Pode ser objeto de consulta um instrumento internacional antes de sua ratificação ou aprovação. No que concerne às leis ordinárias, a consulta ao Conselho pode ser requerida antes de sua promulgação. Nessa última hipótese, a consulta ao Conselho pode ser formulada segundo modalidades variáveis e de acordo com a natureza do ato controlado, seja por uma autoridade política (Presidente da República, Primeiro Ministro, Presidente da Assembleia Nacional ou do Senado), seja por 60 (sessenta) deputados ou 60 (sessenta) senadores, no mínimo.

Em relação ao *'controle a posteriori'*, desde 1º de março de 2010 e após a revisão constitucional de 23 de julho de 2008, o Conselho Constitucional, por reenvio do Conselho de Estado ou do Tribunal de Cassação, controla se uma disposição normativa que já está em vigor atenta contra os direitos e as liberdades assegurados pela Constituição. Nessa hipótese, o controle de constitucionalidade é provocado por um 'recorrente', cuja questão sobre a constitucionalidade foi levantada por ocasião de uma instância jurisdicional em curso. Fala-se de questão prioritária de constitucionalidade (QPC).

6.2. Sistema alemão

6.2.1. Tribunal Constitucional Federal
A Lei fundamental da República federal alemã de 1949 instituiu um Tribunal Constitucional federal (artt. 93 e 94), prevendo tanto a ação direta

---

[77] http://www.conseil-constitutionnel.fr/conseil-constitutionnel/espanol/consejo-constitucional/presentacion-general/presentacion-general.25785.html

do governo federal e do estado membro ou de um terço dos membros do *Bundestag*, como procedimento incidental (lei 12 de dezembro de 1951).[78]

O Poder Judiciário no sistema alemão é confiado aos juízes e é exercido pelo Tribunal Constitucional Federal, pelos tribunais federais previstos na Lei Fundamental e pelos tribunais dos '*Länder*'.

Ao Tribunal Constitucional Federal, nos termos do art. 93 da Lei Fundamental da República Federal da Alemanha, compete apreciar: a) a interpretação da Lei Fundamental a propósito de litígios acerca da extensão dos direitos e deveres de um órgão federal supremo ou de outras entidades envolvidas dotadas de direitos próprios outorgados pela Lei Fundamental ou pelo regimento interno de um órgão federal supremo; b) no caso de divergências de opinião ou dúvidas acerca da compatibilidade formal e material do direito federal ou estadual com a Lei Fundamental, ou da compatibilidade do direito estadual com o restante direito federal, a requerimento do Governo Federal, do governo de um '*Land*' ou de um terço dos membros do Parlamento Federal; queixas constitucionais interpostas por municípios e associações de municípios por violação, por uma lei, do direito da autonomia administrativa comunal com base no art. 28 da Lei Fundamental.

Criado em 1951, o Tribunal Constitucional Alemão ou '*Bundesverfassungsgericht*', procede não só à fiscalização sucessiva abstrata da constitucionalidade das normas federais e estaduais, como decide sobre conflitos de normas, interpretando o sentido e o alcance dos preceitos constitucionais, e analisa, em sede de fiscalização concreta, recursos de indivíduos e entidades coletivas (como as comunas). Entre 1951 e 1994, o TCF julgou 2.905 processos de controle de constitucionalidade, em sede de fiscalização concreta e 124 em sede de fiscalização abstrata. É de se ressaltar que o TCF só age seguindo a regra do pedido, e não *ex officio*.[79]

---

[78] *"Diversamente do que fora previsto na Áustria e na Itália, os efeitos da declaratória de inconstitucionalidade são retroativos (ex tunc). Outrossim, foi disciplinado um recurso individual de constitucionalidade (Verfassungsbeschwerde) em termos mais amplos que aquele austríaco, por violação de direitos constitucionais fundamentais, contra atos ou omissão de qualquer autoridade, seja administrativa, legislativa ou judiciária e após o experimentos dos remédios jurisdicionais ".* (VERGOTTINI, G., op. Cit., p. 255 e 256).

[79] Rogeiro, Nuno. *A lei fundamental da república federal da alemanha.* Coimbra: Coimbra Editora, 1996. p. 212.

Organizado em duas secções ou 'senados' (instituídas pelas leis de organização e funcionamento de 12.3.1951 e 21.12.1970), o Tribunal Constitucional Federal da Alemanha não está sediado na capital federal, mas em Karlsruhe. As duas câmaras tratam respectivamente de problemas relacionados com a Constituição e com o Direito Público em geral.[80]

6.2.2. Tribunal Federal de Justiça (*Bundesgerichtshof, BGH*)

Para setores da jurisdição ordinária, administrativa, financeira, laboral e social, a Federação instituirá como tribunais superiores o Tribunal Federal de Justiça, o Tribunal Federal Administrativo, o Tribunal Federal de Finanças, o Tribunal Federal do Trabalho e o Tribunal Federal Social (art. 95º da Lei Fundamental da República Federal da Alemanha).

O Tribunal Federal de Justiça (*Bundesgerichtshof – BGH*) é o mais alto tribunal de jurisdição civil e criminal da Alemanha, ou seja, "jurisdição ordinária". O Tribunal Federal de Justiça foi instituído em 1 de Outubro de 1950, e tem a sua sede em Karlsruhe. A tarefa do Tribunal Federal de Justiça é principalmente assegurar uma aplicação uniforme da lei, esclarecer pontos fundamentais do direito e desenvolver a lei. Em geral, analisa as decisões dos tribunais inferiores apenas relativamente a erros de direito. Mesmo que o efeito vinculante das decisões e acórdãos do Tribunal Federal de Justiça seja tecnicamente limitado ao respectivo caso decidido, na prática, os tribunais inferiores seguem a sua interpretação da lei virtualmente sem exceção. O efeito de longo alcance de decisões do Tribunal Federal de Justiça é também devido ao fato de que, em particular no domínio do direito civil, prática legal é muitas vezes guiadas por essas decisões.[81]

Além de o Tribunal Federal de Justiça, existem quatro outros tribunais federais supremos: o Tribunal Administrativo Federal *(Bundesverwaltungsgericht)* em Leipzig, o Tribunal Federal de Finanças *(Bundesfinanzhof)* em Munique, o Tribunal Federal do Trabalho (*Bundesarbeitsgericht*) em Erfurt e do Tribunal Federal Social (*Bundessozialgericht*) em Kassel.[82]

---

[80] Rogeiro, N., idem, p. 213.
[81] http://www.bundesgerichtshof.de/DE/DasGericht/StellungGerichtssystem/stellungGerichtssystem_node.html
[82] http://www.bundesgerichtshof.de/EN/TheCourt/TaskOrganisation/PositionFCoJ/positionFCoJ_node.html;jsessionid=D04C6FC0305CC53B8296B96B672AA078.2_cid329

No direito alemão, admite-se o acesso ao Supremo Tribunal, em recurso de revisão, quando a causa decidida ostentar uma "significação fundamental".[83]

A revisão alemã, conforme anota Alfredo Buzaid, distingue-se, pois, da cassação de tipo francês. Nesta só se examinam as questões jurídicas contidas na sentença, ao passo que na revisão (pelo menos quando se trata de infração de direito material) examina-se toda a sentença; o Tribunal de Cassação somente pode anular a sentença; o de Revisão desce ao mérito e resolve a controvérsia: O objeto da revisão é substancialmente a aplicação da norma jurídica, tal como consta da sentença.

Sobre a revisão, estabelecem os §§542, 543 e 545 do Código de Processo Civil alemão (*Zivilprozessordnung*):

> *§542 Admissibilidade da revisão:*
>
> *(1) A revisão é proponível contra as sentenças definitivas emitidas em grau de apelo segundo as seguintes disposições.*
>
> *(2) Não é admissível o recurso em revisão contra as sentenças que tratam, modificam ou anulam um sequestro ou um provimento de urgência. O mesmo vale para as sentenças sobre imissão antecipada no processo de expropriação ou de reestabelecimento urbanística.*
>
> *§543 Admissão da revisão*
>
> *(1) A revisão é proponível somente se for admitida:*
>
> *1. pelo tribunal de impugnação da sentença ou*
>
> *2. pelo tribunal de revisão mediante reclamação contra a não admissão.*
>
> *(2) A revisão deve ser admitida se:*
>
> *1. a controvérsia apresenta uma importância fundamental ou*

---

[83] "Como se vê, além de uma Corte Suprema poder realizar funções privada e pública, essa última função, ligada à unidade do direito nacional, pode ser vista como uma função corretiva, para o passado – como acontecia na época em que Calamandrei olhava para a Cassação italiana –, mas também como uma função de afirmação e desenvolvimento do direito, voltada ao futuro, nos moldes da Suprema Corte estadunidense e de algumas Cortes Supremas européias, como o Bundesgerichtshof alemão e o Tribunal Superior espanhol, ambos a exigir, como um dos requisitos para a admissão, respectivamente dos recursos de revisão e de cassação, uma "questão de direito de fundamental importância" e o "interesse cassacional" – visto como um interesse geral ou público –, os quais se constituem em filtros para o acesso ao Bundesgerichtshof e ao Tribunal Superior". (MARINONI, Luiz Guilherme. O Superior Tribunal de Justiça enquanto Corte Suprema: De Corte de Revisão para Corte de Precedentes. *In*: www.marinoni.adv.br/baixar.php?..._/O%20SUPERIOR%20TRIBUNAL...

2. *a decisão do tribunal de revisão for necessária para os fins de evolução do direito ou da garantia de uniformidade da jurisprudência.*
O tribunal de revisão está vinculado pela autorização do tribunal de impugnação.
§545. Motivos de revisão.
(1) A revisão pode ser proposta somente se a decisão se funda sobre violação de direito.
(2) A revisão não pode ser proposta pelo motivo de que o tribunal de primeiro grau tenha erroneamente declarado ou negado a própria competência.

6.3. Sistema italiano

6.3.1. Corte de Cassação

O precedente histórico imediato do qual descende a Corte de Cassação italiana e os análogos órgãos presentes em muitos ordenamentos modernos é o *Tribunal de Cassação* francês, instituído em 1790. Na origem, tratava-se de um órgão inserido 'ao lado' do Poder legislativo com a finalidade de assegurar que o juiz aplicasse corretamente a lei. Somente em seguida, e por meio de várias reformas, a *Cour de Cassation* foi colocada no vértice da organização judiciária, assumindo o papel de uma Corte suprema, e, portanto, também no vértice dos sistemas de impugnações.[84]

Na Itália, a Corte de Cassação foi instituída seguindo o modelo francês, em diversos estados pré-unitários. Ela constitui uma alternativa às Cortes supremas do tipo austro-tedesco que se inspiravam no modelo da *Revision*, ou seja, cortes de terceira instância habilitadas a decidir o mérito da causa. A característica distintiva da Corte de Cassação, que se sobressai na primeira origem do instituto, é ainda aquela de ser um juízo de apenas uma legitimidade, que verifica a correta aplicação da lei por parte do juiz inferior sem porém entrar no mérito das decisões impugnadas e, sobretudo, sem judicar sobre os fatos da causa.[85]

No momento da unificação legislativa do Reino da Itália, foi adotado, estendendo a todo o reino o modelo piemontese, o sistema da Corte de Cassação. Põe-se assim fim à experiência das cortes supremas de revisão. Por muito tempo o sistema da cassação estava atuando de modo parcial,

---

[84] Comoglio, Luigi Paulo; Ferri, Corrado; Taruffo, Michele. *Lezioni sul processo civile*. I. Il processo ordinario di cognizione. Bologna: Il Mulino, 2006. p. 649.
[85] Comoglio, L. P.; Ferri, C.; Taruffo, M.; idem, ibidem.

porque existiam ainda cinco Cortes de Cassação regionais; somente em 1923 o sistema foi levado a termo com a unificação da Corte de Cassação e a fixação da sua única sede em Roma. Consolidam-se, assim, as características fundamentais do instituto e as suas funções, em relação às quais modela-se a legislação sucessiva.[86]

De acordo com a maioria dos autores, entre eles Liebman, a Corte de Cassação na Itália não é terceira instância, provocada, mediante recurso específico, a decidir de novo a controvérsia, apreciando a relação jurídica à luz do direito, do fato e das provas, depois que o processo percorreu o duplo grau de jurisdição; não conhece *diretamente* da relação jurídica, mas tão só de determinados vícios da sentença expressamente declarados na lei. Ela exerce, a este respeito, as seguintes funções: a) – é o órgão regulador da jurisdição e da competência de todos os juizes, ordinários e especiais; b) – tem a finalidade de anular as sentenças dos juizes ordinários viciadas por nulidade não sanada; c) – e, enfim, de anular as sentenças de quaisquer juizes, viciadas por erro de direito.[87]

A característica fundamental da Corte de Cassação italiana é de que se trata de um órgão jurisdicional supremo de controle de legitimidade das decisões dos juízes inferiores, desenvolvendo exclusivamente um controle de legitimidade sobre tais decisões. Disso decorre que quando a decisão da Cassação é de tal maneira a comportar um novo juízo sobre o mérito da causa, este juízo é devolvido a um órgão jurisdicional de mérito, denominado 'juízo de reenvio', que decidirá a causa observando o 'princípio de direito' emanado da Corte de Cassação, tendo em vista que a Corte de Cassação constitui o vértice unitário do sistema das impugnações, e, em especial, pelo fato de que se espera que ela sirva de guia e de ponto de referência à interpretação correta da lei por parte dos outros juízes.[88]

Um ulterior momento de grande importância na vivência histórica da Corte de Cassação, verifica-se com a entrada em vigor da Constituição de 1948. O Código de Processo Civil de 1940-42 e a lei sobre a organização judiciária de 1941 recepcionaram e de certa forma aprimoraram o modelo da cassação. A Constituição recepciona este modelo, tornando-o objeto de uma garantia geral: o art. 111, inc. 2 (atual inc. 7, em face da reforma

---

[86] COMOGLIO, L. P.; FERRI, C.; TARUFFO, M.; idem, ibidem.
[87] BUZAID, A., op. cit., loc. cit.
[88] COMOGLIO, L. P.; FERRI, C.; TARUFFO, M.; op. cit., p. 650.

do art. 111 efetuada pela Lei Constitucional de 23 de novembro de 1999, n.2), prevê de fato que contra a sentença e contra os provimentos sobre liberdade pessoal seja sempre admitido o recurso de cassação por violação de lei.

Assim, sob esse aspecto, a Corte de Cassação é o último e supremo juiz de interpretação das leis, e do relativo controle de legitimidade das sentenças dos juízes inferiores.[89]

Comoglio, Ferri e Taruffo apresentam a seguinte crítica à disfunção da Corte de Cassação: *"De certo modo o 'modelo' da Corte de Cassação está delineado pelo legislador com notável clareza e coerência. Necessita, todavia, observar, que a realidade encontra-se muito distante do modelo teórico, de modo que atualmente o funcionamento da Corte de Cassação e o papel que essa desenvolve no ordenamento são objeto de ampla discussão. Necessita-se, por outro lado, revelar que existem graves disfunções, para as quais parece ser muito difícil encontrar determinado remédio, havendo necessidade de inúmeros interventos de reforma. Uma carga longa e excessiva de trabalho (a Corte já chegou a pronunciar em um ano mais de 30.000 sentenças em matéria cível) torna o procedimento inevitavelmente lento, de modo que não raro a sentença da cassação atinge vários anos de distância do momento em que o recurso foi proposto. Outrossim, pelo fato de que as mesmas questões sejam muitas vezes decididas por seções e por juízes diversos, torna muito difícil assegurar uma suficiente uniformidade da jurisprudência da própria Corte, que de fato aparece, não raro, incerta, variável e contraditória".*[90]

O art. 360 do Código de Processo Civil italiano trata do recurso de cassação, nos seguintes termos:

> Art. 360. *(Sentenze impugnabili e motivi di ricorso)*
> *Le sentenze pronunciate in grado d'appello o in unico grado possono essere impugnate con ricorso per cassazione:*
> *1) per motivi attinenti alla giurisdizione;*
> *2) per violazione delle norme sulla competenza, quando non è prescritto il regolamento di competenza;*
> *3) per violazione o falsa applicazione di norme di diritto e dei contratti e accordi collettivi nazionali di lavoro;*
> *4) per nullità della sentenza o del procedimento;*

---

[89] COMOGLIO, L.; FERRI, C.; TARUFFO, M.; idem, p. 650.
[90] COMOGLIO, L.; FERRI, C.; TARUFFO, M.; idem, p. 651.

5) *per omesso esame circa un fatto decisivo per il giudizio che è stato oggetto di discussione tra le parti.* (²)

Può inoltre essere impugnata con ricorso per cassazione una sentenza appellabile del tribunale, se le parti sono d'accordo per omettere l'appello; ma in tale caso l'impugnazione può proporsi soltanto a norma del primo comma, n. 3.

Non sono immediatamente impugnabili con ricorso per cassazione le sentenze che decidono di questioni insorte senza definire, neppure parzialmente, il giudizio. Il ricorso per cassazione avverso tali sentenze può essere proposto, senza necessità di riserva, allorché sia impugnata la sentenza che definisce, anche parzialmente, il giudizio.

Le disposizioni di cui al primo comma e terzo comma si applicano alle sentenze ed ai provvedimenti diversi dalla sentenza contro i quali è ammesso il ricorso per cassazione per violazione di legge.

6.3.2. Corte Constitucional (*Corte Costituzionale*)

O controle de constitucionalidade das leis na Itália é feito pela Corte Constitucional (*Corte Costituzionale*).

A Corte Constitucional italiana tem sede no *Palazzo della Consulta* (do Século XVIII), situado em Roma, na *Piazza del Quirinale*. Desde a sua edificação e até o final de 1870, salvo por um brevíssimo período no qual ele foi sede do governo da República Romana de 1848 a 49, quando Roma ainda fazia parte do Estado Pontifício, nesse edifício havia a sede de um organismo eclesiástico com funções judiciais em matéria civil e penal, a '*Sacra Consulta*'. Na parede de um dos quartos, ainda hoje é possível ler o texto de sentença pronunciada pela *Sacra Consulta* em face de um delito cometido no Estado pontifício. Quando Roma foi anexada ao Reino da Itália, em 1870, e o *Quirinale* torna-se a residência oficial do Rei, o *Palazzo della Consulta* foi por certo a residência do príncipe hereditário Umberto di Savoia (o futuro rei Umberto I). Sucessivamente, esse prédio torna-se sede do Ministério do Negócio exterior, e, após a transferência desse ministério ao *Palazzo Chigi*, também a sede do Ministério das Colônias. Ao final da segunda guerra mundial, o ministério foi extinto (a Itália não tinha mais colônias), mas as suas estruturas continuaram a ocupar o prédio ainda por alguns anos, até que em 1955, quando concretamente foi instituída a Corte Constitucional, o prédio passou a ser a sua sede.[91]

---

[91] http://www.cortecostituzionale.it/documenti/download/pdf/Cc_Checosa_2012.pdf

A Corte Constitucional é uma instituição criada em tempos relativamente recentes. Nada igual existia no ordenamento italiano antes da Constituição de 1948. Em outros países, organismos análogos foram previstos pela primeira vez – sobre a base especialmente das elaborações teóricas de Hans Kelsen, em algumas Constituições europeias dos anos vinte do Século passado. Após a segunda guerra mundial, uma Corte (ou Tribunal ou Conselho) constitucional foi prevista, além daquela inserida na Constituição italiana, na Constituição tedesca-ocidental de 1949 (a primeira a entrar em funcionamento na Europa pós-guerra, a partir do mesmo ano); mais tarde encontra-se (de forma diversa) na Constituição francesa de 1958, na Constituição democrática de Portugal (1974) e na da Espanha (1978). Mais recentemente, quase todos as novas Constituições dos Estados da Europa oriental e daqueles surgidos com a dissolução da União Soviética têm previsto a instituição de organismos análogos, e o mesmo acontece em outros Estados extra-europeus. Atualmente, um mecanismo de controle de constitucionalidade das leis existe, de várias formas, em 164 dos 193 Estados do mundo.[92]

A Corte Constitucional italiana tem um papel importante de garantia da legalidade constitucional das leis.

A Corte constitucional é composta por quinze juízes nomeados, um terço pelo Presidente da República, um terço pelo Parlamento e um terço pelas supremas magistraturas ordinária e administrativa.

Os juízes da Corte constitucional são escolhidos entre os magistrados, ainda que aposentados das jurisdições superiores ordinária e administrativa, entre os professores ordinários de universidade em matéria jurídica e entre os advogados com mais de vinte anos de exercício.

Os juízes da Corte Constitucional são nomeados por nove anos, contados para qualquer um do dia do juramento, e não podem ser novamente nomeados.

O art. 134 da Constituição italiana estabelece que compete à Corte constitucional decidir sobre controvérsias relativas à legitimidade constitucional das leis e dos atos, que tenham força de lei, do Estado e das Regiões; sobre conflitos de atribuições entre os poderes do Estado e sobre

---

[92] http://www.cortecostituzionale.it/documenti/download/pdf/Cc_Checosa_2012.pdf

aqueles entre o Estado e as Regiões, e entre as Regiões; sobre as acusações promovidas contra o Presidente da República, com base na Constituição.

Nos termos do art. 136 da Constituição italiana, quando a Corte declara a ilegitimidade constitucional de uma norma de lei ou de ato com força de lei, a norma perde a eficácia no dia seguinte à publicação da decisão.

Contra as decisões da Corte constitucional não é admitida qualquer impugnação.

6.4. Sistema português

6.4.1. Supremo Tribunal de Justiça

Filia-se substancialmente ao tipo da revisão germânica o Código de Processo Civil português, que confere ao Supremo Tribunal de Justiça e ao Tribunal Constitucional competência para conhecer unicamente de questões de direito, resolvidas em sentença definitiva, sem, entretanto, limitar-se a cassar a decisão de segunda instância; depois de definir e declarar o direito em relação à espécie controvertida, aplica ele mesmo a solução jurídica aos *fatos* que os tribunais de instância estabeleceram.

A sua feição mais características está em que o *judicium rescindens* não se distingue do *judicium rescisorium;* o Tribunal, revogando a decisão viciada por erro, profere, em substituição, outra destinada a corrigir o erro em que incorreu o tribunal recorrido. "O *judicium rescindens* e o *judicium rescisorium* não se cindem em dois julgamentos distintos, um a proferir pelo Tribunal Supremo *(Cassazione)* outro a proferir pelo tribunal de instância *(giudizio di rinvio);* é o próprio Supremo Tribunal de Justiça, que depois de assinalar o erro de direito cometido pelo Tribunal *a quo, julga* definitivamente o litígio, aplicando devidamente aos fatos fixados pelos tribunais de instância a norma adequada e corretamente interpretada. Isso significa dizer que o sistema português é muito semelhante ao do Código de Processo Civil alemão; é um sistema de *revisão,* e não um sistema de *cassação.* O Supremo Tribunal de Justiça não é um tribunal de *terceira instância,* porque não conhece das questões de fato; mas é um tribunal de *revisão,* porque, em vez de limitar o seu exame à apreciação dos motivos de impugnação alegados pelo recorrente, pode revogar o acórdão ou a sentença recorrida por fundamentos jurídicos diversos. No que respeita ao aspecto do direito, o novo exame do Supremo Tribunal é *completo*.[93]

O art. 671 do atual Código de Processo Civil português estabelece as hipóteses em que cabe recurso de revista ao Supremo Tribunal de Justiça português, a saber:

> *Artigo 671º Decisões que comportam revista*
>
> *1 – Cabe revista para o Supremo Tribunal de Justiça do acórdão da Relação, proferido sobre decisão da 1.ª instância, que conheça do mérito da causa ou que ponha termo ao processo, absolvendo da instância o réu ou algum dos réus quanto a pedido ou reconvenção deduzidos.*
>
> *2 – Os acórdãos da Relação que apreciem decisões interlocutórias que recaiam unicamente sobre a relação processual só podem ser objeto de revista:*
>
> *a) Nos casos em que o recurso é sempre admissível;*
>
> *b) Quando estejam em contradição com outro, já transitado em julgado, proferido pelo Supremo Tribunal de Justiça, no domínio da mesma legislação e sobre a mesma questão fundamental de direito, salvo se tiver sido proferido acórdão de uniformização de jurisprudência com ele conforme.*
>
> *3 – Sem prejuízo dos casos em que o recurso é sempre admissível, não é admitida revista do acórdão da Relação que confirme, sem voto de vencido e sem fundamentação essencialmente diferente, a decisão proferida na 1.ª instância, salvo nos casos previstos no artigo seguinte.*
>
> *4 – Se não houver ou não for admissível recurso de revista das decisões previstas no nº 1, os acórdãos proferidos na pendência do processo na Relação podem ser impugnados, caso tenham interesse para o recorrente dependentemente daquela decisão, num recurso único, a interpor após o trânsito daquela decisão, no prazo de 15 dias após o referido trânsito.*

São fundamentos do recurso de revista, conforme preconiza o art. 674º do C.P.C. português:

> *Artigo 674º Fundamentos da revista*
>
> *1 – A revista pode ter por fundamento:*
>
> *a) A violação de lei substantiva, que pode consistir tanto no erro de interpretação ou de aplicação, como no erro de determinação da norma aplicável;*

---

[93] Buzaid, A., op. cit., loc. cit.

b) A violação ou errada aplicação da lei de processo;
c) As nulidades previstas nos artigos 615º e 666º.

2 – Para os efeitos do disposto na alínea a) do número anterior, consideram-se como lei substantiva as normas e os princípios de direito internacional geral ou comum e as disposições genéricas, de caráter substantivo, emanadas dos órgãos de soberania, nacionais ou estrangeiros, ou constantes de convenções ou tratados internacionais.

3 – O erro na apreciação das provas e na fixação dos factos materiais da causa não pode ser objeto de recurso de revista, salvo havendo ofensa de uma disposição expressa de lei que exija certa espécie de prova para a existência do facto ou que fixe a força de determinado meio de prova.

O objeto do recurso de revista pode ser entendido fazendo a divisão em três grupos de decisões que importa considerar: *"'decisões finais', decisões 'interlocutórias velhas' (i.e., proferidas na pendência do processo na 1ª instância) e 'decisões interlocutórias novas' (i.e. proferidas na pendência do processo na Relação)"*.[94]

Qualquer das decisões indicadas no art. 644º do C.P.C. português, finais e interlocutórias, pode ser objeto do recurso de revista. O princípio é de que cabe recurso de revista de qualquer despacho interlocutório. A única limitação imposta pelo legislador (art. 671, n. 2) diz respeito às 'decisões interlocutórias que recaiam unicamente sobre a relação processual'. Essas só podem ser objeto de revista nos casos em que o recurso é sempre admissível ou quando estejam em contradição com outro, já transitado em julgado, proferido pelo Supremo Tribunal de Justiça, no domínio da mesma legislação e sobre a mesma questão fundamental de direito, salvo se tiver sido proferido acórdão de uniformização de jurisprudência com ele conforme.[95]

Mas o que se entende por 'decisões interlocutórias que recaiam unicamente sobre a relação processual?: *"Serão aquelas que produzem caso julgado formal, nos termos do art. 620º nº1., visto esse se referir a decisões com esse objeto. A unidade de interpretação do sistema processual impõe esta conclusão. A ser assim, supondo que o termo 'interlocutório' é usado no sentido formal (qualquer decisão que não ponha termo ao processo) então parece que garantido está o recurso de acórdão da Relação que aprecie despacho saneador que, sem pôr termo ao processo,*

---

[94] PINTO, Rui. *Notas ao código de processo civil.* Coimbra: Coimbra Editora, 2014. p. 440.
[95] PINTO, R., idem, p. 441.

decida do mérito da causa quanto a algum ou alguns dos pedidos. Pelo contrário, já estaria excluído Acórdão da Relação que aprecie despacho saneador que, sem pôr termo ao processo, absolva da instância o réu ou algum dos réus quanto a algum ou alguns dos pedidos. E o mesmo se diga para o rol constante do artigo 644º nº 2.[96]

Como se disse acima, o Supremo Tribunal de Justiça não analisa questão de fato, salvo quando a lei exija certa espécie de prova. Sobre esta questão, eis a lição de Rui Pinto: *"Já relativamente à 'fundamentação de facto' dir-se-ia que ela não poderia ser considerada para efeitos de dupla conforme visto o Supremo não conhecer de questões de facto, como decorre da primeira parte do n. 3 do art. 674º. Ora, como se disse, para o Supremo conhecer de eventual desconformidade não pode conhecer, porém, daquilo que lhe é legalmente vedado. Mas, dito isto, importa ressalvar a segunda parte daquele n. 3: o Supremo pode conhecer de ofensa de uma disposição expressa de lei que exija certa espécie de prova para a existência do facto ou que fixe a força de determinado meio de prova. Nesse âmbito, podem atuar os poderes de verificação de conformidade. Assim, constitui fundamentação essencialmente diferente, 'por ex.', a alteração pela Relação 'daquelas normas de direito probatório', e que tenha 'reflexos directos e imediatos' na decisão, v.g., na fixação de uma indemnização. É que essa alteração 'não se traduz em mero 'diferente fundamento' da decisão sobre a indemnização, mas antes em modificação dos próprios pressupostos da obrigação de indemnizar quando referida aos danos não patrimoniais (STJ – 19-9-2012/13;09.7GTPNF.P2.S1 (Souza Fonte). Por ex., alteração do grau de culpa ou dos danos dados como provados, pode alterar o montante da condenação.*

Portanto, tal como no direito anterior, a 'desconformidade de fundamentos não tem valia em si mesma, mas enquanto 'causa lógica-jurídica de desconformidade de decisão': se os fundamentos mudam, mas não muda a decisão, há dupla conforme; mas se os fundamentos mudam e muda a qualidade (já não a quantidade quando menor, pelas razões atrás explanadas) do efeito material da decisão, um bom rigor há uma nova decisão, mesmo que esta se mantenha formalmente idêntica.

Ao contrário, a desconformidade de 'motivação (avaliação) de prova consubstancia apenas um juízo de economia interna da decisão, sem expressão na parte dispositiva. Por ex., é irrelevante o facto X ter sido julgado como provado por testemunha A ou pela testemunha B. Isto sucede por que o que dita a decisão são as

---

[96] Pinto, R., idem, ibidem.

'conclusões' de facto e de direito e não a sua 'motivação' (a 'fundamentação da fundamentação', se quisermos).[97]

6.4.2. Tribunal Constitucional

A atual organização judiciária portuguesa, além de prever a competência do Supremo Tribunal de Justiça, também prevê a existência do Tribunal Constitucional português.

O sistema de fiscalização das normas constitucionais definido na Constituição atual portuguesa tem sua origem na tradição constitucional nesta matéria e nas soluções de ordem constitucional revolucionária *pré-constitucional*. O sistema tradicional era o de *controle judicial difuso*, *incidental e concreto*, introduzido pela Constituição de 1911 (art. 63º) e que foi incorporado pela Constituição de 1933 (art. 123º). Esta última, com a revisão ocorrida em 1971, também permitiu a possibilidade da fiscalização constitucional *abstrata concentrada*, confiando tal papel à Assembleia Nacional (art. 91º e 92º da Constituição). Este sistema misto foi mantido na estrutura constitucional provisória após o 25 de abril, e logo a Lei n. 3/74, reiterando esse elemento de controle não judicial concentrado, veio reconhecer ao Conselho de Estado competência para declarar com força obrigatória geral a inconstitucionalidade de quaisquer normas (art. 13º – 3).[98]

Uma hipótese particularmente complexa de controle por meio de órgão político era aquela prevista pela Constituição portuguesa de 1976 (artt. 277 -285). Essa previa em primeiro lugar um controle 'preventivo' confiado ao Conselho da Revolução, órgão constitucional de endereço político, mas com alargada atribuição de garantia, que examinava os atos antes da promulgação presidencial. Se o Conselho optava pela inconstitucionalidade exercitava um veto suspensivo dos atos do parlamento e definitivo dos atos do governo. Era previsto também um controle sucessivo à entrada em vigor dos atos normativos. Este procedia por meio de diversas modalidades. Na hipótese de recurso apresentado por órgãos constitucionais ou pelas Regiões autônomas, o Conselho da Revolução declarava, com eficácia *erga omnes,* a nulidade, mediante prévio parecer

---

[97] Pinto, R., idem, p. 444 e 445.
[98] Gomes Canotilho, J.J.; Moreira, V., op. Cit., p.237 e 238.

da Comissão constitucional, órgão político dotado de competência específica na matéria. Quando a questão de constitucionalidade era suscitada perante os juízes, estes, quando assim entendiam, poderiam deixar de aplicar a norma inconstitucional e, esgotados os recursos ordinários, era dado recurso à Comissão constitucional, que judicaria definitivamente somente em relação ao caso concreto (sem, portanto, eficácia *erga omnes*). Todavia, quando a Comissão decidisse por três vezes a inconstitucionalidade de uma norma, o Conselho da Revolução poderia declarar a sua nulidade, com eficácia geral.[99]

A revisão constitucional de 1982 manteve o sistema complexo consagrado no texto originário. A importância dessa revisão consistiu na criação do *Tribunal Constitucional*.

Segundo anotam J. J. Gomes Canotilho e Vital Moreira: *"Prefigurado pela antiga Comissão Constitucional, o TC surge conformado pela Constituição como o 'principal órgão da justiça constitucional', dispondo da competência para decidir, com carácter definitivo, sobre questões de constitucionalidade (ou de legalidade a ela equiparáveis), tanto em via de 'recurso' das decisões dos outros tribunais, proferidas a título incidental nos feitos submetidos a julgamento, qualquer que seja o sentido da decisão (e não apenas, como anteriormente, das decisões que julgarem no sentido da inconstitucionalidade), como a 'título principal' e com força obrigatória geral, decidindo as questões que lhe sejam apresentadas directamente por certas entidades individualizadas na Constituição. A primeira revisão estendeu também o sistema de fiscalização da constitucionalidade a alguns casos especiais de 'ilegalidade', nomeadamente a fiscalização das infracções aos estatutos das regiões autônomas por parte dos diplomas regionais ou dos órgãos de soberania, bem como das infracções das 'leis gerais da República' por parte dos diplomas regionais".*[100]

Com a criação do Tribunal Constitucional português, rejeitou-se que a tarefa de fiscalização da constitucionalidade de lei pudesse caber com exclusividade à assembleia parlamentar, à qual, de acordo com a tradição constitucional liberal, durante muito teve a esta confiada. Na verdade, *"a fiscalização judicial da inconstitucionalidade das leis implica a superação da concepção da soberania absoluta do parlamento e da separação de poderes, que durante muito tempo constituíram obstáculo ao controlo da constitucionalidade*

---

[99] VERGOTTINI, G., op. Cit., p. 248.
[100] GOMES CANOTILHO, J.J.; MOREIRA, V., op. Cit., p. 239.

das leis do parlamento por um órgão exterior independente, nomeadamente pelos tribunais (e, sobretudo, pelos tribunais comuns)". Isso não impede, por sua vez, que a observância da Constituição também seja uma tarefa parlamentar. Porém, *"só se pode falar de verdadeira e própria fiscalização de constitucionalidade quando ela compete a órgãos jurisdicionais".*[101]

O Tribunal Constitucional, criado pela revisão constitucional de 1982, constitui o desenvolvimento lógico da Comissão Constitucional prevista no texto de 1976, *"a qual, além de assessorar consultivamente o CR em matérias de fiscalização abstracta da constitucionalidade que a este competiam, já funcionava como instância suprema de recurso das decisões dos tribunais em matéria de fiscalização concreta de constitucionalidade. A ideia de concentrar num único tribunal a competência de fiscalização da constitucionalidade – que entre nós, desde 1911, cabia a todos os tribunais como qualquer outra questão jurídica –, surgiria, em termos constitucionais, na revisão constitucional de 1971, da Constituição de 1933; todavia, não foi concretizada. A Constituição de 1976, na sua versão primitiva, ao mesmo tempo em que instituiu novas figuras de controlo (abstracto e por omissão) e que manteve a competência dos tribunais em geral para a fiscalização concreta, introduziu, todavia um recurso (obrigatório em certos casos) para a CC".*[102]

Significativa é a previsão constitucional de natureza *jurisdicional* do Tribunal Constitucional.

Com a revisão de 1989 não se percebeu grandes modificações quanto ao sistema de fiscalização. As principais inovações foram: *"a) alargamento do âmbito material do sistema de fiscalização, estendendo-o ao 'bloco de legalidade reforçada', com a consequente extensão da competência de fiscalização dos tribunais e do Tribunal Constitucional, de modo a abranger a ilegalidade dos actos legislativos desconformes com as 'leis de valor reforçado' (arts. 280º-2/a e 281-1/a; b) ampliação da competência para a fiscalização preventiva da nova categoria das 'leis orgânicas' (art. 278º-4, 5 e 6)".*[103]

A Lei 28/82 dispõe que o Tribunal Constitucional português exerce sua jurisdição no âmbito de toda a ordem jurídica portuguesa e tem sede em Lisboa.

---

[101] Gomes Canotilho, J.J.; Moreira, V., idem., p. 243.
[102] Gomes Canotilho, J.J.; Moreira, V., idem., p 244.
[103] Gomes Canotilho, J. J.; Moreira, V., idem, ibidem.

As decisões do Tribunal Constitucional português são obrigatórias para todas as entidades públicas e privadas e prevalece sobre as dos restantes tribunais e de quaisquer outras autoridades.

Segundo estabelece o art. 6º da Lei 28/82, compete ao Tribunal Constitucional apreciar a inconstitucionalidade e a ilegalidade nos termos do art. 277º e seguintes da Constituição Federal.

Estabelecem os artigos 277º a 283º da Constituição da República Portuguesa:

> *Artigo 277º Inconstitucionalidade por acção*
>
> *1. São inconstitucionais as normas que infrinjam o disposto na Constituição ou os princípios nela consignados.*
>
> *2. A inconstitucionalidade orgânica ou formal de tratados internacionais regularmente ratificados não impede a aplicação das suas normas na ordem jurídica portuguesa, desde que tais normas sejam aplicadas na ordem jurídica da outra parte, salvo se tal inconstitucionalidade resultar de violação de uma disposição fundamental.*
>
> *Artigo 278º Fiscalização preventiva da constitucionalidade*
>
> *1. O Presidente da República pode requerer ao Tribunal Constitucional a apreciação preventiva da constitucionalidade de qualquer norma constante de tratado internacional que lhe tenha sido submetido para ratificação, de decreto que lhe tenha sido enviado para promulgação como lei ou como decreto-lei ou de acordo internacional cujo decreto de aprovação lhe tenha sido remetido para assinatura.*
>
> *2. Os Representantes da República podem igualmente requerer ao Tribunal Constitucional a apreciação preventiva da constitucionalidade de qualquer norma constante de decreto legislativo regional que lhes tenha sido enviado para assinatura.*
>
> *3. A apreciação preventiva da constitucionalidade deve ser requerida no prazo de oito dias a contar da data da recepção do diploma.*
>
> *4. Podem requerer ao Tribunal Constitucional a apreciação preventiva da constitucionalidade de qualquer norma constante de decreto que tenha sido enviado ao Presidente da República para promulgação como lei orgânica, além deste, o Primeiro-Ministro ou um quinto dos Deputados à Assembleia da República em efectividade de funções.*
>
> *5. O Presidente da Assembleia da República, na data em que enviar ao Presidente da República decreto que deva ser promulgado como lei orgânica, dará disso conhecimento ao Primeiro-Ministro e aos grupos parlamentares da Assembleia da República.*

6. A apreciação preventiva da constitucionalidade prevista no nº 4 deve ser requerida no prazo de oito dias a contar da data prevista no número anterior.

7. Sem prejuízo do disposto no nº 1, o Presidente da República não pode promulgar os decretos a que se refere o nº 4 sem que decorram oito dias após a respectiva recepção ou antes de o Tribunal Constitucional sobre eles se ter pronunciado, quando a intervenção deste tiver sido requerida.

8. O Tribunal Constitucional deve pronunciar-se no prazo de vinte e cinco dias, o qual, no caso do nº 1, pode ser encurtado pelo Presidente da República, por motivo de urgência.

Artigo 279º Efeitos da decisão

1. Se o Tribunal Constitucional se pronunciar pela inconstitucionalidade de norma constante de qualquer decreto ou acordo internacional, deverá o diploma ser vetado pelo Presidente da República ou pelo Representante da República, conforme os casos, e devolvido ao órgão que o tiver aprovado.

2. No caso previsto no nº 1, o decreto não poderá ser promulgado ou assinado sem que o órgão que o tiver aprovado expurgue a norma julgada inconstitucional ou, quando for caso disso, o confirme por maioria de dois terços dos Deputados presentes, desde que superior à maioria absoluta dos Deputados em efectividade de funções.

3. Se o diploma vier a ser reformulado, poderá o Presidente da República ou o Representante da República, conforme os casos, requerer a apreciação preventiva da constitucionalidade de qualquer das suas normas.

4. Se o Tribunal Constitucional se pronunciar pela inconstitucionalidade de norma constante de tratado, este só poderá ser ratificado se a Assembleia da República o vier a aprovar por maioria de dois terços dos Deputados presentes, desde que superior à maioria absoluta dos Deputados em efectividade de funções.

Artigo 280º Fiscalização concreta da constitucionalidade e da legalidade

1. Cabe recurso para o Tribunal Constitucional das decisões dos tribunais:

a) Que recusem a aplicação de qualquer norma com fundamento na sua inconstitucionalidade;

b) Que apliquem norma cuja inconstitucionalidade haja sido suscitada durante o processo.

2. Cabe igualmente recurso para o Tribunal Constitucional das decisões dos tribunais:

a) Que recusem a aplicação de norma constante de acto legislativo com fundamento na sua ilegalidade por violação da lei com valor reforçado;

b) Que recusem a aplicação de norma constante de diploma regional com fundamento na sua ilegalidade por violação do estatuto da região autónoma;

c) Que recusem a aplicação de norma constante de diploma emanado de um órgão de soberania com fundamento na sua ilegalidade por violação do estatuto de uma região autónoma;

d) Que apliquem norma cuja ilegalidade haja sido suscitada durante o processo com qualquer dos fundamentos referidos nas alíneas a), b) e c).

3. Quando a norma cuja aplicação tiver sido recusada constar de convenção internacional, de acto legislativo ou de decreto regulamentar, os recursos previstos na alínea a) do nº 1 e na alínea a) do nº 2 são obrigatórios para o Ministério Público.

4. Os recursos previstos na alínea b) do nº 1 e na alínea d) do nº 2 só podem ser interpostos pela parte que haja suscitado a questão da inconstitucionalidade ou da ilegalidade, devendo a lei regular o regime de admissão desses recursos.

5. Cabe ainda recurso para o Tribunal Constitucional, obrigatório para o Ministério Público, das decisões dos tribunais que apliquem norma anteriormente julgada inconstitucional ou ilegal pelo próprio Tribunal Constitucional.

6. Os recursos para o Tribunal Constitucional são restritos à questão da inconstitucionalidade ou da ilegalidade, conforme os casos.

Artigo 281º Fiscalização abstracta da constitucionalidade e da legalidade

1. O Tribunal Constitucional aprecia e declara, com força obrigatória geral:

a) A inconstitucionalidade de quaisquer normas;

b) A ilegalidade de quaisquer normas constantes de acto legislativo com fundamento em violação de lei com valor reforçado;

c) A ilegalidade de quaisquer normas constantes de diploma regional, com fundamento em violação do estatuto da região autónoma;

d) A ilegalidade de quaisquer normas constantes de diploma emanado dos órgãos de soberania com fundamento em violação dos direitos de uma região consagrados no seu estatuto.

2. Podem requerer ao Tribunal Constitucional a declaração de inconstitucionalidade ou de ilegalidade, com força obrigatória geral:

a) O Presidente da República;

b) O Presidente da Assembleia da República;

c) O Primeiro-Ministro;

d) O Provedor de Justiça;

e) O Procurador-Geral da República;

f) Um décimo dos Deputados à Assembleia da República;

g) Os Representantes da República, as Assembleias Legislativas das regiões autónomas, os presidentes das Assembleias Legislativas das regiões autónomas, os presidentes dos Governos Regionais ou um décimo dos deputados à respectiva Assembleia Legisla-

tiva, quando o pedido de declaração de inconstitucionalidade se fundar em violação dos direitos das regiões autónomas ou o pedido de declaração de ilegalidade se fundar em violação do respectivo estatuto.

3. O Tribunal Constitucional aprecia e declara ainda, com força obrigatória geral, a inconstitucionalidade ou a ilegalidade de qualquer norma, desde que tenha sido por ele julgada inconstitucional ou ilegal em três casos concretos.

Artigo 282º Efeitos da declaração de inconstitucionalidade ou de ilegalidade

1. A declaração de inconstitucionalidade ou de ilegalidade com força obrigatória geral produz efeitos desde a entrada em vigor da norma declarada inconstitucional ou ilegal e determina a repristinação das normas que ela, eventualmente, haja revogado.

2. Tratando-se, porém, de inconstitucionalidade ou de ilegalidade por infracção de norma constitucional ou legal posterior, a declaração só produz efeitos desde a entrada em vigor desta última.

3. Ficam ressalvados os casos julgados, salvo decisão em contrário do Tribunal Constitucional quando a norma respeitar a matéria penal, disciplinar ou de ilícito de mera ordenação social e for de conteúdo menos favorável ao arguido.

4. Quando a segurança jurídica, razões de equidade ou interesse público de excepcional relevo, que deverá ser fundamentado, o exigirem, poderá o Tribunal Constitucional fixar os efeitos da inconstitucionalidade ou da ilegalidade com alcance mais restrito do que o previsto nos n.os 1 e 2.

Artigo 283º Inconstitucionalidade por omissão

1. A requerimento do Presidente da República, do Provedor de Justiça ou, com fundamento em violação de direitos das regiões autónomas, dos presidentes das Assembleias Legislativas das regiões autónomas, o Tribunal Constitucional aprecia e verifica o não cumprimento da Constituição por omissão das medidas legislativas necessárias para tornar exequíveis as normas constitucionais.

2. Quando o Tribunal Constitucional verificar a existência de inconstitucionalidade por omissão, dará disso conhecimento ao órgão legislativo competente.

Na tramitação dos recursos para o Tribunal Constitucional são subsidiariamente aplicáveis as normas do Código de Processo Civil português, em especial as respeitantes ao recurso de apelação (art. 69º da Lei 28/82).

Segundo estabelece o art. 70º da Lei 28/82, as decisões que podem ser objeto de recurso ao Tribunal Constitucional português são as seguintes:

Artigo 70º (Decisões de que pode recorrer-se)

1. Cabe recurso para o Tribunal Constitucional, em secção, das decisões dos tribunais:

a) Que recusem a aplicação de qualquer norma, com fundamento em inconstitucionalidade;

b) Que apliquem norma cuja inconstitucionalidade haja sido suscitada durante o processo;

c) Que recusem a aplicação de norma constante de acto legislativo, com fundamento na sua ilegalidade por violação de lei com valor reforçado;

d) Que recusem a aplicação de norma constante de diploma regional, com fundamento na sua ilegalidade por violação do estatuto da região autónoma ou de lei geral da República;

e) Que recusem a aplicação de norma emanada de um órgão de soberania, com fundamento na sua ilegalidade por violação do estatuto de uma região autónoma;

f) Que apliquem norma cuja ilegalidade haja sido suscitada durante o processo com qualquer dos fundamentos referidos nas alíneas c), d) e e);

g) Que apliquem norma já anteriormente julgada inconstitucional ou ilegal pelo próprio Tribunal Constitucional;

h) Que apliquem norma já anteriormente julgada inconstitucional pela Comissão Constitucional, nos precisos termos em que seja requerido a sua apreciação ao Tribunal Constitucional;

i) Que recusem a aplicação de norma constante de acto legislativo, com fundamento na sua contrariedade com uma convenção internacional, ou a apliquem em desconformidade com o anteriormente decidido sobre a que questão pelo Tribunal Constitucional.

2. Os recursos previstos nas alíneas b) e f) do número anterior apenas cabem de decisões que não admitam recurso ordinário, por a lei o não prever ou por já haverem sido esgotados todos os que no caso cabiam, salvo os destinados a uniformização de jurisprudência.

3. São equiparadas a recursos ordinários as reclamações para os presidentes dos tribunais superiores, nos casos de não admissão ou de retenção do recurso, bem como as reclamações dos despachos dos juízes relatores para a conferência.

4. Entende-se que se acham esgotados todos os recursos ordinários, nos termos do nº 2, quando tenha havido renúncia, haja decorrido o respectivo prazo sem a sua interposição ou os recursos interpostos não possam ter seguimento por razões de ordem processual.

5. Não é admitido recurso para o Tribunal Constitucional de decisões sujeitas a recurso ordinário obrigatório, nos termos da respectiva lei processual.

6. Se a decisão admitir recurso ordinário, mesmo que para uniformização de jurisprudência, a não interposição de recurso para o Tribunal Constitucional não faz precluir o direito de interpô-lo de ulterior decisão que confirme a primeira.

Observa-se, portanto, que no sistema de controle de constitucionalidade português há quatro tipos de fiscalização: a) fiscalização *preventiva* da inconstitucionalidade por ação;[104] b) fiscalização sucessiva *abstrata* da inconstitucionalidade por ação; c) fiscalização sucessiva *concreta* da inconstitucionalidade por ação; d) fiscalização da inconstitucionalidade *por omissão*.[105]

Os *órgãos de fiscalização* de constitucionalidade são, por um lado, o Tribunal Constitucional e, por outro, os demais tribunais (todos e cada um dos tribunais). O primeiro possui competência exclusiva para o controle de constitucionalidade preventivo, da fiscalização abstrata e da fiscalização da inconstitucionalidade por omissão e julga os recursos das decisões dos outros tribunais; os segundos decidem das questões de constitucionalidade levantadas em cada caso *subjudice*, e as suas decisões são sempre recorríveis para o Tribunal Constitucional.[106]

6.5. Sistema espanhol

6.5.1. Tribunal Supremo

Na Espanha, o recurso de cassação encontra-se regulado nos artigos 477º a 489º da *Ley de Enjuiciamiento Civil* de 2000.

Cassação é o processo de impugnação de uma decisão judicial perante o grau superior, em geral de hierarquia judicial, por *razões* imanentes ao processo em que referida decisão foi proferida.[107]

---

[104] *"Fiscalização preventiva. Como o nome indica, é uma fiscalização anterior à própria introdução das normas na ordem jurídica, ou seja, tem por objecto 'normas imperfeitas'. É por natureza um controlo abstracto e, no caso de juízo de inconstitucionalidade, as respectivas normas não podem entrar na ordem jurídica. A fiscalização preventiva desempenha 'duas funções' bem distintas: por um lado, impedir a entrada em vigor de normas presumivelmente inconstitucionais, evitando assim a produção de efeitos; por outro lado, afastar ou diminuir as reservas que tenham sido levantadas ou que presumivelmente viriam a ser levantadas quanto à constitucionalidade do diploma e que poderiam enfraquecer a sua legitimidade e, até, a sua eficácia...O âmbito da fiscalização preventiva também é mais restrito do que o da fiscalização sucessiva, dado que só abrange os diplomas 'legislativos' (da República ou regionais) ou equiparados (convenções internacionais e decretos regionais de regulamentação de leis da República".* (GOMES CANOTILHO, J.J.; MOREIRA, V., op. Cit., p 241).
[105] GOMES CANOTILHO, J.J.; MOREIRA, V., idem., p 239 e 240.
[106] GOMES CANOTILHO, J.J.; MOREIRA, V., idem, p. 240.
[107] GUASP, Jaime; ARAGONESES, Pedro. *Derecho procesal civil*. Tomo II – parte especial: processos declarativos y de ejecución. Séptima edición. 2006. p. 497.

A cassação é, portanto, uma espécie de recurso especial supremo. As duas razões definidoras do recurso especial ocorrem plenamente na cassação: "*as partes não podem recorrer a ela com base em seu simples interesse, a não ser que tenham uma 'causa legalmente determinada', isto é, um motivo: o motivo da cassação especificamente; por outro lado, o órgão jurisdicional não pode conhecer dos problemas litigiosos nos mesmos termos de amplitude em que o fizeram os tribunais de instâncias, uma vez que os seus poderes se encontram limitados a temas determinados e taxativos...*".[108]

Os motivos que justificam a interposição do recurso de cassação e resolução recorríveis em cassação são os seguintes:

> Art. 477. Motivo do recurso de cassação e resolução recorríveis em cassação.
>
> 1. O recurso de cassação haverá de fundar-se, como motivo único, na infração de normas aplicáveis para resolver as questões objeto do processo.
>
> 2. Serão recorríveis em cassação as sentenças ditadas em segunda instância pelas Audiências Provinciais, nos seguintes casos:
> 1º Quando se ditarem para a tutela civil de direitos fundamentais,
> 2º Sempre que a quantia do processo exceder 600.000 euros.
> 3º Quando a quantia do processo não exceder de 600.000 euros ou este tramitou por razão da matéria, sempre que, em ambos os casos, a resolução do recurso apresente interesse para a cassação.
>
> 3. Considerar-se-á que um recurso apresenta interesse para cassação quando a sentença recorrida se oponha à doutrina jurisprudencial do Tribunal Supremo ou resolva pontos e questões sobre os que já exista jurisprudência contraditória das Audiências Provinciais ou aplique normas que não estejam mais de cinco anos em vigor, sempre que, neste último caso, não exista doutrina jurisprudencial do Tribunal Supremo relativa a normas anteriores de igual ou similar conteúdo. Quando se trate de recursos de cassação que devem ser conhecidos por um Tribunal Superior de Justiça, entender-se-á que também existe interesse de cassação quando a sentença recorrida se oponha a doutrina jurisprudencial ou não exista dita doutrina do Tribunal Superior sobre normas de Direito especial da Comunidade Autônoma correspondente.

Duas observações importantes devem ser feitas em relação à cassação de uma maneira geral:

---

[108] GUASP, J.; ARAGONESES, P.; idem, p. 498.

A primeira é de que a *cassação*, em geral, é um recurso em que se coloca estritamente *questões de direito*, e não questões de fato. Trata-se de um processo de impugnação destinado a rescindir uma decisão judicial por razões estritamente jurídicas, e não por razões fáticas. É certo que, numa perspectiva original, a cassação espanhola não se limitava a conhecer de problemas de direito, senão também de problemas de fato, posto que existia um recurso de cassação que, com todas as limitações que se apresentava, abria a porta, pelo menos teoricamente, às impugnações fundadas em erros de caráter fático que poderiam ter sido cometidos pelo julgador de instância. Essa circunstância desapareceu com a Ley de 30 de abril de 1922.[109]

A segunda, é que a cassação é um recurso destinado simplesmente a romper ou quebrantar, e disso advém o nome da figura, *a sentença que se impugna*, porém não substituí-la por outra; posto que, uma vez rescindida a decisão de instância, que é a essência deste recurso, há de ser devolvido o processo para que novamente seja conhecido por um tribunal inferior, seja o mesmo que antes o conheceu, seja um outro. Estima-se que a tarefa de decidir ao fundo a demanda não se encontra na competência do tribunal de cassação. Porém, a *cassação espanhola* não se inspira no critério restritivo para o recurso de *mera eliminação da sentença de instância*, com devolução do conhecimento do assunto, já que na 'cassação de fundo' (conteúdo único atual da cassação ao ter-se separado de seu âmbito de infrações de caráter processual), o Tribunal Supremo não se limita a cassar a decisão, senão que dita, em continuação, outra sobre a substância do litígio.[110]

É importante salientar que pela nova LEC separou-se a função de cassação de fundo e a de cassação de forma. Manteve-se o recurso de *cassação* para depurar os vícios *in iudicando* (de fundo), estabelecendo-se um recurso especial para impugnar os vícios *'in procedendo'* (de forma). Recursos que na LEC não somente aparecem separados senão como alternativos (art. 478), atribuindo o de infração processual aos Tribunais Superiores de Justiça. Porém, a disposição final 'decimosexta' estabeleceu que 'não se confia aos Tribunais Superiores de Justiça a competência para

---

[109] GUASP, J.; ARAGONESES, P.; idem, p. 501
[110] GUASP, J.; ARAGONESES, P.; idem, p. 501.

conhecer do recurso especial por infração processual'; a competência para conhecer de ambos os recursos segue atribuída (salvo o estabelecido na letra 'a' do art. 73.1 da LOPJ) à Sala Cível do Tribunal Supremo, e ambos os recursos podem ser utilizados, não somente de maneira concorrente, senão também num mesmo escrito, tramitando em um único procedimento. Este regime provisório teve caráter definitivo.[111]

A nova LEC subtraiu, em princípio, do recurso de cassação o conhecimento das infrações de caráter processual contra sentenças e autos da Audiência Provincial que puseram fim à segunda instância, atribuindo sua competência à Sala Civil e Penal dos Tribunais Superiores de Justiça (art. 468). O chamado recurso especial por infração processual é, igualmente ao de cassação, um processo extraordinário de impugnação de uma resolução judicial perante o grau supremo de hierarquia judicial. Coincide com o que foi dito em relação à cassação no que diz respeito ao seu caráter de recurso de impugnação, especial e supremo. A razão pela qual se justifica a existência desse tipo de recurso encontra-se intimamente relacionada com o significado que tem o processo como sistema de garantia do exercício, perante os Tribunais, dos direitos e interesses legítimos.[112]

6.5.2. Tribunal Constitucional

Na Espanha, além do Tribunal Supremo, há, ainda, o Tribunal Constitucional.

A Constituição espanhola de 1931 (art. 121 ss.) instituiu o Tribunal das garantias constitucionais, confiando-lhe o controle da constitucionalidade das leis, como também o recurso de *'amparo'* (defesa) das garantias constitucionais, remédio protetivo dos direitos fundamentais, disponível em última instância, após os precedentes recursos promovidos diretamente pelo interessado ou por qualquer um (ação popular).[113] A Cons-

---

[111] GUASP, J.; ARAGONESES, P.; idem, p. 507.
[112] GUASP, J. ARAGONESES, idem, p. 539.
[113] *«Nessa perspectiva deve-se recordar que ao lado dos recursos diretos previstos nas Constituições austríacas e tedesca, um interesse expandido apresenta na América latina o instituto do 'amparo' que foi recebido, como observado, pela Constituição espanhola. O juízo de 'amparo' foi introduzido pela primeira vez na Constituição do Estado do Yucatán de 1841 (artt. 53, 63, 64) e, então, acolhido pela Constituição Mexicana de 1917 (artt. 103 e ss)... O 'amparo' é uma forma de remédio oferecido*

tituição de 1978 prevê um Tribunal Constitucional (artt. 159-165) que disciplina o controle de constitucionalidade mediante ação direta por obra do governo, do Defensor do povo, de cinquenta deputados ou cinquenta senadores e dos órgãos das comunidades autônomas, ou, em via incidental, nos confrontos da lei e dos atos com força de lei. Por sua vez, reintroduz o recurso de *amparo*, porém, em *única instância*, em favor dos direitos fundamentais garantidos pela Constituição por provocação de qualquer pessoa física ou jurídica que invoque legítimo interesse, como também pelo Defensor do povo e pelo Ministério Público.[114]

Atualmente, o Tribunal Constitucional é composto por doze membros, que ostentam o título de Magistrados do Tribunal Constitucional. Esses magistrados são nomeados pelo Rei, por meio de Real Decreto, mediante proposta das Câmaras que integram as Cortes Gerais (quatro pelo Congresso por maioria de três quintos de seus membros e quatro pelo Senado com idêntica maioria, dois pelo Governo e dois pelo Conselho Geral do Poder Judiciário). A designação para o cargo é por nove anos (renovando-se a terceira parte a cada três anos), devendo recair em cidadãos espanhóis que sejam Magistrados ou membros do Ministério Público, Professores de Universidade, Funcionários Públicos ou Advogados, todos esses juristas de reconhecida competência com mais de quinze anos de exercício profissional.[115]

O Tribunal Constitucional, como interprete supremo da Constituição, é independente dos demais órgãos constitucionais do Estado e está submetido somente à Constituição e à sua Lei Orgânica

O Tribunal Constitucional estende sua jurisdição a todo o território nacional.

A grande controvérsia existente na Espanha é se o Tribunal Constitucional seria um órgão do Poder Judiciário e se exerceria atividade jurisdicional.

---

pelo juiz mediante recurso individual em relação à tutela das liberdades fundamentais e é concedido contra qualquer tipo de ato da autoridade pública (atos administrativos, sentenças) e também contra as leis contrárias à constituição (amparo contra leis), as quais, se tal reconhecido, não serão aplicadas, sem declaração de nulidade, pelo juiz, e com efeito somente entre as partes do processo. (VERGOTTINI, G. op. Cit., p .256).
[114] VERGOTTINI, G., idem, ibidem.
[115] http://www.tribunalconstitucional.es/es/tribunal/Paginas/Tribunal.aspx

Não se desconhece, conforme afirma Alfonso Pérez Gordo, que um dos 'cavalos de batalha' que se coloca diante de qualquer Corte Constitucional, é a questão referente à sua *natureza jurídica*. Na realidade, será a atividade do Tribunal Constitucional, contemplada pela sua própria essência e pelas funções que este é chamado a desempenhar, segundo a Constituição e a LOTC (Lei Orgânica do Tribunal Constitucional), que irá revelar sua verdadeira natureza jurídica. De acordo com a Constituição e a LOTC (Lei Orgânica do Tribunal Constitucional), todas as funções que são assinaladas ao Tribunal Constitucional podem ser reduzidas a uma só, que nos indicará a sua função mais relevante, qual seja, do *controle de constitucionalidade*, sendo a única que justifica sua existência jurídica, e que objetivamente falando não será mais do que aquela consequência natural de que o Tribunal Constitucional é o intérprete supremo da Constituição. Tal atividade, contudo, não será nem mais nem menos que aquela atividade que se confere aos demais órgãos jurisdicionais – ou seja, àqueles integrados no que se denomina Poder Judiciário. Estes, assim como o Tribunal Constitucional, devem, acima de tudo, assegurar a coexistência das fontes de produção do Direito e das diversas normas jurídicas, com base no princípio da legalidade, requerendo-se de todos os órgãos jurisdicionais a interpretação das normas jurídicas que deverão aplicar, seja conforme a Constituição ou a qualquer outra norma superior. Deste modo, todos esses órgãos não serão nada mais nada menos do que defensores da legalidade, seja ela a legalidade suprema – Constituição – ou da própria legalidade infraconstitucional, e todos eles, sejam civil, penal, administrativo, trabalhista ou constitucional, serão, assim como o Tribunal Constitucional, único em sua ordem, interpretes da norma jurídica, independentes, não estando submetidos a não ser à Constituição ou às leis. Assim, segundo a ordem constitucional, o Tribunal Constitucional irá exercer uma atividade análoga à dos demais órgãos jurisdicionais, qual seja, a de aplicar a lei, o que supõe interpretá-la, seja de acordo com a ordem constitucional, para reafirmar sua constitucionalidade, ou para declarar sua 'ilegalidade' por ir contra à ordem jurídica prevista na própria Constituição – Lei superior. Assim, na ordem constitucional, o conflito Constituição/Lei será o parâmetro do litígio, que embora isso não termine somente com a declaração de constitucionalidade ou não da norma questionada, no entanto, no que diz respeito ao Tribunal Constitucional, vai mais além, isto é, para atuar como legislador ou como juiz, para 'dizer o Direito, o novo Direito', e inclusive para 'dar o Direito', com independência da legitimidade ou ilegitimidade da norma objeto de controle; porém, essas são funções que, se legais, em último caso, ou jurisdicionais, nos demais, não são mais que 'outras' funções do Tribunal, derivadas da consideração deste como órgão jurisdicional na ordem constitucional. Na realidade, esta é própria função assinalada aos outros órgãos jurisdicionais, integrados no denominado Poder Judiciário do Estado.[116]

Há parte da doutrina que refuta a natureza jurisdicional do Tribunal Constitucional, sob a alegação de que ao controlar a constitucionalidade das leis, sua atividade apresentaria *caráter suprajurisdicional*, já que as suas decisões têm um valor superior a dos outros Tribunais jurisdicionais, porquanto, ao possuírem um *valor geral* (valor vinculante para todos os órgãos jurisdicionais), retiram a eficácia da lei, diferentemente do que ocorre com os outros tribunais, que têm limitado o seu conhecimento ao que é objeto do juízo.[117]

Alfonso Pérez Gordo, para refutar o *caráter suprajurisdicional* da atividade do Tribunal Constitucional, assim afirma: *"(...). Os defensores desta tese não percebem, porém, de um lado, que se essa for a atividade do Tribunal Constitucional, seria distinta da que é própria de qualquer órgão jurisdicional, e, assim, se*

---

[116] *"Em que pese o exposto, somos consciente de que a conclusão de que partimos não é pacífica, e que, diante da experiência de já largo caminhar de outros Tribunais ou Cortes Constitucionais e diante das teses, inclusive desestabilizadoras, defendidas por vezes por estes, uma larga polêmica desatou-se entre juristas tanto da Alemanha quanto da Itália, sendo que um setor importante deles sustenta que os atos desenvolvidos pelo Tribunal ou Corte Constitucional não se diferenciam dos que realiza o Poder Legislativo, ou, que tenham caráter suprajurisdicional...Diante dessas considerações, digamos que a função do Tribunal Constitucional é a de declarar a nulidade da lei, não a de revogá-la com base em critérios de discricionariedade, mas, sim, com base na legalidade, com o que, na realidade, se está aplicando a própria lei superior, isto é, a Constituição, o que exclui imediatamente a afirmação de que o Tribunal Constitucional participa, de algum modo, da função legislativa. É isso que o próprio Tribunal, ainda que seja de forma imprecisa, já assentou como doutrina ao declarar sua competência 'para afirmar a inconstitucionalidade e invalidade superveniente, e como consequência, a derrogação de Leis preconstitucionais que se oponham à Constituição', e isso, 'em virtude da disposição derrogatória', acrescentando que o Tribunal Constitucional e consequentemente os Juízes e Tribunais integrados no Poder Judiciário, 'ao não aplicar tais leis, não exercem realmente a função legislativa... senão que aplicam a Constituição, que há derrogado as leis que se oponham ao estabelecido pela mesma e que, por isso, são inconstitucionais..."* ".(GORDO, A. P., op. Cit., p 30, 31 e 32).
[117] GORDO, A. P., idem, p. 42 e 43.

o ato é 'suprajurisdicional', não somente estaria sobre a jurisdição, senão também 'fora' da mesma, com o que, em definitivo, a atividade do Tribunal Constitucional não estaria 'na' jurisdição; e, de outro, que é totalmente infundado buscar a 'superjurisdicionalidade' na eficácia vinculante das sentenças do Tribunal Constitucional para os demais órgãos jurisdicionais; nesse sentido, também seriam 'superjurisdicionais' as decisões do Tribunal Supremo para todos os demais juízes e tribunais; também as das Salas do contencioso-administrativo das Audiências e do Tribunal Supremo, tanto quando declaram que o ato administrativo impugnado está conforme o direito, como quando declaram a sua não conformidade e consequentemente a nulidade do mesmo ato. Assim, ainda que as sentenças do Tribunal Constitucional declarem a inconstitucionalidade de uma lei, produzindo 'efeitos gerais', isso não significa dizer que haja nisso uma 'superjurisdição' sobre os demais de outras ordens, porquanto isso seria equiparar a atividade do Tribunal Constitucional à legislativa, com exclusão da jurisdicional".[118]

O controle de constitucionalidade é uma consequência direta das Constituições rígidas, e da coexistência de normas de distintos graus hierárquicos, razão pela qual a dúvida de constitucionalidade que paira sobre uma delas, confirmando-se a suspeita, gera a nulidade da lei. Tal fato, longe de proclamar para o Tribunal Constitucional uma atividade legislativa, não significa nada mais do que atuar em garantia e observância da norma jurídica, conforme o princípio da legalidade, mediante *um processo que não é legislativo, mas, sim, jurisdicional*, porquanto o Tribunal Constitucional atua em virtude de uma autoridade que lhe foi concedida pela Constituição, a fim de impor sua sanção através da declaração da constitucionalidade ou não de uma norma ou de um ato, derivando-se disso não a revogação, senão a nulidade da norma.[119]

Portanto, para Alfonso Pérez Gordo, o Tribunal Constitucional é um órgão jurisdicional, de caráter constitucional, independente, único e exclusivo em sua ordem, e que tem por função a de impor e atuar as sanções que correspondam na ordem constitucional, em garantia da observância da norma jurídica.[120]

O Tribunal Constitucional, nos termos do art. 161 da Constituição espanhola de 1978, tem por competência conhecer: a) do recurso de

---

[118] GORDO, A. P., idem, p. 43 e 44.
[119] GORDO, A. P., idem, p. 44.
[120] GORDO, A. P., idem, p. 49.

inconstitucionalidade contra lei e disposições normativas com força de lei. A declaração de inconstitucionalidade de uma norma jurídica com força de lei, interpretada pela jurisprudência, afetará esta, ainda que a sentença ou sentenças subordinadas não percam o valor de coisa julgada; b) do recurso de amparo por violação dos direitos e liberdades referidos no artigo 53, 2, da Constituição nos casos e formas que a lei estabeleça; c) dos conflitos de competência entre o Estado e as Comunidades Autônomas ou os destas entre si; d) das demais matérias que lhe atribuam a Constituição e as leis orgânicas.

O Governo poderá impugnar perante o Tribunal Constitucional as disposições e resoluções adotadas por órgãos das Comunidades Autônomas. A impugnação produzirá a suspensão das disposições ou resoluções recorridas; porém, o Tribunal, no caso, deverá ratificá-la ou levantá-la num prazo não superior a cinco meses.

7.
Preceitos normativos procedimentais de admissibilidade do recurso extraordinário e do recurso especial no novo C.P.C.

O Supremo Tribunal Federal, como órgão máximo do Poder Judiciário incumbido da tutela e guarda da Constituição Federal, pode ser provocado a resolver demandas que tenham por objeto a constitucionalidade ou inconstitucionalidade de norma jurídica, mediante recurso extraordinário interposto nas causas que foram decididas em última ou única instância por outras cortes.[121]

A motivação Constitucional para a interposição do recurso extraordinário encontra-se delineada no art. 102, inc. III, letras 'a' a 'd' da Constituição Federal.

Da mesma forma, o Superior Tribunal de Justiça, como órgão máximo do Poder Judiciário incumbido da tutela e guarda dos tratados ou lei federal, pode ser provocado a resolver demandas que tenham por objeto questões de natureza federal, mediante recurso especial interposto nas causas decididas, em única ou última instância, pelos Tribunais Regionais Federais o pelos Tribunais dos Estados, do Distrito Federal e Territórios.

A motivação Constitucional para a interposição do recurso especial encontra-se delineada no art. 105, inc. III, letras 'a' a 'c' da Constituição Federal.

---

[121] O recurso extraordinário tem por finalidade *"assegurar a inteireza positiva; a validade; a autoridade e a uniformidade de interpretação da Constituição"* (PONTES DE MIRANDA, *Comentários ao código de processo civil*, Tomo VIII. Rio de Janeiro: Forense, 2002. p. 39.

O recurso extraordinário e o recurso especial seguem, respectivamente, até o Supremo Tribunal Federal ou até o Superior Tribunal de Justiça diretamente com sua interposição perante os Tribunais inferiores ou por meio de *agravo em recurso extraordinário ou especial,* quando não forem, em situações especiais, recebidos pelos órgãos jurisdicionais inferiores.

O novo C.P.C. regulou os requisitos para a interposição do recurso extraordinário e do recurso especial na Seção II do Capítulo VI (DOS RECURSOS PARA O SUPREMO TRIBUNAL FEDERAL E PARA O SUPERIOR TRIBUNAL DE JUSTIÇA) do Título II (DOS RECURSOS) do Livro III (DOS PROCESSOS NOS TRIBUNAIS E DOS MEIOS DE IMPUGNAÇÃO DAS DECISÕES JUDICIAIS).

Na visão de Montovani Colares Cavalcante, dúvida não mais existe de que os recursos, especial e extraordinário, têm por função, respectivamente, o controle da legalidade ou da constitucionalidade da decisão, vedando-se o amplo reexame da causa. Diante dessa sua função constitucional, esses recursos são denominados de 'recurso excepcionais'.[122]

Ao analisar o Agravo Regimental no Agravo de Instrumento nº 155.684-7-SP, assim se pronunciou a 1ª Turma do Supremo Tribunal Federal: *"o recurso extraordinário e o recurso especial são institutos de direito processual constitucional. Essas duas modalidades extraordinárias de impugnação recursal possuem domínios temáticos próprios, que lhes foram constitucionalmente reservados. Ao recurso extraordinário reservou-se, em sua precípua função jurídico--processual, a defesa objetiva da norma constitucional, cabendo ao Supremo Tribunal Federal, nesse contexto, a guarda e a proteção da intangibilidade da ordem jurídica formalmente plasmada na Constituição da República. O recurso especial está vocacionado, no campo de sua específica atuação temática, à tutela do direito objetivo infraconstitucional da União. A sua apreciação jurisdicional compete ao Superior Tribunal de Justiça, que detém, ope constitutionis, a qualidade de guardião do direito federal comum. O legislador constituinte, ao criar o Superior Tribunal de Justiça, atribuiu-lhe, dentre outras eminentes funções de índole jurisdicional, a prerrogativa de uniformizar a interpretação das leis e normas infraconstitucionais emanadas da União Federal (CF, art. 105, III, c). Refoge, assim, ao domínio*

---

[122] CAVALCANTE. Mantovani Colares. A lei 11.672 de 2008 e o novo processamento do recurso especial com identidade de matérias, em confronto com a feição transindividual do recurso extraordinário. *Revista de Processo,* São Paulo, R.T., 2008. p. 181.

temático do recurso especial o dissídio pretoriano que, instaurado entre Tribunais diversos, tenha por fundamento questões de direito constitucional positivo"
(Min. Celso de Mello, 1a. Turma, DJU de 29.4.94, p. 9.722).

7.1. Competência para realização do juízo de admissibilidade do recurso especial ou extraordinário no novo C.P.C.

Através do juízo de admissibilidade do recurso especial ou extraordinário, o órgão jurisdicional competente verifica a existência dos requisitos necessários para que se possa apreciar o recurso interposto, sendo que, uma vez presentes esses requisitos, ingressa-se no mérito da pretensão recursal.

Na lição de Barbosa Moreira, o objeto do juízo de admissibilidade pode ser avaliado de duas maneiras: *intrínseco*, que diz respeito à própria existência do direito de recorrer, e *extrínseco*, referente ao exercício daquele direito.

São requisitos *intrínsecos*, além do que for estabelecido por norma no que se refere à hipótese especial: a) *cabimento do recurso* – para que o recurso seja cabível é necessário que o ato recorrido seja, em tese, suscetível de recurso; b) *legitimidade para recorrer*, o recurso deve ser interposto por aquele a quem a norma confere legitimidade recursal; c) *interesse em recorrer*, que se verifica quando o recorrente possa esperar do julgamento do recurso, em tese, situação mais vantajosa do que aquela recorrida; d) *inexistência de fato impeditivo ou extintivo do direito de recorrer*, como, por exemplo, a existência de preclusão lógica. São requisitos *extrínsecos*: a) *tempestividade*, todo recurso deve ser interposto no prazo legal; b) *regularidade formal*, a interposição do recurso deve observar determinados preceitos de forma; c) *preparo*, que consiste no pagamento prévio das despesas relativas ao processamento do recurso.[123]

Uma das alterações mais significativas que se pode observar no quadro comparativo entre o novo C.P.C. (Lei n. 13.105/2015) e o C.P.C. revogado de 1973, diz respeito justamente à legitimidade do órgão jurisdicional para realizar o juízo de admissibilidade do recurso extraordinário e do recurso especial.

---

[123] Apud. MANGONE. Kátia Aparecida. *Prequestionamento e questões de ordem pública no recurso extraordinário e no recurso especial*. São Paulo: Editora Saraiva, 2013. p. 55 e 56.

Tanto pelo C.P.C. de 1973 (art. 541), quanto pelo atual C.P.C. (art. 1.029), o recurso extraordinário e o recurso especial deverão ser interpostos perante o presidente ou vice-presidente do tribunal recorrido, em petição distinta. Portanto, não houve modificação quanto ao órgão jurisdicional competente para receber a petição de interposição do recurso especial ou do recurso extraordinário.

Sob a égide do revogado C.P.C. de 1973, recebida a petição pela secretaria do tribunal, seria intimado o recorrido, abrindo-se-lhe vista para apresentar contrarrazões. Findo o prazo para apresentação de contrarrazões, os autos seriam conclusos ao presidente ou ao vice-presidente para *admissão ou não do recurso especial ou extraordinário*, no prazo de 15 (quinze) dias, em decisão fundamentada.

Porém, a Lei n. 13.105, ao ser sancionada pela Presidente da República, em 16 de março de 2015, apresentou a seguinte redação originária ao art. 1.030 e seu parágrafo único:

> Art. 1.030. *Recebida a petição do recurso pela secretaria do tribunal, o recorrido será intimado para apresentar contrarrazões no prazo de 15 (quinze) dias, findo o qual os autos serão remetidos ao respectivo tribunal superior.*
>
> Parágrafo único. **A remessa de que trata o caput dar-se-á independentemente de juízo de admissibilidade.**

O 'caput' da redação originária do art. 1.030 do novo C.P.C. trazia uma mudança significativa em relação à competência para a realização do juízo de admissibilidade do recurso especial ou do recurso extraordinário, cujo regramento estava sendo desenhado pelo *parágrafo único do art. 1.030*.

Assim, pela sistemática apresentada quando da sanção do novo C.P.C. (redação originária do p.u. do art. 1.030), a competência para realização do juízo de admissibilidade do recurso extraordinário ou do recurso especial seria *única e exclusiva* do S.T.F ou do S.T.J., não havendo mais espaço para um juízo de admissibilidade preliminar a ser realizado pela presidência ou vice-presidência do tribunal de origem, eliminando-se, desta forma, uma fase de análise de admissibilidade do R.E. ou do REsp.

Penso que a sistemática adotada pelo legislador do novo C.P.C., quando da sanção pela Presidente da República, teve por finalidade agilizar o trâmite processual, assim como dar mais eficácia ao princípio constitucional da celeridade processual.

É certo que um dos principais fatores pela morosidade na prestação da tutela jurisdicional no Brasil e pela não observância do princípio da *celeridade processual* previsto no art. 5º, inc. LXXVIII, da C.F. e no art. 4º do atual C.P.C., diz respeito à propositura de milhares e milhares de demandas sujeitas a milhares e milhares de recursos especiais e extraordinários, e, consequentemente, dependente de realização de milhares e milhares juízos de admissibilidade recursal.

O acúmulo de demandas e, por conseguinte, o acúmulo de recursos aguardando juízo de admissibilidade prejudica a celeridade e a eficácia do exercício da atividade jurisdicional

Daí por que, segundo a redação originária do art. 1.030 do novo C.P.C., uma vez interposto o recurso especial ou extraordinário, a secretaria do tribunal de origem, por meio de ato ordinatório, intimaria o recorrido para apresentar contrarrazões no prazo de 15 (quinze) dias, findo o qual os autos seriam remetidos ao respectivo tribunal superior, *independentemente de juízo de admissibilidade.*

Portanto, o *juízo de admissibilidade* do recurso especial ou extraordinário seria realizado, a partir de março de 2016, somente pelos Tribunais Superiores, no caso o S.T.F. ou o S.T.J.

No papel, isso parecia muito salutar, pois não se justificava a existência de dois juízos de admissibilidade (um pelo tribunal de origem e outro pelo tribunal superior), quando a palavra final (inclusive provocada por meio de agravo) sempre seria do S.T.J. ou do S.T.F.

Porém, um dado estatístico singular causou muita preocupação com a possibilidade de *estrangulamento* do processamento do recurso especial ou do recurso extraordinário em razão da extinção do filtro recursal feito, até então, pela presidência ou pela vice-presidência dos Tribunais Regionais Federais e dos Tribunais de Justiça.

No caso do Tribunal Regional Federal da 4ª Região, num período aproximado de 16 (dezesseis) meses, foram proferidas aproximadamente 26.000 (vinte e seis) mil decisões negando seguimento a recurso especial ou extraordinário. Dessas 26.000 (vinte e seis) mil decisões, foram interpostos aproximadamente 17.000 (dezessete) mil agravos de instrumento ao S.T.J. ou ao S.T.F., visando à subida dos recursos extraordinários ou especiais não admitidos. Portanto, aproximadamente 9.000 (nove mil) processos foram encerrados nos tribunais de apelação, não sendo encaminhados aos tribunais superiores.

Assim, se o novo Código de Processo de Civil brasileiro entrasse em vigor há 16 (dezesseis) meses atrás, mantendo-se a redação originária do p.u. do art. 1.030, o Tribunal Regional Federal da 4ª Região teria remetido ao S.T.J. e ao S.T.F. não somente 17.000 (dezessete) mil processos, mas, sim, 26 (vinte e seis) mil processos, sem qualquer análise preliminar de juízo de admissibilidade.

Agora, multiplique-se esse número levando-se em consideração a análise de juízo de admissibilidade de recurso especial ou de recurso extraordinário nos 5 (cinco) Tribunais Regionais Federais e nos 27 (vinte e sete) Tribunais de Justiça, sem contar os juizados especiais.

Diante desse quadro estatístico, percebeu-se que o juízo de admissibilidade feito, até então, pela presidência ou pela vice-presidência dos Tribunais Regionais Federais e dos Tribunais de Justiça funcionava como um importante *filtro* de processos para remessa aos Tribunais Superiores, evitando-se uma sobrecarga ainda mais relevante do S.T.F ou do S.T.J.

Além do juízo preliminar de admissibilidade de recurso extraordinário ou de recurso especial, feito pelo tribunal de origem, funcionar como um *filtro de remessa de processos* aos tribunais superiores, também facilitava o trabalho a ser realizado pelo S.T.J. ou pelo S.T.F. quando da análise do seu próprio juízo de admissibilidade, pois, de certa forma, a avaliação preliminar realizada pela presidência ou pela vice-presidência dos Tribunais Regionais Federais e dos Tribunais de Justiça possibilitava maior agilização na realização da admissibilidade recursal no âmbito dos tribunais superiores, justamente pela seleção e avaliação das temáticas a serem abordadas no R.E. ou no REsp.

O que se percebeu com a sanção do novo C.P.C. e com a redação originária do art. 1.030 e seu parágrafo único foi, sem dúvida, a aproximação de um *estrangulamento* na análise do juízo de admissibilidade recursal nos processos a serem remetidos ao S.T.F. ou ao S.T.J., acarretando uma acumulação geométrica no trabalho referente ao juízo de admissibilidade dos recursos especial e extraordinário, o que geraria um verdadeiro caos no trâmite processual, em decorrência de mais atraso na análise de admissibilidade desses instrumentos de impugnação, tornando ainda mais morosa a Justiça e a resolução das questões trazidas ao Judiciário.

Indubitavelmente, essa alteração procedimental prevista no novo C.P.C. iria esvaziar, e muito, a atual função da vice-presidência ou da presidência do tribunal 'a quo', uma vez que não haveria mais espaço para análise de admissibilidade de recurso especial ou extraordinário, sem, em contrapartida, aumentar a celeridade do trâmite processual.

Essa situação alarmante teria sido constatada pelo próprio Ministro do S.T.J., Ricardo Villas Bôas Cueva, conforme notícia publicada no sitio Migalhas http://www.migalhas.com.br/Quentes/17,MI217534,11049--Novo+CPC+pode+criar+situacao+alarmante+na+distribuicao+de+proc essos:

> Em 2014 o STJ recebeu mais de 325 mil processos: um aumento de 9% em relação a 2013 e mais de 24% em relação a 2012. As informações foram comentadas pelo ministro Ricardo Villas Bôas Cueva, presidente da 3ª turma do STJ, ao citar ofício--circular do ministro **Marco Aurélio Bellizze**, durante a sessão desta quinta-feira, 19. Bellizze é responsável por acompanhar a classificação e distribuição dos processos na Corte.
>
> Os dados referentes ao volume de trabalho dos 33 ministros são um presságio de uma situação que tende a piorar com o novo CPC (lei 13.105/15), conforme disse o próprio Cueva: "Trata-se de uma evolução bastante preocupante que provavelmente se agravará com o novo CPC."
>
> O Código passará a vigorar em março de 2016. Segundo Cueva, o texto trará "inúmeros problemas adicionais" ao STJ. Entre eles, o aumento do trabalho da Corte com o juízo de admissibilidade dos recursos pelo tribunal.
>
> O capítulo VI do novo CPC, que trata dos recursos para o STF e o STJ, traz:
>
> "Art. 1.030. Recebida a petição do recurso pela secretaria do tribunal, o recorrido será intimado para apresentar contrarrazões no prazo de 15 (quinze) dias, findo o qual os autos serão remetidos ao respectivo tribunal superior.
>
> Parágrafo único. A remessa de que trata o caput dar-se-á independentemente de juízo de admissibilidade."
>
> De fato, tal questão preocupa diversos juristas. O juiz de Direito Fernando da Fonseca Gajardoni, por exemplo, acredita que o dispositivo que estabelece ser dos tribunais superiores e não mais dos tribunais de 2º grau a admissibilidade dos REsp e RExt "tem tudo para tornar inviável a atuação dos Tribunais Superiores":
>
> "Há uma tendência de se multiplicarem o número de RExts e REsps interpostos – principalmente nos casos de partes beneficiárias da justiça gratuita (que são muitas) –, fundados na esperança da parte/advogado em ter o seu recurso analisado "por alguém lá de Brasília". Será o caos no STF e STJ, que em vez de cuidarem daquilo que realmente interessa (repercussões gerais, causas repetidas, etc.), viverão para fazer admissibilidade de recursos."

Para o ministro Ricardo Cueva, trata-se de algo de "muita preocupação", especialmente para os integrantes da 2ª seção, que julga matérias de Direito Privado e responde pelo maior volume dos processos que chegam à Corte – cerca de dois terços.

Ao se manifestar durante a sessão, o ministro Bellizze afirmou que o STJ está concentrando esforços para lidar com a nova realidade:

"Estamos nos preparando, analisando todos os cenários possíveis, calculando essa projeção, para ver de repente a necessidade de incremento da área administrativa, se faremos convênios com os tribunais para que façam o check list das situações..."

Fazendo coro aos comentários, o ministro Paulo de Tarso Sanseverino repisou que a implantação do novo CPC vai acarretar ainda mais problemas à Corte, o que vai na contramão da missão do STJ, nas palavras de Bellizze: "Temos que julgar para pacificar a jurisprudência."

Represamento

Marco Aurélio Bellizze também revelou uma outra situação no mínimo inusitada: ainda que tenha ocorrido um salto significativo na distribuição de processos entre os ministros, ocorreu um represamento dos processos oriundos de SP, o que soa estranho uma vez que o Tribunal responde por mais de 40% do movimento do STJ.

O presidente do colegiado sugeriu que a Corte Superior, inclusive, entre em contato com a presidência de SP "para tentar entender o que tem acontecido".

Bellizze adiantou o seu receio quanto ao fato. Segundo ele, preocupa que desse quadro resultem duas ações perigosas para o STJ: "vão jogar tudo de uma vez?" ou "despejar quando a admissibilidade, em 363 dias, vai ser do próprio tribunal?". Cueva foi claro: "Espero que não seja represamento deliberado."

Em que pese fosse compreensível a intenção do legislador em prever apenas um único e exclusivo momento processual para realização do juízo de admissibilidade dessas espécies recursais, diretamente pelos Tribunais Superiores, os quais seriam competentes para análise do recurso extraordinário ou especial, o certo é que essa nova sistemática iria inviabilizar definitivamente os Tribunais Superiores.

Na realidade, quando a legislação processual anterior ao novo C.P.C. permitia que o presidente ou vice-presidente dos tribunais de origem (TRFs e TRIBUNAIS DE JUSTIÇA) realizassem a primeira fase do juízo de admissibilidade de recurso extraordinário ou especial, tal prerrogativa tinha por objetivo a concretização de uma primeira etapa de exclusão pela inadmissibilidade de recursos que não preenchessem os requisitos legais e constitucionais para sua admissibilidade, além de sintetizar as

PRECEITOS NORMATIVOS PROCEDIMENTAIS DE ADMISSIBILIDADE DO RECURSO

questões jurídicas que envolviam tais recursos, facilitando o seu conhecimento pelos tribunais superiores.

Assim, quando o recurso especial ou extraordinário chegasse ao S.T.J. ou ao S.T.F. já estava devidamente sintetizado pelas decisões de admissibilidade realizadas pelos tribunais de origem.

Diante das críticas e preocupações lançadas pelos próprios Ministros do S.T.J. e do S.T.F., assim como pela doutrina de renomados processualistas, a Lei n. 13.105 de 16 de março de 2015 (novo C.P.C.), antes mesmo de entrar em vigor no dia 18 de março de 2016, foi objeto de modificação introduzida pela Lei n. 13.256, de 4 de fevereiro de 2016.

Dentre as modificações introduzidas pela Lei n. 13.256/2016 ao novo C.P.C., encontra-se a alteração do art. 1.030 do novo C.P.C., assim como a exclusão do nosso ordenamento jurídico aspecto procedimental do p.u. do art. 1.030, na sua redação originária.

Portanto, a partir da vigência da Lei n. 13.256/2016, o juízo de admissibilidade do recurso especial ou do recurso extraordinário passou a ser realizado em duas etapas distintas. A primeira, como juízo de admissibilidade preliminar, a ser realizado pela presidência ou vice-presidência do tribunal de origem, restabelecendo-se a sistemática vigente sob a égide do C.P.C. revogado de 1973. A segunda, como juízo de admissibilidade positivo definitivo a ser realizado pelo Tribunal Superior, S.T.F. ou S.T.J.

O art. 1.030 do novo C.P.C., a partir da Lei n. 13.256/2016, passou a ter a seguinte redação:

Art. 1.030. Recebida a petição do recurso pela secretaria do tribunal, o recorrido será intimado para apresentar contrarrazões no prazo de 15 (quinze) dias, findo o qual os autos serão conclusos ao presidente ou ao vice-presidente do tribunal recorrido, que deverá: (Redação dada pela Lei nº 13.256, de 2016) (Vigência)

I – negar seguimento: (Incluído pela Lei nº 13.256, de 2016) (Vigência)

a) a recurso extraordinário que discuta questão constitucional à qual o Supremo Tribunal Federal não tenha reconhecido a existência de repercussão geral ou a recurso extraordinário interposto contra acórdão que esteja em conformidade com entendimento do Supremo Tribunal Federal exarado no regime de repercussão geral; (Incluída pela Lei nº 13.256, de 2016) (Vigência)

b) a recurso extraordinário ou a recurso especial interposto contra acórdão que esteja em conformidade com entendimento do Supremo Tribunal Federal ou do Supe-

rior Tribunal de Justiça, respectivamente, exarado no regime de julgamento de recursos repetitivos; (Incluída pela Lei nº 13.256, de 2016) (Vigência)

II – encaminhar o processo ao órgão julgador para realização do juízo de retratação, se o acórdão recorrido divergir do entendimento do Supremo Tribunal Federal ou do Superior Tribunal de Justiça exarado, conforme o caso, nos regimes de repercussão geral ou de recursos repetitivos; (Incluído pela Lei nº 13.256, de 2016) (Vigência)

III – sobrestar o recurso que versar sobre controvérsia de caráter repetitivo ainda não decidida pelo Supremo Tribunal Federal ou pelo Superior Tribunal de Justiça, conforme se trate de matéria constitucional ou infraconstitucional; (Incluído pela Lei nº 13.256, de 2016) (Vigência)

IV – selecionar o recurso como representativo de controvérsia constitucional ou infraconstitucional, nos termos do § 6º do art. 1.036; (Incluído pela Lei nº 13.256, de 2016) (Vigência)

V – realizar o juízo de admissibilidade e, se positivo, remeter o feito ao Supremo Tribunal Federal ou ao Superior Tribunal de Justiça, desde que: (Incluído pela Lei nº 13.256, de 2016) (Vigência)

a) o recurso ainda não tenha sido submetido ao regime de repercussão geral ou de julgamento de recursos repetitivos; (Incluída pela Lei nº 13.256, de 2016) (Vigência)

b) o recurso tenha sido selecionado como representativo da controvérsia; ou (Incluída pela Lei nº 13.256, de 2016) (Vigência)

c) o tribunal recorrido tenha refutado o juízo de retratação. (Incluída pela Lei nº 13.256, de 2016) (Vigência)

§ 1º Da decisão de inadmissibilidade proferida com fundamento no inciso V caberá agravo ao tribunal superior, nos termos do art. 1.042. (Incluído pela Lei nº 13.256, de 2016) (Vigência)

§ 2º Da decisão proferida com fundamento nos incisos I e III caberá agravo interno, nos termos do art. 1.021. (Incluído pela Lei nº 13.256, de 2016) (Vigência)

Em relação aos Juizados Especiais Federais da 4ª Região, estabelece o art. 4º da Resolução n. 63, de 17 de junho de 2015 (dispões sobre o regimento interno das Turmas Recursais e da Turma Regional de Uniformização dos Juizados Especiais Federais da 4ª Região) da Coordenadoria dos Juizados Especiais Federais da 4ª Região que o exame preliminar de admissibilidade de recurso extraordinário caberá ao presidente de turma recursal ou outro membro designado pelo presidente do Tribunal, por indicação da Coordenadoria dos Juizados Especiais Federais.

Em relação à Turma Nacional de Uniformização, prescreve o art. 8º, inc. X, da Resolução n. CJF-RES-2015/00345, de 2 de junho de 2015, que dispõe sobre o Regimento Interno da Turma Nacional de Uniformização dos Juizados Especiais Federais, que compete ao Presidente da Turma Nacional de Uniformização decidir sobre a admissibilidade do incidente de uniformização dirigido ao Superior Tribunal de Justiça e do recurso extraordinário ao Supremo Tribunal Federal.

7.2. Forma e requisitos para interposição do recurso extraordinário ou especial

Segundo estabelece o art. 1.029 do atual C.P.C., o recurso extraordinário e o recurso especial, nos casos previstos na Constituição Federal, serão interpostos perante o vice-presidente ou perante o presidente do tribunal recorrido, em petições distintas que conterão:

a) a exposição do fato e do direito;
b) a demonstração do cabimento do recurso interposto;
c) as razões do pedido de reforma ou de invalidação da decisão recorrida.

O art. 1.029 do novo C.P.C. estabelece a forma e prevê os requisitos de uma petição de recurso extraordinário ou de recurso especial.

Note-se que uma única decisão proferida pelo órgão jurisdicional recorrido poderá ensejar, ao mesmo tempo, a possibilidade de interposição de *recurso extraordinário* (de competência do S.T.F.) e de *recurso especial* (de competência do S.T.J.), sem que tal circunstância macule o princípio da *unirrecorribilidade recursal*.

A forma de interposição do recurso extraordinário ou do recurso especial é *escrita* e não *oral*.

A petição deverá ser encaminhada ao presidente ou vice-presidente do tribunal recorrido, enquanto que as razões recursais deverão ser direcionadas ao S.T.F. ou ao S.T.J.

Portanto, a interposição do R.E. ou do REsp dar-se-á perante a presidência ou vice-presidência do tribunal recorrido, enquanto que o seu conhecimento será feito pelos tribunais superiores.

Tendo em vista que a demonstração dos requisitos de cabimento do R.E. ou do REsp encontra-se delineada na Constituição Federal, pode-se afirmar que a cognição a ser realizada nessa esfera recursal é, no âmbito horizontal, limitada (pois somente as matérias expressamente consignadas na Constituição é que legitimam a interposição dessa espécie recursal) e, no âmbito vertical, exauriente, pois se analisa todas as questões de forma profunda, gerando coisa julgada material.

As razões recursais do recurso extraordinário ou do recurso especial deverão indicar os seguintes requisitos obrigatórios: a) a exposição do fato e do direito; b) a demonstração do cabimento do recurso interposto; c) as razões do pedido de reforma ou de invalidação da decisão recorrida.

Apesar de o art. 1.029 do atual C.P.C. estabelecer que a parte recorrente deverá expor os 'fatos' que deverão ser analisados pelas Cortes superiores, isso não significa dizer que o S.T.F. ou o S.T.J. deverá analisar provas sobre as questões de fatos que compõem o objeto da demanda. Ao contrário, não cabe a análise de prova no âmbito do recurso especial ou do recurso extraordinário, conforme preconizam as Súmulas 07 do S.T.J. e 279 do S.T.F.[124]

A exigência prevista no art. 1.029 do atual C.P.C., no sentido de que o recorrente exponha o fato, é justamente para indicar que há um caso concreto a ser analisado, pois se assim não fosse, estar-se-ia diante de um controle abstrato da norma jurídica.

Não se pode esquecer que o Direito é uma conjugação de fato, valor e norma.

A exposição do direito abrange tanto a controvérsia jurídica introduzida na demanda, quanto eventual divergência de interpretação na resolução do caso concreto com as normas da Constituição Federal ou de tratado ou de lei federal.

A demonstração de cabimento do recurso extraordinário ou do recurso especial tem por objetivo indicar que a questão recursal amolda-se em algumas das circunstâncias do art. 102, inc. III, letras 'a' a 'd' ou do art. 105, inc. III, letras 'a' a 'c' da Constituição Federal, assim como, em se tratando de recurso extraordinário, que há 'repercussão geral'.

---

[124] Súmula 7 do S.T.J.: *"A pretensão de simples reexame de prova não enseja recurso especial".*
Súmula 279 do S.T.F.: *"Para simples reexame de prova não cabe recurso extraordinário".*

7.2.1. Requisitos Constitucionais para interposição de recurso extraordinário e recurso especial

Segundo estabelece o art. 1.029 do atual C.P.C., o recurso extraordinário e o especial serão interpostos *nos casos previstos na Constituição Federal.*

Na hipótese do *recurso extraordinário*, os casos previstos na Constituição são aqueles expressamente indicados no art. 102 da carta fundamental, a saber:

> "Art. 102. *Compete ao Supremo Tribunal Federal, precipuamente, a guarda da Constituição, cabendo-lhe:*
> (...).
> *III – julgar, mediante recurso extraordinário, as causas decididas em única e última instância, quando a decisão recorrida:*
> *a) contrariar dispositivo desta Constituição;*
> *b) declarar a inconstitucionalidade de tratado ou lei federal;*
> *c) julgar válida lei ou ato de governo local contestado em face desta Constituição.*
> *d) julgar válida lei local contestada em face de lei federal. (Incluída pela Emenda Constitucional nº 45, de 2004).*

Na hipótese do *recurso especial*, os casos previstos na Constituição são aqueles expressamente indicados no art. 105 da carta fundamental, a saber:

> "Art. 105. *Compete ao Superior Tribunal de Justiça:*
> (...).
> *III – julgar, em recurso especial, as causas decididas, em única ou última instância, pelos Tribunais Regionais Federais ou pelos tribunais dos Estados, do Distrito Federal e Territórios, quando a decisão recorrida:*
> *a) contrariar tratado ou lei federal, ou negar-lhes vigência;*
> *b) julgar válido ato de governo local contestado em face de lei federal;(Redação dada pela Emenda Constitucional nº 45, de 2004)*
> *c) der a lei federal interpretação divergente da que lhe haja atribuído outro tribunal.*

7.2.1.1. Natureza jurídica do órgão jurisdicional que decidiu a causa, objeto do recurso especial ou extraordinário

A primeira normatização importante proveniente do art. 102, inc. III, e do art. 105, inc. III, da Constituição Federal de 1988, preconiza que o recurso extraordinário ou o recurso especial será interposto em razão de decisão proferida em *única ou última instância*.

Assim, deve-se analisar o que se entende por decisão proferida em única ou última instância, para o fim de se legitimar a interposição do recurso extraordinário ou do recurso especial.

7.2.1.1.1. Decisão de única ou última instância para efeito de recurso extraordinário

7.2.1.1.1.1. Natureza jurídica do órgão jurisdicional

Em relação ao recurso extraordinário, a Constituição Federal exige que a causa seja decidida em *única ou ultima instância,* não indicando, porém, a natureza do órgão jurisdicional que porventura tenha decidido a causa.

Assim, o recurso extraordinário não necessariamente terá por objeto um acórdão de tribunal, podendo ser interposto contra *decisão* de juiz de primeiro grau, desde que proferida em única ou última instância. Tal perspectiva já era apontada por Pontes de Miranda *"(...) se há, por lei, juiz singular, como única instância, em que os recursos são apenas de embargos de declaração, há que ser admitido recurso extraordinário".*[125]

É importante salientar que decisão é um termo largo, abrangendo os vários provimentos jurisdicionais, de 1º e 2º graus, exceto, naturalmente, *os despachos*, estes, por sinal, irrecorríveis; ao passo que 'decisão de tribunal' é expressão indicativa de acórdão; a 'decisão do juiz' poderá ser designada de sentença ou decisão interlocutória.[126]

Para efeito de recurso extraordinário, apenas os acórdãos, sentenças e decisões interlocutórias podem ser consideradas como decisões de última ou única instância.

Exemplo típico de interposição de recurso extraordinário contra sentença de juízo de primeiro grau encontra-se no âmbito dos embargos à execução fiscal, cujo valor da causa não excede o de alçada (art. 34 da lei 6.830/80). Sobre o tema, eis os seguintes precedentes do S.T.F.:

---

[125] PONTES DE MIRANDA. *Comentários ao código de processo civil,* 2ª ed., Tomo VIII. Rio de Janeiro: Forense, 1973. p. 139.
[126] MANCUSO, Rodolfo. *Recurso extraordinário e recurso especial.* 12ª ed. São Paulo: Revista dos Tribunais, 2013. p. 129.

Ementa: Reclamação. Recurso extraordinário de decisão em embargos infringentes em processo de execução. Seguimento negado em face do irrisório valor do débito – valor de alçada lei 6830/80 -. Agravo de instrumento arquivado pelo juiz de primeira instância, por ter sido interposto no juízo de 1º grau. Usurpação de competência do STF para decidir a respeito. cf, art. 102, III. Precedentes. Reclamação julgada procedente.
(Rcl 1155, Relator(a): Min. NELSON JOBIM, Tribunal Pleno, julgado em 19/02/2003, DJ 13-06-2003 PP-00010 EMENT VOL-02114-01 PP-00074).

A CF/88, no art. 102, III, admite recurso extraordinário nas causas decididas em única instância, conceito que abrange, obviamente, as decisões proferidas por juiz de primeiro grau em causa de alçada. De outra parte, o indeferimento, pelo juiz, de agravo interposto contra decisão denegatória do apelo extremo, caracteriza usurpação de competência do STF, passível de reparo por meio da medida prevista no art. 102, I, l, da CF/88. Procedência da reclamação.
(Rcl 510, Relator(a): Min. ILMAR GALVÃO, Tribunal Pleno, julgado em 23/02/1995, DJ 05-05-1995 PP-11904 EMENT VOL-01785-01 PP-00130).

O mesmo se dá em relação às decisões proferidas em única ou última instância pelas Turmas Recursais dos Juizados Especiais Cíveis e Criminais, conforme o seguinte precedente do S.T.F.:

Os acórdãos proferidos pelas Turmas Recursais dos Juizados Especiais Cíveis e Criminais comportam impugnação por meio de recurso extraordinário. Incidência da Súmula n. 640 do STF. Agravo regimental a que se nega provimento.
(RE 352360 AgR, Relator(a): Min. EROS GRAU, Primeira Turma, julgado em 23/08/2005, DJ 05-05-2006 PP-00015 EMENT VOL-02231-03 PP-00531)

Ainda, sobre o tema, eis o teor da Súmula 640 do S.T.F.: *É cabível recurso extraordinário contra decisão proferida por juiz de primeiro grau nas causas de alçada, ou por turma recursal de juizado especial cível e criminal.*

7.2.1.1.1.2. Decisão de única ou última instância – decisão monocrática ou de relator

É importante salientar que as decisões monocráticas proferidas pelos relatores não poderão ser objeto de recurso extraordinário, tendo em vista que não podem ser consideradas como de última instância, pelo fato de estarem sujeitas a agravo interno, nos termos do art. 1.021 do atual C.P.C.

Além do mais, o recurso extraordinário contra decisão monocrática de relator do tribunal de apelação esbarraria na essência normativa da Súmula n. 281 do S.T.F., que assim dispõe: *"É inadmissível o recurso extraordinário, quando couber na justiça de origem recurso ordinário da decisão impugnada".*

No mesmo sentido são os seguintes precedentes do S.T.F.:

> *O recurso extraordinário só é cabível quando seus requisitos constitucionais de admissibilidade são preenchidos, e um deles é o de que a decisão recorrida decorra de causa julgada em única ou última instância (art. 102, III, da Constituição federal). Incidência, no caso, da Súmula 281 do Supremo Tribunal Federal. Agravo regimental a que se nega provimento.*
>
> (AI 403595 AgR, Relator(a): Min. JOAQUIM BARBOSA, Segunda Turma, julgado em 02/05/2006, DJ 26-05-2006 PP-00028 EMENT VOL-02234-05 PP-00889).
>
> *Agravo regimental em agravo interposto nos autos do recurso extraordinário. 2. Decisão monocrática. Não exaurimento de instâncias. Enunciado 281 da Súmula do STF. 3. Processo Penal. 4. Agravo regimental a que se nega provimento.*
>
> (ARE 731783 AgR, Relator(a): Min. GILMAR MENDES, Segunda Turma, julgado em 26/02/2013, ACÓRDÃO ELETRÔNICO DJe-046 DIVULG 08-03-2013 PUBLIC 11-03-2013).
>
> EMENTA: AGRAVO REGIMENTAL EM AGRAVO ("NOS PRÓPRIOS AUTOS", CONFORME A LEI 12.322/2010). AUSÊNCIA DE EXAURIMENTO DAS VIAS RECURSAIS NA INSTÂNCIA ORDINÁRIA. INCIDÊNCIA DA SÚMULA 281/STF.
>
> *É assente no Supremo Tribunal Federal a inadmissibilidade do "recurso extraordinário, quando couber, na justiça de origem, recurso ordinário da decisão impugnada" (Súmula 281/STF). Agravo regimental desprovido".*
>
> (ARE 668.527-AgR/MT, Relator Presidente Ayres Britto).
>
> RECURSO EXTRAORDINÁRIO – OBJETO – INCISO III DO ARTIGO 102 DA CONSTITUIÇÃO FEDERAL – EMBARGOS DECLARATÓRIOS NA ORIGEM – NEGATIVA DE SEGUIMENTO – AUSÊNCIA DE RECURSO.
> *Consoante dispõe o inciso III do artigo 102 da Carta Política da República, o extraordinário há de estar dirigido, de modo a se concluir pela adequação, contra acórdão de única ou última instância, assentado o necessário esgotamento da jurisdição na ori-*

gem. *Interpostos embargos declaratórios e a eles negado liminarmente seguimento em decisão monocrática, impõe-se a apresentação de recurso para o Colegiado, somente após abrindo-se a via do recurso extraordinário. AGRAVO – ARTIGO 557, § 2º, DO CÓDIGO DE PROCESSO CIVIL – MULTA. Se o agravo é manifestamente infundado, impõe-se a aplicação da multa prevista no § 2º do artigo 557 do Código de Processo Civil, arcando a parte com o ônus decorrente da litigância de má-fé.*

(AI 533.545-ED-AgR/ES, Rel. Min. Marco Aurélio).

Ementa: AGRAVO REGIMENTAL NO RECURSO EXTRAORDINÁRIO COM AGRAVO. TRABALHISTA. RECURSO DE REVISTA. RESCISÃO DE CONTRATO DE TRABALHO. VERBAS RESCISÓRIAS. AVISO PRÉVIO PROPORCIONAL. DISPENSA ANTERIOR À LEI Nº 12.506/2011. NÃO EXAURIMENTO DAS VIAS ORDINÁRIAS. SÚMULA Nº 281/STF. INCIDÊNCIA. 1. A decisão que desafia o recurso extraordinário deve provir de única ou última instância, por isso que o não esgotamento das mesmas conduz à inadmissão do apelo extremo. Precedente: ARE 731.916-AgR, Rel. Min. Joaquim Barbosa, Plenário, DJe 11/11/2013. 2. A Súmula nº 281 do STF dispõe, verbis: "É inadmissível o recurso extraordinário, quando couber na justiça de origem, recurso ordinário da decisão impugnada". 3. In casu, o relator, monocraticamente, manteve despacho que negou seguimento a recurso de revista em que se discute o direito à percepção do aviso prévio proporcional, nos termos da Lei 12.506/2011, a empregado dispensado antes do início da vigência da referida lei. 4. Agravo regimental DESPROVIDO.

(ARE 841563 AgR, Relator(a): Min. LUIZ FUX, Primeira Turma, julgado em 25/11/2014, PROCESSO ELETRÔNICO DJe-246 DIVULG 15-12-2014 PUBLIC 16-12-2014)

Ainda nesse sentido: ARE 637.591-AgR/RJ, Relator Presidente Min. Cezar Peluso; AI 727.143-AgR/SP, Rel. Min. Gilmar Mendes; ARE 656.132- AgR/MG, de minha relatoria; ARE 685.599-AgR/RJ, Rel. Min. Cármen Lúcia; RE 572.470-AgR/SP, Rel. Min. Dias Toffoli; ARE 683.215-AgR/RS, Rel. Min. Luiz Fux, entre outros.

7.2.1.1.1.3. Decisão de única ou última instância – análise de incidência de inconstitucionalidade

Quando o reconhecimento de inconstitucionalidade de tratado ou lei federal for de competência de tribunais colegiados, a competência será do plenário ou do órgão especial e não do órgão fracionário, conforme estabelece o art. 97 da C.F.: *"Somente pelo voto da maioria absoluta de seus membros ou dos membros do respectivo órgão especial poderão os tribunais declarar inconstitucionalidade de lei ou ato normativo do Poder Público".*

Sobre o ponto, o S.T.F. editou a Súmula Vinculante n. 10: *"Viola a cláusula de reserva de plenário (CF, artigo 97), a decisão de órgão fracionário de tribunal que, embora não declare expressamente a inconstitucionalidade de lei ou ato normativo do poder público, afasta sua incidência, no todo ou em parte".*

Aliás, mesmo quando diante de uma *interpretação conforme*, o S.T.F. já teve oportunidade de afirmar que deve prevalecer o preceito normativo da Súmula Vinculante n. 10. Nesse sentido é a seguinte decisão:

> *"Feitas essas considerações, observo que a autoridade reclamada, ao realizar o que denominou de 'interpretação da legislação conforme à Constituição', afastou a aplicação do art. 1º da Lei 10.698/2003, que assim dispõe: (...) E assim o fez por entender que o referido diploma legal teria natureza de revisão geral anual, razão pela qual o reajuste deveria ser concedido de forma igualitária a todos os servidores. Tal leitura pelo Tribunal reclamado configura, na verdade, omissão inconstitucional parcial, na medida em que considera a incompletude do legislador em conceder o aumento para todos os servidores públicos. Ao assim decidir, observo que, por via transversa (interpretação conforme), houve o afastamento da aplicação do referido texto legal, o que não foi realizado pelo órgão do Tribunal designado para tal finalidade. Dessa forma, restou configurada a violação ao artigo 97 da Constituição Federal, cuja proteção é reforçada pela Súmula Vinculante 10 do STF, (...):"*

(Rcl 14872, Relator Ministro Gilmar Mendes, Segunda Turma, julgamento em 31.5.2016, DJe de 29.6.2014).

Diante do conteúdo normativo do art. 97 da C.F. e da Súmula Vinculante n. 10, surge a dúvida se a decisão de última instância, para efeito de interposição de recurso extraordinário, seria do Plenário/órgão especial ou da turma ou câmara que deve aplicar a decisão proferida pelo órgão máximo do tribunal.

Na hipótese em análise, o S.T.F. **não considera** decisão de última instância aquela que for proferida pelo Plenário/órgão especial do tribunal recorrido quando da análise do incidente de inconstitucionalidade.

Somente o acórdão da turma ou da câmara que resolver a questão em concreto, aplicando o que fora decidido no incidente de inconstitucionalidade, é que poderá ser objeto de recurso extraordinário. Nesse sentido é o teor da Súmula 513 do S.T.F.: *"A decisão que enseja a interposição de recurso ordinário ou extraordinário não e a do plenário, que resolve o incidente de inconstitucionalidade, mas a do órgão (Câmaras, Grupos ou Turmas) que completa o julgamento do feito".*

7.2.1.1.1.4. Decisão de única ou última instância – Turma Recursal, Turma Regional de Uniformização (TRU) e Turma Nacional de Uniformização (TNU)

No âmbito dos juizados especiais federais, é possível que contra uma mesma decisão proferida por Turma Recursal sejam interpostos recurso extraordinário e incidente de uniformização perante a Turma Nacional de Uniformização (TNU) ou perante a Turma Regional de Uniformização (TRU).

A possibilidade de interposição de incidente de uniformização perante a Turma Nacional (TNU) ou perante a Turma Regional de Uniformização (TRU) encontra-se prevista no art. 14 da Lei n. 10.259 de 12 de julho de 2001, *in verbis*:

> *Art. 14. Caberá pedido de uniformização de interpretação de lei federal quando houver divergência entre decisões sobre questões de direito material proferidas por Turmas Recursais na interpretação da lei.*
>
> *§ 1º O pedido fundado em divergência entre Turmas da mesma Região será julgado em reunião conjunta das Turmas em conflito, sob a presidência do Juiz Coordenador.*
>
> *§ 2º O pedido fundado em divergência entre decisões de turmas de diferentes regiões ou da proferida em contrariedade a súmula ou jurisprudência dominante do STJ será julgado por Turma de Uniformização, integrada por juízes de Turmas Recursais, sob a presidência do Coordenador da Justiça Federal.*
>
> *§ 3º A reunião de juízes domiciliados em cidades diversas será feita pela via eletrônica.*
>
> *§ 4º Quando a orientação acolhida pela Turma de Uniformização, em questões de direito material, contrariar súmula ou jurisprudência dominante no Superior Tribunal de Justiça-STJ, a parte interessada poderá provocar a manifestação deste, que dirimirá a divergência.*
>
> *§ 5º No caso do § 4º, presente a plausibilidade do direito invocado e havendo fundado receio de dano de difícil reparação, poderá o relator conceder, de ofício ou a requerimento do interessado, medida liminar determinando a suspensão dos processos nos quais a controvérsia esteja estabelecida.*

§ 6º Eventuais pedidos de uniformização idênticos, recebidos subseqüentemente em quaisquer Turmas Recursais, ficarão retidos nos autos, aguardando-se pronunciamento do Superior Tribunal de Justiça.

§ 7º Se necessário, o relator pedirá informações ao Presidente da Turma Recursal ou Coordenador da Turma de Uniformização e ouvirá o Ministério Público, no prazo de cinco dias. Eventuais interessados, ainda que não sejam partes no processo, poderão se manifestar, no prazo de trinta dias.

§ 8º Decorridos os prazos referidos no § 7º, o relator incluirá o pedido em pauta na Seção, com preferência sobre todos os demais feitos, ressalvados os processos com réus presos, os habeas corpus e os mandados de segurança.

§ 9º Publicado o acórdão respectivo, os pedidos retidos referidos no § 6o serão apreciados pelas Turmas Recursais, que poderão exercer juízo de retratação ou declará-los prejudicados, se veicularem tese não acolhida pelo Superior Tribunal de Justiça.

§ 10. Os Tribunais Regionais, o Superior Tribunal de Justiça e o Supremo Tribunal Federal, no âmbito de suas competências, expedirão normas regulamentando a composição dos órgãos e os procedimentos a serem adotados para o processamento e o julgamento do pedido de uniformização e do recurso extraordinário.

Em relação ao recurso extraordinário, estabelece o art. 15 da Lei n. 10.259 de 12 de julho de 2001, *in verbis*:

Art. 15. O recurso extraordinário, para os efeitos desta Lei, será processado e julgado segundo o estabelecido nos §§ 4º a 9º do art. 14, além da observância das normas do Regimento.

Diante desse 'leque' de recursos que podem ser interpostos contra decisão proferida por Turma Recursal, indaga-se se é possível conferir à decisão da Turma Recursal natureza jurídica de *última instância* para efeito de interposição de recurso extraordinário.

Evidentemente, se diante de uma decisão de Turma Recursal não houver espaço jurídico para se promover o incidente de uniformização, seja pela inexistência de Turma Regional ou Nacional de uniformização, seja por não estarem presentes os requisitos legais para tal fim, a decisão da Turma Recursal terá natureza jurídica de última instância, ensejando a imediata interposição do recurso extraordinário.

A questão torna-se complexa quando da decisão proferida pela Turma Recursal a parte interpõe o incidente de uniformização para a Turma

Regional de Uniformização (TRU) ou para a Turma Nacional de Uniformização (TNU).

É importante observar que até meados de 2011, era unânime no âmbito do Supremo Tribunal Federal a impossibilidade de interposição simultânea de recurso extraordinário e de pedido de uniformização de jurisprudência em face das decisões proferidas pelas Turmas Recursais dos Juizados Especiais Federais. Esse entendimento do S.T.F. baseava-se em premissa segundo a qual o pedido de uniformização de jurisprudência instituído pelo art. 14 da Lei nº 10.259/2001 possuiria natureza jurídica de recurso e não de incidente processual. Porém, no final de 2011, a 1ª Turma do S.T.F. passou a expor o entendimento de que o incidente não é impugnável mediante o recurso extraordinário. Este pressupõe o gravame configurado na decisão em que a Turma Recursal desproveu, anteriormente, o recurso (Agravos Regimentais interpostos nos Recursos Extraordinários nº 479.062, nº 479.079, nº 479.465, nº 479.503, nº 479.526, nº 479.561, nº 479.788, nº 479.963, nº 479.723, nº 479.571, nº 479.595, nº 479.779, nº 479.509, nº 479.764 e nº 479.788).

Em recentes decisões, contudo, o S.T.F. tem entendido que diante da existência do incidente de uniformização, pendente de julgamento, não há o requisito – decisão de *única ou última instância* – que é de ser exigido para dar ensejo à abertura da via extraordinária, circunstância essa que atrai a incidência da Súmula 281 do STF. Nesse sentido, eis a seguinte decisão:

> *Ementa: I – Embargos de declaração recebidos como agravo regimental, na linha da pacífica jurisprudência do Supremo Tribunal Federal, por terem sido opostos a decisão monocrática. II – Não é cabível agravo para a correção de suposto equívoco na aplicação da repercussão geral, consoante firmado no julgamento do AI 760.358-QO/SE, Rel. Min. Gilmar Mendes. III – A aplicação do princípio da fungibilidade recursal, com a devolução dos autos para julgamento pelo Tribunal de origem como agravo regimental, só é cabível nos processos interpostos antes de 19/11/2009. IV – A jurisprudência desta Corte considera inadmissível o recurso extraordinário interposto contra decisão proferida por Turma Recursal dos Juizados Especiais Federais antes do julgamento de pedido de uniformização interposto concomitantemente contra essa mesma decisão. V – Diante da existência do incidente, pendente de julgamento, não há decisão de única ou última instância, o que daria ensejo a abertura da via extraordinária, circunstância que atrai a incidência da Súmula 281 do STF. Precedentes de*

ambas as Turmas desta Corte. VI – Agravo regimental a que se nega provimento. (ARE 908877 ED, Relator(a): Min. RICARDO LEWANDOWSKI (Presidente), Tribunal Pleno, julgado em 02/12/2015, PROCESSO ELETRÔNICO DJe-252 DIVULG 15-12-2015 PUBLIC 16-12-2015)

No voto do Ministro Ricardo Lewandowski, encontra-se a seguinte afirmação:

> *Com efeito, observo que a parte recorrente interpôs, concomitantemente, incidente de uniformização de jurisprudência para a Turma Nacional de Uniformização e Recurso Extraordinário para o Supremo Tribunal Federal, tendo sido ambos inadmitidos na origem. Na espécie,* **não se estava diante de decisão de única ou última instância a viabilizar o cabimento do recurso extraordinário, pois pendente o julgamento do incidente de uniformização***. Isso porque, diante do acórdão da Turma Recursal, a parte recorrente ainda poderia interpor, como de fato o fez, o incidente de uniformização de jurisprudência para a Turma Nacional de Uniformização e aguardar a conclusão do julgamento do incidente, para, em seguida, interpor o apelo extremo. No caso em questão, a parte recorrente não esgotou as vias recursais ordinárias cabíveis. Incide, portanto, a Súmula 281 do STF.*
>
> *No mesmo sentido, são os seguintes precedentes do S.T.F.:*
>
> *AGRAVO REGIMENTAL EM RECURSO EXTRAORDINÁRIO. RECURSO EXTRAORDINÁRIO INTERPOSTO CONTRA DECISÃO DE TURMA RECURSAL DE JUIZADO ESPECIAL FEDERAL. INTERPOSIÇÃO SIMULTÂNEA DE PEDIDO DE UNIFORMIZAÇÃO. RECURSO EXTRAORDINÁRIO EXTEMPORÂNEO. AGRAVO IMPROVIDO.*
>
> *I – Esta Corte firmou entendimento no sentido de se considerar extemporâneo o recurso extraordinário interposto contra decisão proferida por Turma Recursal dos Juizados Especiais Federais antes do julgamento de pedido de uniformização interposto contra essa mesma decisão.*
>
> *II Ante a existência de incidente de uniformização pendente de julgamento, não há decisão de única ou última instância que dá ensejo a abertura da via extraordinária. Incidência da Súmula 281 do STF.*
>
> *III Agravo regimental improvido.*
>
> *(RE 468.692-AgR/AM, Primeira Turma, Relator Min. Ricardo Lewandowski).*
>
> *EMENTA Agravo regimental no recurso extraordinário. Recurso extraordinário extemporâneo. Precedentes. 1. A jurisprudência desta Corte é pacífica no sentido de ser*

extemporâneo o recurso extraordinário interposto antes do julgamento do incidente de uniformização de jurisprudência. 2. Agravo regimental não provido.
(RE 598211 AgR/RJ, Rel. Min. Dias Toffoli, 1ª Turma, DJe 15.3.2011).

DIREITO PROCESSUAL CIVIL. RECURSO EXTRAORDINÁRIO MANEJADO ANTES DO JULGAMENTO DO INCIDENTE DE UNIFORMIZAÇÃO DE JURISPRUDÊNCIA. INADMISSIBILIDADE. ARTIGO 102, III, DA CONSTITUIÇÃO FEDERAL. AUSÊNCIA DE DECISÃO DE ÚLTIMA OU ÚNICA INSTÂNCIA. SÚMULA 281/STF. SOBRESTAMENTO. INADEQUAÇÃO. ACÓRDÃO RECORRIDO PUBLICADO EM 09.11.2012. *1. A jurisprudência desta Suprema Corte é firme no sentido de que incabível recurso extraordinário interposto antes do julgamento do incidente de uniformização de jurisprudência, porque, em casos tais, ausente decisão de única ou última instância. 2. A submissão à sistemática da repercussão geral pressupõe o preenchimento dos requisitos de admissibilidade do recurso, o que não ocorre na hipótese, em virtude da aplicação da Súmula 281/STF. 3. Agravo regimental conhecido e não provido.*
(ARE 836620 AgR, Relator(a): Min. ROSA WEBER, Primeira Turma, julgado em 30/06/2015, PROCESSO ELETRÔNICO DJe-157 DIVULG 10-08-2015 PUBLIC 12-08-2015).

Ementa: PROCESSUAL CIVIL. JUIZADOS ESPECIAIS FEDERAIS. ACÓRDÃO DE TURMA RECURSAL. ATAQUE SIMULTÂNEO POR RECURSO EXTRAORDINÁRIO E POR INCIDENTE DE UNIFORMIZAÇÃO DE JURISPRUDÊNCIA. OFENSA AO PRINCÍPIO DA UNIRRECORRIBILIDADE. AUSÊNCIA DE EXAURIMENTO DE INSTÂNCIA. *1. O incidente de uniformização de jurisprudência no âmbito dos Juizados Especiais Federais, cabível quando "houver divergência entre decisões sobre questões de direito material proferidas por Turmas Recursais na interpretação da lei" (art. 14, caput, da Lei 10.259/01), possui natureza recursal, já que propicia a reforma do acórdão impugnado. Trata-se de recurso de interposição facultativa, com perfil semelhante ao dos embargos de divergência previstos no art. 546 do CPC e dos embargos previstos no art. 894, II, da CLT. 2. Embora se admita, em tese – a exemplo do que ocorre em relação a aqueles embargos (CPC, art. 546 e CLT, art. 894, II) –, a interposição alternativa de incidente de uniformização de jurisprudência ou de recurso extraordinário, não é admissível, à luz do princípio da unirrecorribilidade, a interposição simultânea desses recursos, ambos com o objetivo de reformar o mesmo capítulo do acórdão recorrido. 3. Apresentado incidente de uniformização de jurisprudência de decisão de Turma Recursal, o recurso extraordinário somente será cabível, em tese, contra o futuro acórdão que julgar esse incidente, pois somente então, nas circunstâncias, estará exaurida a instância ordinária, para os fins previstos no art. 102, III, da CF/88. 4. Agravo regimental a que se nega provimento. (ARE 850960 AgR, Relator(a): Min. TEORI ZAVASCKI, Segunda Turma, julgado em 24/03/2015, PROCESSO ELETRÔNICO DJe-068 DIVULG 10-04-2015 PUBLIC 13-04-2015)*

AGRAVO REGIMENTAL NO RECURSO EXTRAORDINÁRIO COM AGRAVO. PROCESSUAL CIVIL. INCIDENTE DE UNIFORMIZAÇÃO. INSTÂNCIA NÃO ESGOTADA. SÚMULA N. 281 DO SUPREMO TRIBUNAL FEDERAL. AGRAVO REGIMENTAL AO QUAL SE NEGA PROVIMENTO
(ARE 761.649-AgR/PE, Rel. Min. Cármen Lúcia, 2ª Turma).

O S.T.F., com esse entendimento, vem entendendo como extemporâneo o recurso extraordinário interposto simultaneamente com o incidente de uniformização, conforme se observa pelo seguinte voto proferido pela Ministra Cármen Lúcia no ARE 761.649-Ag-R/PE:

"(...).

*6. A Agravante interpôs recurso extraordinário contra acórdão proferido pela Turma Recursal e, simultaneamente, incidente de uniformização. Este Supremo Tribunal assentou que somente após o julgamento do incidente de uniformização de jurisprudência estaria esgotada a instância para a interposição do recurso extraordinário. Incide na espécie a Súmula n. 281 deste Supremo Tribunal: "AGRAVO REGIMENTAL EM RECURSO EXTRAORDINÁRIO. RECURSO EXTRAORDINÁRIO INTERPOSTO CONTRA DECISÃO DE TURMA RECURSAL DE JUIZADO ESPECIAL FEDERAL. INTERPOSIÇÃO SIMUTÂNEA DE PEDIDO DE UNIFORMIZAÇÃO. RECURSO EXTRAORDINÁRIO EXTEMPORÂNEO. AGRAVO IMPROVIDO. I **Esta Corte firmou entendimento no sentido de se considerar extemporâneo o recurso extraordinário** interposto contra decisão proferida por Turma Recursal dos Juizados Especiais Federais antes do julgamento de pedido de uniformização interposto contra essa mesma decisão. II Ante a existência de incidente de uniformização pendente de julgamento, não há decisão de única ou última instância que dá ensejo a abertura da via extraordinária. Incidência da Súmula 281 do STF. III Agravo regimental improvido" (RE 468.692-AgR, Relator o Ministro Ricardo Lewandowski, Primeira Turma, DJe 19.5.2011, grifos nossos).*

O fundamento para que o S.T.F. venha assim conduzindo seus julgados decorre do fato de que não há previsão legal ou constitucional que permita concluir pelo cabimento **da interposição simultânea de recurso extraordinário e incidente de uniformização**. Trata-se, na verdade, de hipótese em que há previsão de dois recursos, insuscetíveis, todavia, de interposição simultânea: a parte deve optar pela via do recurso extraordinário ou pela via do incidente de uniformização de jurisprudência, sob pena de ofensa ao postulado da unirrecorribilidade. **A interposição simultânea só será cabível, sem ofensa ao princípio da unirrecorribilidade, contra julgados objetivamente complexos, em que há, materialmente, pronunciamentos jurisdicionais autônomos, cada um sujeito a ataque por diferente via recursal.** (ARE 850960, Relator Min. Teori Zavascki). Segundo o Ministro Teori Zavascki, citando Araken de Assis, *os pronunciamentos objetivamente complexos aprofundam as trincas que vincam a aplicação do princípio da singularidade. Às vezes, o pronunciamento é formalmente único, mas materialmente se divide em vários capítulos autônomos. Por exemplo: o juiz enfrenta as questões prévias arguidas pelo réu, rejeitando a alegação de coisa julgada (art. 301, VI), materialmente questão incidente, mas acolhe a prescrição, materialmente questão de mérito. É também o caso do acórdão que, resolvendo duas ou mais questões, dispõe de forma unânime em relação a uma, ou a algumas, e de forma majoritária quanto a outra ou outras. Em tal contingência, no tocante ao capítulo majoritário, e respeitada a inexistência de dupla conformidade (...), admitiam-se embargos infringentes, quando ainda existentes em nosso ordenamento jurídico (art. 530 do C.P.C. de 1973); no que tange aos capítulos unânimes, ao invés, caberia recurso especial ou extraordinário, conforme o caso, a teor do art. 498 do C.P.C. de 1973. Na opinião prevalecente, a rigor a hipótese não excepciona o princípio da singularidade, justamente pela razão indicada: cada capítulo autônomo constitui, materialmente, pronunciamento autônomo. (ASSIS, Araken de. Manual dos Recursos. São Paulo: RT, 2013. p. 99). Porém, prossegue Zavascki, não é essa, todavia, a hipótese. Aqui, ambos os recursos – o incidente de uniformização e o extraordinário – atacaram o mesmo capítulo do julgado recorrido. Incabível, portanto, a apresentação simultânea. Esse mesmo raciocínio é aplicável a espécies recursais similares, como os embargos de divergência e os embargos previstos no art. 894, II, da CLT. No tocante aos embargos de divergência, é firme a jurisprudência desta Corte no sentido de que sua apresentação simultaneamente a recurso extraordinário viola o princípio da unirrecorribilidade. Essa orientação é aplicável, às inteiras, ao incidente de uniformização de jurisprudência de que trata a Lei 10.259/01, que se reveste de natureza recursal semelhante à dos embargos de divergência do art. 546 do CPC e dos embargos do art. 894, II, da CLT. Assim, apresentado incidente de uniformização de jurisprudência perante o acórdão da Turma Recursal,* **o recurso extraordinário só será cabível, em tese, contra o acórdão que julgar esse incidente.**

Atem-se aos fundamentos trazidos pelo Ministro Teori Zavascki no ARE 850960 para efeito de modular juridicamente a possibilidade ou não de interposição conjunta do incidente de uniformização para a TRU ou para a TNU e o recurso extraordinário.

A necessidade de modulação jurídica desse entendimento também é importante pelo que dispõe o art. 43, §2º, da Resolução n. 63, de 17 de junho de 2015, que trata do Regimento Interno das Turmas Recursais e da Turma Regional de Uniformização dos Juizados Especiais Federais, a saber:

> "Art. 43. Havendo a interposição simultânea de pedidos de uniformização de jurisprudência dirigidos à Turma Regional de Uniformização e à Turma Nacional de Uniformização, será apreciado o regional antes do nacional.
> (...).
> §2º Se houver a interposição de recurso extraordinário e pedido de uniformização de jurisprudência, este será processado antes daquele, salvo se envolver questão prejudicial de natureza constitucional".

Portanto, o Regimento Interno da Turma Recursal do Tribunal Regional Federal da 4ª Região permite a interposição simultânea de incidente de uniformização dirigido à TRU e do recurso extraordinário dirigido ao S.T.F., dando preferência, ainda, ao processamento do recurso extraordinário quando envolver questão prejudicial de natureza constitucional.

Assim, deve-se efetivamente modular o entendimento do S.T.F., até para que não se declare a inconstitucionalidade do art. 43, §2º, do Regimento Interno da Turma Recursal do Tribunal Regional Federal da 4ª Região.

Como bem afirmou o Ministro Teori Zavascki, com base em ensinamento doutrinário de Araken de Assis, **interposição simultânea só será cabível, sem ofensa ao princípio da unirrecorribilidade, contra julgados objetivamente complexos, em que há, materialmente, pronunciamentos jurisdicionais autônomos, cada um sujeito a ataque por diferente via recursal.**

E juridicamente será possível considerar uma decisão proferida por Turma Recursal como *julgado objetivamente complexo*, em que há, materialmente, pronunciamentos jurisdicionais autônomos, cada um sujeito a ataque por diferente via recursal, no caso, incidente de uniformização e recurso extraordinário.

Pense-se na seguinte hipótese:

Determinada decisão proferida por Turma Recursal analisou dois fundamentos autônomos da pretensão formulada, ensejando pronunciamento jurisdicional autônomo. Num primeiro capítulo da decisão, a Turma Recursal analisou questão referente à interpretação de determinada lei federal, sendo que a interpretação dada pela Turma foi diversa de outras decisões sobre questões de direito material proferidas por outras Turmas de outras regiões, pois contrariou súmula de jurisprudência do S.T.J. Assim, com base no art. 14, §2º, da Lei n. 10.259/2001, abre-se a possibilidade, em relação a esse capítulo da decisão, de interposição de incidente de uniformização para a Turma Nacional de Uniformização (TNU).

Em relação ao outro capítulo da decisão, a questão de direito material foi decidida com base em disposição da Constituição Federal, sendo que o posicionamento adotado pela Turma Recursal não apresenta qualquer divergência com o posicionamento de outras Turmas Recursais da região ou fora da região, nem mesmo com súmula do S.T.F. ou recurso extraordinário repetitivo. Diante do princípio da *tipicidade das competências* e da *fundamentação vinculada* que norteia também o incidente de uniformização, não há espaço para parte sucumbente ingressar com o incidente de uniformização perante a TNU ou a TRU, uma vez que não preenche os requisitos legais necessários para tal fim. Note-se que o art. 14 da Lei n. 10.259/01 em hipótese alguma previu a competência da Turma Nacional para uniformização de interpretação da Constituição Federal, mas somente quando a divergência de interpretação tenha por objeto *lei federal*.[127] Nessa hipótese, a competência para analisar a questão material de

---

[127] A competência da Turma Nacional de Uniformização dos Juizados Especiais Federais encontra-se também disciplinada no art. 6º da Resolução n. CJF-RES-2015/00345, de 2 de junho de 2015, que assim dispõe:

> Art. 6º. Compete à Turma Nacional de Uniformização processar e julgar pedido de uniformização de interpretação de lei federal, quanto à questão de direito material:
> I – fundado em divergência entre decisões de Turmas Recursais de diferentes Regiões;
> II – em face de decisão de Turma Recursal proferida em contrariedade à súmula ou jurisprudência dominante do Superior Tribunal de Justiça ou da Turma Nacional de Uniformização; ou

direito constitucional do capítulo autônomo da decisão é do Supremo Tribunal Federal, por meio de recurso extraordinário, e não da TNU.

É importante salientar que, na hipótese acima descrita, como a TNU ou TRU não tem competência para processar e julgar incidente de uniformização que diga respeito à matéria constitucional (salvo se houver decisão dominante ou súmula do S.T.F., quando o relator poderá negar ou dar provimento ao incidente de plano), a parte jamais poderá suprir um dos pressupostos necessários para interposição do recurso extraordinário contra decisão da TNU ou da TRU, no caso, o prequestionamento.

Portanto, comungo com o entendimento de que o *princípio da unirrecorribilidade* das decisões impede que a parte se utilize de fundamentos jurídicos que legitimam a interposição simultânea de dois ou mais recursos.

Assim, se o fundamento jurídico de natureza constitucional legitima tanto a interposição do incidente de uniformização quanto a interposição do recurso extraordinário, a parte, diante do *princípio da unirrecorribilidade da decisão,* deverá aguardar o pronunciamento da TNU ou da TRU para interpor o recurso extraordinário, pois somente poderá ser considerada como decisão de última instância aquela proferida pela TNU ou pela

---

III – em face de decisão de Turma Regional de Uniformização proferida em contrariedade à súmula ou jurisprudência dominante do Superior Tribunal de Justiça ou da Turma Nacional de Uniformização.

Este dispositivo somente confere competência à TNU para questão de interpretação de lei federal e não da Constituição Federal.

É certo que o art. 9º, inc. IX e X, da Resolução n. CJF-RES-2015/00345, de 2 de junho de 2015, consigna que compete ao relator negar seguimento ao incidente de uniformização manifestamente inadmissível, improcedente, prejudicado ou em confronto com súmula ou jurisprudência dominante do Supremo Tribunal Federal ou dar provimento ao incidente se a decisão recorrida estiver em manifesto confronto com súmula ou jurisprudência dominante do Supremo Tribunal Federal, podendo determinar o retorno dos autos à origem para a devida adequação.

Tenho dúvidas sobre a legalidade dos incs. IX e X do art. 9º da referida resolução, uma vez que ultrapassa a competência da TNU traçada pela Lei n. 10.259/01, que restringe a competência da TNU para analisar o incidente apenas quanto a questão referente a lei federal. Porém, mesmo que se entenda pela legalidade dos incisos, o relator somente poderá negar ou dar seguimento ao incidente quando já houver jurisprudência dominante do S.T.F ou súmula sobre a questão constitucional.

No exemplo que apresentei, não há qualquer decisão do S.T.F. sobre o capítulo da sentença referido.

TRU. Caso contrário, estar-se-á diante de capítulos de decisões autônomos, um que poderá ser avaliado exclusivamente pela TNU ou TRU e outro pelo S.T.F., razão pela qual, é de se permitir a interposição conjunta e simultânea do incidente de uniformização e do recurso extraordinário, pois a questão decidida pela Turma Recursal quanto à matéria constitucional o foi em *última instância*.

Por fim, gostaria ainda de avaliar a decisão proferida pelo S.T.F., de relatoria do Ministro Teori Zavascki:

> *Ementa: PROCESSUAL CIVIL. AGRAVO REGIMENTAL NO RECURSO EXTRAORDINÁRIO COM AGRAVO. JUIZADOS ESPECIAIS FEDERAIS. INCIDENTE DE UNIFORMIZAÇÃO REGIONAL APRESENTADO PELO INSS JULGADO PROCEDENTE. PERDA DO OBJETO DOS RECURSOS EXTRAORDINÁRIOS INTERPOSTOS CONTRA O ACÓRDÃO DA TURMA RECURSAL. NECESSIDADE DE INTERPOSIÇÃO DE NOVO EXTRAORDINÁRIO CONTRA O ARESTO DA TURMA DE UNIFORMIZAÇÃO.*
> *1. O incidente de uniformização de jurisprudência, no âmbito dos Juizados Especiais Federais, possui natureza recursal, já que propicia a reforma do acórdão impugnado. Assim, as Turmas de Uniformização constituem instâncias recursais, razão pela qual o acolhimento do incidente de uniformização de jurisprudência interposto concomitantemente com os recursos extraordinários prejudica esses apelos quando eles impugnam o capítulo do acórdão recorrido reformado na instância ad quem. 2. Para submeter sua irresignação ao STF, deveria a parte agravante ter interposto novo recurso extraordinário contra o acórdão da Turma Regional de Uniformização, sendo incabível a apreciação do apelo extremo apresentado contra o aresto da Turma Recursal, uma vez que, no caso, esse julgado foi substituído (CPC, art. 512). 3. Agravo regimental a que se nega provimento.*
> (ARE 873273 AgR, Relator(a): Min. TEORI ZAVASCKI, Segunda Turma, julgado em 30/06/2015, PROCESSO ELETRÔNICO DJe-157 DIVULG 10-08-2015 PUBLIC 12-08-2015)

No voto do Ministro Teori Zavascki, encontra-se a seguinte afirmação:

> (...).
> *2. A Turma Regional de Uniformização da 4ª Região deu provimento ao incidente de uniformização recursal interposto pelo INSS para: (...) reafirmar o entendimento de que eventual redução do valor da gratificação de desempenho de servidor inativo, para patamar inferior ao recebido anteriormente ou para patamar inferior ao valor pago*

aos servidores em atividade, não fende a irredutibilidade de proventos, tendo em vista o caráter pró-labore faciendo que assume essa parcela a partir da efetiva implantação do resultado das avaliações. (IUJEF 0001310-11.2007.404.7061, Turma Regional de Uniformização da 4ª Região, Relator Ana Cristina Monteiro de Andrade Silva, D.E. 29/08/2012)

Contra esse acórdão, a parte autora opôs embargos de declaração, os quais foram rejeitados, ocorrendo o trânsito em julgado do aresto em 21/11/2012, segundo consulta ao sítio eletrônico da TRU4.

Tendo em vista que a TRU4 reformou o acórdão da Turma Recursal no ponto acerca do qual recorreram o INSS e Helena Faxina Ribeiro – qual seja, a questão referente ao pagamento da gratificação após o início das avaliações de desempenho e ao princípio da irredutibilidade de vencimentos –, cumpre reconhecer que os recursos extraordinários encontram-se prejudicados, em razão da perda do objeto.

Registre-se, no que toca ao recurso da autora, que, para submeter sua irresignação à apreciação do Supremo Tribunal Federal, a parte deveria ter interposto novo recurso extraordinário contra o acórdão da TRU4, sendo incabível a apreciação do recurso extraordinário interposto contra o acórdão da Turma Recursal, uma vez que não mais subsiste esse julgado.

A possibilidade de interposição de recurso extraordinário contra acórdão das turmas de uniformização de jurisprudência já foi reconhecida pela Segunda Turma em caso análogo (ARE 850.960-AgR, de minha relatoria, DJe de 13/4/2015). Não interposto recurso extraordinário contra o acórdão da TRU4, não há o que apreciar nestes autos.

O agravo regimental não traz qualquer subsídio apto a alterar esses fundamentos, razão pela qual deve ser mantido incólume o entendimento da decisão agravada.

2. Ao julgar caso relativo aos incidentes de uniformização de jurisprudência dos Juizados Especiais Federais, a Segunda Turma desta Corte reconheceu sua natureza recursal (ARE 850.960-AgR, de minha relatoria, Segunda Turma, DJe de 13/4/2015). Confira-se: 2. Ao contrário do que afirma a parte agravante, o incidente de uniformização de jurisprudência possui evidente natureza recursal, já que pode propiciar a reforma do acórdão impugnado. Acertada, no particular, a decisão tomada na Questão de Ordem 1/02 pela Turma Nacional de Uniformização dos Juizados Especiais Federais (TNU): Os Juizados Especiais orientam-se pela simplicidade e celeridade processual nas vertentes da lógica e da política judiciária de abreviar os procedimentos e reduzir os custos. Diante da divergência entre decisões de Turma Recursais de regiões diferentes, o pedido de uniformização tem a natureza jurídica de recurso, cujo julgado, portanto, modificando ou reformando, substitui a decisão ensejadora do pedido. A decisão constituída pela Turma de Uniformização servirá para fundamentar o juízo de retratação das ações com o processamento sobrestado ou para ser declarada a prejudicialidade dos recursos interpostos. A natureza recursal do incidente de uniformização de que trata o art. 14 da Lei 10.259/01 é também reconhecida pela doutrina especializada, a saber: Importa reconhecer a natureza recursal dos incidentes de uniformização nos Juizados Especiais. Diferentemente do incidente de uniformização de jurisprudência previsto no Código de Processo Civil, o pedido de uniformização de jurisprudência do art. 14 da Lei 10.259/01 consubstancia verdadeira modalidade recursal, não sendo apenas uma fase incidental e precedente ao julgamento do recurso. Ao contrário, a decisão dos incidentes de uniformização dos JEF's traz como consequência a eventual modificação do resultado do julgamento proferido nos autos, impondo reconhecer sua natureza recursal. (SAVARIS, José Antonio; XAVIER, Flavia da Silva. Manual dos Recursos nos Juizados Especiais Federais. Curitiba: Juruá, 2003. p. 170- 171)

Ainda sobre a dessemelhança dos institutos, o incidente do artigo 476 só pode ser instaurado quando o dissenso ocorre intra muros, ou seja, entre julgados de um mesmo tribunal judiciário. Em contraposição, a uniformização do artigo 14 pode versar sobre dissídio externo, tanto que alcança até mesmo o dissenso em relação a enunciado da Súmula do Superior Tribunal de Justiça. Daí a impossibilidade de confusão entre os institutos do artigo 476 do Código e do artigo 14 da Lei n. 10.259, de 2001. Aliás, tanto o artigo 14 da Lei n. 10.259 quanto o Regimento Interno editado pela Resolução n. 390 sugerem a natureza recursal da uniformização dos Juizados Federais, ao contrário da uniformização de jurisprudência do artigo 476 do Código, cuja natureza de incidente processual é ponto pacífico na doutrina e na jurisprudência. (PIMENTEL, Bernardo. Introdução aos Recursos Cíveis e à Ação Rescisória. São Paulo: Saraiva, 2009. p. 374)

Em face da sua natureza recursal, o incidente de uniformização de jurisprudência corresponde, no âmbito dos juizados especiais, aos embargos de divergência cabíveis perante o STJ e o STF, nos termos do art. 546 do CPC, e aos embargos perante o TST, nos termos do art. 894, II, da CLT, recursos cabíveis quando "houver divergência entre decisões sobre questões de direito material proferidas por Turmas Recursais na interpretação da lei" (art. 14, caput, da Lei 10.259/01). A propósito, assevera Joel Dias Figueira Júnior: (...) a Lei 10.259/2001, tomando por base os valores da segurança que se fazia mister conferir ao julgado, a espécie de objeto controvertido colocado comumente à cognição do Estado-juiz e que seria também uma constante nos Juizados Especiais Federais (lide jurídica), o direito material em questão e os interesses da Fazenda Pública (considerando-se, aqui, o interesse geral coletivo), resolveu em determinadas circunstâncias admitir pedido de uniformização de interpretação de lei federal, sendo o requisito de fundo a divergência entre decisões sobre questões de direito *material proferidas por Turmas Recursais na interpretação da lei (art. 14, caput). (...) Trata-se, na verdade, de embargos de divergência, objetivando uniformizar a jurisprudência das Turmas Recursais integrantes da mesma Região ou de Regiões diferentes, desde que a apontada discrepância entre os julgados esteja fundamentada em direito material objeto da controvérsia na qual a parte interessada tenha sido vencida total ou parcialmente. (FIGUEIRA JÚNIOR, Joel Dias; TOURINHO NETO, Fernando da Costa. Juizados Especiais Federais Cíveis e Criminais: comentários à Lei 10.259, de 10.07.2001. São Paulo: RT, 2002. p. 364-365).*

A natureza recursal do incidente de uniformização apresentado perante a Turma de Uniformização Regional da 4ª Região é corroborada pela própria Resolução 43/2011 do TRF da 4ª Região (Regimento Interno das Turmas Recursais e da Turma Regional de Uniformização dos Juizados Especiais Federais da 4ª Região), que trata da sua "admissibilidade recursal". Nesse sentido, veja-se também a ementa do julgado da TRU da 4ª Região nestes autos: INCIDENTE DE UNIFORMIZAÇÃO REGIONAL. ADMINISTRATIVO. SERVIDOR PÚBLICO INATIVO. GRATIFICAÇÃO DE DESEMPENHO. GDASS. TERMO FINAL DO PAGAMENTO. IRREDUTIBILIDADE DE PROVENTOS. 1. O termo final do pagamento das diferenças decorrentes do direito dos inativos à paridade de pagamento da GDASS coincide com o encerramento do ciclo de avaliação dos servidores em atividade, a partir de quando a referida gratificação passa a efetivamente observar o desempenho. 2. A eventual redução do valor da gratificação de desempenho paga a servidor inativo, para patamar inferior ao recebido anteriormente ou para patamar inferior ao valor pago aos servidores em atividade, não ofende a irredutibilidade de proventos, tendo em vista o caráter pro-labore faciendo que assume essa parcela a partir da efetiva implantação do resultado das avaliações. 3. Incidentes desta Turma Regional (nº 5001019- 94.2012.404.7110, Relator p/ Acórdão Leonardo Castanho Mendes, D.E. 28/05/2012; e IUJEF 0002175-15.2008.404.7056/PR, Relator Paulo Paim da Silva, Sessão de 20/07/2012). 4. Recurso parcialmente provido. Não houve, ademais, qualquer determinação de devolução dos autos à Turma Recursal para adequação do julgado da TRU da 4ª Região ao caso concreto, limitando-se o acórdão a determinar o retorno da causa "à Turma de origem, para admissibilidade do Recurso Extraordinário já interposto, após o que deverá analisar a sucumbência".

Houve, portanto, a substituição de que trata o art. 512 do Código de Processo Civil. Diante desse quadro, irrecusável a conclusão de que ficou prejudicado o recurso extraordinário interposto pela agravante contra o acórdão da Turma Recursal".

Note-se que no voto proferido pelo Ministro Teori Zavascki não há menção a eventual *intempestividade* do recurso extraordinário interposto contra a decisão proferida pela Turma Recursal, mas, sim, perda de objeto do recurso extraordinário interposto tendo em vista a modificação da decisão da Turma Recursal pela Turma Regional de Uniformização (TRU). Tecnicamente, antes de se avaliar a perda do objeto, há necessidade de se analisar a tempestividade do recurso.

Outrossim, no voto do Ministro Teoria Zavascki há uma efetiva equiparação do incidente de uniformização de jurisprudência com os embargos de divergência de competência do S.T.J., realçando a categoria de terceiro grau de jurisdição da TRU e da TNU em questão de análise de *lei federal* e não *constitucional*, salvo se a questão constitucional tenha sido suscitada somente perante a TRU ou TNU.

É evidente que a tese do S.T.F. de que não caberia recurso extraordinário contra decisão proferida por Turma Recursal somente teria algum sentido se contra a decisão da Turma Recursal tivesse sido interposto incidente de uniformização à TNU ou à TRU. Na hipótese em que não foi interposto pela parte sucumbente o incidente de uniformização, tendo em vista que não estariam presentes os requisitos normativos para interposição do incidente, a única solução é permitir-se a interposição do recurso extraordinário diretamente contra a decisão proferida pela Turma Recursal.

No âmbito das Turmas dos Juizados Especiais da Justiça Federal da 4ª Região, em exame de admissibilidade, tem-se proferido os seguintes despachos quando há interposição simultânea de incidente de uniformização e de recurso extraordinário:

> "*DESPACHO/DECISÃO*
>
> *Intimada do acórdão proferido pela Turma Recursal a União interpôs pedido de uniformização regional e recurso extraordinário.*
>
> *Admitido o primeiro, os autos foram remetidos à Turma Regional de Uniformização, cuja decisão do Relator segue transcrita:*
>
> *O pedido de uniformização da parte autora não merece ser conhecido.*
>
> *Com efeito, a análise sobre o tratamento mais adequado para o paciente demandaria um novo exame do conjunto probatório, o que não é cabível em sede de uniformização de jurisprudência, conforme aplicação analógica da Súmula nº 7 do STJ e da Súmula nº 42 da TNU:*
>
> *Súmula 7 do STJ: A pretensão de simples reexame de prova não enseja recurso especial.*

Súmula 42 da TNU: não se conhece de incidente de uniformização que implique reexame de matéria de fato.

Nesse sentido já decidiu esta Turma Regional, em casos análogos:

PEDIDO DE UNIFORMIZAÇÃO REGIONAL. DESVIO DE FUNÇÃO. AUXILIAR DE ENFERMAGEM. ATIVIDADES QUE SE COMPARAM À DE TÉCNICO DE ENFERMAGEM. REEXAME DA PROVA. IMPOSSIBILIDADE. PEDIDO NÃO CONHECIDO.1. *O acórdão recorrido condenou a UNIVERSIDADE FEDERAL DE SANTA MARIA – UFSM ao pagamento de diferenças remuneratórias existentes entre o vencimento do cargo de auxiliar de enfermagem e o de técnico de enfermagem.2. Em sede de uniformização, a ré discute a impossibilidade de equiparação.3. Não há como se fazer, ou deixar de fazer, equiparação sem analisar as condições de trabalho.4. Assim, o reexame das atividades desempenhadas, por esta Turma, esbarraria na necessidade de revolvimento de matéria fática e de provas, o que torna inviável o conhecimento do pedido. Precedentes (vg. IUJEF nº 5003687-65.2012.404.7101, Rel. Juiz Federal Leonardo Castanho Mendes, D.E. 11/04/2014).5. Pedido não conhecido. (5006489-33.2012.404.7102, Turma Regional de Uniformização da 4ª Região, Relatora p/ Acórdão Jacqueline Michels Bilhalva, juntado aos autos em 22/09/2014)*

PEDIDO DE UNIFORMIZAÇÃO REGIONAL. DESVIO DE FUNÇÃO. AUXILIAR DE ENFERMAGEM. ATIVIDADES QUE SE COMPARAM À DE TÉCNICO DE ENFERMAGEM. ANÁLISE DE PROVA. IMPOSSIBILIDADE. INCIDENTE NÃO CONHECIDO. 1. *O acórdão recorrido condenou a Fundação Universidade Federal do Rio Grande ao pagamento de diferenças remuneratórias existentes entre o vencimento do cargo de auxiliar de enfermagem e o de técnico de enfermagem. 2. Em sede de uniformização, a ré discute a impossibilidade de equiparação. 3. Não há como se fazer, ou deixar de fazer, equiparação sem analisar as condições de trabalho. 4. Assim, o reexame das atividades desempenhadas, por esta Turma, esbarraria na necessidade de revolvimento de matéria fática e de provas, o que torna inviável o conhecimento do incidente. 5. Incidente não conhecido"* (TRU da 4ª Região, IUJEF nº 5003687-65.2012.404.7101, Rel. Juiz Federal Leonardo Castanho Mendes, D.E. 11/04/2014)

ADMINISTRATIVO. AUXILIAR DE ENFERMAGEM. DESVIO DE FUNÇÃO. TÉCNICO EM ENFERMAGEM. AUSÊNCIA DE REPERCUSSÃO GERAL (PRETÓRIO EXCELSO, RE 578657 RG). SÚMULA Nº 378 DO C. STJ. REEXAME DE PROVAS. NÃO CONHECIMENTO.1. *Não há repercussão geral no tema relativo à discussão acerca do direito às diferenças de remuneração em virtude de eventual reconhecimento de desvio de função (RE 578657 RG/RN,*

Pleno Virtual, Rel. Min. MENEZES DIREITO, DJe-102, DIVULG 05/06/2008, PUBLIC 06/06/2008).2. Reconhecido o desvio de função, o servidor faz jus às diferenças salariais decorrentes (Súmula nº 378 do C. STJ).3. O divisor de águas entre o exercício excepcional de atividades de outro cargo e o desvio de função é a permanência, porquanto este (o desvio de função) é situação excepcional, em face do princípio da legalidade, não se caracterizando caso as tarefas típicas de outro cargo desempenhadas pelo servidor não o sejam de modo permanente.4. No presente caso, para afastar o reconhecimento do desvio de função, este C. Colegiado teria de ingressar na análise do conjunto fático-probatório, o que se mostra inviável em sede de incidente de uniformização (Súmula nº 042 da C. TNU).5. Incidente de Uniformização não conhecido. (5004515-61.2012.404.7101, Turma Regional de Uniformização da 4ª Região, Relator p/ Acórdão Daniel Machado da Rocha, juntado aos autos em 22/09/2014)

Não bastasse o que acima se disse, cabe registrar que o paradigma invocado pela parte autora refere a pedido de fornecimento de bomba de infusão de insulina para paciente portador de diabetes, ao passo que a discussão no presente diz respeito ao fornecimento de bomba de infusão enteral. Evidente, assim, a inexistência de similitude fático-jurídica entre a decisão recorrida e o acórdão paradigma, o qual não se presta à demonstração do dissídio jurisprudencial, conforme estabelece o art. 42, § 1º da Resolução nº 63/2015 do TRF da 4ª Região.

Desse modo, o incidente não merece ser conhecido, também, nos termos da questão de ordem 22 da TNU ("É possível o não conhecimento do pedido de uniformização por decisão monocrática quando o acórdão recorrido não guarda similitude fática e jurídica com o acórdão paradigma").

Por sua vez, dispõe o art. 54, III, do Regimento das Turmas Recursais e da Turma Regional de Uniformização dos Juizados Especiais Federais da 4ª Região (RESOLUÇÃO Nº 63, DE 17 DE JUNHO DE 2015) que: "art. 54. Ao relator incumbe: (...) III – negar seguimento a recurso manifestamente inadmissível, improcedente, prejudicado ou em confronto com súmula ou jurisprudência dominante da Turma Regional de Uniformização, da Turma Nacional de Uniformização, do Superior Tribunal de Justiça ou do Supremo Tribunal Federal".

Ante o exposto, nos termos das Súmulas 22 e 42 da TNU, bem como art. 54, inciso III, da Resolução nº 63/2015 do TRF da 4ª Região, NEGO SEGUIMENTO AO INCIDENTE DE UNIFORMIZAÇÃO.

Assim, passo à análise do recurso extraordinário interposto pela União.

Trata-se de Recurso Extraordinário interposto contra acórdão que determinou ao Estado/União o fornecimento de medicamentos para tratamento de doença.

O objeto do recurso (Tema 793: Responsabilidade solidária dos entes federados pelo dever de prestar assistência à saúde) é matéria com repercussão geral reconhecida pelo Supremo Tribunal Federal, seguindo, portanto, o rito previsto nos artigos 1.036 e 1.039 caput e parágrafo único, ambos do Novo Código de Processo Civil. Para que se possa dar cumprimento ao disposto quanto aos recursos repetitivos, representativos da controvérsia e com repercussão geral reconhecida, bem como ao artigo 17, VIII, da Resolução 63, de 17 de junho de 2015, é preciso aguardar o julgamento de mérito do paradigma.

Diante de tal circunstância, o processo deverá ficar sobrestado até que solvido o RE 855.178 (Tema 793) pelo STF.

Intimem-se.

Após, ao sobrestamento".

"DESPACHO/DECISÃO

Agravo TNU

Negado seguimento ao incidente de uniformização nacional, a parte recorrente interpôs agravo.

Mantenho a decisão pelos seus próprios fundamentos.

O Regimento Interno da Turma Nacional de Uniformização dos Juizados Especiais Federais, art. 15, § 1º (Resolução nº 345/2015, de 02 de junho de 2015, com redação alterada pela Resolução nº 392/2016, de 19/04/2016) dispõe:

§ 1º Inadmitido na origem o pedido de uniformização, a parte poderá, no prazo de quinze dias a contar da publicação da decisão, interpor agravo nos próprios autos a ser dirigido à Turma Nacional de Uniformização, observados a necessidade de indicação do equívoco da decisão recorrida de inadmissão e o disposto no § 2º deste artigo. (NR) (Alterado pela Resolução n. 392, de 19/04/2016)

Diante do exposto, encaminhem-se os autos à Turma Nacional de Uniformização.

Agravo RE

Trata-se de agravo interposto contra decisão que não admitiu o recurso extraordinário.

Mantenho a decisão agravada pelos seus próprios fundamentos.

O presente agravo deverá ser encaminhado ao STF para análise, nos termos do art. 1.042 do Novo Código de Processo Civil.

Contudo, postergo a remessa deste recurso para momento subsequente ao julgamento do agravo direcionado à TNU, em cumprimento ao disposto no art. 43, §2º, da Resolução nº 63, de 17 de junho de 2015:

Art. 43. (...) §2º Se houver a interposição de recurso extraordinário e pedido de uniformização de jurisprudência, este será processado antes daquele, salvo se envolver questão prejudicial de natureza constitucional.

Intimem-se.
Após o retorno dos autos, aguarde-se o julgamento definitivo do tema 810.
Cumpra-se.

A possibilidade de interposição simultânea de recurso extraordinário com o incidente de uniformização em face de decisão proferida pela Turma Recursal encontra-se expressamente consignada no art. 43, §2º, da Resolução n. 63, de 17 de junho de 2015 do TRF 4ª Região, que dispõe sobre o regimento interno das Turmas Recursais e das Turmas Regionais de Uniformização dos Juizados Especiais da 4ª Região, a saber:

> *Art. 43. (...) §2º Se houver a interposição de recurso extraordinário e pedido de uniformização de jurisprudência, este será processado antes daquele, salvo se envolver questão prejudicial de natureza constitucional.*

7.2.1.1.2. Decisão de única ou última instância para efeito de recurso especial

7.2.1.1.2.1. Natureza jurídica do órgão jurisdicional

A Constituição Federal, em relação ao recurso extraordinário, exige que a causa seja decidida em *única ou última instância,* não indicando, porém, a natureza jurídica do órgão jurisdicional que porventura tenha decidido a causa.

Somente decisão proferida em única ou última instância por órgão jurisdicional, e não administrativo, é que permite a interposição de recurso especial.[128]

---

[128] Daí por que não caber recurso especial ou mesmo extraordinário contra decisão proferida por presidente de tribunal em questão de precatório, mesmo que essa decisão tenha por finalidade sequestrar valores para pagamento do débito, conforme preconiza a Súmula 733 do S.T.F.: *Não cabe recurso extraordinário contra decisão proferida no processamento de precatórios.*
Com o mesmo teor é a Súmula 311 do S.T.J.: *Os atos do presidente do tribunal que disponham sobre processamento e pagamento de precatório não têm caráter jurisdicional.*
Nesse sentido eis a seguinte decisão do S.T.J.:
> *PROCESSUAL CIVIL. ADMINISTRATIVO. RECURSO ORDINÁRIO EM MANDADO DE SEGURANÇA. EXECUÇÃO DE SENTENÇA. PAGAMENTO DE INDENIZAÇÃO DECORRENTE DE DESAPROPRIAÇÃO. PRECATÓRIO PAGO DE ACORDO COM A EC 30/2000.*

No que concerne ao recurso especial, a Constituição Federal exige que a causa tenha sido decidida em única ou última instância pelos *Tri-*

> *EXCLUSÃO DOS JUROS COMPENSATÓRIOS E MORATÓRIOS EM CONTINUAÇÃO. AUSÊNCIA DE PAGAMENTO DA TERCEIRA PARCELA NO VENCIMENTO. INCIDÊNCIA DE JUROS MORATÓRIOS SOBRE ESSA PARCELA ATÉ A DATA DO EFETIVO PAGAMENTO. ATO ADMINISTRATIVO. SÚMULAS 311/STJ E 733/STF.*
> *1. O Presidente de Tribunal possui competência para, em sede administrativa, excluir a incidência de juros moratórios e compensatórios em continuação, incluídos no cálculo apresentado pela Contadoria do Tribunal de origem, por ocasião do pedido de sequestro para pagamento de precatório (arts. 33 e 78 do ADCT), uma vez que a correção do mencionado equívoco não enseja incursão nos critérios jurídicos definidos no título exequendo, ao revés, correção de erro de cálculo, o qual não faz coisa julgada, podendo ser corrigido até mesmo de ofício, por decisão administrativa do Presidente do Tribunal, com supedâneo no art. 1º-E da Lei 9.494/97. Precedentes do STF:RE-AgR 421616/SP, Rel. Min. Ricardo Lewandowski, DJ de 10/08/2007; e do STJ: RMS 27478/SP, Rel. Ministra Denise Arruda, Primeira Turma, DJ de 16/04/2009; RMS 26.518/SP, Primeira Turma, DJ de 23/06/2008; RMS 26.073/SP, Primeira Turma, DJ de 29/10/2008.*
> *(...) 3. A análise do thema, à luz da novel jurisprudência desta Corte e da legislação atinente à matéria, conduz às conclusões assentadas pela Primeira Turma, no julgamento do RMS 27478/SP, Rel. Ministra Denise Arruda, DJ de 16/04/2009: "PROCESSUAL CIVIL. ADMINISTRATIVO. RECURSO ORDINÁRIO EM MANDADO DE SEGURANÇA. DECISÃO DO PRESIDENTE DO TRIBUNAL NO PROCESSAMENTO DE PRECATÓRIOS. NATUREZA ADMINISTRATIVA. SÚMULA 311/STJ. PRECATÓRIO PARCELADO NOS MOLDES DO ART. 78 DO ADCT. SEQUESTRO DE RECURSOS FINANCEIROS DA ENTIDADE EXECUTADA. EXCLUSÃO DOS JUROS MORATÓRIOS E COMPENSATÓRIOS APLICADOS DE MODO CONTINUADO EM CÁLCULO APRESENTADO PELA CONTADORIA JUDICIAL. POSSIBILIDADE.*
> *1. "Os atos do presidente do tribunal que disponham sobre processamento e pagamento de precatório não têm caráter jurisdicional" (Súmula 311/STJ).*
> *(...).*
> *5. Os atos do Presidente de Tribunal concernentes ao processamento e pagamento de precatórios ostentam natureza administrativa, consoante entendimento cristalizado no verbete das Súmulas 311/STJ e 733/STF, verbis: "Súmula 311/STJ: Os atos do presidente do tribunal que disponham sobre processamento e pagamento de precatório não têm caráter jurisdicional"; Súmula 733/STF: "Não cabe recurso extraordinário contra decisão proferida no processamento de precatórios" 6. Mutatis mutandis, o entendimento sedimentado nas referidas súmulas aplica-se aos atos do Presidente do Tribunal que ordenam o sequestro de verbas, para fins de satisfação de crédito, oriundo de parcela de precatório emitido, nos termos do art. 78, do ADCT.*
> *Precedentes do STJ: RMS 25.374/SP, Segunda Turma, DJ 25/02/2008; RMS 21.400/SP, Primeira Turma, DJ 23/10/2006; RMS 17.824/RJ, Segunda Turma, DJ de 1º.2.2006; RMS 14.940/RJ, 1ª Turma, Rel. p/ acórdão Min. Humberto Gomes de Barros, DJ de 25.11.2002; AgRg no REsp 508682/ SP, Primeira Turma, DJ 17/12/2004.*

bunais Regionais Federais ou pelos Tribunais dos Estados, do Distrito Federal e Territórios.

Diante do preceito normativo constitucional, não cabe recurso especial contra decisão de única ou última instância proferida por tribunais do trabalho, tribunais eleitorais, tribunais militares, e qualquer outro tribunal que não seja tribunais regionais federais, ou tribunais dos Estados, do Distrito Federal e Territórios.

Portanto, no âmbito do recurso especial, a Constituição Federal delimitou a natureza jurídica do órgão jurisdicional do qual provenha a decisão sujeita ao aludido recurso especial.

7.2.1.1.2.2. Qualificativo "Tribunal" – juízo de primeiro grau e Turma Recursal, Turma Regional e Turma Nacional de Uniformização dos juizados especiais

No caso, a Constituição Federal restringiu o qualificativo "Tribunal" (órgão do Poder Judiciário de 2º grau, nos termos do art. 92 da C.F.) aos Tribunais Regionais Federais, aos Tribunais dos Estados, do Distrito Federal e Territórios, nos termos do art. 105, inc. III.

Diante dessa restrição qualificativa constitucional, não é possível interpor-se recurso especial contra 'decisão' proferida por juízo de

---

7. Sobre o thema manifestou-se o Egrégio Supremo Tribunal Federal: *"O julgamento de pedido de sequestro do montante correspondente para satisfação do precatório, formulado perante Presidente do Tribunal de Justiça, possui natureza administrativa, pois se refere a processamento de precatórios, do qual não cabe eventual recurso extraordinário, conforme assinalado pelo Plenário desta Corte no julgamento da ADI 1.098/SP.*

Agravo regimental desprovido." (RE-AgR 281208/SP, Relatora Ministra Ellen Gracie, DJ de 26.04.2002) "Recurso extraordinário. Precatório. Atividade administrativa do Tribunal. Inexistência de causa como pressuposto do recurso extraordinário.

– O Plenário desta Corte, ao julgar o AGRRE 213.696, decidiu que a atividade do Presidente do Tribunal no processamento do precatório não é jurisdicional, mas administrativa, o mesmo ocorrendo com a decisão da Corte em agravo regimental contra despacho do Presidente nessa atividade. Inexiste, assim, o pressuposto do recurso extraordinário que é o da existência de causa decidida em única ou última instância por órgão do Poder Judiciário no exercício de função jurisdicional.

Recurso extraordinário não conhecido." (RE 230502/SC, Relator Ministro Moreira Alves, DJ 26-10-2001)

(...).

(RMS 27.750/SP, Rel. Ministro LUIZ FUX, PRIMEIRA TURMA, julgado em 25/08/2009, DJe 05/10/2009)

primeiro grau, ainda que prolatada em instância única, ou por Turmas Recursais dos Juizados Especiais Cíveis ou Criminais, Turma Regional de Uniformização ou Turma Nacional de Uniformização, uma vez que nessas hipóteses a decisão não é proveniente de 'Tribunal', mas, sim, de órgãos do Poder Judiciário com natureza diversa daquela indicada no art. 105, inc. III, da C.F.

No voto proferido pelo Ministro Eros Grau, no RE n.352.360-Agr/DF, ficou assim consignado:

> "A controvérsia em torno da qual se debate nestes autos diz respeito ao cabimento de recurso especial contra decisão proferida por turma Recursal do Juizado Especial.
>
> A jurisprudência deste Tribunal é no sentido da sua inadmissibilidade (AI n. 328.873-AgR, Relator o Ministro Moreira Alves, DJ de 15.03.2002; RCL n. 2.453, Relator o Ministro Carlos Brito, DJ de 11.2.2205".

Foi justamente o entendimento do S.T.F. de que as turmas recursais não têm natureza jurídica de tribunal que deu origem à Súmula 640 do S.T.F.

Aliás, na concepção do Ministro Ricardo Lewandowski, em voto proferido no RE 590.409/RJ, as turmas recursais nem mesmo seriam qualificadas como órgãos do Poder Judiciário: *Observo, ainda, por oportuno, que a Constituição não arrola as Turmas Recursais dentre os órgãos do Poder Judiciário, os quais são por ela discriminados, em 'numerus clausus', no art. 92. Apenas lhe outorga, no art. 98, I, a incumbência de julgar os recursos provenientes dos Juizados Especiais. Vê-se, assim, que a Carta Magna não conferiu às Turmas Recursais, sabidamente integradas por juízes de primeiro grau, a natureza de órgãos autárquicos do Poder Judiciário, e nem tampouco* **a qualidade de tribunais**, *como também não lhes outorgou qualquer autonomia com relação aos Tribunais Regionais Federais. É por essa razão que, contra suas decisões, não cabe recurso especial ao Superior Tribunal de Justiça, a teor da Súmula 203 daquela Corte, mas tão somente recurso extraordinário ao Supremo Tribunal Federal, nos termos de sua Súmula 640. Isso ocorre, insisto, porque elas constituem órgãos recursais ordinários de* **última instância** *relativamente às decisões dos Juizados Especiais,* **mas não tribunais**, *requisito essencial para que se instaure a competência especial do STJ. O precedente desta Suprema Corte que deu origem à mencionada Súmula 640, foi a decisão prolatada no RE 136.154/DF, Rel. Min. Carlos Velloso, no qual se sublinhou as razões dessa diferença entre as competências recursais do Superior Tribunal de Justiça e do*

PRECEITOS NORMATIVOS PROCEDIMENTAIS DE ADMISSIBILIDADE DO RECURSO

Supremo Tribunal Federal, conforme se extrai do trecho abaixo transcrito: 'Feito o contraste entre os dois dispositivos, art. 102, III, e art. 105, III, entendo que outra conclusão não se pode chegar senão a esta: no que toca ao recurso extraordinário, que compreende o contencioso constitucional, a Constituição não exige que a decisão proferida em única ou última instância seja de tribunal, tal como expressamente exige no que concerne ao recurso especial, que diz respeito ao contencioso de direito federal comum da competência do Superior Tribunal de Justiça. A distinção tem a sua razão de ser: é que compete ao Supremo Tribunal Federal, precipuamente, a guarda da Constituição (CF, art. 102). Destarte, qualquer ofensa à Constituição deverá ser, de imediato, afastada ou corrigida pela Corte Constitucional'. Assim, **não é possível qualificar as Turmas Recursais como tribunais,** *não é lícito, em consequência, concluir que os juízes dos Juizados Especiais serão a elas vinculados, salvo – e exclusivamente – no concernente ao reexame de seus julgados.*

Diante dessa posição do S.T.F., o S.T.J. editou a Súmula 203, a saber: "não cabe **recurso especial** contra decisão proferida por órgão de segundo grau dos **Juizados Especiais**".

A justificativa jurídica para a não permissão de interposição de recurso especial contra decisão proferida por órgão de segundo grau dos Juizados Especiais, encontra-se bem delineada no voto proferido pelo Ministro Athos Gusmão Carneiro, no Resp 21664, a saber: *"(...) Mas no tocante ao recurso especial, a Lei maior alude às causas decididas em única ou última instância, pelos Tribunais Regionais Federais ou pelos tribunais dos Estados, do Distrito Federal e Territórios:...(art. 105, III). Poderão, então, as Turmas ou Câmaras Recursais dos diversos Sistemas Estaduais dos Juizados Especiais, ou de Pequenas Causas, ser considerado como Tribunais dos Estados, para efeito de admissão de recurso especial?(...). Nestes termos, é incabível recurso especial contra decisão final de juízo de 1º grau, ou de colegiado de 2º grau não alçado à categoria de 'Tribunal', como as Câmaras recursais de juizados Especiais de Pequenas Causas, bem como contra decisões proferidas por membros de tribunais, como presidente ou relator...".*

Sobre a falta de estruturação das Turmas Recursais dos Juizados Especiais como Tribunais, eis o seguinte precedente do S.T.F.:

> *Ementa: O art. 97 da Constituição, ao subordinar o reconhecimento da inconstitucionalidade de preceito normativo a decisão nesse sentido da "maioria absoluta de seus membros ou dos membros dos respectivos órgãos especiais", está se dirigindo aos Tribunais indicados no art. 92 e aos respectivos órgãos especiais de que trata o art. 93, XI. A referência, portanto, não atinge juizados de pequenas causas (art. 24, X) e jui-*

zados especiais (art. 98, I), os quais, pela configuração atribuída pelo legislador, não funcionam, na esfera recursal, sob regime de plenário ou de órgão especial. 2. Agravo a que se nega provimento.

(ARE 792562 AgR, Relator(a): Min. TEORI ZAVASCKI, Segunda Turma, julgado em 18/03/2014, ACÓRDÃO ELETRÔNICO DJe-065 DIVULG 01-04-2014 PUBLIC 02-04-2014).

7.2.1.1.2.3. Incidente de Uniformização de Jurisprudência e Reclamação ao S.T.J. no âmbito dos juizados especiais federais e estaduais

Muito embora não caiba recurso especial contra decisão proferida por Turma Recursal da Justiça Federal, o art. 34 do Regimento Interno da Turma Nacional de Uniformização (Resolução n. CJF-RES-2015/00345 de 2 de junho de 2015) prevê a possibilidade de se levar a questão controvertida ao âmbito do Superior Tribunal de Justiça, por meio de incidente de uniformização de jurisprudência, quando o acórdão da Turma Nacional de Uniformização for proferido em contrariedade à súmula ou jurisprudência dominante do Superior Tribunal de Justiça.

Em se tratando de decisão proferida por Turma Recursal dos Juizados Estaduais ou do Distrito Federal, a Resolução n. 12, de 14 de dezembro de 2009, do S.T.J., estabelecia que a *reclamação* destinada a dirimir divergência entre acórdão prolatado por turma recursal estadual e jurisprudência do Superior Tribunal de Justiça, suas súmulas ou orientações decorrentes de julgamento de recursos especiais repetitivos, seria direcionada ao próprio S.T.J.

Finalmente, quanto ao mais recente microssistema, instituído pela Lei 12.153/2009 (Juizados Especiais da Fazenda Pública), é cabível o pedido de uniformização de jurisprudência quando (arts. 18 e 19): a) as Turmas de diferentes Estados derem a lei federal interpretações divergentes; ou b) a decisão proferida estiver em contrariedade com súmula do STJ.

Sobre o tema, eis a seguinte decisão do S.T.J.:

> *DIREITO PROCESSUAL CIVIL. JUIZADO ESPECIAL DA FAZENDA PÚBLICA E REQUISITOS PARA ADMISSIBILIDADE DE RECLAMAÇÃO E DE PEDIDO DE UNIFORMIZAÇÃO DE JURISPRUDÊNCIA.*
>
> *Não é cabível reclamação, tampouco pedido de uniformização de jurisprudência, ao STJ contra acórdão de Turma Recursal do Juizado Especial da Fazenda Pública sob a alegação de que a decisão impugnada diverge de orientação fixada em precedentes*

do STJ. O sistema para o processamento e julgamento de causas em juizados especiais é composto por três microssistemas. Cada um deles é submetido a regras específicas de procedimento, inclusive com relação ao mecanismo de uniformização de jurisprudência e de submissão das decisões das Turmas Recursais ao crivo do STJ. No âmbito do microssistema dos Juizados Especiais Estaduais Comuns, instituídos pela Lei 9.099/1995, o mecanismo é a reclamação, nas hipóteses do art. 1º da Resolução 12/2009 do STJ, ou seja, quando decisão de Turma Recursal contrariar: a) jurisprudência do STJ; b) súmula do STJ; ou c) orientações decorrentes do julgamento de recursos especiais processados na forma do art. 543-C. Já no que se refere aos Juizados Especiais Federais instituídos pela Lei 10.259/2001, é o pedido de uniformização de jurisprudência que é cabível quando a orientação da Turma Nacional de Uniformização contrariar (art. 14, § 4º): a) jurisprudência dominante do STJ; ou b) súmula do STJ. Finalmente, quanto ao mais recente microssistema, instituído pela Lei 12.153/2009 (Juizados Especiais da Fazenda Pública), é cabível o pedido de uniformização de jurisprudência quando (arts. 18 e 19): a) as Turmas de diferentes Estados derem a lei federal interpretações divergentes; ou b) a decisão proferida estiver em contrariedade com súmula do STJ. Percebe-se, portanto, que foi opção expressa do legislador restringir apenas às duas hipóteses acima o cabimento do pedido de uniformização de jurisprudência nos Juizados Especiais da Fazenda Pública, havendo silêncio eloquente quanto a todas as demais hipóteses. Desse modo, o caso em que a parte alega que o acórdão da Turma Recursal no subsistema do Juizado Especial da Fazenda Pública viola precedentes do STJ não se amolda às hipóteses de cabimento de pedido de uniformização de jurisprudência. Quanto à utilização da reclamação, observa-se que, nos termos do art. 105, I, "f", da CF, c/c o art. 187 do RISTJ, seu cabimento é previsto para: a) a usurpação de competência do STJ; ou b) a necessidade de garantir a autoridade das decisões do STJ. Além dessas hipóteses constitucionais, conforme visto acima, cabe reclamação para a adequação do entendimento adotado em acórdãos de Turmas Recursais no subsistema dos Juizados Especiais Comuns Estaduais à jurisprudência, súmula ou orientação adotada na sistemática dos recursos repetitivos do STJ (em razão do decidido pelo STF nos EDcl no RE 571.572-BA, Tribunal Pleno, DJe 27/11/2009 e das regras contidas na Resolução 12/2009 do STJ). De acordo com a larga jurisprudência do STF, seguida pelo STJ, a reclamação não pode – e não deve – ser considerada sucedâneo recursal, ou seja, é cabível tão-só nas hipóteses em que adequadamente atende aos requisitos de admissibilidade (Rcl 5684 AgR, Tribunal Pleno, DJe 15/8/2008; e Rcl 5465 ED, Tribunal Pleno, DJe 15/8/2008). Cumpre esclarecer que não é possível a aplicação do princípio da fungibilidade, quando a reclamação fundar-se em suposta divergência entre a decisão recorrida e arestos paradigmas do STJ, sendo que essa hipótese não é abrangida no pedido de

uniformização previsto no art. 18, § 3º, da Lei 12.153/2009. Assim, não se amolda ao caso nem o pedido de uniformização de jurisprudência nem a reclamação, por não incidirem em nenhuma das hipóteses de cabimento.
   (Rcl 22.033-SC, Rel. Min. Mauro Campbell Marques, julgado em 8/4/2015, DJe 16/4/2015).

Porém, foi editada a Resolução STJ/GP n. 3, de 7 de abril de 2016, regulando novamente a competência para processar e julgar as *reclamações* destinadas a dirimir divergência entre acórdão prolatado por turma recursal estadual ou do Distrito Federal e a jurisprudência do Superior Tribunal de Justiça. Estabelece o art. 1º da referida resolução: *Caberá às Câmaras Reunidas ou à Seção Especializada dos Tribunais de Justiça a competência para processar e julgar as Reclamações destinadas a dirimir divergência entre acórdão prolatado por Turma Recursal Estadual e do Distrito Federal e a jurisprudência do Superior Tribunal de Justiça, consolidada em incidente de assunção de competência e de resolução de demandas repetitivas, em julgamento de recurso especial repetitivo e em enunciados das Súmulas do STJ, bem como para garantir a observância de precedentes.* Já o art. 2º da referida resolução preconiza: "*Aplica-se, no que couber, o disposto nos arts. 988 a 993 do Código de Processo Civil, bem como as regras regimentais locais, quanto ao procedimento da Reclamação.*

Observa-se que a Resolução STJ/GP n. 3, de 7 de abril de 2016, estabeleceu uma *competência delegada* às Câmaras Reunidas ou à Seção Especializada dos Tribunais de Justiça para conhecer *de reclamação* para dirimir divergência entre acórdão prolatado por Turma Recursal Estadual e do Distrito Federal e a jurisprudência do Superior Tribunal de Justiça, consolidada em incidente de assunção de competência e de resolução de demandas repetitivas, em julgamento de recurso especial repetitivo e em enunciados das Súmulas do STJ, bem como para garantir a observância de precedentes.

Porém, a Resolução STJ/GP n. 3, de 7 de abril de 2016, proveniente da Presidência do S.T.J., modificou o Regimento Interno do S.T.J., especialmente o conteúdo normativo dos arts. 187 a 192, os quais estabelecem que é do próprio Superior Tribunal de Justiça a competência para conhecer de reclamação referente a decisões que ponham em risco a competência do tribunal superior ou não observem suas diretrizes, pouco importando que essas decisões sejam provenientes de incidente de assunção de competência, julgamento de casos repetitivos, enunciados de Súmulas do STJ ou de seus precedentes.

Ato da Presidente, delegando competência constitucional exclusiva do S.T.J., avança em direção à competência do Plenário da Corte, conforme estabelece o art. 10, inc. V, do R.I.S.T.J., a saber:

> "Art. 10. Compete ao plenário: (...). V – votar o Regimento Interno e as suas emendas".

Assim, se o S.T.J. pretende abrir mão de sua competência, delegando tal prerrogativa a outro Tribunal, tal questão deverá passar pelo crivo do Plenário, órgão competente para modificar ou alterar o regimento interno da Corte.

O problema é que a Resolução n. 3/2016, ao delegar aos Tribunais de Justiça a competência para conhecer de reclamação contra julgado do próprio S.T.J., foi também além dos limites normativos do poder regulamentador, pois não observou o disposto no §1º do art. 988 e no art. 992, ambos do novo C.P.C., que assim dispõem:

> "Art. 988. Caberá reclamação da parte interessada ou do Ministério Público para: (...).
> §1º A reclamação pode ser proposta perante qualquer tribunal, **e seu julgamento compete ao órgão jurisdicional cuja competência se busca preservar ou cuja autoridade se pretenda garantir**".
> "Art. 992. Julgando procedente a reclamação, **o tribunal cassará a decisão exorbitante de seu julgado** ou determinará medida adequada à solução da controvérsia".

Portanto, o novo C.P.C., com base no princípio constitucional do juiz natural, estabelece que a competência para conhecer de reclamação é do próprio tribunal que teve sua decisão descumprida ou que teve sua autoridade não preservada, não havendo espaço – decorrente de previsão normativa constitucional – para possível delegação de competência para outro tribunal, pouco importando que a decisão que deixou de cumprir as diretrizes do S.T.J. ou que colocou em risco sua competência seja proveniente da justiça comum ou dos juizados especiais.

Tenho para mim que o poder regulamentador não pode ir além do que estabelece a norma a ser regulamentada; não pode extrapolar os limites estabelecidos pela norma que deverá regulamentar.

No caso, o novo C.P.C. delimitou a competência do Tribunal que deve conhecer da *reclamação*, no sentido de que somente o órgão jurisdicional que teve sua decisão não observada ou sua autoridade desrespeitada é que poderá conhecer da reclamação interposta.

Se fosse permitida *constitucionalmente* a modificação de competência para conhecer de *reclamação* que tenha por objeto decisões do S.T.J., isso somente poderia ocorrer por meio de *lei formal* e não por ato administrativo regulamentador, uma vez que, nos termos do art. 22, inc. I, da Constituição Federal, *compete privativamente à União legislar sobre direito civil, comercial, penal,* **processual***, eleitoral, agrário, marítimo, aeronáutico, espacial e do trabalho.*

Na realidade, o ato administrativo regulamentador proveniente da Presidência do S.T.J., além de não observar a competência do Plenário do S.T.J. para modificação ou emenda do regimento interno, assim como a competência privativa da União para legislar sobre *direito processual*, também causou mácula à Constituição Federal.

A Resolução STJ/GP n. 3, de 7 de abril de 2016, extrapolou os limites do poder regulamentador, ao não observar alguns princípios e regras de natureza constitucional.

Estabelece o art. 105, inc. I, letra 'f', da C.F.:

> "*Art. 105. Compete ao Superior Tribunal de Justiça:*
> *I –* **processar e julgar, originariamente***:*
> *(...).*
> *f) a reclamação para a preservação de sua competência e garantia da autoridade de suas decisões*".

Diante do princípio do *juiz natural* expressamente consignado na Constituição Federal, a reclamação para preservação da competência do S.T.J. ou para garantir a autoridade de suas decisões deve ser processada e julgada pelo próprio S.T.J., **originariamente**, nos termos do art. 105, *caput*, da C.F., e não por outro Tribunal, seja estadual ou do Distrito Federal.

A Constituição Federal não apresenta qualquer exceção; a Constituição Federal não permite que a lei, muito menos ato administrativo regulamentador, delegue competência constitucional do S.T.J. ou do S.T.F. para outro tribunal, especialmente pelo fato de que essa competência está delineada e expressamente consignada no próprio texto Constitucional.

Como se sabe, **a reclamação**, *qualquer que seja a natureza que se lhe atribua* – **ação** (PONTES DE MIRANDA, "**Comentários ao Código de Processo Civil**",", tomo V/384, Forense), **recurso ou sucedâneo recursal** (MOACYR AMARAL SANTOS, **RTJ** 56/546-548; ALCIDES DE MENDONÇA LIMA, "**O Poder Judiciário e a Nova Constituição**", p. 80, 1989, Aide), **remédio incomum** (OROSIMBO NONATO, "*apud*" Cordeiro de Mello, "O processo no Supremo Tribunal Federal", vol. 1/280), **incidente processual** (MONIZ DE ARAGÃO, "A Correição Parcial", p. 110, 1969), **medida de direito processual constitucional** (JOSÉ FREDERICO MARQUES, "**Manual de Direito Processual Civil**", vol. 3º, 2ª parte, p. 199, item n. 653, 9ª ed., 1987, Saraiva) **ou medida processual de caráter excepcional** (Ministro DJACI FALCÃO, **RTJ** 112/518-522) –, *configura instrumento de extração constitucional*, **não obstante** a origem pretoriana de sua criação (**RTJ** 112/504), **destinado a viabilizar**, na concretização de sua **dupla** função de ordem político-jurídica, **a preservação da competência** do Supremo Tribunal Federal, ou do Superior Tribunal de Justiça, *de um lado*, **e a garantia** da autoridade de suas decisões, *de outro* (**CF**, art. 102, I, "l" e CF, art. 105, I, "F"), **consoante tem enfatizado** a jurisprudência do S.T.F. (**RTJ 134/1033**, Rel. Min. CELSO DE MELLO, *v.g.*).[129]

Sendo a *reclamação* **instrumento de extração constitucional,** não obstante a origem pretoriana de sua criação, os critérios jurídicos delineados pela própria Constituição, dentre eles as causas que legitimam sua interposição e *a competência para conhecer da reclamação*, não podem ser negociados, isto é, não podem ser modificados ou delegados por norma de natureza infraconstitucional. O legislador ou administrador, no que concerne a esses critérios, está verdadeiramente vinculado.

Outrossim, como bem afirmou o Ministro Celso de Mello, a *reclamação* é muito mais do que uma simples análise jurídica de questão posta em juízo, o que talvez pudesse justificar a modificação de competência, uma vez que configura função política do próprio órgão jurisdicional atacado,

---

[129] Doutrina citada no voto proferido pelo eminente Ministro Celso de Mello no Ag. Reg. na Reclamação 10.707 Distrito Federal, j. 28.05.2014.

motivo pelo qual da importância de se observar sua competência para analisá-la em toda sua extensão.

No voto proferido pelo Ministro Celso de Mello, no Ag. Reg. na Reclamação n. 20.682, há a seguinte afirmação: *A destinação constitucional da via reclamatória, portanto – segundo acentua, em autorizado magistério, JOSÉ FREDERICO MARQUES ("Instituições de Direito Processual Civil", vol. IV/393, 2ª ed., Forense) –, além de vincular esse meio processual à preservação da competência global do Supremo Tribunal Federal, prende-se ao objetivo específico de salvaguardar a extensão e os efeitos de seus julgados. Esse saudoso e eminente jurista, ao justificar a necessidade da reclamação – enquanto meio processual vocacionado à imediata restauração do "imperium" inerente à decisão desrespeitada por pessoas, autoridades ou órgãos estatais estranhos ao Supremo Tribunal Federal –, assinala, em tom de grave advertência, a própria razão de ser desse especial instrumento de defesa da autoridade decisória dos pronunciamentos desta Corte Suprema ("Manual de Direito Processual Civil", vol. 3/199-200, item n. 653, 9ª ed., 1987, Saraiva): "O Supremo Tribunal, sob pena de se comprometerem as elevadas funções que a Constituição lhe conferiu, não pode ter seus julgados desobedecidos (por meios diretos ou oblíquos), ou vulnerada sua competência. Trata-se (...) de medida de Direito Processual Constitucional, porquanto tem como 'causa finalis' assegurar os poderes e prerrogativas que ao Supremo Tribunal foram dados pela Constituição da República."*

Se se entender que a *reclamação* tem natureza de *ação*, a delegação de competência do S.T.J. ao Tribunal de Justiça ou ao Distrito Federal fere a Constituição Federal, uma vez que o art. 125, §1º, estabelece que *a competência dos tribunais será definida na Constituição do Estado, sendo a lei de organização judiciária de iniciativa do Tribunal de Justiça*. Portanto, somente a Constituição do Estado ou a Lei de Organização Judiciária é que poderá estabelecer a *competência originária* do Tribunal de Justiça.

Aliás, prevalecendo a tese de que a reclamação apresenta natureza jurídica de *ação*, contra a decisão proferida pelas Câmaras Reunidas ou pela Seção Especializada dos Tribunais de Justiça na *referida ação originária reclamatória*, caberia *recurso especial*, nos termos do art. 105, inc. III, da C.F., tendo em vista que se trata de causa decidida em única instância por Tribunal de Estado ou do Distrito Federal.

Da mesma forma, se se entender que a *reclamação* tem natureza recursal, somente a Constituição do Estado ou a Lei de Organização Judiciária é que poderia prever a *competência recursal* do Tribunal de Justiça, não sendo delegada essa prerrogativa a ato regulamentador administrativo proveniente do Superior Tribunal de Justiça.

Aliás, prevalecendo a tese de que a reclamação apresenta natureza jurídica de *recurso*, contra a decisão proferida pelas Câmaras Reunidas ou pela Seção Especializada dos Tribunais de Justiça na *referida ação originária*, caberia *recurso especial*, nos termos do art. 105, inc. III, da C.F., tendo em vista que se trata de causa decidida em última instância por Tribunal de Estado ou do Distrito Federal.

Sobre o tema, eis a *paradigmática* decisão do S.T.F., da lavra do saudoso Ministro Djaci Falcão, proferida na Reclamação n. 1.092:

> *Reclamação. Instituto que nasceu de uma construção pretoriana, visando à preservação, de modo eficaz, da competência e da autoridade dos julgados do Supremo Tribunal Federal. Sua inclusão a 2-10.57, no Regimento Interno do órgão maior na hierarquia judicial e que desfruta de singular posição. Poder reservado exclusivamente ao Supremo Tribunal Federal para legislar sobre o processo e o julgamento dos feitos de sua competência originária ou recursal, instituído pela Constituição Federal de 1967 (artigo 115, parágrafo único, letra c, hoje artigo 119, § 3º, letra c). Como quer que se qualifique – recurso, ação, ou medida processual de natureza excepcional, é incontestável a afirmação de que somente ao Supremo Tribunal Federal em face, primacialmente, da previsão inserida no artigo 119, § 3º, letra c, da Constituição da República, é dado no seu Regimento Interno, criar tal Instituto, não previsto nas leis processuais. O Regimento Interno do Tribunal Federal de Recursos, ao criar a reclamação, nos seus artigos 194 a 201, para preservar a competência do Tribunal ou garantir autoridade das suas decisões, vulnerou os preceitos constantes do artigo 43 c/c o artigo 8º, inciso XVII, letra b, artigo 6º e seu parágrafo único, e do art. 119, § 3º, letra c, da Lei Magna. Representação julgada procedente.*

É certo que o problema da possibilidade de existência de reclamação no âmbito estadual já foi também enfrentado no julgamento de mérito da ADIn n. 2212 (Ministra Ellen, j. 2.10.03). Nesse julgamento, o S.T.F. modificou entendimento firmado em período anterior à atual ordem constitucional (RCl 1092, Pleno, Relator Min. Djaci Falcão, RTJ 112/504), no sentido do monopólio da reclamação pelo S.T.F. Levou-se em conta, para tanto, a adequação do instituto com os preceitos da Constituição de 1988. Assim, de acordo com a sua natureza jurídica (situada no âmbito do direito de petição previsto no art. 5º, XXXIV, da Constituição Federal) e com os princípios da simetria (art. 125, *caput* e §1º) e da efetividade das decisões judiciais, *seria permitida a previsão da reclamação na Constituição Estadual*, e não por meio de ato administrativo. (ADIN 2.480-9, Relator Min. Sepúlveda Pertence, j. 02.04.2007).

Ainda sobre o tema, eis as seguintes decisões do S.T.F.:

> *RECLAMAÇÃO – REGÊNCIA – REGIMENTO INTERNO – IMPROPRIEDADE. A criação de instrumento processual mediante regimento interno discrepa da Constituição Federal. Considerações sobre a matéria e do atropelo da dinâmica e organicidade próprias ao Direito.*
>
> (RE 405031, Relator(a): Min. MARCO AURÉLIO, Tribunal Pleno, julgado em 15/10/2008, DJe-071 DIVULG 16-04-2009 PUBLIC 17-04-2009 EMENT VOL-02356-06 PP-01114 RTJ VOL-00210-02 PP-00733 RDDP n. 76, 2009, p. 170-175 LEXSTF v. 31, n, 364, 2009, p. 172-184).
>
> *EMENTA: Ação direta de inconstitucionalidade: dispositivo do Regimento Interno do Tribunal de Justiça do Estado da Paraíba (art. 357), que admite e disciplina o processo e julgamento de reclamação para preservação da sua competência ou da autoridade de seus julgados: ausência de violação dos artigos 125, caput e § 1º e 22, I, da Constituição Federal. 1. O Supremo Tribunal Federal, ao julgar a ADIn 2.212 (Pl. 2.10.03, Ellen, DJ 14.11.2003), alterou o entendimento – firmado em período anterior à ordem constitucional vigente (v.g., Rp 1092, Pleno, Djaci Falcão, RTJ 112/504) – do monopólio da reclamação pelo Supremo Tribunal Federal e assentou a adequação do instituto com os preceitos da Constituição de 1988: de acordo com a sua natureza jurídica (situada no âmbito do direito de petição previsto no art. 5º, XXIV, da Constituição Federal) e com os princípios da simetria (art. 125, caput e § 1º) e da efetividade das decisões judiciais, é permitida a previsão da reclamação na Constituição Estadual. 2. Questionada a constitucionalidade de norma regimental, é desnecessário indagar se a colocação do instrumento na seara do direito de petição dispensa, ou não, a sua previsão na Constituição estadual, dado que consta do texto da Constituição do Estado da Paraíba a existência de cláusulas de poderes implícitos atribuídos ao Tribunal de Justiça estadual para fazer valer os poderes explicitamente conferidos pela ordem legal – ainda que por instrumento com nomenclatura diversa (Const. Est. (PB), art. 105, I, e e f). 3.Inexistente a violação do § 1º do art. 125 da Constituição Federal: a reclamação paraibana não foi criada com a norma regimental impugnada, a qual – na interpretação conferida pelo Tribunal de Justiça do Estado à extensão dos seus poderes implícitos – possibilita a observância das normas de processo e das garantias proces-*

suais das partes, como exige a primeira parte da alínea a do art. 96, I, da Constituição Federal. 4.Ação direta julgada improcedente.

(ADI 2480, Relator(a): Min. SEPÚLVEDA PERTENCE, Tribunal Pleno, julgado em 02/04/2007, DJe-037 DIVULG 14-06-2007 PUBLIC 15-06-2007 DJ 15-06-2007 PP-00020 EMENT VOL-02280-01 PP-00165)

Ultrapassada a questão da legalidade e constitucionalidade da Resolução STJ n. 3, de 7 de abril de 2016, sobre o tema assim tem se manifestado o S.T.J.:

PENAL E PROCESSO PENAL. RECLAMAÇÃO. DECISÃO DA TURMA RECURSAL. FUNDAMENTAÇÃO EXIGÍVEL. ANULAÇÃO DA SENTENÇA ABSOLUTÓRIA. IDENTIDADE FÍSICA DO JUIZ. APLICAÇÃO ANALÓGICA DO ART. 132 DO CPC. RECLAMAÇÃO JULGADA PROCEDENTE.

1. Nos termos da Resolução n. 3, de 7 de abril de 2016, Caberá às Câmaras Reunidas ou à Seção Especializada dos Tribunais de Justiça a competência para processar e julgar as Reclamações destinadas a dirimir divergência entre acórdão prolatado por Turma Recursal Estadual e do Distrito Federal e a jurisprudência do Superior Tribunal de Justiça, consolidada em incidente de assunção de competência e de resolução de demandas repetitivas, em julgamento de recurso especial repetitivo e em enunciados das Súmulas do STJ, bem como para garantir a observância de precedentes.

2. As reclamações até então distribuídas, contudo, continuam a ser disciplinadas pela Resolução n. 12/2009-STJ, nos termos do art. 3º da Resolução n. 3/2016-STJ.

3. Embora admissível a concisão e o aproveitamento de fundamentos de sentença prévia, o julgamento da apelação pela Turma Recursal que altera a sentença recorrida exige a devida motivação, nulo sendo o decisório com simples indicação do resultado do julgamento.

4. Este Superior Tribunal de Justiça já firmou orientação no sentido de que o antigo art. 132 do Código de Processo Civil aplica-se por analogia ao processo penal, por regras de interpretação que mesmo atualmente permanecem aplicáveis.

5. Reclamação julgada procedente para desconstituir o acórdão da Turma Recursal que anulou a sentença, determinando o exame fundamentado do mérito da apelação.

(Rcl 19.873/RJ, Rel. Ministro NEFI CORDEIRO, TERCEIRA SEÇÃO, julgado em 22/06/2016, DJe 01/07/2016)

AGRAVO REGIMENTAL. RECLAMAÇÃO. JUIZADOS ESPECIAIS. RESOLUÇÃO N. 12/2009-STJ. INCIDENTE DE INCONSTITUCIONALIDADE. PREJUDICADO. POSTERIOR ADVENTO DA EMENDA REGI-

MENTAL 22/2016-STJ REVOGANDO A RESOLUÇÃO N. 12/2009-STJ. DELIBERAÇÃO DE EDIÇÃO DE NOVA RESOLUÇÃO SOBRE A COMPETÊNCIA PARA DIRIMIR DIVERGÊNCIAS ENTRE TURMA REGIONAL ESTADUAL E A JURISPRUDÊNCIA DESTA CORTE. AGRAVO PREJUDICADO.

1. Com o advento da Emenda Regimental nº 22-STJ, de 16/03/2016, ficou revogada a Resolução n. 12/2009-STJ, que dispunha sobre o processamento, no Superior Tribunal de Justiça, das reclamações destinadas a dirimir divergência entre acórdão prolatado por turma recursal estadual e a jurisprudência desta Corte.

2. Com isso, fica prejudicado o incidente de inconstitucionalidade que ataca a Resolução n. 12/2009-STJ.

3. A matéria passará a ser tratada por nova resolução, editada à luz do novo Código de Processo Civil, nos termos debatidos pela Corte Especial.

4. Agravo regimental prejudicado.

(AgRg na Rcl 14.119/SP, Rel. Ministro RAUL ARAÚJO, SEGUNDA SEÇÃO, julgado em 08/06/2016, DJe 29/06/2016).

PROCESSUAL CIVIL. TRIBUTÁRIO. AGRAVO REGIMENTAL NA RECLAMAÇÃO. CÓDIGO DE PROCESSO CIVIL DE 1973. APLICABILIDADE. ARGUMENTOS INSUFICIENTES PARA DESCONSTITUIR A DECISÃO ATACADA. RECLAMAÇÃO CONTRA DECISÃO DOS JUIZADOS ESPECIAIS FEDERAIS. ART. 105, I, F, DA CF/88. NÃO CABIMENTO. PROCEDIMENTO ESPECÍFICO PREVISTO NA LEI N. 10.259/01.

I – Consoante o decidido pelo Plenário desta Corte na sessão realizada em 09.03.2016, o regime recursal será determinado pela data da publicação do provimento jurisdicional impugnado. Assim sendo, in casu, aplica-se o Código de Processo Civil de 1973.

II – A reclamação prevista no art. 105, I, f, da Constituição da República não serve para impugnar julgado de Turma Recursal Federal que alegadamente diverge da orientação adotada por esta Corte, porquanto há procedimento específico para esse finalidade (Art. 14 da Lei n. 10.259/01).

III – O Agravante não apresenta, no regimental, argumentos suficientes para desconstituir a decisão agravada.

IV – Agravo Regimental improvido.

(AgRg na Rcl 14.115/RN, Rel. Ministra REGINA HELENA COSTA, PRIMEIRA SEÇÃO, julgado em 27/04/2016, DJe 02/05/2016)

PROCESSUAL CIVIL E PREVIDENCIÁRIO. AGRAVO REGIMENTAL NA RECLAMAÇÃO CONSTITUCIONAL. APOSENTADORIA RURAL POR

IDADE. DECISÃO DO PRESIDENTE DA TURMA RECURSAL QUE NÃO ADMITIU O INCIDENTE DE UNIFORMIZAÇÃO DIRIGIDO À TURMA NACIONAL DE UNIFORMIZAÇÃO. UTILIZAÇÃO DA RECLAMAÇÃO COMO SUCEDÂNEO DE RECURSO. IMPOSSIBILIDADE. AGRAVO NÃO PROVIDO.

1. A presente reclamação está sendo instrumentalizada como recurso, eis que impugna decisão do Presidente da Turma Recursal dos Juizados Especiais Federais da Seção Judiciária do Estado do Paraná, que não admitiu o incidente de uniformização dirigido à Turma Nacional de Uniformização dos Juizados Especiais Federais.

2. Nesse contexto, caberia a ora reclamante interpor agravo nos próprios autos, cuja apreciação caberia ao Presidente da Turma Nacional de Uniformização, conforme determina o 15, § 1º, da Resolução 345/2015 do Conselho da Justiça Federal, que substituiu o art. 9º, § 3º da Resolução 390, de 17 de setembro de 2004.

3. Ante o exposto, nego provimento ao agravo regimental.

(AgRg na Rcl 29.501/PR, Rel. Ministro MAURO CAMPBELL MARQUES, PRIMEIRA SEÇÃO, julgado em 27/04/2016, DJe 02/05/2016)

PROCESSUAL CIVIL. AGRAVO REGIMENTAL NA RECLAMAÇÃO. IMPUGNAÇÃO DE ACÓRDÃO PROFERIDO POR TURMA RECURSAL DO JUIZADO ESPECIAL FEDERAL. LEI 10.259/2001. NÃO CABIMENTO DA RECLAMAÇÃO. PRECEDENTES. IMPOSSIBILIDADE DE UTILIZAÇÃO DA VIA COMO SUCEDÂNEO RECURSAL. AGRAVO REGIMENTAL IMPROVIDO.

I. Hipótese em que a Reclamação – ajuizada com fundamento no art. 105, I, alínea f, da Constituição Federal, nos arts. 13 e 18 da Lei 8.038/90, na Resolução/STJ 12/2009 e nos termos do art. 282 e seguintes do Código de Processo Civil – impugna acórdão da Primeira Turma Recursal dos Juizados Especiais Federais da Seção Judiciária do Estado do Rio de Janeiro.

II. No caso, trata-se de Reclamação contra acórdão proferido pela Primeira Turma Recursal dos Juizados Especiais Federais da Seção Judiciária do Estado do Rio de Janeiro, que se submetem ao rito previsto na Lei 10.259/2001, que estabelece, em seu art. 14, sistema próprio para solucionar divergência sobre questões de direito material, não se aplicando, no caso, a Resolução 12/2009, do STJ, que dispõe sobre o processamento, nesta Corte, das "reclamações destinadas a dirimir divergência entre acórdão prolatado por turma recursal estadual e a jurisprudência do Superior Tribunal de Justiça, suas súmulas ou orientações decorrentes do julgamento de recursos especiais processados na forma do art. 543-C do Código de Processo Civil".

III. É incabível a Reclamação, prevista no art. 105, I, f, da Constituição Federal, com fundamento na Resolução STJ 12/2009, para impugnar acórdão proferido por Turma Recursal dos Juizados Especiais Federais, porquanto o art. 14 da Lei 10.259/2001 prevê meio próprio para dirimir divergência entre decisões sobre questões de direito material, proferidas por Turmas Recursais do Juizado Especial Federal, na interpretação da lei. Precedentes (STJ, AgRg na Rcl 19.600/SC, Rel. Ministro MAURO CAMPBELL MARQUES, PRIMEIRA SEÇÃO, DJe de 02/10/2014; AgRg na Rcl 8.902/AL, Rel. Ministro SÉRGIO KUKINA, PRIMEIRA SEÇÃO, DJe de 30/04/2013; AgRg na Rcl 12.302/SP, Rel. Ministro HERMAN BENJAMIN, PRIMEIRA SEÇÃO, DJe de 16/09/2013).

IV. A Reclamação é ação de natureza constitucional, que visa preservar a competência desta Corte ou garantir a autoridade de suas decisões, conforme dispõem os arts. 105, I, f, da Constituição Federal e 13 e seguintes da Lei 8.038/90, sendo indevido o seu uso como sucedâneo recursal, tal como ocorre, in casu. Precedentes (STJ, AgRg na Rcl 15.182/SP, Rel. Ministro GILSON DIPP, CORTE ESPECIAL, DJe de 27/05/2014; AgRg na Rcl 6.170/AM, Rel. Ministro HUMBERTO MARTINS, PRIMEIRA SEÇÃO, DJe de 19/10/2012; AgRg na Rcl 8.711/RN, Rel. Ministro ARI PARGENDLER, PRIMEIRA SEÇÃO, DJe de 14/10/2013; AgRg na Rcl 18.450/RS, Rel. Ministro OG FERNANDES, PRIMEIRA SEÇÃO, DJe de 21/08/2014).

V. Agravo Regimental improvido.

(AgRg na Rcl 29.553/RJ, Rel. Ministra ASSUSETE MAGALHÃES, PRIMEIRA SEÇÃO, julgado em 13/04/2016, DJe 25/04/2016)

Já no que concerne ao recurso extraordinário, não há impedimento de sua interposição contra decisão proferida em única ou última instância pelas Turmas Recursais, justamente pelo fato de que o art. 102, inc. III, da Constituição Federal, não restringe a natureza do órgão jurisdicional cuja decisão será objeto do recurso extraordinário. Sobre o tema, eis o seguinte precedente do S.T.F.:

1. A competência para o juízo de admissibilidade do recurso extraordinário interposto contra acórdão de Turma Recursal de Juizados Especiais é do seu Presidente, e não do Presidente do Tribunal. Precedente: AI 526.768-AgR, da relatoria do ministro Sepúlveda Pertence. 2. A discussão acerca da complexidade da matéria para fins de delimitação da competência dos juizados especiais constitui tema cujo exame faz imprescindível a prévia análise de normas infraconstitucionais. 3. Caso em que entendimento diverso do adotado pela Instância Judicante de origem demandaria o reexame da legislação ordinária aplicada à espécie e a análise do conjunto probatório dos autos, providências vedadas neste momento processual. 4. A decisão se encontra devidamente fundamentada, embora em sentido contrário aos interesses da parte agravante. 5. Agravo regimental desprovido.

(AI 793930 AgR, Relator(a): Min. AYRES BRITTO, Primeira Turma, julgado em 03/08/2010, DJe-173 DIVULG 16-09-2010 PUBLIC 17-09-2010 EMENT VOL-02415-07 PP-01556)

7.2.1.2. Causa decidida em única ou última instância

A Constituição Federal estabelece como requisito para interposição do recurso extraordinário e do recurso especial, em seus arts. 102, inc. III e 105, inc. III, que a causa seja decidida *em única ou última instância*.

Em relação ao recurso especial, a sua interposição poderá decorrer de uma causa decidida em única ou última instância.

7.2.1.2.1. Causa decidida em única instância

As causas decididas em *única instância* pelos Tribunais Regionais Federais ou pelos tribunais dos Estados, do Distrito Federal e Territórios são provenientes, em regra, da competência originária desses tribunais.

Porém, nas hipóteses de competência originária, previstas no art. 105, inc. II, da Constituição Federal, o recurso a ser interposto não será o recurso especial, mas, sim, o *recurso ordinário, in verbis*:

> Art. 105. Compete ao Superior Tribunal de Justiça:
> (...).
> II – julgar, em recurso ordinário:
> *a) os habeas corpus decididos em única ou última instância pelos Tribunais Regionais Federais ou pelos tribunais dos Estados, do Distrito Federal e Territórios, quando a decisão for denegatória;*
> *b) os mandados de segurança decididos em única instância pelos Tribunais Regionais Federais ou pelos tribunais dos Estados, do Distrito Federal e Territórios, quando denegatória a decisão;*
> *c) as causas em que forem partes Estado estrangeiro ou organismo internacional, de um lado, e, do outro, Município ou pessoa residente ou domiciliada no País.*

A interposição de recurso especial ao invés de recurso ordinário caracteriza *erro grosseiro*, conforme se observa do seguinte precedente do S.T.J.:

PROCESSUAL CIVIL. DECISÃO DENEGATÓRIA DE MANDADO DE SEGURANÇA EM ÚNICA INSTÂNCIA. INTERPOSIÇÃO DE RECURSO ESPECIAL. ERRO GROSSEIRO. INAPLICABILIDADE DO PRINCÍPIO DA FUNGIBILIDADE RECURSAL.

1. A jurisprudência desta Corte é firme no sentido de que contra decisão denegatória de mandado de segurança decidido em única instância por Corte estadual, como no caso dos autos, é cabível o recurso ordinário, conforme art. 105, II, "b", da Constituição Federal.

2. A interposição de recurso especial quando cabível o ordinário contra decisão denegatória de mandado de segurança configura erro grosseiro; logo, impossível aplicar o princípio da fungibilidade recursal.

3. É pacífico nesta Corte o entendimento de que o recurso cabível em caso de concessão parcial do mandado de segurança é o recurso ordinário. precedentes. RMS 30.781/RJ, Rel. Min. Raul Araújo, Quarta Turma; RMS 31.848/AC, Rel. Min. Mauro Campbell Marques, Segunda Turma; RMS 32.007/SC, Rel. Min. Eliana Calmon, Segunda Turma.

4. Como bem afirmou a eminente Ministra Marilza Maynard, no 1.213.527/RS, que já "definiu esta Corte que a expressão "denegatória" deve ser interpretada em sentido amplo, ou seja, compreende as decisões dos tribunais que, apreciando o mérito da causa, indeferem o pedido de mandado de segurança, como também abrange aquelas que, sem julgamento do mérito, operam a extinção do processo".

Agravo regimental improvido.

(AgRg no AREsp 522.589/SP, Rel. Ministro HUMBERTO MARTINS, SEGUNDA TURMA, julgado em 05/08/2014, DJe 15/08/2014)

Fora das hipóteses indicadas no art. 105, inc. II, letras 'a' a 'c' da C.F., as causas decididas em única instância pelos Tribunais Regionais Federais ou pelos tribunais dos Estados, do Distrito Federal e Territórios, serão objetos do *recurso especial*.

Assim, os mandados de segurança decididos em única instância pelos Tribunais Regionais Federais ou pelos tribunais dos Estados, do Distrito Federal e Territórios, quando *concedida a segurança*, poderá ser objeto de *recurso especial*, sendo configurado como *erro grosseiro* a inversão dos recursos. Sobre o tema, eis a seguinte decisão do S.T.J.:

PROCESSO CIVIL – RECURSO ORDINÁRIO INTERPOSTO NO LUGAR DE RECURSO ESPECIAL – ERRO GROSSEIRO – INEXISTÊNCIA

DA HIPÓTESE DE APLICAÇÃO DO PRINCÍPIO DA FUNGIBILIDADE RECURSAL – RECURSO ORDINÁRIO EM MANDADO DE SEGURANÇA NÃO-CONHECIDO LIMINARMENTE – AGRAVO REGIMENTAL INTERPOSTO – RECURSO MANIFESTAMENTE INFUNDADO – MULTA APLICADA – ART. 557, § 2º, DO CPC.

1. Cuida-se de recurso ordinário em mandado de segurança interposto em face do acórdão do Tribunal de Justiça do Estado de São Paulo que concedeu a impetração.

2. Nos termos do art. 105, II, b, da CF, só caberá recurso ordinário em mandado de segurança ao STJ quando denegatória a decisão de única instância dos Tribunais de Justiça, ou Regionais Federais.

3. Não há de se aplicar aqui o princípio da fungibilidade recursal, pois impossível falar-se em dúvida diante das rígidas hipóteses de cabimento de recursos para o STJ, estipuladas no art. 105 da CF.

Erro grosseiro configurado, como há muito preconiza a jurisprudência do STJ.

4. Agravo regimental interposto contra decisão que liminarmente não conheceu do recurso ordinário. Impossibilidade de conversão do recurso ordinário em recurso especial, pois os escopos, a fundamentação e a hipótese de competência constitucionalmente atribuída para o conhecimento do STJ de um e do outro recurso são claramente diversas, máxime diante da devolutividade vinculada do recurso especial.

5. Agravo regimental manifestamente infundado, sendo o caso de aplicar multa ao agravante no importe de 1% sobre o valor da causa, nos termos do art. 557, § 2º, do CPC. O valor atribuído à causa foi de R$ 1.000,00 (mil reais), sendo que o percentual de 1% a incidir sobre este valor tem efeito pedagógico.

Agravo regimental improvido. Multa aplicada ao agravante no importe de 1% sobre o valor da causa.

(AgRgnoRMS25.169/SP,Rel.MinistroHUMBERTOMARTINS,SEGUNDA TURMA, julgado em 13/11/2007, DJ 26/11/2007, p. 150)

Também as ações rescisórias decididas em única instância pelos Tribunais Regionais Federais ou pelos tribunais dos Estados, do Distrito Federal e Territórios, poderão ser objeto de recurso especial.

7.2.1.2.2. Causa decidida em última instância

O recurso especial poderá ter por objeto causa decidida em única instância, como também a causa decidida em última instância pelos Tribunais Regionais Federais ou pelos tribunais dos Estados, do Distrito Federal e Territórios.

Em última instância, observa-se a legitimidade para se interpor recurso especial contra os acórdãos proferidos em grau de recurso pelos Tribunais Regionais Federais ou pelos tribunais dos Estados, do Distrito Federal e Territórios, sejam esses acórdãos proferidos pelas turmas ou câmaras, pelas seções ou câmaras reunidas, pelo órgão especial ou pelo plenário do tribunal.

O importante é que a causa tenha sido efetivamente decidida em última instância pelos Tribunais Regionais Federais ou pelos tribunais dos Estados, do Distrito Federal e Territórios, e contra essa decisão não seja possível a interposição de qualquer outro recurso.

Assim, é pressuposto de admissibilidade do apelo excepcional o esgotamento dos recursos cabíveis na instância ordinária.

Por isso, não é possível a interposição do recurso especial contra decisão monocrática proferida por *relator do tribunal de apelação*, quando haja possibilidade de impugnação com base em agravo interno.

Nesse sentido é o teor da Súmula 735 do S.T.F.: *Não cabe recurso extraordinário contra acórdão que defere medida liminar.*

Sobre o tema, eis as seguintes decisões do S.T.J.:

> PROCESSUAL CIVIL. AGRAVO REGIMENTAL NO AGRAVO EM RECURSO ESPECIAL. EMBARGOS DECLARATÓRIOS JULGADOS MONOCRATICAMENTE, NO TRIBUNAL DE ORIGEM. AGRAVO INTERNO. INTERPOSIÇÃO. AUSÊNCIA. NÃO ESGOTAMENTO DAS INSTÂNCIAS ORDINÁRIAS. SÚMULA 281/STF. DECISÃO A RESPEITO DE ANTECIPAÇÃO DOS EFEITOS DA TUTELA, PROFERIDA PELO TRIBUNAL DE ORIGEM. QUESTÃO DE MÉRITO, AINDA NÃO APRECIADA DEFINITIVAMENTE. AGRAVO REGIMENTAL IMPROVIDO.
>
> *I. Conforme jurisprudência do Superior Tribunal de Justiça, "nos termos da Súmula 281/STF: 'É inadmissível o recurso extraordinário, quando couber, na justiça de origem, recurso ordinário da decisão impugnada'" (STJ, AgRg no AREsp 456.234/SP, Rel. Ministro HERMAN BENJAMIN, SEGUNDA TURMA, DJe de 22/04/2014).*
>
> *II. Da decisão monocrática que, em 2º Grau, rejeita os Embargos Declaratórios, opostos contra o acórdão recorrido, é imprescindível a interposição de Agravo interno, sob pena de não conhecimento do Recurso Especial, por ausência de esgotamento das instâncias ordinárias, nos termos da Súmula 281/STF. Precedente: STJ, EDcl nos EDcl*

no AgRg no AREsp 111.498/SP, Rel. Ministra ELIANA CALMON, SEGUNDA TURMA, DJe de 13/12/2013.

III. Para se desconsiderar a necessidade de interposição de Agravo interno contra a decisão monocrática que rejeitara os segundos Embargos Declaratórios do ora agravante – como se sustenta, no Regimental –, também seria necessário admitir que o prazo, para a interposição do Recurso Especial, iniciara-se com a publicação do acórdão que julgara os primeiros Aclaratórios, em 12/08/2014, de sorte que, interposto o Recurso Especial em 22/09/2014, restaria caracterizada sua intempestividade.

IV. É firme o entendimento desta Corte no sentido de que "também não pode ser conhecido o recurso especial quanto à alegação de ofensa a dispositivos de lei relacionados com a matéria de mérito da causa, que, em liminar, é tratada apenas sob juízo precário de mera verossimilhança. Quanto a tal matéria, somente haverá 'causa decidida em única ou última instância' com o julgamento definitivo" (STJ, REsp 765.375/MA, Rel. Ministro TEORI ALBINO ZAVASCKI, PRIMEIRA TURMA, DJU de 08/05/2006).

V. Agravo Regimental improvido.

(AgRg no AREsp 666.336/RJ, Rel. Ministra ASSUSETE MAGALHÃES, SEGUNDA TURMA, julgado em 12/05/2015, DJe 20/05/2015)

PROCESSUAL CIVIL. AGRAVO REGIMENTAL. AGRAVO EM RECURSO ESPECIAL. IMPUGNAÇÃO ESPECÍFICA AO FUNDAMENTO DA DECISÃO DE INADMISSIBILIDADE DO RECURSO. SÚMULA 281 DO STF. DECISÃO MONOCRÁTICA QUE DECIDIU EMBARGOS DE DECLARAÇÃO. AUSÊNCIA DE CAUSA DECIDIDA EM ÚLTIMA INSTÂNCIA.

1. Com base no princípio da dialeticidade, compete à parte recorrente impugnar o fundamento da decisão de admissibilidade do recurso especial, sob pena de atrair o óbice contido no enunciado da Súmula 182 do STJ ("É inviável o agravo do art. 545 do CPC que deixa de atacar especificamente os fundamentos da decisão agravada").

2. Ainda que superada a impugnação deficiente, o recurso não merecia prosperar, uma vez interposto diretamente contra decisão que, monocraticamente, julgou os embargos de declaração.

3. Se o recorrente interpõe recurso especial atacando diretamente decisão monocrática, não há causa decidida em última ou única instância pelo Tribunal de origem, aplicando-se ao caso, por analogia, o enunciado da Súmula 281 do STF ("É inadmissível o recurso extraordinário, quando couber, na justiça de origem, recurso ordinário da decisão impugnada").

4. Agravo regimental desprovido.

(AgRg no AREsp 512.597/MG, Rel. Ministro OLINDO MENEZES (DESEMBARGADOR CONVOCADO DO TRF 1ª REGIÃO), PRIMEIRA TURMA, julgado em 06/10/2015, DJe 13/10/2015)

PROCESSUAL CIVIL. AGRAVO INTERNO NO RECURSO ESPECIAL. MILITAR TEMPORÁRIO. REINTEGRAÇÃO COMO ADIDO, PARA TRATAMENTO MÉDICO. ANTECIPAÇÃO DOS EFEITOS DA TUTELA. REQUISITOS. QUESTÃO DE MÉRITO AINDA NÃO JULGADA, EM ÚNICA OU ÚLTIMA INSTÂNCIA, PELO TRIBUNAL DE ORIGEM. EXAME. IMPOSSIBILIDADE. SÚMULA 735/STF. AGRAVO INTERNO IMPROVIDO.

I. Trata-se de Agravo interno interposto em 12/04/2016, contra decisão monocrática, publicada em 07/04/2016.

II. Na origem, trata-se de Agravo de Instrumento, interposto pela UNIÃO, contra decisão que, nos autos de ação ordinária, proposta pelo ora agravante, deferiu o pedido de antecipação dos efeitos da tutela, para determinar a reintegração do demandante militar temporário, como agregado, na condição de adido, para continuar recebendo tratamento médico-hospitalar.

III. Na forma da jurisprudência desta Corte, "não é cabível recurso especial para reexaminar decisão que defere ou indefere liminar ou antecipação de tutela, em razão da natureza precária da decisão, sujeita à modificação a qualquer tempo, devendo ser confirmada ou revogada pela sentença de mérito" (STJ, AgRg no AREsp 438.485/SP, Rel. Ministro HUMBERTO MARTINS, SEGUNDA TURMA, DJe de 17/02/2014).

Aplica-se, na espécie, por analogia, a Súmula 735 do STF: "Não cabe recurso extraordinário contra acórdão que defere medida liminar".

IV. Com efeito, "o apelo especial interposto contra acórdão que julga antecipação de tutela ou liminar deve limitar-se aos dispositivos relacionados aos requisitos da tutela de urgência. É que nessa fase processual, os normativos apenas são submetidos a um juízo precário de mera verossimilhança, sendo passível de modificação em momento oportuno, somente havendo 'causa decidida em única ou última instância' após o julgamento definitivo. Incidência do enunciado da Súmula 735/STF: 'Não cabe recurso extraordinário contra acórdão que defere medida liminar'" (STJ, AgRg no REsp 1.371.015/SP, Rel. Ministro MAURO CAMPBELL MARQUES, SEGUNDA TURMA, DJe de 09/12/2015).

V. Agravo interno improvido.

(AgInt no REsp 1554028/PE, Rel. Ministra ASSUSETE MAGALHÃES, SEGUNDA TURMA, julgado em 14/06/2016, DJe 24/06/2016)

PROCESSUAL CIVIL. AGRAVO REGIMENTAL NO AGRAVO EM RECURSO ESPECIAL. DECISÃO COLEGIADA. OPOSIÇÃO DE EMBAR-

GOS DE DECLARAÇÃO. JULGAMENTO POR DECISÃO MONOCRÁTICA. NÃO EXAURIMENTO DAS VIAS ORDINÁRIAS. SÚMULA N. 281/STF.

1. Compete ao Superior Tribunal de Justiça "julgar, em recurso especial, as causas decididas, em única ou última instância, pelos Tribunais Regionais Federais ou pelos tribunais dos Estados, do Distrito Federal e Territórios", nos termos do art. 105, III, da Constituição Federal. Assim, é pressuposto de admissibilidade do apelo excepcional o esgotamento dos recursos cabíveis na instância ordinária (Súmula n. 281/STF).

2. Não há o necessário exaurimento da instância ordinária quando a apreciação dos embargos de declaração opostos ocorre em decisão monocrática.

3. Recurso manifestamente inadmissível, hipótese de aplicação da multa prevista no art. 1.021, § 4º, do CPC/2015.

4. Agravo regimental desprovido.

(AgInt no AREsp 880.480/RN, Rel. Ministro JOÃO OTÁVIO DE NORONHA, TERCEIRA TURMA, julgado em 07/06/2016, DJe 16/06/2016)

AGRAVO REGIMENTAL NO AGRAVO (ARTIGO 544 DO CPC/73) – AGRAVO DE INSTRUMENTO JULGADO MONOCRATICAMENTE – DECISÃO DA PRESIDÊNCIA DO STJ QUE MANTEVE A INADMISSÃO DO RECURSO ESPECIAL, ANTE A APLICAÇÃO ANALÓGICA DA SÚMULA 281/STF.

IRRESIGNAÇÃO DO AGRAVANTE.

1. É inadmissível o recurso especial interposto contra decisão monocrática passível de impugnação mediante agravo interno ou regimental, observada a ausência de "decisão de única ou última instância" exigida pelo art. 105, III, da Constituição da República.

Incidência analógica da Súmula nº 281 do STF. Precedentes.

2. Agravo regimental desprovido.

(AgRg no AREsp 810.158/RS, Rel. Ministro MARCO BUZZI, QUARTA TURMA, julgado em 19/04/2016, DJe 29/04/2016)

AGRAVO REGIMENTAL NO AGRAVO EM RECURSO ESPECIAL. AGRAVO. ART. 557, § 1º, DO CPC. SEGUIMENTO. NEGATIVA. DECISÃO MONOCRÁTICA. RECURSO ESPECIAL. SÚMULA N. 281 DO STF. CABIMENTO. MANDADO DE SEGURANÇA.

AGRAVO REGIMENTAL DESPROVIDO.

1. Não é cabível recurso especial se a parte não obteve pronunciamento de última ou única instância ordinária, nos termos do art. 105, III, da Constituição Federal e verbete n. 281 da Súmula do Supremo Tribunal Federal.

2. Se o relator do recurso, no Tribunal de origem, se nega a levar a causa ao conhecimento do órgão colegiado competente, inadmitindo monocraticamente o agravo interposto nos moldes do art. 557, § 1º, do Código de Processo Civil, cabível o mandado de segurança na Corte local e não o recurso especial.

3. Agravo regimental desprovido.

(AgRg no AREsp 744.359/GO, Rel. Ministro MARCO AURÉLIO BELLIZZE, TERCEIRA TURMA, julgado em 01/12/2015, DJe 14/12/2015)

Nesse sentido, aliás, em relação ao recurso extraordinário, é a Súmula 281 do S.T.F.: *É inadmissível o recurso extraordinário, quando couber na Justiça de origem, recurso ordinário da decisão impugnada.*

7.2.1.3. Exaurimento da instância recursal como pressuposto para interposição do recurso extraordinário e especial

Seja em relação ao recurso extraordinário, seja em relação ao recurso especial, a expressão normativa Constitucional de *causa decidida* é no sentido de que a decisão atacada seja *final*, isto é, que tenham sido exercitados todos os recursos ordinários cabíveis contra a decisão recorrida, antes da interposição do recurso especial ou do recurso extraordinário.

Enquanto houver possibilidade de se interpor recursos perante os órgãos jurisdicionais inferiores, não haverá espaço para a interposição de recurso extraordinário ou especial perante os Tribunais Superiores.

Eis nessa linha de argumentação as seguintes Súmulas do S.T.F.:

> Súmula 281: *"é inadmissível o recurso extraordinário, quando couber na Justiça de origem, recurso ordinário da decisão impugnada.*
>
> Súmula 354: *"em caso de embargos infringentes parciais, é definitiva a parte da decisão embargada em que não houve divergência na votação"* (Note-se que os embargos infringentes cíveis foram extintos no novo C.P.C.)
>
> Súmula 355: *"em caso de embargos infringentes parciais, é tardio o recurso extraordinário interposto após o julgamento dos embargos, quanto à parte da decisão embargada que não fora por eles abrangida"* (Note-se que os embargos infringentes cíveis foram extintos pelo novo C.P.C.).

Na mesma linha de argumentação é a Súmula 207 do S.T.J.: *"é inadmissível recurso especial quando cabíveis embargos infringentes contra o acórdão proferido no tribunal de origem"* (Note-se que os embargos infringentes cíveis foram extintos pelo novo C.P.C.).

Sobre o tema, eis os seguintes precedentes do S.T.J.:

1. Conforme certidão da fl. 136/e-STJ, o Recurso de Apelação do INSS foi provido, por maioria, tendo sido julgadas prejudicadas a Apelação do particular e a remessa oficial. Não se aplica, pois, a hipótese prevista na Súmula 390/STJ ("Nas decisões por maioria, em reexame necessário, não se admitem embargos infringentes").
2. Conforme Súmula 207/STJ: "É inadmissível recurso especial quando cabíveis embargos infringentes contra o acórdão proferido no tribunal de origem".
3. Agravo Regimental não provido.
(AgRg no REsp 1468574/PE, Rel. Ministro HERMAN BENJAMIN, SEGUNDA TURMA, julgado em 03/02/2015, DJe 11/02/2015).
I – É inadmissível o recurso especial quando cabível a interposição de embargos infringentes no tribunal de origem, nos termos da Súmula n. 207 desta Corte.
II – O Agravante não apresenta, no regimental, argumentos suficientes para desconstituir a decisão agravada.
III – Agravo regimental improvido.
(AgRg no AREsp 216.404/MA, Rel. Ministra REGINA HELENA COSTA, PRIMEIRA TURMA, julgado em 18/12/2014, DJe 09/02/2015).

Porém, conforme aduziu Rodolfo de Camargo Mancuso: *"É preciso ter presente, porém, que a nova redação dada pela Lei n. 10.352/2001 ao art. 498 do CPC (1973) implica uma releitura desses enunciados – especialmente o STF n. 355, que ficou defasado –, porque o prazo para a interposição de RE ou REsp contra a parte unânime do acórdão no Tribunal passou a ter o seu termo inicial 'diferido', assim 'sobrestado até a intimação da decisão nos embargos'. Nesse sentido alertam Nery e Nery: 'A parte unânime do acórdão seria, em tese, impugnável por RE e/ou REsp. Mas não se pode impugnar, ainda, essa parte unânime. A decisão do tribunal não é final, pois ainda é impugnável por recurso na instância ordinária (embargos infringentes). Incidem o STF 281 e o STJ 307".*[130]

Essas súmulas ficaram ainda mais defasadas com o novo C.P.C., especialmente com a extinção do recurso de embargos infringentes, na modalidade conhecida sob a égide do C.P.C. de 1973.

---

[130] Mancuso, R. C., op. Cit., p. 133.

Os embargos infringentes, que sob a égide do C.P.C. de 1973 tinham natureza recursal, com a vigência do novo C.P.C. transformaram-se na continuidade do julgamento do recurso de apelação e outros específicos, conforme preconiza o art. 942 do atual C.P.C., *in verbis*:

> Art. 942. Quando o resultado da apelação for não unânime, o julgamento terá prosseguimento em sessão a ser designada com a presença de outros julgadores, que serão convocados nos termos previamente definidos no regimento interno, em número suficiente para garantir a possibilidade de inversão do resultado inicial, assegurado às partes e a eventuais terceiros o direito de sustentar oralmente suas razões perante os novos julgadores.
>
> § 1º Sendo possível, o prosseguimento do julgamento dar-se-á na mesma sessão, colhendo-se os votos de outros julgadores que porventura componham o órgão colegiado.
>
> § 2º Os julgadores que já tiverem votado poderão rever seus votos por ocasião do prosseguimento do julgamento.
>
> § 3º A técnica de julgamento prevista neste artigo aplica-se, igualmente, ao julgamento não unânime proferido em:
>
> I – ação rescisória, quando o resultado for a rescisão da sentença, devendo, nesse caso, seu prosseguimento ocorrer em órgão de maior composição previsto no regimento interno;
>
> II – agravo de instrumento, quando houver reforma da decisão que julgar parcialmente o mérito.
>
> § 4º Não se aplica o disposto neste artigo ao julgamento:
>
> I – do incidente de assunção de competência e ao de resolução de demandas repetitivas;
>
> II – da remessa necessária;
>
> III – não unânime proferido, nos tribunais, pelo plenário ou pela corte especial.

Portanto, somente será admitida a interposição do recurso especial ou extraordinário após o exaurimento do julgamento dos recursos mencionados no art. 942 do atual C.P.C.

Atendido o item de *causa decidida*, a causa em questão não sofre limitação quanto à natureza do processo (conhecimento ou execução), nem quanto à qualidade da decisão, nem quanto ao tipo de jurisdição em que foi prolatada (contenciosa ou voluntária), nem, enfim, quanto à matéria envolvida (de direito material ou processual; de direito federal comum ou especial – civil, penal, trabalhista, eleitoral, militar – em que pese o

PRECEITOS NORMATIVOS PROCEDIMENTAIS DE ADMISSIBILIDADE DO RECURSO

fato de estas três últimas Justiças contarem com Tribunais de cúpula – TST, TSE, STM).[131]

O S.T.J. tem entendido que não cabe recurso especial quanto à alegação de ofensa a dispositivos de lei relacionados com a matéria de mérito da causa que, em liminar ou antecipação de tutela, é tratada apenas sob juízo precário de mera verossimilhança, porquanto tal matéria somente poderá ser considerada decidida em única ou última instância com o julgamento definitivo da questão. Nesse sentido eis o seguinte precedente do S.T.J.:

1. O Superior Tribunal de Justiça entende não ser cabível recurso especial quanto à alegação de ofensa a dispositivos de lei relacionados com a matéria de mérito da causa que, em liminar ou antecipação de tutela, é tratada apenas sob juízo precário de mera verossimilhança, "porquanto tal matéria, somente haverá causa decidida em única ou última instância com o julgamento definitivo, atraindo, analogicamente, o enunciado da súmula 735 do STF: 'Não cabe recurso extraordinário contra acórdão que defere medida liminar'" (REsp nº 765.375/MA, Rel. Ministro Teori Albino Zavascki, Primeira Turma, julgado em 6/4/2006, DJ 8/5/2006).

2. A demonstração da falta de preenchimento dos requisitos necessários à antecipação dos efeitos da tutela implica nítido revolvimento de prova, providência inviável no recurso especial, nos termos do óbice presente na Súmula nº 7/STJ: "A pretensão de simples reexame de prova não enseja recurso especial".

3. Agravo regimental não provido.

(AgRg no AREsp 404.344/DF, Rel. Ministro RICARDO VILLAS BÔAS CUEVA, TERCEIRA TURMA, julgado em 16/12/2014, DJe 19/12/2014).

No mesmo sentido são os seguintes precedentes do S.T.F., amparados no conteúdo normativo da Súmula 735:

O recurso extraordinário é inadmissível contra decisão que defere ou indefere provimento liminar, por vedação expressa da Súmula 735 do Supremo Tribunal Federal, verbis: "Não cabe recurso extraordinário contra acórdão que defere medida liminar". Precedentes: ARE 711.968-AgR, Rel. Min. Roberto Barroso, Primeira Turma, DJe 27/5/2014, e ARE 803.989-AgR, Rel. Min. Ricardo Lewandowski, Segunda Turma,

---

[131] MANCUSO, R., idem, p. 133.

DJe 5/6/2014. 2. In casu, o acórdão recorrido assentou: "Bem examinada a hipótese, verifica-se nenhum reparo merece o r. decisum. Se o MM. Juízo a quo entende estarem presentes na espécie os requisitos do art. 273 do CPC, inviável é a revisão daquele decisum na estreita sede do agravo, até porque em seu instrumento também não há qualquer elemento que o autorize. Além disso, nos termos da Súmula 59 desta Corte de Justiça, 'somente se reforma a decisão concessiva ou não da antecipação de tutela, se teratológica, contrária à lei ou à evidente prova dos autos', o que, a toda evidência, não ocorre na presente espécie. Escorreita, portanto, a bem lançada e fundamentada decisão alvejada que se mantém por seus próprios termos que passam a integrar a presente na forma do permissivo regimental. Isto posto, na forma do artigo 557, caput, do CPC, NEGO SEGUIMENTO ao recurso." 3. Agravo regimental DESPROVIDO.

(ARE 852313 AgR, Relator(a): Min. LUIZ FUX, Primeira Turma, julgado em 03/03/2015, PROCESSO ELETRÔNICO DJe-056 DIVULG 20-03-2015 PUBLIC 23-03-2015).

Ementa: Agravo regimental no recurso extraordinário com agravo. Processual civil. Ação civil pública. Medida liminar. Bloqueio de valores. Juízo de natureza precária e provisória. Recurso extraordinário incabível. Súmula n. 735 do Supremo Tribunal Federal. Agravo Regimental ao qual se nega provimento.

(ARE 854287 AgR, Relator(a): Min. CÁRMEN LÚCIA, Segunda Turma, julgado em 16/12/2014, PROCESSO ELETRÔNICO DJe-250 DIVULG 18-12-2014 PUBLIC 19-12-2014).

EMENTA Agravo regimental no agravo de instrumento. Administrativo. Concurso público. Acórdão do Tribunal de origem que concedeu a antecipação dos efeitos da tutela. Recurso extraordinário. Inadmissibilidade. Súmula nº 735/STF. Preenchimento dos requisitos do edital. Análise de cláusulas do instrumento convocatório. Reexame de fatos e provas. Impossibilidade. Ausência de repercussão geral da matéria. Precedentes. 1. A Corte de origem ateve-se a verificar a existência dos pressupostos para a antecipação dos efeitos da tutela. 2. É pacífico o entendimento da Corte de que não cabe recurso extraordinário contra acórdão que concede ou indefere medida liminar ou antecipação de tutela. Incidência da Súmula nº 735/STF. 3. Inadmissível, em recurso extraordinário, a análise das cláusulas de edital de concurso público e o reexame dos fatos e das provas dos autos. Incidência das Súmulas nºs 279 e 454/STF. 4. O Plenário da Corte, no exame do ARE nº 690.113/RS, Relator o Ministro Cezar Peluso, concluiu pela ausência de repercussão geral do tema relativo ao "preenchimento de requisitos exigidos em edital de concurso para provimento de cargo público", dado o caráter infraconstitucional da matéria. 5. Agravo regimental não provido.

(AI 842180 AgR, Relator(a): Min. DIAS TOFFOLI, Primeira Turma, julgado em 29/10/2013, PROCESSO ELETRÔNICO DJe-233 DIVULG 26-11-2013 PUBLIC 27-11-2013).

A jurisprudência desta Corte é firme no sentido de que incabível recurso extraordinário da decisão que aprecia medida cautelar, antecipação de tutela ou provimento liminar, porque, em casos tais, não são proferidos juízos definitivos de constitucionalidade, podendo as decisões ser modificadas ou revogadas a qualquer tempo pela instância a quo. Aplicação da Súmula 735/STF. Embargos de declaração recebidos como agravo regimental, ao qual se nega provimento.

(ARE 725927 ED, Relator(a): Min. ROSA WEBER, Primeira Turma, julgado em 02/04/2013, ACÓRDÃO ELETRÔNICO DJe-069 DIVULG 15-04-2013 PUBLIC 16-04-2013)

(...).

III – As decisões que concedem ou denegam antecipação de tutela, medidas cautelares ou provimentos liminares não perfazem juízo definitivo de constitucionalidade que enseje o cabimento do recurso extraordinário. Incidência da Súmula 735 do STF. Precedentes. IV – A discussão referente à incidência de multa diária, como no presente caso, demandaria a análise de normas infraconstitucionais aplicáveis à espécie, o que inviabiliza o extraordinário. V – Agravo regimental improvido.

(ARE 691300 AgR, Relator(a): Min. RICARDO LEWANDOWSKI, Segunda Turma, julgado em 02/04/2013, ACÓRDÃO ELETRÔNICO DJe-070 DIVULG 16-04-2013 PUBLIC 17-04-2013)

1. Agravo regimental em recurso extraordinário com agravo. 2. Acórdão que manteve deferimento de antecipação de tutela. Incidência do Enunciado 735 da Súmula desta Corte. 3. Alegação de ausência de fundamentação. Precedente: AI-QO-RG 791.292 de minha relatoria, DJe 13.8.2010. 4. Agravo regimental a que se nega provimento.

(ARE 711605 AgR, Relator(a): Min. GILMAR MENDES, Segunda Turma, julgado em 26/02/2013, PROCESSO ELETRÔNICO DJe-046 DIVULG 08-03-2013 PUBLIC 11-03-2013).

No voto proferido pelo Ministro Gilmar Mendes, encontra-se a seguinte afirmação:

Conforme já consignado na decisão impugnada, nos termos da Enunciado 735 da Súmula do STF, não cabe recurso extraordinário contra decisão que concede ou indefere medidas liminares. Na espécie, o recurso extraordinário foi interposto contra acórdão recorrido que cassou decisão monocrática concessiva de medida antecipatória, a qual

> não representa pronunciamento definitivo a respeito da controvérsia. Nesse sentido, o julgamento do AI-AgR 439.613, Rel. Min. Celso de Mello, DJe 17.10.2003, cuja ementa dispõe: "Recurso extraordinário – acórdão que confirma indeferimento de liminar mandamental – ato decisório que não se reveste de definitividade – mera análise dos pressupostos do 'fumus boni juris' e do 'periculum in mora' – ausência de qualquer pronunciamento sobre os fundamentos constitucionais da impetração mandamental – inviabilidade do recurso extraordinário interposto pela empresa contribuinte – acolhimento da postulação recursal deduzida pelo município – agravo provido. – Não cabe recurso extraordinário contra decisões que concedem ou que denegam medidas cautelares ou provimentos liminares, pelo fato de que tais atos decisórios – precisamente porque fundados em mera verificação não conclusiva da ocorrência do "periculum in mora" e da relevância jurídica da pretensão deduzida pela parte interessada – não veiculam qualquer juízo definitivo de constitucionalidade, deixando de ajustar-se, em consequência, às hipóteses consubstanciadas no art. 102, III, da Constituição da República. Precedentes". Na mesma linha, cito os seguintes precedentes: AI-AgR 597.618, Rel. Min. Celso de Mello, Segunda Turma, DJe 29.6.2007; AI-AgR 734.837, Rel. Min. Ellen Gracie, Segunda Turma, DJe 25.10.2010; e o AI-AgR 832.877, Rel. Min. Luiz Fux, Primeira Turma, DJe 28.9.2011.

Portanto, somente será cabível o recurso extraordinário e o recurso especial contra decisão concessiva ou denegatória de tutela provisória de urgência quando mostrar-se teratológica, contrária à lei ou à evidente prova dos autos.

O Supremo Tribunal Federal também entende que não cabe a interposição de recurso extraordinário se houver ainda espaço para a utilização de recurso perante o órgão jurisdicional de origem. Nesse sentido é o teor da Súmula 281 do S.T.F.: *"É inadmissível o recurso extraordinário, quando couber, na Justiça de origem, recurso ordinário da decisão impugnada".*

Sobre o tema, eis os seguintes precedentes do S.T.F.:

> Ementa: 1. A decisão que desafia o recurso extraordinário deve provir de única ou última instância, por isso que o não esgotamento das mesmas conduz à inadmissão do apelo extremo. Precedente: ARE 731.916-AgR, Rel. Min. Joaquim Barbosa, Plenário, DJe 11/11/2013. 2. A Súmula nº 281 do STF dispõe, verbis: "É inadmissível o recurso extraordinário, quando couber na justiça de origem, recurso ordinário da decisão impugnada". 3. In casu, o relator, monocraticamente, manteve despacho que negou seguimento a recurso de revista em que se discute o direito à percepção do aviso prévio

proporcional, nos termos da Lei 12.506/2011, a empregado dispensado antes do início da vigência da referida lei. 4. Agravo regimental DESPROVIDO.

(ARE 841563 AgR, Relator(a): Min. LUIZ FUX, Primeira Turma, julgado em 25/11/2014, PROCESSO ELETRÔNICO DJe-246 DIVULG 15-12-2014 PUBLIC 16-12-2014).

O recurso ordinário em mandado de segurança interposto perante o Superior Tribunal de Justiça resultou decidido monocraticamente com fundamento no caput do art. 557 do CPC. Ausente o manejo de recurso para o órgão colegiado, impõe-se a aplicação da Súmula 281/STF: "é inadmissível o recurso extraordinário, quando couber na Justiça de origem, recurso ordinário da decisão impugnada". Embargos de declaração recebidos como agravo regimental, ao qual se nega provimento.

(ARE 708120 ED, Relator(a): Min. ROSA WEBER, Primeira Turma, julgado em 19/02/2013, PROCESSO ELETRÔNICO DJe-044 DIVULG 06-03-2013 PUBLIC 07-03-2013).

É assente no Supremo Tribunal Federal a inadmissibilidade do "recurso extraordinário, quando couber, na justiça de origem, recurso ordinário da decisão impugnada" (Súmula 281/STF). Agravo regimental desprovido.

(ARE 668527 AgR, Relator(a): Min. AYRES BRITTO (Presidente), Tribunal Pleno, julgado em 31/10/2012, ACÓRDÃO ELETRÔNICO DJe-235 DIVULG 29-11-2012 PUBLIC 30-11-2012)

No voto proferido pelo então Ministro Ayres Britto, ficou assim consignado:

"(...).
6. Com efeito, é assente no Supremo Tribunal Federal a inadmissibilidade do "recurso extraordinário, quando couber, na justiça de origem, recurso ordinário da decisão impugnada" (Súmula 281/STF). 7. Confira-se, a propósito, o acórdão proferido pelo Plenário desta nossa Casa de Justiça no julgamento do AI 842.814-AgR, da relatoria do ministro Cezar Peluso. 8. Nesse mesmo sentido, cito, por amostragem, os AIs 407.369-AgR, da relatoria do ministro Celso de Mello; 474.730-AgR e 713.039-AgR, da relatoria da ministra Ellen Gracie; 728.299-AgR, da relatoria do ministro Ricardo Lewandowski; e 731.292, da relatoria da ministra Cármen Lúcia; bem como os REs 542.675, da relatoria do ministro Joaquim Barbosa; 576.819, da relatoria do ministro Cezar Peluso; 583.744, da relatoria do ministro Menezes Direito; e 311.382, da relatoria do ministro Sepúlveda Pertence".

1. Incabível o recurso extraordinário quando interposto contra decisão denegatória de mandado de segurança, proferida em única instância por Tribunal de Justiça ou por Tribunal Regional Federal, relativamente à qual ainda era cabível recurso ordinário perante o Superior Tribunal de Justiça. Incidência da Súmula 281/STF. 2. As alegações deduzidas no agravo são insuficientes para infirmar a fundamentação que ampara a decisão agravada, a qual se encontra em sintonia com a orientação jurisprudencial deste Supremo Tribunal Federal. 3. Agravo regimental não provido.

(RE 590048 AgR, Relator(a): Min. DIAS TOFFOLI, Primeira Turma, julgado em 07/02/2012, ACÓRDÃO ELETRÔNICO DJe-050 DIVULG 08-03-2012 PUBLIC 09-03-2012)

1. É inadmissível o recurso extraordinário, quando couber na justiça de origem, recurso ordinário da decisão impugnada. Precedentes: AI 757.161-ED, 2ª Turma, Rel. Min. Ellen Gracie, Dje de 12.04.2011 e AI 814.970, 1ª Turma, Rel. Min. Ricardo Lewandowski, Dje de 23.02.2011. 2. In casu, o recurso extraordinário foi interposto contra decisão monocrática que negou seguimento à apelação. Caberia, portanto, a interposição de agravo interno para suscitar a manifestação do órgão colegiado da Corte de origem. 3. Agravo regimental a que se nega provimento.

(AI 797148 AgR, Relator(a): Min. LUIZ FUX, Primeira Turma, julgado em 23/08/2011, DJe-174 DIVULG 09-09-2011 PUBLIC 12-09-2011 EMENT VOL-02584-02 PP-00238)

7.2.1.4. Impossibilidade de análise e revisão de prova – distinção entre 'questão de fato' e 'questão de direito'

O recurso extraordinário e o recurso especial têm por finalidade, respectivamente, assegurar a completude, a validade, a uniformidade e autoridade da interpretação de normas Constitucionais e dos tratados e leis federais.[132]

É por isso que a Constituição Federal, em seu art. 102, inc. III, letras 'a' a 'd', e art. 105, inc. III, letras 'a' a 'c' estabelece como pressuposto dos recursos extraordinário e especial a confrontação da decisão recorrida com as causas legitimadoras dos aludidos recursos. E essa ponte que liga a decisão recorrida às causas legitimadoras restringe-se à questão de direito e não à de fato. Essas espécies de recursos não se prestam à análise e revisão de matéria de fato.

---

[132] PONTES DE MIRANDA. *Comentários à constituição de 1967, com a Emenda n. 1 de 1969.* Tomo III. 3ª ed. Rio de Janeiro: Forense, 1987. p. 107.

É a interpretação da norma, seja Constitucional ou decorrente de tratado ou lei federal, que legitima a interposição do recurso extraordinário e do recurso especial, e não a avaliação da prova ou a interpretação dos fatos que servem de base ao conteúdo normativo.

Segundo estabelece a Súmula 456 do S.T.F.: *O Supremo Tribunal Federal, conhecendo do recurso extraordinário, julgará a causa, aplicando o direito à espécie"*.

Tendo por objetivo a interpretação das normas Constitucionais ou das leis federais, o recurso extraordinário e o recurso especial não têm por aptidão a análise da prova dos fatos constantes dos autos.

Porém, antes de se ingressar na questão da reavaliação da norma, é importante traçar alguns aspectos distintivos entre a 'questão de fato' e a 'questão de direito'.

A distinção entre a questão de fato e de direito perpassa todo o direito processual Constitucional e Civil.

Conforme já teve oportunidade de advertir Rodolfo de Camargo Mancuso, nem sempre é fácil estabelecer as *fronteiras* entre o que é *matéria de fato* e *matéria jurídica*. Colhe-se na doutrina e na jurisprudência que o critério preferível para essa distinção reside na *predominância* da circunstância objeto do recurso especial ou extraordinário.[133] Segundo Teresa Arruda Alvim Wambier, *"(...), a questão será predominantemente fática, do ponto de vista técnico, se, para que se redecida a matéria, 'houver necessidade de se reexaminarem provas', ou seja, 'de se reavaliar como os fatos teriam ocorrido, em função da análise do material probatório produzido"*.[134]

Tradicionalmente distingue-se entre a questão relativa ao que efetivamente aconteceu – a 'questão de fato' – e a questão acerca de como se há-de qualificar o ocorrido em conformidade com os critérios da ordem jurídica – a 'questão de direito'. A resposta à questão de fato, segundo Karl Larenz, é equiparada, na maioria das vezes, à subsunção da situação de fato em causa à previsão de uma norma jurídica.[135]

---

[133] MANCUSO, R. C., op. cit., p. 151.
[134] WAMBIER, Teresa Arruda Alvim. Distinção entre questão de fato e questão de direito para fins de cabimento de recurso especial, *Revista AJURIS*, n. 74, nov/98. p. 266.
[135] LARENZ, Karl. *Metodologia da ciência do direito*. Lisboa: Fundação Calouste Gulbenkian, 1997. p. 433.

Para Karl Larenz, a distinção desempenha ainda um papel importante a propósito da questão de se saber até que ponto pode uma sentença ser atacada por via de recurso de revista (no nosso caso, recurso especial ou extraordinário).

O juiz, com base no princípio dispositivo, julga de acordo com a questão de fato configurada e delineada pelas partes, enquanto que a questão de direito é trazida ao processo sem vinculação com aquilo que foi estabelecido pelas partes na questão de fato, em face do princípio *jura novit curia*. Somente os fatos, isto é, os estados e acontecimentos fáticos são suscetíveis de prova (salvo exceção legal – direito estrangeiro e direito municipal, por exemplo). A apreciação jurídica dos fatos não é objeto de prova a aduzir por uma das partes, mas tão-só de ponderação de decisão judiciais.[136]

Por 'fatos', em contraposição à questão jurídica, deve-se entender processos psíquicos e ações, com abrangência do seu lado 'interior'; pode bem dizer-se, tudo aquilo que possui uma determinada localização no tempo.[137]

Karl Larenz dá um exemplo paradigmático sobre a mordida de um cão. Nessa hipótese, a questão de fato seria mais ou menos esta: *"aconteceu efetivamente que a senhora A, no dia tal e tal, foi mordida na mão pelo cão de N e, assim, sofreu uma ofensa corporal? Só a questão subsequente, de se com isso se realizou a previsão do § 833, parágrafo 1, do BGB, é uma questão de direito. Daí resulta, por via de simples subsunção, que o cão é um 'animal' e a senhora A uma 'pessoa'; mais problemática é a questão de se N é 'detentor do animal'. Para responder a esta questão, tem de se perguntar por outros fatos que, por seu lado, podem ser descritos com termos que pertencem à linguagem corrente; perguntar-se, por exemplo, se N tinha o cão à sua guarda, à sua custa, para seu proveito ou diversão. Que estas perguntas se formulem assim está com certeza em relação com a apreciação jurídica pela qual se pergunta (era N detentor do animal?); mas a sua colocação não supõe a resposta antecipada à questão de direito".*[138]

A separação entre questão de fato e questão de direito pode muito bem realizar-se quando se pergunta unicamente se se apresentam ou

---

[136] LARENZ, Karl. *Metodologia da ciência do direito*. Trad. José Lamego. 3ªed. Lisboa: Fundação Calouste Gulbenkian. p. 433.
[137] LARENZ, K., idem, ibidem.
[138] LARENZ, K., idem, p. 435.

se ocorreram certos fatos que são descritos com termos da linguagem corrente, inclusive quando estes termos se incorporam na linguagem legislativa. Já a questão de direito pertence, em particular, a qualificação do ocorrido com ajuda daqueles termos cujo conteúdo significativo no contexto dado resulta apenas do ordenamento jurídico, especialmente com base numa coordenação tipológica, numa 'ponderação' de pontos de vista divergentes ou numa valoração jurídica nos quadros de uma pauta carecida de concretização.[139]

Na realidade, questão de fato é o que as partes disseram, por exemplo, quando da celebração do contrato e o que a esse respeito uma e a outra pensaram; a questão de direito, por sua vez, é saber com que significado deve cada uma das partes deixar que valha a sua declaração, a questão da interpretação normativa das declarações de vontade. Assim, *"se A causou um acidente por ter patinado numa curva numa estrada molhada, a questão de facto é o estado do pavimento e a velocidade com que A conduzia na curva; se o seu modo de condução foi, nestas circunstâncias, 'negligente' é questão de direito. Portanto, sobre esta questão, tal como sobre o significado de uma declaração que haja de ser considerado juridicamente determinante, não pode exigir-se prova no processo. Em contrapartida, pode e deve exigir-se sempre prova sobre todas as circunstâncias factuais de cuja existência depende a resposta à questão de direito"*.[140]

Karl Larenz afirma que em alguns casos a questão de fato e a questão de direito estão tão próximas entre si que não é possível, na prática, levar a cabo a sua separação. Esta é a hipótese em que uma situação de fato não pode ser de todo em tudo descrita de outro modo senão com aqueles termos que contêm já uma valoração jurídica. O exemplo dado por Karl Larenz é no seguinte sentido: *"Se alguém deu origem a um 'ruído perturbador do repouso', não se tendo medido exatamente a intensidade, é difícil descrevê-lo de outro modo senão com a indicação de que, de facto, o repouso foi perturbado de modo considerável. O juízo de que o ruído foi 'perturbador do repouso' contém ao mesmo tempo a descrição do acontecimento, tal como é necessário para a colocação da questão de facto, e a sua apreciação jurídica, no sentido de uma valoração. É diferente de quando se mediu a intensidade sonora e a questão a decidir é então se uma tal intensidade sonora deve ser considerada como 'perturbadora do repouso'.*

---

[139] LARENZ, K., idem, ibidem.
[140] LARENZ, K., idem, ibidem.

Neste caso, a ocorrência está, já antes da sua apreciação jurídica, exactamente determinada mediante conceitos físicos; a questão de como se há-de julgar isto, no sentido do critério legal do julgamento, (perturbador do repouso), é uma questão de direito".[141]

Karl Larenz sustenta ainda que a questão de direito entra também em cena ao colocar as questões de fato quando se trata de saber se A, ao enviar a B uma soma em dinheiro, lhe quis oferecer, dar-lhe a título de mútuo ou pagar-lhe o preço em dívida de uma compra e venda. A questão de se no modo de atuar de A se revela a declaração de uma determinada vontade (mediante comportamento concludente) que ele, salvo anulabilidade por erro, tem que deixar valer contra si, é, em todo o caso, pura questão de direito.[142]

Porém, o Tribunal Alemão considera que *"a interpretação das declarações de vontade particulares, inclusivemente quando se trata da indagação do sentido juridicamente determinante, ou seja, de uma interpretação normativa, já a considera a jurisprudência como não suscetível de revista, a não ser que exista uma violação dos princípios gerais de interpretação, das leis do pensamento ou de máximas de experiências comumente reconhecidas".*[143]

Tanto o recurso extraordinário, quanto o recurso especial, são espécies de impugnação referente à aplicação do direito, não sendo vocacionados para a análise ou reexame de *prova*.

A recorribilidade extraordinária do recurso especial ou extraordinária é distinta daquela revelada por simples revisão do que decidido, na maioria das vezes procedida mediante o recurso por excelência – a apelação. Atua-se em sede excepcional à luz da moldura fática delineada soberanamente pelo Tribunal de origem, considerando-se as premissas constantes do acórdão impugnado.

Nesse sentido é a Súmula 279 do S.T.F.: *"para simples reexame de prova não cabe recurso extraordinário"*

No mesmo sentido é o teor da Súmula 07 do S.T.J.: *"a pretensão de simples reexame de prova não enseja recurso especial.*

Assim, o reexame da prova em recurso extraordinário e em recurso especial insere-se no âmbito das Súmulas 279 do S.T.F. e 07 do S.T.J.

---

[141] LARENZ, K., idem, p. 435 e 436.
[142] LARENZ, K., idem, p. 436.
[143] LARENZ, K., idem, p. 437.

Sobre o tema, eis os seguintes precedentes do S.T.F.:

EMENTA: RECURSO EXTRAORDINÁRIO COM AGRAVO (LEI Nº 12.322/2010) – MATÉRIA PENAL – ALEGADA VIOLAÇÃO AO PRECEITO INSCRITO NO ART. 93, IX – INOCORRÊNCIA – REEXAME DE FATOS E PROVAS – IMPOSSIBILIDADE – SÚMULA 279/STF – RECURSO IMPROVIDO. – Não cabe recurso extraordinário, quando interposto com o objetivo de discutir questões de fato, ou de examinar matéria de caráter probatório.
(ARE 971340 AgR, Relator(a): Min. CELSO DE MELLO, Segunda Turma, julgado em 14/06/2016, PROCESSO ELETRÔNICO DJe-135 DIVULG 28-06-2016 PUBLIC 29-06-2016)
RECURSO EXTRAORDINÁRIO – MATÉRIA FÁTICA E LEGAL. O recurso extraordinário não é meio próprio ao revolvimento da prova, também não servindo à interpretação de normas estritamente legais. AGRAVO – ARTIGO 1.021, § 4º, DO CÓDIGO DE PROCESSO CIVIL DE 2015 – MULTA. Se o agravo é manifestamente infundado, impõe-se a aplicação da multa prevista no § 4º do artigo 1.021 do Código de Processo Civil de 2015, arcando a parte com o ônus decorrente da litigância de má-fé.
(ARE 948855 AgR, Relator(a): Min. MARCO AURÉLIO, Primeira Turma, julgado em 31/05/2016, PROCESSO ELETRÔNICO DJe-135 DIVULG 28-06-2016 PUBLIC 29-06-2016)
EMENTA Agravo regimental no recurso extraordinário. Direito Administrativo. Ação rescisória. Estabilidade reconhecida em decisão judicial anterior não alcançada pela rescisória. Fatos e provas. Reexame. Impossibilidade (Súmula nº 279/STF). Precedentes. 1. O Tribunal de origem, ao analisar o conjunto fático-probatório da controvérsia, entendeu que a pretensão do autor da ação rescisória era rediscutir matéria que já teria sido oportunamente debatida em outra ação, não alcançada pela rescisória. 2. Inadmissível, em recurso extraordinário, o reexame do conjunto fático-probatório da causa. Incidência da Súmula nº 279/STF. 3. Agravo regimental não provido.
(RE 777504 AgR, Relator(a): Min. DIAS TOFFOLI, Segunda Turma, julgado em 24/05/2016, ACÓRDÃO ELETRÔNICO DJe-118 DIVULG 08-06-2016 PUBLIC 09-06-2016)
Ementa: DIREITO TRIBUTÁRIO. AGRAVO REGIMENTAL EM RECURSO EXTRAORDINÁRIO. IPTU. IMUNIDADE TRIBUTÁRIA RECÍPROCA. RFFSA. PRETENSÃO QUE DEMANDARIA REEXAME DE FATOS E PROVAS (SÚMULA 279/STF). MATÉRIA INFRACONSTITUCIONAL. 1. Não reconhecimento da imunidade tributária prevista no art. 150, VI, c, da Constitui-

ção Federal por não se verificar os requisitos necessário em relação aos serviços prestados pela extinta RFFSA à época dos fatos geradores. 2. Para chegar a conclusão diversa daquela estabelecida pelo Tribunal de origem, necessário seria o reexame do acervo probatório constante dos autos, providência vedada nesta fase processual (Súmula 279/STF). 2. Agravo regimental a que se nega provimento.

(RE 927752 AgR, Relator(a): Min. ROBERTO BARROSO, Primeira Turma, julgado em 24/05/2016, PROCESSO ELETRÔNICO DJe-123 DIVULG 14-06-2016 PUBLIC 15-06-2016)

RECURSO EXTRAORDINÁRIO – MATÉRIA FÁTICA E LEGAL. O recurso extraordinário não é meio próprio ao revolvimento da prova, também não servindo à interpretação de normas estritamente legais. HONORÁRIOS DE SUCUMBÊNCIA RECURSAL – FIXAÇÃO – ARTIGO 85, § 11, DO CÓDIGO DE PROCESSO CIVIL DE 2015. Havendo interposição de recurso sob regência do Código de Processo Civil de 2015, cabível é a fixação de honorários de sucumbência recursal previstos no artigo 85, § 11 do diploma legal. AGRAVO – ARTIGO 1.021, § 4º, DO CÓDIGO DE PROCESSO CIVIL DE 2015 – MULTA. Se o agravo é manifestamente infundado, impõe-se a aplicação da multa prevista no § 4º do artigo 1.021 do Código de Processo Civil de 2015, arcando a parte com o ônus decorrente da litigância de má-fé.

(ARE 952423 AgR, Relator(a): Min. MARCO AURÉLIO, Primeira Turma, julgado em 24/05/2016, PROCESSO ELETRÔNICO DJe-134 DIVULG 27-06-2016 PUBLIC 28-06-2016)

Ementa: AGRAVO REGIMENTAL NO RECURSO EXTRAORDINÁRIO. ADMINISTRATIVO. EXAME NACIONAL DO ENSINO MÉDIO – ENEM. DISPONIBILIZAÇÃO DO ESPELHO DA PROVA DE REDAÇÃO E DE PRAZO PARA RECURSO. AUSÊNCIA DE PREVISÃO NO EDITAL. REEXAME DO CONJUNTO FÁTICO-PROBATÓRIO CARREADO AOS AUTOS E DE CLÁUSULAS EDITALÍCIAS. IMPOSSIBILIDADE. INCIDÊNCIA DAS SÚMULAS 279 E 454 DO STF. VIOLAÇÃO AOS PRINCÍPIOS DA AMPLA DEFESA E DO CONTRADITÓRIO. MATÉRIA COM REPERCUSSÃO GERAL REJEITADA PELO STF NO ARE 748.371. TEMA 660. AGRAVO REGIMENTAL DESPROVIDO.

(RE 781059 AgR, Relator(a): Min. LUIZ FUX, Primeira Turma, julgado em 07/06/2016, ACÓRDÃO ELETRÔNICO DJe-128 DIVULG 20-06-2016 PUBLIC 21-06-2016)

RECURSO EXTRAORDINÁRIO – MATÉRIA FÁTICA E LEGAL. O recurso extraordinário não é meio próprio ao revolvimento da prova, também não servindo à interpretação de normas estritamente legais.

(ARE 951472 AgR, Relator(a): Min. MARCO AURÉLIO, Primeira Turma, julgado em 07/06/2016, ACÓRDÃO ELETRÔNICO DJe-137 DIVULG 30-06-2016 PUBLIC 01-07-2016)

EMENTA DIREITO CIVIL. RESPONSABILIDADE CIVIL. INDENIZAÇÃO POR DANO MORAL. REELABORAÇÃO DA MOLDURA FÁTICA. PROCEDIMENTO VEDADO NA INSTÂNCIA EXTRAORDINÁRIA. EVENTUAL OFENSA REFLEXA NÃO VIABILIZA O MANEJO DO RECURSO EXTRAORDINÁRIO. ART. 102 DA LEI MAIOR. RECURSO MANEJADO EM 11.4.2016. 1. A controvérsia, a teor do já asseverado na decisão guerreada, não alcança estatura constitucional. Não há falar em afronta aos preceitos constitucionais indicados nas razões recursais. Compreender de modo diverso demandaria a reelaboração da moldura fática delineada no acórdão de origem, o que torna oblíqua e reflexa eventual ofensa, insuscetível, como tal, de viabilizar o conhecimento do recurso extraordinário. 2. As razões do agravo regimental não se mostram aptas a infirmar os fundamentos que lastrearam a decisão agravada. 3. Agravo regimental conhecido e não provido.

(ARE 955767 AgR, Relator(a): Min. ROSA WEBER, Primeira Turma, julgado em 31/05/2016, PROCESSO ELETRÔNICO DJe-122 DIVULG 13-06-2016 PUBLIC 14-06-2016)

Agravo regimental em recurso extraordinário com agravo. 2. Cálculo de juros remuneratórios. 3. Impossibilidade de reexame do conjunto fático-probatório. Enunciado 279. 4. Agravo regimental a que se nega provimento.

(ARE 727265 AgR, Relator(a): Min. GILMAR MENDES, Segunda Turma, julgado em 05/03/2013, ACÓRDÃO ELETRÔNICO DJe-054 DIVULG 20-03-2013 PUBLIC 21-03-2013)

Inviável o Recurso Extraordinário quando a alegada ofensa à Constituição Federal, se existente, depende do revolvimento de fatos e provas da causa e da interpretação da legislação infraconstitucional. Súmula 279/STF. Eventual discordância da valoração das provas da condenação realizada pelas instâncias anteriores não enseja o manejo do apelo extremo. Agravo regimental a que se nega provimento.

(ARE 680746 AgR, Relator(a): Min. ROSA WEBER, Primeira Turma, julgado em 06/11/2012, ACÓRDÃO ELETRÔNICO DJe-230 DIVULG 22-11-2012 PUBLIC 23-11-2012)

1. O reexame dos fatos e provas que fundamentaram a decisão recorrida inviabiliza o processamento do recurso extraordinário, ante a vedação contida no enunciado da Súmula n. 279 desta Corte, verbis: "para simples reexame de prova não cabe recurso extraordinário".

(...).

(RE 633138 AgR, Relator(a): Min. LUIZ FUX, Primeira Turma, julgado em 04/09/2012, PROCESSO ELETRÔNICO DJe-186 DIVULG 20-09-2012 PUBLIC 21-09-2012).

Agravo regimental em recurso extraordinário com agravo. 2. Direito Constitucional e Administrativo. Ensino superior. Matrícula. Perda de prazo. Motivos justificados. Razoabilidade e proporcionalidade. 3. Impossibilidade de interpretação de cláusulas editalícias e revolvimento do conjunto fático-probatório. Súmulas 279 e 454. 4. Ausência de argumentos suficientes a infirmar a decisão recorrida. 5. Agravo regimental a que se nega provimento.

(ARE 844919 AgR, Relator(a): Min. GILMAR MENDES, Segunda Turma, julgado em 03/03/2015, PROCESSO ELETRÔNICO DJe-050 DIVULG 13-03-2015 PUBLIC 16-03-2015)

No mesmo sentido são os seguintes precedentes do S.T.J.:

(...).

2. O julgador pode apreciar o pedido com base nos elementos probatórios que entender suficientes para a formação de seu convencimento, não havendo indícios de nulidade processual quando o magistrado, destinatário das provas, avaliar quanto à necessidade e à suficiência delas. A revisão de tal juízo, forçoso concluir, demanda incursão no acervo fático-probatório dos autos, o que, conforme assentada jurisprudência, encontra óbice na Súmula nº 7/STJ.

3. O acolhimento das proposições recursais, em detrimento da conclusão do Tribunal de origem quanto à ausência de prova da contratação alegada pelo autor, como insurgência que se funda na verificação das provas produzidas nos autos e sua valoração, demanda vedada incursão no universo fático-probatório (Súmula nº 7/STJ).

4. Agravo regimental não provido.

(AgRg no AREsp 648.177/MG, Rel. Ministro MAURO CAMPBELL MARQUES, SEGUNDA TURMA, julgado em 24/03/2015, DJe 30/03/2015).

AGRAVO INTERNO NO AGRAVO EM RECURSO ESPECIAL. PROCESSUAL CIVIL. FASE DE SANEAMENTO. VIOLAÇÃO AO ART. 535 DO CPC. NÃO OCORRÊNCIA. ALEGADA INTEMPESTIVIDADE NA APRESENTAÇÃO DA CONTESTAÇÃO. CITAÇÃO QUE SÓ SE EFETIVOU EM MOMENTO POSTERIOR AO ALEGADO PELA PARTE RECORRENTE. REEXAME DE MATÉRIA FÁTICO-PROBATÓRIA. SÚMULA 7/STJ. EXISTÊNCIA DE FUNDAMENTO AUTÔNOMO NÃO IMPUGNADO. SÚMULA 283/STF. PROVIMENTO NEGADO.

1. Na hipótese em exame, aplica-se o Enunciado 2 do Plenário do STJ: "Aos recursos interpostos com fundamento no CPC/1973 (relativos a decisões publicadas até 17 de março de 2016) devem ser exigidos os requisitos de admissibilidade na forma nele prevista, com as interpretações dadas, até então, pela jurisprudência do Superior Tribunal de Justiça." 2. Não se constata a alegada violação ao art. 535 do CPC, na medida em que a eg. Corte de origem dirimiu, fundamentadamente, as questões que lhe foram submetidas. De fato, inexiste omissão no aresto recorrido, porquanto o Tribunal local, malgrado não ter acolhido os argumentos suscitados pela parte recorrente, manifestou-se expressamente acerca dos temas necessários à integral solução da lide.

3. No tocante à alegação de intempestividade da contestação apresentada na ação ajuizada, o eg. Tribunal de origem considerou que não foram conferidos poderes específicos ao advogado para receber citação, afastando a ocorrência do alegado comparecimento espontâneo da demandada, e que tal matéria estaria preclusa, uma vez que já apreciada pelo próprio Tribunal.

4. A inversão de tais conclusões demandaria, necessariamente, novo exame do acervo fático-probatório dos autos, providência que encontra óbice na Súmula 7 do Superior Tribunal de Justiça.

5. O aresto apresentou fundamentos autônomos e suficientes à manutenção do v. acórdão recorrido (ocorrência de trânsito em julgado/preclusão), não impugnados todos eles nas razões do recurso especial, convocando, na hipótese, a incidência da Súmula 283/STF, segundo a qual "é inadmissível o recurso extraordinário, quando a decisão recorrida assenta em mais de um fundamento suficiente e o recurso não abrange todos eles".

6. Agravo interno a que se nega provimento.

(AgInt no AREsp 866.892/SP, Rel. Ministro RAUL ARAÚJO, QUARTA TURMA, julgado em 07/06/2016, DJe 27/06/2016)

AGRAVO INTERNO NO AGRAVO EM RECURSO ESPECIAL. CONTRATO DE REPRESENTAÇÃO COMERCIAL. OFENSA AO ART. 535 DO CPC/1973. NÃO CARACTERIZAÇÃO. POSSIBILIDADE DE ESTORNO DE COMISSÃO. REEXAME DE MATÉRIA FÁTICO-PROBATÓRIA E INTERPRETAÇÃO DE CLÁUSULA CONTRATUAL. SÚMULAS 5/STJ E 7/STJ. DECISÃO MANTIDA. AGRAVO NÃO PROVIDO.

1. Não configura ofensa ao art. 535 do Código de Processo Civil de 1973 o fato de o col. Tribunal de origem, embora sem examinar individualmente cada um dos argumentos suscitados pela parte recorrente, adotar fundamentação contrária à pretensão da parte, suficiente para decidir integralmente a controvérsia.

2. A Corte a quo, com base nas provas coligidas aos autos, reconheceu o direito da parte agravada ao recebimento de comissões decorrentes da representação comercial. Na hipótese dos autos, a alteração de tal conclusão demandaria o reexame de fatos e provas, bem como a interpretação de cláusula contratual, o que é inviável em sede de recurso especial, a teor do disposto nas Súmulas 5 e 7 do STJ.
3. Agravo interno a que se nega provimento.
(AgRg no AREsp 315.234/SC, Rel. Ministro RAUL ARAÚJO, QUARTA TURMA, julgado em 14/06/2016, DJe 01/07/2016)
AGRAVO INTERNO NO AGRAVO EM RECURSO ESPECIAL. AÇÃO DE REPARAÇÃO DE DANOS COM LUCROS CESSANTES. FATO CONSTITUTIVO. FALTA DE PROVAS. OMISSÃO. INEXISTÊNCIA. REEXAME DE PROVAS. SÚMULA Nº 7/STJ.
1. Não viola o art. 535, I e II, do Código de Processo Civil de 1973 o acórdão que enfrenta a questão controvertida de forma clara e motivada, nos expressos limites em que proposta a demanda, não se prestando os embargos ao reexame de matéria já decidida à luz dos fundamentos invocados pela recorrente.
2. Tendo o tribunal de origem, com base nos elementos de provas, concluído que não restou comprovado o fato constitutivo do direito da autora, a inversão do decidido demandaria o reexame de provas, o que atrai o óbice da Súmula nº 7/STJ.
3. Agravo interno não provido.
(AgInt no AREsp 791.219/PI, Rel. Ministro RICARDO VILLAS BÔAS CUEVA, TERCEIRA TURMA, julgado em 21/06/2016, DJe 28/06/2016)

Com base na jurisprudência do S.T.J., observam-se algumas situações jurídicas em que não é admissível o recurso especial, justamente pelo fato de que sua análise demandaria a reavaliação da prova:

a) Rever a conclusão do Tribunal de origem quanto ao não preenchimento dos requisitos legais para a concessão do benefício previdenciário postulado, demandaria necessário revolvimento de matéria fática e **probatória,** o que é inviável em sede de recurso especial**,** à luz do óbice contido na Súmula n. 7/STJ (AgRg no AREsp 478246/SPO);

b) A revisão das conclusões firmadas no voto condutor do recurso, a fim de se verificar a ocorrência ou não de perdas na conversão dos vencimentos em URV, requer novo exame do quadro fático-probatório dos autos, o que é vedado em sede de recurso especial por força do enunciado da Súmula 7/STJ.

(AgRg no AREsp n. 173.881/RJ, Rel. Min. Sérgio Kukina, Primeira Turma, DJe 16/05/2014); (AgRg no AREsp 492.451/SP);

c) O Tribunal Estadual afirmou que o nome do sócio consta na Certidão de Dívida Ativa como corresponsável, razão pela qual mostrava-se inafastável a conclusão a respeito da sua legitimidade passiva. Concluir em sentido contrário implicaria em reexame de matéria fático-probatória, sabidamente inviável na via eleita, a teor do enunciado 7 da Súmula do S.T.J.

(AgRg no AREsp 246.305/SP);

d) Conforme consignado na decisão agravada, é inviável a revisão do *quantum* indenizatório estipulado pelo Tribunal de origem, que, consideradas as particularidades dos autos, em especial o pronto deferimento da tutela antecipada requerida na inicial, não se afigurou irrisório (R$ 25.000,00), tampouco exorbitante, o que obsta a excepcional intervenção desta Corte de Justiça. Por tal razão, a análise da questão esbarra no reexame da matéria fático-probatória, proceder vedado em recurso especial ante a incidência da Súmula n. 7 do STJ.

(AgRg no AREsp 463.588/DF).

e) Segundo consignado no acórdão recorrido, "restou comprovada nos autos a relação de causa e efeito entre o evento danoso incêndio que, além de um carro e objetos de trabalho, destruiu, praticamente, a moradia da autora", e que "há prova suficiente nos autos da má conservação da rede elétrica e de que as quedas de energia eram frequentes na área, evidenciando necessidade de reparos". Concluiu o julgado, ainda, que "o dano material, para que seja passível de reparação, exige a comprovação do efetivo prejuízo experimentado", que foi o "quantum arbitrado com base na descrição de bens, orçamentos e prova oral produzida, no montante de R$ 258.133,19 (duzentos e cinquenta e oito mil, cento e trinta e três reais e dezenove centavos)", e que "os fatos narrados na inicial evidenciam que ultrapassam, e muito, o mero dissabor, não se identificando com simples transtorno ou contratempo do cotidiano, configurando dano moral, passível de reparação". Assim, para infirmar as conclusões do julgado seria necessário, inequivocamente, incursão na seara fático-probatória, inviável, na via eleita, a teor do enunciado sumular 7/STJ.

(AgRg no AREsp 656.779/CE).

f) Consoante apurado pelas instâncias ordinárias, não procede a tese acerca da aludida novação, e "não prosperam as alegações da embargante acerca da inexistência e/ou iliquidez do título executivo, levantada sob o argumento de que não restam nos autos documentos comprobatórios do débito, tendo em vista que toda a documentação respectiva encontra-se acostada ao feito". Destarte, em vista da moldura fática apurada pela Corte de origem, há óbice intransponível ao conhecimento do recurso especial, por qualquer das alíneas do permissivo constitucional, pois a eventual revisão do acórdão recorrido demandaria a alteração das premissas fático-probatórias estabelecidas pelo acórdão recorrido, com o revolvimento dos elementos constantes nos autos e reexame de cláusulas contratuais – o que é vedado em sede de recurso especial, nos termos dos enunciados de Súmula 5 e 7 do STJ.

(AgRg no REsp 1494273/MG).

g) O Tribunal de Justiça reconheceu que houve má-fé e deslealdade processual da parte, que com sua conduta causou danos ao recorrido, ensejando a condenação por litigância de má-fé. Incidência da Súmula 7/STJ, pois modificar tais conclusões envolve análise fático-probatória.

(AgRg no AREsp 644.042/PR).

h) A reforma do acórdão recorrido, quanto à existência dos indícios da prática do ato de improbidade, demandaria o reexame do substrato fático-probatório dos autos, o que é inviável no âmbito do recurso especial, a teor do disposto na Súmula 7/STJ.

(AgRg nos EDcl no AREsp 605.092/RJ).

i) Consoante a orientação firmada no STJ, não se conhece de Recurso Especial em que a Fazenda Pública recorrente pretende a penhora de créditos da parte executada, junto às administradoras de cartões de crédito, quando, com base no conjunto fático-probatório dos autos, o Tribunal de origem deixa consignado, no voto condutor do acórdão recorrido, que a medida requerida pela Fazenda Pública é excepcional e reclama a demonstração efetiva de que foram esgotados todos os meios disponíveis para a localização de outros bens penhoráveis, porquanto, concluir em sentido contrário, para verificar se houve o esgotamento dos meios disponíveis para a localização de bens penhoráveis, ou avaliar se a penhora, na forma como requerida, inviabilizaria as atividades da empresa, demanda o reexame de matéria de fato e de prova, inviável, em sede de Recurso Especial, nos termos da Súmula 7 do STJ. No caso, a controvérsia foi decidida, nas instâncias ordinárias, com base no conjunto fático-probatório dos autos e em consonância, ainda, com a orientação jurisprudencial do

Superior Tribunal de Justiça, no sentido de que a penhora das vendas efetuadas por meio de cartão de crédito e de débito implica, na realidade, em verdadeira penhora sobre o faturamento da empresa, que deve obedecer maior rigor, devendo ser determinada apenas se frustradas todas as tentativas de localização de bens, pela exequente, mostrando-se indevida tal medida constritiva excepcional, se ausentes os requisitos legais a embasá-la. Com efeito, o Tribunal de origem, soberano no exame de matéria fática, deixou consignado, no voto condutor do acórdão recorrido, que "a penhora do faturamento da empresa, na qual se assemelha o pedido de bloqueio de pagamento via cartões de crédito, é hipótese excepcionalíssima e só pode ser deferida em situações especiais, que não a dos autos, onde não há comprovação de ter a exequente diligenciado quanto à existência de bens, pretendido tão somente que o Judiciário supra o que lhe cabia diligenciar". Dadas as circunstâncias da causa, retratadas no voto condutor do acórdão recorrido, mostra-se inadmissível o Recurso Especial, por incidência, na espécie, das Súmulas 7 e 83 do STJ.

(AgRg no AREsp 385.525/MG).

j) A revisão da conclusão acerca da existência de responsabilidade civil da ora agravante pelo acidente, notadamente no que se refere à configuração de culpa exclusiva da vítima, demanda a reapreciação probatória, obstada pela incidência da Súmula 7/STJ. Modificar o entendimento da Corte de origem referente à dependência econômica dos requeridos e a fixação da pensão alimentícia demandaria o reexame do acervo fático probatório, encontrando óbice, igualmente na Súmula 7/STJ. A indenização por danos morais fixada em *quantum* sintonizado ao princípio da razoabilidade não enseja a possibilidade de interposição do recurso especial, dada a necessidade de exame de elementos de ordem fática, cabendo sua revisão apenas em casos de manifesta excessividade ou irrisoriedade do valor arbitrado, o que não se evidencia no presente caso. Incidência da Súmula n. 7/STJ.

(AgRg no AREsp 422.996/ES).

Segundo estabelece a Súmula 454 do S.T.F. *"simples interpretação de cláusulas contratuais não dá lugar a recurso extraordinário".*

Essa súmula leva em consideração o fato de que o juiz, para interpretar determinada cláusula contratual, deverá levar em consideração a intenção (vontade) das partes; mas para avaliar a intenção das partes, o juiz deverá ingressar na análise da prova.

Também o S.T.J. entende que não cabe o recurso especial para o fim de reavaliar a interpretação de cláusula contratual, conforme estabelece a Súmula 5 do referido tribunal: *"A simples interpretação de cláusula contratual não enseja recurso especial".*

Nesse sentido são os seguintes precedentes do S.T.J:

(...).
3. Consoante apurado pelas instâncias ordinárias, não procede a tese acerca da aludida novação, e "não prosperam as alegações da embargante acerca da inexistência e/ou iliquidez do título executivo, levantada sob o argumento de que não restam nos autos documentos comprobatórios do débito, tendo em vista que toda a documentação respectiva encontra-se acostada ao feito". Destarte, em vista da moldura fática apurada pela Corte de origem, há óbice intransponível ao conhecimento do recurso especial, por qualquer das alíneas do permissivo constitucional, pois a eventual revisão do acórdão recorrido demandaria a alteração das premissas fático-probatórias estabelecidas pelo acórdão recorrido, com o revolvimento dos elementos constantes nos autos e reexame de cláusulas contratuais – o que é vedado em sede de recurso especial, nos termos dos enunciados de Súmula 5 e 7 do STJ.

(...).
(REsp 1459222/RJ, Rel. Ministro LUIS FELIPE SALOMÃO, QUARTA TURMA, julgado em 24/03/2015, DJe 30/03/2015).

(...).
2. A alteração das conclusões do acórdão recorrido exige interpretação de cláusula contratual e reapreciação do acervo fático-probatório da demanda, o que faz incidir o óbice das Súmulas nºs 5 e 7 do STJ.

(...).
(AgRg no AREsp 581.098/SP, Rel. Ministro MOURA RIBEIRO, TERCEIRA TURMA, julgado em 24/03/2015, DJe 06/04/2015).

(...).
2. Revela-se inviável alterar o entendimento das instâncias ordinárias que, analisando o conjunto fático-probatório dos autos, bem como interpretando as cláusulas do contrato discutido, concluiu que a ausência de oitiva testemunhal não acarretou nenhum tipo de prejuízo ao exercício de defesa por parte da agravante, além do que a cláusula de fidelidade estabelecida no contrato de telefonia não era abusiva, tendo em vista os óbices das Súmulas 5 e 7 do STJ.

3. Agravo regimental desprovido.

(AgRg no AREsp 610.599/SP, Rel. Ministro MARCO AURÉLIO BELLIZZE, TERCEIRA TURMA, julgado em 24/03/2015, DJe 07/04/2015)

O S.T.J. já apresentou entendimento, no AgRg no REsp 1.309.942, de que o juízo acerca da validade e eficácia dos documentos apresentados como início de prova material do labor campesino não enseja reexame de prova, vedado pela Súmula 7/STJ, mas, sim, valoração do conjunto probatório existente. Nesse sentido, eis o seguinte precedente:

1. Para fins de comprovação da condição de rurícola, são aceitos, a título de início de prova material, os documentos que qualifiquem o cônjuge como lavrador. De outro lado, o posterior exercício de atividade urbana pelo marido, por si só, não descaracteriza a autora como segurada especial, mas afasta a eficácia probatória dos documentos apresentados em nome do consorte, devendo ser juntada prova material em nome próprio. (REsp 1.304.479/SP, Rel. Ministro Herman Benjamin, Primeira Seção, DJe 19/12/2012, recurso submetido ao rito do art. 543-C do CPC).

2. No caso concreto, não se revela possível a extensão da qualidade de rurícola à esposa, com fulcro em início de prova material que, conforme o acórdão recorrido, aponta apenas a condição de trabalhador rural do cônjuge, porquanto este passou a exercer atividade urbana.

3. A decisão agravada nada mais fez que aplicar o entendimento consolidado no julgamento do REsp 1.304.479/SP, Rel. Ministro Herman Benjamin, o qual foi processado sob o rito do art. 543-C do CPC, sendo certo que o juízo acerca da validade e eficácia dos documentos apresentados como o início de prova material do labor campesino não enseja reexame de prova, vedado pela Súmula 7/STJ, mas sim valoração do conjunto probatório existente (AgRg no REsp 1.309.942/MG, Rel.

Ministro NAPOLEÃO NUNES MAIA FILHO, PRIMEIRA TURMA, julgado em 20/03/2014, DJe 11/04/2014).

4. Agravo Regimental a que se nega provimento.
(AgRg no AREsp 337.780/PR, Rel. Ministro SÉRGIO KUKINA, PRIMEIRA TURMA, julgado em 24/03/2015, DJe 06/04/2015)

Na realidade, valorar juridicamente a prova é aferir se, diante da legislação pertinente, um determinado meio probatório é apto para provar algum fato, ato, negócio, ou relação jurídica. Nesse sentido, eis os seguintes precedentes do S.T.J.:

1. A pretensão do agravante não é a revaloração das provas, e sim a análise do seu conteúdo, sendo correta a aplicação da Súmula 7/STJ.

2. Valorar juridicamente a prova é aferir se, diante da legislação pertinente, um determinado meio probatório é apto para provar algum fato, ato, negócio ou relação jurídica.

3. No caso concreto, não se debate se determinado tipo de prova pode ser juridicamente utilizado como meio probatório para dar suporte a uma condenação criminal. O que se pretende é que esta Corte verifique se o conteúdo do conjunto probatório demonstraria estarem preenchidos os requisitos para a aplicação da causa de diminuição do art. 33, § 4º, da Lei n. 11.343/2006, e em sua fração máxima. Isso não é valoração jurídica da prova, mas reexame do acervo de provas, vedado pela Súmula 7/STJ.

4. Situação concreta em que a conclusão pela integração a organização criminosa não teve por lastro apenas a presunção em decorrência da condição de "mula", mas, a partir de elementos concretos extraídos da prática criminosa, no caso, a logística nela empregada, entendeu-se estar demonstrado o envolvimento do acusado com as atividades criminosas.

5. Agravo regimental improvido.

(AgRg no REsp 1350479/SP, Rel. Ministro SEBASTIÃO REIS JÚNIOR, SEXTA TURMA, julgado em 19/03/2015, DJe 30/03/2015.

(...).

II. Embora imprescindível o início de prova documental do tempo de serviço, a lei não exige que corresponda ele, necessariamente, ao período de carência ou a todo o período que se pretende comprovar.

III. Havendo, nos autos, início de prova material, ratificado pela prova testemunhal, é de rigor o reconhecimento da condição da autora como trabalhadora rural, sem que tal implique revisão de matéria fática.

IV. Consoante a jurisprudência do STJ, "(...) as instâncias ordinárias são soberanas na análise fática e probatória inerente ao caso. Contudo, o STJ não é impedido, a partir da realidade fática assentada pelo Juízo a quo, de proceder à adequada qualificação jurídica do fato, em razão da valoração, e não do reexame, da prova produzida" (STJ, AgRg no AgRg no AREsp 364.427/RJ, Rel. Ministro HERMAN BENJAMIN, SEGUNDA TURMA, DJe de 05/12/2013).

V. Agravo Regimental improvido.

(AgRg no REsp 1364417/RJ, Rel. Ministra ASSUSETE MAGALHÃES, SEGUNDA TURMA, julgado em 27/03/2014, DJe 08/04/2014).

1. Esta Corte já firmou o entendimento, em diversos julgados, de que a discussão acerca da validade da prova testemunhal para a comprovação de prejuízos de ordem material, advindos da inundação provocada pelo rompimento da Barragem Camará, diante da impossibilidade de utilização de outros meios de prova, não esbarra na Súmula 7/STJ.

(...).

(AgRg no REsp 1407857/PB, Rel. Ministro NAPOLEÃO NUNES MAIA FILHO, PRIMEIRA TURMA, julgado em 24/03/2015, DJe 07/04/2015)

1. No caso, a controvérsia foi solucionada sem a necessidade de reexame do quadro fático-probatório dos autos, pois a questão se limitou a perquirir sobre a razoabilidade da exigência de outros meios de prova, além da prova testemunhal efetivamente produzida, por quem teve todos os pertences de sua residência arruinados por torrente d'água decorrente do rompimento de barragem" (AgRg no AREsp 189.842/PB, Rel. Ministro Arnaldo Esteves Lima, Primeira Turma, DJe 24/9/2012). Precedentes: AgRg no REsp 1.343.586/PB, Rel. Ministro Sérgio Kukina, Primeira Turma, DJe 12/04/2013 e AgRg no AREsp 189.842/PB, Rel. Ministro Arnaldo Esteves Lima, Primeira Turma, DJe 24/09/2012. 2. Agravo regimental não provido

(AgRg no REsp. 1.393.223/PB, Rel. Min. BENEDITO GONÇALVES, DJe 04.11.2013).

1. A alteração do entendimento adotado pelo Tribunal a quo, com o restabelecimento da sentença de primeiro grau, não se configura como reexame fático-probatório. A discussão ficou restrita tão somente à matéria de direito, qual seja a validade da prova testemunhal para a comprovação de prejuízos de ordem material, diante da impossibilidade de utilização de outros meios de prova. Precedentes: AgRg no RESP 1.343.586/PB, Rel. Ministro Sérgio Kukina, Primeira Turma, DJe 12.4.2013; AgRg no RESP 1.393.223/PB, Rel. Ministro Benedito Gonçalves, Primeira Turma, DJe 4.11.2013; AgRg no ARESP 334.429/PB, Rel. Ministro Napoleão Nunes Maia Filho, Primeira Turma, DJe 27.9.2013; e AgRg no ARESP 189.842/PB, Rel. Ministro Arnaldo Esteves Lima, Primeira Turma, DJe 24.9.2012. 2. Agravo Regimental não provido

(AgRg no AREsp 378.536/PB, Rel. Min. HERMAN BENJAMIN, DJe 06.12.2013).

(...).

II – O juiz, no exercício da sua função jurisdicional, não pode ver-se tolhido na direção da fase instrutória do processo, só porque não se aplicam o impedimento e a suspeição aos assistentes técnicos, devendo conduzir a marcha processual no sentido da estabilidade das relações entre as partes e da garantia de igualdade de tratamento.

III – A valoração da prova, no âmbito do recurso especial, pressupõe contrariedade a um princípio ou a uma regra jurídica no campo probatório, ou mesmo à negativa de norma legal nessa área.

IV – A verificação da ocorrência ou não de irregularidades na escolha do assistente técnico, pela parte, na espécie, demandaria o reexame das provas, vedado pelo enunciado nº 7 da súmula/STJ.

(REsp 125.706/SP, Rel. Ministro SÁLVIO DE FIGUEIREDO TEIXEIRA, QUARTA TURMA, julgado em 26/10/1999, DJ 13/12/1999, p. 149)

No sitio http://www.stj.gov.br/portal_stj/publicacao/engine.wsp?tmp.area=398&tmp.texto=104787, encontra-se elementos para se diferenciar o reexame da revaloração da prova:

Súmula 7: como o STJ distingue reexame e revaloração da prova
Cerca de um ano após sua instalação, em junho de 1990, os ministros do Superior Tribunal de Justiça (STJ) já percebiam que a Corte não poderia se tornar uma terceira instância. O recurso especial, uma de suas principais atribuições, tem regras rígidas e, em respeito a elas, o Tribunal logo editou a Súmula 7: "A pretensão de simples reexame de prova não enseja recurso especial." O enunciado passou a ser largamente aplicado pelos ministros na análise de variadas causas, impossibilitando o conhecimento do recurso – isto é, o julgamento do mérito da questão.

No entanto, os magistrados observaram que há casos em que a revaloração da prova ou de dados explicitamente admitidos e delineados na decisão da qual se recorre não implica o reexame de fatos e provas, proibido pela súmula. São diversos os recursos em que as partes conseguiram demonstrar a desnecessidade de reanálise de fatos e provas e, com isso, afastando a aplicação da Súmula 7.

Em precedente recente, julgado em dezembro do ano passado, a Quarta Turma confirmou decisão individual do ministro Marco Buzzi que debateu a revaloração da prova. No recurso, uma transportadora de São Paulo conseguiu o reconhecimento da impossibilidade de uma seguradora acioná-la regressivamente para o ressarcimento de prejuízos em decorrência de roubo da carga (REsp 1.036.178).

A seguradora protestou contra a decisão, levando o caso à Turma. Disse que haveria desobedecido a Súmula 7, porque o ministro teria reexaminado a prova produzida nos autos. Entretanto, o ministro Buzzi explicou que a decisão "apenas deu definição jurídica diversa aos fatos expressamente mencionados no acórdão" do Tribunal de Justiça de São Paulo.

O ministro esclareceu que o reexame de prova é uma "reincursão no acervo fático probatório mediante a análise detalhada de documentos, testemunhos, contratos, perícias, dentre outros". Nestes casos, o relator não pode examinar mera questão de fato ou alegação de error facti in judicando *(julgamento errôneo da prova).*

Porém, o ministro acrescentou que o error in judicando *(inclusive o proveniente de equívoco na valoração das provas)* e o error in procedendo *(erro no proceder, cometido pelo juiz)* podem ser objeto de recurso especial. "A revaloração da prova constitui em atribuir o devido valor jurídico a fato incontroverso sobejamente reconhecido nas instâncias ordinárias, prática francamente aceita em sede de recurso especial", ressaltou o ministro Buzzi.

Dados admitidos

Em 2005, a Quinta Turma reconheceu que a "revaloração da prova ou de dados explicitamente admitidos e delineados no decisório recorrido não implica o vedado reexame do material de conhecimento". Porém, ao julgar o recurso, os ministros decidiram aplicar a Súmula 7 ao caso. O ministro Felix Fischer, atual vice-presidente do STJ, foi o relator (REsp 683.702).

Naquela hipótese, as instâncias ordinárias condenaram um administrador por ter deixado de recolher contribuições previdenciárias de uma empresa. Ele recorreu, pedindo a absolvição por presunção de inocência, já que entendia não haver prova suficiente de que estaria à frente da empresa à época do delito.

A Quinta Turma não conheceu do recurso, aplicando a Súmula 7. O ministro Fischer constatou que o tribunal de segunda instância reconheceu de forma cabal, por documentos e testemunhos, da mesma forma que o juiz de primeiro de grau, que o administrador efetivamente, à época dos fatos descritos na denúncia, figurava como sócio-gerente da empresa.

Na ocasião, o ministro Fischer teceu algumas considerações acerca da diferença entre reexame e revaloração de prova. Ele explicou que a revaloração de elementos aceitos pelo acórdão do tribunal de origem é questão jurídica e que não se pode negar às instâncias superiores a faculdade de examinar se o direito à prova foi malferido ou se os juízes negaram o direito que as partes têm de produzi-la. Isto é, "não é só em consequência do erro de direito que pode haver má valoração da prova. Ela pode decorrer também do arbítrio do magistrado ao negar-se a admiti-la".

Livre convencimento

Um dos precedentes que inauguraram a tese de revaloração da prova no STJ é de 1998. A Quinta Turma, em recurso especial interposto pelo assistente de acusação, restabeleceu a sentença que condenou um motorista por homicídio culposo ao volante (REsp 184.156).

Testemunhas foram uníssonas ao afirmar que o veículo era conduzido em alta velocidade. Porém, como duas perícias de universidades renomadas foram divergentes quanto à velocidade, os desembargadores, por maioria, adotaram a presunção de inocência para absolver o motorista no julgamento de apelação.

O relator do recurso no STJ, ministro Felix Fischer, baseou-se no amplo debate ocorrido na segunda instância, para concluir que não se poderia negar a prova testemunhal (admitida e especificada em segundo grau) em "proveito de especulações teóricas" para chegar a uma suposta dúvida fundada, a ponto de absolver o réu.

O relator destacou em seu voto que o princípio do livre convencimento, que exige fundamentação concreta vinculada à prova dos autos, não se confunde com o princípio da convicção íntima. De acordo com o ministro Fischer, a convicção pessoal, subjetiva, do magistrado, alicerçada em outros aspectos que não a prova dos autos, não se presta para basear uma decisão.

O princípio do livre convencimento, asseverou, não afastou o magistrado do dever de decidir segundo os ditames do bom senso, da lógica e da experiência. A apreciação da prova não pode ser "imotivável e incontrolável", do contrário seria arbitrária, explicou o ministro. E sempre que tais limites se mostrem violados, a matéria é suscetível de recurso ao STJ.

Prova já delineada

A Primeira Turma também já considerou possível a revaloração da prova delineada nos autos. Num dos recursos que discutiu a tese, em 2006, o então ministro do STJ Luiz Fux, atualmente no Supremo Tribunal Federal (STF), baseou-se em passagens do voto-condutor do julgamento no Tribunal de Justiça de São Paulo para atender a recurso interposto por uma contribuinte (REsp 734.541).

O debate foi sobre a prescindibilidade ou não da existência de sintomas de câncer para que uma servidora pública aposentada, que sofreu extirpação da mama esquerda em decorrência da doença, em 1984, continuasse isenta do Imposto de Renda.

O ministro Fux considerou possível revalorar a prova e restabelecer a sentença, em que o perito afirma, sem possibilidade de qualquer dúvida, que a autora é portadora da doença. Na decisão, a própria assistente técnica do município de São Paulo (réu na ação) afirma que "existem chances de cura, após o período preconizado de acompanhamento e tratamento, caso não surjam recidivas e metástase, isto é, o paciente pode ser considerado curado, desde que a doença não volte".

De acordo com o ministro, a revaloração da prova delineada na decisão recorrida, suficiente para a solução do caso, é, ao contrário do reexame, permitida no recurso espe-

cial. No caso, o próprio acórdão do TJSP, em algumas passagens, reconheceu que "a cura, em doenças com alto grau de retorno, nunca é total", e mais: "O que se pode dizer é que, no momento, em face, de seu histórico pessoal, não apresenta ela sintomas da doença."

Valor de indenização

Em 2009, ao julgar um recurso, o então desembargador convocado Paulo Furtado afirmou, na Terceira Turma, que o STJ havia alguns anos começava a afastar o rigor da técnica do recurso especial para controlar o montante arbitrado pela instância ordinária a título de dano moral (REsp 785.777).

O objetivo era impedir o estabelecimento de uma "indústria do dano moral" Assim, destacava o magistrado, o STJ, em situações especialíssimas, como a de arbitramento de valores por dano moral ínfimos ou exorbitantes, se pronuncia nos casos concretos para aferir a razoabilidade do valor destinado à amenização do abalo moral.

"Não se tem dúvida de que esta Corte, ao reexaminar o montante arbitrado pelo tribunal a quo *nesta situação, mergulha nas particularidades soberanamente delineadas pela instância ordinária para aferir a justiça da indenização (se ínfima, equitativa ou exorbitante), afastando-se do rigor da técnica do recurso especial, consubstanciada, na hipótese em tela, pela Súmula7/STJ", observou o desembargador convocado.*

Posição semelhante adotou a Quarta Turma, em julgamento que tratou de ação de reconhecimento de tempo de serviço ajuizadas contra o INSS. Os ministros entenderam que não ofende o princípio da Súmula 7 emprestar, no julgamento do recurso especial, significado diverso aos fatos estabelecidos pelo acórdão da segunda instância (REsp 461.539).

O relator, ministro Hélio Quaglia Barbosa, esclareceu: "Inviável é ter como ocorridos fatos cuja existência o acórdão negou ou negar fatos que se tiveram como verificados." De acordo com o ministro, o voto proferido em recurso especial em momento algum negou os elementos fáticos reconhecidos no acórdão do Tribunal Regional Federal da 5ª Região (TRF5), apenas, com base neles, chegou a entendimento diverso, restabelecendo decisão de primeiro grau.

Conforme anota Rodolfo Mancuso, *"em princípio, v.g., a valoração da prova se insere no campo da matéria fática, porque para tal o juiz procede conforme seu livre convencimento, avaliando os subsídios produzidos pelas partes (RTJ 47/276); não assim, porém, quando o fundamento do recurso seja o 'error juris' do julgador na aplicação dos 'princípios sobre a prova', como, v.g., se ele admitiu prova exclusivamente testemunhal num caso em que isso era vedado pelo art. 401 do CPC (de 1973), ou se ele baralhou os conceitos de 'prova ilícita' e prova obtida por 'meio ilícito'; ou, ainda, se inverteu o ônus da prova em modo afrontoso ao disposto no art. 6º, inc. VIII, do CDC; ou, enfim, se empregou a distribuição dinâmica do ônus da prova, técnica ainda não positivada dentre nós".*[144]

Ressalte-se que a distribuição dinâmica do ônus da prova foi inserida expressamente no art. 373, §1º, do atual C.P.C., que assim dispõe:

> Art. 373. O ônus da prova incumbe:
> *I – ao autor, quanto ao fato constitutivo de seu direito;*
> *II – ao réu, quanto à existência de fato impeditivo, modificativo ou extintivo do direito do autor.*
>
> *§ 1º Nos casos previstos em lei ou diante de peculiaridades da causa relacionadas à impossibilidade ou à excessiva dificuldade de cumprir o encargo nos termos do caput ou à maior facilidade de obtenção da prova do fato contrário, poderá o juiz atribuir o ônus da prova de modo diverso, desde que o faça por decisão fundamentada, caso em que deverá dar à parte a oportunidade de se desincumbir do ônus que lhe foi atribuído.*
>
> *§ 2º A decisão prevista no § 1º deste artigo não pode gerar situação em que a desincumbência do encargo pela parte seja impossível ou excessivamente difícil.*
>
> *§ 3º A distribuição diversa do ônus da prova também pode ocorrer por convenção das partes, salvo quando:*
> *I – recair sobre direito indisponível da parte;*
> *II – tornar excessivamente difícil a uma parte o exercício do direito.*
>
> *§ 4º A convenção de que trata o § 3º pode ser celebrada antes ou durante o processo.*

Portanto, a distribuição jurídica dinâmica do ônus da prova poderá ser avaliada pelo S.T.J. por meio de recurso especial.

O Supremo Tribunal Federal, para efeito de aplicação da Súmula 279, faz uma nítida diferença entre 'prova falsa' e 'prova ilícita, aplicando a súmula em relação àquela e não em face dessa. Sobre o tema, eis os seguintes precedentes:

> *(...).*
> *8. Essa base jurídica do acórdão não atenta contra os arts. 14, § 3º, inciso II, e 15, IV, da Constituição Federal. Desses dispositivos não resulta autorização para que*

---
[144] MANCUSO, R. C., op. cit., p. 151.

prevaleça registro de candidato amparado em prova falsa. Inviabilidade de reexame, em recurso extraordinário, da matéria concernente a fatos e provas sobre a falsidade do documento reconhecida no acórdão. 9. Aplicação das Súmulas 279 e 283. 10. Recurso extraordinário não conhecido.

(RE 179986, Relator(a): Min. NÉRI DA SILVEIRA, Tribunal Pleno, julgado em 09/11/1996, DJ 04-10-1996 PP-37110 EMENT VOL-01844-03 PP-00481)

Habeas corpus. 2. Inviolabilidade de domicílio (art. 5º, IX, CF). Busca e apreensão em estabelecimento empresarial. Estabelecimentos empresariais estão sujeitos à proteção contra o ingresso não consentido. 3. Não verificação das hipóteses que dispensam o consentimento. 4. Mandado de busca e apreensão perfeitamente delimitado. Diligência estendida para endereço ulterior sem nova autorização judicial. Ilicitude do resultado da diligência. 5. Ordem concedida, para determinar a inutilização das provas.

(HC 106566, Relator(a): Min. GILMAR MENDES, Segunda Turma, julgado em 16/12/2014, PROCESSO ELETRÔNICO DJe-053 DIVULG 18-03-2015 PUBLIC 19-03-2015)

Conclui-se que é possível a valoração da prova no âmbito do recurso extraordinário ou do recurso especial quando essa valoração ocorre entre a prova e o contexto normativo (regra ou princípio) previsto na lei ou na Constituição.

Por sua vez, não será possível a análise da prova no âmbito do recurso extraordinário ou do recurso especial quando essa análise se dá entre a prova e o contexto fático previsto na demanda judicial.

Assim, a valoração da prova permitida no âmbito do recurso especial ou extraordinário ocorre quando há equivoco na aplicação de um princípio ou de uma regra jurídica ou a negativa de aplicação dessas mesmas espécies normativas no âmbito da produção probatória existente numa dada relação jurídica processual.

Também adoto o posicionamento de Rodolfo Mancuso quando afirma que os conceitos vagos ou indeterminados que possam gerar expressões plurívocas, podem ser objetos de *repercussão geral* para efeito de recurso extraordinário. O eminente processualista dá o exemplo envolvendo *organismo geneticamente modificado*, que, em princípio, se caracterizaria como matéria de fato, sendo resolvido por meio de matéria de prova, perante as instâncias ordinárias. Porém, não parece razoável que uma lide envolvendo tema de tamanha magnitude, atualidade e relevância para todo o País possa ter acesso negado ao S.T.F.[145]

Conforme afirma Rodolfo Mancuso: *"Pese a notória dificuldade para se alcançar o vero conteúdo (compreensão/extensão) de uma expressão vaga ou indeterminada, é inegável que se trata de um problema 'eminentemente jurídico'"*.[146]

Os conceitos vagos ou indeterminados, quando objeto de sua incidência jurídica, também poderão ser avaliados pelo S.T.J. por meio de recurso especial.

É por isso que o S.T.J. tem admitido recurso especial em que se discute se uma determinada verba honorária é 'irrisória' ou 'exorbitante', pois não obstante o termo 'irrisório' possa ser considerado uma expressão vaga ou indeterminada, sua extensão ou aplicação pode ser avaliada no âmbito jurídico, especialmente no âmbito dos princípios jurídicos. Sobre o tema, eis o seguinte precedente:

> *1. No presente caso, a pretensão de modificar o quantum fixado a título de honorários advocatícios esbarra na Súmula nº 7/STJ, salvo se manifestamente irrisórios ou exorbitantes, hipótese não configurada na espécie.*
>
> *3. Agravo regimental a que se nega seguimento.*
>
> (AgRg no REsp 1267707/SE, Rel. Ministro LUIS FELIPE SALOMÃO, QUARTA TURMA, julgado em 24/03/2015, DJe 31/03/2015).

A possibilidade de se interpor recurso especial em relação à aplicação jurídica dos termos 'vagos' ou 'indeterminados' tornou-se ainda mais evidente em face do que dispõe o art. 489, §1º, inc. II, do novo C.P.C., que assim dispõe:

> *Art. 489. São elementos essenciais da sentença:*
>
> *I – o relatório, que conterá os nomes das partes, a identificação do caso, com a suma do pedido e da contestação, e o registro das principais ocorrências havidas no andamento do processo;*
>
> *II – os fundamentos, em que o juiz analisará as questões de fato e de direito;*

---

[145] MANCUSO, R. C., idem, p. 154.
[146] MANCUSO, R., idem, p. 154.

III – o dispositivo, em que o juiz resolverá as questões principais que as partes lhe submeterem.

§ 1o Não se considera fundamentada qualquer decisão judicial, seja ela interlocutória, sentença ou acórdão, que:
I – se limitar à indicação, à reprodução ou à paráfrase de ato normativo, sem explicar sua relação com a causa ou a questão decidida;
II – empregar conceitos jurídicos indeterminados, sem explicar o motivo concreto de sua incidência no caso;
III – invocar motivos que se prestariam a justificar qualquer outra decisão;
IV – não enfrentar todos os argumentos deduzidos no processo capazes de

Portanto, o S.T.J., por meio de recurso especial, poderá analisar se uma determinada sentença está ou não devidamente fundamentada, devendo, para tanto, ingressar na concepção jurídica o termo 'vago' ou 'indeterminado', até para que possa saber se o juiz efetivamente explicou o motivo concreto de sua incidência no caso.[147]

---

[147] Sobre a questão dos conceitos 'vagos' ou 'indeterminados', e com base nos ensinamentos de Michele Taruffo, já tivemos oportunidade de afirmar em nossa obra *Código de Processo Civil – Anotado, Comentado e Interpretado*. Vol. II (Arts.318 a 692). São Paulo: Editora Almedina (Portugal), 2015, p. 786 e 787:

"Diante de conceitos normativos vagos, o juiz deve explicar os motivos concretos que justificam a sua aplicação ao caso concreto. É bem verdade que a doutrina também sustenta que diante de determinadas situações há dificuldade de se explicar quais seriam os motivos concretos que justificam a aplicação de um determinado conceito normativo impreciso. Para essas situações já há teorias específicas, como é o caso da teoria dos 'fuzzy sets'. Esta teoria parte de um escrito de Lofti Zadeh de 1965 e conheceu em poucos anos uma amplíssima elaboração, especialmente no âmbito dos denominados 'sistemas expertos' em setores que antes não eram suscetíveis de tratamento informatizado. A lógica dos 'conjuntos fuzzy' tem, com efeito, a grande vantagem, em relação à dos 'conjuntos precisos', de permitir esse tratamento pondo a base de cálculo e de programação em muitos setores caracterizados pela 'vagueza irredutíveis dos conceitos empregados'. A teoria dos 'conjuntos fuzzy' considera a vagueza não como um inconveniente a eliminar senão como uma característica inelinimável e pretende construir procedimentos racionais acerca dos conceitos vagos. Trata-se, pois, de uma teoria do 'raciocínio inexato', ou 'aproximado', que encontra sua base na possibilidade de formular inferências entre proposições fundadas em noções vagas ou conceitos imprecisos. Em termos da teoria dos conjuntos isto implica um conceito de conjunto não exatamente determinado, no sentido de que pertencer o indivíduo ao conjunto não está exatamente determinado em termos absolutos positivos ou negativos, senão que somente é definível por graus; daí a definição dos 'fuzzy sets' como funções de grau de pertencer e a possibilidade de construir cálculos referentes às relações entre sistemas vagos. Evidentemente que não é nosso objetivo discutir o desenvolvimento matemático e

7.2.1.5. Correção da injustiça do julgado recorrido

Entende parte da doutrina que o recurso especial ou extraordinário não se destina à revisão de *decisões injustas*, pois não seria o S.T.J. ou o S.T.F. mais um tribunal superior revisor ou de apelação, mas, sim, tribunais superiores que têm por objetivo zelar pela validade, autoridade, uniformidade interpretativa e, enfim, pela inteireza positiva do direito constitucional ou direito federal.[148]

Nas palavras de Athos Gusmão Carneiro: *"o recurso especial não foi concebido como instrumento para corrigir erros ou injustiças".*[149]

Porém, penso que a missão de qualquer órgão jurisdicional é justamente realizar a justiça por meio do direito, conforme disposição expressa prevista no art. 35 do Código Ibero-Americano de Ética Judicial: *El fin último de la actividad judicial es realizar la justicia por medio del Derecho.*

---

informático da teoria dos fuzzy, mas, sim, indicar a demonstração da possibilidade de se construir procedimentos racionais que tenham por objeto conceitos vagos. Em outras palavras, a vagueza não é por si só um fato de subjetivismo ou de irracionalidade: simplesmente é uma característica muito frequente em princípio irredutível de linguagem, que requer uma lógica especial para ser formalizada, porém que não exclui a priori toda possível racionalização. Na realidade, em linhas gerais, o que importa nesta análise é o grau de pertencer ao conjunto vago, isto é, o significado de qualificações vagas relativas a valores ou a quantidades, não podem ser indicados com números senão com séries de números que definem o conjunto. Em outras palavras, conceitos vagos como 'alto', 'pesado' ou 'preço baixo' não podem ser indicados com uma só medida, porém podem ser indicados com escalas de medida. "Alto" pode, portanto, corresponder a um valor indeterminado entre 1,70 e 2,00 m; 'pesado' pode corresponder a um valor entre 1 e 10 Kg, 'preço baixo' pode corresponder a um valor entre 100 e 1.000 reais e assim sucessivamente. Deste modo, a vagueza das qualificações não é eliminada, porém tampouco persiste como fator capaz de impedir uma argumentação racional. Aquela é, ao contrário, reduzida e convertida em calculável: um valor incerto resulta menos incerto se se estabelecem os limites da escala entre os que aquele se situa (e ainda menos incerto se a escala está composta por valores discretos e determinados); essa escala funciona pois como definição do conjunto vago e sobre essa base se funda a possibilidade do cálculo informático. Evidentemente que o juiz ao se utilizar das cláusulas gerais tem por finalidade dar maior operatividade aos princípios jurídicos, pois, em tese, as cláusulas gerais possibilitam a introdução de valores éticos para permitir a operatividade dos princípios jurídicos. Os critérios traçados pela doutrina para se identificar uma cláusula geral normativa são: a) a sua extensão semântica; b) o forte teor valorativo; c) a utilização de conceitos jurídicos indeterminados. São exemplos de cláusula geral e de princípios jurídicos: boa-fé objetiva; má fé; função social da propriedade; culpa in contrahendo".

[148] Mancuso, R., idem, p. 143.
[149] Carneiro, Athos Gusmão. *Recurso especial, agravos e agravo interno.* 6ª ed. Rio de Janeiro: Gen-Forense, 2009. p. 15.

Em que pese os Tribunais Superiores sofram limitação cognitiva horizontal em relação à matéria que pode ser objeto dos recursos especial e extraodinário, isso não significa que a solução jurídica que deva dar ao objeto do recurso especial ou extraordinário esteja à margem do fim último da atividade jurisdicional que é justamente a realização da *justiça* por meio do Direito.

Na realidade, não se pode garantir a autoridade da lei ou da Constituição Federal sem ser por meio do exercício da *Justiça* no processo e da *Justiça* da decisão.

Segundo Antonio Carrata, o significado de *justo processo* decorre da tradução latina do *dues process of law* de origem etimológica anglo-saxã, e tem por objetivo a salvaguarda dos princípios Constitucionais sobre as matérias que regulam a função jurisdicional. Contudo, continua o mestre italiano, não se pode olvidar que a expressão justo processo evoca algo mais, isto é, a denominada '*justiça da decisão*'.[150]

O que se pretende evidenciar num processo democrático contemporâneo, é *"la contrapposizione tra una concezione della giustiza del processo che trova i suoi limiti nel concetto di regolarità data dal rispetto del dato normativo (le garanzie processuali formulate in costituzione), ed una concezione di giustizia del processo che invece intende tali garanzie quali strumenti, sì necessari, ma non sufficienti, per pervenire ad una decisione giusta, essendo garanzia di giustizia della decisione anche un accertamento veritiero dei fatti di causa, poichè come è stato detto 'una decisione di mertio basata su una rappresentazione della realtà difforme dal vero non tutela il diritto ma necessariamente lo viola".*[151]

Conforme afirma John Rawls, na sua Teoria da justiça, *"il processo giurisdizionale è un fenômeno riconducibile al concetto di giustizia procedurale imperfetta, in cui la procedura non garantisce la certeza di giungere ad una decisione giusta"*.[152]

Não há dúvida de que o legislador constitucional, ao disciplinar os princípios constitucionais do devido processo legal para o exercício da

---

[150] CARRATA, Antonio. Prova e convincimento del giudice nel processo civile. *In Rivista di Diritto Processuale*, Bologna, CEDAM, Anno LVIII, gennaio-marzo, 2003, p. 36.
[151] BERTOLINO, Giulia, *Giusto processo civile e giusta decisione – riflexioni sul concetto di giustizia procedurale in relazione al valore della accurateza delle decisión nel processo civile*. Tese de Doutorado em Alma Mater Studiorum – Universidade di Bologna (XIX CICLO), p. 16.
[152] BERTOLINO, G., idem, ibidem, p. 95.

jurisdição teve por objetivo a concretização de um *'justo processo'*. Mas, evidentemente, somente o respeito formal às normas impositivas (critério importante para se conseguir um 'processo justo') não é suficiente à concretização de uma *justa decisão*. Na verdade, *"o respeito aos princípios do denominado justo processo é necessário para a existência de uma decisão 'constitucionalmente legítima', mas não é suficiente para ter uma decisão que possa afirmar-se 'justa'.*[153]

Daí por que, delimitar-se o fim último da atividade jurisdicional com base no princípio do 'justo processo' decorrente da Constituição como significado da observância das garantias processuais em si, é insuficiente, e significaria inserir o processo numa perspectiva meramente formalista. Tal perspectiva ignora que a real função do processo é de produzir decisões que sejam conforme as expectativas jurídicas do cidadão, e que a função das garantias processuais não é um fim em si mesma, *"ma di fungere da meccanismo di protezione per i singoli contro quei pericoli di ingiustizia della decisione che possono caratterizzare una procedura imperfetta qual è quella giurisdizionale".*[154]

Não obstante os artigos 111 da Constituição italiana e 24 da Constituição espanhola possam ser considerados como paradigmáticos na estruturação dos aspectos formais de um 'justo processo', o certo é que apenas isso não é suficiente para se alcançar uma *justa decisão*, uma vez que os aspectos materiais são fundamentais para a realização desse desiderato.

Ao se buscar um conteúdo material para as cláusulas do *due process of law*, deve-se ter em mente a seguinte advertência de Michele Taruffo: *"a ideologia segundo a qual o processo deve ser concluído com uma decisão justa parece coerente com uma interpretação não formalista e não meramente repetitiva da clausula constitucional do 'giusto processo".*[155]

Quando se pensa para além de um "justo processo" delimitado ao seu aspecto formal, faz-se uma reflexão de que o processo venha a ser um instrumento de real realização dos direitos e não apenas um sistemático instrumento para rendê-los sem eficácia e sem efetividade. O que se pre-

---

[153] CARRATA, A., op. Cit., p. 37.
[154] BERTOLINO, G., op. Cit., p. 125.
[155] TARUFFO, Michele. Poteri probatori delle parti e del giudice in Europa, *In: Rivista Trimestrale di Diritto e Procedura Civile*, Milano, Giuffrè, 2006, p. 476 e s.

tende é a *justiça do processo* vinculada com *a justiça da decisão* e não sua mera regularidade ou legalidade formal.

Deseja-se prescrever uma concepção cognitivista e não meramente decisionista do processo jurisdicional, inclusive no âmbito do recurso extraordinário ou do recurso especial, onde o acertamento verdadeiro dos fatos e do direito constitua um fundamento regulativo ideal.

O processo não é pura técnica, nem sua análise circunscreve-se na cultura técnica; a técnica serve para fabricar o instrumento processual, enquanto que a ideologia determina os fins que o processo deve perseguir. Os dois são conjuntamente necessários e isoladamente insuficientes: *"la tecnica senza l'ideologia è vuota, mentre l'ideologia senza la tecnica è impotente"*.[156]

Em síntese, *"sara giusto quel processo strutturato in maniera strumentale al raggiungimento di una giusta decisione,il cui criterio esterno di giustizia sia riferibile ao diritto sostanziale, e dove la verificazione empirica della fattispecie constituisca una condizione necessaria per la giustificazione razionale della decisione stessa"*.[157]

Por isso, não se pode comungar com o entendimento de que o Supremo Tribunal Federal (no âmbito do recurso extraordinário) ou o Superior Tribunal de Justiça (no âmbito do recurso especial) não tenham qualquer compromisso com a *justa decisão*.

Não obstante a cultura jurídica conservadora e reativa a qualquer mudança do pensamento jurídico e dogmático de que não há espaço no recurso extraordinário ou no recurso especial com a 'justiça da decisão', pode-se observar que por vezes esses tribunais vão além de um *justo processo*, ingressando também no campo delimitativo de uma *justa decisão*.

Observa-se a preocupação com a *justiça da decisão* nos seguintes precedentes do S.T.J.:

> – *"O erro de fato a autorizar a procedência da ação, com fundamento no artigo 485, inciso IX, do Código de Processo Civil e orientando-se pela solução **pro misero**, consiste no reconhecimento da desconsideração de prova constante dos autos"* (AR 2.544/MS, Rel. Ministra MARIA THEREZA DE ASSIS MOURA, TERCEIRA SEÇÃO, julgado em 28/10/2009, DJe 20/11/2009).

---

[156] TARUFFO, M., idem, ibidem, loc. Cit.
[157] BERTOLINO, G., op. Cit., p. 83.

(...).
(AgRg no REsp 799.392/SP, Rel. Ministra MARILZA MAYNARD (DESEMBARGADORA CONVOCADA DO TJ/SE), SEXTA TURMA, julgado em 22/04/2014, DJe 05/05/2014).
(...).

3. Na espécie, não se verifica a apontada majoração indevida do auxílio-acidente para o percentual de 50% com amparo na Lei nº 9.032/91, haja vista que o segurado, porque não estava no gozo desse benefício, que indevidamente lhe foi denegado em 1992, não recebia percentual algum, não sendo possível majorar algo que não existia.

*4. Não havendo correspondência de proporção entre o auxílio suplementar que o autor recebia, que era fixado em 20% do salário de contribuição, e os percentuais de 30%, 40% e 60% estabelecidos pela Lei nº 8.213/91, vigente à época dos fatos, para o auxílio-acidente, e não tendo o INSS fornecido nenhuma informação técnica-pericial sobre a questão, a adoção, no caso, do percentual de 50% para o auxílio-acidente, o mesmo que atualmente (e desde 1995) é prescrito pela Lei nº 8.213/91, com a redação que lhe conferiu a Lei nº 9.032/95, encontra amparo nos princípios da razoabilidade, da proporcionalidade e da efetividade do processo, além de ser consonante com a **solução pro misero**.*

5. – Na condição de responsável pelos prejuízos patrimoniais causados ao segurado, não é cabível que o INSS invoque em sua defesa, após decorridos cerca de 20 anos, apontada ilegalidade ou defeito administrativo que resultou de sua própria gestão e deliberação, sendo ilegal que o autor, atualmente com 75 anos, seja penalizado, por uma segunda vez, por equívoco ao qual não deu causa e perpetrado, inteiramente, pela Administração Pública;

6. No período anterior à vigência da Lei nº 9.528/97, que alterou de modo restritivo a Lei nº 8.213/91, era possível a cumulação do auxílio-acidente com o benefício previdenciário de aposentadoria.

7. Na espécie, sendo incontroverso que a aposentação do autor ocorreu na vigência da Lei nº 8.213/91 e antes da edição da Lei nº 9.528/97, é possível a cumulação do auxílio-acidente com o benefício previdenciário da aposentadoria.

8. Agravo regimental a que se nega provimento.

(AgRg no REsp 1098099/SP, Rel. Ministro MARCO AURÉLIO BELLIZZE, QUINTA TURMA, julgado em 27/11/2012, DJe 05/12/2012)

Evidentemente, quando o S.T.J, ao analisar o recurso especial, leva em consideração para a solução do caso concreto o critério *'pro misero'*, tal manifestação insere-se nos critérios sócio-econômicos de uma *decisão justa*.

A *justiça da decisão* também ficou prefeitamente evidenciada no REsp 1112557, na sistemática de recurso repetitivo:

RECURSO ESPECIAL REPETITIVO. ART. 105, III, ALÍNEA C DA CF. DIREITO PREVIDENCIÁRIO. BENEFÍCIO ASSISTENCIAL. POSSIBILIDADE DE DEMONSTRAÇÃO DA CONDIÇÃO DE MISERABILIDADE DO BENEFICIÁRIO POR OUTROS MEIOS DE PROVA, QUANDO A RENDA PER CAPITA DO NÚCLEO FAMILIAR FOR SUPERIOR A 1/4 DO SALÁRIO MÍNIMO. RECURSO ESPECIAL PROVIDO.

1. A CF/88 prevê em seu art. 203, caput e inciso V a garantia de um salário mínimo de benefício mensal, independente de contribuição à Seguridade Social, à pessoa portadora de deficiência e ao idoso que comprovem não possuir meios de prover à própria manutenção ou de tê-la provida por sua família, conforme dispuser a lei.

2. Regulamentando o comando constitucional, a Lei 8.742/93, alterada pela Lei 9.720/98, dispõe que será devida a concessão de benefício assistencial aos idosos e às pessoas portadoras de deficiência que não possuam meios de prover à própria manutenção, ou cuja família possua renda mensal per capita inferior a 1/4 (um quarto) do salário mínimo.

3. O egrégio Supremo Tribunal Federal, já declarou, por maioria de votos, a constitucionalidade dessa limitação legal relativa ao requisito econômico, no julgamento da ADI 1.232/DF (Rel. para o acórdão Min. NELSON JOBIM, DJU 1.6.2001).

4. Entretanto, diante do compromisso constitucional com a dignidade da pessoa humana, especialmente no que se refere à garantia das condições básicas de subsistência física, esse dispositivo deve ser interpretado de modo a amparar irrestritamente a o cidadão social e economicamente vulnerável.

5. A limitação do valor da renda per capita familiar não deve ser considerada a única forma de se comprovar que a pessoa não possui outros meios para prover a própria manutenção ou de tê-la provida por sua família, pois é apenas um elemento objetivo para se aferir a necessidade, ou seja, presume-se absolutamente a miserabilidade quando comprovada a renda per capita inferior a 1/4 do salário mínimo.

6. Além disso, em âmbito judicial vige o princípio do livre convencimento motivado do Juiz (art. 131 do CPC) e não o sistema de tarifação legal de provas, motivo pelo qual essa delimitação do valor da renda familiar per capita não deve ser tida como único meio de prova da condição de miserabilidade do beneficiado. De fato, não se pode admitir a vinculação do Magistrado a determinado elemento probatório, sob pena de cercear o seu direito de julgar.

7. Recurso Especial provido.

(REsp 1112557/MG, Rel. Ministro NAPOLEÃO NUNES MAIA FILHO, TERCEIRA SEÇÃO, julgado em 28/10/2009, DJe 20/11/2009).

Sem dúvida, quando se julga com fundamento em *condições básicas de subsistência física*, protegendo-se o cidadão *social e economicamente vulnerável*, está se trazendo para dentro do recurso especial uma preocupação efetiva com a *justiça da decisão*.

Também na seguinte decisão pode-se perceber que o S.T.J. vai além de um *justo processo*:

> 1. *O STJ pacificou a orientação de que o quantum da verba honorária está sujeito a critérios de valoração previstos na lei processual e sua fixação é ato próprio dos juízos das instâncias ordinárias, às quais competem a cognição e a consideração das situações de natureza fática. Nesses casos, o STJ atua na revisão da verba honorária somente quando esta tratar de* **valor irrisório ou exorbitante**, *o que não se configura. Portanto, inafastável a conclusão de que o reexame das razões de fato que conduziram a Corte de origem a tal entendimento significaria usurpação da competência das instâncias ordinárias. Aplica-se o óbice da Súmula 7/STJ.*
>
> 2. *Agravo Regimental não provido.*
>
> (AgRg no REsp 1461675/RS, Rel. Ministro HERMAN BENJAMIN, SEGUNDA TURMA, julgado em 10/03/2015, DJe 06/04/2015)

Da mesma forma, quando o S.T.J. avalia o recurso especial em face do valor 'irrisório' da condenação em honorários, também está se valendo de critério de justiça e equidade para formular a solução ao caso concreto.

Observa-se também uma tendênca do S.T.F. em conjugar um *processo justo* com uma *decisão justa*, conforme o seguinte precedente:

> *EMENTA: RECURSO EXTRAORDINÁRIO COM AGRAVO (LEI Nº 12.322/2010) – SANÇÕES POLÍTICAS NO DIREITO TRIBUTÁRIO – INADMISSIBILIDADE DA UTILIZAÇÃO, PELO PODER PÚBLICO, DE MEIOS GRAVOSOS E INDIRETOS DE COERÇÃO ESTATAL DESTINADOS A COMPELIR O CONTRIBUINTE INADIMPLENTE A PAGAR O TRIBUTO (SÚMULAS 70, 323 E 547 DO STF) – RESTRIÇÕES ESTATAIS, QUE, FUNDADAS EM EXIGÊNCIAS QUE* **TRANSGRIDEM OS POSTULADOS DA RAZOABILIDADE E DA PROPORCIONALIDADE EM SENTIDO ESTRITO,** *CULMINAM POR INVIABILIZAR,* **SEM JUSTO FUNDA-**

MENTO, *O EXERCÍCIO, PELO SUJEITO PASSIVO DA OBRIGAÇÃO TRIBUTÁRIA, DE ATIVIDADE ECONÔMICA OU PROFISSIONAL LÍCITA – LIMITAÇÕES ARBITRÁRIAS QUE NÃO PODEM SER IMPOSTAS PELO ESTADO AO CONTRIBUINTE EM DÉBITO, SOB PENA DE OFENSA AO "SUBSTANTIVE DUE PROCESS OF LAW" – IMPOSSIBILIDADE CONSTITUCIONAL DE O ESTADO LEGISLAR DE MODO ABUSIVO OU IMODERADO (RTJ 160/140-141 – RTJ 173/807-808 – RTJ 178/22-24) – O PODER DE TRIBUTAR – QUE ENCONTRA LIMITAÇÕES ESSENCIAIS NO PRÓPRIO TEXTO CONSTITUCIONAL, INSTITUÍDAS EM FAVOR DO CONTRIBUINTE – "NÃO PODE CHEGAR À DESMEDIDA DO PODER DE DESTRUIR" (MIN. OROSIMBO NONATO, RDA 34/132) – A PRERROGATIVA ESTATAL DE TRIBUTAR TRADUZ PODER CUJO EXERCÍCIO NÃO PODE COMPROMETER A LIBERDADE DE TRABALHO, DE COMÉRCIO E DE INDÚSTRIA DO CONTRIBUINTE – A SIGNIFICAÇÃO TUTELAR, EM NOSSO SISTEMA JURÍDICO, DO "ESTATUTO CONSTITUCIONAL DO CONTRIBUINTE" – DOUTRINA – PRECEDENTES – RECURSO DE AGRAVO IMPROVIDO.*

(ARE 915424 AgR, Relator(a): Min. CELSO DE MELLO, Segunda Turma, julgado em 20/10/2015, ACÓRDÃO ELETRÔNICO DJe-241 DIVULG 27-11-2015 PUBLIC 30-11-2015)

A exigência de um *justo fundamento* para viabilizar uma metodologia mais gravosa contra o contribuinte, demonstra por parte do Ministro Celso de Mello, uma efetiva preocupação com a *justiça da decisão*.

8.
Fundamentos constitucionais para interposição do recurso extraordinário

O Supremo Tribunal Federal, como responsável pela tutela e guarda da Constituição e instância máxima do Poder Judiciário brasileiro, pode ser provocado a resolver causas decididas em única ou última instância por outros órgãos do Poder Judiciário, ou pela propositura de demandas constitucionais de sua competência originária.

Nesse tópico, nos interessa exclusivamente os fundamentos constitucionais que legitimam a interposição do *recurso extraordinário*.

O recurso extraordinário pode ser encaminhado ao S.T.F. diretamente ou por meio de agravo em recurso extraordinário, quando o órgão jurisdicional de origem não admite o seu encaminhamento à Corte Suprema.

O inc. III do art. 102 da Constituição Federal indica quais são os fundamentos constitucionais para a interposição do recurso extraordinário. Esses fundamentos são: a) a decisão recorrida contraria dispositivo da Constituição; b) a decisão recorrida declara a inconstitucionalidade de lei ou tratado; c) a decisão recorrida julga válida lei ou ato de governo local contestado em face da Constituição; d) a decisão recorrida julga válida lei local contestada em face de lei federal.

Vejamos cada uma dessas hipóteses normativas.

8.1. Recurso extraordinário – causa de pedir aberta ou fechada

Em relação às ações de controle concentrado de constitucionalidade, a causa de pedir há muito tempo já foi configurada como *aberta*. Isso significa dizer que a causa de pedir não se encontra delimitada pelos fundamentos de inconstitucionalidade ou constitucionalidade delineados pela parte autora, podendo o Supremo Tribunal Federal, por ocasião do julgamento, alcançar outros fundamentos que não aqueles até então apresentados.

O princípio da abertura da causa de pedir possibilita ao S.T.F. considerar argumentos não levantados pelo requerente, caso os identifique, mas não desincumbe este de indicar corretamente, na petição inicial, todos os fundamentos que entenda apropriados.

Essa maior liberdade epistêmica revela verdadeiro princípio de inteireza hermenêutica, que impõe ao Supremo Tribunal Federal uma leitura sempre global, unitária e harmônica da Constituição Federal, para garantir a maior proteção possível do conteúdo do seu texto.

Sobre o tema, eis as seguintes decisões do S.T.F.:

> *EMENTA: CONSTITUCIONAL. TRIBUTÁRIO. EMBARGOS DE DECLARAÇÃO EM AGRAVO REGIMENTAL EM RECURSO EXTRAORDINÁRIO. CPMF. CONSTITUCIONALIDADE. O Plenário desta colenda Corte, ao julgar a ADI 2.031, rejeitou todas as alegações de inconstitucionalidade do caput e dos §§ 1º e 2º do art. 75 do ADCT, introduzidos pela Emenda Constitucional 21/99.* **Isto porque as ações diretas de inconstitucionalidade possuem causa de pedir aberta.** *É dizer: ao julgar improcedentes ações dessa natureza, o Supremo Tribunal Federal afirma a integral constitucionalidade dos dispositivos questionados (Precedente: RE 343.818, Relator Ministro Moreira Alves). Embargos de declaração rejeitados.*
>
> (RE 372535 AgR-ED, Relator(a): Min. CARLOS BRITTO, Primeira Turma, julgado em 09/10/2007, DJe-065 DIVULG 10-04-2008 PUBLIC 11-04-2008 EMENT VOL-02314-05 PP-01047)
>
> *EMENTA: Recurso extraordinário. Contribuição Provisória sobre Movimentação ou Transmissão de Valores e de Crédito e de Direito de Natureza Financeira – CPMF (art. 75 introduzido no ADCT pela Emenda Constitucional nº 21/99). – Tendo o Pleno desta Corte, ao julgar a ADI 2.031, relatora a eminente Ministra Ellen Gracie, dado pela improcedência da ação quanto ao artigo 75, §§ 1º e 2º, introduzido no ADCT pela Emenda Constitucional nº 21/99, isso implica,* **em virtude da "causa petendi" aberta em ação dessa natureza,** *a integral constitucionalidade desses dispositivos com eficácia "erga omnes". – Ademais, é de notar-se que, nesse julgamento, se afastou, inclusive, a alegação de ofensa ao artigo 150, I, da Carta Magna por causa da perda de eficácia das Leis 9.311/96 e 9.539/97 pela promulgação tardia dessa Emenda, bem como se firmou o entendimento de que Emenda Constitucional pode criar ou majorar tributo, além de se decidir que não ocorreu violação do disposto no artigo 60, § 2º, da*

Carta Magna pela supressão, por parte da Câmara dos Deputados, da expressão "ou restabelecê-la", sem que a proposta houvesse retornado ao Senado. Recurso extraordinário não conhecido.
(RE 343818, Relator(a): Min. MOREIRA ALVES, Primeira Turma, julgado em 17/12/2002, DJ 07-03-2003 PP-00043 EMENT VOL-02101-04 PP-00674)

No que concerne às ações diretas de inconstitucionalidade, o grau de abertura da causa de pedir é de tal intensidade, que já há a possibilidade de se declarar a inconstitucionalidade de norma jurídica, não inserida na demanda, por *arrastamento*. Nesse sentido, eis os seguintes precedentes do S.T.F.:

Ementa: agravo regimental no recurso extraordinário. Execução contra a fazenda pública. Declaração de inconstitucionalidade por arrastamento do art. 5º da lei n. 11.960/2009. Ações diretas de inconstitucionalidade ns. 4.357 e 4.425. modulação de efeitos pendente. manutenção do sistema anterior. agravo regimental ao qual se nega provimento.
(RE 853568 AgR, Relator(a): Min. CÁRMEN LÚCIA, Segunda Turma, julgado em 03/02/2015, PROCESSO ELETRÔNICO DJe-030 DIVULG 12-02-2015 PUBLIC 13-02-2015).

1. A jurisprudência do Supremo Tribunal Federal firmou serem inconstitucionais normas que estabelecem vinculação de parcelas das receitas tributárias a órgãos, fundos ou despesas, por desrespeitarem a vedação do art. 167, inc. IV, da Constituição da República, e restringirem a competência constitucional do Poder Executivo para a elaboração das propostas de leis orçamentárias. Precedentes. 2. As restrições impostas ao exercício das competências constitucionais conferidas ao Poder Executivo, incluída a definição de políticas públicas, importam em contrariedade ao princípio da independência e harmonia entre os Poderes. 3. Improcedência da ação quanto ao art. 332 da Constituição do Rio de Janeiro. A fixação de percentual de 2% da receita tributária do exercício destinada à Fundação de Amparo à Pesquisa – FAPERJ conforma-se ao art. 218, § 5º, da Constituição da República. Precedentes. 4. Com a declaração de inconstitucionalidade dos arts. 309, § 1º, e 314, caput, § 5º e da expressão "e garantirá um percentual mínimo de 10% (dez por cento) para a educação especial", da parte final do § 2º do art. 314, da Constituição do Estado do Rio de Janeiro, as normas regulamentadoras desses dispositivos – expressões "à UERJ e", "306, § 1º (atual 309), e" e "e, na hipótese da UERJ, sobre a sua receita tributária líquida" contidas no art. 1º da Lei estadual n. 1.729/1990 e art. 6º da Lei estadual n. 2.081/1993 – não têm fundamento de validade. Inconstitucionalidade por arrastamento. 5. Ação julgada parcialmente procedente para declarar a inconstitucionalidade dos arts. 309, § 1º, e 314, caput, § 5º e da expressão "e garantirá um percentual mínimo de 10% (dez por cento) para a educação especial", da parte final do § 2º do art. 314, todos da Constituição do Estado do Rio de Janeiro, e, por arrastamento, das expressões "à UERJ e", "306, § 1º (atual 309), e" e "e, na hipótese da UERJ, sobre a sua receita tributária líquida" do art. 1º da Lei fluminense n. 1.729/1990 e do art. 6º da Lei estadual n. 2.081/1993.

(ADI 4102, Relator(a): Min. CÁRMEN LÚCIA, Tribunal Pleno, julgado em 30/10/2014, ACÓRDÃO ELETRÔNICO DJe-027 DIVULG 09-02-2015 PUBLIC 10-02-2015)

É certo, porém, que o S.T.F., na ADIN n. 5081/DF, estabeleceu certo limite quanto à extensão da causa de pedir *aberta* no âmbito das ações de controle concentrado de constitucionalidade. Nesse julgamento, assim se pronunciou o relator, Ministro Luís Roberto Barroso:

(...).
Como se constata singelamente, o Supremo Tribunal Federal somente se pronunciou sobre a constitucionalidade formal da Resolução, tendo rejeitado a tese da ocorrência de usurpação de competência legislativa. A questão da ilegitimidade constitucional da perda de mandato nas hipóteses de cargos eletivos do sistema majoritário, objeto da presente ação, não foi suscitada em nenhum momento, seja na inicial, seja no voto do Ministro-Relator ou nas demais manifestações proferidas em Plenário. Como a causa de pedir nas ações de controle concentrado de constitucionalidade é aberta, nada impediria que esta questão fosse discutida nas ADIs 3.999/DF e 4.086/DF. Isso, porém, não ocorreu.

4. Nesses casos, em que esta Corte não se manifestou sobre a questão constitucional específica, entendo ser cabível a reapreciação da norma anteriormente considerada válida pelo Tribunal, sobretudo quando a análise da constitucionalidade do ato normativo ocorreu apenas sob o aspecto formal. A coisa julgada e a causa de pedir aberta no controle abstrato não devem funcionar como mecanismos para impedir a análise de questões constitucionais não apreciadas sobre o respectivo ato normativo. Caso assim não fosse, esta Corte permitiria a manutenção no ordenamento jurídico de dispositivos em aparente desacordo com a Constituição pelo simples fato de a sua validade, sob o ponto de vista formal, já haver sido atestada em julgamentos anteriores. A validade formal do diploma legal não garante imunidade a vícios de natureza material, e não se pode realisticamente supor que o Tribunal irá antever todos os possíveis vícios de inconstitucionalidade material nestas hipóteses.

5. Aliás, esse entendimento não é novo nesta Corte. Na ADI 2.182, o Supremo Tribunal Federal, em julgamento de questão de ordem, entendeu que a impugnação de diploma legislativo sob o ponto de vista formal não obriga a sua análise sob a perspectiva material, que poderia eventualmente ser reapreciada em outra ação específica com essa finalidade. Confira-se a ementa do julgado:

EMENTA: AÇÃO DIRETA DE INCONSTITUCIONALIDADE. 1. QUESTÃO DE ORDEM: PEDIDO ÚNICO DE DECLARAÇÃO DE INCONSTITUCIONALIDADE FORMAL DE LEI. IMPOSSIBILIDADE DE EXAMINAR A CONSTITUCIONALIDADE MATERIAL. 2. MÉRITO: ART. 65 DA CONSTITUIÇÃO DA REPÚBLICA. INCONSTITUCIONALIDADE FORMAL DA LEI 8.429/1992 (LEI DE IMPROBIDADE ADMINISTRATIVA): INEXISTÊNCIA. 1. Questão de ordem resolvida no sentido da impossibilidade de se examinar a constitucionalidade material dos dispositivos da Lei 8.429/1992 dada a circunstância de o pedido da ação direta de inconstitucionalidade se limitar única e exclusivamente à declaração de inconstitucionalidade formal da lei, sem qualquer argumentação relativa a eventuais vícios materiais de constitucionalidade da norma. 2. Iniciado o projeto de lei na Câmara de Deputados, cabia a esta o encaminhamento à sanção do Presidente da República depois de examinada a emenda apresentada pelo Senado da República. O substitutivo aprovado no Senado da República, atuando como Casa revisora, não caracterizou novo projeto de lei a exigir uma segunda revisão. 3. Ação direta de inconstitucionalidade improcedente.

Já em relação ao recurso extraordinário, controle difuso de constitucionalidade, havia até então uma forte tendência de se considerar a sua causa de pedir como sendo *fechada*.

Porém, em que pese as hipóteses do inc. III do art. 102 da Constituição federal indicarem os fundamentos legitimadores da interposição do recurso extraordinário, isso não significa dizer que a causa de pedir do referido recurso seja 'fechada'.

Ao contrário, observa-se pelas decisões proferidas pelo S.T.F. que a causa de pedir do recurso extraordinário é 'aberta', no sentido de que sendo o referido tribunal titular da guarda da Constituição, está ele legitimado a examinar a constitucionalidade de outras normas, ainda que não de interesse do recorrente, bem como, uma vez afastada a inconstitucionalidade de determinada norma, isso significa dizer que o S.T.F.

apreciou todos os argumentos possíveis sobre a constitucionalidade ou não da norma, ainda que não alegados.

Nesse sentido são os seguintes precedentes do S.T.F.:

> I. Recurso extraordinário: alínea "b": devolução de toda a questão de constitucionalidade da lei, sem limitação aos pontos aventados na decisão recorrida. Precedente (RE 298.694, Pl. 6.8.2003, Pertence, DJ 23.04.2004). II. Controle incidente de inconstitucionalidade e o papel do Supremo Tribunal Federal. Ainda que não seja essencial à solução do caso concreto, não pode o Tribunal – dado o seu papel de "guarda da Constituição" – se furtar a enfrentar o problema de constitucionalidade suscitado incidentemente (v.g. SE 5.206-AgR; MS 20.505). III. Medida provisória: requisitos de relevância e urgência: questão relativa à execução mediante precatório, disciplinada pelo artigo 100 e parágrafos da Constituição: caracterização de situação relevante de urgência legislativa. IV. Fazenda Pública: execução não embargada: honorários de advogado: constitucionalidade declarada pelo Supremo Tribunal, com interpretação conforme ao art. 1º-D da L. 9.494/97, na redação que lhe foi dada pela MPr 2.180-35/2001, de modo a reduzir-lhe a aplicação à hipótese de execução por quantia certa contra a Fazenda Pública (C. Pr. Civil, art. 730), excluídos os casos de pagamento de obrigações definidos em lei como de pequeno valor (CF/88, art. 100, § 3º).
> (RE 420816, Relator(a): Min. CARLOS VELLOSO, Relator(a) p/ Acórdão: Min. SEPÚLVEDA PERTENCE, Tribunal Pleno, julgado em 29/09/2004, DJ 10-12-2006 PP-00050 EMENT VOL-02255-04 PP-00722).

> I. Recurso extraordinário: letra a: possibilidade de confirmação da decisão recorrida por fundamento constitucional diverso daquele em que se alicerçou o acórdão recorrido e em cuja inaplicabilidade ao caso se baseia o recurso extraordinário: manutenção, lastreada na garantia da irredutibilidade de vencimentos, da conclusão do acórdão recorrido, não obstante fundamentado este na violação do direito adquirido. II. Recurso extraordinário: letra a: alteração da tradicional orientação jurisprudencial do STF, segundo a qual só se conhece do RE, a, se for para dar-lhe provimento: distinção necessária entre o juízo de admissibilidade do RE, a – para o qual é suficiente que o recorrente alegue adequadamente a contrariedade pelo acórdão recorrido de dispositivos da Constituição nele prequestionados – e o juízo de mérito, que envolve a verificação da compatibilidade ou não entre a decisão recorrida e a Constituição, ainda que sob prisma diverso daquele em que se hajam baseado o Tribunal 'a quo' e o recurso extraordinário. III. Irredutibilidade de vencimentos: garantia constitucional que é modalidade qualificada da proteção ao direito adquirido, na medida em que a sua incidência pressupõe a licitude da aquisição do direito a determinada remuneração. IV. Irredutibilidade de

vencimentos: violação por lei cuja aplicação implicaria reduzir vencimentos já reajustados conforme a legislação anterior incidente na data a partir da qual se prescreveu a aplicabilidade retroativa da lei nova.

(RE 298694, Relator(a): Min. SEPÚLVEDA PERTENCE, Tribunal Pleno, julgado em 06/08/2003, DJ 23-04-2004 PP-00009 EMENT VOL-02148-06 PP-01270 RTJ VOL 00192-01 PP-00292).

Sobre a questão da *causa de pedir aberta* no julgamento de recurso extraordinário com repercussão geral, assim se manifesta Tais Schilling Ferraz: *"Um dos exemplos de julgamento de mérito, em que o âmbito de cognição da questão constitucional não ficou restrito aos lindes do recurso extraordinário escolhido como paradigma, ocorreu na sessão em que decidido o RE 565.714, em que foi relatora a Ministra Cármen Lúcia. Na ocasião, a questão constitucional posta no recurso era saber se violava a Constituição Federal a adoção do salário mínimo como indexador e base de cálculo de adicional de insalubridade, pago a policiais miltares do Estado de São Paulo. A lei que estava tendo sua constitucionalidade examinada era a Lei Complementar paulista 432/85, em seu art. 3º. Os recorrentes pretendiam, a pretexto da inconstitucionalidade da vinculação de reajustes ao salário mínimo, transferir a base de cálculo do adicional de insalubridade para o total das remunerações. Ao decidir, a Corte positivou o entendimento de que o salário mínimo não pode ser utilizado como fator de indexação, sob pena de violação da parte final do inciso IV do art. 7º da Constituição Federal. Não examinou, porém, apenas a lei complementar paulista. O STF foi além, decidindo pela impossibilidade deste uso do salário mínimo como indexador para qualquer fim, seja no cálculo de adicionais, gratificações e outras vantagens decorrentes do trabalho, seja para policiais militares, servidores civis ou trabalhadores do regime celetista, chegando a editar, com base neste entendimento, súmula vinculante, cujo verbete resultou extremamente abrangente...Este precedente é de extrema importância e revela a possibilidade de abstração da questão constitucional, frente ao recurso que lhe dá origem, inclusive para permitir que outras leis, além daquela que está tendo sua constitucionalidade avaliada no recurso extraordinário paradigma, sejam alcançadas pelo entendimento que for assentado no julgamento, dispensando que o STF examine cada uma delas, quando sejam contestadas com base no mesmo suposto vício de validade".*[158]

---

[158] FERRAZ, Taís Schilling. Repercussão geral – muito mais que um pressuposto de admissibilidade. Coord. Leandro Paulsen. *Repercussão geral no recurso extraordinário*. Porto Alegre: Livraria do Advogado, 2011. p. 98.

É certo, porém, que o Ministro Ricardo Lewandowski, no RE 630.147/DF, assim se pronunciou nas notas taquigráficas: *"Presidente, peço a palavra pois eu tenho considerações a fazer. Presidente, em primeiro lugar, eu peço vênia para fazer a seguinte assertiva: nós estamos em sede recurso extraordinário, portanto,* **a causa de pedir não é aberta** *como nas ações diretas de inconstitucionalidade ou em outras ações objetivas".* No mesmo julgamento, rebateu o Ministro Gilmar Mendes: *Senhor Presidente, se Vossa Excelência me permitisse uma consideração: nós estamos adiantados na hora, e Vossa Excelência traz considerações que certamente vão contribuir de forma decisiva para que nos alonguemos nesse debate. Tenho anotações aqui sobre essa jurisprudência que me parece, hoje, pacífica, no Tribunal, quanto* **à ideia da causa petendi aberta***. Há possibilidade de que possamos tanto manter o acórdão por outro fundamento como eventualmente superá-lo por um outro fundamento. Eu cito, aqui, o Agravo Regimental na Sentença Estrangeira 5.206, da relatoria do Ministro Sepúlveda Pertence, e o RE 172.058, da relatoria do Ministro Marco Aurélio, e também o RE 298.694, da relatoria do Ministro Sepúlveda Pertence.*

Portanto, penso que há uma forte tendência no seio do próprio S.T.F. em considerar a causa de pedir do recurso extraordinário como *aberta*, assim como já ocorre com as ações de controle concentrado de constitucionalidade, aplicando-se, inclusive, no âmbito do RE, a possibilidade de declaração de inconstitucionalidade de norma *por arrastamento*. Nesse sentido é o seguinte precedente do S.T.J., publicado no Informativo STF, n. 832, de 1º de agosto de 2016:

> *Princípio da legalidade tributária: taxa e ato infralegal – 4*
>
> *No RE 704292/PR, em que reconhecida a repercussão geral da controvérsia, discute-se a natureza jurídica da anuidade de conselhos de fiscalização profissional, bem como a possibilidade de fixação de seu valor por meio de resolução interna de cada conselho. O Colegiado negou provimento ao recurso e declarou a inconstitucionalidade do art. 2º da Lei 11.000/2004, de forma a excluir de sua incidência a autorização dada aos conselhos de fiscalização de profissões regulamentadas para fixar as contribuições anuais devidas por pessoas físicas ou jurídicas.* **Por arrastamento, também reputou inconstitucional a integralidade do § 1º do aludido preceito.** *Reportou-se aos fundamentos teóricos expendidos no caso anterior (RE 838.284/SC) para aduzir, no tocante à lei impugnada que, ao confiar ao ato infralegal a otimização dos princípios da capacidade contributiva e da isonomia, fixara diálogo com o regulamento. No entanto, ao prever a necessidade de graduação das anuidades conforme os níveis superior, técnico*

e auxiliar, não o fizera em termos de subordinação nem de complementariedade. Os dispositivos não estabelecem expectativas e criam situação de instabilidade institucional, deixando ao puro arbítrio do administrador o valor da exação. Não há previsão legal de qualquer limite máximo para a fixação do valor da anuidade. Tais preceitos fazem com que a deliberação política de obter o consentimento dos contribuintes deixe de ser do parlamento e passe para nível eminentemente administrativo: os conselhos de fiscalização, entidades autárquicas destituídas de poder político. Para o contribuinte, surge uma situação de intranquilidade e incerteza, pois não se sabe o quanto lhe poderá ser cobrado; para o fisco, significa uma atuação ilimitada e carente de controle. Tudo retrata que a remissão ao regulamento se dera de maneira insubordinada, inexistindo a delimitação do grau de concreção com que o elemento do tributo (seu valor) pode ser disciplinado pelo ato autorizado. Nesse sentido, o regulamento autorizado não complementa o aspecto quantitativo da regra matriz de incidência tributária (elemento essencial na definição do tributo), mas sim o cria, inovando, assim, a ordem jurídica. O grau de indeterminação com que opera o art. 2º da Lei 11.000/2004, na parte em que autoriza os conselhos de fiscalização de profissões regulamentadas a fixar as contribuições anuais devidas por pessoas físicas ou jurídicas relacionadas com suas atribuições, provocara a degradação da reserva legal, consagrada pelo art. 150, I, da CF. Isso porque a remessa ao ato infralegal não pode resultar em desapoderamento do legislador para tratar de elementos tributários essenciais. Para o respeito do princípio da legalidade, seria essencial que a lei (em sentido estrito) prescrevesse o limite máximo do valor da exação, ou os critérios para encontrá-lo, o que não ocorrera.

RE 704292/PR, rel. Min. Dias Toffoli, 30.6.2016. (RE-704292)

RE 838284/SC, rel. Min. Dias Toffoli, 30.6.2016. (RE-838284)

8.2. Hipóteses constitucionais que fundamentam a interposição do recurso extraordinário

O art. 102, inc. III, letras 'a' a 'd', estabelece quais seriam as hipóteses constitucionais que legitimam a interposição do recurso extraordinário.

Essas hipóteses são: a) contrariar dispositivo da Constituição; b) declarar a inconstitucionalidade de tratado ou lei federal; c) julgar válida lei ou ato de governo local contestado em face da Constituição. d) julgar válida lei local contestada em face de lei federal. (Incluída pela Emenda Constitucional nº 45, de 2004)

Vejamos cada uma dessas situações jurídicas.

8.2.1. Decisão recorrida contraria dispositivo da Constituição

Quando o texto constitucional legitima a interposição de recurso extraordinário na hipótese de a decisão recorrida contrariar dispositivo da Constituição, isso não significa dizer que o confronto se dá com o texto escrito previsto na Constituição, mas, sim, com a norma constitucional que se extrai pela interpretação e compreensão da regra escrita na Constituição Federal.

Portanto, não se pode confundir o texto com a norma constitucional.

8.2.1.1. Direito pré-constitucional

O primeiro fundamento que legitima a interposição do recurso extraordinário ocorre quando a decisão recorrida contraria dispositivos da Constituição.

Mas de qual Constituição está tratando a letra 'a' do inc. III do art. 102 da C.F.? A atual ou as anteriores.

Em se tratando de controle incidental de constitucionalidade, mais especificamente da ação direta de inconstitucionalidade, o controle não incidirá sobre direito *pré-constitucional*, conforme ficou bem delineado na ADI n 2/DF, Relator Ministro Paulo Brossard, *in verbis*:

> *1. A lei ou é constitucional ou não é lei. Lei inconstitucional é uma contradição em si. A lei é constitucional quando fiel à Constituição; inconstitucional na medida em que a desrespeita, dispondo sobre o que lhe era vedado. O vício da inconstitucionalidade é congênito à lei e há de ser apurado em face da Constituição vigente ao tempo de sua elaboração. Lei anterior não pode ser inconstitucional em relação à Constituição superveniente; nem o legislador poderia infringir Constituição futura. A Constituição sobrevinda não torna inconstitucionais leis anteriores com ela conflitantes: revoga-as. Pelo fato de ser superior, a Constituição não deixa de produzir efeitos revogatórios. Seria ilógico que a lei fundamental, por ser suprema, não revogasse, ao ser promulgada, leis ordinárias. A lei maior valeria menos que a lei ordinária. 2. Reafirmação da antiga jurisprudência do STF, mais que cinqüentenária. 3. Ação direta de que se não conhece por impossibilidade jurídica do pedido.*
>
> (ADI 2, Relator(a): Min. PAULO BROSSARD, Tribunal Pleno, julgado em 06/02/1992, DJ 21-11-1997 PP-60585 EMENT VOL-01892-01 PP-00001)

O objeto de pretensão inserido na ADI n. 2, pela Federação Nacional de Estabelecimento de Ensino – FENEN, dizia respeito à inconstitucionalidade dos arts. 1º e 3º do Decreto-lei n. 532 de 1969, e 2º a 5º do Decreto federal n. 95.921 de 14 de abril de 1988.

No voto do ex. Min. PAULO BROSSARD ficou assim consignado: *"Em se tratando de leis anteriores à Constituição Federal vigente, não há que se cogitar – como tem entendido o STF – de inconstitucionalidade, mas, sim (e se for o caso), de revogação, matéria estranha à representação de inconstitucionalidade (RTJ 95.993 e 95.980).*

No mesmo sentido é o seguinte precedente do S.T.F.:

EMENTA DIREITO TRIBUTÁRIO. EXECUÇÃO FISCAL. LEI 6.830/ 1980. JUIZO DE RECEPÇÃO. ARTIGO 97 DA LEI MAIOR. RESERVA DE PLENÁRIO. VIOLAÇÃO INOCORRENTE. ACÓRDÃO RECORRIDO PUBLICADO EM 10.03.2011. Esta Corte, no julgamento da ADI 2/DF, Rel. Min. Paulo Brossard, Tribunal Pleno, DJ 21.11.1997, decidiu que o exame da compatibilidade de legislação pré-constitucional com a nova Carta não se confunde com a declaração de constitucionalidade ou inconstitucionalidade, pois se traduz em juízo de recepção ou não-recepção, razão pela qual não se vislumbra a alegada ofensa ao art. 97 da CF/88 ou à Súmula Vinculante 10/STF. As razões do agravo regimental não se mostram aptas a infirmar os fundamentos que lastrearam a decisão agravada. Agravo regimental conhecido e não provido.

(ARE 651448 AgR, Relator(a): Min. ROSA WEBER, Primeira Turma, julgado em 03/03/2015, ACÓRDÃO ELETRÔNICO DJe-056 DIVULG 20-03-2015 PUBLIC 23-03-2015)

Segundo Ingo Wolfgang Sarlet, *"pressuposto de manutenção em vigor e da geração de efeitos das normas infraconstitucionais anteriores é a sua compatibilidade com a nova constituição, o que significa que a existência de vícios anteriores, ou seja, eventual inconformidade em sentido formal e material com a constituição anterior, não é relevante para recepção, pela nova ordem constitucional, do direito anterior, mas apenas a conformidade com a nova constituição. Com efeito, o controle de constitucionalidade se verifica apenas e sempre em relação aos parâmetros materiais e formais postos pela constituição em vigor, de tal sorte que o que importa ao fim e ao cabo é que a norma anterior guarde sintonia com a constituição vigente, não com a revogada".*[159]

---

[159] SARLET, Ingo Wolfgang. A norma constitucional no 'tempo'. *In*: SARLET, Ingo Wolfang; MARINONI, Luiz Guilherme; MITIDIERO, Daniel. *Curso de Direito Constitucional*. 4ª Ed. São Paulo: Saraiva, 2015).

Ao contrário do que ocorre no controle abstrato ou concentrado de constitucionalidade, que tem como parâmetro a análise da norma em relação à atual Constituição de 1988, o *controle incidental ou difuso* feito através do recurso extraordinário realiza-se em face da Constituição vigente, quando da edição da lei ou do ato normativo.

Assim, o recurso extraordinário poderá ter por pretensão a declaração de inconstitucionalidade de norma editada sob a vigência e em face da Constituição de 1967/69 ou, ainda, em face das Constituições anteriores.

No RE n. 148.754, relator para o acórdão Min. Francisco Resek, afirmou-se que a constitucionalidade de normas jurídicas que foram promulgadas antes da entrada em vigor da Constituição de 1988 deve ser aferida, na via de controle difuso, de acordo com a Constituição vigente à sua época. No voto do ex-Min Francisco Resek ficou consignado: "*O que está em causa é a questão da sanidade,* **frente à Constituição vigente na época,** *de dois decretos-leis (2.445, de 29 de junho de 1988 e 2.449, de 21 de julho seguinte)...*".

Por sua vez, ocorrendo conflito jurídico entre o direito pré-constitucional e a nova Constituição, a questão não se insere no âmbito da análise de constitucionalidade, mas, sim, no campo de aplicação dos princípios de direito intertemporal, uma vez que *lex posterior derogat priori*.

Uma vez revogada a norma infraconstitucional pela atual Constituição Federal, não há necessidade, para sua constatação, de se observar a cláusula de *reserva de plenário* (art. 97 da C.F.), muito menos utilizar-se da comunicação ao Senado Federal estabelecida no art. 52, X, CF. Nesse sentido é o seguinte precedente do S.T.F.:

> EMENTA DIREITO TRIBUTÁRIO. EXECUÇÃO FISCAL. LEI 6.830/ 1980. JUIZO DE RECEPÇÃO. ARTIGO 97 DA LEI MAIOR. RESERVA DE PLENÁRIO. VIOLAÇÃO INOCORRENTE. ACÓRDÃO RECORRIDO PUBLICADO EM 10.03.2011. *Esta Corte, no julgamento da ADI 2/DF, Rel. Min. Paulo Brossard, Tribunal Pleno, DJ 21.11.1997, decidiu que o exame da compatibilidade de legislação pré-constitucional com a nova Carta não se confunde com a declaração de constitucionalidade ou inconstitucionalidade, pois se traduz em juízo de recepção ou não-recepção, razão pela qual não se vislumbra a alegada ofensa ao art. 97 da CF/88 ou à Súmula Vinculante 10/STF. As razões do agravo regimental não se mostram aptas a infirmar os fundamentos que lastrearam a decisão agravada. Agravo regimental conhecido e não provido.*

(ARE 651448 AgR, Relator(a): Min. ROSA WEBER, Primeira Turma, julgado em 03/03/2015, ACÓRDÃO ELETRÔNICO DJe-056 DIVULG 20-03-2015 PUBLIC 23-03-2015)

A questão que se coloca é se uma vez considerada revogada determinada norma infraconstitucional em face da atual Constituição Federal de 1988, poderá o S.T.F. modular os efeitos dessa revogação.

O S.T.F. vem aceitando a modulação de efeitos de uma norma declarada inconstitucional, seja no controle concentrado quanto no controle difuso.

Ocorre que, segundo o S.T.F., revela-se inaplicável, no entanto, a teoria da limitação temporal dos efeitos, se e quando o Supremo Tribunal Federal, ao julgar determinada causa, nesta formular juízo negativo de recepção, por entender que certa lei pré-constitucional mostra-se materialmente incompatível com normas constitucionais a ela supervenientes. A não-recepção de ato estatal pré-constitucional, por não implicar a declaração de sua inconstitucionalidade – mas o reconhecimento de sua pura e simples revogação (RTJ 143/355 – RTJ 145/339) –, descaracteriza um dos pressupostos indispensáveis à utilização da técnica da modulação temporal, que supõe, para incidir, dentre outros elementos, a necessária existência de um juízo de inconstitucionalidade.

Nesse sentido, eis o seguinte precedente do S.T.F.:

A declaração de inconstitucionalidade reveste-se, ordinariamente, de eficácia "ex tunc" (RTJ 146/461-462 – RTJ 164/506-509), retroagindo ao momento em que editado o ato estatal reconhecido inconstitucional pelo Supremo Tribunal Federal. – O Supremo Tribunal Federal tem reconhecido, excepcionalmente, a possibilidade de proceder à modulação ou limitação temporal dos efeitos da declaração de inconstitucionalidade, mesmo quando proferida, por esta Corte, em sede de controle difuso. Precedente: RE 197.917/SP, Rel. Min. MAURÍCIO CORRÊA (Pleno). – Revela-se inaplicável, no entanto, a teoria da limitação temporal dos efeitos, se e quando o Supremo Tribunal Federal, ao julgar determinada causa, nesta formular juízo negativo de recepção, por entender que certa lei pré-constitucional mostra-se materialmente incompatível com normas constitucionais a ela supervenientes. – A não-recepção de ato estatal pré--constitucional, por não implicar a declaração de sua inconstitucionalidade – mas o reconhecimento de sua pura e simples revogação (RTJ 143/355 – RTJ 145/339) –, descaracteriza um dos pressupostos indispensáveis à utilização da técnica da modulação temporal, que supõe, para incidir, dentre outros elementos, a necessária existência de um juízo de inconstitucionalidade. – Inaplicabilidade, ao caso em exame, da técnica da modulação dos efeitos, por tratar-se de diploma legislativo, que, editado em 1984, não foi recepcionado, no ponto concernente à norma questionada, pelo vigente ordenamento constitucional.

(AI 589281 AgR, Relator(a): Min. CELSO DE MELLO, Segunda Turma, julgado em 05/09/2006, DJ 10-11-2006 PP-00063 EMENT VOL-02255-06 PP-01190).

Por sua vez, em se tratando de Arguição de Descumprimento de Preceito Fundamental (ADPF), o Tribunal Pleno do S.T.F. assentou a impossibilidade, em sede de ADPF, de se verificar a compatibilidade de norma pré-constitucional com a Constituição em vigor na época de sua promulgação (ADPF 33, relatoria Min. Gilmar Mendes, DJ 27.10.2006).

8.2.1.2. Contrariar dispositivo da Constituição

Quando o preceito normativo aduz que a decisão deverá contrariar dispositivo da Constituição, isso significa dizer que qualquer fundamento contido na decisão recorrida que contrariar dispositivo da Constituição, seja ela atual ou anterior, legitima a interposição do recurso extraordinário, desde que esse fundamento tenha sido suficiente para sustentar a decisão recorrida.[160]

A forma de se contrariar dispositivo da Constituição Federal brasileira se dá diretamente, refutando de forma inequívoca o preceito constitucional, inclusive mediante *declaração de inconstitucionalidade parcial sem redução de texto (Teilnichtigerklärung ohne Normtextreduzierung)* ou mediante sistema de interpretação que contrarie a Constituição, como ocorre com a denominada *interpretação conforme a Constituição (verfassungskonforme Auslegung von Gesetzen).*

---

[160] Em relação ao controle difuso realizado por meio de recurso extraordinário, é a decisão recorrida que contraria dispositivo da Constituição; já em relação ao controle concentrado, é a própria norma em abstrato que contraria dispositivo da Constituição.
É certo que, adotando-se o entendimento de que também no recurso extraordinário a causa de pedir é aberta, poderá o S.T.F., *ex officio*, conhecer da inconstitucionalidade de determinada norma, não contida na decisão recorrida.

Na realidade, a declaração de inconstitucionalidade, sem redução de texto é, sem dúvida, uma forma de interpretação do texto Constitucional.

Essa técnica de interpretação constitucional surge na Corte Constitucional Alemã, e tem por finalidade a declaração de inconstitucionalidade da norma, sem redução ou modificação do texto. Essa técnica permite que o juiz ou tribunal declare a inconstitucionalidade de uma das hipóteses de interpretação da norma, declarando-se a inconstitucionalidade de um determinado aspecto ou situação interpretativo do texto normativo. Evidentemente que tal modalidade de interpretação demanda a possibilidade de repartição da norma, isto é, que mesmo havendo a inconstitucionalidade de determinado aspecto interpretativo, os demais subsistem de forma autônoma. Porém, conforme afirma Gilmar Mendes, não se deve confundir a técnica de declaração de inconstitucionalidade da norma com a técnica de *interpretação conforme a Constituição*, pois *"ainda que se não possa negar a semelhança dessas categorias e a proximidade do resultado prático de sua utilização, é certo que, enquanto, na interpretação conforme a Constituição, se tem, dogmaticamente, a declaração de que uma lei é constitucional com a interpretação que lhe é conferida pelo órgão judicial, constata-se, na declaração de nulidade sem redução de texto, a expressa exclusão, por inconstitucionalidade, de determinadas hipóteses de aplicação (Anwendungsfälle) do programa normativo sem que se produza alteração expressa do texto legal."*[161]

A *interpretação conforme* é uma técnica de análise de constitucionalidade que visa a encontrar o melhor sentido para determinada norma, de acordo com os valores e princípios da Constituição Federal.

A questão ora em exame foi bem delineada pelo Ministro Gilmar Mendes na Reclamação n. 4.335/ACRE.

Verifica-se tal sistemática quando o Supremo Tribunal afirma que dada disposição há de ser interpretada desta ou daquela forma, superando, assim, entendimento adotado pelos tribunais ordinários ou pela própria Administração.

Situação semelhante ocorre quando o Supremo Tribunal Federal adota uma interpretação conforme a Constituição, restringindo o significado de certa expressão literal ou colmatando uma lacuna contida no regramento ordinário. Aqui o Supremo Tribunal não afirma propriamente a

---

[161] MENDES, Gilmar F. *Jurisdição Constitucional*. São Paulo: Saraiva, 1996. p. 275.

ilegitimidade da lei, limitando-se a ressaltar que uma dada interpretação é compatível com a Constituição, ou, ainda, que, para ser considerada constitucional, determinada norma necessita de um complemento (lacuna aberta) ou restrição (lacuna oculta – redução teleológica).

Mencionem-se, ainda, os casos de declaração de inconstitucionalidade parcial sem redução de texto, nos quais se explicita que um significado normativo é inconstitucional sem que a expressão literal sofra qualquer alteração. Nessa hipótese não se cuida de afastar a incidência de disposições do ato impugnado, mas tão-somente de um de seus significados normativos.

Sobre o tema, eis o seguinte precedente do S.T.F.:

> *Ementa: Tributário. Contribuição social sobre o lucro decorrente de exportações incentivadas. expressão: "correspondente ao período-base de 1989", contida no caput do art. 1º da lei nº 7.988, de 28 de dezembro de 1989, enquanto referida ao inc. ii do mesmo dispositivo. Inconstitucionalidade que se declara, sem redução de texto, por manifesta incompatibilidade com o art. 195, § 6º, da Constituição Federal (princípio da anterioridade mitigada). Recurso não conhecido.*
>
> (RE 183119, Relator(a): Min. ILMAR GALVÃO, Tribunal Pleno, julgado em 20/11/1996, DJ 14-02-1997 PP-01988 EMENT VOL-01857-02 PP-00264)

No voto proferido pelo ex-Ministro Ilmar Galvão, encontra-se a seguinte passagem:

> *"A inconstitucionalidade, todavia, há de ser declarada, como fez o acórdão, tão-somente em relação à expressão 'correspondente ao período-base de 1989' e sem redução de texto, posto que, tratando-se de dispositivo que engloba diversos incisos e parágrafos, é examinado, no presente caso, tão-somente no que tange ao inc. II.*

É importante salientar que o controle de constitucionalidade que tenha por objeto decisão que contraria dispositivo da constituição, demanda do recorrente que interpôs o recurso extraordinário a explicitação das razões pelas quais as normas estariam contrariando a Constituição, de forma clara e precisa, sob pena de o recurso não ser conhecido pela Corte Suprema.

8.2.2. Declarar a inconstitucionalidade de tratado ou lei federal

Preceitua o art. 102, inc. III, letra 'b', da C.F. que compete ao S.T.F. julgar, mediante recurso extraordinário, as causas decididas em única ou última instância, quando a decisão recorrida *declarar a inconstitucionalidade de tratado ou lei federal.*

Pode ser objeto de recurso extraordinário a decisão que declarar a inconstitucionalidade de tratado ou lei federal.

Se a decisão recorrida reconhecer a constitucionalidade de tratado ou de lei federal não haverá margem para o recurso extraordinário, justamente pelo fato de que há presunção de constitucionalidade de tratado ou lei federal. Sobre o tema, eis o seguinte precedente do S.T.F.:

> *O Tribunal de origem não declarou a inconstitucionalidade de tratado ou lei federal, o que afasta o cabimento do recurso extraordinário, nos termos do art. 102, III, b, da Constituição. Ausência de argumentos capazes de infirmar a decisão agravada. Agravo regimental a que se nega provimento.*
> (AI 665264 AgR, Relator(a): Min. ROBERTO BARROSO, Primeira Turma, julgado em 12/08/2014, ACÓRDÃO ELETRÔNICO DJe-168 DIVULG 29-08-2014 PUBLIC 01-09-2014)

Se a decisão recorrida, ao invés de declarar a inconstitucionalidade de tratado ou lei federal, contrariar norma jurídica prevista em tratado ou em lei federal, o recurso cabível será o *especial* de competência do S.T.J.

8.2.2.1 Tratado

O que se entende por tratado?

O artigo 2º, §1º, "a", da Convenção de Viena de 1969 estabelece que: *Tratado significa um acordo internacional concluído por escrito entre Estados e regido pelo Direito Internacional, quer conste de um instrumento único, quer de dois ou mais instrumentos conexos, qualquer que seja sua denominação específica.*

A Convenção de Viena de 1969, dessa forma, estabelece elementos essenciais do conceito de tratado internacional, que são: acordo internacional; concluído por escrito; entre Estados; regido pelo direito internacional; constante de um único instrumento ou de dois ou mais instrumentos conexos.

Segundo anota Francisco Resek, *"tratado é todo acordo formal concluído entre pessoas jurídicas de direito internacional público, e destinado a produzir efei-*

tos jurídicos. Na afirmação clássica de Georges Scelle, o tratado internacional é em si mesmo um simples 'instrumento'; identificamo-lo por seu processo de produção e pela 'forma' final, não pelo conteúdo. Este – como o da lei ordinária numa ordem jurídica interna – é variável ao extremo. Pelo efeito compromissivo e cogente que visa a produzir, o tratado dá cobertura legal à sua própria substância".[162]

Um dos maiores objetivos da realização dos tratados é justamente a produção de efeitos jurídicos provenientes da livre manifestação dos Estados na esfera do Direito Internacional. Por isso, não se pode considerar um tratado o acordo firmado entre um Estado e o Banco Europeu, como pode ter ocorrido com a Grécia e o Fundo Monetário Europeu.

Muito embora o tratado deva ser realizado entre Estados, conforme estabelece o art. 2º, §1º, letra 'a', da Convenção de Viena de 1969, há permissão também para a celebração de tratado entre um Estado e uma Organização Internacional, ou mesmo entre Organizações Internacionais.

É importante salientar que a expressão 'tratado' não é uníssona, pois não importa qual a denominação que se dê a determinado instrumento, será ele considerado tratado se preencher todos os requisitos exigidos pela Convenção de Viena de 1969.

No sistema jurídico brasileiro, segundo a C.F. de 1988, é de competência exclusiva do Congresso Nacional resolver definitivamente sobre tratados, acordo ou atos internacionais que acarretem encargos ou compromissos gravosos ao patrimônio nacional. Além do mais, ao Presidente incumbe celebrar tratados, convenções e atos internacionais, sujeitos a referendo do Congresso Nacional (arts. 49, I, 84, VIII da C.F.).

No Brasil, portanto, não poderá o Presidente da República, em relação ao tratado, e sem o abono do Congresso Nacional, manifestar consentimento definitivo, pois, segundo o nosso ordenamento jurídico, a vontade nacional, quanto a um compromisso externo, é representada pela vontade conjugada dos dois poderes políticos. Assim, a vontade singular de qualquer deles é *necessária*, porém não *suficiente.*[163]

O Presidente da República não subscreve os tratados como chefe de Governo, mas como chefe de Estado.

---

[162] REZEK, Francisco. *Direito internacional público – curso elementar.* 12ª ed., São Paulo: Editora Saraiva, 2010. p. 14.
[163] RESEK, F., idem, p. 64.

O Tratado deve ser aprovado pelas duas casas do congresso, Câmara dos Deputados e Senado Federal.

Aprovado o tratado por ambas as casas, incumbe ao Congresso Nacional formalizar essa decisão do parlamento por meio de *decreto legislativo*, promulgado pelo presidente do Senado, sendo publicado no Diário Oficial da União.

A *vigência* do tratado pode ser contemporânea do consentimento, quando o tratado passa a atuar como *norma jurídica* no exato momento em que ele se perfaz como *ato jurídico* convencional. Contudo, a sua vigência pode ser diferida, o que é mais comum, por razões de ordem operacional. No Brasil, *promulgam-se* por decreto do presidente da República todos os tratados que tenham feito objeto de aprovação congressional antes da ratificação ou adesão.

Assim, a promulgação e a publicação incorporam o tratado no ordenamento jurídico interno, habilitando-se ao cumprimento por particulares e governantes, e à garantia de vigência pelo Poder Judiciário.

Uma vez promulgado e dado publicidade ao tratado, ele se incorpora ao direito interno como se fosse uma lei ordinária, devendo respeitar os preceitos Constitucionais da ordem jurídica brasileira. Sobre esse tema, cita-se a seguinte manifestação do Ministro Celso de Mello na ADI N. 1.480-DF.

> *Trata-se de ação direta de inconstitucionalidade, ajuizada com o objetivo de questionar a validade jurídico-constitucional do Decreto Legislativo nº 68/92, que aprovou a Convenção nº 158 da Organização Internacional do Trabalho (O.I.T.), e do Decreto nº 1.855/96, que promulgou esse mesmo ato de direito internacional público. O Plenário do Supremo Tribunal Federal, ao deferir, parcialmente, sem redução de texto, o pedido de medida cautelar, proferiu decisão que restou consubstanciada em acórdão assim ementado: "(...)É na Constituição da República – e não na controvérsia doutrinária que antagoniza monistas e dualistas – que se deve buscar a solução normativa para a questão da incorporação dos atos internacionais ao sistema de direito positivo interno brasileiro. O exame da vigente Constituição Federal permite constatar que a execução dos tratados internacionais e a sua incorporação à ordem jurídica interna decorrem, no sistema adotado pelo Brasil, de um ato subjetivamente complexo, resultante da conjugação de duas vontades homogêneas: a do Congresso Nacional, que resolve, definitivamente, mediante decreto legislativo, sobre tratados, acordos ou atos internacionais (CF, art. 49, I) e a do Presidente da República, que, além de poder cele-*

brar esses atos de direito internacional (CF, art. 84, VIII), também dispõe – enquanto Chefe de Estado que é – da competência para promulgá-los mediante decreto. O iter procedimental de incorporação dos tratados internacionais – superadas as fases prévias da celebração da convenção internacional, de sua aprovação congressional e da ratificação pelo Chefe de Estado – conclui-se com a expedição, pelo Presidente da República, de decreto, de cuja edição derivam três efeitos básicos que lhe são inerentes: (a) a promulgação do tratado internacional; (b) a publicação oficial de seu texto; e (c) a executoriedade do ato internacional, que passa, então, e somente então, a vincular e a obrigar no plano do direito positivo interno. Precedentes. Subordinação normativa dos tratados internacionais à constituição da república. – No sistema jurídico brasileiro, os tratados ou convenções internacionais estão hierarquicamente subordinados à autoridade normativa da Constituição da República. Em conseqüência, nenhum valor jurídico terão os tratados internacionais, que, incorporados ao sistema de direito positivo interno, transgredirem, formal ou materialmente, o texto da Carta Política. O exercício do **treaty-making power,** *pelo Estado brasileiro – não obstante o polêmico art. 46 da Convenção de Viena sobre o Direito dos Tratados (ainda em curso de tramitação perante o Congresso Nacional) –, está sujeito à necessária observância das limitações jurídicas impostas pelo texto constitucional. Controle de constitucionalidade de tratados internacionais no sistema jurídico brasileiro. – O Poder Judiciário – fundado na supremacia da Constituição da República – dispõe de competência, para, quer em sede de fiscalização abstrata, quer no âmbito do controle difuso, efetuar o exame de constitucionalidade dos tratados ou convenções internacionais já incorporados ao sistema de direito positivo interno. Doutrina e Jurisprudência. Paridade normativa entre atos internacionais e normas infraconstitucionais de direito interno. – Os tratados ou convenções internacionais, uma vez regularmente incorporados ao direito interno, situam--se, no sistema jurídico brasileiro, nos mesmos planos de validade, de eficácia e de autoridade em que se posicionam as leis ordinárias, havendo, em conseqüência, entre estas e os atos de direito internacional público, mera relação de paridade normativa. Precedentes. No sistema jurídico brasileiro, os atos internacionais não dispõem de primazia hierárquica sobre as normas de direito interno. A eventual precedência dos tratados ou convenções internacionais sobre as regras infraconstitucionais de direito interno somente se justificará quando a situação de antinomia com o ordenamento doméstico impuser, para a solução do conflito, a aplicação alternativa do critério cronológico ("lex posterior derogat priori") ou, quando cabível, do critério da especialidade. Precedentes. Tratado internacional e reserva constitucional de lei complementar. – O primado da Constituição, no sistema jurídico brasileiro, é oponível ao princípio pacta sunt servanda, inexistindo, por isso mesmo, no direito positivo nacional, o problema da concor-*

rência entre tratados internacionais e a Lei Fundamental da República, cuja suprema autoridade normativa deverá sempre prevalecer sobre os atos de direito internacional público. Os tratados internacionais celebrados pelo Brasil – ou aos quais o Brasil venha a aderir – não podem, em conseqüência, versar matéria posta sob reserva constitucional de lei complementar. É que, em tal situação, a própria Carta Política subordina o tratamento legislativo de determinado tema ao exclusivo domínio normativo da lei complementar, que não pode ser substituída por qualquer outra espécie normativa infraconstitucional, inclusive pelos atos internacionais já incorporados ao direito positivo interno. Legitimidade constitucional da convenção nº 158/oit, desde que observada a interpretação conforme fixada pelo supremo tribunal federal. – A Convenção nº 158/OIT, além de depender de necessária e ulterior intermediação legislativa para efeito de sua integral aplicabilidade no plano doméstico, configurando, sob tal aspecto, mera proposta de legislação dirigida ao legislador interno, não consagrou, como única conseqüência derivada da ruptura abusiva ou arbitrária do contrato de trabalho, o dever de os Estados-Partes, como o Brasil, instituírem, em sua legislação nacional, apenas a garantia da reintegração no emprego. Pelo contrário, a Convenção nº 158/OIT expressamente permite a cada Estado-Parte (Artigo 10), que, em função de seu próprio ordenamento positivo interno, opte pela solução normativa que se revelar mais consentânea e compatível com a legislação e a prática nacionais, adotando, em conseqüência, sempre com estrita observância do estatuto fundamental de cada País (a Constituição brasileira, no caso), a fórmula da reintegração no emprego e/ou da indenização compensatória. Análise de cada um dos Artigos impugnados da Convenção nº 158/OIT (Artigos 4º a 10)." (ADI 1.480-DF, Rel. Min. CELSO DE MELLO, Pleno) Acentue-se, por oportuno, que, em 20 de dezembro de 1996, o Estado brasileiro, por intermédio do Presidente da República, que agiu em sua condição de Chefe de Estado, denunciou a mencionada Convenção nº 158/OIT. Essa denúncia – que se tornou efetiva um ano após o seu registro junto à O.I.T., consoante previsto no Artigo 17, n. 1, da própria Convenção nº 158 – consubstanciou-se, formalmente, no Decreto nº 2.100, de 20/12/96, cujo teor é o seguinte: "O PRESIDENTE DA REPÚBLICA torna público que deixará de vigorar para o Brasil, a partir de 20 de novembro de 1997, a Convenção da OIT nº 158, relativa ao Término da Relação de Trabalho por Iniciativa do Empregador, adotada em Genebra, em 22 de junho de 1982, visto haver sido denunciada por Nota do Governo brasileiro à Organização Internacional do Trabalho, tendo sido a denúncia registrada, por esta última, a 20 de novembro de 1996." (grifei) Isso significa que, já decorrido o lapso temporal de 1 (um) ano – e revelando-se plenamente eficaz, desse modo, o ato unilateral da denúncia – cessou, "tractu temporis", quanto ao Estado brasileiro, a vigência da mencionada convenção internacional. Na realidade, consoante enfatiza *autorizado magistério doutrinário (LUIZ P. F. DE FARO JUNIOR, "Direito Internacional Público", p. 352, item n. 829, 4ª ed., 1965, Borsoi; HILDEBRANDO ACCIOLY/GERALDO EULÁLIO DO NASCIMENTO E SILVA, "Manual de Direito Internacional Público", p. 34, 12ª ed., 1996, Saraiva; CELSO D. DE ALBUQUERQUE MELLO, "Os Tratados na Constituição" in "As Tendências Atuais do Direito Público – Estudos em homenagem ao Prof. AFONSO ARINOS", p. 138, 1976, Forense; JOSÉ FRANCISCO REZEK, "Direito dos Tratados", p. 485, item n. 405, 1984, Forense), a denúncia – enquanto manifestação soberana do Estado que a formula – qualifica-se, quanto à Alta Parte de que emana, como causa extintiva do tratado ou convenção internacional. Vê-se, portanto, que a Convenção nº 158/OIT não mais se acha incorporada ao sistema de direito positivo interno brasileiro, eis que, com a denúncia dessa convenção internacional, registrada, junto à O.I.T., em 1996, operou-se, quanto ao Brasil, a própria extinção do referido ato de direito internacional público, o que importa – considerada a integral cessação de sua eficácia – em situação configuradora de perda superveniente do objeto da presente ação direta de inconstitucionalidade. Não custa enfatizar, neste ponto, que, em decorrência do referido ato de denúncia, deixou de existir o próprio objeto sobre o qual incidiram os atos estatais – Decreto Legislativo nº 68/92 e Decreto nº 1.855/96 – questionados nesta sede de controle concentrado de constitucionalidade, não mais se justificando, por isso mesmo, a subsistência deste processo de fiscalização abstrata, independentemente da existência, ou não, no caso, de efeitos residuais concretos gerados por aquelas espécies normativas. A situação que vem de ser referida, não obstante a peculiaridade de que se reveste, equipara-se – considerada a cessação da vigência doméstica da Convenção nº 158/OIT – à revogação superveniente de diplomas legislativos ou de atos estatais impugnados em sede de ação direta, fazendo instaurar, por isso mesmo, típica hipótese de prejudicialidade do processo de controle normativo abstrato. Cabe rememorar, por oportuno, a propósito da situação que ora se registra na presente causa, que a jurisprudência do Supremo Tribunal Federal, em sucessivas decisões, tem enfatizado que a revogação superveniente dos atos estatais impugnados em ação direta de inconstitucionalidade – à semelhança do que ocorre com o exaurimento da eficácia das normas temporárias – provoca a extinção do processo de controle normativo abstrato, independentemente da existência de efeitos residuais concretos que possam derivar da aplicação dos diplomas questionados (RTJ 154/396, Rel. Min. CELSO DE MELLO – RTJ 154/401, Rel. Min. PAULO BROSSARD – ADI 437-DF, Rel. Min. CELSO DE MELLO, DJU de 17/08/94 – ADI 876-RJ, Rel. Min. CELSO DE MELLO, DJU de 01/07/93 – ADI 1.063-DF, Rel. Min. CELSO DE MELLO, DJU de 25/06/01): "A revogação superveniente do ato normativo impugnado prejudica a ação direta de inconstituciona-*

*lidade, independentemente da existência de efeitos residuais concretos. Esse entendimento jurisprudencial do Supremo Tribunal Federal nada mais reflete senão a própria natureza jurídica do controle normativo abstrato, em cujo âmbito não se discutem situações de caráter concreto ou individual. Precedentes." (RTJ 160/145, Rel. Min. CELSO DE MELLO) Sendo assim, e tendo em consideração as razões expostas, julgo extinto este processo de controle abstrato de constitucionalidade, em virtude da perda superveniente de seu objeto. Arquivem-se os presentes autos. Publique-se. Brasília, 26 de junho de 2001. Ministro CELSO DE MELLO Relator * decisão publicada no DJU de 8.8.2001".*

Na realidade, a doutrina ainda não apresentou uma solução definitiva para o conflito existente entre os tratados internacionais e a lei ordinária, especialmente quando a lei ordinária é posterior ao tratado em vigor no sistema jurídico brasileiro.

Ainda tem prevalecido a regra *lex posterior derogat priori*.

O Supremo Tribunal Federal vem mantendo a aplicação da regra *lex posterior derogat priori* no conflito entre tratados internacionais e leis ordinárias, conforme se observa do seguinte precedente:

Ementa: 1. Segundo estabelece a "Convenção sobre Privilégios e Imunidades das Nações Unidas", promulgada no Brasil pelo Decreto 27.784, de 16 de fevereiro de 1950, "A Organização das Nações Unidas, seus bens e haveres, qualquer que seja seu detentor, gozarão de imunidade de jurisdição, salvo na medida em que a Organização a ela tiver renunciado em determinado caso. Fica, todavia, entendido que a renúncia não pode compreender medidas executivas". 2. Esse preceito normativo, que no direito interno tem natureza equivalente a das leis ordinárias, aplica-se também às demandas de natureza trabalhista. 3. Recurso extraordinário provido.

(RE 578543, Relator(a): Min. ELLEN GRACIE, Relator(a) p/ Acórdão: Min. TEORI ZAVASCKI, Tribunal Pleno, julgado em 15/05/2013, DJe-100 DIVULG 26-05-2014 PUBLIC 27-05-2014 EMENT VOL-02732-01 PP-00001)

No voto do Ministro Teori Zavascki, encontra-se a seguinte afirmação:

(...).
4. As normas de direito internacional, estabelecidas em acordos, tratados ou convenções de caráter normativo, a que o Brasil tenha aderido, assumem, quando

regularmente internalizados segundo as normas constitucionais, o status de lei ordinária, para todos os efeitos, inclusive quanto ao controle de sua constitucionalidade. Conforme reiterada jurisprudência do STF (v. g.: RE 80.004/SE, Min. Cunha Peixoto, RTJ 83/809-848; PPE 194/ARGENTINA, Min. Sepúlveda Pertence, DJ de 04/04/1997, RTJ 177/43; EXT 795/ESTADOS UNIDOS DA AMÉRICA, Min. Sepúlveda Pertence, DJ de 06/04/2001), os tratados e convenções internacionais de caráter normativo, "(...) uma vez regularmente incorporados ao direito interno, situam-se, no sistema jurídico brasileiro, nos mesmos planos de validade, de eficácia e de autoridade em que se posicionam as leis ordinárias", inclusive para efeito de controle difuso ou concentrado de constitucionalidade (STF, ADI-MC 1480/DF, Min. Celso de Mello, DJ de 18/05/2001), com eficácia revogatória de normas anteriores de mesma hierarquia com eles incompatíveis (lex posterior derrogat legi priori).

Essa posição jurídica adotada pelo S.T.F. teve início com o julgamento do RE 80.004/77, relator para o acórdão, Ministro Cunha Peixoto, *in verbis*:

RECURSO EXTRAORDINARIO N 80.004 – SR (Tribunal Pleno) Relator para o acórdão: O Sr. Ministro Cunha Peixoto. Recorrente: Belmiro da Silveira Goes. Recorrido: Sebastião Leão Trindade. Convenção de Genebra – Lei Uniforme sobre Letras de Câmbio e Notas Promissórias – Aval aposto à Nota Promissória não registrada no prazo legal – Impossibilidade de ser o avalista acionado, mesmo pelas vias ordinárias. Validade do Decreto-lei n.9 427, de 22.1.1969. Embora a Convenção de Genebra que previu uma lei uniforme sobre letras de câmbio e notas promissórias tenha aplicabilidade no direito Interno brasileiro, não se sobrepõe ela às leis do País, disso decorrendo a constitucionalidade e consequente validade do Decreto-lei n. 427/1969, que Instituiu o registro obrigatório da Nota Promissória em Repartição Fazendária, sob pena de nulidade do titulo. Sendo o aval um instituto do direito cambiário, inexistente será ele se reconhecida a nulidade do titulo cambial a que foi aposto. Recurso extraordinário conhecido o provido.

O Supremo Tribunal Federal, como anunciado, passou a adotar essa tese no julgamento do RE nº 80.004/SE, Rel. p/ o acórdão Min. Cunha Peixoto (julgado em 1º.6. 1977). Na ocasião, os Ministros integrantes do Tribunal discutiram amplamente o tema das relações entre o Direito Internacional e o Direito Interno. O Relator, Ministro Xavier de Albuquerque, calcado na jurisprudência anterior, votou no sentido do primado dos tratados e convenções internacionais em relação à legislação infraconstitucional. A maioria, porém, após voto-vista do Min. Cunha Peixoto, entendeu que ato normativo internacional – no caso, a Convenção de Genebra, Lei Uniforme sobre Letras de Câmbio e Notas Promissórias – poderia ser modificado por lei nacional posterior, ficando consignado que os conflitos entre duas disposições normativas, uma de direito interno e outra de direito internacional, devem ser resolvidos pela mesma regra geral destinada a solucionar antinomias normativas num mesmo grau hierárquico: *lex posterior derrogat legi priori*.

Na verdade, o entendimento que prevaleceu foi o exposto no brilhante voto do Ministro Leitão de Abreu, que bem equacionou a questão, da seguinte maneira: *"(...) Como autorização dessa natureza, segundo entendo, não figura em nosso direito positivo, pois que a Constituição não atribui ao judiciário competência, seja para negar aplicação a leis que contradigam tratado internacional, seja para anular, no mesmo caso, tais leis, a conseqüência, que me parece inevitável, é que os tribunais estão obrigados, na falta de título jurídico para proceder de outro modo, a aplicar as leis incriminadas de incompatibilidade com tratado. Não se diga que isso equivale a admitir que a lei posterior ao tratado e com ele incompatível reveste eficácia revogatória deste, aplicando-se, assim, para dirimir o conflito, o princípio 'lex posterior revogat priori'. A orientação, que defendo, não chega a esse resultado, pois, fiel à regra de que o tratado possui forma de revogação própria, nega que este seja, em sentido próprio, revogado pela lei. Conquanto não revogado pela lei que o contradiga, a incidência das normas jurídicas constantes do tratado é obstada pela aplicação, que os tribunais são obrigados a fazer, das normas legais com aqueles conflitantes. Logo, a lei posterior, em tal caso, não revoga, em sentido técnico, o tratado, senão que lhe afasta a aplicação. A diferença está em que, se a lei revogasse o tratado, este não voltaria a aplicar-se, na parte revogada, pela revogação pura e simples da lei dita revogatória. Mas como, a meu juízo, a lei não o revoga, mas simplesmente afasta, enquanto em vigor, as normas do tratado com ela incompatíveis, voltará ele a aplicar-se, se revogada a lei que impediu a aplicação das prescrições nele consubstanciadas."*

Sob a égide da Constituição de 1988, exatamente em 22 de novembro de 1995, o Plenário do STF voltou a discutir a matéria no HC nº 72.131/RJ, Rel. p/o acórdão Ministro Moreira Alves, porém agora tendo como foco o problema específico da prisão civil do devedor como depositário infiel na alienação fiduciária em garantia. Na ocasião, reafirmou-se o entendimento de que os diplomas normativos de caráter internacional adentram no ordenamento jurídico interno no patamar da legislação ordinária, e eventuais conflitos normativos resolvem-se pela regra *lex posterior derrogat legi priori*. Preconizaram esse entendimento também os votos vencidos dos Ministros Marco Aurélio, Francisco Rezek e Carlos Velloso. Deixou-se assentado, não obstante, seguindo-se o entendimento esposado no voto do Ministro Moreira Alves, que o art. 7º do Pacto de San José da Costa Rica, por ser norma geral, não revoga a legislação ordinária de caráter especial, como o Decreto-Lei nº 911/69, que equipara o devedor-fiduciante ao depositário infiel para fins de prisão civil. Posteriormente, no importante julgamento da medida cautelar na ADI nº 1.480-3/DF, Rel. Min. Celso de Mello (em 4.9.1997), o Tribunal voltou a afirmar que entre os tratados internacionais e as leis internas brasileiras existe mera relação de paridade normativa, entendendo-se as "leis internas" no sentido de simples leis ordinárias e não de leis complementares. A tese da legalidade ordinária dos tratados internacionais foi reafirmada em julgados posteriores (RE nº 206.482-3/SP, Rel. Min. Mauricio Corrêa, julgado em 27.5.1998, DJ 5.9.2003; HC nº 81.319-4/GO, Rel. Min. Celso de Mello, julgado em 24.4.2002, DJ 19. 8. 2005) e mantém-se firme na jurisprudência do Supremo Tribunal Federal.

Contudo, há exceções a essa paridade entre o tratado internacional e a lei ordinária:

a) A primeira exceção está prevista no art. 98 do Código Tributário Nacional.

Tem-se reconhecido a eficácia do art. 98 do CTN, razão pela qual o tratado prevalece, mesmo quando anterior à lei ordinária.

Estabelece o art. 98 do Código Tributário Nacional que: *"os tratados e as convenções internacionais revogam ou modificam a legislação tributária interna, e serão observados pela que lhes sobrevenha"*.

Sobre a amplitude do tratado para tratar de matéria tributária, eis a seguinte decisão monocrática proferida pelo Ministro Dias Toffoli, no Agravo de Instrumento n. AI 328055:

> DECISÃO Vistos. *Estado do Rio de Janeiro interpõe tempestivo agravo regimental contra decisão de folhas 128/129, da lavra do Ministro Sepúlveda Pertence, que negou provimento ao agravo de instrumento, com a seguinte fundamentação: "RE, a, contra acórdão do STJ que tem a seguinte ementa: '1. Agravo regimental interposto contra decisão que, com base no art. 557, § 1º, do CPC, deu provimento ao recurso especial*

interposto pela parte agravada, ao entendimento de que o bacalhau importado, oriundo de país signatário do GATT, cujo Brasil também é subscritor, goza de respectiva isenção fiscal relativa ao ICMS, com suporte na Súmula nº 71/STJ. 2. Se o pescado, com exceção para os crustáceos, moluscos, hadoque, merluza, pirarucu, salmão e rã, está isento do ICMS, por legislação estadual, o mesmo benefício se aplica ao bacalhau importado de país signatário do GATT. 3. Inexiste bacalhau nacional. É irrelevante, portanto, para desconstituir os efeitos da Súmula nº 71, do STJ, o contido em regras de isenção de que ela não atinge as transações internas com o bacalhau. Se há isenção para pescados, sendo o bacalhau importado uma de suas espécies, prevalece a força do acordo do GATT. A discussão jurídica a respeito, em sede infraconstitucional, está contida na mensagem da Súmula 71, do STJ. 4. Não há amparo jurídico para, em sede de recurso especial, ser alcançada definição sobre ofensa ou não dos arts. 150, § 6º, 151, III e 155, § 2º, XII, 'g', da CF, no trato da incidência do ICMS sobre bacalhau importado. 5. É sabido que, no curso de recurso especial, não há lugar para se discutir, com carga decisória, preceitos constitucionais. Ao recurso especial compete, exclusivamente, unificar o direito ordinário federal, em conseqüência de determinação da Carta Magna. 6. Em sede de recurso extraordinário é que se desenvolve a interpretação e a aplicação de princípios constantes do nosso Diploma Maior. A relevância de tais questões ficou reservada, em sede de recurso extraordinário, unicamente para o Colendo Supremo Tribunal Federal. 7. O sistema de distribuição de competência recursal inserido em nosso ordenamento jurídico, pela Carta Maior, não pode ser rompido. Do mesmo modo que o Colendo Supremo Tribunal Federal, em sede de recurso extraordinário, não se pronuncia sobre a violação ou negação de vigência de norma infraconstitucional, igual procedimento é adotado pelo Superior Tribunal de Justiça quando se depara com fundamentos constitucionais no curso do Recurso Especial. 8. Agravo regimental desprovido'. Não houve discussão da matéria constitucional no acórdão recorrido: incide a Súmula 282. Ademais, a controvérsia foi resolvida à luz da legislação infraconstitucional pertinente: acaso ocorresse a alegada ofensa à Constituição, seria reflexa ou indireta, insusceptível de reexame pela via extraordinária. Incide, ainda, quanto a matéria de fundo, a Súmula 575. Nego provimento ao agravo". Afirma o agravante que os preceitos constitucionais apontados como violados no recurso extraordinário foram devidamente prequestionados e que a matéria discuta nos autos é de índole constitucional. Decido. Com razão o agravante no tocante ao prequestionamento, uma vez que, havendo surgido a matéria constitucional quando do provimento do recurso especial, cuidou a agravante de suscitá-la nas petições do agravo interno e dos embargos declaratórios. Também é certo que a discussão travada no presente feito, é de índole constitucional, haja vista que esta Corte já se pronunciou sobre o tema. Ante o exposto, reconsidero a decisão de folhas

128/129 e passo ao exame do agravo de instrumento. Sustenta o agravante, nas razões recursais, que o acórdão recorrido violou os artigos 150, parágrafo 6º, 151, inciso III e 155, inciso II e parágrafo 2º, inciso XII, alínea "g", da Constituição Federal. Aduz que, in verbis: "A questão em debate é saber se, após a Constituição de 1988, que vedou a concessão da chamada isenção heterônoma pela União, podem subsistir, sem violar a Lei Fundamental, interpretações como a do aresto recorrido, segundo a qual pode a União, por tratados internacionais, in casu o GATT, isentar impostos estaduais, como o ICMS" (fl. 33). Não merece prosperar a irresignação, uma vez que, no julgamento da ADI nº 1.600-8, Plenário, redator para acórdão o Ministro Nelson Jobim, DJ de 20/6/03, ressaltou-se que, in verbis: "O âmbito de aplicação do art. 151, da CF, em todos os seus incisos, é o das relações das entidades federadas, entre si. Não tem por objeto a União Federal quando esta se apresenta como a República Federativa do Brasil, na ordem externa." Também, no julgamento do Recurso Extraordinário nº 229.096/RS, Plenário, redatora para acórdão a Ministra Cármen Lúcia, DJe de 11/4/08, consolidou-se o entendimento de que a isenção concedida pelo GATT foi recebida pela Constituição Federal de 1988, uma vez que a União atua como sujeito de direito na ordem internacional, não havendo assim ofensa ao artigo 151, inciso III, da Constituição Federal. O referido acórdão ficou assim ementado: "1. A isenção de tributos estaduais prevista no Acordo Geral de Tarifas e Comércio para as mercadorias importadas dos países signatários quando o similar nacional tiver o mesmo benefício foi recepcionada pela Constituição da República de 1988. 2. O artigo 98 do Código Tributário Nacional "possui caráter nacional, com eficácia para a União, os Estados e os Municípios" (voto do eminente Ministro Ilmar Galvão). 3. No direito internacional apenas a República Federativa do Brasil tem competência para firmar tratados (art. 52, § 2º, da Constituição da República), dela não dispondo a União, os Estados-membros ou os Municípios. O Presidente da República não subscreve tratados como Chefe de Governo, mas como Chefe de Estado, o que descaracteriza a existência de uma isenção heterônoma, vedada pelo art. 151, inc. III, da Constituição. 4. Recurso extraordinário conhecido e provido" Extraio, ainda, do referido julgado, trecho do voto proferido pelo Eminente Ministro Celso de Mello: "Estabelecidas tais premissas, torna-se possível constatar que a vedação constitucional em causa, fundada no art. 151, III, da Constituição, incide, unicamente, sobre a União Federal, enquanto pessoa jurídica de direito público interno, responsável, nessa específica condição, pela instauração de uma ordem normativa autônoma meramente parcial, inconfundível com a posição institucional de soberania do Estado Federal brasileiro, que ostenta, este sim, a qualidade de sujeito de direito internacional público e que constitui, no plano de nossa organização política, a expressão mesma de uma comunidade jurídica global, investida do poder de gerar uma ordem normativa de dimensão nacional e total, essencialmente diversa, em autoridade, eficácia e aplicabilidade, daquela que se consubstancia nas leis e atos de caráter simplesmente federal. Sob tal perspectiva, nada impede que o Estado Federal brasileiro celebre tratados internacionais que veiculem cláusulas de exoneração tributária, em matéria de ICMS, pois a República Federativa do Brasil, ao exercer o seu treaty-making power, estará praticando ato legítimo que se inclui na esfera de suas prerrogativas como pessoa jurídica de direito internacional público, que detém – em face das unidades meramente federadas – o monopólio da soberania e da personalidade internacional. Na realidade, Senhora Presidente, a cláusula de vedação inscrita no art. 151, III, da Constituição é inoponível ao Estado Federal brasileiro (vale dizer, à República Federativa do Brasil), incidindo, unicamente, no plano das relações institucionais domésticas que se estabelecem entre as pessoas políticas de direito público interno. Por isso mesmo, entendo que se revela possível, à República Federativa do Brasil, em sua qualidade de sujeito de direito internacional público, conceder isenção, em matéria de ICMS, mediante tratado internacional, sem que, ao assim proceder, incida em transgressão ao que dispõe o art. 151, III, da Constituição, pois tal regra constitucional destina-se, em sua eficácia, a vincular, unicamente, a União, enquanto entidade estatal de direito público interno, rigorosamente parificada, nessa específica condição institucional, às demais comunidades jurídicas parciais, de dimensão meramente regional e local, como o são os Estados--membros e os Municípios". Seguindo essa orientação, anote-se os seguintes julgados: "Agravo regimental em recurso extraordinário. 2. ICMS. Isenção. Produtos importados de países signatários do GATT. Recepção pela Constituição Federal de 1988. Precedente. 3. Agravo regimental a que se nega provimento" (RE nº 257.667/RJ-AgR, Segunda Turma, Relator o Ministro Gilmar Mendes, DJe de 6/3/08). "1. O Supremo Tribunal Federal, no julgamento do RE 229.096, firmou entendimento de ser legítimo à União, no campo internacional, dispor sobre a isenção de impostos da competência estadua l " 2. Agravo regimental desprovido " (RE nº 395.270/RJ-AgR, Primeira Turma, Relator o Ministro Carlos Britto, DJe de 20/11/09) . Na linha da jurisprudência desta Corte, nego provimento ao agravo. Publique-se. Brasília, 15 de abril de 2010. Ministro DIAS TOFFOLI Relator

(AI 328055 AgR, Relator(a): Min. DIAS TOFFOLI, julgado em 15/04/2010, publicado em DJe-076 DIVULG 29/04/2010 PUBLIC 30/04/2010).

No que concerne à prevalência do direito internacional sobre o direito interno constitucional, deve-se fazer referência também à seguinte passagem do voto do Ministro Gilmar Mendes, proferido no RE 466.343/SP:
No Direito Tributário, ressalto a vigência do princípio da prevalência do direito

internacional sobre o direito interno infraconstitucional, previsto pelo art. 98 do Código Tributário Nacional.

No RE 100.105-4/RS, o Ministro Moreira Alves, sobre o conteúdo normativo do art. 98 do Código Tributário Nacional, assim observou:

> "As considerações desenvolvidas pelo acórdão recorrido, para sustentar que, em nosso sistema jurídico, a lei ordinária posterior pode revogar tratado anteriormente celebrado, não são aplicáveis à questão em causa, porquanto, mesmo quem tem dúvida sobre a constitucionalidade do disposto no artigo 98 do C.T.N.(...) adstrigem essa dúvida aos tratados normativos, não abarcando, nela, os tratados contratuais, como se vê, por exemplo, nos votos dos senhores Ministros CUNHA PEIXOTO, CORDEIRO GUERRA E LEITÃO DE ABREU, no RE 80004 (RTJ n. 83, págs. 824, 829 e 838".

b) A segunda exceção diz respeito aos direitos e garantias fundamentais previstos no art. 5º, §§2º e 3º, da Constituição Federal, que assim dispõem:

> Art. 5º (...).
>
> § 2º – Os direitos e garantias expressos nesta Constituição não excluem outros decorrentes do regime e dos princípios por ela adotados, ou dos tratados internacionais em que a República Federativa do Brasil seja parte.
>
> § 3º Os tratados e convenções internacionais sobre direitos humanos que forem aprovados, em cada Casa do Congresso Nacional, em dois turnos, por três quintos dos votos dos respectivos membros, serão equivalentes às emendas constitucionais. (Incluído pela Emenda Constitucional nº 45, de 2004)

A questão referente à eficácia interna dos tratados sobre direitos humanos foi definida pelo Supremo Tribunal Federal, no RE 466.343-SP, a saber:

> Ementa: Prisão civil. Depósito. Depositário infiel. Alienação fiduciária. Decretação da medida coercitiva. Inadmissibilidade absoluta. Insubsistência da previsão constitucional e das normas subalternas. Interpretação do art. 5º, inc. LXVII e §§ 1º, 2º e 3º, da CF, à luz do art. 7º, § 7, da Convenção Americana de Direitos Humanos (Pacto de San José da Costa Rica). Recurso improvido. Julgamento conjunto do RE nº

349.703 e dos HCs nº 87.585 e nº 92.566. É ilícita a prisão civil de depositário infiel, qualquer que seja a modalidade do depósito.
(RE 466343, Relator(a): Min. CEZAR PELUSO, Tribunal Pleno, julgado em 03/12/2008, DJe-104 DIVULG 04-06-2009 PUBLIC 05-06-2009 EMENT VOL-02363-06 PP-01106 RTJ VOL-00210-02 PP-00745 RDECTRAB v. 17, n. 186, 2010, p. 29-165)

No voto proferido pelo Ministro Gilmar Mendes, assim ficou consignado:

Se não existem maiores controvérsias sobre a legitimidade constitucional da prisão civil do devedor de alimentos, assim não ocorre em relação à prisão do depositário infiel. As legislações mais avançadas em matéria de direitos humanos proíbem expressamente qualquer tipo de prisão civil decorrente do descumprimento de obrigações contratuais, excepcionando apenas o caso do alimentante inadimplente.

O art. 7o (nº 7) da Convenção Americana sobre Direitos Humanos – Pacto de San José da Costa Rica, de 1969, dispõe desta forma: "Ninguém deve ser detido por dívidas. Este princípio não limita os mandados de autoridade judiciária competente expedidos em virtude de inadimplemento de obrigação alimentar." Com a adesão do Brasil a essa convenção, assim como ao Pacto Internacional dos Direitos Civis e Políticos, sem qualquer reserva, ambos no ano de 1992, iniciou-se um amplo debate sobre a possibilidade de revogação, por tais diplomas internacionais, da parte final do inciso LXVII do art. 5o da Constituição brasileira de 1988, especificamente, da expressão "depositário infiel", e, por consequência, de toda a legislação infraconstitucional que nele possui fundamento direto ou indireto. Dispensada qualquer análise pormenorizada da irreconciliável polêmica entre as teorias monista (Kelsen) e dualista (Triepel) sobre a relação entre o Direito Internacional e o Direito Interno dos Estados – a qual, pelo menos no tocante ao sistema internacional de proteção dos direitos humanos, tem-se tornado ociosa e supérflua –, é certo que qualquer discussão nesse âmbito pressupõe o exame da relação hierárquico-normativa entre os tratados internacionais e a Constituição. Desde a promulgação da Constituição de 1988, surgiram diversas interpretações que consagraram um tratamento diferenciado aos tratados relativos a direitos humanos, em razão do disposto no § 2º do art. 5º, o qual afirma que os direitos e garantias expressos na Constituição não excluem outros decorrentes dos tratados internacionais em que a República Federativa do Brasil seja parte. Essa disposição constitucional deu ensejo a uma instigante discussão doutrinária e jurisprudencial – também observada no direito comparado – sobre o status normativo dos tratados e convenções internacionais de direi-

tos humanos, a qual pode ser sistematizada em quatro correntes principais, a saber: a) a vertente que reconhece a natureza supraconstitucional dos tratados e convenções em matéria de direitos humanos; b) o posicionamento que atribui caráter constitucional a esses diplomas internacionais; c) a tendência que reconhece o status de lei ordinária a esse tipo de documento internacional; d) por fim, a interpretação que atribui caráter supralegal aos tratados e convenções sobre direitos humanos.

A primeira vertente professa que os tratados de direitos humanos possuiriam status supraconstitucional. No direito comparado, Bidart Campos defende essa tese em trechos dignos de nota: "Si para nuestro tema atendemos al derecho internacional de los derechos humanos (tratados, pactos, convenciones, etc., con un plexo global, o con normativa sobre un fragmento o parcialidad) decimos que en tal supuesto el derecho internacional contractual está por encima de la Constitución. Si lo que queremos es optimizar los derechos humanos, y si conciliarlo con tal propósito interpretamos que las vertientes del constitucionalismo moderno y del social se han enrolado – cada una en su situación histórica – en líneas de derecho interno inspiradas en un ideal análogo, que ahora se ve acompañado internacionalmente, nada tenemos que objetar (de lege ferenda) a la ubicación prioritaria del derecho internacional de los derechos humanos respecto de la Constitución. Es cosa que cada Estado ha de decir por sí, pero si esa decisión conduce a erigir a los tratados sobre derechos humanos en instancia prelatoria respecto de la Constitución, el principio de su supremacía – aun debilitado – no queda escarnecido en su télesis, porque es sabido que desde que lo plasmó el constitucionalismo clásico se ha enderezado – en común con todo el plexo de derechos y garantías – a resguardar a la persona humana en su convivencia política. "Entre nós, Celso de Albuquerque Mello é um exemplar defensor da preponderância dos tratados internacionais de direitos humanos em relação às normas constitucionais, que não teriam, no seu entender, poderes revogatórios em relação às normas internacionais. Em outros termos, nem mesmo emenda constitucional teria o condão de suprimir a normativa internacional subscrita pelo Estado em tema de direitos humanos.

É de ser considerada, no entanto, a dificuldade de adequação dessa tese à realidade de Estados que, como o Brasil, estão fundados em sistemas regidos pelo princípio da supremacia formal e material da Constituição sobre todo o ordenamento jurídico. Entendimento diverso anularia a própria possibilidade do controle da constitucionalidade desses diplomas internacionais. Como deixou enfatizado o Supremo Tribunal Federal ao analisar o problema, "assim como não o afirma em relação às leis, a Constituição não precisou dizer-se sobreposta aos tratados: a hierarquia está ínsita em preceitos inequívocos seus, como os que submetem a aprovação e a promulgação das convenções ao processo legislativo ditado pela Constituição (...) e aquele que, em con-

seqüência, explicitamente admite o controle da constitucionalidade dos tratados (CF, art. 102, III, b). Os poderes públicos brasileiros não estão menos submetidos à Constituição quando atuam nas relações internacionais em exercício do treaty-making power. Os tratados e convenções devem ser celebrados em consonância não só com o procedimento formal descrito na Constituição, mas com respeito ao seu conteúdo material, especialmente em tema de direitos e garantias fundamentais. O argumento de que existe uma confluência de valores supremos protegidos nos âmbitos interno e internacional em matéria de direitos humanos não resolve o problema. A sempre possível ampliação inadequada dos sentidos possíveis da expressão "direitos humanos" poderia abrir uma via perigosa para uma produção normativa alheia ao controle de sua compatibilidade com a ordem constitucional interna. O risco de normatizações camufladas seria permanente. A equiparação entre tratado e Constituição, portanto, esbarraria já na própria competência atribuída ao Supremo Tribunal Federal para exercer o controle da regularidade formal e do conteúdo material desses diplomas internacionais em face da ordem constitucional nacional. Ressalte-se, porém, que, na medida em que esse tipo de controle possa ser exercido, não se podem olvidar as possíveis repercussões de uma declaração de inconstitucionalidade no âmbito do Direito Internacional. A experiência de diversos ordenamentos jurídicos, especialmente os europeus, demonstra que as Cortes Constitucionais costumam ser bastante cautelosas quanto à questão da apreciação da constitucionalidade de tratados internacionais. Assim, mesmo em momentos delicados – como os famosos casos Maastricht na Alemanha e na Espanha –, os Tribunais evitam declarar a inconstitucionalidade de atos normativos internacionais. Como afirmou o Tribunal Constitucional da Espanha no caso Maastricht:

"Aunque aquella supremacía quede en todo caso asegurada por la posibilidad de impugnar (arts. 27.2 c, 31 y 32.1 LOTC) o cuestionar (art. 35 LOTC) la constitucionalidad de los tratados una vez que formen parte del ordenamiento interno, es evidente la perturbación que, para la politica exterior y las relaciones internacionales del Estado, implicaría la eventual declaración de inconstitucionalidad de una norma pactada. "É nesse contexto que se impõe a necessidade de utilização de uma espécie de controle prévio, o qual poderia impedir ou desaconselhar a ratificação do tratado de maneira a oferecer ao Poder Executivo possibilidades de renegociação ou aceitação com reservas. Essa idéia, apesar de todos os óbices do sistema brasileiro, já apresenta os elementos suficientes para a sua exeqüibilidade. Uma vez que o Decreto Legislativo que aprova o instrumento internacional é passível de impugnação pela via da Ação Direta de Inconstitucionalidade (ADI), ou ainda, da Ação Declaratória de Constitucionalidade (ADC), esse controle de caráter preventivo é possível no Brasil. Assim, em face de todos os inconvenientes resultantes da eventual supremacia dos tratados na ordem constitu-

cional, há quem defenda o segundo posicionamento, o qual sustenta que os tratados de direitos humanos possuiriam estatura constitucional. Essa tese entende o § 2º do art. 5º da Constituição como uma cláusula aberta de recepção de outros direitos enunciados em tratados internacionais de direitos humanos subscritos pelo Brasil. Ao possibilitar a incorporação de novos direitos por meio de tratados, a Constituição estaria a atribuir a esses diplomas internacionais a hierarquia de norma constitucional. E o § 1o do art. 5 o asseguraria a tais normas a aplicabilidade imediata nos planos nacional e internacional, a partir do ato de ratificação, dispensando qualquer intermediação legislativa.

 A hierarquia constitucional seria assegurada somente aos tratados de proteção dos direitos humanos, tendo em vista seu caráter especial em relação aos tratados internacionais comuns, os quais possuiriam apenas estatura infraconstitucional. Para essa tese, eventuais conflitos entre o tratado e a Constituição deveriam ser resolvidos pela aplicação da norma mais favorável à vítima, titular do direito, tarefa hermenêutica da qual estariam incumbidos os tribunais nacionais e outros órgãos de aplicação do direito. Dessa forma, o Direito Interno e o Direito Internacional estariam em constante interação na realização do propósito convergente e comum de proteção dos direitos e interesses do ser humano. No Brasil, defendem essa tese Antônio Augusto Cançado Trindade e Flávia Piovesan, os quais entendem que os §§ 1º e 2º do artigo 5º da Constituição caracterizar-se-iam, respectivamente, como garantes da aplicabilidade direta e do caráter constitucional dos tratados de direitos humanos dos quais o Brasil é signatário. Cançado Trindade, que propôs à Assembléia Nacional Constituinte, em 1987, a inclusão do atual § 2o ao art. 5o no texto constitucional que estava sendo construído, assim expressa seu pensamento: "O propósito do disposto nos parágrafos 2 e 1 do artigo 5 da Constituição não é outro que o de assegurar a aplicabilidade direta pelo Poder Judiciário nacional da normativa internacional de proteção, alçada a nível constitucional (...).Desde a promulgação da atual Constituição, a normativa dos tratados de direitos humanos em que o Brasil é parte tem efetivamente nível constitucional e entendimento em contrário requer demonstração. A tese da equiparação dos tratados de direitos humanos à legislação infraconstitucional – tal como ainda seguida por alguns setores em nossa prática judiciária – não só representa um apego sem reflexão a uma tese anacrônica, já abandonada em alguns países, mas também contraria o disposto no artigo (5) 2 da Constituição Federal Brasileira".

 A hierarquia constitucional dos tratados de proteção dos direitos humanos é prevista, por exemplo, pela Constituição da Argentina, que delimita o rol de diplomas internacionais possuidores desse status normativo diferenciado em relação aos demais tratados de caráter comum. Da mesma forma, a Constituição da Venezuela, a qual, além da hierarquia constitucional, estabelece a aplicabilidade imediata e direta dos *tratados na ordem interna e fixa a regra hermenêutica da norma mais favorável ao indivíduo, tal como defendido por essa corrente doutrinária.*

Apesar da interessante argumentação proposta por essa tese, parece que a discussão em torno do status constitucional dos tratados de direitos humanos foi, de certa forma, esvaziada pela promulgação da Emenda Constitucional nº 45/2004, a Reforma do Judiciário (oriunda do Projeto de Emenda Constitucional nº 29/2000), a qual trouxe como um de seus estandartes a incorporação do § 3º ao art. 5º, com a seguinte disciplina: "Os tratados e convenções internacionais sobre direitos humanos que forem aprovados, em cada Casa do Congresso Nacional, em dois turnos, por três quintos dos votos dos respectivos membros, serão equivalentes às emendas constitucionais. "Em termos práticos, trata-se de uma declaração eloqüente de que os tratados já ratificados pelo Brasil, anteriormente à mudança constitucional, e não submetidos ao processo legislativo especial de aprovação no Congresso Nacional, não podem ser comparados às normas constitucionais. Não se pode negar, por outro lado, que a reforma também acabou por ressaltar o caráter especial dos tratados de direitos humanos em relação aos demais tratados de reciprocidade entre os Estados pactuantes, conferindo-lhes lugar privilegiado no ordenamento jurídico. Em outros termos, solucionando a questão para o futuro – em que os tratados de direitos humanos, para ingressarem no ordenamento jurídico na qualidade de emendas constitucionais, terão que ser aprovados em quorum especial nas duas Casas do Congresso Nacional –, a mudança constitucional ao menos acena para a insuficiência da tese da legalidade ordinária dos tratados e convenções internacionais já ratificados pelo Brasil, a qual tem sido preconizada pela jurisprudência do Supremo Tribunal Federal desde o remoto julgamento do RE nº 80.004/SE, de relatoria do Ministro Xavier de Albuquerque (julgado em 1o.6.1977; DJ 29.12.1977) e encontra respaldo em um largo repertório de casos julgados após o advento da Constituição de 1988. Após a reforma, ficou ainda mais difícil defender a terceira das teses acima enunciadas, que prega a idéia de que os tratados de direitos humanos, como quaisquer outros instrumentos convencionais de caráter internacional, poderiam ser concebidos como equivalentes às leis ordinárias. Para essa tese, tais acordos não possuiriam a devida legitimidade para confrontar, nem para complementar o preceituado pela Constituição Federal em matéria de direitos fundamentais.

(...).

Não se pode perder de vista que, hoje, vivemos em um "Estado Constitucional Cooperativo", identificado pelo Professor Peter Haberle como aquele que não mais se apresenta como um Estado Constitucional voltado para si mesmo, mas que se disponibiliza como referência para os outros Estados Constitucionais membros de uma comunidade, e no qual ganha relevo o papel dos direitos humanos e fundamentais. Para Haberle, ainda que, numa perspectiva internacional, muitas vezes a cooperação entre os Estados ocupe o lugar de mera coordenação e de simples ordenamento para a coexistência pacífica (ou seja, de mera delimitação dos âmbitos das soberanias nacionais), no campo do direito constitucional nacional, tal fenômeno, por si só, pode induzir ao menos a tendências que apontem para um enfraquecimento dos limites entre o interno e o externo, gerando uma concepção que faz prevalecer o direito comunitário sobre o direito interno. Nesse contexto, mesmo conscientes de que os motivos que conduzem à concepção de um Estado Constitucional Cooperativo são complexos, é preciso reconhecer os aspectos sociológico-econômico e ideal-moral como os mais evidentes. E no que se refere ao aspecto ideal-moral, não se pode deixar de considerar a proteção aos direitos humanos como a fórmula mais concreta de que dispõe o sistema constitucional, a exigir dos atores da vida sócio-política do Estado uma contribuição positiva para a máxima eficácia das normas das Constituições modernas que protegem a cooperação internacional amistosa como princípio vetor das relações entre os Estados Nacionais e a proteção dos direitos humanos como corolário da própria garantia da dignidade da pessoa humana. Na realidade européia, é importante mencionar a abertura institucional a ordens supranacionais consagrada em diversos textos constitucionais (cf. v.g. Preâmbulo da Lei Fundamental de Bonn e art. 24, (I); o art. 11 da Constituição italiana; os arts. 8º 30 e 1631 da Constituição portuguesa; e, por fim, os arts. 9º e 96 da Constituição espanhola; dentre outros).

Ressalte-se, nesse sentido, que há disposições da Constituição de 1988 que remetem o intérprete para realidades normativas relativamente diferenciadas em face da concepção tradicional do direito internacional público. Refiro-me, especificamente, a quatro disposições que sinalizam para uma maior abertura constitucional ao direito internacional e, na visão de alguns, ao direito supranacional. A primeira cláusula consta do parágrafo único do art. 4o, que estabelece que a "República Federativa do Brasil buscará a integração econômica, política, social e cultural dos povos da América Latina, visando à formação de uma comunidade latinoamericana de nações". Em comentário a este artigo, o saudoso Professor Celso Bastos ensinava que tal dispositivo constitucional representa uma clara opção do constituinte pela integração do Brasil em organismos supranacionais. A segunda cláusula é aquela constante do § 2º do art. 5o, ao estabelecer que os direitos e garantias expressos na Constituição brasileira "não excluem outros decorrentes do regime e dos princípios por ela adotados, ou dos tratados internacionais em que a República Federativa do Brasil seja parte". A terceira e quarta cláusulas foram acrescentadas pela Emenda Constitucional nº 45, de 8.12.2004, constantes dos §§ 3o e 4o do art. 5o, que rezam, respectivamente, que "os tratados e convenções internacionais sobre direitos humanos que forem aprovados, em cada Casa

do Congresso Nacional, em dois turnos, por três quintos dos votos dos respectivos membros, serão equivalentes às emendas constitucionais", e "o Brasil se submete à jurisdição de Tribunal Penal Internacional a cuja criação tenha manifestado adesão."
(...).
Esses dados revelam uma tendência contemporânea do constitucionalismo mundial de prestigia r as normas internacionais destinadas à proteção do ser humano. Por conseguinte, a partir desse universo jurídico voltado aos direitos e garantias fundamentais, as constituições não apenas apresentam maiores possibilidades de concretização de sua eficácia normativa, como também somente podem ser concebidas em uma abordagem que aproxime o Direito Internacional do Direito Constitucional.
(...).
Por conseguinte, parece mais consistente a interpretação que atribui a característica de supralegalidade aos tratados e convenções de direitos humanos. Essa tese pugna pelo argumento de que os tratados sobre direitos humanos seriam infraconstitucionais, porém, diante de seu caráter especial em relação aos demais atos normativos internacionais, também seriam dotados de um atributo de supralegalidade. Em outros termos, os tratados sobre direitos humanos não poderiam afrontar a supremacia da Constituição, mas teriam lugar especial reservado no ordenamento jurídico. Equipará-los à legislação ordinária seria subestimar o seu valor especial no contexto do sistema de proteção dos direitos da pessoa humana. Essa tese foi aventada, em sessão de 29 de março de 2000, no julgamento do RHC nº 79.785-RJ, pelo voto do eminente Relator, Min. Sepúlveda Pertence, que acenou com a possibilidade da consideração dos tratados sobre direitos humanos como documentos supralegais. O Ministro Pertence manifestou seu pensamento da seguinte forma: "Certo, com o alinhar-me ao consenso em torno da estatura infraconstitucional, na ordem positiva brasileira, dos tratados a ela incorporados, não assumo compromisso de logo – como creio ter deixado expresso no voto proferido na ADInMc 1.480 – com o entendimento, então majoritário – que, também em relação às convenções internacionais de proteção de direitos fundamentais – preserva a jurisprudência que a todos equipara hierarquicamente às leis. Na ordem interna, direitos e garantias fundamentais o são, com grande freqüência, precisamente porque – alçados ao texto constitucional – se erigem em limitações positivas ou negativas ao conteúdo das leis futuras, assim como à recepção das anteriores à Constituição (...). Se assim é, à primeira vista, parificar às leis ordinárias os tratados a que alude o art. 5º, § 2º, da Constituição, seria esvaziar de muito do seu sentido útil a inovação, que, malgrado os termos equívocos do seu enunciado, traduziu uma abertura significativa ao movimento de internacionalização dos direitos humanos." [RHC nº 79.785-RJ, Pleno, por

maioria, Rel. Min. Sepúlveda Pertence, DJ 22.11.2002, vencidos os Ministros Marco Aurélio e Carlos Velloso (o então Min. Presidente)].

(...).

Assim, a premente necessidade de se dar efetividade à proteção dos direitos humanos nos planos interno e internacional torna imperiosa uma mudança de posição quanto ao papel dos tratados internacionais sobre direitos na ordem jurídica nacional. É necessário assumir uma postura jurisdicional mais adequada às realidades emergentes em âmbitos supranacionais, voltadas primordialmente à proteção do ser humano.

(...).

Portanto, diante do inequívoco caráter especial dos tratados internacionais que cuidam da proteção dos direitos humanos, não é difícil entender que a sua internalização no ordenamento jurídico, por meio do procedimento de ratificação previsto na Constituição, tem o condão de paralisar a eficácia jurídica de toda e qualquer disciplina normativa infraconstitucional com ela conflitante.

Nesse sentido, é possível concluir que, diante da supremacia da Constituição sobre os atos normativos internacionais, a previsão constitucional da prisão civil do depositário infiel (art. 5o, inciso LXVII) não foi revogada pelo ato de adesão do Brasil ao Pacto Internacional dos Direitos Civis e Políticos (art. 11) e à Convenção Americana sobre Direitos Humanos – Pacto de San José da Costa Rica (art. 7o, 7), mas deixou de ter aplicabilidade diante do efeito paralisante desses tratados em relação à legislação infraconstitucional que disciplina a matéria, incluídos o art. 1.287 do Código Civil de 1916 e o Decreto-Lei nº 911, de 1o de outubro de 1969. Tendo em vista o caráter supralegal desses diplomas normativos internacionais, a legislação infraconstitucional posterior que com eles seja conflitante também tem sua eficácia paralisada. É o que ocorre, por exemplo, com o art. 652 do Novo Código Civil (Lei nº 10.406/2002), que reproduz disposição idêntica ao art. 1.287 do Código Civil de 1916. Enfim, desde a adesão do Brasil, no ano de 1992, ao Pacto Internacional dos Direitos Civis e Políticos (art. 11) e à Convenção Americana sobre Direitos Humanos – Pacto de San José da Costa Rica (art. 7o, 7), não há base legal para aplicação da parte final do art. 5o, inciso LXVII, da Constituição, ou seja, para a prisão civil do depositário infiel. De qualquer forma, o legislador constitucional não fica impedido de submeter o Pacto Internacional dos Direitos Civis e Políticos e a Convenção Americana sobre Direitos Humanos – Pacto de San José da Costa Rica, além de outros tratados de direitos humanos, ao procedimento especial de aprovação previsto no art. 5o, § 3o, da Constituição, tal como definido pela EC nº 45/2004, conferindo-lhes status de emenda constitucional".

8.2.2.2. Lei Federal

O que se entende por *lei federal*?

Há doutrinadores que diferenciam *lei federal* de *lei nacional*. A primeira seria uma lei que regula interesses específicos da União, enquanto que a lei nacional seria aquela válida em todo território nacional.

Evidentemente, o art. 102, inc. III, letra 'b', da C.F., ao fazer referência à *lei federal*, ali incorporou ambas as hipóteses, ou seja, a lei federal propriamente dita, como a lei nacional.

Assim, leis de todas as formas e conteúdos podem ser objeto de análise de recurso extraordinário, como, por exemplo: a) leis ordinárias; b) leis complementares; c) *medidas provisórias*; d) *Decreto legislativo* que contém a aprovação do Congresso aos tratados e autoriza ao Presidente da República a ratificá-los em nome do Brasil (CF, art. 49, I); c) *decreto do Chefe do Executivo* que promulga os tratados e convenções; e) *Decreto legislativo* do Congresso Nacional que suspende a execução de ato do Executivo, em virtude de incompatibilidade com a lei a regulamentar (art. 49, V da CF); f) regimentos internos dos Tribunais Superiores.

Por sua vez, sobre a definição de lei federal, assim preconiza Rodolfo C. Mancuso:

> "*a) as leis federais por definição, isto é, aquelas relativas às matérias que a CF deixa à competência legislativa da União, de forma privativa (art. 22); e, bem assim, as outras formas de expressão do direito federal (leis; decretos e regulamentos – RTJ 44/467); relativas aos assuntos que a CF considera de interesse da União (art. 21), como a declaração de guerra (inciso II) ou a emissão de moeda (inciso VII).*
>
> *b) as leis sobre as matérias que, conquanto deixadas pela CF à competência comum (art. 23), ou concorrente (art. 24), entre União e outros entes políticos, vêm a ser editadas pela União;*
>
> *c) o direito estrangeiro que tenha sido incorporado ao nosso direito interno (RTJ 101/1.149; RF 284/157), como v.g., sucedeu com as Convenções de Genebra em matéria de títulos de crédito, ou com o Pacto de São José da Costa Rica sobre direitos humanos*".[164]

Estão excluídos da definição de lei federal o regimento interno de tribunal (Súmula 399 do S.T.F.); REsp 41.745/RS; ato normativo (RTJ

---

[164] MANCUSO, R., op. cit., p. 256.

71/721); portaria ministerial (RTJ 68/402); resolução de autarquia (RT 561/259); provimento da OAB (RTJ 105/596).[165]

O S.T.F. também tem entendido que possível extrapolação do poder regulamentar por portaria não possui natureza constitucional, tendo em vista que depende do cotejo entre a norma regulamentar em relação ao comando legal regulamentado. Nesse sentido, eis o seguinte precedente:

> *AGRAVO REGIMENTAL EM RECURSO EXTRAORDINÁRIO COM AGRAVO. PORTARIA MPS 133/2006. EXTRAPOLAÇÃO DO PODER REGULAMENTAR EM RELAÇÃO AOS COMANDOS DA LEI 8.212/1991. MATÉRIA INFRACONSTITUCIONAL. SUPOSTA VIOLAÇÃO DO PRINCÍPIO DA LEGALIDADE. SÚMULA 636 DO STF. AGRAVO IMPROVIDO.*
>
> *I – A discussão acerca de eventual extrapolação do ato regulamentar em relação ao comando legal regulamentado não possui natureza constitucional, porquanto depende do cotejo entre a norma regulamentadora e a lei ordinária, a cujo exame não se presta o recurso extraordinário.*
>
> *II – O Tribunal entende não ser cabível a interposição de RE por contrariedade princípio da legalidade quando a verificação da ofensa envolva a reapreciação de interpretação dada a normas infraconstitucionais pelo Tribunal a quo (Súmula 636 do STF).*
>
> *III – Agravo regimental improvido.*
>
> (ARE-AgR 682.534, Rel. Min. Ricardo Lewandowski, Segunda Turma, DJe 22.10.2012)

8.2.3. Julgar válida lei ou ato do governo local contestado em face da Constituição

Por ofensa a direito local não cabe recurso extraordinário, isso é o que estabelece a Súmula 280 do S.T.F.

Se a decisão julgar válida lei ou ato do governo local contestado em face da Constituição Federal, caberá recurso extraordinário.

Evidentemente, não caberá recurso extraordinário se a decisão recorrida julgar inválido o ato ou lei local em face da Constituição Federal.

Em caso de representação de inconstitucionalidade de leis ou atos normativos estaduais ou municipais em face da Constituição Estadual,

---

[165] MANCUSO, R., idem, p. 257 e 258.

a competência será do Tribunal de Justiça do Estado, nos termos do art. 125, §2º, da C.F.

Nos termos do art. 102, inc. III, letra 'c', da C.F., compete ao S.T.F. julgar, mediante recurso extraordinário, as causas decididas em única ou última instância, quando a decisão recorrida *julgar válida lei ou ato de governo local contestado em face da Constituição Federal.*

Note-se que há uma grande diferença entre essa hipótese de legitimação de interposição do recurso extraordinário e aquela prevista no art. 102, inc. III, letra 'b', da C.F. Nessa hipótese, a decisão recorrida declara a inconstitucionalidade de tratado ou de lei federal, enquanto que naquela a decisão recorrida julga válida lei ou ato de governo local contestado em face da Constituição Federal. Numa não há presunção de constitucionalidade da lei federal ou de tratado em face da Constituição, na outra há afirmação de legalidade em face da Constituição.

Lei ou ato de governo local poderá ser tanto do governo municipal quanto estadual. No âmbito do ato normativo entra igualmente resoluções e decretos do poder executivo municipal ou estadual.

O importante é que essa validade seja em contraste ou mediante contestação ao que diz a Constituição Federal.

Se o acórdão recorrido não julgou válida lei ou ato de governo local contestado em face da Constituição, fica inviabilizado o processamento do recurso extremo pela alínea c do inciso III do art. 102 da Constituição Federal.

Sobre o tema, eis os seguintes precedentes do S.T.F.:

> *Ementa: I – É inadmissível o recurso extraordinário quando sua análise implica rever a interpretação de legislação infraconstitucional local que fundamenta a decisão a quo. Incidência da Súmula 280 desta Corte. Precedentes. II – Para dissentir da conclusão adotada pelo Tribunal de origem, necessário seria o reexame do conjunto fático-probatório constante dos autos, o que atrai a incidência da Súmula 279 do STF. III – O acórdão recorrido não julgou válida lei ou ato de governo local contestado em face da Constituição. Incabível, portanto, o recurso pela alínea c do art. 102, III, da Constituição. Precedentes. IV – Agravo regimental a que se nega provimento.*
> (ARE 817262 AgR, Relator(a): Min. RICARDO LEWANDOWSKI, Segunda Turma, julgado em 05/08/2014, PROCESSO ELETRÔNICO DJe-157 DIVULG 14-08-2014 PUBLIC 15-08-2014)

Ementa: I – Os veículos de comunicação de natureza propagandística de índole eminentemente comercial e o papel utilizado na confecção da propaganda não estão abrangidos pela imunidade definida no art. 150, VI, d, da Constituição Federal, uma vez que não atendem aos conceitos constitucionais de livro, jornal ou periódico contidos nessa norma. Precedentes. II – O acórdão recorrido não julgou válida lei ou ato de governo local contestado em face da Constituição. Incabível, portanto, o recurso pela alínea c do art. 102, III, da Constituição. Precedentes. III – Agravo regimental a que se nega provimento.

(ARE 807093 ED, Relator(a): Min. RICARDO LEWANDOWSKI, Segunda Turma, julgado em 05/08/2014, PROCESSO ELETRÔNICO DJe-157 DIVULG 14-08-2014 PUBLIC 15-08-2014)

Ementa: 1. O fator previdenciário incidente no cálculo do benefício previdenciário não viola o texto constitucional. Precedentes: ARE 752236 AgR, Rel. Min. Rosa Weber, Primeira Turma, DJe 21/8/2013, RE 695060 AgR, Rel. Min. Dias Toffoli, Primeira Turma, DJe 7/10/2013, ARE 754.330-AgR, Rel. Min. Ricardo Lewandowski, Segunda Turma, DJe 20/8/2013, e ARE 717334-AgR, Rel. Min. Rosa Weber, Primeira Turma, DJe 27/8/2013. 2. O Tribunal a quo não julgou válida lei ou ato de governo local contestado em face da Constituição, o que não se encarta na hipótese da alínea c do artigo 102 da Constituição do Brasil.

(...).

(RE 695309 AgR, Relator(a): Min. LUIZ FUX, Primeira Turma, julgado em 05/08/2014, PROCESSO ELETRÔNICO DJe-169 DIVULG 01-09-2014 PUBLIC 02-09-2014)

A suposta ofensa aos postulados constitucionais somente poderia ser constatada a partir da análise da legislação infraconstitucional local apontada no apelo extremo, o que torna oblíqua e reflexa eventual ofensa, insuscetível, portanto, de viabilizar o conhecimento do recurso extraordinário. Aplicação do óbice da Súmula 280/STF: "Por ofensa a direito local não cabe recurso extraordinário". Divergir do entendimento do acórdão recorrido quanto ao pagamento da diferença de pensão por morte a ora agravada – cuja complementação se refere aos estipêndios relativos a promoção post mortem, prevista no art. 56, § 4º, da Lei Complementar Estadual nº 53/90 –, exigiria a análise da legislação infraconstitucional aplicável à espécie e o reexame da moldura fática constante no acórdão regional, a inviabilizar o trânsito do recurso extraordinário. O Tribunal de origem não julgou válida lei local contestada em face da Constituição Federal, inviável a interposição do recurso extraordinário com fundamento no art. 102, III, "c", da Constituição Federal. Agravo regimental conhecido e não provido.

(ARE 760164 AgR, Relator(a): Min. ROSA WEBER, Primeira Turma, julgado em 05/08/2014, PROCESSO ELETRÔNICO DJe-172 DIVULG 04-09-2014 PUBLIC 05-09-2014).

O Tribunal de origem não julgou válida lei ou ato de governo local contestados em face da Constituição Federal. Tampouco a parte agravante demonstrou a ocorrência de conflito de competência legislativa entre entes da Federação, o que inviabiliza o recurso extraordinário, respectivamente, pelas alíneas c e d do inciso III do art. 102 da Constituição. Precedentes. O trânsito em julgado da decisão do Superior Tribunal de Justiça que negou de seguimento ao recurso especial, simultaneamente interposto, torna incólume os fundamentos infraconstitucionais constantes do acórdão recorrido (Súmula 283/STF). Precedente. Agravo regimental a que se nega provimento.

(RE 587089 AgR, Relator(a): Min. ROBERTO BARROSO, Primeira Turma, julgado em 10/06/2014, ACÓRDÃO ELETRÔNICO DJe-151 DIVULG 05-08-2014 PUBLIC 06-08-2014).

1. A progressão de carreira de servidor público municipal, quando sub judice a controvérsia, demanda a análise da legislação infraconstitucional local. Precedentes: AI 441.711-AgR, Rel. Min. Roberto Barroso, Primeira Turma, DJe 25/11/2013 e ARE 693.518-AgR, Rel. Min. Joaquim Barbosa, Segunda Turma, DJe 18/9/2012. 2. A violação reflexa e oblíqua da Constituição Federal decorrente da necessidade de análise de malferimento de dispositivo infraconstitucional, torna inadmissível o recurso extraordinário. 3. O Tribunal a quo não julgou válida lei ou ato de governo local contestado em face da Constituição, o que não se encarta na hipótese da alínea c do artigo 102 da Constituição do Brasil. 4. In casu, o acórdão recorrido assentou: "Apelação Cível – Servidor Público – Progressão Automática na Carreira – Lei Municipal nº 7.169/96 – Avaliação de Desempenho – Não Realização – Implemento do Lapso Temporal. (...) Não se afigura inconstitucional o art. 96 da Lei nº 7.169/96, que prevê a progressão automática, na medida em que tal norma não dispensa o requisito da aprovação em avaliação de desempenho, mas, tão-somente, supre a exigência, de forma a viabilizar o exercício do direito pelo servidor". 5. Agravo regimental DESPROVIDO.

(ARE 738975 AgR, Relator(a): Min. LUIZ FUX, Primeira Turma, julgado em 25/02/2014, PROCESSO ELETRÔNICO DJe-053 DIVULG 17-03-2014 PUBLIC 18-03-2014)

8.2.4. Julgar válida lei local contestada em face de lei federal

O recurso extraordinário também poderá ter por objeto decisão que *julgar válida lei local contestada em face de lei federal*.

Essa competência do Supremo Tribunal Federal foi inserida no art. 102, inc. III, letra 'd', pela Emenda Constitucional n. 45, de 2004.

Particularmente, essa hipótese, ao contrário das demais, não traz qualquer menção expressa de violação à Constituição, pois permite a interposição de recurso extraordinário quando a decisão recorrida julgar válida lei local contestada em face de *lei federal*.

Porém, não obstante o art. 102, inc. III, letra 'd', não faça menção expressa à Constituição, o seu conteúdo normativo indica efetiva violação à norma Constitucional.

Tendo em vista que a competência do Poder Legislativo para legislar, seja no âmbito federal, estadual e municipal, é estabelecida pela Constituição Federal, o cabimento do recurso extraordinário justifica-se pela não observância das regras constitucionais de competência legislativa.

Assim, se a decisão recorrida julga válida lei local contestada em face de lei federal, tal decisão está ingressando no âmbito da competência legislativa federal prevista na Constituição Federal.

Sobre o tema, eis o seguinte precedente do S.T.F.:

> *Viola o artigo 146, inciso III, alínea "a", da Carta Federal norma ordinária segundo a qual hão de ser incluídos, na base de cálculo do Imposto sobre Produtos Industrializados – IPI, os valores relativos a descontos incondicionais concedidos quando das operações de saída de produtos, prevalecendo o disposto na alínea "a" do inciso II do artigo 47 do Código Tributário Nacional.*
>
> (RE 567935, Relator(a): Min. MARCO AURÉLIO, Tribunal Pleno, julgado em 04/09/2014, ACÓRDÃO ELETRÔNICO REPERCUSSÃO GERAL – MÉRITO DJe-216 DIVULG 03-11-2014 PUBLIC 04-11-2014)

No RE n. 117.809/PR, em que o Supremo Tribunal Federal tratou da autonomia municipal para fixar tarifas de serviço público local, consta a seguinte passagem no voto proferido pela Ministra Carmen Lúcia, referente ao conflito entre lei local e Constituição:

> *"Conforme relatado, o exame do que alegado no presente recurso extraordinário tornou-se possível após a apreciação da questão de ordem trazida ao Plenário pelo então Relator, Ministro Sepúlveda Pertence, quando se decidiu pela competência do Supremo Tribunal Federal para conhecer deste recurso.*

Anote-se que Sua Excelência, o Ministro Sepúlveda Pertence, partiu da premissa de que, **nos casos de conflito entre lei federal e lei estadual ou municipal, haverá questão constitucional a ser dirimida pela via do recurso extraordinário, e não do recurso especial, quando a preferência pela aplicação da norma local em detrimento da lei nacional adotada no acórdão recorrido tiver-se baseado na circunstância de esta ter cuidado de matéria de competência municipal.** Daí o reconhecimento do juízo de constitucionalidade feito pela decisão recorrida a atrair para este Supremo Tribunal a competência recursal.

É a conclusão do Ministro Sepúlveda Pertence: 'Ora, se entre uma lei federal e uma lei estadual ou municipal, a decisão optar pela aplicação da última por entender que a norma central regulou matéria de competência local, é evidente que a terá considerado inconstitucional, o que basta à admissão do recurso extraordinário pela letra b do art. 102, III, da Constituição, como, aliás, ocorreu neste processo. **Ao recurso especial, assim, coerentemente com a sua destinação, o que tocará é a outra hipótese, a do cotejo entre lei federal e lei local, sem que se questione a validade da primeira, mas apenas a compatibilidade ou não com ela, a lei federal, da norma estadual ou municipal...**".

Em se tratando de conflito entre lei local e lei federal, cuja solução possa ocorrer sem declaração de inconstitucionalidade, o recurso cabível, segundo alguns precedentes do S.T.J., será o recurso especial:

Processual – confronto entre lei estadual e federal – solução a luz do direito infraconstitucional – cabimento do recurso especial – legislação concorrente.
I. cabe recurso especial, para resolver conflito entre lei local e lei federal, quando a solução se possa obter sem declaração de inconstitucionalidade.
II. decisão que submete ação de indenização por acidente de transito, ao procedimento da lei estadual 8.151/90. esta decisão nega vigência aos arts. 275 e seguintes do cpc.
III. nulidade do processo, a partir da submissão.
(REsp 40.992/SC, Rel. Ministro HUMBERTO GOMES DE BARROS, PRIMEIRA TURMA, julgado em 02/02/1994, DJ 07/03/1994, p. 3641)
1. Cabe recurso especial, para resolver conflito entre lei local e lei federal, quando a solução se possa obter sem declaração de inconstitucionalidade.
2. Lei municipal incompatível com norma geral, contida em lei complementar, é ilegal, antes de ser inconstitucional.

3. A Taxa de Conservação e Serviços de Estradas Municipais (Art. 150 do Código tributário do Município de Alvares Machado) tem como fato gerador a utilização de tais serviços, pelos donos e possuidores de fazendas localizadas às margens. Tais pessoas, entretanto, não contribuem como proprietários, mas como beneficiários do serviço público.

4. O Parágrafo Único do Artigo 77 proíbe que a taxa tenha fato gerador idêntico àquele que serve ao lançamento de imposto. Nada impede, entretanto, que o contribuinte de determinado imposto pague taxa, gerada pela utilização de serviço posto à sua disposição.

(REsp 222.063/SP, Rel. Ministro HUMBERTO GOMES DE BARROS, PRIMEIRA TURMA, julgado em 17/08/2000, DJ 18/09/2000, p. 101)

Na mesma linha argumentativa, são os seguintes precedentes do S.T.F.:

I – Inexiste direito adquirido a regime jurídico. Aplicação das limitações à compensação tributária constantes das Leis 9.032/1995 e 9.129/1995 quanto aos créditos constituídos na sua vigência, ainda que os pagamentos indevidos tenham sido recolhidos anteriormente. II – Análise de eventual conflito entre os dispositivos das Leis 9.032/1995 e 9.129/1995 e o CTN, na parte em que disciplinam o direito à compensação. Questão que envolve a interpretação a ser dada a essas normas. A afronta à Constituição, se ocorrente, seria indireta. Incabível o recurso extraordinário. III – Agravo regimental a que se nega provimento.

(RE 706240 AgR, Relator(a): Min. RICARDO LEWANDOWSKI, Segunda Turma, julgado em 24/06/2014, PROCESSO ELETRÔNICO DJe-157 DIVULG 14-08-2014 PUBLIC 15-08-2014).

O Plenário deste Tribunal assentou o entendimento de que as decisões judiciais não precisam ser necessariamente analíticas, bastando que contenham fundamentos suficientes para justificar suas conclusões. O Código Tributário Nacional estabelece a possibilidade do ente competente, mediante lei, atribuir a responsabilidade pelo crédito tributário a terceira pessoa que guarde relação com o fato gerador. A dicção legal também remonta a possibilidade da responsabilidade do contribuinte ser mantida em caráter supletivo. A hipótese trata de lei local cuja imputação de responsabilidade tributária está em harmonia com as balizas previstas pela norma geral, qual seja, o Código Tributário Nacional. O acolhimento da pretensão importaria em reconhecer um potencial conflito entre leis, não havendo repercussão imediata na Constituição Federal. Agravo regimental a que se nega provimento.

(ARE 765302 AgR, Relator(a): Min. ROBERTO BARROSO, Primeira Turma, julgado em 09/04/2014, ACÓRDÃO ELETRÔNICO DJe-094 DIVULG 16-05-2014 PUBLIC 19-05-2014).

1. Nem toda contraposição entre lei ordinária e lei complementar se resolve no plano constitucional. Dentre outras hipóteses, a discussão será de alçada constitucional se o ponto a ser resolvido, direta ou incidentalmente, referir-se à existência ou inexistência de reserva de lei complementar para instituir o tributo ou estabelecer normas gerais em matéria tributária, pois é a Constituição que estabelece os campos materiais para o rito de processo legislativo adequado. 2. Num segundo ponto, é possível entrever questão constitucional prévia no confronto de lei ordinária com lei complementar, se for necessário interpretar a lei complementar à luz da Constituição para precisar-lhe sentido ou tolher significados incompatíveis com a Carta (técnicas da interpretação conforme a Constituição, declaração de inconstitucionalidade sem redução de texto e permanência da norma ainda constitucional). 3. Nenhuma das duas hipóteses está configurada neste caso, pois a parte-agravante invoca o Código Tributário Nacional como parâmetro de controle imediato de norma local que teria falhado em apurar o benefício individual aferido por cada contribuinte, mas, ao invés, limitou-se a fixar o valor global da obra para rateio. 4. Na época da interposição do recurso ainda não vigia o art. 102, III, d da Constituição, incluído pela EC 45/2004. Agravo regimental ao qual se nega provimento.

(RE 228339 AgR, Relator(a): Min. JOAQUIM BARBOSA, Segunda Turma, julgado em 20/04/2010, DJe-096 DIVULG 27-05-2010 PUBLIC 28-05-2010 EMENT VOL-02403-04 PP-01235 RDDT n. 179, 2010, p. 171-173 RT v. 99, n. 899, 2010, p. 105-108)

Ao contrário do que estabelece o art. 102, inc. III, letra 'c', da C.F., o art. 102, inc. III, letra 'd', somente faz menção à *lei local*, não fazendo referência ao *ato do governo local*. Portanto, refere-se à lei em sentido 'stricto' e não aos atos administrativos provenientes do governo local. No âmbito do ato do governo local, entraria resoluções e decretos do poder executivo municipal ou estadual.

Lei local poderá ser tanto do Poder Legislativo municipal quanto do Poder Legislativo estadual.

A Emenda Constitucional n. 45 separou o teor normativo do art. 105, inc. III, letra 'b', da Constituição Federal, em relação à competência para análise de ato do governo local. Manteve no Superior Tribunal de Justiça o julgamento válido de ato do governo local contestado em face de lei federal e devolveu ao Supremo Tribunal Federal a competência para julgar o conflito, a validade de lei local contestada em face da lei federal

Assim, em se tratando de hipótese na qual se julga válido *ato do governo local* contestado em face de *lei federal*, o recurso cabível não será o recurso extraordinário, mas, sim, o recurso especial, nos termos do art. 105, inc. III, letra 'b', da Constituição Federal.

As hipóteses de interposição do *recurso especial* estão previstas no art. 105, inc. III, letras 'a', 'b' e 'c' da C.F., a saber:

> *Art. 105. Compete ao Superior Tribunal de Justiça:*
> *(...).*
> *III – julgar, em recurso especial, as causas decididas, em única ou última instância, pelos Tribunais Regionais Federais ou pelos tribunais dos Estados, do Distrito Federal e Territórios, quando a decisão recorrida:*
> *a) contrariar tratado ou lei federal, ou negar-lhes vigência;*
> *b) julgar válido ato de governo local contestado em face de lei federal;(Redação dada pela Emenda Constitucional nº 45, de 2004)*
> *c) der a lei federal interpretação divergente da que lhe haja atribuído outro tribunal.*

Se a decisão julgar *inválida* lei local em face de lei federal, não caberá recurso extraordinário.

Sobre o tema, eis os seguintes precedentes do S.T.F.:

> *Nos termos da orientação deste Tribunal, cabe à parte impugnar todos os fundamentos da decisão agravada, o que não ocorreu no caso. Ademais, o enquadramento do recurso extraordinário na hipótese de cabimento inscrita no art. 102, III, "d" exige a demonstração, pelo recorrente, de que a Corte de origem, ao julgar válida lei local contestada em face de lei federal, ofendeu o sistema de repartição de competências legislativas estatuído na Constituição. Agravo regimental a que se nega provimento.*
> (AI 774514 AgR, Relator(a): Min. JOAQUIM BARBOSA, Segunda Turma, julgado em 31/08/2010, DJe-185 DIVULG 30-09-2010 PUBLIC 01-10-2010 EMENT VOL-02417-12 PP-02634)
> *EMENTA Questão de ordem em agravo de instrumento – Competência para análise de recurso em que se discute validade de lei local em face de lei federal – Tanto na época da interposição – CF/69, como com a alteração constitucional introduzida pela EC nº 45, compete ao STF a análise da matéria, conforme redação atual do artigo 102,*

*inciso III, letra "d", da Constituição Federal – Questão de ordem rejeitada, afirmando-
-se a competência desta Corte para prosseguir no julgamento do recurso.*

(AI 132755 QO, Relator(a): Min. JOAQUIM BARBOSA, Relator(a) p/ Acórdão: Min. DIAS TOFFOLI, Tribunal Pleno, julgado em 19/11/2009, DJe-35 DIVULG 25-02-2010 PUBLIC 26-02-2010 REPUBLICAÇÃO: DJe-105 DIVULG 10-06-2010 PUBLIC 11-06-2010 EMENT VOL-02405-03 PP-00640 RTJ VOL-00218- PP-00416 LEXSTF v. 32, n. 376, 2010, p. 32-68)

9.
Fundamentos constitucionais para interposição do recurso especial

Segundo estabelece o art. 105, inc. III, da C.F., compete ao Superior Tribunal de Justiça julgar, em recurso especial, as causas decididas em única ou última instância, pelos Tribunais Regionais Federais ou pelos Tribunais dos Estados, do Distrito Federal e Territórios.

O Superior Tribunal de Justiça, como responsável pela tutela e guarda da melhor interpretação e aplicação da Lei Federal, pode ser provocado a resolver causas decididas em única ou última instância, pelos Tribunais Regionais Federais ou pelos Tribunais dos Estados, do Distrito Federal e Territórios.

O recurso especial pode ser encaminhado ao S.T.J. diretamente ou por meio de agravo em recurso especial, quando o órgão jurisdicional de origem não admite o seu encaminhamento à Corte Superior.

O inc. III do art. 105 da Constituição Federal indica quais são os fundamentos constitucionais para a interposição do recurso especial.

Esses fundamentos são: a) a) contrariar tratado ou lei federal, ou negar-lhes vigência; b) julgar válido ato de governo local contestado em face de lei federal(Redação dada pela Emenda Constitucional nº 45, de 2004); c) der a lei federal interpretação divergente da que lhe haja atribuído outro tribunal.

Vejamos cada uma dessas hipóteses normativas.

9.1. Causas decididas em única ou última instância

Para que se possa interpor recurso especial é necessário que a causa tenha sido decidida em única ou última instância pelos Tribunais Regionais Federais ou pelos Tribunais dos Estados, do Distrito Federal e dos Territórios.

No Brasil, há cinco Tribunais Regionais Federais, a saber: a) Tribunal Regional Federal da 1ª Região, com sede em Brasília; b) Tribunal Regional Federal da 2ª Região, com sede na cidade do Rio de Janeiro; c) Tribunal Regional Federal da 3ª Região, com sede na cidade de São Paulo; d) Tribunal Regional Federal da 4ª Região, com sede em Porto Alegre; e) Tribunal Regional Federal da 5ª Região, com sede em Recife.

Há, ainda, no Brasil, vinte e sete Tribunais de Justiça, incluindo o do Distrito Federal.

Não há no Brasil, atualmente, território federal.

A Constituição Federal, portanto, delimitou a natureza jurídica dos tribunais que podem proferir decisões sujeitas a recurso especial.

Assim, não caberá recurso especial de decisões dos Tribunais Regionais do Trabalho, dos Tribunais Regionais Eleitorais e dos Tribunais Militares.

Também não há possibilidade de se interpor recurso especial contra decisão proferida por Turma dos Juizados Especiais, tendo em vista que a natureza jurídica da Turma de Juizados especiais, além de não se enquadrar na definição de tribunal, também não pode ser assimilada a dos Tribunais Regionais Federais ou a dos Tribunais de Estado.

Somente as causas decididas em *única ou última instância* pelos tribunais nominados no art. 105, inc. III, da Constituição Federal, é que poderão ser objeto de recurso especial.

Ao contrário do que ocorre com o recurso extraordinário, não existe a possibilidade de o recurso especial ser interposto contra decisão de juízo de primeiro grau.

Conforme bem observou José Carlos Barbosa Moreira, *"(...) o confronto entre o art. 102, n. III, e o art. 105, n. III ministra dado relevante. No segundo dispositivo, atinente ao recurso especial, cuidou-se de deixar claro que recorríveis só podem ser decisões de 'tribunais'. Se a cláusula limitativa não figura no outro texto, conclui-se que, para o recurso extraordinário, não prevalece a limitação".*[166]

---

[166] BARBOSA MOREIRA, José Carlos. *Comentários ao código de processo civil.* 16ª ed. Rio de Janeiro: Forense, 2011. p. 588.

O recurso especial, assim como o recurso extraordinário, pressupõe um julgado contra o qual já foram esgotadas as possibilidades de impugnação nas várias instâncias ordinárias ou na instância única, originária. Disso resulta que esse recurso somente poderá ser exercitável contra 'causas decididas' ou 'decisões finais', ambas as expressões significando que não podem ser exercitados *per saltum*, deixando *in albis* alguma possibilidade de impugnação. Assim, o interesse em recorrer, no caso de recursos excepcionais, não se configura só pelo fato da sucumbência, mas exige também o *esgotamento* das vias recursais no tribunal de origem.[167]

Na verdade, a exigência de prévio esgotamento das instâncias ordinárias de recurso vai além do impedimento de julgamento 'per saltum', pois visa a garantir a observância dos princípios do juiz natural e o da não supressão de instância.

Exige-se, portanto, a *preclusão consumativa* quanto aos recursos cabíveis nas instâncias inferiores.[168]

Tem-se aplicado, igualmente, em relação ao recurso especial, a Súmulas 281 do S.T.F., *in verbis*:

> *Súmula 281: É inadmissível o recurso extraordinário, quando couber na justiça de origem, recurso ordinário da decisão impugnada.*

Na mesma linha de argumentação era o teor da Súmula 207 do S.T.J.: *"É inadmissível recurso especial quando cabíveis embargos infringentes contra o acórdão proferido no tribunal de origem".* (Obs: não há mais o recurso de embargos infringentes).

Nesse sentido são as seguintes decisões do S.T.J.:

> *1. A presente quaestio não pode ser discutida em sede de recurso especial, uma vez que não ocorreu o esgotamento das instâncias ordinárias. (...).".*
>
> *2. Recurso especial não conhecido.*

(REsp 712.816/RS, Rel. Ministro HÉLIO QUAGLIA BARBOSA, QUARTA TURMA, julgado em 24/04/2007, DJ 21/05/2007, p. 584).

---

[167] MANCUSO, Rodolfo de Camargo. *Recurso extraordinário e recurso especial*. 12ª edição. São Paulo: Revista dos Tribunais, p.121 e 122.
[168] MANCUSO, R. C., idem, p. 122.

I – Incidência da Súmula n. 281 do Supremo Tribunal Federal, quando interposto Recurso Especial contra decisão monocrática do Relator, contra a qual caberia Agravo Regimental perante o Tribunal de origem, nos termos do art. 557, § 1º do Código de Processo Civil.
(...).
(AgRg no AREsp 474.281/MA, Rel. Ministra REGINA HELENA COSTA, PRIMEIRA TURMA, julgado em 18/12/2014, DJe 09/02/2015)

O recurso especial que ataca decisão monocrática não implementa o requisito básico do recurso especial, qual seja, o de que a causa tenha sido decidida em última instância pelo tribunal a quo. Aplicação, por analogia, da Sumula nº 281 do Supremo Tribunal Federal. Agravo regimental desprovido.

(AgRg no AREsp 290318/SP, Rel. Ministro ARI PARGENDLER, PRIMEIRA TURMA, julgado em 17/10/2013, DJe 24/10/2013).

1. Agravo regimental contra decisão que negou provimento a agravo de instrumento, em face de o recurso especial ter sido apresentado contra decisão monocrática de relator.

2. O art. 105, III, da CF/88, dispõe que "compete ao Superior Tribunal de Justiça julgar, em recurso especial, as causas decididas, em única ou última instância, pelos Tribunais Regionais Federais ou pelos Tribunais dos Estados, do Distrito Federal e Territórios, ...".

3. A previsão constitucional para o recurso especial diz respeito a decisões emanadas de tribunais, ficando, assim, afastada a possibilidade de insurgência contra aquelas proferidas por Relator singularmente. Nessa hipótese, há que se provocar a manifestação do órgão colegiado sobre a questão suscitada por meio do competente agravo regimental (interno), para que se viabilize o acesso à instância excepcional à parte recorrente.

4. O agravo regimental, apesar de não estar elencado no rol dos recursos da Lei Adjetiva Civil com esta nomenclatura, encontra-se expresso nos seguintes artigos: 120, parágrafo único, in fine, 545, in fine, e 557, § 1º, além do art. 39 da Lei nº 8.038/90 (Lei dos Recursos – STF e STJ, aplicáveis, no que couber, aos demais Tribunais pátrios). Precedentes de todas as Turmas desta Corte Superior.

5. Demonstrado, de modo evidente, que a procedência do pedido está rigorosamente vinculada ao exame das provas depositadas nos autos. A questão nodal acerca da verificação dos requisitos para a antecipação da tutela – verossimilhança das alegações e o receio de dano irreparável – tidos pela decisão a quo como não-demonstrados, constitui matéria de fato e não de direito, o que não se coaduna com a via estreita da súplica excepcional. Na via Especial não há campo para revisar entendimento de 2º Grau

assentado em prova. A função de tal recurso é, apenas, unificar a aplicação do direito federal (Súmula nº 07/STJ).
6. Agravo regimental não provido.
(AgRg no Ag 636.584/RJ, Rel. Ministro JOSÉ DELGADO, PRIMEIRA TURMA, julgado em 03/03/2005, DJ 19/12/2005, p. 219)

É importante salientar a seguinte lição de Mancuso sobre a definição de causas decididas': "O constituinte falou em 'causas decididas' 'tout court', quando tratou do recurso extraordinário, ao passo que, ao versar sobre recurso especial, atrelou aquela expressão ao termo 'Tribunal', tudo indicando que quis estabelecer uma diferenciação entre os dois recursos. A intenção, a nosso ver, foi justamente a de estabelecer certo 'contrapeso': o recurso extraordinário perdeu, para o recurso especial, o controle da validade, autoridade, uniformidade, enfim da 'inteireza positiva' do direito federal; 'em compensação', ganhou a possibilidade de ser o recurso extraordinário oponível contra decisões de 1º grau, quando prolatadas em causa de instância única".[169]

9.1.1. causa decidida em única ou última instância e tutela provisória

Indaga-se se é possível considerar como causa decidida em única ou última instância aquela que diga respeito à concessão ou não de tutela provisória de urgência (cautelar ou antecipada) ou de evidência.

Na realidade, não se pode considerar a decisão interlocutória de tutela provisória proferida pela instância ordinária como sendo causa decidida em única ou última instância, justamente pelo fato de que essa decisão pode a qualquer tempo ser modificada ou revogada.

Além do mais, o S.T.J. entende que não é possível a interposição de recurso especial contra decisão que concede ou nega tutela provisória, tendo em vista que a sua apreciação demandaria análise de prova para aferir os critérios de sua concessão (probabilidade do direito e o perigo de dano ou o risco ao resultado útil do processo), o que é proibido pelo teor da Súmula 7 do S.T.J.

Sobre o tema, eis os seguintes precedentes do S.T.J.:

> (...).
> *3. A iterativa jurisprudência desta Corte é no sentido de que, para analisar os critérios adotados pela instância ordinária que ensejaram a concessão ou não da liminar ou*

---

[169] MANCUSO, R. C., idem, p. 130.

da antecipação dos efeitos da tutela, é necessário o reexame dos elementos probatórios a fim de aferir a "prova inequívoca que convença da verossimilhança da alegação", nos termos do art. 273 do CPC, o que não é possível em recurso especial, dado o óbice da Súmula 7 desta Corte.

Agravo regimental improvido.

(AgRg no AREsp 618.137/MS, Rel. Ministro HUMBERTO MARTINS, SEGUNDA TURMA, julgado em 18/12/2014, DJe 03/02/2015)

1. A iterativa jurisprudência desta Corte é no sentido de que, para análise dos critérios adotados pela instância ordinária que ensejaram a concessão ou não da liminar ou da antecipação dos efeitos da tutela, é necessário o reexame dos elementos probatórios a fim de aferir a "prova inequívoca que convença da verossimilhança da alegação", nos termos do art. 273 do CPC, o que não é possível em recurso especial, ante o óbice da Súmula 7/STJ.

2. É sabido que as medidas liminares de natureza cautelar ou antecipatória são conferidas à base de cognição sumária e de juízo de mera verossimilhança. Por não representarem pronunciamento definitivo, mas provisório, a respeito do direito afirmado na demanda, são medidas, nesse aspecto, sujeitas à modificação a qualquer tempo, devendo ser confirmadas ou revogadas pela sentença final. Em razão da natureza precária da decisão, em regra, não possuem o condão de ensejar a violação da legislação federal.

Incidência, por analogia, da Súmula 735/STF: "não cabe recurso extraordinário contra acórdão que defere medida liminar".

(...).

(AgRg no AREsp 490.601/MS, Rel. Ministro HUMBERTO MARTINS, SEGUNDA TURMA, julgado em 15/05/2014, DJe 22/05/2014).

1. O simples ajuizamento de ação revisional, com a alegação da abusividade das cláusulas contratadas, não importa o reconhecimento do direito do contratante à antecipação da tutela, sendo necessário o preenchimento dos requisitos do art. 273 do Código de Processo Civil. Analisar os fundamentos que subsidiaram a decisão tomada em relação à medida de urgência encontra óbice na Súmula 7/STJ, pois requer a apreciação de fatos e provas.

2. Para que seja deferido o pedido de manutenção do devedor na posse do bem, é indispensável que ele demonstre a verossimilhança das alegações de abusividade das cláusulas contratuais e dos encargos financeiros capazes de elidir a mora, bem como deposite o valor incontroverso da dívida ou preste caução idônea.

3. Se não foi reconhecida, na ação revisional em curso, a abusividade dos encargos pactuados para o período da normalidade, é de se entender que os valores depositados

pelo recorrente não são suficientes a afastar a mora. Incidência, no ponto, da Súmula 83/STJ.
4. Agravo regimental não provido.
(AgRg no AREsp 452.055/MS, Rel. Ministro LUIS FELIPE SALOMÃO, QUARTA TURMA, julgado em 03/04/2014, DJe 11/04/2014).

Porém, é possível a interposição de recurso especial se a discussão referente à concessão da tutela provisória não disser respeito aos requisitos 'probabilidade do direito' e 'perigo de dano ou risco ao resultado útil do processo', mas, sim, à previsão normativa para a própria concessão desta ou daquela tutela provisória específica.

No precedente abaixo citado, discutiu-se, em recurso especial, se seria legítima a concessão de tutela provisória antecipada em ação civil pública por improbidade administrativa para impedir determinada empresa de contratar com o Poder Público:

> *1. O recurso traz a exame controvérsia sobre a possibilidade de conceder liminar concedida inaudita altera pars em ação de improbidade administrativa. Consta do acórdão recorrido que o juízo de primeiro grau, antes mesmo de expedir a notificação para defesa prévia, determinou, liminarmente, a proibição de a demandada receber verbas do Poder Público e com ele contratar ou auferir benefícios ou incentivos fiscais e creditícios, direta ou indiretamente.*
> *Pressupostos da tutela de urgência*
> *2. A estreita via do Recurso Especial não comporta o exame dos pressupostos autorizadores das tutelas de urgência concedidas pela primeira instância, tendo em vista o óbice da Súmula 7/STJ.* Precedentes (AgRg no AREsp 350.694/RS, Rel. Ministro Humberto Martins, Segunda Turma, DJe 18/09/2013).
> DEFESA PRÉVIA 3. Embora o art. 17, § 7º da LIA estabeleça, como regra, a *prévia notificação do acusado para se manifestar sobre a ação de improbidade,* **pode o magistrado, excepcionalmente, conceder a medida liminar sempre que verificar que a observância daquele procedimento legal poderá tornar ineficaz a tutela de urgência pretendida. Poder geral de cautela. Inteligência do art. 804 do CPC e dos arts. 12 e 21 da Lei 7.347/85 c/c o art. 84, § 3º, da Lei 8.078/90. Precedente dos Edcl Ag 1.179.873/PR, Rel. Min. Herman Benjamin, DJe 12.3.2010, e do REsp 880.427/MG, Rel. Ministro Luiz Fux, Primeira Turma, DJe 4.12.2008.**
> *(...).*

5. Ressalvadas as medidas de natureza exclusivamente sancionatória – por exemplo, a multa civil, a perda da função pública e a suspensão dos direitos políticos – **pode o magistrado, a qualquer tempo, adotar a tutela necessária para fazer cessar ou extirpar a atividade nociva, consoante disciplinam os arts. 461, § 5º, e 804 do CPC, 11 da Lei 7.347/85 e 21 da mesma lei combinado com os arts. 83 e 84 do Código de Defesa do Consumidor, que admitem a adoção de todas as espécies de ações capazes de propiciar a adequada e efetiva tutela dos interesses que a Ação Civil Pública busca proteger.**

6. No caso concreto, o acórdão regional revela a gravidade dos atos de improbidade, que consistiram na utilização de recursos públicos para benefícios particulares ou de familiares, no emprego de veículos, materiais e equipamentos públicos em obra particular; no uso do trabalho de servidores públicos e de apenados (encaminhados para prestação de serviços à comunidade) em obra particular e na supressão de prova necessária ao esclarecimento dos fatos. Nesse contexto, a liminar concedida pelo juízo de primeiro grau para proibir a demandada de receber novas verbas do Poder Público e com ele contratar ou receber benefícios ou incentivos fiscais e creditícios guarda relação de pertinência e sintonia com o ilícito praticado pela ré, sendo evidente o propósito assecuratório de fazer cessar o desvio de recursos públicos, nos termos do que autorizado pelos preceitos legais anteriormente citados.

7. Recurso Especial não provido.

(REsp 1385582/RS, Rel. Ministro HERMAN BENJAMIN, SEGUNDA TURMA, julgado em 01/10/2013, DJe 15/08/2014)

Sobre o tema, eis, ainda, os seguintes precedentes do S.T.J.:

1. O recurso especial interposto contra aresto que julga a antecipação de tutela ou liminar deve limitar-se aos dispositivos relacionados aos requisitos da tutela de urgência, notadamente em casos em que o seu deferimento ou indeferimento importa ofensa direta às normas legais que disciplinam tais medidas. Dessa forma fica obstada a análise de suposta violação de normas infraconstitucionais relacionadas ao mérito da ação principal, porquanto as instâncias ordinárias não decidiram definitivamente sobre o tema, sendo proferido, apenas e tão somente, um juízo provisório sobre a questão.

2. "Não pode ser conhecido o recurso especial quanto à alegação de ofensa a dispositivos de lei relacionados com a matéria de mérito da causa, que, em liminar, é tratada apenas sob juízo precário de mera verossimilhança. Quanto a tal matéria, somente haverá 'causa decidida em única ou última instância' com o julgamento definitivo".

(*REsp 765.375/MA, Rel. Ministro Teori Albino Zavascki, Primeira Turma, julgado em 06/04/2006, DJ 08/05/2006, p. 176*) 3. *Inteligência da Súmula 735 do STF: "Não cabe recurso extraordinário contra acórdão que defere medida liminar".* 4. *Agravo regimental não provido.*
(AgRg no AREsp 473691/MS, 4.ª Turma, Rel. Min. LUIS FELIPE SALOMÃO, DJ de 04/04/2014)

Processual civil. Recurso especial. Apontada ofensa a dispositivo constitucional. Impossibilidade. Medida antecipatória. Limites da sua revisibilidade por recurso especial. Indispensabilidade da alegação de ofensa direta e imediata a preceito normativo que disciplina a concessão da medida. Inviabilidade de reexame dos pressupostos da relevância do direito e do risco de dano. recurso especial não conhecido.

(REsp 1029735/DF, Rel. Ministro TEORI ALBINO ZAVASCKI, 1.ª TURMA, DJ de 17/11/2008) AGRAVO

(...)

II – Em Recurso Especial contra Acórdão que nega ou concede medida cautelar ou antecipação da tutela, as questões federais suscetíveis de exame são as relacionadas com as normas que disciplinam os requisitos ou o regime da tutela de urgência. Não é apropriado invocar desde logo ofensa às disposições normativas relacionadas com o próprio mérito da demanda (REsp 896.249/RS, Rel. Min. TEORI ALBINO ZAVASCKI, DJ 13.09.2007). III – Ademais, a discussão quanto à existência dos requisitos para a concessão de tutela antecipada, em vista das peculiaridades da causa, demanda o reexame de matéria fática, circunstância obstada pelo enunciado 7 da Súmula desta Corte. Agravo improvido.

(AgRg no Ag 1089008/SP, Rel. Ministro SIDNEI BENETI, 3.ª TURMA, DJ de 11/02/2009)

(...).

2. *Em recurso especial contra acórdão que nega ou concede antecipação da tutela, as questões federais suscetíveis de exame são as relacionadas com as normas que disciplinam os requisitos ou o regime da tutela de urgência, descabendo a impugnação ao próprio mérito da demanda. Precedente.*

(...).

(AgRg no REsp 1373059/SP, Rel. Ministro HUMBERTO MARTINS, SEGUNDA TURMA, julgado em 11/06/2013, DJe 19/06/2013)

9.2. Contrariar tratado ou lei federal, ou negar-lhe vigência

Pode ser objeto de recurso especial a decisão que contrariar tratado ou lei federal, ou negar-lhe vigência.

Se a decisão recorrida não contrariar tratado ou lei federal, ou não lhe negar vigência, não caberá recurso especial ao S.T.J.[170]

Por sua vez, se a decisão recorrida declarar a inconstitucionalidade de tratado ou de lei federal, caberá recurso extraordinário, nos termos do art. 102, inc. III, letra 'b', da C.F.

Parte da doutrina diferencia o conteúdo normativo de uma *lei federal* do conteúdo de uma *lei nacional*.

Na concepção de alguns doutrinadores, lei federal diz respeito a conteúdo normativo direcionado especificamente à União e seus restritos interesses, como é o caso da Lei Complementar n. 73, de 10 de fevereiro de 1993, denominada de Lei Orgânica da Advocacia Geral da União. Já a lei de conteúdo nacional, muito embora provenha do Congresso Nacional, traz em seu conteúdo interesses que abrangem todo o país ou boa parte dos interesses nacionais.

Para efeito de recurso especial, pouco importa se a lei é nacional ou federal, pois a expressão 'lei federal' constante do art. 105, inc. III, letra 'a', da Constituição Federal deve ser interpretada de forma abrangente, ou seja, incluindo as 'leis nacionais'.

Poder-se-ia indagar se a Constituição Federal, porque possuindo natureza normativa, também poderia ser considerada como uma 'lei' no sentido *stricto sensu* para efeito de interposição de recurso especial.

A Constituição Federal, embora seja uma *lei*, pelo menos no que concerne à sua parte *dogmática*, *"possui estrutura normativo-material que a distingue das normas infraconstitucionais. Sob esse aspecto, Lei e Constituição apresentam diferenças significativas, de que decorrem distinções, também expressivas, em sua interpretação e aplicação". Com efeito, enquanto a Lei ostenta um grau relativamente alto de determinação material e de precisão de sentido, podendo, por isso, ser diretamente aplicável, a Constituição – pela sua natureza, estrutura e finalidade – apresenta-se como um sistema aberto de regras e princípios que necessitam da mediação de legisladores e juízes para lograrem efetividade"*.[171]

---

[170] SÚMULA 518 – *Para fins do art. 105, III, a, da Constituição Federal, não é cabível recurso especial fundado em alegada violação de enunciado de súmula. Corte Especial, aprovada em 26/2/2015, DJe 2/3/2015.*

[171] "Konrad Resse. *Escritos de derecho constitucional*, Madrid, Centro de Estudios Constitucionales, 1983. p. 36; Gomes Canotilho, *Direito constitucional*, Coimbra, Almedina, 1991. p. 172; Ernest-Wolfgang Böckenförde. *Escritos sobre derechos fundamentales*. Baden-Ba-

É possível afirmar que do ponto de vista epistemológico, Lei e Constituição – numa perspectiva de objeto cultural – são idênticas e possuem as mesmas características que distinguem essa classe de objetos no universo fenomenológico do conhecimento.[172]

Assim, tanto a Constituição como as leis infraconstitucionais são espécies de norma jurídica.

Porém, a Constituição, no seu aspecto estrutural e no sentido de sua função no ordenamento jurídico não se caracteriza como uma lei no sentido 'stricto sensu', mesmo porque, é na Constituição que as leis infraconstitucionais vão encontrar sua validade normativa.

A possibilidade de interposição de recurso especial somente ocorre quando a decisão *contrariar tratado ou lei federal, ou negar-lhe vigência.*

Questão colocada pela doutrina é se há diferença entre *contrariar* ou *negar vigência.*

Para Rodolfo Mancuso, 'contrariar' e 'negar vigência' não são expressões sinônimas.

Segundo Rodolfo Mancuso, *"a decisão que 'contraria' lei federal, mais do que recusar-lhe o comando, já antes afronta o seu 'espírito', sendo logicamente inadmissível que uma decisão tal não possa ser revista pelo STJ via recurso especial, ao argumento de que a interpretação feita pelo acórdão recorrido fora... 'razoável'".*[173]

Já para José Miguel Garcia Medina os termos se equivalem.[174]

'Contrariar', segundo Vicente Greco Filho, significa desatender seu preceito, enquanto 'negar vigência' significa declarar revogada ou deixar de aplicar a norma legal federal.[175]

A diferença entre 'contrariar' e 'negar vigência' traz a discussão sobre a aplicação da Súmula 400 do S.T.F., que assim dispõe: *"decisão que deu razoável interpretação à lei, ainda que não seja a melhor, não autoriza recurso extraordinário pela letra 'a' do art. 101, III, da Constituição Federal"* (artigo esse da CF de 1946).

---

den, Nomos Verlagsgesellschaft, 1993. p. 16/17". Apud. COELHO, Inocêncio Mártires. *Interpretação constitucional*. Porto Alegre: Sergio Fabris Editor, 1997. p. 26.
[172] COELHO, I. M., idem, p. 31.
[173] MANCUSO, R., op. Cit., p. 266.
[174] Apud MANCUSO, R., idem, p. 263.
[175] GRECO FILHO, Vicente. *Direito processual civil brasileiro*. 17ª ed. 2º Vol. São Paulo: Saraiva, 2006. p. 373.

Diversos doutrinadores criticam a Súmula 400, especialmente por ser uma normatização que tem por objetivo somente impedir que determinado processo chegue ao crivo do S.T.J. ou do S.T.F. Dentre eles encontram-se: José Guilherme Villela; Hubert Vernon Nowil, Vicente Greco Filho, José Carlos Moreira Alves, entre outros.[176]

Sobre a aplicação da Súmula 400 do S.T.F., fazendo um comparativo em relação ao recurso especial de competência do S.T.J., anota Rodolfo Mancuso:

> *"(...) quando é a ' contrariedade' que aparece como pressuposto do recurso, não se pode, em boa lógica, inadmiti-lo ao argumento de que o julgado recorrido tinha 'razoável interpretação' à Constituição (no caso, lei federal). É que o STF é o 'guarda' da CF (art. 102, 'caput') e seu 'intérprete máximo'; a prevalecer a Súmula 400, teríamos de admitir – sem base em texto autorizativo e ao arrepio do sistema – que o STF acabaria, na prática, por 'dividir' com outros Tribunais a atribuição de emitir a 'última palavra' na interpretação da CF, bastando que na excelsa Corte o recurso extraordinário fosse inadmitido ao argumento de ter o acórdão recorrido ser postado na faixa da 'razoabilidade interpretativa', assim prevalecendo a exegese local ou regional.*
>
> *No ponto, esclarece Leonidas Cabral de Albuquerque: 'Sequer pode o próprio tribunal 'a quo' aplicar a Súmula 400 do STF, pois também isso significa invadir a competência do Superior Tribunal de Justiça, que já decidiu: 'Admitir que um Tribunal inferior negue seguimento a recurso especial por entender que, ele próprio, deu 'razoável interpretação' à lei federal, equivale a retirar do STJ uma atribuição que é indelegável e é só sua. A validade da Súm. 400, cuja aplicabilidade tem sido eventualmente negada pelo próprio STF, não pode ser aceita, data venia, pelo STJ, sem maiores cautelas...".*[177]

No mesmo sentido, eis o voto proferido pela Ministra Maria Isabel Gallotti no Resp n. 1.412.667/RS:

> *Sr. Presidente, acompanho o voto do Sr. Ministro Relator, ressalvando que a minha posição, baseada em voto proferido pelo Ministro Teori Zavascki perante a 1ª Seção, é ainda mais larga. Entendo que não deve ser aplicada a Súmula 343/STF para obstar a missão constitucional do STJ de uniformizar a interpretação do direito federal infra-*

---

[176] Apud MANCUSO, R., idem, p. 262.
[177] MANCUSO, R., idem, p. 263.

constitucional, **da mesma forma como não se aplica a Súmula 400/STF para obstar o cabimento de recursos especiais.** *No caso concreto, concordo inteiramente com o eminente Ministro Relator no sentido de que não deve ser aplicada essa Súmula e de que a questão merece apreciação do seu mérito no tribunal de origem. Dou provimento ao recurso especial*

Em relação à aplicação da Súmula 400 em matéria Constitucional, assim já teve oportunidade de se manifestar o S.T.F.:

> (...).
> *Temas de índole constitucional não se expoem, em função da própria natureza de que se revestem, a incidência do enunciado 400 da Súmula do Supremo Tribunal Federal.* **Essa formulação sumular não tem qualquer pertinência e aplicabilidade às causas que veiculem, perante o Supremo Tribunal Federal, em sede recursal extraordinária, questões de direito constitucional positivo. Em uma palavra: em matéria constitucional não há que cogitar de interpretação razoável. A exegese de preceito inscrito na Constituição da Republica, muito mais do que simplesmente razoável, há de ser juridicamente correta.** *– A eventual inobservância, pelo órgão judiciário, do dever jurídico-processual de proferir sentença certa (CPC, art. 461) não se erige a condição de tema constitucional e nem se confunde, para efeito de acesso a via do recurso extraordinário, com a ausência de prestação jurisdicional.*
> (AI 145680 AgR, Relator(a): Min. CELSO DE MELLO, Primeira Turma, julgado em 13/04/1993, DJ 30-04-1993 PP-07567 EMENT VOL-01701-03 PP-00412)

Diante das considerações acima aduzidas, pode-se concluir que atualmente, tanto o STF, quanto o STJ, cônscios de suas elevadas atribuições no cenário constitucional e do direito federal, tendem a evitar a invocação do princípio que está na base da Súmula 400.[178]

Sobre o tema, eis os seguintes precedentes do S.T.J.:

> *1. O Tratado de Cooperação em Matéria de Patentes – PCT (Decreto 81.742/78) previu a possibilidade de estabelecimento de proteção patentária simultânea nos países signatários em procedimento que comportava uma "fase internacional", correspon-*

---

[178] MANCUSO, R., idem, p. 269.

dente ao depósito inicial em qualquer dos países signatários, com designação de outro(s) país(es) para o(s) qual(is) se estenderia a patente, e uma "fase nacional", correspondente à apresentação em prazo certo, perante o órgão registrário competente do país designado, de cópia do pedido internacional devidamente traduzido, acompanhado do pagamento da taxa nacional, além de outros documentos.

2. O mesmo diploma resguardava, no entanto, a possibilidade de indeferimento do pedido pelos estados designados quando o pedido se apresentasse em desconformidade com as regras internas de patenteabilidade (artigo 27, item 5, do Decreto 81.742/78).

3. O PCT não derrogou, portanto, a Lei nº 5.772/71 que afirmava não privilegiáveis e, consequentemente, não patenteáveis os produtos químico-farmacêuticos e medicamentos, de qualquer espécie, bem como os respectivos processos de obtenção ou modificação.

4. Diante da vedação contida na Lei 5.772/71 é que a Recorrida, embora tendo apresentado pedido de patente internacional pela via do PCT, designando o Brasil como país no qual pretendia a vigência simultânea da patente, não providenciou o início da "fase nacional" prevista no mesmo PCT, perante a autoridade registrária brasileira.

5. A desistência ou retirada do pedido não constitui, porém, obstáculo à apresentação de novo pedido de proteção patentária formulado, desta feita, com fundamento no artigo 230 da Lei 9.279/96 – patente pipeline.

6. Recurso Especial a que se nega provimento.

(REsp 1373805/RJ, Rel. Ministro SIDNEI BENETI, TERCEIRA TURMA, julgado em 19/08/2014, DJe 05/09/2014)

1. É possível a manutenção da cobertura do FCVS aos mutuários que adquiriram mais de um imóvel em uma mesma localidade, quando a celebração dos contratos ocorreu anteriormente à vigência da Lei n. 8.100/90, ou seja, 5 de dezembro de 1990 (v.g: REsp 1.133.769/RN, Rel. Min. Luiz Fux, Primeira Seção, DJe 18.12.2009, julgado sob o regime do art. 543-C do Código de Processo Civil).

2. Quanto à alegada incompetência da Justiça Estadual para processar e julgar a causa, não se pode conhecer do recurso pela alínea "c" do permissivo constitucional, pois o recorrente não indicou o dispositivo legal federal sobre o qual recai a divergência, sob pena de atração da Súmula n. 284 do Supremo Tribunal Federal, por analogia.

3. Não é possível, em sede de recurso especial, o exame da alegada ofensa a dispositivos da Magna Carta, porquanto a hipótese, permitida constitucionalmente, para interposição de recurso especial pela alínea "a" do permissivo constitucional, restringe-se à violação de dispositivo de Tratado ou Lei Federal, excluída, portanto, da competência atribuída a esta Corte Superior, a apreciação e julgamento de suposta afronta à norma da Constituição Federal (cf. REsp 686.590/RS, Rel. Min. TEORI ALBINO ZAVASCKI, DJe 17.12.2008).

4. Agravo regimental não provido.

(AgRg no REsp 1243657/SP, Rel. Ministro MAURO CAMPBELL MARQUES, SEGUNDA TURMA, julgado em 06/05/2014, DJe 12/05/2014)

1. Nos termos do art. 535, II, do Código de Processo Civil (CPC), os embargos declaratórios são cabíveis quando for omitido ponto sobre o qual se deve pronunciar o juiz ou tribunal.

2. No acórdão embargado, inexiste omissão sanável via embargos de declaração, pois esta Turma deixou claro que, de acordo com o art. 105, III, da Constituição da República, compete ao Superior Tribunal de Justiça julgar, em recurso especial, as causas decididas, em única ou última instância, pelos Tribunais Regionais Federais ou pelos tribunais dos Estados, do Distrito Federal e Territórios, quando a decisão recorrida: a) contrariar tratado ou lei federal, ou negar-lhes vigência; b) julgar válido ato de governo local contestado em face de lei federal; c) der a lei federal interpretação divergente da que lhe haja atribuído outro tribunal.

Nos termos, ainda, do art. 102, III, da Constituição da República, compete ao Supremo Tribunal Federal, precipuamente, a guarda da Constituição, cabendo--lhe julgar, mediante recurso extraordinário, as causas decididas em única ou última instância, quando a decisão recorrida: a) contrariar dispositivo da Constituição; b) declarar a inconstitucionalidade de tratado ou lei federal; c) julgar válida lei ou ato de governo local contestado em face da Constituição; d) julgar válida lei local contestada em face de lei federal.

3. Não compete ao Superior Tribunal de Justiça, em sede de recurso especial, examinar suposta contrariedade ou interpretação divergente do art. 78, § 2º, do Ato das Disposições Constitucionais Transitórias. Por fim, verificar se o acórdão embargado enseja contrariedade a disposições normativas contidas na Constituição é atribuição afeta à competência do Supremo Tribunal Federal, alheia ao plano de competência do Superior Tribunal de Justiça, mesmo que para fins de prequestionamento, conforme entendimento da Corte Especial (EDcl nos EDcl nos EREsp 579.833/BA, Rel. Min. Luiz Fux, DJ de 22.10.2007, p. 182).

4. Embargos de declaração rejeitados.

(EDcl no AgRg no AREsp 436.961/PR, Rel. Ministro MAURO CAMPBELL MARQUES, SEGUNDA TURMA, julgado em 11/03/2014, DJe 17/03/2014).

1. É deficiente a fundamentação do especial que não demonstra contrariedade ou negativa de vigência a tratado ou lei federal (Súmula 284/STF).

2. "Compete à justiça federal processar e julgar prefeito municipal por desvio de verba sujeita a prestação de contas perante órgão federal" (Súmula 208 do STJ).
3. Agravo regimental não provido.
(AgRg no AREsp 30.160/RS, Rel. Ministra ELIANA CALMON, SEGUNDA TURMA, julgado em 12/11/2013, DJe 20/11/2013)

1. É inadmissível o recurso especial quanto a questão não decidida pelo Tribunal de origem, por falta de prequestionamento, bem como é deficiente a fundamentação do especial que não demonstra contrariedade ou negativa de vigência a tratado ou lei federal.
(...).
(REsp 1218747/RS, Rel. Ministra ELIANA CALMON, SEGUNDA TURMA, julgado em 06/06/2013, DJe 13/06/2013).

9.2.1. Tratado

O que se entende por tratado?

O artigo 2º, §1º, "a", da Convenção de Viena de 1969 estabelece que: *Tratado significa um acordo internacional concluído por escrito entre Estados e regido pelo Direito Internacional, quer conste de um instrumento único, quer de dois ou mais instrumentos conexos, qualquer que seja sua denominação específica.*

A Convenção de Viena de 1969, dessa forma, estabelece elementos essenciais do conceito de tratado internacional, que são: acordo internacional; concluído por escrito; entre Estados; regido pelo direito internacional; constante de um único instrumento ou de dois ou mais instrumentos conexos.

Segundo anota Francisco Resek, *"tratado é todo acordo formal concluído entre pessoas jurídicas de direito internacional público, e destinado a produzir efeitos jurídicos. Na afirmação clássica de Georges Scelle, o tratado internacional é em si mesmo um simples 'instrumento'; identificamo-lo por seu processo de produção e pela 'forma' final, não pelo conteúdo. Este – como o da lei ordinária numa ordem jurídica interna – é variável ao extremo. Pelo efeito compromissivo e cogente que visa a produzir, o tratado dá cobertura legal à sua própria substância"*.[179]

Um dos maiores objetivos da realização dos tratados é justamente a produção de efeitos jurídicos provenientes da livre manifestação dos Estados na esfera do Direito Internacional. Por isso, não se pode consi-

---
[179] REZEK, Francisco. *Direito internacional público – curso elementar.* 12ª ed., São Paulo: Editora Saraiva, 2010. p. 14.

derar um tratado o acordo firmado entre um Estado e o Banco Europeu, como pode ter ocorrido com a Grécia e o Fundo Monetário Europeu.

Muito embora o tratado deva ser realizado entre Estados, conforme estabelece o art. 2º, §1º, letra 'a' da Convenção de Viena de 1969, há permissão também para a celebração de tratado entre um Estado e uma Organização Internacional, ou mesmo entre Organizações Internacionais.

É importante salientar que a expressão 'tratado' não é uníssona, pois não importa qual a denominação que se dê a determinado instrumento, será ele considerado tratado se preencher todos os requisitos exigidos pela Convenção de Viena de 1969.

No sistema jurídico brasileiro, segundo a C.F. de 1988, é de competência exclusiva do Congresso Nacional resolver definitivamente sobre tratados, acordos ou atos internacionais que acarretem encargos ou compromissos gravosos ao patrimônio nacional. Além do mais, ao Presidente incumbe celebrar tratados, convenções e atos internacionais, sujeitos a referendo do Congresso Nacional (arts. 49, I, 84, VIII da C.F.).

No Brasil, portanto, não poderá o Presidente da República, em relação ao tratado, e sem o abono do Congresso Nacional, manifestar consentimento definitivo, pois, segundo o nosso ordenamento jurídico, a vontade nacional, quanto a um compromisso externo, é representada pela vontade conjugada dos dois poderes políticos. Assim, a vontade singular de qualquer deles é *necessária*, porém não *suficiente*.[180]

O Presidente da República não subscreve os tratados como chefe de Governo, mas como chefe de Estado.

O Tratado deve ser aprovado pelas duas casas do congresso, Câmara dos Deputados e Senado Federal.

Aprovado o tratado por ambas as casas, incumbe ao Congresso Nacional formalizar essa decisão do parlamento por meio de *decreto legislativo*, promulgado pelo presidente do Senado, sendo publicado no Diário Oficial da União.

A *vigência* do tratado pode ser contemporânea do consentimento, quando o tratado passa a atuar como *norma jurídica* no exato momento em que ele se perfaz como *ato jurídico* convencional. Contudo, a sua vigência pode ser diferida, o que é mais comum, por razões de ordem operacional.

---

[180] RESEK, F., idem, p. 64.

No Brasil, *promulgam-se* por decreto do presidente da República todos os tratados que tenham sido feito objeto de aprovação congressional antes da ratificação ou adesão.

Na lição de Pedro Lenza, o decreto do Presidente da República gera três efeitos básicos: a *promulgação* do tratado internacional; b) *a publicação* oficial de seu texto; c) *a executoriedade* do ato internacional.[181]

Assim, a promulgação e a publicação incorporam o tratado no ordenamento jurídico interno, habilitando-se ao cumprimento por particulares e governantes, e à garantia de vigência pelo Poder Judiciário.

Uma vez promulgado e dado publicidade ao tratado, ele se incorpora ao direito interno como se fosse uma lei ordinária, devendo respeitar os preceitos Constitucionais da ordem jurídica brasileira. Sobre esse tema, cita-se a seguinte manifestação do Ministro Celso de Mello na ADI N. 1.480-DF.

> *Trata-se de ação direta de inconstitucionalidade, ajuizada com o objetivo de questionar a validade jurídico-constitucional do Decreto Legislativo nº 68/92, que aprovou a Convenção nº 158 da Organização Internacional do Trabalho (O.I.T.), e do Decreto nº 1.855/96, que promulgou esse mesmo ato de direito internacional público(...).*
>
> *É na Constituição da República – e não na controvérsia doutrinária que antagoniza monistas e dualistas – que se deve buscar a solução normativa para a questão da incorporação dos atos internacionais ao sistema de direito positivo interno brasileiro. O exame da vigente Constituição Federal permite constatar que a execução dos tratados internacionais e a sua incorporação à ordem jurídica interna decorrem, no sistema adotado pelo Brasil, de um ato subjetivamente complexo, resultante da conjugação de duas vontades homogêneas: a do Congresso Nacional, que resolve, definitivamente, mediante decreto legislativo, sobre tratados, acordos ou atos internacionais (CF, art. 49, I) e a do Presidente da República, que, além de poder celebrar esses atos de direito internacional (CF, art. 84, VIII), também dispõe – enquanto Chefe de Estado que é – da competência para promulgá-los mediante decreto. O iter procedimental de incorporação dos tratados internacionais – superadas as fases prévias da celebração da convenção internacional, de sua aprovação congressional e da ratificação pelo Chefe de Estado – conclui-se com a expedição, pelo Presidente da República, de decreto, de cuja edição derivam três efeitos básicos que lhe são inerentes: (a) a promulgação do tratado internacional; (b) a*

---

[181] LENZA, Pedro. *Direito constitucional esquematizado.* 16ª ed. São Paulo: Saraiva, 2012. p. 606.

*publicação oficial de seu texto; e (c) a executoriedade do ato internacional, que passa, então, e somente então, a vincular e a obrigar no plano do direito positivo interno. Precedentes. SUBORDINAÇÃO NORMATIVA DOS TRATADOS INTERNACIONAIS À CONSTITUIÇÃO DA REPÚBLICA. – No sistema jurídico brasileiro, os tratados ou convenções internacionais estão hierarquicamente subordinados à autoridade normativa da Constituição da República. Em conseqüência, nenhum valor jurídico terão os tratados internacionais, que, incorporados ao sistema de direito positivo interno, transgredirem, formal ou materialmente, o texto da Carta Política. O exercício do **treaty-making power,** pelo Estado brasileiro – não obstante o polêmico art. 46 da Convenção de Viena sobre o Direito dos Tratados (ainda em curso de tramitação perante o Congresso Nacional) –, está sujeito à necessária observância das limitações jurídicas impostas pelo texto constitucional. CONTROLE DE CONSTITUCIONALIDADE DE TRATADOS INTERNACIONAIS NO SISTEMA JURÍDICO BRASILEIRO. – O Poder Judiciário – fundado na supremacia da Constituição da República – dispõe de competência, para, quer em sede de fiscalização abstrata, quer no âmbito do controle difuso, efetuar o exame de constitucionalidade dos tratados ou convenções internacionais já incorporados ao sistema de direito positivo interno. Doutrina e Jurisprudência. PARIDADE NORMATIVA ENTRE ATOS INTERNACIONAIS E NORMAS INFRACONSTITUCIONAIS DE DIREITO INTERNO. – Os tratados ou convenções internacionais, uma vez regularmente incorporados ao direito interno, situam-se, no sistema jurídico brasileiro, nos mesmos planos de validade, de eficácia e de autoridade em que se posicionam as leis ordinárias, havendo, em conseqüência, entre estas e os atos de direito internacional público, mera relação de paridade normativa. Precedentes. No sistema jurídico brasileiro, os atos internacionais não dispõem de primazia hierárquica sobre as normas de direito interno. A eventual precedência dos tratados ou convenções internacionais sobre as regras infraconstitucionais de direito interno somente se justificará quando a situação de antinomia com o ordenamento doméstico impuser, para a solução do conflito, a aplicação alternativa do critério cronológico ("lex posterior derogat priori") ou, quando cabível, do critério da especialidade. Precedentes.*

(...).

Na realidade, a doutrina ainda não apresentou uma solução definitiva para o conflito existente entre os tratados internacionais e a lei ordinária, especialmente quando a lei ordinária é posterior ao tratado em vigor no sistema jurídico brasileiro.

Ainda tem prevalecido a regra *lex posterior derogat priori*.

O Supremo Tribunal Federal vem mantendo a aplicação da regra *lex posterior derogat priori* no conflito entre tratados internacionais e leis ordinárias, conforme se observa do seguinte precedente:

1. Segundo estabelece a "Convenção sobre Privilégios e Imunidades das Nações Unidas", promulgada no Brasil pelo Decreto 27.784, de 16 de fevereiro de 1950, "A Organização das Nações Unidas, seus bens e haveres, qualquer que seja seu detentor, gozarão de imunidade de jurisdição, salvo na medida em que a Organização a ela tiver renunciado em determinado caso. Fica, todavia, entendido que a renúncia não pode compreender medidas executivas". 2. Esse preceito normativo, que no direito interno tem natureza equivalente a das leis ordinárias, aplica-se também às demandas de natureza trabalhista. 3. Recurso extraordinário provido.

(RE 578543, Relator(a): Min. ELLEN GRACIE, Relator(a) p/ Acórdão: Min. TEORI ZAVASCKI, Tribunal Pleno, julgado em 15/05/2013, DJe-100 DIVULG 26-05-2014 PUBLIC 27-05-2014 EMENT VOL-02732-01 PP-00001)

No voto do Ministro Teori Zavascki encontra-se a seguinte afirmação:

(...).
4. As normas de direito internacional, estabelecidas em acordos, tratados ou convenções de caráter normativo, a que o Brasil tenha aderido, assumem, quando regularmente internalizados segundo as normas constitucionais, o status de lei ordinária, para todos os efeitos, inclusive quanto ao controle de sua constitucionalidade. Conforme reiterada jurisprudência do STF (v. g.: RE 80.004/SE, Min. Cunha Peixoto, RTJ 83/809-848; PPE 194/ARGENTINA, Min. Sepúlveda Pertence, DJ de 04/04/1997, RTJ 177/43; EXT 795/ESTADOS UNIDOS DA AMÉRICA, Min. Sepúlveda Pertence, DJ de 06/04/2001), os tratados e convenções internacionais de caráter normativo, "(...) uma vez regularmente incorporados ao direito interno, situam-se, no sistema jurídico brasileiro, nos mesmos planos de validade, de eficácia e de autoridade em que se posicionam as leis ordinárias", inclusive para efeito de controle difuso ou concentrado de constitucionalidade (STF, ADI-MC 1480/DF, Min. Celso de Mello, DJ de 18/05/2001), com eficácia revogatória de normas anteriores de mesma hierarquia com eles incompatíveis (lex posterior derrogat legi priori).

Essa posição jurídica adotada pelo S.T.F. teve início com o julgamento do RE 80.004/77, relator para o acórdão, Ministro Cunha Peixoto, *in verbis*:

RECURSO EXTRAORDINARIO N 80.004 – SR (Tribunal Pleno) Relator para o acórdão: O Sr. Ministro Cunha Peixoto. Recorrente: Belmiro da Silveira Goes. Recorrido: Sebastião Leão Trindade. Convenção de Genebra – Lei Uniforme sobre Letras de Câmbio e Notas Promissórias – Aval aposto à Nota Promissória não registrada no prazo legal – Impossibilidade de ser o avalista acionado, mesmo pelas vias ordinárias. Validade do Decreto-lei n.9 427, de 22.1.1969. Embora a Convenção de Genebra que previu uma lei uniforme sobre letras de câmbio e notas promissórias tenha aplicabilidade no direito Interno brasileiro, não se sobrepõe ela às leis do País, disso decorrendo a constitucionalidade e consequente validade do Decreto-lei n. 427/1969, que Instituiu o registro obrigatório da Nota Promissória em Repartição Fazendária, sob pena de nulidade do titulo. Sendo o aval um instituto do direito cambiário, inexistente será ele se reconhecida a nulidade do titulo cambial a que foi aposto. Recurso extraordinário conhecido o provido.

O Supremo Tribunal Federal, como anunciado, passou a adotar essa tese no julgamento do RE nº 80.004/SE, Rel. p/ o acórdão Min. Cunha Peixoto (julgado em 1º.6. 1977). Na ocasião, os Ministros integrantes do Tribunal discutiram amplamente o tema das relações entre o Direito Internacional e o Direito Interno. O Relator, Ministro Xavier de Albuquerque, calcado na jurisprudência anterior, votou no sentido do primado dos tratados e convenções internacionais em relação à legislação infraconstitucional. A maioria, porém, após voto-vista do Min. Cunha Peixoto, entendeu que ato normativo internacional – no caso, a Convenção de Genebra, Lei Uniforme sobre Letras de Câmbio e Notas Promissórias – poderia ser modificado por lei nacional posterior, ficando consignado que os conflitos entre duas disposições normativas, uma de direito interno e outra de direito internacional, devem ser resolvidos pela mesma regra geral destinada a solucionar antinomias normativas num mesmo grau hierárquico: *lex posterior derrogat legi priori*.

Na realidade, o entendimento que prevaleceu foi o exposto no brilhante voto do Ministro Leitão de Abreu, que bem equacionou a questão, da seguinte maneira: *"(...) Como autorização dessa natureza, segundo entendo, não figura em nosso direito positivo, pois que a Constituição não atribui ao judiciário competência, seja para negar aplicação a leis que contradigam tratado internacional, seja para anular, no mesmo caso, tais leis, a conseqüência, que me parece inevitável, é que os tribunais estão obrigados, na falta de titulo jurídico para proceder de outro modo, a aplicar as leis incriminadas de incompatibilidade com tra-*

tado. *Não se diga que isso equivale a admitir que a lei posterior ao tratado e com ele incompatível reveste eficácia revogatória deste, aplicando-se, assim, para dirimir o conflito, o princípio 'lex posterior revogat priori'. A orientação, que defendo, não chega a esse resultado, pois, fiel à regra de que o tratado possui forma de revogação própria, nega que este seja, em sentido próprio, revogado pela lei. Conquanto não revogado pela lei que o contradiga, a incidência das normas jurídicas constantes do tratado é obstada pela aplicação, que os tribunais são obrigados a fazer, das normas legais com aqueles conflitantes. Logo, a lei posterior, em tal caso, não revoga, em sentido técnico, o tratado, senão que lhe afasta a aplicação. A diferença está em que, se a lei revogasse o tratado, este não voltaria a aplicar-se, na parte revogada, pela revogação pura e simples da lei dita revogatória. Mas como, a meu juízo, a lei não o revoga, mas simplesmente afasta, enquanto em vigor, as normas do tratado com ela incompatíveis, voltará ele a aplicar-se, se revogada a lei que impediu a aplicação das prescrições nele consubstanciadas."*

Sob a égide da Constituição de 1988, exatamente em 22 de novembro de 1995, o Plenário do STF voltou a discutir a matéria no HC nº 72.131/RJ, Rel. p/o acórdão Ministro Moreira Alves, porém agora tendo como foco o problema especifico da prisão civil do devedor como depositário infiel na alienação fiduciária em garantia. Na ocasião, reafirmou-se o entendimento de que os diplomas normativos de caráter internacional adentram o ordenamento jurídico interno no patamar da legislação ordinária e eventuais conflitos normativos resolvem-se pela regra *lex posterior derrogat legi priori*. Preconizaram esse entendimento também os votos vencidos dos Ministros Marco Aurélio, Francisco Rezek e Carlos Velloso. Deixou-se assentado, não obstante, seguindo-se o entendimento esposado no voto do Ministro Moreira Alves, que o art. 7º do Pacto de San José da Costa Rica, por ser norma geral, não revoga a legislação ordinária de caráter especial, como o Decreto-Lei nº 911/69, que equipara o devedor-fiduciante ao depositário infiel para fins de prisão civil. Posteriormente, no importante julgamento da medida cautelar na ADI nº 1.480-3/DF, Rel. Min. Celso de Mello (em 4.9.1997), o Tribunal voltou a afirmar que entre os tratados internacionais e as leis internas brasileiras existe mera relação de paridade normativa, entendendo-se as "leis internas" no sentido de simples leis ordinárias e não de leis complementares. A tese da legalidade ordinária dos tratados internacionais foi reafirmada em julgados posteriores (RE nº 206.482-3/SP, Rel. Min. Mauricio Corrêa, julgado em 27.5.1998, DJ 5.9.2003; HC nº 81.319-4/GO, Rel. Min. Celso de Mello, julgado em 24.4.2002, DJ 19. 8. 2005) e mantém-se firme na jurisprudência do Supremo Tribunal Federal.

Contudo, há exceção a essa paridade entre o tratado internacional e a lei ordinária:

a) A primeira exceção está prevista no art. 98 do Código Tributário Nacional.

Tem-se reconhecido a eficácia do art. 98 do CTN, razão pela qual o tratado prevalece, mesmo quando anterior à lei ordinária.

Estabelece o art. 98 do Código Tributário Nacional que: *"os tratados e as convenções internacionais revogam ou modificam a legislação tributária interna, e serão observados pela que lhes sobrevenha".*

Sobre a amplitude do tratado para tratar de matéria tributária, eis a seguinte decisão monocrática proferida pelo Ministro Dias Toffoli no Agravo de Instrumento n. AI 328055:

> *Vistos. Estado do Rio de Janeiro interpõe tempestivo agravo regimental contra decisão de folhas 128/129, da lavra do Ministro Sepúlveda Pertence, que negou provimento ao agravo de instrumento, com a seguinte fundamentação(...).*
>
> *Decido.*
>
> *(...).*
>
> *Aduz que, in verbis: "A questão em debate é saber se, após a Constituição de 1988, que vedou a concessão da chamada isenção heterônoma pela União, podem subsistir, sem violar a Lei Fundamental, interpretações como a do aresto recorrido, segundo a qual pode a União, por tratados internacionais, in casu o GATT, isentar impostos estaduais, como o ICMS" (fl. 33). Não merece prosperar a irresignação, uma vez que, no julgamento da ADI nº 1.600-8, Plenário, redator para acórdão o Ministro Nelson Jobim, DJ de 20/6/03, ressaltou-se que, in verbis: "O âmbito de aplicação do art. 151, da CF, em todos os seus incisos, é o das relações das entidades federadas, entre si. Não tem por objeto a União Federal quando esta se apresenta como a República Federativa do Brasil, na ordem externa." Também, no julgamento do Recurso Extraordinário nº 229.096/RS, Plenário, redatora para acórdão a Ministra Cármen Lúcia, DJe de 11/4/08, consolidou-se o entendimento de que a isenção concedida pelo GATT foi recebida pela Constituição Federal de 1988, uma vez que a União atua como sujeito de direito na ordem internacional, não havendo assim ofensa ao artigo 151, inciso III, da Constituição Federal. O referido acórdão ficou assim ementado: "1. A isenção de tributos estaduais prevista no Acordo Geral de Tarifas e Comércio para as mercadorias importadas dos países signatários quando o similar nacional tiver o mesmo benefício*

foi recepcionada pela Constituição da República de 1988. 2. O artigo 98 do Código Tributário Nacional "possui caráter nacional, com eficácia para a União, os Estados e os Municípios" (voto do eminente Ministro Ilmar Galvão). 3. No direito internacional apenas a República Federativa do Brasil tem competência para firmar tratados (art. 52, § 2º, da Constituição da República), dela não dispondo a União, os Estados-membros ou os Municípios. O Presidente da República não subscreve tratados como Chefe de Governo, mas como Chefe de Estado, o que descaracteriza a existência de uma isenção heterônoma, vedada pelo art. 151, inc. III, da Constituição. 4. Recurso extraordinário conhecido e provido" Extraio, ainda, do referido julgado, trecho do voto proferido pelo Eminente Ministro Celso de Mello: "Estabelecidas tais premissas, torna-se possível constatar que a vedação constitucional em causa, fundada no art. 151, III, da Constituição, incide, unicamente, sobre a União Federal, enquanto pessoa jurídica de direito público interno, responsável, nessa específica condição, pela instauração de uma ordem normativa autônoma meramente parcial, inconfundível com a posição institucional de soberania do Estado Federal brasileiro, que ostenta, este sim, a qualidade de sujeito de direito internacional público e que constitui, no plano de nossa organização política, a expressão mesma de uma comunidade jurídica global, investida do poder de gerar uma ordem normativa de dimensão nacional e total, essencialmente diversa, em autoridade, eficácia e aplicabilidade, daquela que se consubstancia nas leis e atos de caráter simplesmente federal. Sob tal perspectiva, nada impede que o Estado Federal brasileiro celebre tratados internacionais que veiculem cláusulas de exoneração tributária, em matéria de ICMS, pois a República Federativa do Brasil, ao exercer o seu treaty-making power, estará praticando ato legítimo que se inclui na esfera de suas prerrogativas como pessoa jurídica de direito internacional público, que detém – em face das unidades meramente federadas – o monopólio da soberania e da personalidade internacional. Na realidade, Senhora Presidente, a cláusula de vedação inscrita no art. 151, III, da Constituição é inoponível ao Estado Federal brasileiro (vale dizer, à República Federativa do Brasil), incidindo, unicamente, no plano das relações institucionais domésticas que se estabelecem entre as pessoas políticas de direito público interno. Por isso mesmo, entendo que se revela possível, à República Federativa do Brasil, em sua qualidade de sujeito de direito internacional público, conceder isenção, em matéria de ICMS, mediante tratado internacional, sem que, ao assim proceder, incida em transgressão ao que dispõe o art. 151, III, da Constituição, pois tal regra constitucional destina-se, em sua eficácia, a vincular, unicamente, a União, enquanto entidade estatal de direito público interno, rigorosamente parificada, nessa específica condição institucional, às demais comunidades jurídicas parciais, de dimensão meramente regional e local, como o são os Estados-membros e os Municípios". Seguindo essa orientação, anote-se os seguintes julgados: "Agravo regimental em recurso extraordinário. 2. ICMS. Isenção. Produtos importados de países signatários do GATT. Recepção pela Constituição Federal de 1988. Precedente. 3. Agravo regimental a que se nega provimento" (RE nº 257.667/RJ-AgR, Segunda Turma, Relator o Ministro Gilmar Mendes, DJe de 6/3/08). "1. O Supremo Tribunal Federal, no julgamento do RE 229.096, firmou entendimento de ser legítimo à União, no campo internacional, dispor sobre a isenção de impostos da competência estadua l " 2. Agravo regimental desprovido " (RE nº 395.270/RJ-AgR, Primeira Turma, Relator o Ministro Carlos Britto, DJe de 20/11/09) . Na linha da jurisprudência desta Corte, nego provimento ao agravo. Publique-se. Brasília, 15 de abril de 2010. Ministro DIAS TOFFOLI Relator*

(AI 328055 AgR, Relator(a): Min. DIAS TOFFOLI, julgado em 15/04/2010, publicado em DJe-076 DIVULG 29/04/2010 PUBLIC 30/04/2010).

No que concerne à prevalência do direito internacional sobre o direito interno constitucional, deve-se fazer referência também à seguinte passagem do voto do Ministro Gilmar Mendes proferido no RE 466.343/SP: *No Direito Tributário, ressalto a vigência do princípio da prevalência do direito internacional sobre o direito interno infraconstitucional, previsto pelo art. 98 do Código Tributário Nacional.*

No RE 100.105-4/RS, o Ministro Moreira Alves, sobre o conteúdo normativo do art. 98 do Código Tributário Nacional, assim observou:

> "As considerações desenvolvidas pelo acórdão recorrido, para sustentar que, em nosso sistema jurídico, a lei ordinária posterior pode revogar tratado anteriormente celebrado, não são aplicáveis à questão em causa, porquanto, mesmo quem têm dúvida sobre a constitucionalidade do disposto no artigo 98 do C.T.N.(...) adstrigem essa dúvida aos tratados normativos, não abarcando, nela, os tratados contratuais, como se vê, por exemplo, nos votos dos senhores Ministros CUNHA PEIXOTO, CORDEIRO GUERRA E LEITÃO DE ABREU, no RE 80004 (RTJ n. 83, págs. 824, 829 e 838".

É importante salientar que o Código Tribunal Nacional, quando entrou em vigor, ainda na vigência da Constituição de 1946, foi reconhecido como lei ordinária. Porém, com a entrada em vigor da Constituição de 1988, o C.T.N. foi recepcionado como Lei Complementar, em face do que dispõe o art. 146 da atual C.F.

Assim, entendendo-se que o tratado referente à matéria tributária somente pode ser recepcionado no Brasil como lei complementar, uma vez que o C.T.N., como lei complementar, somente mediante tal espécie normativa poderá ser alterado, efetivamente lei ordinária posterior não poderá revogar o tratado internacional, em face da hierarquia de normas.

A dúvida que poderá surgir, é se o tratado em matéria tributária poderá ser revogado por lei complementar posterior.

b) A segunda exceção diz respeito aos direitos e garantias fundamentais previstos no art. 5º, §§2º e 3º, da Constituição Federal, que assim dispõem:

> Art. 5º (...).
>
> § 2º – Os direitos e garantias expressos nesta Constituição não excluem outros decorrentes do regime e dos princípios por ela adotados, ou dos tratados internacionais em que a República Federativa do Brasil seja parte.
>
> § 3º Os tratados e convenções internacionais sobre direitos humanos que forem aprovados, em cada Casa do Congresso Nacional, em dois turnos, por três quintos dos votos dos respectivos membros, serão equivalentes às emendas constitucionais. (Incluído pela Emenda Constitucional nº 45, de 2004) (Atos aprovados na forma deste parágrafo).

A questão sobre os tratados de direitos humanos foi definida pelo Supremo Tribunal Federal no RE 466.343-SP, *in verbis*:

> *Ementa: Prisão civil. Depósito. Depositário infiel. Alienação fiduciária. Decretação da medida coercitiva. Inadmissibilidade absoluta. Insubsistência da previsão constitucional e das normas subalternas. Interpretação do art. 5º, inc. LXVII e §§ 1º, 2º e 3º, da CF, à luz do art. 7º, § 7, da Convenção Americana de Direitos Humanos (Pacto de San José da Costa Rica). Recurso improvido. Julgamento conjunto do RE nº 349.703 e dos HCs nº 87.585 e nº 92.566. É ilícita a prisão civil de depositário infiel, qualquer que seja a modalidade do depósito.*
>
> (RE 466343, Relator(a): Min. CEZAR PELUSO, Tribunal Pleno, julgado em 03/12/2008, DJe-104 DIVULG 04-06-2009 PUBLIC 05-06-2009 EMENT VOL-02363-06 PP-01106 RTJ VOL-00210-02 PP-00745 RDECTRAB v. 17, n. 186, 2010, p. 29-165)

No voto proferido pelo Ministro Gilmar Mendes, assim ficou consignado:

Se não existem maiores controvérsias sobre a legitimidade constitucional da prisão civil do devedor de alimentos, assim não ocorre em relação à prisão do depositário infiel. As legislações mais avançadas em matéria de direitos humanos proíbem expressamente qualquer tipo de prisão civil decorrente do descumprimento de obrigações contratuais, excepcionando apenas o caso do alimentante inadimplente.

O art. 7º (nº 7) da Convenção Americana sobre Direitos Humanos – Pacto de San José da Costa Rica, de 1969, dispõe desta forma: "Ninguém deve ser detido por dívidas. Este princípio não limita os mandados de autoridade judiciária competente, expedidos em virtude de inadimplemento de obrigação alimentar." Com a adesão do Brasil a essa convenção, assim como ao Pacto Internacional dos Direitos Civis e Políticos 1, sem qualquer reserva, ambos no ano de 1992, iniciou-se um amplo debate sobre a possibilidade de revogação, por tais diplomas internacionais, da parte final do inciso LXVII do art. 5º da Constituição brasileira de 1988, especificamente, da expressão "depositário infiel", e, por conseqüência, de toda a legislação infraconstitucional que nele possui fundamento direto ou indireto. Dispensada qualquer análise pormenorizada da irreconciliável polêmica entre as teoria s monista (Kelsen) e dualista (Triepel) sobre a relação entre o Direito Internacional e o Direito Interno dos Estados – a qual, pelo menos no tocante ao sistema internacional de proteção dos direitos humanos, tem-se tornado ociosa e supérflua –, é certo que qualquer discussão nesse âmbito pressupõe o exame da relação hierárquico-normativa entre os tratados internacionais e a Constituição. Desde a promulgação da Constituição de 1988, surgiram diversas interpretações que consagraram um tratamento diferenciado aos tratados relativos a direitos humanos, em razão do disposto no § 2º do art. 5º, o qual afirma que os direitos e garantias expressos na Constituição não excluem outros decorrentes dos tratados internacionais em que a República Federativa do Brasil seja parte. Essa disposição constitucional deu ensejo a uma instigante discussão doutrinária e jurisprudencial – também observada no direito comparado – sobre o status normativo dos tratados e convenções internacionais de direitos humanos, a qual pode ser sistematizada em quatro correntes principais, a saber: a) a vertente que reconhece a natureza supraconstitucional dos tratados e convenções em matéria de direitos humanos; b) o posicionamento que atribui caráter constitucional a esses diplomas internacionais; c) a tendência que reconhece o status de lei ordinária a esse tipo de documento internacional; d) por fim, a interpretação que atribui caráter supralegal aos tratados e convenções sobre direitos humanos.

A primeira vertente professa que os tratados de direitos humanos possuiriam status supraconstitucional. No direito comparado, Bidart Campos defende essa tese em trechos dignos de nota: "Si para nuestro tema atendemos al derecho internacional de los derechos humanos (tratados, pactos, convenciones, etc., con un plexo global, o con normativa sobre un fragmento o parcialidad) decimos que en tal supuesto el derecho internacional contractual está por encima de la Constitución. Si lo que queremos es optimizar los derechos humanos, y si conciliarlo con tal propósito interpretamos que las vertientes del constitucionalismo moderno y del social se han enrolado – cada una en su situación histórica – en líneas de derecho interno inspiradas en un ideal análogo, que ahora se ve acompañado internacionalmente, nada tenemos que objetar (de lege ferenda) a la ubicación prioritaria del derecho internacional de los derechos humanos respecto de la Constitución. Es cosa que cada Estado ha de decir por sí, pero si esa decisión conduce a erigir a los tratados sobre derechos humanos en instancia prelatoria respecto de la Constitución, el principio de su supremacía – aun debilitado – no queda escarnecido en su télesis, porque es sabido que desde que lo plasmó el constitucionalismo clásico se ha enderezado – en común con todo el plexo de derechos y garantías – a resguardar a la persona humana en su convivencia política. "Entre nós, Celso de Albuquerque Mello é um exemplar defensor da preponderância dos tratados internacionais de direitos humanos em relação às normas constitucionais, que não teriam, no seu entender, poderes revogatórios em relação às normas internacionais. Em outros termos, nem mesmo emenda constitucional teria o condão de suprimir a normativa internacional subscrita pelo Estado em tema de direitos humanos.

É de ser considerada, no entanto, a dificuldade de adequação dessa tese à realidade de Estados que, como o Brasil, estão fundados em sistemas regidos pelo princípio da supremacia formal e material da Constituição sobre todo o ordenamento jurídico. Entendimento diverso anularia a própria possibilidade do controle da constitucionalidade desses diplomas internacionais. Como deixou enfatizado o Supremo Tribunal Federal ao analisar o problema,"assim como não o afirma em relação às leis, a Constituição não precisou dizer-se sobreposta aos tratados: a hierarquia está ínsita em preceitos inequívocos seus, como os que submetem a aprovação e a promulgação das convenções ao processo legislativo ditado pela Constituição (...) e aquele que, em conseqüência, explicitamente admite o controle da constitucionalidade dos tratados (CF, art. 102, III, b). Os poderes públicos brasileiros não estão menos submetidos à Constituição quando atuam nas relações internacionais em exercício do treaty-making power. Os tratados e convenções devem ser celebrados em consonância não só com o procedimento formal descrito na Constituição, mas com respeito ao seu conteúdo material, especialmente em tema de direitos e garantias fundamentais. O argumento de que existe uma confluência de valores supremos protegidos nos âmbitos interno e internacional em matéria de direitos humanos não resolve o problema. A sempre possível ampliação inadequada dos sentidos possíveis da expressão "direitos humanos" poderia abrir uma via perigosa para uma produção normativa alheia ao controle de sua compatibi-

lidade com a ordem constitucional interna. O risco de normatizações camufladas seria permanente. A equiparação entre tratado e Constituição, portanto, esbarraria já na própria competência atribuída ao Supremo Tribunal Federal para exercer o controle da regularidade formal e do conteúdo material desses diplomas internacionais em face da ordem constitucional nacional. Ressalte-se, porém, que, na medida em que esse tipo de controle possa ser exercido, não se podem olvidar as possíveis repercussões de uma declaração de inconstitucionalidade no âmbito do Direito Internacional. A experiência de diversos ordenamentos jurídicos, especialmente os europeus, demonstra que as Cortes Constitucionais costumam ser bastante cautelosas quanto à questão da apreciação da constitucionalidade de tratados internacionais. Assim, mesmo em momentos delicados – como os famosos casos Maastricht na Alemanha e na Espanha –, os Tribunais evitam declarar a inconstitucionalidade de atos normativos internacionais. Como afirmou o Tribunal Constitucional da Espanha no caso Maastricht:

"*Aunque aquella supremacía quede en todo caso asegurada por la posibilidad de impugnar (arts. 27.2 c, 31 y 32.1 LOTC) o cuestionar (art. 35 LOTC) la constitucionalidad de los tratados una vez que formen parte del ordenamiento interno, es evidente la perturbación que, para la politica exterior y las relaciones internacionales del Estado, implicaría la eventual declaración de inconstitucionalidad de una norma pactada.* "*É nesse contexto que se impõe a necessidade de utilização de uma espécie de controle prévio, o qual poderia impedir ou desaconselhar a ratificação do tratado de maneira a oferecer ao Poder Executivo possibilidades de renegociação ou aceitação com reservas. Essa idéia, apesar de todos os óbices do sistema brasileiro, já apresenta os elementos suficientes para a sua exeqüibilidade. Uma vez que o Decreto Legislativo que aprova o instrumento internacional é passível de impugnação pela via da Ação Direta de Inconstitucionalidade (ADI), ou ainda, da Ação Declaratória de Constitucionalidade (ADC), esse controle de caráter preventivo é possível no Brasil. Assim, em face de todos os inconvenientes resultantes da eventual supremacia dos tratados na ordem constitucional, há quem defenda o segundo posicionamento, o qual sustenta que os tratados de direitos humanos possuiriam estatura constitucional. Essa tese entende o § 2º do art. 5º da Constituição como uma cláusula aberta de recepção de outros direitos enunciados em tratados internacionais de direitos humanos subscritos pelo Brasil. Ao possibilitar a incorporação de novos direitos por meio de tratados, a Constituição estaria a atribuir a esses diplomas internacionais a hierarquia de norma constitucional. E o § 1o do art. 5 o asseguraria a tais normas a aplicabilidade imediata nos planos nacional e internacional, a partir do ato de ratificação, dispensando qualquer intermediação legislativa.*

A hierarquia constitucional seria assegurada somente aos tratados de proteção dos direitos humanos, tendo em vista seu caráter especial em relação aos tratados inter-

nacionais comuns, os quais possuiriam apenas estatura infraconstitucional. Para essa tese, eventuais conflitos entre o tratado e a Constituição deveriam ser resolvidos pela aplicação da norma mais favorável à vítima, titular do direito, tarefa hermenêutica da qual estariam incumbidos os tribunais nacionais e outros órgãos de aplicação do direito. Dessa forma, o Direito Interno e o Direito Internacional estariam em constante interação na realização do propósito convergente e comum de proteção dos direitos e interesses do ser humano. No Brasil, defendem essa tese Antônio Augusto Cançado Trindade e Flávia Piovesan, os quais entendem que os §§ 1º e 2º do artigo 5º da Constituição caracterizar-se-iam, respectivamente, como garantes da aplicabilidade direta e do caráter constitucional dos tratados de direitos humanos dos quais o Brasil é signatário. Cançado Trindade, que propôs à Assembléia Nacional Constituinte, em 1987, a inclusão do atual § 2o ao art. 5o no texto constitucional que estava sendo construído, assim expressa seu pensamento: "O propósito do disposto nos parágrafos 2 e 1 do artigo 5 da Constituição não é outro que o de assegurar a aplicabilidade direta pelo Poder Judiciário nacional da normativa internacional de proteção, alçada a nível constitucional (...).Desde a promulgação da atual Constituição, a normativa dos tratados de direitos humanos em que o Brasil é parte tem efetivamente nível constitucional e entendimento em contrário requer demonstração. A tese da equiparação dos tratados de direitos humanos à legislação infraconstitucional – tal como ainda seguida por alguns setores em nossa prática judiciária – não só representa um apego sem reflexão a uma tese anacrônica, já abandonada em alguns países, mas também contraria o disposto no artigo (5) 2 da Constituição Federal Brasileira".

A hierarquia constitucional dos tratados de proteção dos direitos humanos é prevista, por exemplo, pela Constituição da Argentina, que delimita o rol de diplomas internacionais possuidores desse status normativo diferenciado em relação aos demais tratados de caráter comum. Da mesma forma, a Constituição da Venezuela, a qual, além da hierarquia constitucional, estabelece a aplicabilidade imediata e direta dos tratados na ordem interna e fixa a regra hermenêutica da norma mais favorável ao indivíduo, tal como defendido por essa corrente doutrinária.

Apesar da interessante argumentação proposta por essa tese, parece que a discussão em torno do status constitucional dos tratados de direitos humanos foi, de certa forma, esvaziada pela promulgação da Emenda Constitucional nº 45/2004, a Reforma do Judiciário (oriunda do Projeto de Emenda Constitucional nº 29/2000), a qual trouxe como um de seus estandartes a incorporação do § 3º ao art. 5º, com a seguinte disciplina: "Os tratados e convenções internacionais sobre direitos humanos que forem aprovados, em cada Casa do Congresso Nacional, em dois turnos, por três quintos dos votos dos respectivos membros, serão equivalentes às emendas constitucionais. "Em termos práticos, trata-se de uma declaração eloqüente de que os tratados já ratificados pelo Brasil, anteriormente à mudança constitucional, e não submetidos ao processo legislativo especial de aprovação no Congresso Nacional, não podem ser comparados às normas constitucionais. Não se pode negar, por outro lado, que a reforma também acabou por ressaltar o caráter especial dos tratados de direitos humanos em relação aos demais tratados de reciprocidade entre os Estados pactuantes, conferindo-lhes lugar privilegiado no ordenamento jurídico. Em outros termos, solucionando a questão para o futuro – em que os tratados de direitos humanos, para ingressarem no ordenamento jurídico na qualidade de emendas constitucionais, terão que ser aprovados em quorum especial nas duas Casas do Congresso Nacional –, a mudança constitucional ao menos acena para a insuficiência da tese da legalidade ordinária dos tratados e convenções internacionais já ratificados pelo Brasil, a qual tem sido preconizada pela jurisprudência do Supremo Tribunal Federal desde o remoto julgamento do RE nº 80.004/SE, de relatoria do Ministro Xavier de Albuquerque (julgado em 1o.6.1977; DJ 29.12.1977) e encontra respaldo em um largo repertório de casos julgados após o advento da Constituição de 1988. Após a reforma, ficou ainda mais difícil defender a terceira das teses acima enunciadas, que prega a idéia de que os tratados de direitos humanos, como quaisquer outros instrumentos convencionais de caráter internacional, poderiam ser concebidos como equivalentes às leis ordinárias. Para essa tese, tais acordos não possuiriam a devida legitimidade para confrontar, nem para complementar o preceituado pela Constituição Federal em matéria de direitos fundamentais.

(...).

Não se pode perder de vista que, hoje, vivemos em um "Estado Constitucional Cooperativo", identificado pelo Professor Peter Haberle como aquele que não mais se apresenta como um Estado Constitucional voltado para si mesmo, mas que se disponibiliza como referência para os outros Estados Constitucionais membros de uma comunidade, e no qual ganha relevo o papel dos direitos humanos e fundamentais. Para Haberle, ainda que, numa perspectiva internacional, muitas vezes a cooperação entre os Estados ocupe o lugar de mera coordenação e de simples ordenamento para a coexistência pacífica (ou seja, de mera delimitação dos âmbitos das soberanias nacionais), no campo do direito constitucional nacional, tal fenômeno, por si só, pode induzir ao menos a tendências que apontem para um enfraquecimento dos limites entre o interno e o externo, gerando uma concepção que faz prevalecer o direito comunitário sobre o direito interno. Nesse contexto, mesmo conscientes de que os motivos que conduzem à concepção de um Estado Constitucional Cooperativo são complexos, é preciso reconhecer os aspectos sociológico-econômicos e ideal-morais como os mais evidentes. E no que se refere ao aspecto ideal-moral, não se pode deixar de considerar a proteção aos direitos humanos como a fórmula mais concreta de que dispõe o sistema constitucional, a exigir dos atores da vida sócio-política do Estado uma contribuição positiva para a máxima eficácia das normas das Constituições modernas que protegem a cooperação internacional amistosa como princípio vetor das relações entre os Estados Nacionais e a proteção dos direitos humanos como corolário da própria garantia da dignidade da pessoa humana. Na realidade européia, é importante mencionar a abertura institucional a ordens supranacionais consagrada em diversos textos constitucionais (cf. v.g. Preâmbulo da Lei Fundamental de Bonn e art. 24, (I); o art. 11 da Constituição italiana; os arts. 8º 30 e 1631 da Constituição portuguesa; e, por fim, os arts. 9º e 96 da Constituição espanhola; dentre outros).

Ressalte-se, nesse sentido, que há disposições da Constituição de 1988 que remetem o intérprete para realidades normativas relativamente diferenciadas em face da concepção tradicional do direito internacional público. Refiro-me, especificamente, a quatro disposições que sinalizam para uma maior abertura constitucional ao direito internacional e, na visão de alguns, ao direito supranacional. A primeira cláusula consta do parágrafo único do art. 4º, que estabelece que a "República Federativa do Brasil buscará a integração econômica, política, social e cultural dos povos da América Latina, visando à formação de uma comunidade latinoamericana de nações". Em comentário a este artigo, o saudoso Professor Celso Bastos ensinava que tal dispositivo constitucional representa uma clara opção do constituinte pela integração do Brasil em organismos supranacionais. A segunda cláusula é aquela constante do § 2º do art. 5o, ao estabelecer que os direitos e garantias expressos na Constituição brasileira "não excluem outros decorrentes do regime e dos princípios por ela adotados, ou dos tratados internacionais em que a República Federativa do Brasil seja parte". A terceira e quarta cláusulas foram acrescentadas pela Emenda Constitucional nº 45, de 8.12.2004, constantes dos §§ 3o e 4o do art. 5o, que rezam, respectivamente, que "os tratados e convenções internacionais sobre direitos humanos que forem aprovados, em cada Casa do Congresso Nacional, em dois turnos, por três quintos dos votos dos respectivos membros, serão equivalentes às emendas constitucionais", e "o Brasil se submete à jurisdição de Tribunal Penal Internacional a cuja criação tenha manifestado adesão."

(...).

Esses dados revelam uma tendência contemporânea do constitucionalismo mundial de prestigia r as normas internacionais destinadas à proteção do ser humano. Por conseguinte, a partir desse universo jurídico voltado aos direitos e garantias fundamentais, as constituições não apenas apresentam maiores possibilidades de concretização de sua eficácia normativa, como também somente podem ser concebidas em uma abordagem que aproxime o Direito Internacional do Direito Constitucional.

(...).
Por conseguinte, parece mais consistente a interpretação que atribui a característica de supralegalidade aos tratados e convenções de direitos humanos. Essa tese pugna pelo argumento de que os tratados sobre direitos humanos seriam infraconstitucionais, porém, diante de seu caráter especial em relação aos demais atos normativos internacionais, também seriam dotados de um atributo de supralegalidade. Em outros termos, os tratados sobre direitos humanos não poderiam afrontar a supremacia da Constituição, mas teriam lugar especial reservado no ordenamento jurídico. Equipará-los à legislação ordinária seria subestimar o seu valor especial no contexto do sistema de proteção dos direitos da pessoa humana. Essa tese foi aventada, em sessão de 29 de março de 2000, no julgamento do RHC nº 79.785-RJ, pelo voto do eminente Relator, Min. Sepúlveda Pertence, que acenou com a possibilidade da consideração dos tratados sobre direitos humanos como documentos supralegais. O Ministro Pertence manifestou seu pensamento da seguinte forma: "Certo, com o alinhar-me ao consenso em torno da estatura infraconstitucional, na ordem positiva brasileira, dos tratados a ela incorporados, não assumo compromisso de logo – como creio ter deixado expresso no voto proferido na ADInMc 1.480 – com o entendimento, então majoritário – que, também em relação às convenções internacionais de proteção de direitos fundamentais – preserva a jurisprudência que a todos equipara hierarquicamente às leis. Na ordem interna, direitos e garantias fundamentais o são, com grande freqüência, precisamente porque – alçados ao texto constitucional – se erigem em limitações positivas ou negativas ao conteúdo das leis futuras, assim como à recepção das anteriores à Constituição (...). Se assim é, à primeira vista, parificar às leis ordinárias os tratados a que alude o art. 5º, § 2º, da Constituição, seria esvaziar de muito do seu sentido útil a inovação, que, malgrado os termos equívocos do seu enunciado, traduziu uma abertura significativa ao movimento de internacionalização dos direitos humanos." [RHC nº 79.785-RJ, Pleno, por maioria, Rel. Min. Sepúlveda Pertence, DJ 22.11.2002, vencidos os Ministros Marco Aurélio e Carlos Velloso (o então Min. Presidente)].
(...).
Assim, a premente necessidade de se dar efetividade à proteção dos direitos humanos nos planos interno e internacional torna imperiosa uma mudança de posição quanto ao papel dos tratados internacionais sobre direitos na ordem jurídica nacional. É necessário assumir uma postura jurisdicional mais adequada às realidades emergentes em âmbitos supranacionais, voltadas primordialmente à proteção do ser humano.
(...).
Portanto, diante do inequívoco caráter especial dos tratados internacionais que cuidam da proteção dos direitos humanos, não é difícil entender que a sua internali-

zação no ordenamento jurídico, por meio do procedimento de ratificação previsto na Constituição, tem o condão de paralisar a eficácia jurídica de toda e qualquer disciplina normativa infraconstitucional com ela conflitante.

Nesse sentido, é possível concluir que, diante da supremacia da Constituição sobre os atos normativos internacionais, a previsão constitucional da prisão civil do depositário infiel (art. 5o, inciso LXVII) não foi revogada pelo ato de adesão do Brasil ao Pacto Internacional dos Direitos Civis e Políticos (art. 11) e à Convenção Americana sobre Direitos Humanos – Pacto de San José da Costa Rica (art. 7o, 7), mas deixou de ter aplicabilidade diante do efeito paralisante desses tratados em relação à legislação infraconstitucional que disciplina a matéria, incluídos o art. 1.287 do Código Civil de 1916 e o Decreto-Lei nº 911, de 1o de outubro de 1969. Tendo em vista o caráter supralegal desses diplomas normativos internacionais, a legislação infraconstitucional posterior que com eles seja conflitante também tem sua eficácia paralisada. É o que ocorre, por exemplo, com o art. 652 do Novo Código Civil (Lei nº 10.406/2002), que reproduz disposição idêntica ao art. 1.287 do Código Civil de 1916. Enfim, desde a adesão do Brasil, no ano de 1992, ao Pacto Internacional dos Direitos Civis e Políticos (art. 11) e à Convenção Americana sobre Direitos Humanos – Pacto de San José da Costa Rica (art. 7o, 7), não há base legal para aplicação da parte final do art. 5o, inciso LXVII, da Constituição, ou seja, para a prisão civil do depositário infiel. De qualquer forma, o legislador constitucional não fica impedido de submeter o Pacto Internacional dos Direitos Civis e Políticos e a Convenção Americana sobre Direitos Humanos – Pacto de San José da Costa Rica, além de outros tratados de direitos humanos, ao procedimento especial de aprovação previsto no art. 5o, § 3o, da Constituição, tal como definido pela EC nº 45/2004, conferindo-lhes status de emenda constitucional".

9.2.2. Lei Federal

O que se entende por *lei federal?*

Há doutrinadores que diferenciam *lei federal* de *lei nacional*. A primeira seria uma lei que regula interesses restritos da União, enquanto que a lei nacional seria aquela válida em todo território nacional.

O art. 105, inc. III, letra 'a', da C.F., ao fazer referência à *lei federal*, ali incorporou ambas as hipóteses, ou seja, a lei federal propriamente dita, como a lei nacional.

Assim, leis de todas as formas e conteúdos podem ser objeto de análise de recurso especial, como, por exemplo: a) leis ordinária; b) leis complementares; c) *medidas provisórias;* d) *Decreto legislativo* que contém a aprovação do Congresso aos tratados e autoriza ao Presidente da República a ratificá-los em nome do Brasil (CF, art. 49, I); c) *decreto do Chefe do Executivo* que promulga os tratados e convenções; e) *Decreto legislativo* do Congresso Nacional que suspende a execução de ato do Executivo, em virtude de incompatibilidade com a lei a regulamentar (art. 49, V da CF);

Por sua vez, sobre a definição de lei federal, assim preconiza Rodolfo C. Mancuso:

> "*a) as leis federais por definição, isto é, aquelas relativas às matérias que a CF deixa à competência legislativa da União, de forma privativa (art. 22); e, bem assim, as outras formas de expressão do direito federal (leis; decretos e regulamentos – RTJ 44/467); relativas aos assuntos que a CF considera de interesse da União (art. 21), como a declaração de guerra (inciso II) ou a emissão de moeda (inciso VII).*
>
> *b) as leis sobre as matérias que, conquanto deixadas pela CF à competência comum (art. 23), ou concorrente (art. 24), entre União e outros entes políticos, vêm a ser editadas pela União;*
>
> *c) o direito estrangeiro que tenha sido incorporado ao nosso direito interno (RTJ 101/1.149; RF 284/157), como v.g., sucedeu com as Convenções de Genebra em matéria de títulos de crédito, ou com o Pacto de São José da Costa Rica sobre direitos humanos*".[182]

Estão excluídos da definição de lei federal o regimento interno de tribunal (Súmula 399 do S.T.F.; resolução Ministerial (REsp 41.745/RS); ato normativo (RTJ 71/721); portaria ministerial (RTJ 68/402); resolução de autarquia (RT 561/259); provimento da OAB (RTJ 105/596).[183]

O S.T.J. considera não ser possível no âmbito do recurso especial a análise de contrariedade de ato normativo secundário, como resoluções, portarias, regimentos, instruções normativas e circulares, assim como Súmulas dos Tribunais, tendo em vista que esses preceitos normativos não podem ser enquadrados como lei federal. Nesse sentido são os seguintes precedentes: AgRg no REsp 1496872/RS, Rel. Ministro. MAURO CAMPBELL MARQUES, SEGUNDA TURMA, julgado em 05/03/2015, DJe 11/03/2015; AgRg no REsp 1307391/RJ, Rel. Ministro. SÉRGIO KUKINA, PRIMEIRA TURMA, julgado em 24/02/2015, DJe 05/03/2015; AgRg no

---

[182] MANCUSO, R., op. cit., p. 256.
[183] MANCUSO, R., idem, p. 257 e 258.

AREsp 412192/SC, Rel. Ministra. MARGA TESSLER (JUÍZA FEDERAL CONVOCADA DO TRF 4ª REGIÃO), PRIMEIRA TURMA, julgado em 24/02/2015, DJe 03/03/2015; AgRg no REsp 1494995/RS, Rel. Ministro HUMBERTO MARTINS, SEGUNDA TURMA, julgado em 12/02/2015, DJe 20/02/2015; AgRg no REsp 1462153/RS, Rel. Ministro. HERMAN BENJAMIN, SEGUNDA TURMA, julgado em 03/02/2015, DJe 11/02/2015; AgRg no REsp 1491113/PR, Rel. Ministro BENEDITO GONÇALVES, PRIMEIRA TURMA, julgado em 18/12/2014, DJe 03/02/2015; AgRg no AREsp 465299/RN, Rel. Ministra MARIA ISABEL GALLOTTI, QUARTA TURMA, julgado em 09/12/2014, DJe 16/12/2014; AgRg no REsp 1467778/SC, Rel. Ministra ASSUSETE MAGALHÃES, SEGUNDA TURMA, julgado em 25/11/2014, DJe 03/12/2014; AgRg no AREsp 415689/PR, Rel. Min. JOÃO OTÁVIO DE NORONHA, TERCEIRA TURMA, julgado em 02/10/2014, DJe 09/10/2014; AgRg no AREsp 325375/SP, Rel. Ministro RAUL ARAÚJO, QUARTA TURMA, julgado em 19/08/2014, DJe 16/09/2014.

Não poderá ser objeto de recurso especial o decreto regulamentar, justamente pelo fato de que não se enquadra no conceito de lei federal. Nesse sentido são os seguintes precedentes: AgRg no AREsp 587049/SP, Rel. Ministra ASSUSETE MAGALHÃES, SEGUNDA TURMA, julgado em 09/12/2014, DJe 16/12/2014; AgRg no REsp 1270542/RS, Rel. Ministro JORGE MUSSI, QUINTA TURMA, julgado em 16/10/2014, DJe 29/10/2014; AgRg no REsp 1424704/PE, Rel. Ministro HERMAN BENJAMIN, SEGUNDA TURMA, julgado em 22/05/2014, DJe 20/06/2014; AgRg no AREsp 490509/MS, Rel. Ministro HUMBERTO MARTINS, SEGUNDA TURMA, julgado em 08/05/2014, DJe 15/05/2014; AgRg no AREsp 322579/RS, Rel. Ministro RAUL ARAÚJO, QUARTA TURMA, julgado em 08/05/2014, DJe 02/06/2014; REsp 1241207/SP, Rel. Ministro MAURO CAMPBELL MARQUES, SEGUNDA TURMA, julgado em 18/10/2012, DJe 25/10/2012; AgRg no REsp 579853/SP, Rel. Ministro LUIS FELIPE SALOMÃO, QUARTA TURMA, julgado em 15/03/2011, DJe 18/03/2011; REsp 1267031/SC (decisão monocrática), Rel. Ministro BENEDITO GONÇALVES, julgado em 03/03/2015, Dje 05/03/2015; REsp 492059/RS (decisão monocrática), Rel. Ministro RAUL ARAUJO, julgado em 10/02/2015, DJe 02/03/2015. Precedentes: AgRg no REsp 859349/PR, Rel. Ministro NEFI CORDEIRO, SEXTA TURMA, julgado em 16/12/2014, DJe 03/02/2015; AgRg no REsp 877242/DF, Rel.

Ministro ROGERIO SCHIETTI CRUZ, SEXTA TURMA, julgado em 25/03/2014, DJe 11/04/2014; AgRg no REsp 933351/RS, Rel. Ministro SEBASTIÃO REIS JÚNIOR, SEXTA TURMA, julgado em 15/10/2013, DJe 28/10/2013; EREsp 919274/RS, Rel. Ministra NANCY ANDRIGHI, CORTE ESPECIAL, julgado em 01/08/2013, DJe 12/08/2013; REsp 1134220/SP, Rel. Ministro CESAR ASFOR ROCHA, SEGUNDA TURMA, julgado em 09/08/2011, DJe 06/09/2011; AgRg no REsp 958207/RS, Rel. Ministro LUIZ FUX, PRIMEIRA TURMA, julgado em 23/11/2010, DJe 03/12/2010; REsp 962366/RS, Rel. Ministro CASTRO MEIRA, SEGUNDA TURMA, julgado em 27/10/2009, DJe 09/11/2009; EREsp 663562/RJ, Rel. Ministro ARI PARGENDLER, CORTE ESPECIAL, julgado em 05/12/2007, DJe 18/02/2008; REsp 787396/ RS, Rel. Ministro TEORI ALBINO ZAVASCKI, PRIMEIRA TURMA, julgado em 05/05/2009, DJe 18/05/2009.

Por outro lado, os atos normativos de caráter geral e abstrato editados pelos órgãos da União com base na competência legislativa derivada da própria Constituição, como, por exemplo, decretos autônomos e regulamentares provenientes da Presidência da República podem ser objeto de recurso especial. Nesse sentido são os seguintes precedentes: AgRg no REsp 859349/PR, Rel. Ministro NEFI CORDEIRO, SEXTA TURMA, julgado em 16/12/2014, DJe 03/02/2015; AgRg no REsp 877242/DF, Rel. Ministro ROGERIO SCHIETTI CRUZ, SEXTA TURMA, julgado em 25/03/2014, DJe 11/04/2014; AgRg no REsp 933351/RS, Rel. Ministro SEBASTIÃO REIS JÚNIOR, SEXTA TURMA, julgado em 15/10/2013, DJe 28/10/2013; EREsp 919274/RS, Rel. Ministra NANCY ANDRIGHI, CORTE ESPECIAL, julgado em 01/08/2013, DJe 12/08/2013; REsp 1134220/SP, Rel. Ministro CESAR ASFOR ROCHA, SEGUNDA TURMA, julgado em 09/08/2011, DJe 06/09/2011; AgRg no REsp 958207/RS, Rel. Ministro LUIZ FUX, PRIMEIRA TURMA, julgado em 23/11/2010, DJe 03/12/2010; REsp 962366/RS, Rel. Ministro CASTRO MEIRA, SEGUNDA TURMA, julgado em 27/10/2009, DJe 09/11/2009; EREsp 663562/RJ, Rel. Ministro ARI PARGENDLER, CORTE ESPECIAL, julgado em 05/12/2007, DJe 18/02/2008; REsp 787396/ RS, Rel. Ministro TEORI ALBINO ZAVASCKI, PRIMEIRA TURMA, julgado em 05/05/2009, DJe 18/05/2009.

O recurso especial terá por objeto decisão recorrida que *julgar válido ato de governo local contestado em face de lei federal;(Redação dada pela Emenda*

Constitucional nº 45, de 2004). Observe-se que o dispositivo somente faz menção ao *ato de governo local* e não à *lei local.* E isso ocorre pelo fato de que se a decisão julgar *válida lei local contestada em face de lei federal,* o recurso cabível é o extraordinário e não o especial.

O recurso especial somente caberá quando a decisão julgar válido ato de governo local contestado em face de lei federal. E ato de governo local poderá ter a natureza jurídica de decreto ou resoluções.

9.3. der à lei federal interpretação divergente da que lhe haja atribuído outro tribunal

O recurso especial também terá por objeto decisão que *der à lei federal interpretação divergente da que lhe haja atribuído outro tribunal.*

Trata-se de interpretação divergente proferida por *outro tribunal* e não, por exemplo, por juiz singular ou por turma recursal (que não tem natureza jurídica de tribunal).

A expressão *outro tribunal* indicado no art. 105, inc. III, letra 'c', da C.F., diz respeito aos tribunais de uma maneira geral, pois o texto constitucional não traz qualquer limitação quanto à natureza jurídica do *outro tribunal.*

Exclui-se dessa enumeração, por óbvio, o S.T.F., tendo em vista que havendo interpretação divergência entre a decisão do T.R.F. ou do Tribunal de Justiça e o S.T.F., e tendo essa interpretação conteúdo de natureza constitucional, o recurso cabível será o *recurso extraordinário.*

Porém, poderá ocorrer que o S.T.F., ao exercer sua competência originária, nos termos do art. 102, inc. I, letra 'e' (litígio entre Estado estrangeiro ou organismo internacional e a União, o Estado, o Distrito Federal ou o Território), letra 'f' (causas e os conflitos entre a União e os Estados, a União e o Distrito Federal, ou entre uns e outros, inclusive as respectivas entidades da administração indireta), letra 'j' (rescisória de seus julgados), profira uma decisão com base em interpretação à margem da Constituição Federal, mas, sim, focada exclusivamente em lei federal. Nessa hipótese, como a questão não envolve interpretação de natureza constitucional (saindo da esfera do recurso extraordinário), o S.T.J. *deveria* conhecer de *recurso especial,* na hipótese em que a decisão do Tribunal Regional Federal ou do Tribunal de Justiça der à lei federal interpretação divergente a que lhe tenha dado o Supremo Tribunal Federal no exercício de sua competência originária.

Pode ocorrer, ainda, que uma decisão proferida pelo Tribunal Regional Federal ou pelo Tribunal de Justiça possa contrariar decisão do Tribunal Regional Eleitoral, Tribunal Regional do Trabalho, Tribunal Superior Militar, Tribunal Superior Eleitoral e Tribunal Superior do Trabalho. Tendo em vista que a interpretação dada por esses tribunais não gera efeito 'hierárquico' e 'vinculante' em relação à Justiça Federal ou à Justiça Estadual, *deveria ser possível* a interposição do recurso especial.

Porém, não obstante o meu singular entendimento, o S.T.J., em reiteradas decisões, vem entendendo que o recurso especial com base na alínea 'c' do inc. III do art. 105 da C.F. exige que *a divergência jurisprudencial há de ser demonstrada por julgados do próprio S.T.J ou de tribunais a ele vinculado*. Nesse sentido são os seguintes precedentes:

AGRAVO REGIMENTAL EM AGRAVO (ART. 544 DO CPC) – PREVIDÊNCIA PRIVADA – ATO JURÍDICO PERFEITO – ARGUIÇÃO DE INTERPRETAÇÃO DIVERGENTE QUANTO A DISPOSITIVOS CONSTITUCIONAIS (ART. 5º, XXXVI, CF/88) – MATÉRIA RESERVA À ANÁLISE DO STF – ARESTO COLACIONADO COMO PARADIGMA ORIUNDO DO TRIBUNAL SUPERIOR DO TRABALHO – IMPOSSIBILIDADE – DECISÃO MONOCRÁTICA QUE NEGOU PROVIMENTO AO AGRAVO. INSURGÊNCIA RECURSAL DO AUTOR.

1. O recurso especial não se presta ao exame de suposta violação a dispositivos constitucionais, por se tratar de matéria reservada à análise do Supremo Tribunal Federal, nos termos do artigo 102, inciso III, da Constituição Federal.

2. "Não se conhece do recurso pela alínea "c" do permissivo, tendo em vista que a recorrente traz à colação acórdão proferido por Tribunal Regional do Trabalho. Como é cediço, a divergência jurisprudencial há de ser demonstrada por julgados deste Tribunal ou a si vinculados, não se enquadrando, na espécie, arestos proferidos pela Justiça Obreira." (REsp 824.667/PR, Rel. Ministro José Delgado,

Primeira Turma, julgado em 17/08/2006, DJ 11/09/2006, p. 230).

3. Agravo regimental a que se nega provimento.

(AgRg no AREsp 143.763/RJ, Rel. Ministro MARCO BUZZI, QUARTA TURMA, julgado em 15/10/2013, DJe 30/10/2013.)

AGRAVO REGIMENTAL. RECURSO ESPECIAL. DISSÍDIO JURISPRUDENCIAL.

ACÓRDÃOS PARADIGMAS. JUSTIÇA ESPECIALIZADA. INADMISSIBILIDADE. MASSA FALIDA. HABILITAÇÃO. CRÉDITO TRABALHISTA.

MULTAS E HORAS EXTRAS. CARÁTER INDENIZATÓRIO. CRÉDITO PRIORITÁRIO. INCLUSÃO. POSSIBILIDADE. NÃO PROVIMENTO.

1. "Acórdão de Tribunal Regional do Trabalho não serve para a configuração do dissídio ensejador do recurso especial, eis que prolatado por Tribunal não sujeito à jurisdição do Superior Tribunal de Justiça." (AgRg no Ag 240.492/MG, Rel. Ministro ANTÔNIO DE PÁDUA RIBEIRO, TERCEIRA TURMA, julgado em 06/06/2000, DJ 01/08/2000, p. 271).

2. "As verbas indenizatórias, como por exemplo, multas e horas extras, possuem natureza salarial e, portanto, devem ser classificadas, no processo de falência, como crédito prioritário trabalhista, sob pena de violação do art. 449, § 1º, da Consolidação das Leis Trabalhistas." (REsp 1051590/GO, Rel. Ministro SIDNEI BENETI, TERCEIRA TURMA, julgado em 08/09/2009, DJe 10/12/2009)

3. Agravo regimental a que se nega provimento."

(AgRg no REsp 1.344.635/SP, Rel. Ministra MARIA ISABEL GALLOTTI, QUARTA TURMA, julgado em 20/11/2012, DJe 28/11/2012.)

PREVIDÊNCIA PRIVADA. RECURSO ESPECIAL. PEDIDO DE EXTENSÃO AOS INATIVOS DE REAJUSTES CONCEDIDOS AOS EMPREGADOS EM ATIVIDADE. PREVISÃO NO REGULAMENTO DA ENTIDADE DE PREVIDÊNCIA. RECONHECIMENTO. INCIDÊNCIA DAS SÚMULAS 5 E 7. DISSÍDIO. ACÓRDÃOS PARADIGMAS PROFERIDOS NA JUSTIÇA DO TRABALHO E NO PRÓPRIO TRIBUNAL A QUO. IMPRESTABILIDADE. LEI COMPLEMENTAR N. 109/2001. NÃO INCIDÊNCIA. PRESCRIÇÃO. OCORRÊNCIA. SÚMULA N. 427/STJ. SUCUMBÊNCIA MÍNIMA. RECONHECIMENTO.

1. Incide a Súmula n. 284/STF, no que concerne à alegação de ofensa aos arts. 165, 458, incisos II e III, 463, inciso III, 515, § 1º e 535, inciso II, todos do Código de Processo Civil, quando o recurso somente traz lições doutrinárias e jurisprudenciais de todos conhecidas acerca da exigência de que o Judiciário se manifeste de forma fundamentada sobre os pontos relevantes ao desate da controvérsia, sem, todavia, indicar nenhum aspecto em concreto

acerca do qual não tenha havido manifestação, ou no qual tenha o julgado incorrido em contradição ou obscuridade.

2. Os acórdãos apontados como paradigmas foram proferidos pelo Tribunal Superior do Trabalho e por Tribunais Regionais do Trabalho, o que inviabiliza o conhecimento do especial, uma vez que se confrontam decisões de tribunais não sujeitos à jurisdição do STJ pela via do recurso especial. Quanto aos acórdãos apontados oriundos de julgamentos do TJRS, aplica-se a Súmula n. 13/STJ: "A divergência entre julgados do mesmo tribunal não enseja recurso especial".

3. A causa de pedir deduzida pelos autores são aumentos salariais percebidos pelos funcionários em atividade entre dezembro de 1990 e janeiro de 1991, circunstância que afasta a incidência dos artigos da Lei Complementar n. 109/2001 tidos por violados, diante da impossibilidade de se fazer retroagir lei a fatos ocorridos antes de sua vigência.

4. No caso em julgamento, não se pleiteia a extensão aos jubilados de benefícios específicos concedidos aos funcionários em atividade, mas a extensão de reajuste geral da categoria, com base no que ficou decidido em Convenção Coletiva de Trabalho, cotejando-a com o

regulamento da entidade de previdência. Nessa linha, o acórdão recorrido decidiu, com base na análise soberana de provas e do Regulamento da Entidade, que – além de haver a necessária fonte de custeio – os autores faziam jus aos reajustes concedidos aos

trabalhadores ativos, tendo sido pago, conforme apurado em perícia, percentual inferior ao que efetivamente era devido. Incidência das Súmulas n. 5 e 7.

5. "A ação de cobrança de diferenças de valores de complementação de aposentadoria prescreve em cinco anos contados da data do pagamento" (Súmula 427/STJ). Não obstante, cuidando-se de relação de trato sucessivo, a prescrição somente atinge as parcelas não pagas antes dos cinco anos imediatamente anteriores ao ajuizamento da ação, não

alcançando assim o chamado fundo de direito.

6. Havendo sucumbência mínima, cabe ao litigante que decaiu maiormente dos pedidos suportar integralmente os ônus sucumbenciais.

7. Recurso especial conhecido em parte e, na extensão, parcialmente provido para reconhecer a prescrição parcial e adequar a sucumbência."

(REsp 989.912/RS, Rel. Ministro LUIS FELIPE SALOMÃO, QUARTA TURMA, julgado em 4/10/2012, DJe 23/10/2012.)

A interposição do recurso especial exige que a divergência entre julgados se dê entre tribunais diversos e não do mesmo tribunal, conforme preconiza a Súmula 13 do S.T.J., *"a divergência entre julgados do mesmo tribunal não enseja recurso especial"*.[184] Portanto, não será objeto de recurso espe-

---

[184] No mesmo sentido era o teor da Súmula 369 do S.T.F., quando a competência dessa matéria ainda era de competência da Corte Constitucional: *Julgados do mesmo Tribunal não servem para fundamentar o recurso extraordinário por divergência jurisprudencial.*

cial a divergência entre turmas ou câmaras do mesmo tribunal, como, por exemplo, Tribunal Regional Federal da 4ª Região ou Tribunal de Justiça do Paraná.

Na realidade, quando o dispositivo constitucional estabelece que o objeto do recurso especial seja a divergência de *interpretação*, isso significa dizer que um tribunal dá à lei federal um sentido diverso daquele que foi dado por outro tribunal.

A interpretação de qualquer norma jurídica, conforme bem anota Inocêncio Mártire Coelho, *"é uma atividade intelectual que tem por finalidade precípua – 'desentranhando o seu sentido' – tornar possível a aplicação de enunciados normativos, abstratos e gerais, a situações de vida, particulares e concretas"*.[185]

Assim, se um Tribunal Regional Federal, ao interpretar um preceito legal, der um sentido diverso da que foi dado por outro tribunal, caberá o recurso especial.

Essa hipótese não se aplica no caso de confronto entre Tribunais Regionais Federais ou de Tribunais de Justiça e Turma Recursal, uma vez que turma recursal não tem natureza de tribunal.

É importante salientar que o recorrente deve indicar expressamente o dispositivo legal que tenha recebido interpretação divergente da que lhe haja atribuído outro tribunal, sob pena de se tornar incabível a interposição do recurso especial. Nesse sentido, eis os seguintes precedentes do S.T.J.:

> *I. Nos termos do art. 105, III, c, da Constituição Federal, é cabível a interposição de recurso especial, quanto o acórdão recorrido "der a lei federal interpretação divergente da que lhe haja atribuído outro tribunal".*
>
> *II. A Corte Especial do STJ consolidou o entendimento de que a ausência da indicação do dispositivo legal supostamente violado ou que tenha recebido interpretação divergente torna incabível o conhecimento do Recurso Especial, quer tenha sido interposto pela alínea "a", quer pela "c" do permissivo constitucional (STJ, AgRg no REsp 1.346.588/DF, Rel. Ministro ARNALDO ESTEVES LIMA, CORTE ESPECIAL, DJe de 17/03/2014).*

---

[185] COELHO, Inocêncio Mártires. *Interpretação constitucional*. Porto Alegre: Antonio Fabris Editor, 1997. p. 36.

III. Considera-se deficiente a fundamentação, quando o Recurso Especial suscita tese a ser apreciada pelo STJ, mas deixa de indicar o dispositivo legal violado ou que teria recebido interpretação divergente, ensejando a aplicação da Súmula 284/STF. Precedentes do STJ (AgRg no AREsp 402.492/RS, Rel. Ministro MAURO CAMPBELL MARQUES, SEGUNDA TURMA, DJe de 25/11/2013; AgRg no AREsp 416.446/RJ, Rel. Ministro NAPOLEÃO NUNES MAIA FILHO, PRIMEIRA TURMA, DJe de 03/06/2014).

IV. Agravo Regimental improvido.

(AgRg no AREsp 484.048/PB, Rel. Ministra ASSUSETE MAGALHÃES, SEGUNDA TURMA, julgado em 26/08/2014, DJe 03/09/2014).

(...).

A Corte Especial, no julgamento do REsp 1.346.588, DF, relator o Ministro Arnaldo Esteves Lima, decidiu que o reconhecimento da divergência jurisprudencial supõe no recurso especial interposto pela alínea 'c' a indicação, na respectiva petição, da norma legal em torno da qual as interpretações são discrepantes.

Espécie em que a norma legal não foi indicada no recurso especial.

Ressalva de entendimento pessoal.

Recurso especial, pela alínea 'c', não conhecido; pela alínea 'a' (CPC, art. 458, II), conhecido e desprovido.

(REsp 1432438/DF, Rel. Ministro ARI PARGENDLER, PRIMEIRA TURMA, julgado em 27/05/2014, DJe 06/06/2014).

Além do mais, para que se caracterize o dissídio, faz-se necessária a demonstração analítica da existência de posições divergentes sobre a mesma questão de direito (AgRg no Ag 512.399/RJ, Rel. Min. ELIANA CALMON, Segunda Turma, DJ 8/3/04).

Outrossim, sem a expressa indicação do dispositivo de lei federal nas razões do recurso especial, a admissão deste pela alínea "c" do permissivo constitucional importaria na aplicação, pelo S.T.J., sem a necessária mitigação, dos princípios *jura novit curia* e *da mihi factum dabo tibi ius*, impondo aos Ministros do referido Tribunal o ônus de, em primeiro lugar, de ofício, identificarem na petição recursal o dispositivo de lei federal acerca do qual supostamente houve divergência jurisprudencial. A mitigação do mencionado pressuposto de admissibilidade do recurso especial iria de encontro aos princípios da ampla defesa e do contraditório, pois criaria para a parte recorrida dificuldades em apresentar suas contrarrazões, na medida em que não lhe seria possível identificar de forma clara, precisa e com a devida antecipação qual a tese insculpida no recurso especial. (AgRg no REsp 1346588/DF, Rel. Ministro ARNALDO ESTEVES LIMA, CORTE ESPECIAL, julgado em 18/12/2013, DJe 17/03/2014)

É importante salientar que em se verificando que o acórdão recorrido deu interpretação divergente da que tenha dado outro tribunal, contrariando disposições normativas contidas na Constituição, a atribuição para analisar essa interpretação divergente é do Supremo Tribunal Federal e não do Superior Tribunal de Justiça (EDcl nos EDcl nos ERESP 579.833/BA, Rel. Min. Luiz Fux, DJ 22.10.2007, p. 182).

Sobre o tema, assim já decidiu o S.T.J.:

> (...).
>
> *II – A alegada divergência jurisprudencial não foi demonstrada nos moldes exigidos pelo artigo 255 e parágrafos do RI/STJ, visto que a agravante, além de não realizar o devido cotejo analítico, limitando-se a colacionar ementas e votos dos julgados, deixando de mencionar as circunstâncias que identifiquem ou assemelhem os casos confrontados, deixou de explicitar sobre qual norma infraconstitucional teria ocorrido a dissidência interpretativa, conforme exigido pelo art. 105, inciso III, alínea "c", da Carta Magna: der a lei federal interpretação divergente a que lhe haja atribuído outro Tribunal. Incide, à espécie, o enunciado sumular nº 284 do STF. Precedentes: AgRg no REsp nº 781.422/DF, Rel. Min. HÉLIO QUAGLIA BARBOSA, DJ de 1/8/2006; AgRg no Ag nº 702.783/SP, Rel. Min. DENISE ARRUDA, DJ de 1/2/2006; REsp nº 533.766/RS, Rel. Min. TEORI ALBINO ZAVASCKI, DJ de 16/5/2005 e REsp nº 564.972/SC, Rel. Min. HAMILTON CARVALHIDO, DJ de 13/12/2004.*
>
> *III – Agravo regimental a que se nega provimento.*
>
> (AgRg no AREsp 83.349/RJ, Rel. Ministro FRANCISCO FALCÃO, PRIMEIRA TURMA, julgado em 17/04/2012, DJe 07/05/2012)
>
> *Rodolfo Mancuso desdobra a alínea 'c' do art. 105, III, da CF., nos seguintes aspectos relevantes: "a) O acórdão 'divergente', 'recorrido' (= do Tribunal 'a quo'), e o divergido, 'paradigma', trazido à colação, há que se referir à exegese de um 'mesmo' texto de lei federal, dando-se à expressão 'lei federal' a conotação larga.... Corolariamente, o recurso não será admitido se os textos em confronto forem diversos, porque então nem se poderá falar numa 'questão federal'; b) se a divergência envolver o mesmo texto, mas sua origem não for 'federal', e, sim 'local', fica afastada a incidência do recurso especial que, desenganadamente, é recurso próprio de 'Tribunal da Federação"...; c) igualmente não se dá o recurso especial se a divergência jurisprudencial alegada não é mais de atualidade... Nesse sentido, a Súmula STJ 83: 'não se conhece do recurso especial*

pela divergência, quando a orientação do Tribunal se firmou no mesmo sentido da decisão recorrida... Conforme diz Vicente Greco Filho: 'Não se trata de problema ligado à antiguidade da decisão. Esta pode ter sido proferida há muitos anos e será adequada para o confronto se se referir ao mesmo texto legal. O que não se admite é a utilização de jurisprudência ultrapassada, quando o tema já foi interpretado de maneira diferente no próprio Tribunal, no Supremo Tribunal ou no Superior Tribunal de Justiça...; d) também é incabível o recurso especial por essa alínea 'c' do art. 105, III, da CF, quando a divergência trazida à colação se estabeleceu entre os órgãos fracionários do próprio Tribunal 'a quo'. É que não se trata de incidente voltado à uniformização da jurisprudência, nem de embargos de divergência, destinados à superação da divergência 'interna' de uma Corte, e sim de um instrumento para uniformização do direito federal comum, 'ao nível nacional'...; e) de todo modo, o julgado divergente, emanado do Tribunal ' a quo', há que ser 'final': ou porque já se esgotaram as possibilidades de impugnação....; ou porque se trata de acórdão em causa de competência originária desse Tribunal...; f) era exigível para o recurso extraordinário, pela alínea 'd' do art. 119, III, da CF precedente, e continua a sê-lo para o recurso especial pela letra ora comentada, a 'demonstração analítica' da divergência jurisprudencial...Disso trata a Súmula 291 do STF, exigindo, para a 'prova do dissídio jurisprudencial' (que se faz por certidões ou indicações dos repertórios autorizados".[186]

---

[186] MANCUSO, R., op. cit., p. 312 a 319.

10.
Requisitos da petição do recurso extraordinário e especial

O recurso extraordinário e o recurso especial, nos termos do art. 1.029 do atual C.P.C., serão interpostos por meio de petição distinta perante o presidente ou o vice-presidente do tribunal recorrido e não em face do órgão fracionário de que emane o acórdão ou a decisão recorrida.

São requisitos da petição *distinta* para interposição do Recurso Extraordinário ou do Recurso Especial:

10.1. Exposição do fato

O recurso extraordinário e o recurso especial somente podem fundar-se na perspectiva de que uma norma jurídica (constitucional ou infraconstitucional) não foi aplicada ou não foi corretamente aplicada em face de um caso concreto.

Aliás, em relação ao recurso de revista no direito alemão, o §545 do Código de Processo Civil alemão estabelece que o recurso de revista somente pode ser interposto se a decisão se funda sobre violação do direito. Por sua vez, o §546 do mesmo diploma aduz que o direito se considera violado se uma norma jurídica não foi aplicada ou não foi aplicada corretamente.

Por sua vez, *"a norma jurídica não é corretamente aplicada se o tribunal incorre em erro na apreciação jurídica da situação de facto previamente constatada, ou seja, na resposta à questão de direito"*.[187]

---

[187] Larenz, K., op. cit., p. 436.

O recurso extraordinário e o recurso especial não avaliam matéria de fato, mas somente matéria de direito.

É pacífica a orientação dos tribunais superiores sobre a não possibilidade de o recurso especial ou extraordinário proceder ao reexame de prova.

A pretensão de simples reexame de prova não pode ser objeto de recurso especial, nos termos da Súmula 7 do S.T.J.: *"A pretensão de simples reexame de prova não enseja recurso especial.*

Também não caberá recurso especial para simples interpretação de cláusula contratual, nos termos da Súmula n. 5 do S.T.J.: *"A simples interpretação de cláusula contratual não enseja recurso especial"*.

Sobre o tema, eis os seguintes precedentes do S.T.J.:

> (...).
>
> *3. A análise dos fatos ocorridos, a fim de demover a conclusão de que o caso em apreço enquadra-se como acidente do trabalho, demandaria inevitável o reexame de matéria fática, procedimento que encontra óbice no verbete 7 da Súmula desta Corte.*
>
> *4. Agravo regimental a que se nega provimento.*
>
> (AgRg no Resp 1288361/SP, Rel. Ministra MARIA ISABEL GALLOTTI, QUARTA TURMA, julgado em 04/04/2013, DJe 15/04/2013)

No mesmo sentido estabelece a Súmula 279 do S.T.F.: *"Para simples reexame de prova não cabe recurso extraordinário"*

Sobre o tema eis o seguinte precedente do S.T.F.:

> *– Não cabe recurso extraordinário, quando interposto com o objetivo de discutir questões de fato ou de examinar matéria de caráter probatório.* (RE 728822 AgR, Relator(a): Min. CELSO DE MELLO, Segunda Turma, julgado em 09/04/2013, ACÓRDÃO ELETRÔNICO DJe-078 DIVULG 25-04-2013 PUBLIC 26-04-2013)

Evidentemente, quando o inc. I do art. 1.029 do novo C.P.C. brasileiro menciona a indicação ou exposição dos fatos, como requisito da petição do recurso especial ou extraordinário, isso não significa dizer que o tribunal superior deverá promover um reexame desses fatos, mas, sim, que o tribunal superior irá proceder a uma interpretação da norma jurídica com base nos fatos já consolidados pelos órgãos jurisdicionais anteriores.

Essa interpretação dos fatos feita pelo tribunal superior tem por objetivo verificar se esses fatos estão em consonância ou não com o conteúdo normativo constitucional que legitima a interposição do recurso especial ou extraordinário.

A importância de exposição dos fatos na petição de interposição do recurso extraordinário ou especial decorre da necessidade de uma avaliação pelo S.T.F. ou pelo S.T.J. do enquadramento jurídico dos fatos em relação à norma jurídica, mantendo-se de certa forma a perspectiva tridimensional do direito, ou seja, a conjunção entre fato, valor e norma.

Conforme já teve oportunidade da afirmar Inocêncio Mártires Coelho, professor da Faculdade de Direito da Universidade de Brasília, *"é somente graças ao trabalho hermenêutico de ajustamento entre normas e fatos – tarefa em que se fundem, necessária e inseparavelmente, a compreensão, a interpretação e a aplicação dos modelos jurídicos –, que se põe em movimento o processo de ordenação jurídico-normativa da vida social, posto que é precisamente no ato e no momento da interpretação-aplicação que o juiz desempenha o papel de agente redutor da distância entre a generalidade da norma e a singularidade do caso concreto"*.[188]

Essa é justamente a razão pela qual Hans-Georg Gadamer chega a afirmar que *"compreender é sempre também aplicar"*; *"a tarefa da interpretação consiste em concretizar a lei em cada caso, isto é, na sua aplicação"*; *"a aplicação não é uma etapa derradeira e eventual do fenômeno da compreensão, mas um elemento que a determina desde o princípio no seu conjunto"*.[189]

Quando se trata de demanda que visa à análise de caso concreto, toda questão jurídica ou normativa nela delineada está vinculada a uma questão de fato, conjunção inseparável; se assim não fosse, estar-se-ia analisando a lei em tese, competência das demandas de natureza abstrata ou concentrada. E para a avaliação da *lei em tese*, não se presta o recurso especial ou extraordinário, mas, sim, as demandas concentradas de constitucionalidade ou inconstitucionalidade.

Portanto, o Supremo Tribunal Federal ou o Superior Tribunal de Justiça, ao exercerem sua função jurisdicional no âmbito do recurso extraordinário ou do recurso especial, fazem-no mediante uma atividade hermenêutica – consubstanciada nas expressões – *dado e construído* – *"a*

---

[188] MENDES, Gilmar. Prefácio à obra de COELHO, Inocêncio Mártires. *Interpretação constitucional*. Porto Alegre: Sergio Antonio Fabris Editor, 1997. p. 12.
[189] Apud, Gilmar Mendes, idem, p. 13.

significar precisamente os dois termos ou momentos do afazer interpretativo: diante da realidade (fática) que lhe é dada – nesta compreendido, inclusive, o universo normativo de que dispõe para decidir o caso concreto –,o aplicador do direito 'constrói' a norma de decisão concreta ou a norma do caso, embora se afirme usualmente, que ele apenas 'aplica' o direito à espécie".[190]

Na realidade, o problema fundamental para *"o aplicar"* do direito não diz respeito à distância temporal, mas à distância material entre a necessária *generalidade* da norma e a *singularidade* do caso concreto. Diante dessa distância material, *"o trabalho do interprete apresenta-se não apenas como uma tarefa de 'desocultamento' de significados que, até certo ponto, permanecem ocultos, mas também como uma tentativa de conciliação, de mediação e de superação daquela distância maior, que estrema o geral e o particular, o abstrato e o concreto".*[191]

Assim, a extensão da pauta ou a determinação do conteúdo jurídico só se revelam, efetivamente, na solução de casos concretos, ou seja, numa conjunção entre o fato e a norma jurídica.

Daí por que o reconhecimento do caráter nomogenético dos fatos sociais, *"enquanto fatores determinantes da criação dos modelos jurídicos, sejam eles modelos legislativos ou costumeiros, negociais ou jurisdicionais".*[192]

10.2. Exposição do direito

A petição do recurso especial ou extraordinário também deverá expor o direito que será objeto do recurso, em consonância com as hipóteses constitucionais que legitimam a interposição dessa espécie recursal.

É justamente a análise da interpretação da norma constitucional ou infraconstitucional que legitima a interposição do recurso extraordinário ou especial.

Em relação ao recurso extraordinário, a exposição do direito significa: a) indicar na petição do recurso qual dispositivo da Constituição Federal foi contrariado pela decisão recorrida; b) com base na Constituição Federal, indicar na petição do recurso por que a decisão recorrida não poderia ter declarado a inconstitucionalidade de tratado ou de lei federal; c)

---

[190] COELHO, Inocêncio Mártires. *Interpretação constitucional.* Porto Alegre: Sergio Antonio Fabris Editor, 1997. p. 22.
[191] COELHO, I. M., idem, p. 36.
[192] COELHO, I.M., idem, p. 37.

demonstrar na petição do recurso o erro normativo jurídico da decisão recorrida que julgou válida lei ou ato de governo local contestado em face da Constituição Federal; d) indicar na petição do recurso qual normatização jurídica não foi observada pela decisão recorrida ao julgar válida lei local contestada em face de lei federal.

Em relação ao recurso especial, a exposição do direito significa: a) indicar na petição recursal por qual motivo o julgado contrariou tratado ou lei federal, ou negou-lhes vigência; b) indicar na petição de recurso por qual motivo a decisão recorrida não agiu corretamente ao julgar válido ato de governo local contestado em face de lei federal; c) indicar na petição de recurso o erro cometido na decisão recorrida ao dar à lei federal interpretação divergente da que lhe haja atribuído outro tribunal.

Poder-se-á inserir como exposição do direito que justifica o recurso especial a violação às regras do direito probatório, sejam elas de ordem processual (C.P.C.) ou material (C.C.b.), especialmente as questões de valoração e admissibilidade de prova.

Conforme já teve oportunidade de afirmar Athos Gusmão Carneiro: *"a questão da valorização da prova, no entanto, exsurge como questão de direito, capaz de propiciar a admissão do apelo extremo"*.[193]

Sobre o tema, eis os seguintes precedentes do S.T.J.:

> *Se o tribunal a quo aplica mal ou deixa de aplicar norma legal atinente ao valor da prova, incorre em erro de Direito, sujeito ao crivo do recurso especial; tem-se um juízo acerca da valoração da prova, quando, por exemplo, se discute a propósito da validade de contrato de compra e venda de imóvel ajustado verbalmente.*
>
> *O que, todavia, a instância ordinária percebe como fatos da causa (ainda que equivocadamente) resulta da avaliação da prova, que não pode ser refeita no julgamento do recurso especial.*
>
> *Espécie em que a reforma do julgado demanda a reavaliação da prova, inviável nesta instância.*
>
> *Agravo regimental desprovido.*
>
> (AgRg no AREsp 117.059/PR, Rel. Ministro ARI PARGENDLER, PRIMEIRA TURMA, julgado em 11/04/2013, DJe 19/04/2013)

---

[193] CARNEIRO, Athos Gusmão. Requisitos específicos de admissibilidade de recurso especial. In: *Aspectos polêmicos e atuais dos recursos cíveis de acordo com a Lei 9.756/98*. São Paulo: Revista dos Tribunais, 1999. p. 105.

1. A pretensão do agravante não é a revaloração das provas, e sim a análise do seu conteúdo, sendo correta a aplicação da Súmula 7/STJ.

2. Valorar juridicamente a prova é aferir se, diante da legislação pertinente, um determinado meio probatório é apto para provar algum fato, ato, negócio ou relação jurídica.

3. No caso concreto, não se debate se determinado tipo de prova pode ser juridicamente utilizado como meio probatório para dar suporte a uma condenação criminal. O que se pretende é que esta Corte verifique se o conjunto probatório seria apto para afastar a condenação. Isso não é valoração jurídica da prova, mas reexame do acervo de provas, vedado pelo verbete sumular.

4. Se diversas as situações de fato avaliadas pelo acórdão recorrido, não se configura a divergência jurisprudencial, em razão da ausência de similitude fática.

5. Agravo regimental improvido.

(AgRg no AgRg no AREsp 283.270/BA, Rel. Ministro SEBASTIÃO REIS JÚNIOR, SEXTA TURMA, julgado em 04/04/2013, DJe 17/04/2013).

Também é possível pensar-se na interposição do recurso extraordinário nas hipóteses em que o tribunal aceita como meio de prova a denominada prova ilícita. Nesse sentido, são os seguintes precedentes do S.T.F.:

Criminal. Conversa telefônica. Gravação clandestina, feita por um dos interlocutores, sem conhecimento do outro. Juntada da transcrição em inquérito policial, onde o interlocutor requerente era investigado ou tido por suspeito. Admissibilidade. Fonte lícita de prova. Inexistência de interceptação, objeto de vedação constitucional. Ausência de causa legal de sigilo ou de reserva da conversação. Meio, ademais, de prova da alegada inocência de quem a gravou. Improvimento ao recurso. Inexistência de ofensa ao art. 5º, incs. X, XII e LVI, da CF. Precedentes. Como gravação meramente clandestina, que se não confunde com interceptação, objeto de vedação constitucional, é lícita a prova consistente no teor de gravação de conversa telefônica realizada por um dos interlocutores, sem conhecimento do outro, se não há causa legal específica de sigilo nem de reserva da conversação, sobretudo quando se predestine a fazer prova, em juízo ou inquérito, a favor de quem a gravou.

(RE 402717, Relator(a): Min. CEZAR PELUSO, Segunda Turma, julgado em 02/12/2008, DJe-030 DIVULG 12-02-2009 PUBLIC 13-02-2009 EMENT VOL-02348-04 PP-00650 RTJ VOL-00208-02 PP-00839 RT v. 98, n. 884, 2009, p. 507-515).

Prova. Gravação ambiental. Realização por um dos interlocutores sem conhecimento do outro. Validade. Jurisprudência reafirmada. Repercussão geral reconhecida. Recurso extraordinário provido. Aplicação do art. 543-B, § 3º, do CPC. É lícita a prova consistente em gravação ambiental realizada por um dos interlocutores sem conhecimento do outro.

(RE 583937 QO-RG, Relator(a): Min. CEZAR PELUSO, julgado em 19/11/2009, REPERCUSSÃO GERAL – MÉRITO DJe-237 DIVULG 17-12-2009 PUBLIC 18-12-2009 EMENT VOL-02387-10 PP-01741 RTJ VOL-00220- PP-00589 RJSP v. 58, n. 393, 2010, p. 181-194)

Porém, a Primeira Turma do Supremo Tribunal Federal negou provimento a agravo regimental interposto pelo Ministério Púbico Federal (MPF) contra decisão do Ministro Luís Roberto Barroso que negou seguimento ao Recurso Extraordinário com Agravo (ARE) 676280, em que o Ministério Público Federal questionava decisão do Superior Tribunal de Justiça (STJ) que anulou o recebimento de denúncia contra Pietro Francesco, Giavina Bianchi, Darcio Brunato e Fernando Dias Gomes, ex-diretores da Construtora Camargo Corrêa. A Turma confirmou a decisão monocrática, na qual o Ministro Barroso aplicou a Súmula 279 do STF, que veda o reexame de provas.

Bianchi, Brunato e Gomes foram denunciados pelo MPF por crimes contra o sistema financeiro, a partir de investigações no âmbito da operação Castelo de Areia. A 6ª Turma do Superior Tribunal de Justiça, porém, anulou o recebimento da denúncia com base na nulidade da quebra do sigilo de dados telefônicos realizada no início da investigação, deflagrada a partir de denúncia anônima. Segundo o STJ, a denúncia anônima pode originar procedimentos de apuração de crime, "desde que empreendidas investigações preliminares e respeitados os limites impostos pelos direitos fundamentais do cidadão", sendo imprópria a adoção de medidas coercitivas "absolutamente genéricas e invasivas à intimidade" baseadas exclusivamente nesse elemento.

No recurso ao STF, o MP sustentou que a quebra do sigilo se apoiou tanto na delação anônima quanto em investigações preliminares da Polícia Federal em São Paulo. Tratando-se de premissa diferente da adotada pelo STJ, o ministro Barroso assinalou que o acolhimento da pretensão dependeria do reexame do conjunto fático-probatório dos autos, inviável em sede de recurso extraordinário (Súmula 279).

O relator destacou ainda que, de acordo com os autos, as alegadas investigações preliminares, baseadas no compartilhamento de delação premiada no âmbito de outra operação (operação *Downtown*) ocorreram seis meses depois da quebra do sigilo, e, segundo o STJ, houve "um desacerto entre os motivos inicialmente postos e a verdade da persecução, trazendo, como consequência, infeliz confusão de institutos". A discussão desse tópico exigiria a análise da legislação infraconstitucional pertinente, e, como assinalou o ministro Barroso, a jurisprudência do STF "afasta o cabimento de recurso extraordinário para o questionamento de alegadas violações à legislação infraconstitucional sem que se discuta seu sentido à luz da Constituição".

A doutrina apresenta diversas hipóteses em que se admite o controle, por recurso especial ou extraordinário, da aplicação de regras de direito probatório: a) ilicitude da prova; b) qualidade da prova necessária para a validade do ato jurídico; c) uso de certo procedimento; d) objeto da convicção; e) convicção suficiente diante da lei processual; f) direito material; h) ônus da prova; i) idoneidade das regras de experiência e das presunções.[194]

Entendem Eduardo Cambi e Paulo Nalim que é possível o controle de recurso especial sobre a aplicação de *conceitos jurídicos indeterminados* e de *cláusulas gerais*.[195]

Sobre o denominado conceito *vago*, anotam Fredie Didier Jr. e Leonardo José Carneiro da Cunha: *"A distinção entre cláusula geral e conceito jurídico indeterminado é bem sutil; ambos pertencem ao gênero 'conceito vago'. No conceito jurídico indeterminado, o legislador não confere ao juiz competência para criar o efeito jurídico do fato cuja hipótese de incidência é composta por termos indeterminados; na cláusula geral, além da hipótese de incidência ser composta por termos indeterminados, é conferida ao magistrado a tarefa de criar o efeito jurídico decorrente da verificação da ocorrência daquela hipótese normativa. É como explica Rodrigues Mazzei: 'Havendo identidade quanto à vagueza legislativa intencional, determinando que o Judiciário faça a devida integração sobre a moldura fixada, a cláusula geral demandará do julgador mais esforço intelectual. Isso porque, em tal espécie legislativa, o magistrado, (1) além de preencher o vácuo que corresponde*

---

[194] MARINONI, Luiz Guilherme; ARENHART, Sérgio Cruz. *Comentários ao código de processo civil*. 2. ed. Tomo 1. São Paulo: Ed. Revista dos Tribunais, 2005. p. 320.
[195] CAMBI, Eduardo; NALIN, Paulo. O controle da boa-fé contratual por meio de recurso de estrito sentido. *IN: Aspectos polêmicos e atuais dos recursos cíveis e de outros meios de impugnação às decisões judiciais*. Teresa Wambier e Nelson Nery Jr. (coord.). São Paulo: Editora Revista dos Tribunais, 2003. p. 95.

uma abstração (indeterminação proposital) no conteúdo da norma, é (2) compelido também a fixar a conseqüência jurídica correlata e respectiva ao preenchimento anterior. No conceito jurídico indeterminado, o labor é mais reduzido, pois, como simples enunciação abstrata, o julgador, após efetuar o preenchimento valorativo, já estará apto a julgar de acordo com a consequência previamente estipulada em texto legal...

Eis a razão de o STJ ter enunciados consolidados em sua súmula da jurisprudência predominante sobre o que seja 'prova escrita' (conceito indeterminado) apta a ensejar ação monitória: n. 247: 'O contrato de abertura de crédito em conta-corrente, acompanhado do demonstrativo de débito, constitui documento hábil para o ajuizamento da ação monitória'; n. 299: 'É admissível a ação monitória fundada em cheque prescrito'. É por isso, também, que o STJ vem examinando o que seja 'móveis que guarnecem a casa' para fim de caracterização do que seja 'bem de família' (art. 1º, p.u. da Lei n. 8.009/1990) e o que seja 'preço vil' (art. 692 do CPC de 1973)".[196]

10.3. Demonstração do cabimento do recurso interposto

10.3.1. Prequestionamento

Deverá o recorrente demonstrar que o recurso extraordinário ou especial interposto apresenta todos os requisitos exigidos pelas normas jurídicas, especialmente os requisitos do art. 102 e 105 da C.F. de 1988.

Em relação ao recurso extraordinário, é necessário demonstrar a existência de *repercussão geral.*

Também é necessário demonstrar, tanto para o recurso especial como para o recurso extraordinário, a existência de *prequestionamento*, ou seja, que a questão constitucional ou de lei federal tenha sido suscitada na instância inferior.[197]

Aliás, antes de ser promulgada a primeira Constituição republicana brasileira (1891), o Decreto 510 de 1890, do Governo Provisório, em seu art. 59, §1º, já estabelecia alguns pressupostos para que se pudesse viabilizar recurso ao S.T.F. em relação às sentenças da justiça dos Estados, proferidas em última instância, havendo uma previsão *implícita* do *pre-*

---

[196] DIDIER JR., F.; CUNHA, L.J.C., op. cit., p. 220 e 221.
[197] MEDINA, José Miguel Garcia. *O prequestionamento nos recursos extraordinário e especial.* São Paulo: Ed. Revista dos Tribunais, 1998, p. 159 a 166.

questionamento, que até o presente momento segue atual, tanto no STF (Súmulas 282 e 356) como no STJ (Súmulas 98 e 211).[198]

Há o *prequestionamento* quando consta do acórdão impugnado entendimento explícito a respeito da matéria de lei federal ou constitucional.

Prequestionar significa suscitar a questão de ordem constitucional ou infraconstitucional em momento processual oportuno, e antes da interposição do recurso extraordinário ou especial

Nesse sentido é o seguinte precedente:

> *Recurso – prequestionamento – configuração.* Tem-se como configurado o prequestionamento da matéria veiculada no recurso quando consta, do acórdão impugnado, a adoção de entendimento explicito a respeito. Viabilizado o cotejo indispensável a que se diga da transgressão, ou não, ao preceito cuja supremacia almeja-se preservar mediante a via recursal, conclui-se pela observância ao citado pressuposto de recorribilidade, no que inerente aos extraordinários. Isto ocorre quando arguidos nas razões o concurso do direito adquirido e a inaplicabilidade de certo limite referente aos proventos e o acórdão consigna o debate e a decisão prévios dos temas.
>
> (...).
>
> (RE 104899, Relator(a): Min. ALDIR PASSARINHO, Relator(a) p/ Acórdão: Min. MARCO AURÉLIO, Segunda Turma, julgado em 30/06/1992, DJ 18-09-1992 PP-15410 EMENT VOL-01676-02 PP-00263 RTJ VOL-00144-01 PP-00300)

Sobre o *prequestionamento* foram expedidos alguns enunciados de súmula do S.T.F. e do S.T.J., a saber:

Súmulas do S.T.F.:

Súmula 317: *"São improcedentes os embargos declaratórios quando não pedida a declaração do julgado anterior, em que se verificou a omissão".*

Súmula 356: *"O ponto omisso da decisão, sobre o qual não fora. opostos embargos declaratórios, não pode ser objeto de recurso extraordinário, por faltar o requisito do prequestionamento".*

---

[198] Mancuso, R., op. cit., p. 68.

Súmulas do S.T.J.:

Súmula 98: *"Embargos de declaração manifestados com notório propósito de prequestionamento não têm caráter protelatório".*

Súmula 211: *"Inadmissível recurso especial quanto à questão que, a despeito de oposição de embargos declaratórios, não foi apreciada pelo tribunal 'a quo'".*

Súmula 320: *"A questão federal somente ventilada no voto vencido não atende ao requisito do prequestionamento".*

Verifica-se que algumas dessas súmulas não terão mais validade e eficácia em razão da nova normatização trazida pelo atual C.P.C. brasilerio.

10.3.1.1. Prequestionamento expresso e implícito

O momento oportuno para que a parte introduza a matéria constitucional ou infraconstitucional ocorre, normalmente, com a petição de recurso de apelação apresentada nos tribunais inferiores.

Articulada a matéria constitucional ou infraconstitucional pela parte recorrente, deverá o respectivo tribunal manifestar-se sobre a matéria suscitada, suprindo-se dessa forma o requisito legal para eventual interposição de recurso especial ou extraordinário.

Assim, diante *da introdução da questão constitucional ou infraconstitucional* pela parte recorrente conjugada pela análise concreta do tribunal sobre a matéria, abrem-se as portas normativas para a interposição do recurso extraordinário ou do recurso especial.

Essa questão foi bem delineada pelo Ministro Celso de Mello, em voto proferido no Ag. Reg. no Recurso Extraordinário com Agravo n. 788.842/DF, a saber:

> (...).
>
> *Com efeito, tal como ressaltado na decisão ora agravada, o Distrito Federal sustenta que o acórdão por ele impugnado em sede recursal extraordinária teria transgredido os preceitos inscritos no art. 8º, III, no art. 24, XII, e no art. 40, § 4º, III, todos da Constituição Federal.*
>
> **Cabe referir, desde logo, que o tema concernente à alegada ofensa ao preceito inscrito no art. 24, XII da Constituição não se acha devidamente prequestionado.**
>
> *E, como se sabe, ausente o indispensável prequestionamento da matéria constitucional, que não se admite implícito (RTJ 125/1368 – RTJ 131/1391 – RTJ 144/300 – RTJ 153/989), incidem as Súmulas 282 e 356 desta Corte (RTJ 159/977).*

Não ventilada, no acórdão recorrido, a matéria constitucional suscitada pelo recorrente, deixa de configurar-se, tecnicamente, o prequestionamento do tema, necessário ao conhecimento do recurso extraordinário.

A configuração jurídica do prequestionamento – que traduz elemento indispensável ao conhecimento do recurso extraordinário –decorre da oportuna formulação, em momento procedimentalmente adequado, do tema de direito constitucional positivo.

Mais do que a satisfação dessa exigência, impõe-se que a matéria questionada tenha sido explicitamente ventilada na decisão recorrida (RTJ 98/754 – RTJ 116/451).

Sem o cumulativo atendimento desses pressupostos, além de outros igualmente imprescindíveis, não se viabiliza o acesso à via recursal extraordinária, consoante tem proclamado a jurisprudência do Supremo Tribunal Federal (RTJ 159/977).

Configura-se *prequestionamento expresso* a conjugação desses dois pressupostos: a) introdução da matéria jurídica pela parte recorrente (salvo quando em relação ao conhecimento de *ofício);* b) manifestação expressa sobre a questão pelo respectivo tribunal.

Faltando qualquer desses requisitos, está-se diante do denominado *prequestionamento implícito.*

Assim, para que se tenha por prequestionada determinada matéria, não é necessária a citação *ipsis litteris* do artigo normativo, mas é imprescindível que a questão tenha sido objeto de debate, à luz da Constituição ou da legislação federal, com inequívoca manifestação pelo tribunal de origem, que deverá emitir juízo de valor acerca dos dispositivos normativos.

Porém, ao mesmo tempo em que há o prequestionamente explícito, há, igualmente, o prequestionamento *implícito.*

Pode-se subdivir o prequestionamento *implícito* em dois seguementos, a saber:

a) Para o primeiro segmento, considera-se prequestionamento *implícito,* quando as questões debatidas no recurso tenham sido decididas no acórdão recorrido, sem a explícita indicação dos dispositivos de lei. Nesse sentido são os seguintes precedentes do S.T.J.:

AGRAVO REGIMENTAL NO AGRAVO DE INSTRUMENTO. FUNDAMENTOS INSUFICIENTES PARA REFORMAR A DECISÃO AGRAVADA.

PREQUESTIONAMENTO IMPLÍCITO. NÃO-OCORRÊNCIA. EMBARGOS À EXECUÇÃO. EXCEÇÃO DE INCOMPETÊNCIA. PRAZO. NÃO-SUSPENSÃO. DISSÍDIO. AUSÊNCIA DE DEMONSTRAÇÃO E COMPROVAÇÃO.
(...) 2. O chamado prequestionamento implícito ocorre quando as questões debatidas no recurso especial tenham sido decididas no acórdão recorrido, sem a explícita indicação dos dispositivos de lei. No entanto, torna-se inviável acatar o argumento de prequestionamento implícito quando a legislação federal indicada nas razões de recurso especial não faz parte da fundamentação do acórdão recorrido. (...) 5. Agravo regimental a que se nega provimento."

(AgRg no Ag 1.221.951/MT, Rel. Ministro VASCO DELLA GIUSTINA – DESEMBARGADOR CONVOCADO DO TJ/RS –, TERCEIRA TURMA, julgado em 14/4/2011, DJe de 25/4/2011, grifou-se)

PROCESSO CIVIL. AGRAVO REGIMENTAL. CUMPRIMENTO DE SENTENÇA. EMPRESA PÚBLICA MUNICIPAL. BENS SUJEITOS À PENHORA. ACÓRDÃO RECORRIDO. VIOLAÇÃO DO ART. 730 DO CPC. AUSÊNCIA DE PREQUESTIONAMENTO. INCIDÊNCIA DAS SÚMULAS 211/STJ E 356/STF. ALEGADO PREQUESTIONAMENTO IMPLÍCITO. NÃO DEMONSTRADO. 1. A falta de prequestionamento das matérias suscitada no recurso especial – ofensa ao art. 730 do CPC – impede o conhecimento do recurso especial por incidência do teor das Súmulas 282 e 356/STF. 2. Nos termos da reiterada jurisprudência desta Corte, para que se tenha por prequestionada determinada matéria é necessário que a questão tenha sido objeto de debate, à luz da legislação federal indicada, com a imprescindível manifestação pelo Tribunal de origem, o qual deverá emitir juízo de valor acerca dos dispositivos legais, ao decidir pela sua aplicação ou seu afastamento em relação a cada caso concreto. 3. Somente ocorre o prequestionamento implícito quando o seu conteúdo tenha sido discutido pelo Tribunal de origem e pode-se inferir qual o dispositivo legal vulnerado pelo acórdão recorrido. 4. Agravo regimental não provido."

(AgRg no Ag 1.211.572/SE, Rel. Ministro CASTRO MEIRA, SEGUNDA TURMA, julgado em 24/11/2009, DJe de 2/12/2009).

b) Para a segunda concepção, considera-se *prequestionamento implícito* a introdução expressa pela parte recorrente de matéria constitucional ou infraconstitucional em momento oportuno sem que o respectivo tribunal, em sua decisão, sobre ela se pronuncie. Em não havendo manifestação expressa do respectivo tribunal, deve a parte ingressar com embargos de declaração, forçando a apreciação da matéria constitucional ou infra-

constitucional. Nesse sentido é o teor do voto do Ministro Dias Toffoli, no
Ag. Reg. no Recurso Extraordinário n. 383.700/PR:

> (...).
>
> *Conforme consignado na decisão agravada, a matéria contida no art. 114, inciso VIII, da Constituição, a qual já foi apreciada pelo Plenário da Corte no RE nº 596.056 não foi explicitamente objeto de debate e decisão prévios, carecendo, portanto, do necessário prequestionamento.* **Tampouco foram opostos embargos de declaração com o fim de forçar o Tribunal a versar inequivocamente sobre a questão constitucional contida no referido dispositivo constitucional.** *Incidência das Súmulas 282 e 356/STF. Verifico, ainda, que esta Corte Suprema não admite a tese do chamado prequestionamento implícito, sendo certo que, caso a questão constitucional não tenha sido apreciada pelo Tribunal a quo, é necessária e indispensável a oposição de embargos de declaração, os quais devem trazer a discussão da matéria a ser prequestionada, a fim de possibilitar ao Tribunal de origem a apreciação do ponto sob o ângulo constitucional, sob pena de se inviabilizar o conhecimento do recurso extraordinário.*

Não se considera prequestionamento expresso ou mesmo implícito a arguição da matéria constitucional ou infraconstitucional em momento *inoportuno*, como no caso de a arguição da matéria ter ocorrido somente por ocasião dos embargos de declaração. Nesse sentido é o teor do voto proferido pela Ministra Cármen Lúcia no Ag. Reg. no Recurso Extraordinário com Agravo n. 842.489/SP:

> (...).
>
> *2. Como afirmado na decisão agravada, a inovação da matéria em embargos de declaração é juridicamente inaceitável para os fins de comprovação de prequestionamento. Primeiramente, porque, se não se questionou antes (prequestionou), não há cogitar da situação a ser provida por meio dos embargos. Em segundo lugar, se não houve prequestionamento da matéria, não houve omissão do órgão julgador, motivo pelo qual não prosperam os embargos pela ausência de condição processual. Assim, os embargos declaratórios não servem para suprir a omissão da parte que não tenha providenciado o necessário questionamento em momento processual próprio:*
>
> "EMENTA: AGRAVO REGIMENTAL NO RECURSO EXTRAORDINÁRIO COM AGRAVO. PROCESSUAL PENAL. AUSÊNCIA DE PREQUESTIONAMENTO DA MATÉRIA CONSTITUCIONAL. INCIDÊNCIA DA SÚMULA N. 282 DO SUPREMO TRIBUNAL FEDERAL. **O CUM-**

PRIMENTO DO REQUISITO DO PREQUESTIONAMENTO DÁ-SE QUANDO OPORTUNAMENTE SUSCITADA A MATÉRIA CONSTITUCIONAL, O QUE OCORRE EM MOMENTO PROCESSUAL ADEQUADO, NOS TERMOS DA LEGISLAÇÃO VIGENTE. A INOVAÇÃO DA MATÉRIA EM EMBARGOS DE DECLARAÇÃO É JURIDICAMENTE INACEITÁVEL PARA OS FINS DE COMPROVAÇÃO DE PREQUESTIONAMENTO. PRECEDENTES. EMBRIAGUEZ AO VOLANTE. ART. 306 DO CÓDIGO DE TRÂNSITO BRASILEIRO ALTERADO PELA LEI N. 12.760/2012: INOCORRÊNCIA DE ABOLITIO CRIMINIS. HABEAS CORPUS DE OFÍCIO: INVIABILIDADE. AGRAVO REGIMENTAL AO QUAL SE NEGA PROVIMENTO" (ARE 807.562-AgR, de minha relatoria, Segunda Turma, DJe 13.6.2014).

"AGRAVO REGIMENTAL NO AGRAVO DE INSTRUMENTO. MATÉRIA CRIMINAL. FUNDAMENTAÇÃO DEFICIENTE. OFENSA AO ART. 93, IX, DA CONSTITUIÇÃO FEDERAL. NECESSIDADE DE APRECIAÇÃO DOS FATOS E DAS PROVAS DA CAUSA. AUSÊNCIA DE PREQUESTIONAMENTO. INOVAÇÃO EM EMBARGOS DE DECLARAÇÃO. IMPOSSIBILIDADE.

1. *Decisão fundamentada, embora contrária aos interesses da parte, não configura negativa de prestação jurisdicional. Precedentes.*

2. *O Recurso Extraordinário não é cabível nos casos em que se impõe o reexame do quadro fático probatório para apreciar a apontada ofensa à Constituição Federal. Incidência da Súmula STF 279.*

3. **Inviável a inovação da matéria em embargos de declaração para fins de comprovação do prequestionamento.** 4. *Agravo regimental a que se nega provimento"* (AI 814.309-AgR, Relatora a Ministra Ellen Gracie, Segunda Turma, DJe 5.4.2011).

(...).

Na realidade, o Supremo Tribunal Federal já se pronunciou reiteradamente a respeito da não admissão da tese do chamado prequestionamento implícito (ARE nº 770.029/DF-AgR, Primeira Turma, DJe de 16/9/14; ARE nº 735.948/SP-AgR, Segunda Turma, Relatora a Ministra Cármen Lúcia, DJe de 28/10/13; ARE nº 707.221/BA-AgR, Primeira Turma, Relatora a Ministra Rosa Weber, DJe de 4/9/13; e RE nº 556.262/SP-AgR, Segunda Turma, Relator o Ministro Gilmar Mendes, DJe de 9/4/13).

Tem-se considerado, igualmente, *prequestionamento implícito* a falta de introdução expressa pela parte recorrente da matéria constitucional ou infraconstitucional, muito embora a decisão proferida pelo respectivo tribunal aborde tal matéria de ofício. Nesse sentido é o voto proferido pelo Ministro Dias Toffoli, no Ag. Reg. no Recurso Extraordinário com Agravo n. 770.029/DF:

> (...).
> Ressalte-se, outrossim, que, **se a ofensa à Constituição surgir com a prolação do acórdão dos embargos de declaração, é necessário opor novos embargos declaratórios que permitam ao Tribunal de origem apreciar o ponto sob o ângulo constitucional**. Incidem na espécie as Súmulas nºs 282 e 356 desta Corte. Registro, ademais, que o Tribunal não admite a tese do chamado prequestionamento implícito.

Nesse caso, entendeu-se por *prequestionamento implícito* o surgimento da questão de natureza constitucional somente nos embargos de declaração opostos pela parte, e não em momento anterior.

O S.T.J., durante a vigência do C.P.C. de 1973, também optou por não admitir o *prequestionamento implícito*. Nesse sentido são os seguintes precedentes AgRg no AREsp 516350/RS, Rel. Ministro PAULO DE TARSO SANSEVERINO, TERCEIRA TURMA, julgado em 24/02/2015, DJe 02/03/2015; AgRg no REsp 1366052/SP, Rel. Ministro HUMBERTO MARTINS, SEGUNDA TURMA, julgado em 10/02/2015, DJe 19/02/2015; AgRg no REsp 1485019/PR, Rel. Ministro HERMAN BENJAMIN, julgado em 02/02/2015, DJe 09/12/2014; AgRg no REsp 1095391/RJ, Rel. Ministro SÉRGIO KUKINA, PRIMEIRA TURMA, julgado em 16/10/2014, DJe 21/10/2014; EDcl no AgRg no REsp 1403904/RJ, Rel. Ministro SIDEI BENETI, TERCEIRA TURMA, julgado em 13/05/2015, DJe 30/05/2014; AgRg no AREsp 438548/MA, Rel. Ministro NAPOLEÃO NUNES MAIA FILHO, PRIMEIRA TURMA, julgado em 18/03/2014, DJe 07/04/2014; AgRg no AREsp 385897/RS, Rel. Ministro LUIS FELIPE SALOMÃO, QUARTA TURMA, julgado em 10/12/2013, DJe 18/12/2013; AgRg no REsp 1396670/RS, Rel. Ministro RICARDO VILLAS BÔAS CUEVA, TERCEIRA TURMA, julgado em 21/10/2014, DJe 03/11/2014; AgRg no REsp 641247/AL, Rel. Ministra ALDERITA RAMOS DE OLIVEIRA (DESEMBARGADORA CONVOCADA DO TJ/PE), SEXTA TURMA, julgado em 18/04/2013, DJe 29/04/2013.

É certo que o S.T.J. admite como juridicamente permitido o *prequestionamento implícito* quando o acórdão proferido pelo tribunal recorrido tiver efetivamente debatido a matéria federal invocada, ainda que sem a indicação expressa dos dispositivos legais. Nesse sentido são os seguintes precedentes:

AgRg no REsp 1159310/SP, Rel. Ministro SÉRGIO KUKINA, PRIMEIRA TURMA, julgado em 10/02/2015, DJe 20/02/2015; AgRg no REsp 1079409/SC, Rel. Ministra REGINA HELENA COSTA, PRIMEIRA TURMA, julgado em 03/02/2015, DJe 19/02/2015; AgRg no AREsp 344306/RJ, Rel. Ministro RAUL ARAÚJO, QUARTA TURMA, julgado em 03/02/2015, DJe 18/02/2015; AgRg no AREsp 590389/SP, Rel. Ministro MARCO AURÉLIO BELLIZZE, TERCEIRA TURMA, julgado em 03/02/2015, DJe 11/02/2015; AgRg no REsp 1479093/PB, Rel. Ministro MAURO CAMPBELL MARQUES, SEGUNDA TURMA, julgado em 18/11/2014, DJe 24/11/2014; AgRg no REsp 1485194/SC, Rel. Ministro HUMBERTO MARTINS, SEGUNDA TURMA, julgado em 11/11/2014, DJe 21/11/2014; AgRg no AREsp 536314/RJ, Rel. Ministra ASSUSETE MAGALHÃES, SEGUNDA TURMA, julgado em 14/10/2014, DJe 23/10/2014; AgRg no REsp 1407492/RS, Rel. Ministro RICARDO VILLAS BÔAS CUEVA, TERCEIRA TURMA, julgado em 07/10/2014, DJe 10/10/2014; AgRg no Ag 1266334/RO, Rel. Ministro ROGERIO SCHIETTI CRUZ, SEXTA TURMA, julgado em 16/09/2014, DJe 29/09/2014.

Também nesse sentido é o seguinte precedente:

TRIBUTÁRIO. AGRAVO REGIMENTAL NO RECURSO ESPECIAL. PREQUESTIONAMENTO IMPLÍCITO. POSSIBILIDADE. AÇÃO ANULATÓRIA. SENTENÇA DE PROCEDÊNCIA. SUSPENSÃO DA EXECUÇÃO FISCAL. INVIABILIDADE.
1. *"Esta Corte Superior de Justiça admite o prequestionamento implícito, que viabiliza o conhecimento do recurso especial pela alínea "a" do permissivo constitucional, desde que a matéria federal invocada tenha sido efetivamente debatida na instância ordinária, ainda que sem a indicação expressa dos dispositivos legais tidos por violados, o que ocorreu no caso" (AgRg no REsp 1.039.206/RO, Rel. Ministro Og Fernandes, Sexta Turma, DJe 1/8/2012).*
2. As Turmas que compõem a Primeira Seção do STJ firmaram a compreensão de que a mera sentença de procedência emitida em ação anulatória de débito fiscal não é suficiente, por si só, para afastar a exigibilidade do crédito tributário, sobretudo

quando inexistente a concessão de antecipação de tutela ou comprovação de que a apelação interposta tenha sido recebida apenas no efeito devolutivo. Precedentes: AgRg no AREsp 298.798/RS, Rel. Ministro Arnaldo Esteves Lima, Primeira Turma, Dje 11/02/2014; AgRg nos Edcl no Resp 1049203/SC, Rel. Ministra Denise Arruda, Primeira Turma, Dje 11/12/2009; e AgRg na MC 15.496/PR, Rel. Ministro Herman Benjamin, Segunda Turma, Dje 21/08/2009.

3. Agravo regimental a que se nega provimento.

(AgRg no Resp 1159310/SP, Rel. Ministro SÉRGIO KUKINA, PRIMEIRA TURMA, julgado em 10/02/2015, Dje 20/02/2015)

10.3.1.2. Embargos de declaração e o prequestionamento implícito

A grande questão jurídica surgida sob a égide do C.P.C. de 1973, e que era um estorvo ao princípio da *celeridade processual*, dizia respeito à hipótese em que a parte recorrente, apesar de *expressamente* indicar a questão federal ou constitucional no momento oportuno (petição de recurso de apelação), o tribunal recorrido, sobre tal questão, silenciava, omitindo-se no julgamento do recurso. Diante dessa omissão, a parte recorrente interpunha embargos de declaração, provocando uma manifestação expressa do tribunal para o fim de suprir a omissão do julgamento. Segundo o S.T.J., mantendo-se o tribunal recorrido omisso por ocasião do julgamento dos embargos de declaração, a parte deveria ingressar com recurso especial, questionando, preliminarmente, a não observância pelo tribunal de apelação do disposto no art. 535 do C.P.C. de 1973 (que tratava das hipóteses legais para interposição dos embargos de declaração), e, no mérito, arguindo as demais questões pertinentes. Conhecendo o S.T.J. do recurso especial por contrariedade ao art. 535 do C.P.C. de 1973, dava-lhe provimento para o efeito de anular o acórdão proferido nos embargos de declaração, determinando o retorno dos autos ao tribunal de origem para que se manifestasse *expressamente* sobre a alegação de omissão em relação à questão federal suscitada oportunamente pela parte. Suprida ou não a omissão pelo tribunal recorrido, novo recurso especial poderia a parte interpor ao S.T.J., em evidente prejuízo ao princípio da *celeridade processual* e ao princípio da *instrumentalidade das formas*.

Portanto, o S.T.J. somente admitia como *prequestionada* a questão federal, quando o tribunal *a quo* expressamente se manifestasse sobre a aludida questão por ocasião do julgamento dos embargos de declaração. E diante da reiterada omissão do tribunal 'a quo', o S.T.J. somente conheceria do recurso especial, se a parte recorrente suscitasse expressamente, como preliminar do aludido recurso, a questão federal referente à não observância por parte do tribunal recorrido do disposto no art. 535 do C.P.C. de 1973.[199] Nesse sentido, eis o conteúdo do voto proferido pelo

[199] A Primeira Seção, nos anos de 2001 e 2003, julgando o EREsp 162.765/PR e o EREsp 325.425/RS, entendeu pelo cabimento do recurso especial fundado em violação ao art. 535 do CPC, ainda que a omissão alegada seja de questão **eminentemente constitucional**. A questão também mereceu apreciação pela Corte Especial, na sessão de 1º.08.2006, quando do julgamento do EREsp 505.183/RS, ocasião em que ficou assentado entendimento no sentido de que: O Superior Tribunal de Justiça tem o dever constitucional de velar pela obediência à lei federal, e o respectivo cumprimento não está condicionado ao preenchimento dos requisitos de admissibilidade do recurso extraordinário. Se houve deficiência na prestação jurisdicional, é de rigor a anulação do acórdão proferido nos embargos de declaração para que o tema constitucional seja objeto de julgamento pelo tribunal a quo. O referido julgado ficou resumido na ementa seguinte:
PROCESSO CIVIL. DIREITO À PRESTAÇÃO JURISDICIONAL. O Supremo Tribunal Federal e o Superior Tribunal de Justiça fixaram critérios diferentes para a identificação do prequestionamento; para o primeiro, basta a oposição de embargos de declaração para caracterizar o prequestionamento em relação ao recurso extraordinário (Súmula nº 356); para o segundo, o prequestionamento só é reconhecido se o tribunal a quo tiver enfrentado a questão articulada no recurso especial (Súmula nº 211). Não obstante isso, se o tribunal local deixa de enfrentar a questão constitucional suscitada, a parte prejudicada tem direito à prestação jurisdicional completa, e pode pedir a anulação do acórdão proferido nos embargos de declaração com base no art. 535, II, do Código de Processo Civil, nada importando que tivesse condições de interpor recurso extraordinário para o Supremo Tribunal Federal; todos os órgãos do Poder Judiciário, e não apenas o Supremo Tribunal Federal, devem exaurir a jurisdição provocada pelas partes.
(EREsp 505.183/RS; Rel. Min. Ari Pargendler; D.J. 6.03.2008)
É certo, porém, que havia outros precedentes do S.T.J. que adotavam posicionamento diverso, afastando a aplicação do art. 535 do C.P.C. de 1973 quando a omissão alegada configurava a análise de princípios ou dispositivos constitucionais, a saber:
PROCESSUAL CIVIL. DEPÓSITO PRÉVIO. ALEGADA VIOLAÇÃO AO ARTIGO 535 DO CPC. OMISSÃO. MATÉRIA CONSTITUCIONAL. AUSÊNCIA DE INDICAÇÃO DO DISPOSITIVO INFRACONSTITUCIONAL. SÚMULA 182. I – Fica afastada a violação ao art. 535 do CPC quando a omissão alegada configura a análise de princípios ou dispositivos constitucionais. Nesta hipótese, o exame da matéria buscando averiguar possível omissão representaria usurpação da competência do Supremo Tribunal Federal. Observe-se que, nos termos da Súmula 356/STF, a mera oposição dos embargos declaratórios, por si só, já preenche o requisito do prequestionamento para fins de interposição de recurso extraordinário. II – Quanto à ausência de dispositivo legal apontado na decisão agravada, continuou a balda, não tendo o recorrente indicado precisamente o dispositivo legal que teria sido violado e em face do qual seria factível alterar o julgado. Permanece íntegro o teor da

RECURSO EXTRAORDINÁRIO E RECURSO ESPECIAL

Min. Paulo de Tarso Sanseverino, no Ag. Reg. no Agravo em Recurso Especial n. 516.350/RS:

(...)
Ademais, a simples oferta de aclaratórios, mantendo-se ausente o pronunciamento do acórdão recorrido acerca do tema pretendido, não permite ver atendido o indispensável pressuposto de admissibilidade, não tendo acolhida, nesta Corte Superior,

súmula 284/STF. III – Não tendo o recorrente rebatido um dos argumentos da decisão agravada apto por si só à solução de parte das questões debatidas, verifica-se, nesta parcela, a incidência do constante da súmula 182/STJ. IV – Agravo regimental parcialmente conhecido e nesta parcela desprovido.
(AgResp 868.364/SP; Rel. Min. Francisco Falcão; Primeira Turma; D.J.12.4.2007)
TRIBUTÁRIO E PROCESSUAL CIVIL. COFINS. SOCIEDADE CIVIL. ISENÇÃO. MATÉRIA CONSTITUCIONAL. COMPETÊNCIA DO STF. OMISSÃO. 1. A análise de eventual omissão de matéria constitucional no âmbito desta Corte implicaria a usurpação da competência reservada ao Pretório Excelso. 2. O STF tem reconhecido que o conflito entre lei complementar e lei ordinária – como é o caso da alegada revogação da Lei Complementar nº 70/91 pela Lei 9.430/96 – possui natureza constitucional. 3. Recurso especial não conhecido.
(Resp. 924.484/MG; Rel. Min. Castro Meira; Segunda Turma; D.J. 28.05.2007)
PROCESSUAL CIVIL E ADMINISTRATIVO. SERVIDOR PÚBLICO ESTADUAL. ABONO. COMPLEMENTAÇÃO. SALÁRIO-MÍNIMO. VIOLAÇÃO AO ART. 535, INCISOS I E II, DO CÓDIGO DE PROCESSO CIVIL. OMISSÃO RELATIVAMENTE À MATÉRIA CONSTITUCIONAL. IMPOSSIBILIDADE DE VERIFICAÇÃO NA VIA ESPECIAL. AFRONTA A DISPOSITIVOS DE LEIS ESTADUAIS SÚMULA Nº 280 DO SUPREMO TRIBUNAL FEDERAL. 1. Não compete a este Superior Tribunal de Justiça verificar se o Tribunal de origem se manifestou sobre matéria constitucional de modo a configurar o prequestionamento, sob pena de usurpação da competência da Suprema Corte para tal mister, quando do juízo de prelibação do recurso extraordinário já interposto. 2. É inviável o exame de eventual ofensa aos dispositivos da legislação estadual apontados como violados, em face da incidência, por analogia, da Súmula nº 280 do Pretório Excelso, que veda a interpretação da lei local em sede de recurso especial. 3. Agravo regimental desprovido. (AgResp. 923.542/RN; Rel. Min. Laurita Vaz; Quinta Turma; D.J. 06.08.2007)
AGRAVO REGIMENTAL. AGRAVO DE INSTRUMENTO. PROCESSO CIVIL. ALEGADA OFENSA AO ART. 535 DO CPC. OMISSÃO DE DISPOSITIVOS CONSTITUCIONAIS. IMPOSSIBILIDADE DE AFERIÇÃO POR ESTA CORTE. ACÓRDÃO RECORRIDO. FUNDAMENTOS INATACADOS. SÚMULA 283/STF. 1. "Não cabe ao STJ, a pretexto de violação ao art. 535 do CPC, examinar omissão em torno de dispositivo constitucional, sob pena de usurpar a competência da Suprema Corte na análise do juízo de admissibilidade dos recursos extraordinários" (REsp 505005/RS, Rel. Min. ELIANA CALMON, DJ 25.02.2004). 2. "É inadmissível o recurso extraordinário, quando a decisão recorrida assenta em mais de um fundamento suficiente e o recurso não abrange todos eles" (Súmula 283/STF). 3. Agravo regimental improvido.
(AGA 712.855/DF; Rel. Min. Maria Thereza de Assis Moura; Sexta Turma; D.J. 14.05.2007).

o chamado prequestionamento ficto, entendimento decorrente da Súmula 356/STF. A propósito, confiram-se os seguintes acórdãos: REsp 1.075.700/RS, Relatora Ministra ELIANA CALMON, SEGUNDA TURMA, DJe 17/12/2008; REsp 976.757/SP, Relatora Ministra NANCY ANDRIGHI, TERCEIRA TURMA, DJe 03/08/2010; AgRg no REsp 1.130.994/SP, Relator Ministro SIDNEI BENETI, TERCEIRA TURMA, DJe 04/06/2010.

No mesmo sentido, é o seguinte precedente do S.T.J.:

TRIBUTÁRIO. IMPOSTO DE RENDA. RENDIMENTOS RECEBIDOS ACUMULADAMENTE. BENEFÍCIO PREVIDENCIÁRIO ATRASADO. JUROS MORATÓRIOS INDENIZATÓRIOS. NÃO-INCIDÊNCIA. VIOLAÇÃO DO ART. 535, CPC. OMISSÃO QUANTO A DISPOSITIVO CONSTITUCIONAL. AUSÊNCIA DE PREQUESTIONAMENTO. SÚMULA 356 DO STF.

1. O STF, no RE 219.934/SP, prestigiando a Súmula 356 daquela Corte, sedimentou posicionamento no sentido de considerar prequestionada a matéria constitucional pela simples interposição dos embargos declaratórios. Adoção pela Suprema Corte do prequestionamento ficto.

2. O STJ, diferentemente, entende que o requisito do prequestionamento é satisfeito quando o Tribunal a quo emite juízo de valor a respeito da tese defendida no especial.

3. Não há interesse jurídico em interpor recurso especial fundado em violação ao art. 535 do CPC, visando anular acórdão proferido pelo Tribunal de origem, por omissão em torno de matéria constitucional.

4. No caso de rendimentos pagos acumuladamente, devem ser observados para a incidência de imposto de renda, os valores mensais e não o montante global auferido.

5. Os valores recebidos pelo contribuinte a título de juros de mora, na vigência do Código Civil de 2002, têm natureza jurídica indenizatória. Nessa condição, portanto, sobre eles não incide imposto de renda, consoante a jurisprudência sedimentada no STJ.

5. Recurso especial não provido.

(REsp 1075700/RS, Rel. Ministra ELIANA CALMON, SEGUNDA TURMA, julgado em 05/11/2008, DJe 17/12/2008)

No voto proferido pela então Ministra Eliana Calmon, fixou assim assentado:

(...). Superior Tribunal de Justiça tem entendido que, para se satisfazer o requisito do prequestionamento, é necessário que o Tribunal a quo tenha emitido juízo de valor

a respeito da tese defendida no recurso especial. Assim, se a violação a dispositivo infraconstitucional ocorrer com o julgamento na segunda instância, devem ser interpostos embargos de declaração para que o tribunal se manifeste a respeito. Recusando-se o tribunal a fazê-lo, a orientação desta Corte é no sentido de que o recurso especial deve indicar como violado o art. 535 do CPC, sob pena de aplicação da Súmula 211/STJ.

É certo, porém, que o S.T.J. poderia deixar de conhecer do recurso especial, mesmo quando suscitada mácula ao disposto no art. 535 do C.P.C. de 1973. Com efeito, muito embora o recorrente pudesse ter manejado aclaratórios com intuito de prequestionamento, se não houvesse qualquer demonstração de violação ao art. 535 do Código de Processo Civil, eis que ausente a evidenciação de vícios previstos em tal dispositivo não sanados pela Corte local, o recurso especial não seria conhecido, aplicando-se o enunciado da Súmula 284/STF. Nesse sentido, os seguintes precedentes:

AGRAVO REGIMENTAL EM RECURSO ESPECIAL. PROCESSUAL CIVIL. EXECUÇÃO. MEMÓRIA DE CÁLCULO. CONTADOR JUDICIAL. ART. 535 DO CPC. DEFICIÊNCIA RECURSAL. SÚMULA 284/STF. NECESSIDADE DE PREQUESTIONAMENTO. AUSÊNCIA DE PREVISÃO DO ART. 535 DO CPC. PREQUESTIONAMENTO DE DISPOSITIVOS SUPOSTAMENTE VIOLADOS. INOCORRÊNCIA. SÚMULA 282/STF. PREQUESTIONAMENTO FICTO. INAPLICABILIDADE NO STJ. DISSÍDIO. PREQUESTIONAMENTO DA TESE PRETENSAMENTE DIVERGENTE. NECESSIDADE. DESCUMPRIMENTO DOS ARTS. 541, PARÁGRAFO ÚNICO, PARTE FINAL, DO CPC, E 255, § 2º., DO REGIMENTO INTERNO/ STJ. AGRAVO REGIMENTAL DESPROVIDO.

I – Ausente a demonstração dos vícios não sanados pelo acórdão recorrido após a oposição de aclaratórios, aplicável, à pretensão voltada ao reconhecimento de violação ao art. 535 do Código de Processo Civil, a Súmula 284/STF.

II – Necessidade de prequestionamento não se constitui, de per si, em hipótese de cabimento dos embargos de declaração.

III – Inviável o recurso especial quando inocorrente o prequestionamento dos dispositivos legais que se supõe violados.

IV – Somente se tem por prequestionado dispositivo legal quando o acórdão recorrido, ainda que não o cite diretamente, emita juízo de valor fundamentado acerca da temática por ele regida. Precedentes.

V – *Inaplicável, no STJ, o chamado prequestionamento ficto, entendimento decorrente da Súmula 356/STF. Precedentes.*

VI – *Inexiste contradição entre o não conhecimento de pretensão voltada ao art. 535 do Código de Processo Civil e a asseveração de ausência de prequestionamento dos dispositivos legais ventilados em aclaratórios rejeitados pela Corte local.*

VII – *Não se conhece de tese suscitada no recurso especial quando ausente o seu debate no acórdão recorrido.*

VIII – *A ausência de prequestionamento do entendimento que se supõe divergente impede o conhecimento da insurgência veiculada pela alínea "c" do art. 105, III, da Constituição da República.*

IX – *Necessidade, para correta configuração do dissídio, de observância às disposições dos arts. 541, parágrafo único, parte final, do Código de Processo Civil, e 255, § 2º., do Regimento Interno/STJ, como forma de demonstração da similitude entre o contexto fático dos acórdãos cotejados e a diversidade de soluções jurídicas por eles adotadas. Precedentes.*

X – *Agravo regimental a que se nega provimento.*

(AgRg no REsp 909.113/RS, Rel. Ministro PAULO DE TARSO SANSEVERINO, TERCEIRA TURMA, julgado em 26/04/2011, DJe 02/05/2011)

PROCESSUAL CIVIL. VIOLAÇÃO DO ART. 535 DO CPC. DEFICIÊNCIA NA FUNDAMENTAÇÃO. SÚMULA 284/STF. FUNDAMENTO NÃO IMPUGNADO. SÚMULA 283/STF. REEXAME DO CONJUNTO FÁTICO-PROBATÓRIO. IMPOSSIBILIDADE. SÚMULA 7/STJ.

1. *Não se conhece de Recurso Especial em relação a ofensa ao art. 535 do CPC quando a parte não aponta, de forma clara, o vício em que teria incorrido o acórdão impugnado. Aplicação, por analogia, da Súmula 284/STF. (...)*

4. Agravo Regimental não provido. (AgRg nos EDcl no REsp 1.168.652/RS, Relator Ministro HERMAN BENJAMIN, SEGUNDA TURMA, DJe 04/02/2011)

DECLARATÓRIA CUMULADA COM REPETIÇÃO DE INDÉBITO. CONTRATO BANCÁRIO FIRMADO ENTRE MUNICÍPIO E INSTITUIÇÃO FINANCEIRA. DESISTÊNCIA DA AÇÃO. TRANSAÇÃO. INSTITUTOS DIVERSOS. EXTINÇÃO DO PROCESSO SEM EXAME DE MÉRITO. POSSIBILIDADE.

1. *Não se conhece da ofensa ao art. 535 se a alegação é genérica, sem que se indiquem objetivamente a omissão, a contradição ou a obscuridade na decisão recorrida. Incidência da Súmula nº 284/STF. (...)*

7. *Recurso especial provido. (REsp 586.304/MG, Relator Ministro LUIS FELIPE* SALOMÃO, Órgão Julgador, QUARTA TURMA, DJe 11/11/2010)

É importante salientar que sob a égide do C.P.C. de 1973, o S.T.J. tinha entendimento de que embargos de declaração manejados com intuito exclusivo de prequestionamento, muito embora não permitissem a imposição de multa, afastando-se o caráter meramente protelatório (Súmula 98/STJ), não encontravam guarida no permissivo legal. Nesse último sentido, é a seguinte decisão:

PROCESSUAL CIVIL. EMBARGOS DE DECLARAÇÃO. INEXISTÊNCIA DE QUALQUER DOS VÍCIOS PREVISTOS NO ART. 535 DO CPC. FINALIDADE DE PREQUESTIONAMENTO DE MATÉRIA OBJETO DE POSSÍVEL RECURSO EXTRAORDINÁRIO. REJEIÇÃO. PRECEDENTES DO STJ. (ISS. ARRENDAMENTO MERCANTIL. OBRIGAÇÃO DE FAZER. CONCEITO PRESSUPOSTO PELA CONSTITUIÇÃO FEDERAL DE 1988. AMPLIAÇÃO DO CONCEITO QUE EXTRAVASA O ÂMBITO DA VIOLAÇÃO DA LEGISLAÇÃO INFRACONSTITUCIONAL PARA INFIRMAR A PRÓPRIA COMPETÊNCIA TRIBUTÁRIA CONSTITUCIONAL. ACÓRDÃO CALCADO EM FUNDAMENTO SUBSTANCIALMENTE CONSTITUCIONAL. INCOMPETÊNCIA DO SUPERIOR TRIBUNAL DE JUSTIÇA. TEMA DIVERSO DO ENSEJADOR DA SÚMULA 138, DO STJ.)

1. Inocorrentes as hipóteses de omissão, contradição, obscuridade ou erro material, não há como prosperar o inconformismo, cujo real objetivo é o prequestionamento de dispositivos e princípios constitucionais que entende a embargante terem sido malferidos, o que evidentemente escapa aos estreitos limites previstos pelo artigo 535 do CPC aos embargos de declaração.

2. Os embargos de declaração têm como requisito de admissibilidade a indicação de algum dos vícios previstos no art. 535 do CPC, constantes do decisum embargado, não se prestando, portanto, ao rejulgamento da matéria posta nos autos, tampouco ao mero prequestionamento de dispositivos constitucionais para a viabilização de eventual recurso extraordinário, porquanto visam unicamente completar a decisão quando presente omissão de ponto fundamental, contradição entre a fundamentação e a conclusão, ou obscuridade nas razões desenvolvidas.

3. Impõe-se a rejeição de embargos declaratórios que têm o único propósito de prequestionar a matéria objeto de recurso extraordinário a ser interposto (Precedentes: EDcl no AgRg no REsp 708062/PR, Rel. Ministro LUIZ FUX, DJ 13.03.2006;

EDcl no REsp nº 415.872/SC, Rel. Min. Castro Meira, DJ de 24/10/2005; e EDcl no AgRg no AG nº 630.190/MG, Rel. Min. Francisco Falcão, DJ de 17/10/2005).
4. Embargos de declaração rejeitados.
(EDcl no REsp 912.036/RS, Relator Ministro LUIZ FUX, PRIMEIRA TURMA, DJe 23/04/2008)

Em relação ao recurso extraordinário, o Supremo Tribunal Federal optou por adotar um caminho diverso daquele trilhado pelo S.T.J.

O Supremo Tribunal Federal, diferentemente da postura adotada pelo S.T.J., prestigiando a Súmula 356/STF, sedimentou entendimento no sentido de considerar prequestionada a matéria pela simples interposição de embargos declaratórios, ainda que restassem eles rejeitados sem o exame da tese constitucional, desde que a mesma tenha sido devolvida por ocasião do julgamento da apelação. Ficou assentado no precedente que, se a parte suscitou oportunamente a questão, não poderia ser ela prejudicada se o Tribunal silenciasse e se recusasse a prestar a jurisdição, rejeitando os embargos.

Nesse sentido, são os seguintes precedentes:

EMENTA: 1. Recurso extraordinário: inépcia: inocorrência. Histórico da causa e demonstração do cabimento do recurso – que, na hipótese da alínea a, se confunde com "as razões do pedido de reforma da decisão recorrida" – suficientemente delineados nas razões da recorrente, possibilitando a perfeita compreensão da controvérsia. 2. Recurso extraordinário: prequestionamento e embargos de declaração. O Supremo Tribunal tem reafirmado a sua jurisprudência – já assentada na Súm. 356 –, no sentido de que, reagitada a questão constitucional não enfrentada pelo acórdão, mediante embargos de declaração, se tem por prequestionada a matéria, para viabilizar o recurso extraordinário, ainda que se recuse o Tribunal a quo a manifestar-se a respeito (v.g., RE 210638, 1ª T, 14.04.98, Pertence, DJ 19.6.98; RE 219934, Pl, 14.06.00, Gallotti, DJ 16.2.01). É o que ocorreu, no caso, quanto à matéria relativa ao cerceamento de defesa: suscitada nos embargos de declaração opostos à sentença de primeiro grau, a questão foi objeto da apelação e dos embargos declaratórios ao acórdão recorrido. Com relação, contudo, à contrariedade ao artigo 5º, LXVII, da CF, não suprido o requisito do prequestionamento, porque não suscitada antes dos embargos de declaração à decisão de segundo grau. 3. Contraditório e ampla defesa (CF, art. 5º, LV) Cerceamento inequívoco do direito de defesa da ré pela omissão persistente das instâncias ordinárias em examinar, não mera alegação de direito – cuja ausência de exame explícito, na imensa maioria dos casos, pode e deve ser interpretada como rejeição tácita –, mas a existência incontroversa de fato modificativo do direito dos autores – cessão de seus créditos a terceiro de quem receberam parte do valor correspondente à soja reclamada na presente ação.

(RE 231452, Relator(a): Min. SEPÚLVEDA PERTENCE, Primeira Turma, julgado em 31/08/2004, DJ 24-09-2004 PP-00043 EMENT VOL-02165-01 PP-00154 LEXSTF v. 27, n. 314, 2005, p. 169-178)

EMENTA: AGRAVO REGIMENTAL NO RECURSO EXTRAORDINÁRIO. AUSÊNCIA DE PREQUESTIONAMENTO. CONHECIMENTO. IMPOSSIBILIDADE. 1. Prequestionamento implícito. Inadmissibilidade. Diz-se prequestionada a matéria quando a decisão impugnada haja emitido juízo explícito a respeito do tema, inclusive mencionando o dispositivo constitucional previamente suscitado nas razões do recurso submetido à sua apreciação. 2. Se o acórdão recorrido, para decidir o mérito da questão objeto do extraordinário, não faz qualquer referência à norma constitucional tida como violada e não foram opostos embargos de declaração para sanar a omissão, não se conhece do recurso extraordinário em face do teor das Súmulas 282 e 356 desta Corte. Agravo regimental não provido.

(RE 361755 AgR, Relator(a): Min. MAURÍCIO CORRÊA, Segunda Turma, julgado em 27/05/2003, DJ 22-08-2003 PP-00047 EMENT VOL-02120-36 PP-07472)

EMENTA: AGRAVO REGIMENTAL. Ausência de prequestionamento. Questão não ventilada na decisão recorrida. Ausência de interposição de embargos de declaração. Prequestionamento implícito. Impossibilidade. Necessidade do exame pelo tribunal recorrido da matéria constitucional atacada no recurso extraordinário. Súmulas 282 e 356. Agravo regimental a que se nega provimento.

(AI 427632 AgR, Relator(a): Min. JOAQUIM BARBOSA, Segunda Turma, julgado em 14/12/2004, DJ 22-04-2005 PP-00019 EMENT VOL-02188-05 PP-00840)

No voto do Ministro Joaquim Barbosa, ficou assim consignado:

Para que a matéria seja considerada prequestionada, deve ter sido trazida nas razões da apelação e abordada na decisão recorrida, ou, caso omisso o tribunal recorrido, suscitada em embargos de declaração. Da mesma forma, para que a ofensa surgida na decisão recorrida seja considerada prequestionada, deve-se dar ao tribunal recorrido, via embargos de declaração, oportunidade para manifestar-se acerca da violação apontada. Nesse sentido, o AI 392.689-AgR (rel. Min. Moreira Alves, DJ 28.03.1993)..."

Sobre o tema, importante salientar o voto vencedor proferido pelo Ministro Sepúlveda Pertence no RE 415.760-8, vencido o Ministro Marco Aurélio:

> *"Ministro Marco Aurélio, quanto ao primeiro fundamento – com todo o respeito à douta opinião de Vossa Excelência e à Súmula 211 do Colendo Superior Tribunal de Justiça –, o entendimento do plenário do Supremo é visceralmente contrário, porque a Súmula n. 356 se contenta com que a matéria tenha sido posta nos embargos de declaração. Para não citar precedentes da Primeira Turma e da Segunda Turma – vencido Vossa Excelência –, cito a última decisão plenária de que tenho notas: RE 219.934, de 14 de junho de 2000, relator o eminente Ministro Octávio Gallotti.*

Há, ainda, as seguintes decisões proferidas pelo S.T.F., sendo que algumas geram inclusive dúvida sobre a melhor interpretação da Súmula 356 do S.T.F.:

> *EMENTA DIREITO TRIBUTÁRIO. ICMS. MERCADORIAS DADAS EM BONIFICAÇÃO. EXCLUSÃO BASE DE CÁLCULO. ART. 38 DO RICMS/SP. DEBATE DE ÂMBITO INFRACONSTITUCIONAL. VIOLAÇÃO DO ARQUÉTIPO CONSTITUCIONAL DO ICMS. QUESTÃO NÃO PREQUESTIONADA. APLICAÇÃO DA SÚMULA STF 282. INAPTIDÃO DO PREQUESTIONAMENTO IMPLÍCITO OU FICTO PARA ENSEJAR O CONHECIMENTO DO APELO EXTREMO. INTERPRETAÇÃO DA SÚMULA STF 356.*
>
> *A decisão agravada está em harmonia com a jurisprudência desta Casa acerca do caráter infraconstitucional do debate atinente à interpretação dada pelo Tribunal de Justiça paulista quanto à inclusão na base de cálculo do ICMS das mercadorias dadas em bonificação. A suposta ofensa aos postulados constitucionais somente poderia ser constatada a partir da análise da legislação infraconstitucional local apontada no apelo extremo. Eventual violação oblíqua ou reflexa não viabiliza trânsito a recurso extraordinário.* **Por outro lado, a questão atinente à violação do arquétipo constitucional do ICMS sequer foi prequestionada, porquanto não foi analisada pelas instâncias ordinárias e tampouco nos embargos de declaração opostos para satisfazer o requisito do prequestionamento. Esta Corte não tem procedido à exegese a contrario sensu da Súmula STF 356 e, por consequência, somente considera prequestionada a questão constitucional quando tenha sido enfrentada, de modo expresso, pelo Tribunal de origem. A mera oposição de embargos declaratórios não basta para tanto. Aplicável o entendimento jurisprudencial**

vertido na Súmula 282/STF: "É inadmissível o recurso extraordinário, quando não ventilada, na decisão recorrida, a questão suscitada". Agravo regimental conhecido e não provido.

(AI 739580 AgR, Relator(a): Min. ROSA WEBER, Primeira Turma, julgado em 11/12/2012, ACÓRDÃO ELETRÔNICO DJe-025 DIVULG 05-02-2013 PUBLIC 06-02-2013)

AGRAVO REGIMENTAL NO RECURSO EXTRAORDINÁRIO. AÇÃO DIRETA DE INCONSTITUCIONALIDADE PERANTE O TRIBUNAL DE JUSTIÇA LOCAL. LEI MUNICIPAL. ESTABELECIMENTOS PORTADORES DE SERVIÇOS BANCÁRIOS. INSTALAÇÃO DE PAINEL OPACO ENTRE OS CAIXAS E OS CLIENTES EM ESPERA. PREQUESTIONAMENTO. INEXISTÊNCIA. COMPETÊNCIA DO MUNICÍPIO PARA LEGISLAR SOBRE ATIVIDADE BANCÁRIA. INTERESSE LOCAL. POSSIBILIDADE. INOCORRÊNCIA DE USURPAÇÃO DA COMPETÊNCIA LEGISLATIVA FEDERAL. VÍCIO DE INICIATIVA. REEXAME DA LEGISLAÇÃO LOCAL. IMPOSSIBILIDADE. SÚMULA N. 280 DO SUPREMO TRIBUNAL FEDERAL. INVIABILIDADE DO RECURSO EXTRAORDINÁRIO.

1. O requisito do prequestionamento é indispensável, por isso que inviável a apreciação, em sede de recurso extraordinário, de matéria sobre a qual não se pronunciou o Tribunal de origem.

2. A simples oposição dos embargos de declaração, sem o efetivo debate acerca da matéria versada pelo dispositivo constitucional apontado como malferido, não supre a falta do requisito do prequestionamento, viabilizador da abertura da instância extraordinária. Incidência da Súmula n. 282 do Supremo Tribunal Federal, verbis: é inadmissível o recurso extraordinário, quando não ventilada na decisão recorrida, a questão federal suscitada. [...]

(RE 694.298 AgR, 1ª Turma, Rel. Min. Luiz Fux, julgado em 04/09/2012)

É lamentável essa incerteza e insegurança jurídica trazidas pelos precedentes do S.T.J. e do S.T.F. acima citados, especialmente de como e quando ocorre o prequestionamento para efeito de interposição de recurso especial ou extraordinário, justamente quando essa insegurança advém dos próprios tribunais que possuem competência para conhecer dos referidos recursos.

Aliás, segundo José Miguel Garcia Medina, *"Não há exigência constitucional no sentido da presença do prequestionamento. Por isso, não pode ser indeferido o recurso extraordinário ou o recurso especial se não tiver havido pre-*

questionamento. O que se exige, para a interposição dos recursos extraordinários, é a presença de uma questão (constitucional ou federal) na decisão recorrida, tenha ou não havido prequestionamento".[200] No mesmo sentido é a lição de Nelson Nery Jr.[201]

Ocorre que, não obstante a crítica da doutrina, o certo é que o *prequestionamento* faz parte do nosso ordenamento jurídico e é, efetivamente, queira ou não, um requisito importante de admissibilidade do recurso especial ou extraordinário.

O que não se admite é a falta de harmonia jurisprudencial sobre a efetiva definição do que se entende por *prequestionamento*, gerando incertezas e inseguranças àqueles profissionais que pretendam se valer dos recursos de competência dos tribunais superiores.

Com a vigência do novo C.P.C., felizmente, essa incerteza jurídica deve desaparecer.

O atual C.P.C., em relação ao *prequestionamento*, optou pela posição adotada pelo Supremo Tribunal Federal nos *RE 210638, 1ª T, 14.04.98, Pertence, DJ 19.6.98; RE 219934, Pl, 14.06.00, Gallotti, DJ 16.2.01*, refutando o entendimento até então apresentado pelo Superior Tribunal de Justiça.

Atualmente, pelas disposições normativas inseridas no atual C.P.C., a jurisprudência do S.T.J.,que proibia a interposição de recurso especial com base em *prequestionamento implícito*, encontra-se superada, pois o *prequestionamento implícito* está expressamente previsto e permitido no atual art. 1.025 do novo C.P.C., *in verbis*: *"Consideram-se incluídos no acórdão os elementos que o embargante suscitou, para fins de prequestionamento, ainda que os embargos de declaração sejam inadmitidos ou rejeitados, caso o tribunal superior considere existentes erro, omissão, contradição ou obscuridade".*

Com base no art. 1.025 do novo C.P.C., a única obrigação da parte recorrente é ingressar com embargos de declaração para suprir a omissão do acórdão recorrido e para efeito de *prequestionamento*, pouco impor-

---

[200] MEDINA, J. G., op. Cit., p. 204.
[201] NERY JR., Nelson. Ainda sobre o prequestionamento – embargos de declaração prequestionadores. In: *Aspectos polêmicos e atuais dos recursos cabíveis e de outras formas de impugnação às decisões judiciais*. Nelson Nery Jr. e Teresa Wambier (Coord.). São Paulo: Ed. Revista dos Tribunais, 2000.

tando se os embargos serão admitidos, inadmitidos ou rejeitados. Essa é a única exigência imposta pela norma processual.

Se o S.T.J. entender que o tribunal de origem não apreciou a questão de direito federal, apesar da interposição dos embargos de declaração, mantendo-se omisso, deverá conhecer do recurso especial, pois, segundo o novo C.P.C., os elementos que o embargante suscitou consideram-se incluídos no acórdão recorrido em face do denominado *prequestionamento implícito*.

Porém, é importante reforçar que não é suficiente, para fins de prequestionamento implícito previsto no art. 1.025 do novo C.P.C., que a questão federal tenha sido arguida somente nos embargos de declaração, sem que a matéria tenha sido ventilada anteriormente, conforme estabelece o precedente abaixo:

> *I – Ausência de prequestionamento da questão constitucional suscitada. Incidência da Súmula 282 do STF. Ademais, a tardia alegação de ofensa ao texto constitucional, apenas deduzida em embargos de declaração, não supre o prequestionamento. Precedentes. II – Matéria de ordem pública não afasta a necessidade do prequestionamento da questão. Precedentes. III – Agravo regimental improvido.* (ARE 707758 AgR, Relator(a): Min. RICARDO LEWANDOWSKI, Segunda Turma, julgado em 02/04/2013, ACÓRDÃO ELETRÔNICO DJe-069 DIVULG 15-04-2013 PUBLIC 16-04-2013)

Numa decisão paradigmática, citada por Fredie Didier Jr e Lonardo José Carneiro da Cunha, a Min. Ellen Gracie, em decisão monocrática no AI n. 375011, constante do informativo 365 do S.T.F, com o objetivo de fazer prevalecer decisão do S.T.F. sobre a inconstitucionalidade de determinada lei estadual, relativizou a exigência do prequestionamento.[202] Eis o teor da decisão:

> *1. Decisão agravada que apontou a ausência de prequestionamento da matéria constitucional suscitada no recurso extraordinário, porquanto a Corte a quo tão-somente aplicou a orientação firmada pelo seu Órgão Especial na ação direta de inconstitucionalidade em que se impugnava o art. 7º da Lei 7.428/94 do Município de Porto Alegre*

---

[202] DIDIER JR. F.; CUNHA J. C., op. cit., p. 226.

– *cujo acórdão não consta do traslado do presente agravo de instrumento –, sem fazer referência aos fundamentos utilizados para chegar à declaração de constitucionalidade da referida norma municipal. 2. Tal circunstância não constitui óbice ao conhecimento e provimento do recurso extraordinário, pois, para tanto, basta a simples declaração de constitucionalidade pelo Tribunal a quo da norma municipal em discussão, mesmo que desacompanhada do aresto que julgou o leading case. 3. O RE 251.238 foi provido para se julgar procedente ação direta de inconstitucionalidade da competência originária do Tribunal de Justiça estadual, processo que, como se sabe, tem caráter objetivo, abstrato e efeitos erga omnes. Esta decisão, por força do art. 101 do RISTF, deve ser imediatamente aplicada aos casos análogos submetidos à Turma ou ao Plenário. Nesse sentido, o RE 323.526, 1ª Turma, rel. Min. Sepúlveda Pertence. 4. Agravo regimental provido.* (AI 375011 AgR, Relator(a): Min. ELLEN GRACIE, Segunda Turma, julgado em 05/10/2004, DJ 28-10-2004 PP-00043 EMENT VOL-02170-02 PP-00362)

10.3.1.3. Prequestionamento e questão debatida no voto-vencido

Ainda em relação ao prequestionamento, entendia-se, sob a égide do C.P.C. de 1973, que se a questão controvertida fosse somente debatida no âmbito do voto-vencido, não estaria suprido o requisito do prequestionamento, uma vez que para esse efeito a questão deveria ter sido tratada no âmbito do voto-vencedor. Nesse sentido, é o teor da Súmula 320 do S.T.J.: *A questão federal somente ventilada no voto vencido não atende ao requisito do prequestionamento.*

Nesse sentido, eis o seguinte precedente do S.T.J.:

1. No caso concreto, o voto condutor, a despeito da remessa oficial, não se manifestou sobre questão de ordem pública consistente na eventual impossibilidade jurídica do pedido, e tal ponto é de grande relevância para a solução da controvérsia, sobretudo diante do entendimento manifestado por esta Corte no sentido de que "não atendem ao requisito do prequestionamento os fundamentos do voto vencido" (Enunciado Sumular n. 320 do STJ).

2. Recurso especial provido.

(Resp 1357460/DF, Rel. Ministro MAURO CAMPBELL MARQUES, SEGUNDA TURMA, julgado em 02/04/2013, DJe 09/04/2013).

No mesmo sentido era o entendimento do S.T.F., a saber:

DIREITO ADMINISTRATIVO. INDENIZAÇÃO POR DANO MORAL. REEXAME DO CONJUNTO FÁTICO-PROBATÓRIO DOS AUTOS. SÚMULA STF 279. MATÉRIA INFRACONSTITUCIONAL. ART. 2º DA CF/88. VOTO-VENCIDO. PREQUESTIONAMENTO NÃO CARACTERIZADO. INCIDÊNCIA DA SÚMULA STF 282. 1. O Tribunal de origem afastou a responsabilidade civil da ora agravada com fundamento nos fatos e provas da causa, tendo concluído pela existência de culpa exclusiva da vítima. Incide, na espécie, o óbice da Súmula STF 279. 2. Em casos semelhantes ao dos presentes autos, esta Corte tem se posicionado no sentido de que não se configura o prequestionamento se, no acórdão recorrido, apenas o voto vencido cuidou do tema suscitado no recurso extraordinário, adotando fundamento independente, sequer considerado pela maioria. Incidência da Súmula STF 282. 3. Agravo regimental a que se nega provimento.

(AI 740527 AgR, Relator(a): Min. ELLEN GRACIE, Segunda Turma, julgado em 02/08/2011, DJe-158 DIVULG 17-08-2011 PUBLIC 18-08-2011 EMENT VOL-02568-03 PP-00489)

No mesmo sentido: AI 591.041-AgR/SP, rel. Min. Sepúlveda Pertence, 1ª Turma, DJ 07.12.2006; AI 714.208-AgR/DF, rel. Min. Cármen Lúcia, 1ª Turma, DJe 17.4.2009; ai 682.486-AgR/DF, rel. Min. Ricardo Lewandowski, 1ª Turma, DJe 14.3.2008.

Felizmente o novo C.P.C. corrigiu esse equívoco de interpretação jurisprudencial.

Conforme estabelece o §3º do art. 941 do novo C.P.C.: *O voto vencido será necessariamente declarado e considerado parte integrante do acórdão para todos os fins legais, inclusive de prequestionamento.*

Portanto, ainda que a questão de natureza constitucional ou federal tenha sido ventilada e discutida somente no voto vencido, o recurso extraordinário ou especial deverá ser conhecido, uma vez que o voto vencido, a partir do novo C.P.C., passou a ser considerado parte integrante do acórdão para todos os fins legais, inclusive de *prequestionamento.*

10.3.1.4. Prequestionamento e recurso interposto por terceiro interessado

Sobre a questão do *prequestionamento* em recurso extraordinário ou especial interposto por *terceiro interessado*, observa-se que há julgados do S.T.F. relativizando a exigência do prequestionamento no recurso extraordinário de terceiro, em face da *impossibilidade processual* de sua ocorrência.

No mesmo sentido foi a posição do S.T.J. no Recurso Especial n. 766.187/BA. No voto do Ministro Luiz Fux ficou assim consignado:

> PROCESSUAL CIVIL. LITISCONSÓRCIO PASSIVO NECESSÁRIO. RECURSO ESPECIAL MANEJADO POR TERCEIRO INTERESSADO. DISPENSA DO PREQUESTIONAMENTO. MANDADO DE SEGURANÇA. COMPOSIÇÃO DA MESA DIRETORA DA ASSEMBLÉIA LEGISLATIVA DO ESTADO – PROPORCIONALIDADE CONSTITUCIONAL – FATO CONSUMADO -REGIMENTO INTERNO DA CASA LEGISLATIVA – VIA INADEQUADA- INCIDÊNCIA DA SÚMULA Nº 399 DO STF.
> *1. O Recurso Especial do Terceiro interessado dispensa o prequestionamento porquanto é a vez primeira que o recorrente debate o Thema Iudicandum refugindo à ratio essendi do requisito de admissibilidade exigível.*
> (...).

Segundo o Prof. Mantovanni Colares Cavalcante, citado por Didier Jr et au: "*essa postura, em determinadas situações, notadamente aquelas que envolvem litisconsorte necessário não-citado, é a mais correta e favorece a economia processual, pois evita futura ação rescisória ou 'querella nullitatis*". Assim, embora a regra do *prequestionamento* deva ser aplicada também em relação ao recurso extraordinário ou especial interposto por terceiro, essa regra deverá ser mitigada na hipótese de o terceiro não ter tido oportunidade de proceder ao prequestionamento em tempo oportuno.[203]

10.3.1.5. Prequestionamento e questões de ordem pública

Uma das questões mais tormentosas no que concerne ao *prequestionamento* como pressuposto de recurso especial ou extraordinário, diz respeito à possibilidade do S.T.F. ou do S.T.J. conhecer, mediante provocação ou mesmo de ofício, questão de ordem pública que não foi objeto de *prequestionamento anterior*.

Nesse tópico, a primeira indagação que se faz é o que se entende por matéria de *ordem pública*.

Há, sem dúvida, certa dificuldade na definição de *ordem pública*.

---

[203] DIDIER Jr. F.; CUNHA, L. J. C., idem, p. 228.

Segundo anota Kátia Aparecida Mangone: *"verifica-se ser difícil a definição do que seja questão de ordem pública, pois ela não é estática e difere em cada ordenamento. A depender dos interesses da sociedade, cujos representantes no Poder Legislativo, haverá a determinação se uma matéria trata-se ou não de ordem pública".*[204]

Para Cândido Rangel Dinamarco, *"são de ordem pública todas as normas (processuais ou substanciais) referentes a relações que transcendam a esfera de interesses dos sujeitos privados, disciplinando relações que os envolvam mas fazendo-o com atenção ao interesse da sociedade como um todo, ou ao 'interesse público'. Existem normas processuais de ordem pública e outras, também processuais, que não o são. Não é possível traçar conceitos muito rígidos ou critérios aprioristicos bem nítidos para a distinção entre umas e outras. Como critério geral, são de ordem pública as normas processuais destinadas a assegurar o correto exercício da jurisdição (que é uma função pública, expressão do poder estatal), sem a atenção centrada de modo direto ou primário nos interesses das partes conflitantes. Não o são aquelas que têm em conta os interesses das partes em primeiro plano, sendo relativamente indiferente ao correto exercício da jurisdição a submissão destas ou eventual disposição que venha a fazer em sentido diferente".*[205]

Na visão de Paulo Henrique Lucon, as denominadas matérias de ordem pública dizem respeito às questões concernentes aos requisitos de admissibilidade da tutela jurisdicional.[206].

Na visão de Kátia Aparecida Mangone: *"considera-se questão de ordem pública toda aquela que, apesar de não especificada em rol taxativo pelo legislador, apresenta características de interesse público, visando a proteção do sistema e da coletividade, e não especificamente aos interesses individuais das partes."*.[207]

É sabido que não há controvérsia sobre da possibilidade de conhecimento de ofício de matéria de ordem pública pelo juízo de primeiro grau

---

[204] MANGONE. Kátia Aparecida. *Prequestionamento e questões de ordem pública no recurso extraordinário e no recurso especial*. São Paulo: Editora Saraiva, 2013. p. 131.
[205] DINAMARCO, Cândido Rangel. *Instituições de direito processual civil*. 4ª ed. rev. e atual. São Paulo: Malheiros, 2004. p. 69.
[206] LUCON. Paulo Henrique dos Santos. Recuso especial: ordem pública e prequestionamento. *Revista da Procuradoria Geral do Estado de São Paulo*, 30 anos do C.P.C., Jan-dez/03, p. 316.
[207] MANGONE, K. Ap. op. cit. p. 131 e 132.

e pelos tribunais de apelação, não operando, nessas hipóteses, a denominada *preclusão consumativa*.

A controvérsia instala-se em relação ao conhecimento de questões de ordem pública no âmbito dos Tribunais Superiores, especialmente quando tal matéria não foi objeto de prequestionamento anterior.

Diante da possível diversidade de entendimento jurisprudencial, deve-se analisar a questão sob a ótica do entendimento do S.T.F. e do S.T.J.

O Supremo Tribunal Federal vem entendendo que, ainda que a questão verse sobre matéria de ordem pública, *é necessário o prequestionamento*. Nesse sentido, são os seguintes precedentes:

> *1. Embargos de declaração em recurso extraordinário com agravo. 2. Decisão monocrática. Embargos de declaração recebidos como agravo regimental. 3. Inovação recursal. Matéria não ventilada no recurso extraordinário. Preclusão. 4. Matéria de ordem pública. Ausência de prequestionamento. Não interposição de embargos de declaração. Súmula 356 do STF. 5. Agravo regimental a que se nega provimento.*
>
> (ARE 937975 ED, Relator(a): Min. GILMAR MENDES, Segunda Turma, julgado em 23/02/2016, ACÓRDÃO ELETRÔNICO DJe-047 DIVULG 11-03-2016 PUBLIC 14-03-2016)
>
> *I – Ausência de prequestionamento da questão constitucional suscitada. Incidência da Súmula 282 do STF. Ademais, a tardia alegação de ofensa ao texto constitucional, apenas deduzida em embargos de declaração, não supre o prequestionamento. Precedentes.*
>
> *II – **Matéria de ordem pública não afasta a necessidade do prequestionamento da questão.** Precedentes.*
>
> *III – Agravo regimental improvido.*
>
> (ARE 707758 AgR, Relator(a): Min. RICARDO LEWANDOWSKI, Segunda Turma, julgado em 02/04/2013, ACÓRDÃO ELETRÔNICO DJe-069 DIVULG 15-04-2013 PUBLIC 16-04-2013).
>
> *1. O prequestionamento da questão constitucional é requisito indispensável à admissão do recurso extraordinário.*
>
> *2. A Súmula 282 do STF dispõe, verbis: "É inadmissível o recurso extraordinário, quando não ventilada, na decisão recorrida, a questão federal suscitada".*
>
> ***3. A matéria de ordem pública, conquanto cognoscível de ofício pelo juiz ou Tribunal em qualquer tempo e grau de jurisdição (art. 267, § 3º, do CPC), não prescinde do requisito do prequestionamento em sede de Recurso Extraordi-***

nário. *Precedentes: AI 539.558-AgR, Rel. Min. Dias Toffoli, Primeira Turma, DJe 30/11/2011, e AI 733.846-AgR, Rel. Min. Cármen Lúcia, Primeira Turma, DJe 19/6/2009.*

(...).

(RE 801065 AgR, Relator(a): Min. LUIZ FUX, Primeira Turma, julgado em 13/05/2014, PROCESSO ELETRÔNICO DJe-102 DIVULG 28-05-2014 PUBLIC 29-05-2014).

Agravo regimental no agravo de instrumento. Instituição de ensino. Cobrança pelo estágio obrigatório. Matéria de ordem pública. Prequestionamento. Necessidade. Ofensa reflexa. Precedentes.

1. Pacífica a jurisprudência desta Corte no sentido de que, mesmo em se tratando de matéria de ordem pública, é necessário o seu exame na instância de origem para que se viabilize o recurso extraordinário. Incidência da Súmula nº 282/STF.

2. *Inadmissível em recurso extraordinário o exame de ofensa reflexa à Constituição Federal e a análise de legislação infraconstitucional. Incidência da Súmula nº 636/STF.*

3. Agravo regimental não provido.

(AI 539558 AgR, Relator(a): Min. DIAS TOFFOLI, Primeira Turma, julgado em 08/11/2011, DJe-227 DIVULG 29-11-2011 PUBLIC 30-11-2011 EMENT VOL-02636-01 PP-00040)

É pacífica a jurisprudência do Supremo Tribunal Federal no sentido de que mesmo matérias de ordem pública necessitam do devido prequestionamento para análise em sede de recurso extraordinário. Precedentes. *Caso em que a resolução da controvérsia demandaria a análise da legislação local e o reexame dos fatos e provas constantes nos autos. Providências vedadas em recurso extraordinário. Incidência das Súmulas 279 e 280/STF. Precedentes. Agravo regimental a que se nega provimento.*

(ARE 832392 ED, Relator(a): Min. ROBERTO BARROSO, Primeira Turma, julgado em 28/10/2014, ACÓRDÃO ELETRÔNICO DJe-223 DIVULG 12-11-2014 PUBLIC 13-11-2014)

(...).

Descabe sobrepor as hipóteses de cabimento do recurso extraordinário para viabilizar o julgamento de mérito de demanda cujas razões recursais são deficientes", sendo certo que **"o alegado caráter de ordem pública da violação do art. 97 da Constituição não permite ao relator do recurso extraordinário suprir a falta de prequestionamento e do respectivo argumento nas razões recursais"** *(RE 201.933-AgR-EDcl/MG, Rel. Min. Joaquim Barbosa).*

IV – Agravo regimental a que se nega provimento.
(RE 554680 AgR, Relator(a): Min. RICARDO LEWANDOWSKI, Segunda Turma, julgado em 05/08/2014, ACÓRDÃO ELETRÔNICO DJe-157 DIVULG 14-08-2014 PUBLIC 15-08-2014)

Agravo regimental no agravo de instrumento. Processual civil. Ausência de prequestionamento da matéria constitucional. Súmula n. 282 do Supremo Tribunal Federal. Inovação da matéria em embargos de declaração juridicamente inaceitável para comprovação de prequestionamento. **Necessidade de prequestionamento do tema constitucional suscitado, ainda que se trate de matéria de ordem pública.** *Agravo regimental ao qual se nega provimento.*
(AI 733063 AgR, Relator(a): Min. CÁRMEN LÚCIA, Segunda Turma, julgado em 25/02/2014, ACÓRDÃO ELETRÔNICO DJe-049 DIVULG 12-03-2014 PUBLIC 13-03-2014)

(...).
A jurisprudência do Supremo Tribunal é firme em exigir o regular prequestionamento das questões constitucionais suscitadas no recurso extraordinário, ainda que se trate de matéria de ordem pública. Agravo regimental a que se nega provimento.
(ARE 822344 AgR, Relator(a): Min. ROBERTO BARROSO, Primeira Turma, julgado em 10/02/2015, PROCESSO ELETRÔNICO DJe-044 DIVULG 06-03-2015 PUBLIC 09-03-2015).

No voto proferido pelo Ministro Roberto Barroso, encontra-se a seguinte passagem:

A regularidade dos embargos de declaração opostos no Tribunal de Justiça do Estado de São Paulo não foi suscitada no momento oportuno, motivo pelo qual deve ser reconhecida a preclusão da matéria. De fato, a parte agravante em momento algum pugnou pela reconsideração da decisão proferida pelo Tribunal de origem, tendo, na realidade, interposto recurso extraordinário com o objetivo de atacar o próprio mérito da questão controversa, sem combater a questão preliminar da tempestividade. 3. Não cabe ao Supremo Tribunal Federal declarar a tempestividade de recurso cuja competência decisória era da instância ordinária, especialmente nas hipóteses em que a questão não fora primeiramente invocada perante o órgão apto a dirimir a controvérsia. Nesse ponto, portanto, o recurso extraordinário não atende ao requisito do prequestionamento (Súmulas 282 e 356/STF). 4. Por fim, saliente-se que é firme a postura desta Corte em exigir o regular prequestionamento das questões constitucionais, ainda que se trate de matéria de ordem pública, tal como a tempestividade. Nesse sentido, confiram- -se os seguintes precedentes: Primeira turma a g .reg. no recurso extraordinário com agravo 822.344 São Paulo v o t o o senhor ministro Luís Roberto Barroso (relator): 1. O agravo não deve ser provido. Tal como constatou a decisão agravada, os embargos de declaração intempestivos não suspendem nem interrompem o prazo para a interposição do recurso extraordinário. Diante de tal circunstância, cumpre reconhecer que a interposição ocorreu fora do prazo legal. 2. A regularidade dos embargos de declaração opostos no Tribunal de Justiça do Estado de São Paulo não foi suscitada no momento oportuno, motivo pelo qual deve ser reconhecida a preclusão da matéria. De fato, a parte agravante em momento algum pugnou pela reconsideração da decisão proferida pelo Tribunal de origem, tendo, na realidade, interposto recurso extraordinário com o objetivo de atacar o próprio mérito da questão controversa, sem combater a questão preliminar da tempestividade. 3. Não cabe ao Supremo Tribunal Federal declarar a tempestividade de recurso cuja competência decisória era da instância ordinária, especialmente nas hipóteses em que a questão não fora primeiramente invocada perante o órgão apto a dirimir a controvérsia. Nesse ponto, portanto, o recurso extraordinário não atende ao requisito do prequestionamento (Súmulas 282 e 356/STF). 4. Por fim, saliente-se que é firme a postura desta Corte em exigir o regular prequestionamento das questões constitucionais, ainda que se trate de matéria de ordem pública, tal como a tempestividade. Nesse sentido, confiram-se os seguintes precedentes: MIN. ROBERTO BARROSO ARE 822344 A GR/SP "Agravo regimental no recurso extraordinário. Princípios do devido processo legal, do contraditório e da ampla defesa. Prequestionamento. Ausência. Matéria de ordem pública. Necessidade. Processual Civil. Coisa julgada. Limites objetivos. Ofensa reflexa. Precedentes. 1. Não se admite o recurso extraordinário quando os dispositivos constitucionais que nele se alega violados não estão devidamente prequestionados. Incidência das Súmulas nºs 282 e 356/STF. 2. É pacífica a jurisprudência da Corte no sentido de que, mesmo que se trate de matéria de ordem pública, é necessário seu exame nas instâncias de origem para que se viabilize o recurso extraordinário 3. A jurisdição foi prestada pelo Tribunal de origem mediante decisão suficientemente motivada. 4. É pacífica a orientação da Corte de que não se presta o recurso extraordinário para a verificação dos limites objetivos da coisa julgada, haja vista tratar-se de discussão de índole infraconstitucional. 5. Agravo regimental não provido." (RE 808.546-AgR, Rel. Min. Dias Toffoli) "agravo regimental em recurso extraordinário com agravo. Matéria de ordem pública. Ausência de prequestionamento. Incidência das súmulas 282 e 356/STF.. Os temas constitucionais do apelo extremo não foram objeto de análise prévia e conclusiva pelo Tribunal de origem. Incidência das Súmulas 282 e 356/STF. A jurisprudência do Supremo Tribunal é firme em exigir o regular prequestionamento das questões constitucionais suscitadas no recurso extraordinário, ainda que se trate de matéria de ordem pública. Precedentes. Agravo regimental a que se nega provimento." (ARE 647.186-AgR, da minha relatoria)

Diante dos referidos precedentes acima indicados, observa-se que o S.T.F. não tem conhecido de recurso extraordinário referente à matéria que não foi objeto de prequestionamento, ainda que se trate de matéria de ordem pública, como é o caso da arguição de inconstitucionalidade de determinada norma jurídica.

Por sua vez, no âmbito do S.T.J., não há uniformidade sobre tal questão.

Há determinados precedentes no S.T.J. que admitem o conhecimento de ofício ou por provocação de determinada matéria de ordem pública, ainda que não tenha sido anteriormente prequestionada, desde que o recurso especial tenha sido conhecido por outro fundamento. Segundo esses precedentes, para o juízo de admissibilidade do recurso especial deverá haver prequestionamento de determinada questão jurídica; porém, para fins de julgamento (efeito translativo ou profundidade do efeito devolutivo), uma vez admitido o recurso especial, poderá o tribunal superior examinar todas as matérias que possam ser examinadas a qualquer tempo, inclusive prescrição e decadência e as questões de ordem pública. E é com base nessa premissa que se permite ao STJ fazer controle de constitucionalidade, no julgamento de recurso especial, da lei que se reputa ofendida.[208]

Sobre o tema, eis os seguintes precedentes do S.T.J.:

> (...).
> *1. As matérias de ordem pública, ainda que desprovidas de prequestionamento, podem ser analisadas excepcionalmente em sede de recurso especial, cujo conhecimento se deu por outros fundamentos, à luz do efeito translativo dos recursos. Precedentes do STJ: REsp 801.154/TO, DJ 21.05.2008; REsp 911.520/SP, DJ 30.04.2008; REsp 869.534/SP, DJ 10.12.2007; REsp 660519/CE, DJ 07.11.2005. 2. O efeito translativo é inaplicável, quando a matéria refere-se ao mérito da irresignação e o recurso não é admitido. 3. In casu, o recurso especial interposto pela Fazenda Nacional, ora embargante, sequer ultrapassou o juízo de admissibilidade, fato que, evidentemente,*

---

[208] DIDIER JR., F., DA CUNHA, L. J. C., op. cit., p. 238.

obstaculiza a aplicação do efeito translativo, e, consectariamente, a análise da prescrição. 4. Embargos de Declaração rejeitados.

(EDcl nos EDcl no REsp 645595/SC, Rel. Ministro LUIZ FUX, PRIMEIRA TURMA, julgado em 21/08/2008, DJe 22/09/2008)

1. Em sede de recurso especial, é possível examinar, de ofício, questões que envolvam a declaração de nulidade processual absoluta, ainda que tal exame esteja subordinado ao conhecimento do recurso especial, dado o efeito translativo dos recursos. Nesse sentido: REsp 609.144/SC, 1ª Turma, Rel. Min. Teori Albino Zavascki, RDR, vol. 30, p. 333; AgRg no REsp 803.656/PR, 1ª Turma, Rel. Min. Denise Arruda, DJe 13.11.2009; EDcl nos EDcl no REsp 920.334/SP, 2ª Turma, Rel. Min. Castro Meira, DJe 12.8.2008.

(...).

3. Verifica-se a ocorrência de nulidade processual absoluta por inobservância dos arts. 128, 460 e 515 do Código de Processo Civil, pois o Tribunal de origem incorreu em julgamento citra petita, na medida em que não se pronunciou sobre o pretendido desconto de 30% a que se refere o art. 6º, II, da Medida Provisória n. 1.706/98, tampouco sobre a alegada inaplicabilidade da Taxa Referencial a título de correção monetária. Por outro lado, ao se manifestar sobre a tabela PRICE, o Tribunal de origem incorreu em julgamento extra petita.

4. Recursos especiais conhecidos e decretada, de ofício, a nulidade do acórdão recorrido, determinando-se ao Tribunal de origem que proceda a um novo julgamento da causa, com a observância dos limites em que a lide foi proposta.

(REsp 1205340/PE, Rel. Ministro MAURO CAMPBELL MARQUES, SEGUNDA TURMA, julgado em 16/12/2010, DJe 08/02/2011)

1. Até mesmo as questões de ordem pública, passíveis de conhecimento ex officio, em qualquer tempo e grau de jurisdição ordinária, não podem ser analisadas no âmbito do recurso especial se ausente o requisito do prequestionamento.

2. Excepciona-se a regra se o recurso especial ensejar conhecimento por outros fundamentos, ante o efeito translativo dos recursos, que tem aplicação, mesmo que de forma temperada, na instância especial.

Precedentes.

(EDcl nos EDcl no REsp 920.334/SP, Rel. Ministro CASTRO MEIRA, SEGUNDA TURMA, julgado em 24/06/2008, DJe 12/08/2008)

O Supremo Tribunal Federal também apresenta decisão no sentido do entendimento do S.T.J. acima indicado, a saber:

1. Os princípios da ampla defesa, do contraditório, do devido processo legal e os limites da coisa julgada, quando debatidos sob a ótica infraconstitucional, não revelam repercussão geral apta a tornar o apelo extremo admissível, consoante decidido pelo Plenário virtual do STF, na análise do ARE 748.371-RG.
2. O Supremo Tribunal Federal firmou jurisprudência no sentido de que a decisão judicial tem que ser fundamentada, ainda que sucintamente, sendo prescindível que o decisum se funde na tese suscitada pela parte. Acórdão recorrido suficientemente fundamentado.
3. As matérias de ordem pública, apreciáveis ex officio nas instâncias ordinárias também devem observar o requisito do prequestionamento, viabilizador da interposição do recurso extraordinário, salvo se ultrapassado o juízo de conhecimento, por outros fundamentos, o que não ocorre na hipótese sub examine.
(...).
(ARE 752874 AgR, Relator(a): Min. LUIZ FUX, Primeira Turma, julgado em 14/04/2015, PROCESSO ELETRÔNICO DJe-084 DIVULG 06-05-2015 PUBLIC 07-05-2015)

Porém, há entendimento no próprio S.T.J. que exige o efetivo prequestionamento para o conhecimento de matéria, ainda que de ordem pública, como é o caso da prescrição e decadência. Nesse sentido, eis as seguintes decisões:

(...).
4. Observa-se que é inviável apreciar a questão ora levantada pela agravante, relativa à prescrição do direito de ação, pois é estranha à matéria suscitada no próprio recurso especial, constituindo, portanto, inovação sobre a qual se operou a preclusão consumativa.
5. Agravo regimental parcialmente provido, apenas para adequar os índices de correção monetária, nos termos da fundamentação.
(AgRg no REsp 1079258/SP, Rel. Ministro BENEDITO GONÇALVES, PRIMEIRA TURMA, julgado em 27/10/2009, DJe 05/11/2009).
1. As matérias de ordem pública, como sói ser a coisa julgada, conquanto cognoscíveis de ofício pelo juiz ou Tribunal em qualquer tempo e grau de jurisdição (art. 267, § 3º, do CPC), carecem de prequestionamento em sede de Recurso Especial. Precedentes do STJ: EDcl no AgRg no REsp 962.007/SP, Primeira Turma, DJ de 28/05/2008;

EDcl nos EDcl no AgRg nos EDcl no Ag 1009546/RS, Terceira Turma, DJ de 12/12/2008; AgRg nos EDcl no Ag 1027378/SP, Terceira Turma, DJ de 18/11/2008 e AgRg no Ag 781.322/RS, Quarta Turma, DJ de 24/11/2008.

2. In casu, a ausência de manifestação acerca da aventada violação ao disposto nos arts. 1.228 e 1.314, ambos do Código Civil de 2002 (524 e 623 do CC de 1916, respectivamente) decorreu da impossibilidade de conhecimento do Recurso Especial, em razão da inarredável incidência do óbice erigido pelas Súmulas 05 e 07/STJ.

(...).

(AgRg nos EDcl no REsp 907.417/PR, Rel. Ministro LUIZ FUX, PRIMEIRA TURMA, julgado em 10/03/2009, DJe 26/03/2009)

É importante salientar que segundo o teor da Súmula 528 do S.T.F., se a decisão contiver partes autônomas, a admissão parcial, pelo Presidente do Tribunal *a quo*, de recurso extraordinário que, sobre qualquer delas se manifestar, não limitará a apreciação de todas pelo Supremo Tribunal Federal, independentemente de interposição de agravo de instrumento.

10.3.1.6. Prequestionamento e Turma Nacional de Uniformização

A Turma Nacional de Uniformização de jurisprudência dos juizados especiais federais foi criada pelo art. 14, § 2º, da Lei n. 10.259 de 12 de julho de 2001, que assim dispõe:

Art. 14. Caberá pedido de uniformização de interpretação de lei federal quando houver divergência entre decisões sobre questões de direito material proferidas por Turmas Recursais na interpretação da lei.

§ 1o O pedido fundado em divergência entre Turmas da mesma Região será julgado em reunião conjunta das Turmas em conflito, sob a presidência do Juiz Coordenador.

§ 2o O pedido fundado em divergência entre decisões de turmas de diferentes regiões ou da proferida em contrariedade a súmula ou jurisprudência dominante do STJ será julgado por Turma de Uniformização, integrada por juízes de Turmas Recursais, sob a presidência do Coordenador da Justiça Federal.

(...).

Na realidade, a Turma Nacional de Uniformização, com as respectivas particularidades, evidentemente, faz as vezes do Superior Tribunal de Justiça e do recurso especial.

Por isso, há uma espécie de *prequestionamento* para que seja admitido o incidente de uniformização, conforme estabelece a Questão de Ordem n. 10 da T.N.U.:

Não cabe o incidente de uniformização quando a parte que o deduz apresenta tese jurídica inovadora, não ventilada nas fases anteriores do processo e sobre a qual não se pronunciou expressamente a Turma Recursal no acórdão recorrido.(Aprovada na 8ª Sessão Ordinária da Turma Nacional de Uniformização, do dia 22.11.2004).

10.4. As razões do pedido de reforma ou de invalidação da decisão recorrida

O recorrente deverá demonstrar as razões jurídicas do pedido de reforma ou da invalidação da decisão recorrida, pois se não demonstrar em que se fundam as razões do pedido, os Tribunais Superiores não poderão acolher a pretensão formulada.

Essa exigência permite observar a existência de juízo *rescindendum* e do juízo *rescisório* no âmbito do recurso especial ou extraordinário.

A parte, ao interpor o recurso especial ou extraordinário, deverá deixar claro se sua pretensão diz respeito apenas ao juízo *rescindendum*, ou seja, apenas à invalidação da decisão recorrida, com o retorno dos autos à origem para prolação de nova decisão ou se também há necessidade do juízo rescisório, ou seja, a reforma da decisão mediante a prolação de nova decisão pelo S.T.J. ou pelo S.T.F.

Note-se que somente quando o fundamento do recurso consistir em *error in procedendo* é que o S.T.F. ou o S.T.J., ao acolher a pretensão do recorrente, anulará a decisão recorrida para que outra seja proferida, retornando os autos à origem para tal fim.

Não sendo o caso de *error in procedendo*, mas, sim, de *error in judicando*, o S.T.F. ou o S.T.J. deverá aplicar o direito ao caso concreto, pois nessa hipótese o tribunal não exerce a função de corte de cassação. Nesse sentido é a seguinte passagem do voto proferido pela Ministra Nancy Andrigui, no Resp n. 872.666, j. 14.12.2006, DJ 05.02.2007. p. 235:

> (...).
> *Afastada a incidência do art. 42, par. ún, do CDC, que foi a base jurídica sobre a qual se erigiu o acórdão recorrido, cabe ao STJ, nos termos do brocardo 'iura novit curia', aplicar o direito à espécie, na medida em que, inexistindo propriamente erro de*

procedimento, mas sim alteração quanto à análise do mérito da lide, é possível apenas a reforma do acórdão e não a mera cassação deste para que outro seja proferido. Tal providência, nos termos de reiterada jurisprudência do STJ, é perfeitamente cabível em recurso especial, porque não há como limitar as funções deste Tribunal aos termos de um modelo restritivo de prestação jurisdicional que seria aplicável, tão-somente, a uma eventual Corte de Cassação. Assim, afastado o fundamento jurídico do acórdão recorrido, procede-se, ainda que em recurso especial, diretamente ao julgamento da matéria controvertida, nos termos do art. 257 do RISTJ e da Súmula nº 456 do STF. Sobre tal possibilidade, cite-se o precedente Edcl no Resp nº 261.793/MG, rel. Min. Menezes Direito, 3ª Turma, DJ de 03.09.2001, no qual foi analisada situação semelhante à presente: afastada a incidência do CDC em lide relativa à restituição integral de parcelas pagas a plano de previdência privada, porque o fato gerador do pretenso direito se deu em data anterior à vigência daquele diploma, a 3ª Turma aplicou o direito à espécie para, nos termos do direito comum e com base no princípio que veda o enriquecimento ilícito, julgar o mérito de forma a improver o recurso especial. Tal acórdão está assim ementado: "Embargos de declaração. Recurso especial. Omissão inexistente. (...) 2. O Superior Tribunal de Justiça não está adstrito ao exame das regras jurídicas apresentadas no recurso especial para aplicar o direito à espécie. Outros fundamentos jurídicos podem ser utilizados, presentes os brocardos da mihi factum, dabo tibi jus e jura novit curia. Anote-se, ainda, que, na hipótese dos autos, a existência de enriquecimento indevido foi invocada, também, no Acórdão atacado no especial, não representando novidade. 3. Embargos de declaração rejeitados".

(...).

10.5. Recolhimento de custas e requerimento de gratuidade de justiça

10.5.1. Do preparo

A interposição do recurso extraordinário ou do recurso especial exige o recolhimento das custas processuais e do valor das despesas de remessa e de retorno dos autos, quando for o caso, e segundo as tabelas normativas do respectivo tribunal.

Nos termos do art. 1.007 do novo C.P.C., o recorrente comprovará, no ato de interposição do recurso, quando exigido pela legislação pertinente, o respectivo preparo, inclusive porte de remessa e de retorno, sob pena de deserção.

A comprovação do preparo e do recolhimento do porte de remessa e de retorno se dá por guia própria indicada normalmente nos regimentos internos dos tribunais.[209]

---

[209] A Resolução STJ/GP n. 1, de 18 de fevereiro de 2016, estabelece em seu art. 5º e 6º, a forma de recolhimento do preparo, *in verbis*:
Art. 5º O recolhimento das custas judiciais e do porte de remessa e retorno dos autos será realizado exclusivamente mediante o sistema de GRU Cobrança, emitida após o preenchimento do formulário eletrônico disponível no sítio do Tribunal: http://www.stj.jus.br.
Art. 6º No momento do preenchimento do formulário de emissão da GRU Cobrança, deverão ser indicados obrigatoriamente:
I – nome do autor da ação ou do recorrente, acompanhado do respectivo CPF ou CNPJ;
II – nome do réu ou do recorrido;
III – tipo do pagamento, com especificação de quando se trata de custas ou de porte de remessa e retorno dos autos;
IV – demais informações exigidas no formulário eletrônico, de acordo com o tipo de ação ou recurso escolhido.
Parágrafo único. No caso de recolhimento para ajuizamento de Homologação de Sentença Estrangeira, não dispondo o autor de CPF ou CNPJ, poderá
Art. 7º O sistema de GRU Cobrança do Superior Tribunal de Justiça estará disponível 24 horas por dia, ininterruptamente, ressalvados os períodos de manutenção.
§ 1º A indisponibilidade da GRU Cobrança será aferida por sistema de auditoria estabelecido pela unidade de tecnologia da informação e será registrada em relatório de interrupções de funcionamento a ser divulgado ao público no sítio eletrônico do Tribunal, com as informações de data, hora e minuto do início e do término.
§ 2º Considera-se indisponibilidade do sistema de GRU Cobrança a falta de oferta do serviço de emissão de guias de pagamento, disponível no sítio eletrônico do Tribunal.
§ 3º As falhas de transmissão de dados entre as estações de trabalho do público externo e a rede de comunicação pública, assim como a impossibilidade técnica decorrente de falha nos equipamentos ou programas dos usuários, não caracterizarão indisponibilidade.
Art. 8º Ficam prorrogados para o dia útil subsequente à retomada do funcionamento os prazos para recolhimento de custas judiciais e porte de remessa e retorno dos autos nas hipóteses de ocorrência de indisponibilidade do sistema de GRU Cobrança quando:
I – a indisponibilidade for superior a 60 minutos, ininterrupta ou não, se ocorrida entre as 6 e as 23 horas; II – houver indisponibilidade das 23 às 24 horas.
Parágrafo único. As indisponibilidades ocorridas entre 0 hora e as 6 horas dos dias de expediente forense e as ocorridas em feriados e finais de semana, a qualquer hora, não produzirão o efeito do caput deste artigo.
Art. 9º Os valores indevidamente recolhidos serão objeto de restituição mediante provocação do interessado, de acordo com regulamentação própria estabelecida pelo Tribunal.

O S.T.J., em algumas decisões, não tem sido tolerante com o equívoco da parte na utilização de guias para recolhimento das custas recursais.

Assim, o S.T.J. tem considerado deserto o recurso caso o recolhimento das custas tenha sido efetuado por meio das guias de recolhimento GRU Simples, e não por meio de guias de recolhimento GRU Cobrança. O entendimento parcial na Corte Superior é no sentido de que 'o reco-

---

Parágrafo único. Os valores recolhidos a título de porte de remessa e retorno poderão ser restituídos quando se verificar, encerrada sua tramitação no STJ, que os autos foram encaminhados integralmente por via eletrônica e devolvidos do mesmo modo aos tribunais de origem.

No Supremo Tribunal Federal, o recolhimento de custas é regulamentado por Resolução, na qual consta, dentre outras previsões, a tabela de custas e a forma de recolhimento.

Os valores da tabela de custas sempre foram recolhidos na rede bancária por meio de Guia de Recolhimento da União – GRU, cujo preenchimento era de responsabilidade do usuário, a partir de um link para o sítio eletrônico da Secretaria do Tesouro Nacional, e cujo pagamento era exclusivo no Banco do Brasil.

Em 19 de março de 2012, o Supremo Tribunal Federal disponibilizou ao público, em caráter experimental e, portanto, facultativo, a GRU Ficha de Compensação.

Desde então, no sítio eletrônico do STF (www.stf.jus.br), no menu 'Processos – Custas Processuais', na opção 'Emitir GRU' ou no link abaixo, o usuário tem a sua disposição um formulário eletrônico, que possibilita emitir uma GRU Ficha de Compensação, visando ao recolhimento das custas processuais para a interposição de recursos, ajuizamento de ações originárias, atos processuais e serviços.

A experiência de quatro meses mostrou-se bem sucedida. A simplicidade e rapidez na emissão das guias e a facilidade do pagamento atraíram rapidamente os usuários do Supremo Tribunal Federal, que aderiram ao novo formato de maneira espontânea e representativa.

Por tais razões, o Supremo Tribunal Federal editou a Resolução nº 491, de 20 de julho de 2012, divulgada no Diário da Justiça Eletrônico de 23 de julho de 2012, tornando a GRU Ficha de Compensação o exclusivo meio de recolhimento de custas e porte de remessa e retorno de autos.

A obrigatoriedade, contudo, não foi imediata. A Resolução/STF 491 entrou em vigor em 90 dias de sua publicação, em 21 de outubro de 2012.

Este prazo serviu para uma mais ampla divulgação, inclusive junto aos Tribunais do país, que inseriram em seus sítios eletrônicos na internet link para a emissão de GRU Ficha de Compensação na página do STF. Além de matérias específicas nos canais de comunicação, avisos foram quinzenalmente publicados no Diário da Justiça Eletrônico, esclarecendo às partes, advogados e demais interessados sobre a proximidade da vigência da nova Tabela de Custas.

Para o esclarecimento de dúvidas, mantenha contato com o STF por meio dos seguintes canais de comunicação: formulário de atendimento ou (61) 3217-4465.

lhimento em guia diversa daquela prevista na resolução em vigor no momento da interposição do recurso conduz ao reconhecimento da deserção' (AgRg no MS 18.404/DF, Corte Especial, Rel. Min. Nancy Andrighi, DJe de 18/9/2012). Nesse sentido, ainda, confira-se os seguintes precedentes: AgRg no Ag 1.368.559/SC, 4ª Turma, Rel. Min. Raul Araújo, DJe de 21/3/2011; e EREsp 820539/ES, Corte Especial, Rel. Min. Castro Meira, DJe de 23/8/2010.

Há, porém, entendimento contrário do próprio S.T.J., respaldado no princípio da instrumentalidade das formas, conforme se observa pelas seguintes decisões:

> RECURSO ESPECIAL. PORTE DE REMESSA E RETORNO RECOLHIDO EM GRU-SIMPLES, ENQUANTO A RESOLUÇÃO DO TRIBUNAL EXIGE GRU-COBRANÇA.
> NOME DO RECORRENTE E NÚMERO DO PROCESSO PREENCHIDOS CORRETAMENTE. EFETIVO INGRESSO DO VALOR NOS COFRES DO STJ. FINALIDADE ALCANÇADA. INSTRUMENTALIDADE DAS FORMAS DO PROCESSO VOTO PELO PROCESSAMENTO DO RECURSO ESPECIAL, AFASTADA A DESERÇÃO, PARA O SEU OPORTUNO JULGAMENTO PELA 1a. TURMA.
>
> *1. Como se sabe, a tendência deste egrégio STJ é de não conhecer dos Recursos Especiais, cujos preparos não tenham sido efetivados com estrita observância das suas formalidades extrínsecas. Contudo, sob meu modesto ponto de vista, deve-se flexibilizar esta postura, sobretudo à luz da conhecida prevalência do princípio da instrumentalidade das formas dos atos do processo. Exatamente por este meu pensamento destoar do que reiteradamente afirmam os órgãos fracionários do STJ, é que suscito a discussão perante a douta Corte Especial.*
>
> *2. Na espécie, a Guia de Recolhimento destinada ao pagamento do Porte de Remessa e Retorno indicou corretamente o STJ como unidade de destino, além do nome e CNPJ da recorrente e o número do processo. Noutras palavras, o valor referente a este feito foi pago e entregue ao STJ; apenas o instrumento utilizado é que foi inadequado, mas efetivamente o fim almejado foi alçado com a entrada do dinheiro nos cofres do Tribunal.*
>
> *3. Voto pelo processamento do Recurso Especial, afastada a deserção, para o seu oportuno julgamento pela 1a. Turma deste Tribunal Superior, como entender de direito.*
>
> (REsp 1498623/RJ, Rel. Ministro NAPOLEÃO NUNES MAIA FILHO, CORTE ESPECIAL, julgado em 26/02/2015, DJe 13/03/2015)

AGRAVO INTERNO NO RECURSO ESPECIAL. PROCESSUAL CIVIL. PREPARO. GRU SIMPLES ENQUANTO A RESOLUÇÃO EM VIGOR DO TRIBUNAL EXIGE A GRU COBRANÇA. POSSIBILIDADE. FINALIDADE ALCANÇADA. AÇÃO RESCISÓRIA. PRAZO DECADENCIAL. INÍCIO. TRÂNSITO EM JULGADO DA DECISÃO PROFERIDA NO ÚLTIMO RECURSO INTERPOSTO. SÚMULA 401/STJ. AGRAVO DESPROVIDO.

1. Afasta-se a pena de deserção quando a parte comprova o recolhimento do preparo do recurso especial mediante GRU SIMPLES, ainda que a resolução em vigor exija que seu pagamento seja feito através de GRU COBRANÇA. Precedente da Corte Especial.

2. De acordo com o entendimento firmado pela Corte Especial do Superior Tribunal de Justiça, o prazo decadencial para o ajuizamento da rescisória inicia-se apenas quando não mais for cabível recurso do último pronunciamento judicial, ainda que esse negue seguimento a recurso pela ausência de algum dos requisitos formais. Súmula 401/STJ.

3. Agravo regimental a que se nega provimento.

(AgRg no AgRg no REsp 1485148/MG, Rel. Ministro RAUL ARAÚJO, QUARTA TURMA, julgado em 16/04/2015, DJe 14/05/2015)

AGRAVO INTERNO NO AGRAVO EM RECURSO ESPECIAL. PROCESSUAL CIVIL.

PREPARO. GRU SIMPLES ENQUANTO A RESOLUÇÃO EM VIGOR DO TRIBUNAL EXIGE A GRU COBRANÇA. POSSIBILIDADE. FINALIDADE ALCANÇADA. RECURSO CONTRA DECISÃO QUE DETERMINA A REAUTUAÇÃO DO AGRAVO COMO RECURSO ESPECIAL. NÃO CABIMENTO. ART. 258, § 2º, DO RISTJ. AGRAVO NÃO CONHECIDO.

1. Afasta-se a pena de deserção quando a parte comprova o recolhimento do preparo do recurso especial mediante GRU SIMPLES, ainda que a resolução em vigor exija que seu pagamento seja feito através de GRU COBRANÇA. Precedente da Corte Especial.

2. A jurisprudência desta eg. Corte firmou-se no sentido de considerar irrecorrível a decisão que determina a reautuação, como recurso especial, do agravo interposto contra a decisão que não admitiu o apelo especial, nos termos do art. 258, § 2º, do RISTJ, in verbis: "Não cabe agravo regimental da decisão do relator que der provimento a agravo de instrumento, para determinar a subida de recurso não admitido." 3. Agravo regimental não conhecido.

(RCD no AgRg no AREsp 554.567/MS, Rel. Ministro RAUL ARAÚJO, QUARTA TURMA, julgado em 10/05/2016, DJe 27/05/2016).

Felizmente, o princípio da *instrumentalidade das formas* acabou prevalecendo no novo C.P.C.

Segundo estabelece o §7º do art. 1.007 do novo C.P.C., o *equívoco no preenchimento da guia de custas não implicará a aplicação da pena de deserção, cabendo ao relator, na hipótese de dúvida quanto ao recolhimento, intimar o recorrente para sanar o vício no prazo de 5 (cinco) dias.*

Será considerado deserto o recurso interposto para o S.T.J., quando o recorrente não recolhe, na origem, a importância das despesas de remessa e de retorno dos autos, segundo estabelece a Súmula 187/STJ. Nesse sentido são os seguintes precedentes: Precedentes: AgRg no AREsp 449711/MG, Rel. Ministro SÉRGIO KUKINA, PRIMEIRA TURMA, julgado em 03/03/2015, DJe 09/03/2015; AgRg no AREsp 322169/BA, Rel. Ministra MARIA ISABEL GALLOTTI, QUARTA TURMA, julgado em 05/02/2015, DJe 13/02/2015; AgRg no REsp 1447624/SP, Rel. Ministro MOURA RIBEIRO, TERCEIRA TURMA, julgado em 02/12/2014, DJe 09/02/2015; AgRg no AREsp 586546/RS, Rel. Ministro MARCO AURÉLIO BELLIZZE, TERCEIRA TURMA, julgado em 18/12/2014, DJe 04/02/2015; AgRg no REsp 1487283/RS, Rel. Ministro OG FERNANDES, SEGUNDA TURMA, julgado em 16/12/2014, DJe 04/02/2015; AgRg no AREsp 589057/SP, Rel. Ministro HERMAN BENJAMIN, SEGUNDA TURMA, julgado em 18/12/2014, DJe 03/02/2015; AgRg no AREsp 553165/RJ, Rel. Ministro PAULO DE TARSO SANSEVERINO, TERCEIRA TURMA, julgado em 16/12/2014, DJe 02/02/2015; AgRg no AREsp 576881/RS, Rel. Ministro LUIS FELIPE SALOMÃO, QUARTA TURMA, julgado em 18/12/2014, DJe 02/02/2015; AgRg no REsp 1481145/CE, Rel. Ministra ASSUSETE MAGALHÃES, SEGUNDA TURMA, julgado em 18/12/2014, DJe 19/12/2014; AgRg no REsp 1488508/RS, Rel. Ministro MAURO CAMPBELL MARQUES, SEGUNDA TURMA, julgado em 02/12/2014, DJe 10/12/2014.

O S.T.J. vinha afirmando, ainda, que a comprovação do preparo deveria ocorrer obrigatoriamente *no ato de interposição do recurso*, sob pena de preclusão e deserção. Nesse sentido são os seguintes precedentes: AgRg no REsp 1487417/PR, Rel. Ministra MARIA ISABEL GALLOTTI, QUARTA TURMA, julgado em 03/03/2015, DJe 10/03/2015; AgRg no AREsp 449711/MG, Rel. Ministro SÉRGIO KUKINA, PRIMEIRA TURMA, julgado em 03/03/2015, DJe 09/03/2015; AgRg no AREsp 626986/PR, Rel. Ministro HUMBERTO MARTINS, SEGUNDA TURMA, julgado em

12/02/2015, DJe 25/02/2015; AgRg no AREsp 619761/RN, Rel. Ministro MAURO CAMPBELL MARQUES, SEGUNDA TURMA, julgado em 05/02/2015, DJe 12/02/2015; AgRg no AREsp 580456/RS, Rel. Ministro LUIS FELIPE SALOMÃO, QUARTA TURMA, julgado em 16/12/2014, DJe 19/12/2014; AgRg no REsp 1481145/CE, Rel. Ministra ASSUSETE MAGALHÃES, SEGUNDA TURMA, julgado em 18/12/2014, DJe 19/12/2014; AgRg no AREsp 568413/SP, Rel. Ministro PAULO DE TARSO SANSEVERINO, TERCEIRA TURMA, julgado em 25/11/2014, DJe 09/12/2014; AgRg no AREsp 567549/DF, Rel. Ministro MARCO BUZZI, QUARTA TURMA, julgado em 18/11/2014, DJe 27/11/2014; AgRg no AREsp 565064/PR, Rel. Ministro ANTONIO CARLOS FERREIRA, QUARTA TURMA, julgado em 18/11/2014, DJe 25/11/2014.

Tudo indica que essa jurisprudência do S.T.J., acima citada, encontra-se superada com a entrada em vigor do novo C.P.C., pois o §4º do art. 1007 preconiza que se o recorrente não comprovar, no ato de interposição do recurso, o recolhimento do preparo, inclusive porte de remessa e de retorno, será intimado, na pessoa de seu advogado, para realizar o recolhimento em dobro, sob pena de deserção.

O novo C.P.C. oferece uma segunda chance ao recorrente para comprovar o recolhimento do preparo, inclusive porte de remessa e retorno.

Portanto, constatando-se, no ato da interposição do recurso, a não comprovação do recolhimento do preparo, inclusive porte de remessa e retorno, será necessária a intimação do recorrente para efetuar o preparo, apesar da sanção a ele imposta na exigência de recolhimento em dobro.

A intimação dar-se-á na pessoa do advogado do recorrente.

O dispositivo não fala qual seria o prazo para o recorrente efetuar o recolhimento em dobro do preparo, inclusive porte de remessa e de retorno.

Como a norma não indica expressamente o prazo, deve-se aplicar o disposto no art. 218, §1º, do novo C.P.C., que assim dispõe: *Quando a lei for omissa, o juiz determinará os prazos em consideração à complexidade do ato.*

Não sendo fixado pelo juiz, será de 5 (cinco) dias o prazo para a prática do ato processual a cargo da parte (§3º do art. 218 do novo C.P.C.).

É importante salientar que na contagem do prazo em dias somente serão computados os dias úteis.

Intimado o recorrente, na pessoa de seu advogado, para efetuar o preparo, nos moldes do §4º do art. 1007 do novo C.P.C., não mais poderá realizar eventual complementação do valor recolhido, se houver insuficiência parcial do preparo, inclusive porte de remessa e de retorno (§5º do art. 1007 do novo C.P.C.). Sobre o tema, eis a seguinte decisão monocrática proferida pela Ministra Laurita Vaz:

> *RECURSO ESPECIAL Nº 1.668.182 – RS (2017/0092155-4)*
> *RELATORA: MINISTRA PRESIDENTE DO STJ*
> *(...).*
> *DECISÃO*
> *Vistos, etc.*
> *Trata-se de AGRAVO EM RECURSO ESPECIAL interposto contra decisão que inadmitiu recurso especial.*
> *É o relatório. Decido.*
> *Inicialmente, de acordo com os Enunciados Administrativos do STJ nºs 02 e 03, os requisitos de admissibilidade a serem observados são os previstos no Código de Processo Civil de 1973, se a decisão impugnada tiver sido publicada até 17 de março de 2016, ou, se publicada após 18 de março de 2016, os preconizados no Código de Processo Civil de 2015.*
> *Mediante análise dos autos, verifica-se que o recurso especial é deserto.*
> *Veja-se que intimado pelo Tribunal de origem (fl. 422), para efetuar o recolhimento das custas nos termos do art. 1.007, § 4º, do Código de Processo Civil, o Recorrente recolheu apenas metade do valor devido ao STJ (fls. 429/431).*
> *Não tendo recolhido corretamente, o tribunal abriu novo prazo para regularização, porém, conforme preceitua o art. 1.007, § 5º, do mesmo diploma, é vedada a complementação da insuficiência do preparo, nesses casos. Portanto, não há que considerar esse novo prazo.*
> *Além disso, mesmo que se aceitasse essa regularização posterior, nota-se que a parte só trouxe o comprovante de pagamento (fl. 441), não juntando aos autos a respectiva guia de recolhimento (GRU).*
> *Logo, não se verifica o atendimento da exigência contida no art. 1.007, § 4º, do Código de Processo Civil, que assim dispõe: "O recorrente que não comprovar, no ato de interposição do recurso, o recolhimento do preparo, inclusive porte de remessa e de retorno, será intimado, na pessoa de seu advogado, para realizar o recolhimento em dobro, sob pena de deserção".*
> *Ante o exposto, com base no art. 21-E, inciso V, do Regimento*
> *Interno do Superior Tribunal de Justiça, NÃO CONHEÇO do recurso.*
> *Publique-se. Intimem-se.*

Brasília (DF), 26 de junho de 2017.
MINISTRA LAURITA VAZ
Presidente

O S.T.J. vem admitindo que o preparo seja efetuado no primeiro dia útil subsequente, quando a interposição do recurso ocorrer após o encerramento do expediente bancário, conforme estabelece a Súmula 484/STJ e dos seguintes precedentes: Precedentes: AgRg no AREsp 555119/RJ, Rel. Ministro RAUL ARAÚJO, QUARTA TURMA, julgado em 23/10/2014, DJe 21/11/2014; AgRg no AREsp 320636/PA, Rel. Ministro LUIS FELIPE SALOMÃO, QUARTA TURMA, julgado em 13/08/2013, DJe 20/08/2013; AgRg no Ag 1404968/PR, Rel. Ministro ANTONIO CARLOS FERREIRA, QUARTA TURMA, julgado em 23/04/2013, DJe 26/04/2013; AgRg nos EDcl no REsp 1083532/MS, Rel. Ministra NANCY ANDRIGHI, TERCEIRA TURMA, julgado em 19/03/2013, DJe 22/03/2013; AgRg nos EDcl no Ag 594936/RS, Rel. Ministro PAULO DE TARSO SANSEVERINO, TERCEIRA TURMA, julgado em 28/08/2012, DJe 10/09/2012; EDcl no RMS 34327/GO, Rel. Ministro HERMAN BENJAMIN, SEGUNDA TURMA, julgado em 02/02/2012, DJe 06/03/2012; AgRg no Ag 1414820/SC, Rel. Ministro RAUL ARAÚJO, QUARTA TURMA, julgado em 25/10/2011, DJe 07/12/2011; AgRg no AgRg no Ag 1382053/RJ, Rel. Ministro BENEDITO GONÇALVES, PRIMEIRA TURMA, julgado em 07/06/2011, DJe 10/06/2011; AgRg no REsp 1236039/PR, Rel. Ministro HAMILTON CARVALHIDO, PRIMEIRA TURMA, julgado em 03/05/2011, DJe 16/05/2011; EDcl no Ag 1295729/AM, Rel. Ministro VASCO DELLA GIUSTINA (DESEMBARGADOR CONVOCADO DO TJ/RS), TERCEIRA TURMA, julgado em 17/02/2011, DJe 23/02/2011.

A insuficiência no valor do preparo, inclusive porte de remessa e de retorno, implicará deserção se o recorrente, intimado na pessoa de seu advogado, não vier a supri-lo no prazo de 5 (cinco) dias (§2º do art. 1007 do novo C.P.C.).

Essa permissibilidade estabelecida no §2º do art. 1007 do novo C.P.C. já estava consolidada na jurisprudência do S.T.J., sob a égide do C.P.C. de 1973. Nesse sentido é o seguinte precedente:

> *AGRAVO REGIMENTAL NO AGRAVO EM RECURSO ESPECIAL. PROCESSUAL CIVIL. RECURSO ESPECIAL. RECOLHIMENTO A MENOR*

DO PREPARO. POSSIBILIDADE DE COMPLEMENTAÇÃO. INTIMAÇÃO DO RECORRENTE. COMPROVANTE DE PAGAMENTO DESACOMPANHADO DA RESPECTIVA GUIA DE RECOLHIMENTO. DESERÇÃO.

1. A insuficiência no valor do preparo só implicará deserção se o recorrente, intimado, não vier a supri-lo no prazo de cinco dias.

2. É deserto o recurso especial quando a parte junta aos autos o comprovante de pagamento do preparo desacompanhado da respectiva guia de recolhimento.

3. Agravo regimental desprovido.

(AgRg no AREsp 766.615/MG, Rel. Ministro JOÃO OTÁVIO DE NORONHA, TERCEIRA TURMA, julgado em 17/03/2016, DJe 29/03/2016)

São dispensados do preparo, inclusive porte de remessa e de retorno, os recursos interpostos pelo Ministério Público, pela União, pelo Distrito Federal, pelos Estados, pelos Municípios, e respectivas autarquias, e pelos que gozam de isenção legal (§1º do art. 1007 do novo C.P.C.).

É também dispensado o recolhimento do porte de remessa e de retorno no processo em autos eletrônicos (§3º do art. 1007 do novo C.P.C.).

Deve-se ressaltar, ainda, que se o recorrente comprovar *justo impedimento*, o relator relevará a pena de deserção, por decisão irrecorrível, fixando-lhe prazo de 5 (cinco) dias para efetuar o preparo (§6º do art. 1.007 do novo C.P.C.).

É importante salientar que o S.T.J. não tem reconhecido como preparo do recurso especial apenas o comprovante de agendamento, conforme os seguintes precedentes: AgRg no AREsp 502316/RS, Rel. Ministro PAULO DE TARSO SANSEVERINO, TERCEIRA TURMA, julgado em 03/03/2015, DJe 06/03/2015; AgRg no AREsp 619761/RN, Rel. Ministro MAURO CAMPBELL MARQUES, SEGUNDA TURMA, julgado em 05/02/2015, DJe 12/02/2015; AgRg no AREsp 140726/MT, Rel. Ministro JOÃO OTÁVIO DE NORONHA, TERCEIRA TURMA, julgado em 20/11/2014, DJe 25/11/2014; AgRg no AREsp 541805/SP, Rel. Ministro MARCO AURÉLIO BELLIZZE, TERCEIRA TURMA, julgado em 06/11/2014, DJe 14/11/2014; AgRg no AREsp 544976/MA, Rel. Ministro LUIS FELIPE SALOMÃO, QUARTA TURMA, julgado em 06/11/2014, DJe 11/11/2014; AgRg no AREsp 343904/SP, Rel. Ministro RICARDO VILLAS BÔAS CUEVA, TERCEIRA TURMA, julgado em 21/11/2013; DJe 29/11/2013; EDcl no AREsp 519784/MG, Rel. Ministro

SÉRGIO KUKINA, PRIMEIRA TURMA, julgado em 13/06/2014, DJe 20/06/2014; REsp 1425768/SP, Rel. Ministra NANCY ANDRIGHI, TERCEIRA TURMA, julgado em 11/02/2014, DJe 16/06/2014; AgRg no AREsp 490738/DF, Rel. Ministro OG FERNANDES, SEGUNDA TURMA, julgado em 22/05/2014, DJe 30/05/2014.

Com exceção do processo eletrônico, em que não há movimentação física, será considerado deserto o recurso especial interposto ao S.T.J., quando o recorrente não recolhe o valor das despesas de remessa e retorno dos autos. Tal determinação encontra-se na Súmula 187/STJ e nos seguintes precedentes: AgRg no AREsp 449711/MG, Rel. Ministro SÉRGIO KUKINA, PRIMEIRA TURMA, julgado em 03/03/2015, DJe 09/03/2015; AgRg no AREsp 322169/BA, Rel. Ministra MARIA ISABEL GALLOTTI, QUARTA TURMA, julgado em 05/02/2015, DJe 13/02/2015; AgRg no REsp 1447624/SP, Rel. Ministro MOURA RIBEIRO, TERCEIRA TURMA, julgado em 02/12/2014, DJe 09/02/2015; AgRg no AREsp 586546/ RS, Rel. Ministro MARCO AURÉLIO BELLIZZE, TERCEIRA TURMA, julgado em 18/12/2014, DJe 04/02/2015; AgRg no REsp 1487283/RS, Rel. Ministro OG FERNANDES, SEGUNDA TURMA, julgado em 16/12/2014, DJe 04/02/2015; AgRg no AREsp 589057/SP, Rel. Ministro HERMAN BENJAMIN, SEGUNDA TURMA, julgado em 18/12/2014, DJe 03/02/2015; AgRg no AREsp 553165/RJ, Rel. Ministro PAULO DE TARSO SANSEVERINO, TERCEIRA TURMA, julgado em 16/12/2014, DJe 02/02/2015; AgRg no AREsp 576881/RS, Rel. Ministro LUIS FELIPE SALOMÃO, QUARTA TURMA, julgado em 18/12/2014, DJe 02/02/2015; AgRg no REsp 1481145/CE, Rel. Ministra ASSUSETE MAGALHÃES, SEGUNDA TURMA, julgado em 18/12/2014, DJe 19/12/2014; AgRg no REsp 1488508/RS, Rel. Ministro MAURO CAMPBELL MARQUES, SEGUNDA TURMA, julgado em 02/12/2014, DJe 10/12/2014.

10.5.2. Gratuidade de justiça

A pessoa natural ou jurídica, brasileira ou estrangeira, com insuficiência de recursos para pagar as custas (incluídas as recursais), as despesas processuais e honorários advocatícios tem direito à gratuidade de justiça nos moldes do art. 98 do novo C.P.C.

A gratuidade poderá ser concedida em relação a algum ou a todos os atos processuais, ou consistir na redução percentual de despesas processuais que o beneficiário tiver de adiantar no curso do procedimento.

Conforme o caso, o juiz poderá conceder direito ao parcelamento de despesas processuais que o beneficiário tiver de adiantar no curso do procedimento.

O pedido de gratuidade da justiça pode ser formulado na petição inicial, na contestação, na petição para ingresso de terceiro no processo ou em recurso (art. 99 do novo C.P.C.).

Presume-se verdadeira a alegação de insuficiência deduzida exclusivamente por pessoa natural (a pessoa jurídica deve comprovar sua afirmação), sendo que o juiz somente poderá indeferir o pedido se houver nos autos elementos que evidenciem a falta dos pressupostos legais para a concessão da gratuidade, devendo, antes de indeferir o pedido, determinar à parte a comprovação do preenchimento dos referidos pressupostos.

Sobre o dever de o juiz analisar os pressupostos jurídicos para a concessão da gratuidade de justiça, eis o seguinte precedente do S.T.J.:

EMBARGOS DE DECLARAÇÃO. PROCESSUAL CIVIL. AFERIR CONCRETAMENTE, SE O REQUERENTE FAZ JUS À GRATUIDADE DE JUSTIÇA. DEVER DA MAGISTRATURA NACIONAL. INEXISTÊNCIA DOS REQUISITOS DO ART. 1.022 E INCISOS DO CPC DE 2015. EMBARGOS DE DECLARAÇÃO REJEITADOS. RECURSO DE CARÁTER MERAMENTE INFRINGENTE E PROCRASTINATÓRIO, A TORNAR INARREDÁVEL A IMPOSIÇÃO DE MULTA.

1. As instâncias ordinárias apuraram que o ora embargante não faz jus à gratuidade de justiça, pois possui renda mensal significativa, no valor de R$ 5.312,21 – não tendo sido apurada nenhuma circunstância excepcional, a justificar o deferimento da benesse.

Com efeito, a decisão está em consonância com a firme jurisprudência do STJ, que orienta que a afirmação de pobreza, para fins de obtenção da gratuidade de justiça, goza de presunção relativa de veracidade. Por isso, por ocasião da análise do pedido, o magistrado deverá investigar a real condição econômico-financeira do requerente, devendo, em caso de indício de haver suficiência de recursos para fazer frente às despesas, determinar seja demonstrada a hipossuficiência.

2. "Por um lado, à luz da norma fundamental a reger a gratuidade de justiça e do art. 5º, caput, da Lei n. 1.060/1950 – não revogado pelo CPC/2015 –, tem o juiz o poder-dever de indeferir, de ofício, o pedido, caso tenha fundada razão e propicie previamente à parte demonstrar sua incapacidade econô-

mico-financeira de fazer frente às custas e/ou despesas processuais. Por outro lado, é dever do magistrado, na direção do processo, prevenir o abuso de direito e garantir às partes igualdade de tratamento". (REsp 1584130/RS, Rel.

Ministro LUIS FELIPE SALOMÃO, QUARTA TURMA, julgado em 07/06/2016, DJe 17/08/2016) 3. Com efeito, a invocação, pelo embargante, do novo CPC, em nada infirma o entendimento perfilhado pelo Colegiado, sendo certo que o novo Diploma processual buscou prevenir a utilização indiscriminada/desarrazoada da benesse, ao dispor, no art. 98, parágrafos 5º e 6º, que a gratuidade poderá ser concedida em relação a algum ou a todos os atos processuais, ou consistir na redução percentual ou parcelamento de despesas processuais que o beneficiário tiver de adiantar no curso do procedimento.

4. Embargos de declaração rejeitados com aplicação da multa prevista no §2º do art. 1026 do Novo Código de Processo Civil.

(EDcl no AgInt no REsp 1630945/RS, Rel. Ministro LUIS FELIPE SALOMÃO, QUARTA TURMA, julgado em 09/03/2017, DJe 17/03/2017)

O Supremo Tribunal Federal há muito já consolidou o entendimento de que se mostra suficiente, para a obtenção da gratuidade da justiça, a simples afirmação feita pelo interessado de que não dispõe de situação econômica que lhe permita arcar com as custas do processo. Nesse sentido, eis os seguintes precedentes:

CONSTITUCIONAL. PROCESSO CIVIL. AGRAVO REGIMENTAL EM AGRAVO DE INSTRUMENTO. BENEFÍCIO JUSTIÇA GRATUITA. DESNECESSIDADE DE COMPROVAÇÃO. PRECEDENTES. AGRAVO IMPROVIDO.

I – É pacífico o entendimento da Corte de que para a obtenção de assistência jurídica gratuita, basta a declaração, feita pelo próprio interessado, de que sua situação econômica não lhe permite ir a Juízo sem prejudicar sua manutenção ou de sua família. Precedentes. II – Agravo regimental improvido.

(AI nº 649.283/SP–AgR, Primeira Turma, Relator o Ministro Ricardo Lewandowski, DJ de 19/9/08).

CONSTITUCIONAL. ACESSO À JUSTIÇA. ASSISTÊNCIA JUDICIÁRIA. Lei 1.060, de 1950. C.F., art. 5º, LXXIV. I. – A garantia do art. 5º, LXXIV – assistência jurídica integral e gratuita aos que comprovarem insuficiência de recursos – não revogou a de assistência judiciária gratuita da Lei 1.060, de 1950, aos necessitados, certo que, para obtenção desta, basta a declaração, feita pelo próprio interessado, de que a sua situação econômica não permite vir a Juízo sem prejuízo da sua manutenção ou de sua família. Essa norma infraconstitucional põe-se, ademais, dentro no espírito da Constituição, que deseja que seja facilitado o acesso de todos à Justiça (C.F., art. 5º, XXXV). II. – R.E. não conhecido (RE nº 205.746/RS, Segunda Turma, Relator o Ministro Carlos Velloso, DJ de 28/2/97).

ALEGAÇÃO DE INCAPACIDADE FINANCEIRA E CONCESSÃO DO BENEFÍCIO DA GRATUIDADE. O acesso ao benefício da gratuidade, com todas as conseqüências jurídicas dele decorrentes, resulta da simples afirmação, pela parte (pessoa física ou natural), de que não dispõe de capacidade para suportar os encargos financeiros inerentes ao processo judicial, mostrando-se desnecessária a comprovação, pela parte necessitada, da alegada insuficiência de recursos para prover, sem prejuízo próprio ou de sua família, as despesas processuais. Precedentes. Se o órgão judiciário competente deixar de apreciar o pedido de concessão do benefício da gratuidade, reputar-se-á tacitamente deferida tal postulação, eis que incumbe, à parte contrária, o ônus de provar, mediante impugnação fundamentada, que não se configura, concretamente, o estado de incapacidade financeira afirmado pela pessoa que invoca situação de necessidade. Precedentes.
(RE nº 245.646-AgR/RN, Relator o Ministro Celso de Mello, Segunda Turma, DJe 13/2/09).

A petição do recurso especial ou extraordinário poderá conter o pedido de gratuidade de justiça, se ela não tiver sido concedida em momento anterior.

O S.T.J. vinha entendendo que se o pedido de gratuidade de justiça não fosse formulado com a petição inicial, mas no curso do processo, tal pedido deveria ser realizado por petição avulsa, apensada aos autos principais, não se admitindo a postulação nas razões do recurso especial. Esse entendimento tinha por base o disposto no art. 6º da Lei n. 1.060/50. Nesse sentido são os seguintes precedentes: AgRg no AREsp 557125/RS, Rel. Ministro RICARDO VILLAS BÔAS CUEVA, TERCEIRA TURMA, julgado em 10/03/2015, DJe 16/03/2015; AgRg no AREsp 589057/SP, Rel. Ministro HERMAN BENJAMIN, SEGUNDA TURMA, julgado em 18/12/2014, DJe 03/02/2015; AgRg no AREsp 576881/RS, Rel. Ministro LUIS FELIPE SALOMÃO, QUARTA TURMA, julgado em 18/12/2014, DJe 02/02/2015; AgRg no AREsp 587495/SP, Rel. Ministro OG FERNANDES, SEGUNDA TURMA, julgado em 20/11/2014, DJe 19/12/2014; AgRg no AREsp 568804/RJ, Rel. Ministro RAUL ARAÚJO, QUARTA TURMA, julgado em 16/12/2014, DJe 19/12/2014; EDcl no AgRg no

AREsp 169664/SP, Rel. Ministro JOÃO OTÁVIO DE NORONHA, TERCEIRA TURMA, julgado em 25/11/2014, DJe 12/12/2014; AgRg no REsp 1488508/RS, Rel. Ministro MAURO CAMPBELL MARQUES, SEGUNDA TURMA, julgado em 02/12/2014, DJe 10/12/2014; AgRg no AREsp 580930/SC, Rel. Ministro HUMBERTO MARTINS, SEGUNDA TURMA, julgado em 25/11/2014, DJe 05/12/2014; AgRg no REsp 1169046/PR, Rel. Ministro SÉRGIO KUKINA, PRIMEIRA TURMA, julgado em 04/11/2014, DJe 11/11/2014.

Porém, com a vigência do novo C.P.C., o pedido poderá, sim, ser formulado na própria petição de recurso especial, não havendo mais necessidade de ser articulado em petição avulsa. Esse argumento decorre da revogação do art. 6º da Lei n. 1.060/50 pelo inc. III do art.1.072 do novo C.P.C.

Existia precedente do S.T.J. no sentido de que na hipótese de o recorrente ser beneficiário da gratuidade de justiça, haveria necessidade de renovação do pedido quando do manejo do recurso especial. Nesse sentido, eis a seguinte decisão monocrática proferida pelo S.T.J. no Resp n. 1.488.317/RS:

> *Mediante análise dos autos, verifica-se que o recurso especial não foi instruído com a guia de custas e o respectivo comprovante de pagamento em virtude de a parte ter sido beneficiada com o deferimento da justiça gratuita na origem. No entanto, a jurisprudência deste Superior Tribunal de Justiça é firme no sentido de que "na hipótese de o recorrente ser beneficiário da justiça gratuita, deve haver a renovação do pedido quando do manejo do recurso, uma vez que o deferimento anterior da benesse não alcança automaticamente as interposições posteriores "(EDcl no AgRg nos EAREsp 221.303/RS, Corte Especial, Rel. Ministro Sidnei Beneti, DJe de 27/3/2014). Nesse sentido, ainda: AgRg nos EDcl no AREsp 497.645/RJ, 2ª Turma, Rel. Min. Herman Benjamin, DJe de 15/08/2014; e EDcl no AREsp 399.852/RJ, 2ª Turma, Rel. Min. Eliana Calmon, DJe de 7/2/2014. No caso, a parte não efetuou o pedido de extensão da benesse para esta instância recursal, na petição do recurso especial, conforme entendimento acima citado, não se verificando, portanto, o atendimento da exigência contida no art. 511, caput, do CPC. Ante o exposto, com fulcro no art. 1º da Resolução STJ nº 17/2013, nego seguimento ao recurso. Publique-se. Intimem-se. Brasília (DF), 04 de dezembro de 2014.*

Felizmente essa orientação não prevaleceu no seio do S.T.J., tendo em vista que passou o referido tribunal a entender que o pedido de gratuidade de justiça requerida e concedida perante o juízo de primeiro grau estende-se a todas as instâncias e a todos os atos do processo. Nesse sentido é o seguinte precedente do S.T.J.:

> 1. A assistência judiciária gratuita estende-se a todas as instâncias e a todos os atos do processo.
> 2. A renovação do pedido ou a comprovação de que a parte recorrente é beneficiária da justiça gratuita não é necessária quando da interposição do recurso especial.
> (...).
> (AgRg no AREsp 593.489/SP, Rel. Ministro JOÃO OTÁVIO DE NORONHA, TERCEIRA TURMA, julgado em 07/04/2015, DJe 10/04/2015)

No voto do Ministro João Otávio de Noronha encontra-se a seguinte afirmação:

> A Corte Especial do Superior Tribunal de Justiça, no julgamento do AgRg no EAREsp n. 86.915/SP, relator Ministro Raul Araújo, DJe de 4.3.2015, modificou seu entendimento e afastou a deserção em casos como o dos autos, pois concluiu ser desnecessário que a parte recorrente beneficiária da justiça gratuita faça expressa remissão a essa condição na petição recursal, visto que, uma vez concedida, a assistência judiciária se estenderá a todas as instâncias e a todos os atos do processo".

No mesmo sentido são os seguintes precedentes: AgRg nos EDcl nos EREsp 1326258/RS, Rel. Ministro MARCO BUZZI, SEGUNDA TURMA, julgado em 11/03/2015, DJe 17/03/2015; AgRg no AgRg no REsp 1486659/RS, Rel. Ministro HUMBERTO MARTINS, SEGUNDA TURMA, julgado em 10/03/2015, DJe 13/03/2015; AgRg nos EAREsp 86915/SP, Rel. Ministro RAUL ARAÚJO, CORTE ESPECIAL, julgado em 26/02/2015, DJe 04/03/2015; AgRg no REsp 874843/RS, Rel. Ministro ANTONIO CARLOS FERREIRA, QUARTA TURMA, julgado em 04/12/2012, DJe 12/12/2012; AgRg no AREsp 593384/RS (decisão monocrática), Rel. Ministro JORGE MUSSI, julgado em 05/03/2015, DJe 19/03/2015; AgRg no AREsp 1490026/SP (decisão monocrática), Rel. Ministro MARCO AURÉLIO BELLIZZE, julgado em 06/03/2015, DJe 17/03/2015; AgRg no AREsp 601924/CE (decisão monocrática), Rel. Ministro MAURO CAMPBELL MARQUES, julgado em 06/03/2015, DJe 13/03/2015; AgRg no AREsp 638219/MS (decisão monocrática), Rel. Ministro SÉRGIO KUKINA, julgado em 11/03/2014, DJe 17/03/2015; AgRg no REsp 1493524/CE (decisão monocrática), Rel. Ministro NAPOLEÃO NUNES

MAIA FILHO, julgado em 12/03/2015, DJe 17/03/2015; AREsp 624444/
RS (decisão monocrática), Rel. Ministro LUIS FELIPE SALOMÃO, julgado em 10/03/2015, DJe 17/03/2015.

10.6. Dissídio jurisprudencial – repositório de jurisprudência
Quando o recurso fundar-se em dissídio jurisprudencial, o recorrente fará a prova da divergência com a certidão, cópia ou citação do repositório de jurisprudência, oficial ou credenciado, inclusive em mídia eletrônica, em que houver sido publicado o acórdão divergente, ou ainda com a reprodução de julgado disponível na rede mundial de computadores, com indicação da respectiva fonte, devendo-se, em qualquer caso, mencionar as circunstâncias que identifiquem ou assemelhem os casos confrontados (§1º do art. 1.029 do novo C.P.C.).

A hipótese atual em que o recurso se funda em dissídio jurisprudencial é a do recurso especial que tenha por fundamento o art. 105, inc. III, letra 'c' da C.F.:

> *Art. 105. Compete ao Superior Tribunal de Justiça:*
> *(...).*
> *III – julgar, em recurso especial, as causas decididas, em única ou última instância, pelos Tribunais Regionais Federais ou pelos tribunais dos Estados, do Distrito Federal e Territórios, quando a decisão recorrida:*
> *(...).*
> *c) der a lei federal interpretação divergente da que lhe haja atribuído outro tribunal.*

Uma das principais funções do S.T.J. é justamente a uniformização da jurisprudência em relação à melhor ou a mais consistente interpretação a ser dada à lei federal.

E para exercer essa função de uniformização de jurisprudência, o legislador constituinte permitiu que o recurso especial tivesse por fundamento a hipótese do art. 105, inc. III, letra 'c', da C.F.

É importante salientar que o recurso especial, com base na letra 'c', inc. III, do art. 105 da C.F., somente pode ser interposto quando a divergência ocorrer entre tribunais diversos e não entre órgãos do mesmo tribunal, conforme preconiza a Súmula 13 do S.T.J.: *"A divergência entre julgados do mesmo tribunal não enseja recurso especial"*.

Outrossim, a divergência entre julgados deve ser atual, não se admitindo divergência entre julgados já ultrapassados ou modificados.

Além do mais, não se admite a divergência se a jurisprudência do S.T.J. se firmou no mesmo sentido do acórdão recorrido, conforme estabelece a Súmula 83 do S.T.J.: *Não se conhece do recurso especial pela divergência, quando a orientação do tribunal se firmou no mesmo sentido da decisão recorrida.*

O recorrente, além de alegar a existência de interpretação divergente entre tribunais, ou seja, entre a decisão de um tribunal e a decisão paradigma de outro tribunal, também deverá comprovar a divergência mediante *certidão, cópia ou citação do repositório de jurisprudência, oficial ou credenciado, inclusive em mídia eletrônica, em que tiver sido publicada a decisão divergente, ou ainda pela reprodução de julgado disponível na Internet, com indicação da respectiva fonte, mencionando, em qualquer caso, as circunstâncias que identifiquem ou assemelhem os casos confrontados.*

A possibilidade de apresentar comprovação da decisão do tribunal diverso por meio da internet foi introduzida em nosso ordenamento jurídico pela Lei 11.341/2006, que alterou o p.u. do art. 541 do C.P.C. de 1973. Essa alteração foi muito bem vinda, especialmente pela facilidade que atualmente se encontra no uso da internet como fonte de pesquisa jurisprudencial. Não teria qualquer sentido impedir-se a utilização desse instrumento tecnológico para efeito de acesso ao Poder Judiciário.

Aliás, o S.T.J. há tempo vinha mitigando essa exigência de prova peremptória do acórdão divergente, conforme se pode verificar nos seguintes precedentes da Corte:

> O recurso especial ajuizado com esteio na alínea "c", quando notória a divergência, prescinde do formalismo insculpido no parágrafo único do artigo 541 do Código de Processo Civil, ou seja, "prova da divergência mediante certidão, cópia autenticada ou pela citação de repositório de jurisprudência, oficial ou credenciado, em que tiver sido publicada a decisão divergente, mencionando as circunstâncias que identifiquem ou assemelhem os casos confrontados".
>
> A expressão "outro tribunal" prevista no artigo 105, III, "c", da Constituição Federal compreende o próprio Superior Tribunal de Justiça.
>
> Agravo regimental improvido.
>
> (AgRg no REsp 587.325/RJ, Rel. Ministro FRANCIULLI NETTO, SEGUNDA TURMA, julgado em 16/12/2004, DJ 23/05/2005, p. 200).
>
> *1. A primeira questão diz com a admissibilidade do recurso especial fundado na divergência quando indicados como fonte o Diário Oficial e o site do STJ na Internet. Tratando-se de acórdão paradigma deste Tribunal, tenho por suficiente a referência à*

publicação no Diário da Justiça da União, que é a via oficial de divulgação e de registro dos atos do Tribunal, de acesso a todos quantos atuam em Juízo. De outro lado, o acórdão publicado na página que o STJ mantém na Internet, embora não possa servir à intimação das partes nem de título para a sua execução, não tendo por isso efeitos processuais, pode ser usado para a demonstração da divergência, porquanto se trata de texto elaborado e divulgado pelo próprio Tribunal. Sendo aquela fonte acessível pela parte adversa e pelos juízes que julgarão o recurso fundado no precedente, qualquer dúvida sobre o seu conteúdo seria facilmente conferida. Posto isso, aceito a demonstração da divergência.
(...).
(REsp n 327.687 – SP (2001/0057873-6), relator Ministro Ruy Rosado de Aguiar)

Além de o recorrente comprovar a divergência mediante os meios de prova indicados no §1º do art. 1.029 do novo C.P.C., também deverá mencionar, em qualquer das hipóteses, as circunstâncias que identifiquem ou assemelhem os casos confrontados, ou seja, deverá realizar o confronto analítico de cada precedente. Por isso, não é suficiente a simples indicação de *ementas*.

Deverá o recorrente focar sua análise no inteiro teor do acórdão para o efeito de apontar expressamente as circunstâncias que identificam ou assemelhem os casos confrontados (cotejo analítico), transcrevendo as passagens do voto vencedor de cada paradigma para comprovar a divergência de julgados.

Nesse sentido são os seguintes precedentes do S.T.J.:

(...).
– É inviável o recurso especial pela alínea "c" do permissivo constitucional quando não realizado o cotejo analítico e não comprovada a similitude fática entre os arestos trazidos à colação, nos termos dos arts. 541, parágrafo único, do Código de Processo Civil e 255, §§ 1º e 2º, do Regimento Interno do Superior Tribunal de Justiça, não sendo suficiente para tal desiderato a mera transcrição de ementas, conforme ocorreu in casu.

Recurso especial parcialmente conhecido e nesta extensão desprovido.
(Resp 1356199/GO, Rel. Ministra MARILZA MAYNARD (DESEMBARGADORA CONVOCADA DO TJ/SE), QUINTA TURMA, julgado em 18/04/2013, DJe 25/04/2013).

1. Considera-se deficiente de fundamentação o recurso especial que, apesar de apontar o preceito legal tido por violado, não demonstra, de forma clara e precisa, de que modo o acórdão recorrido os teria contrariado, ou apresenta argumentação dissociada da sua literalidade, circunstância que atrai, por analogia, a Súmula nº 284 do STF.

2. A ausência de impugnação dos fundamentos do acórdão recorrido, os quais são suficientes para mantê-lo, enseja o não-conhecimento do recurso, incidindo o enunciado da Súmula nº 283 do STF.

3. Para prevalecer a conclusão em sentido contrário ao decidido pelo colegiado estadual, mormente quanto ao reconhecimento da simulação, necessária se faz a revisão do acervo fático dos autos, o que, como já decidido, encontra-se inviabilizada nessa instância superior pela Súmula nº 7/STJ.

4. A divergência jurisprudencial com fundamento na alínea "c" do permissivo constitucional, nos termos do art. 541, parágrafo único, do CPC e do art. 255, § 1º, do RISTJ, exige comprovação e demonstração, esta, em qualquer caso, com a transcrição dos julgados que configurem o dissídio, a evidenciar a similitude fática entre os casos apontados e a divergência de interpretações.

5. Agravo regimental não provido.

(AgRg no Resp 645.044/SC, Rel. Ministro RICARDO VILLAS BÔAS CUEVA, TERCEIRA TURMA, julgado em 16/04/2013, DJe 25/04/2013)

(...).

3. A divergência jurisprudencial deve ser comprovada, cabendo a quem recorre demonstrar as circunstâncias que identificam ou assemelham os casos confrontados, com indicação da similitude fático-jurídica entre eles. Indispensável a transcrição de trechos do relatório e do voto dos acórdãos recorrido e paradigma, realizando-se o cotejo analítico entre ambos, com o intuito de bem caracterizar a interpretação legal divergente. O desrespeito a esses requisitos legais e regimentais (art. 541, parágrafo único, do CPC e art. 255 do RI/STJ) impede o conhecimento do Recurso Especial, com base na alínea "c" do inciso III do art. 105 da Constituição Federal.

4. Hipótese em que a demanda foi dirimida no acórdão recorrido com base em Direito local (Lei Estadual 14.445/2002, fls. 283-285, e-STJ). Logo, é inviável sua apreciação em Recurso Especial, em face da incidência, por analogia, da Súmula 280 do STF: "por ofensa a direito local não cabe recurso extraordinário." 5. Agravo Regimental não provido.

(AgRg no AREsp 247.733/MG, Rel. Ministro HERMAN BENJAMIN, SEGUNDA TURMA, julgado em 12/03/2013, DJe 18/03/2013)

É bem verdade que o S.T.J. já aceitou a interposição de recurso especial mediante a simples indicação de *ementa* do acórdão, desde que nessa ementa esteja bem delineada a divergência de julgamento e a similitude de casos. Nesse sentido são os seguintes precedentes:

> PROCESSUAL CIVIL. EMBARGOS DE DIVERGÊNCIA. DISSÍDIO JURISPRUDENCIAL. COMPROVAÇÃO.
>
> *1. Nos termos da nova redação do parágrafo único do artigo 541 do CPC, admite-se a comprovação da divergência "mediante certidão, cópia autenticada ou pela citação do repositório de jurisprudência, oficial ou credenciado, inclusive em mídia eletrônica, em que tiver sido publicada a decisão divergente, ou ainda pela reprodução de julgado disponível na Internet, com indicação da respectiva fonte, mencionando, em qualquer caso, as circunstâncias que identifiquem ou assemelhem os casos confrontados".*
>
> *2. Malgrado não tenha sido colacionado aos autos as cópias integrais autenticadas dos arestos paradigmas, ou sequer tenha havido a indicação do repositório oficial nos quais foram publicados, o dissídio pretoriano restou demonstrado pois, além de se tratar de divergência notória, a parte embargante transcreveu ementa de julgado do próprio STJ disponível na Internet, indicando a respectiva fonte.*
>
> *3. Agravo regimental provido.*
>
> (AgRg nos EREsp 845.982/RJ, Rel. Ministro LUIZ FUX, Rel. p/ Acórdão Ministro CASTRO MEIRA, PRIMEIRA SEÇÃO, julgado em 28/05/2008, DJe 15/09/2008)
>
> *Recurso especial. Divergência. Demonstração.*
>
> *Hipótese em que o dissídio foi suficientemente evidenciado com a explicitação da tese jurídica aceita pelo acórdão recorrido a que se seguiu o paradigma, consagrando entendimento diverso.*
>
> *Admissível a indicação do acórdão confrontado, feita apenas pela ementa, quando essa dá cumprida notícia da hipótese fática e do direito que se teve como aplicável, de maneira a não ensejar dúvida quanto a diversidade no tratamento jurídico de situações que guardavam identidade bastante para recomendar a igualdade de solução.*
>
> (EDcl no REsp 150467/RJ, Rel. Ministro EDUARDO RIBEIRO, TERCEIRA TURMA, julgado em 29/06/1999, DJ 23/08/1999, p. 121).

Se a parte não demonstrar, mediante um cotejo analítico, que os julgados apresentam divergência de interpretação em relação a um mesmo dispositivo de lei federal, não será conhecido o recurso especial. Nesse sentido é a seguinte decisão:

> PROCESSUAL CIVIL. AGRAVO REGIMENTAL NO AGRAVO EM RECURSO ESPECIAL. INADMISSIBILIDADE DO RECURSO ESPECIAL

POR INCIDÊNCIA DA SÚMULA 284/STF. CONFIRMAÇÃO DA NEGATIVA DE PROVIMENTO DO AGRAVO EM RECURSO ESPECIAL.
1. Sobre a interposição do recurso especial fundada no art. 105, III, c, da Constituição da República (cabível quando a decisão recorrida der a lei federal interpretação divergente da que lhe haja atribuído outro tribunal), o Código de Processo Civil, no parágrafo único de seu art. 541, dispõe o seguinte: "Quando o recurso fundar-se em dissídio jurisprudencial, o recorrente fará a prova da divergência mediante certidão, cópia autenticada ou pela citação do repositório de jurisprudência, oficial ou credenciado, inclusive em mídia eletrônica, em que tiver sido publicada a decisão divergente, ou ainda pela reprodução de julgado disponível na Internet, com indicação da respectiva fonte, mencionando, em qualquer caso, as circunstâncias que identifiquem ou assemelhem os casos confrontados" (grifou-se). No presente caso, o recurso especial denegado na origem não preenche os requisitos de admissibilidade, pois a agravante não comprovou nem demonstrou a divergência na interpretação de um mesmo dispositivo de lei federal na forma exigida pela legislação processual civil; limitou-se a reproduzir as ementas dos acórdãos apontados como paradigmas, deixando, contudo, de transcrever os trechos dos acórdãos e de mencionar as circunstâncias que supostamente identificam ou assemelham os casos confrontados.
2. Em relação à interposição do recurso especial fundada na alínea a do inciso III do art. 105 da Constituição, a pretensão recursal encontra óbice na Súmula 284/STF, pois a agravante deixou de indicar na petição de recurso especial, de maneira precisa e clara, o dispositivo de lei federal supostamente contrariado pelo acórdão do Tribunal de origem, estando atingida pela preclusão a pretendida particularização do artigo de lei federal nos subsequentes agravo em recurso especial e agravo regimental. A falta de particularização dos artigos de lei federal tidos como contrariados ou supostamente interpretados de maneira divergente, como no caso, impede o conhecimento do recurso especial. Incide na espécie, por analogia, a Súmula 284/STF, do seguinte teor: "É inadmissível o recurso extraordinário, quando a deficiência na sua fundamentação não permitir a exata compreensão da controvérsia." 3. Agravo regimental não provido.
(AgRg no AREsp 421.991/SP, Rel. Ministro MAURO CAMPBELL MARQUES, SEGUNDA TURMA, julgado em 26/11/2013, DJe 04/12/2013)

Uma questão importante colocada por Fredie Didier Jr. e Leonardo José Carneiro da Cunha, diz respeito à autonomia ou não do cabimento do recurso especial fundado na divergência jurisprudencial. Segundo os processualistas: *"Com efeito, 'no caso da alínea 'c' daquele dispositivo, o recorrente não lamenta um vício de atividade (error in procedendo) ou de avaliação jurídica (error in iudicando), mas aponta fundamento autônomo – e extrínseco do julgado – qual seja a contingência deste se apresentar divergente de acórdão (s) de outro (s) Tribuna (is), assim dando o moto ao STJ para emitir a última voz sobre a controvérsia, como guardião do Distrito Federal, comum'. Avulta, por outro lado, entendimento segundo o qual a divergência jurisprudencial 'não' constitui fundamento autônomo do recurso especial, devendo, neste caso, o recorrente demonstrar que a interpretação adotada na decisão recorrida não é a correta, estando a hipótese abrangida pela letra 'a' do inciso III do art. 105 da CF. Na verdade, a demonstração do dissídio jurisprudencial consiste em mero reforço do fundamento da violação da lei federal. Adota-se a primeira interpretação. O segundo entendimento esvazia o conteúdo do comando constitucional previsto na letra 'c', olvidando, exatamente, que o objetivo do texto é o de permitir que o Superior Tribunal de Justiça uniformize a interpretação da lei federal e, com isso, forneça paradigmas que tornem mais previsíveis as decisões judiciais, diminuindo a insegurança jurídica. Toda interpretação que favoreça à uniformização da jurisprudência deve ser prestigiada.... Nessa hipótese de cabimento do recurso especial, não há necessidade de prequestionamento.".*[210]

Por fim, é importante salientar que o S.T.J. não tem admitido como comprovação da divergência jurisprudencial os julgamentos confrontados com decisões monocráticas. Nesse sentido, eis a seguinte decisão:

> (...).
>
> 2. Não se conhece da divergência jurisprudencial quando não é realizado o cotejo analítico entre o aresto recorrido e os paradigmas.
>
> 3. Julgamentos proferidos em reclamação e decisões monocráticas não servem para comprovar o dissenso pretoriano.
>
> 4. Agravo regimental desprovido.
>
> (AgRg no REsp 1519794/SC, Rel. Ministro JOÃO OTÁVIO DE NORONHA, TERCEIRA TURMA, julgado em 09/06/2015, DJe 12/06/2015)
>
> PENAL. AGRAVO REGIMENTAL EM AGRAVO EM RECURSO ESPECIAL. CONTRABANDO. RECURSO FUNDADO NA ALÍNEA C. PARADIGMA E ACÓRDÃO IMPUGNADO. BASES JURÍDICAS DISTINTAS. FUNDAMENTO NÃO IMPUGNADO. SÚMULA 182/STJ. DISSÍDIO. PARADIGMA (DECISÃO MONOCRÁTICA). INADMISSIBILIDADE. RECURSO

---

[210] DIDIER JR. *et au*, idem., p. 258.

FUNDADO NA ALÍNEA A. NEGATIVA DE VIGÊNCIA AO ART. 20 DO CP. PRETENSÃO QUE VISA AO RECONHECIMENTO DE ERRO DE TIPO. ARESTO QUE FIRMA A EXISTÊNCIA DE CIRCUNSTÂNCIA FÁTICA QUE EVIDENCIARIA CIÊNCIA PRÉVIA DA ILICITUDE DA CONDUTA. FUNDAMENTO INATACADO. SÚMULA 283/STF. NEGATIVA DE VIGÊNCIA AO ART 158 DO CPP. INADMISSIBILIDADE.

SÚMULA 7/STJ.

Agravo regimental improvido.

(AgRg no AREsp 934.579/ES, Rel. Ministro SEBASTIÃO REIS JÚNIOR, SEXTA TURMA, julgado em 30/06/2016, DJe 03/08/2016)

PROCESSUAL CIVIL. EMBARGOS DE DIVERGÊNCIA. PARADIGMA. JULGAMENTO MONOCRÁTICO. NÃO CABIMENTO. DISSÍDIO NÃO DEMONSTRADO. FUNDAMENTOS DA DECISÃO AGRAVADA INATACADOS. SÚMULA 182/STJ.

1. A jurisprudência desta Corte é pacífica no sentido de que apenas as decisões proferidas por órgãos colegiados (acórdãos) são aptas à comprovação do dissídio. Assim, decisões monocráticas de relator não servem como paradigmas em embargos de divergência.

2. A parte agravante descuidou-se de atacar o único fundamento da decisão agravada, incidindo, na espécie, o óbice imposto pela Súmula 182/STJ.

Agravo regimental não conhecido.

(AgRg nos EREsp 1424371/SC, Rel. Ministro HUMBERTO MARTINS, PRIMEIRA SEÇÃO, julgado em 13/04/2016, DJe 20/04/2016)

# 11.
Dissídio jurisprudencial
– não conhecimento – motivação

O art. 1.029, §2º, do novo C.P.C., *na sua redação originária*, estabelecia que quando o recurso estivesse fundado em dissídio jurisprudencial, seria vedado ao tribunal (no caso, ao S.T.J.) inadmiti-lo com base em fundamento genérico de que as circunstâncias fáticas seriam diferentes, sem demonstrar a existência da distinção.

Essa determinação normativa obrigava o órgão jurisdicional (no caso, o S.T.J.) indicar pontualmente em que consistia a não admissão do recurso especial, quando ele estivesse fundamentado em dissídio jurisprudencial, não sendo suficiente meros argumentos genéricos de que as circunstâncias fáticas são diferentes.

Tratava-se, evidentemente, da concreção do princípio da motivação das decisões judiciais, pois simples alegação genérica de que as circunstâncias fáticas entre os precedentes citados seriam diversas, não seria suficiente para justificar e legitimar uma decisão de juízo de admissibilidade do recurso especial.

Porém, antes mesmo que o novo C.P.C. entrasse em vigor (18 de março de 2016), foi editada a Lei n. 13.256 de 4 de fevereiro de 2016, cujo art. 2º revogou expressamente o §2º do art. 1.029 do novo C.P.C.

Assim, não há mais vedação para que o S.T.J., ao analisar o recurso especial, não o admita por serem as circunstâncias fáticas diferentes, não precisando demonstrar de forma concreta em que consiste essa distinção.

Tudo indica que a circunstância que motivou a mudança legislativa foi o fato de que a redação original tranferia para o tribunal a demonstração de que um pressuposto de admissibilidade em um recurso não ordinário estaria ausente, ao invés de exigir a demonstração pelo recorrente da presença do referido pressuposto.

12.
Desconsideração de vícios formais – possibilidade de regularização da interposição do recurso especial ou extraordinário

A interposição do recurso extraordinário ou do recurso especial demanda a observância dos requisitos legais e regimentais para seu conhecimento e processamento.

A falta da observância dos requisitos normativos processuais fatalmente leva ao não conhecimento do recurso extraordinário ou especial.

Sob a égide do C.P.C. de 1973, havia um notório rigorismo procedimental na análise dos requisitos para o conhecimento do recurso extraordinário ou especial, não se tolerando irregularidades, ainda que possível de serem sanadas.

Nesse sentido, eis o seguinte precedente:

> PROCESSUAL CIVIL. AGRAVO REGIMENTAL NO AGRAVO REGIMENTAL NO AGRAVO DE INSTRUMENTO EM RECURSO ESPECIAL. PROVIMENTO DO PRIMEIRO REGIMENTAL PARA A SUBIDA DO RECURSO ESPECIAL. NÃO ATENDIMENTO DOS REQUISITOS DE ADMISSIBILIDADE DO AGRAVO DE INSTRUMENTO. AUSÊNCIA DE CARIMBO DO PROTOCOLO DE RECEBIMENTO DO RECURSO ESPECIAL. PEÇA OBRIGATÓRIA. VERIFICAÇÃO DA TEMPESTIVIDADE. JUÍZO DEFINITIVO DE ADMISSIBILIDADE. COMPETÊNCIA DO SUPERIOR TRIBUNAL DE JUSTIÇA. SEGUNDO AGRAVO REGIMENTAL PROVIDO.
>
> *1. Não é viável, em regra, a interposição de agravo interno contra decisão que determina a conversão do agravo de instrumento em recurso especial ou que determina a subida deste ao eg. Superior Tribunal de Justiça.*

2. Contudo, no caso de flagrante falta de um dos requisitos formais de admissibilidade do agravo de instrumento, forçosa a admissão do agravo interno manejado contra aquela decisão, pois é indispensável que venha o traslado com todas as peças obrigatórias à formação do instrumento, importando a ausência de quaisquer delas no não conhecimento do recurso.

3. Na hipótese em exame, está suficientemente caracterizado o vício formal suscitado nas razões do segundo agravo regimental, na medida em que o agravo de instrumento veio instruído, no ato de sua interposição, com cópia da petição do recurso especial na qual ausente o protocolo de interposição do apelo nobre. A falha apontada impede a verificação da tempestividade do apelo nobre.

4. Em sede de recurso especial, cabe a esta Eg. Corte realizar o juízo definitivo acerca dos requisitos de admissibilidade do recurso. Assim, mesmo a afirmação genérica do Tribunal de origem atestando ser tempestivo o recurso especial, por ocasião do juízo de admissibilidade, sem referência expressa a datas relevantes para aferição do cumprimento de tal requisito, não vincula esta Eg. Corte Superior de Justiça.

5. Segundo agravo regimental provido, para o fim de reconsiderar a decisão ora agravada, confirmando a anterior que não conhecera, por vício formal, do agravo de instrumento interposto.

(AgRg no AgRg no Ag 1229486/CE, Rel. Ministro RAUL ARAÚJO, QUARTA TURMA, julgado em 19/05/2011, DJe 08/06/2011)

A falta de juntada de uma procuração do advogado na interposição do agravo externo com pretensão de subida do recurso especial ou extraordinário, ainda que essa procuração estivesse juntada no processo originário, seria motivo mais que suficiente para não conhecer do agravo.

Nesse sentido, eis as seguintes decisões do S.T.J.:

CIVIL. PROCESSUAL CIVIL. AGRAVO REGIMENTAL NO AGRAVO EM RECURSO ESPECIAL. RECURSO MANEJADO SOB A ÉGIDE DO CPC/1973. ADVOGADO SEM PROCURAÇÃO NOS AUTOS. RECURSO INEXISTENTE. REGULARIZAÇÃO DO FEITO.

NÃO CABIMENTO. ART. 37 DO CPC/73. INAPLICABILIDADE NAS INSTÂNCIAS SUPERIORES. DECISÃO MANTIDA POR SEUS PRÓPRIOS FUNDAMENTOS. AGRAVO NÃO PROVIDO.

1. Inaplicabilidade do NCPC neste julgamento ante os termos do Enunciado nº 1 aprovado pelo Plenário do STJ na sessão de 9/3/2016: Aos recursos interpostos com fundamento no CPC/1973 (relativos a decisões publicadas até 17 de março de 2016) devem ser exigidos os requisitos de admissibilidade na forma nele prevista, com as interpretações dadas até então pela jurisprudência do Superior Tribunal de Justiça.

2. Nesta Corte Superior, é pacífico o entendimento de ser inexistente o apelo nobre interposto por advogado sem procuração nos autos, a teor da Súmula nº 115 do STJ.

3. Inaplicável, nesta instância, a providência prevista no art. 13 do CPC/73, considerando-se não sanável tal vício por juntada posterior de mandato ou substabelecimento, pois a regularidade da representação processual é aferida no momento da interposição do recurso especial.

4. A jurisprudência do STJ é pacificada no sentido de que a regra inserta no art. 37 do CPC/73 é inaplicável na instância superior, sendo incabível qualquer diligência para suprir a irregularidade de representação das partes ou falta de procuração.

5. Não sendo a linha argumentativa apresentada capaz de evidenciar a inadequação dos fundamentos invocados pela decisão agravada, o presente agravo não se revela apto a alterar o conteúdo do julgado impugnado, devendo ele ser integralmente mantido em seus próprios termos.

6. Agravo regimental não provido.

(AgRg no AREsp 833.032/SC, Rel. Ministro MOURA RIBEIRO, TERCEIRA TURMA, julgado em 02/06/2016, DJe 09/06/2016)

PROCESSUAL CIVIL. AGRAVO REGIMENTAL NO AGRAVO EM RECURSO ESPECIAL.

AUSÊNCIA DE PROCURAÇÃO DAS SUBSCRITORAS DO APELO NOBRE. SÚMULA 115 DO STJ.

1. O Plenário do STJ decidiu que "aos recursos interpostos com fundamento no CPC/1973 (relativos a decisões publicadas até 17 de março de 2016) devem ser exigidos os requisitos de admissibilidade na forma nele prevista, com as interpretações dadas até então pela jurisprudência do Superior Tribunal de Justiça" (Enunciado Administrativo n. 2).

2. Segundo a jurisprudência do Superior Tribunal de Justiça, são inexistentes os recursos interpostos na instância especial ou a ela dirigidos por advogado sem procuração nos autos, à luz do disposto na Súmula 115 desta Corte.

3. A providência do art. 13 do Código de Processo Civil, que permite a abertura de prazo à parte para sanar a irregularidade na representação processual, não se aplica na via especial.

4. É inadmissível a posterior juntada de procuração ou substabelecimento a fim de sanar o defeito.

5. Agravo regimental a que se nega provimento.

(AgRg no AREsp 791.967/SP, Rel. Ministro GURGEL DE FARIA, PRIMEIRA TURMA, julgado em 10/05/2016, DJe 02/06/2016)

Nesse sentido são os seguintes precedentes do S.T.F.:

EMENTA: AGRAVO REGIMENTAL. FALTA DE PEÇA OBRIGATÓRIA À FORMAÇÃO DO INSTRUMENTO. SÚMULA 288/STF. Não consta dos autos peça de traslado obrigatório, cuja ausência acarreta o não conhecimento do agravo (Súmula 288/STF e art. 544, § 1º, do Código de Processo Civil – redação anterior à Lei 12.322/2010). É firme o entendimento desta Corte no sentido de que cabe ao agravante a fiscalização da correta formação do instrumento. Agravo regimental a que se nega provimento.
(AI 857540 AgR, Relator(a): Min. JOAQUIM BARBOSA (Presidente), Tribunal Pleno, julgado em 16/05/2013, ACÓRDÃO ELETRÔNICO DJe-106 DIVULG 05-06-2013 PUBLIC 06-06-2013)

DIREITO CONSTITUCIONAL E PROCESSUAL. AGRAVO REGIMENTAL EM AGRAVO DE INSTRUMENTO. INEXISTÊNCIA DE PROCURAÇÃO. AUSÊNCIA DE PRESSUPOSTO VÁLIDO DE CONHECIMENTO DO RECURSO EXTRAORDINÁRIO. ACORDO NOS AUTOS PARA SUSPENSÃO DO PROCESSO FORMULADO NA INSTÂNCIA ORDINÁRIA SEM RATIFICAÇÃO NA INSTÂNCIA EXTRAORDINÁRIA. AUSÊNCIA DE PREJUÍZO. 1. A falta de mandato ao advogado que substabeleceu poderes à subscritora da petição de recurso extraordinário significa ausência de pressuposto de admissibilidade do recurso extraordinário. Inexistência de violação aos princípios processuais constitucionais. 2. Inexistência de pedido de suspensão do processo na instância extraordinária nem o protesto pela sua apreciação antes do julgamento do agravo de instrumento. 3. O julgamento do agravo de instrumento em nada influencia o acordo celebrado, uma vez que o feito principal já se encontra suspenso até o seu integral cumprimento, momento em que, independentemente da decisão proferida pelo STF, o feito será julgado como de direito pelo Juízo da causa. 4. Agravo regimental a que se nega provimento.
(AI 845162 AgR, Relator(a): Min. ELLEN GRACIE, Segunda Turma, julgado em 02/08/2011, DJe-160 DIVULG 19-08-2011 PUBLIC 22-08-2011 EMENT VOL-02570-04 PP-00828)

Esse rigorismo procedimental não estava de acordo com o princípio da *instrumentalidade do processo*.

Rigorismo exacerbado não se amolda aos fins do processo jurisdicional contemporâneo.

A observância do procedimento e de seus requisitos é importante para a realização de um processo justo. Porém, mais que um processo justo, o Poder Judiciário brasileiro também deve promover uma *justa decisão*.

Felizmente, o novo C.P.C., em resguardo ao princípio da *instrumentalidade do processo* (o processo não pode ser considerado um fim em si mesmo), trouxe um novo alento à *justa decisão* com o preceito normativo constante do §3º do art. 1.029, a saber: *O Supremo Tribunal Federal ou o Superior Tribunal de Justiça poderá desconsiderar vício formal de recurso tempestivo ou determinar sua correção, desde que não o repute grave.*

Assim, o Supremo Tribunal Federal ou o Superior Tribunal de Justiça poderá desconsiderar vício formal de recurso tempestivo ou determinar sua correção, desde que não o repute grave.

Não havia essa possibilidade de 'emendar' ou regularizar determinado vicio formal no recurso especial ou no recurso extraordinário quando da vigência do C.P.C. de 1973.

O novo C.P.C., com os olhos voltados à instrumentalidade do processo e à preservação do efetivo acesso à justiça, optou por desconsiderar eventuais defeitos formais constantes no recurso especial ou extraordinário, desde que não se reputem graves e desde que a interposição dos recursos tenha sido realizada no prazo legal (quinze dias).

A questão que poderá gerar problematização é o que se deve entender por vício formal *não considerado grave*.

Note-se que o preceito normativo deixou ao crivo do S.T.F. ou do S.T.J. fazer a valoração da irregularidade, inclusive no que concerne à sua gravidade ou não.

Poder-se-á considerar como vício formal grave a *falta de prequestionamento de dispositivo Constitucional ou de lei federal*, a *falta de indicação da repercussão geral*, ou a falta de *indicação de um dos precedentes* que justificam eventual existência de divergência jurisprudencial, tendo em vista que essas circunstâncias configuram a essência do próprio recurso extraordinário ou especial. Diante disso, é possível que continuem prevalecendo o entendimento dos seguintes precedentes:

EMENTA: AGRAVO REGIMENTAL NO RECURSO EXTRAORDINÁRIO COM AGRAVO. PROCESSUAL CIVIL. FALTA DE INDICAÇÃO DO DISPO-

SITIVO CONSTITUCIONAL PRETENSAMENTE CONTRARIADO PELO TRIBUNAL DE ORIGEM. SÚMULA N. 284 DO SUPREMO TRIBUNAL FEDERAL. AGRAVO REGIMENTAL AO QUAL SE NEGA PROVIMENTO.
(ARE 890656 AgR, Relator(a): Min. CÁRMEN LÚCIA, Segunda Turma, julgado em 30/06/2015, PROCESSO ELETRÔNICO DJe-160 DIVULG 14-08-2015 PUBLIC 17-08-2015).

1. A repercussão geral pressupõe recurso admissível sob o crivo dos demais requisitos constitucionais e processuais de admissibilidade (art. 323 do RISTF). Consectariamente, se inexiste questão constitucional, não há como se pretender seja reconhecida "a repercussão geral das questões constitucionais discutidas no caso" (art. 102, III, § 3º, da CF). 2. O requisito do prequestionamento é indispensável, por isso que inviável a apreciação, em sede de recurso extraordinário, de matéria sobre a qual não se pronunciou o Tribunal de origem.

(...).

(RE 728753 AgR, Relator(a): Min. LUIZ FUX, Primeira Turma, julgado em 18/06/2013, ACÓRDÃO ELETRÔNICO DJe-148 DIVULG 31-07-2013 PUBLIC 01-08-2013)

Se a discussão em torno da integridade da coisa julgada reclamar análise prévia e necessária dos requisitos legais, que, em nosso sistema jurídico, conformam o fenômeno processual da "res judicata", revelar-se-á incabível o recurso extraordinário, eis que, em tal hipótese, a indagação em torno do que dispõe o art. 5º, XXXVI, da Constituição – por supor o exame, "in concreto", dos limites subjetivos (CPC, art. 472) e/ou objetivos (CPC, arts. 468, 469, 470 e 474) da coisa julgada – traduzirá matéria revestida de caráter infraconstitucional, podendo configurar, quando muito, situação de conflito indireto com o texto da Carta Política, circunstância essa que torna inviável o acesso à via recursal extraordinária. Precedentes. – A ausência de efetiva apreciação do litígio constitucional, por parte do Tribunal de que emanou o acórdão impugnado, não autoriza – ante a falta de prequestionamento explícito da controvérsia jurídica – a utilização do recurso extraordinário. – Revela-se insuscetível de conhecimento o recurso extraordinário, sempre que a petição que o veicular não contiver a precisa indicação do dispositivo constitucional autorizador de sua interposição ou, então, não aludir ao preceito da Constituição alegadamente vulnerado pela decisão recorrida. Precedentes.

(RE 681953 AgR, Relator(a): Min. CELSO DE MELLO, Segunda Turma, julgado em 25/09/2012, ACÓRDÃO ELETRÔNICO DJe-221 DIVULG 08-11-2012 PUBLIC 09-11-2012)

1. O princípio da dialeticidade recursal impõe ao recorrente o ônus de evidenciar os motivos de fato e de direito suficientes à reforma da decisão objurgada, trazendo à baila novas argumentações capazes de infirmar todos os fundamentos do decisum que se pretende modificar, sob pena de vê-lo mantido por seus próprios fundamentos. 2. O agravo de instrumento é inadmissível quando a sua fundamentação não impugna especificamente a decisão agravada. Nega-se provimento ao agravo, quando a deficiência na sua fundamentação, ou na do recurso extraordinário, não permitir a exata compreensão da controvérsia. (súmula 287/STF). 3. Precedentes desta Corte: AI 841690 AgR, Relator: Min. Ricardo Lewandowski, DJe- 01/08/2011; RE 550505 AgR, Relator: Min. Gilmar Mendes, DJe- 24/02/2011; AI 786044 AgR, Relatora: Min. Ellen Gracie, DJe- 25/06/2010. 4. In casu, o acórdão recorrido assentou: ANULATÓRIA CUMULADA COM REPETIÇÃO DE INDÉBITO. IPTU PROGRESSIVO. Natureza extrafiscal Lei Municipal nº 113/01 insuficiente. Falta de atendimento aos requisitos exigidos pelo artigo 182, § 4º, da CF e pela Lei Federal nº. 10.257/01 (Estatuto da Cidade). Ausência de plano diretor e legislação local específica. Recurso improvido. (fl. 221). 5. Agravo regimental desprovido.

(ARE 695632 AgR, Relator(a): Min. LUIZ FUX, Primeira Turma, julgado em 28/08/2012, ACÓRDÃO ELETRÔNICO DJe-180 DIVULG 12-09-2012 PUBLIC 13-09-2012)

(...).

2. Incide a Súmula nº 211 do STJ quando o dispositivo de lei invocado no apelo nobre (art. 335 do CPC/73) não foi debatido no acórdão recorrido, apesar de opostos embargos de declaração a fim de suscitar os temas neles contidos na instância a quo. Caberia à parte, nas razões do seu especial, alegar violação do art. 535 do CPC/73 a fim de que esta Corte pudesse averiguar a existência de possível omissão no julgado, o que não foi feito.

3. A reforma do acórdão quanto à inexistência de cerceamento do direito de defesa em razão do indeferimento de prova oral e pericial demandaria, necessariamente, o revolvimento dos fatos da causa.

Incidência da Súmula nº 7 do STJ.

4. Não é possível o conhecimento do recurso especial interposto pela divergência jurisprudencial na hipótese em que o dissídio é apoiado em fatos e não na interpretação da lei. Isso porque a Súmula nº 7 do STJ também se aplica aos recursos especiais interpostos pela alínea c do permissivo constitucional. Precedente: AgRg no Ag 1.276.510/SP, Rel. Ministro PAULO FURTADO (Desembargador Convocado do TJ/BA, DJe 30/6/2010.

5. Agravo regimental não provido.

(AgRg no AREsp 650.702/SC, Rel. Ministro MOURA RIBEIRO, TERCEIRA TURMA, julgado em 04/08/2016, DJe 09/08/2016)

Portanto, não haverá possibilidade de correção ou regularização do recurso extraordinário ou do recurso especial quando a parte não indicar nas razões recursais em que consiste a repercussão geral, qual dispositivo constitucional foi maculado pela decisão, em que consiste a divergência das decisões de tribunais diversos em relação à interpretação da lei federal, qual dispositivo referente à lei federal foi desrespeitado.

Já em relação aos requisitos procedimentais, desde que não sejam caracterizados como grave, poderá haver a regularização do recurso.

É possível pensar num caso de mero vício formal, sem maior gravidade, como, por exemplo, a falta de indicação da fonte de publicação do acórdão paradigmático. Se o S.T.J. tiver ciência da fonte de publicação do acórdão paradigmático, poderá desconsiderar o vício, ou mandar saná-lo, mediante intimação do recorrente para que indique o órgão oficial da fonte jurisprudencial.

Outro motivo que o S.T.J. tem reconhecido como causa de não conhecimento de recurso especial, diz respeito à falta de procuração do advogado no momento da interposição do recurso. Nesse sentido é a Súmula 115 do S.T.J.: *"Na instância especial é inexistente recurso interposto por advogado sem procuração nos autos".*

Sobre o tema, eis ainda os seguintes precedentes:

1. O Superior Tribunal de Justiça considera inexistente o recurso de agravo regimental no qual o advogado subscritor não possui procuração ou substabelecimento nos autos, não sendo passível sua regularização nesta instância, conforme pacífica jurisprudência (Súmula nº 115/STJ).

2. Quando os autos nos quais constavam a procuração tiverem sido desapensados dos principais, incumbe à parte interessada juntar cópia do instrumento procuratório ou de novo mandato no momento processual oportuno, qual seja, a interposição do recurso especial, sobretudo porque eventual vício somente é sanável nas instâncias ordinárias.

3. Em sede de apelo especial não cabe a aplicação do disposto no art. 13 do Código de Processo Civil.

4. Agravo regimental não conhecido.

(AgRg no REsp 879.021/SP, Rel. Ministro RICARDO VILLAS BÔAS CUEVA, TERCEIRA TURMA, julgado em 09/04/2013, DJe 12/04/2013)

1. A decisão agravada, ao aplicar a Súmula 115/STJ, não olvidou do fato de que a nomeação de advogado dativo, para fins representação processual, equivale à procura-

ção. O que ocorre nos autos é que o defensor nomeado não subscreveu o agravo em recurso especial, sendo que, em relação à advogada que o fez, não consta nomeação, procuração ou substabelecimento, este último, conferido pelo advogado nomeado pelo Juízo.

2. O fato de que a advogada dativa integraria os quadros de Núcleo de Prática Jurídica de Faculdade de Direito não dispensa a apresentação de procuração ou de nomeação judicial. Nesse ponto, não há equiparação com a Defensoria Pública.

3. A Defensoria Pública, por força das atribuições expressas na legislação de regência da instituição, pode atuar na defesa de seus assistidos ou representados, razão pela qual seus integrantes, uma vez investidos no cargo de defensor público, podem atuar em juízo sem a exibição de procuração ou de nomeação.

4. No caso de Núcleo de Prática Jurídica ou de advogado dativo, embora prestem relevantes serviços, não existe previsão legal semelhante. Por essa razão, seus poderes de representação em juízo dependem de procuração ou nomeação, na qual não basta a indicação do Núcleo de Prática – pois este não possui capacidade para receber nomeação ou mandato –, mas é necessária a especificação do advogado a quem são atribuídos os poderes de representação.

5. Agravo regimental improvido.
(AgRg no AREsp 11.931/DF, Rel. Ministro SEBASTIÃO REIS JÚNIOR, SEXTA TURMA, julgado em 12/03/2013, DJe 19/03/2013)

1. O Superior Tribunal de Justiça considera inexistente o recurso de agravo regimental no qual o advogado subscritor não possui procuração ou substabelecimento nos autos, não sendo passível sua regularização nesta instância, conforme pacífica jurisprudência (Súmula nº 115/STJ).

2. Agravo regimental não conhecido.
(AgRg no AREsp 250.863/PR, Rel. Ministro RICARDO VILLAS BÔAS CUEVA, TERCEIRA TURMA, julgado em 26/02/2013, DJe 01/03/2013)

Evidentemente, eventual erro ou falta de procuração não caracteriza vício formal grave, pois pode ser juntada a procuração ou sanado o vício a qualquer momento. Nesse caso, nada impede que o S.T.J. intime a parte para sanar o vício.

Por óbvio, haverá vício procedimental que não poderá ser sanado, justamente por ser um vício grave. É o caso da interposição do recurso fora do prazo, ou quando não haja o recolhimento de custas processuais em dobro.

Em relação à comprovação de feriado local para análise de tempestividade de recurso, assim vem se manifestando o S.T.J.:

PROCESSUAL CIVIL. AGRAVO INTERNO NO RECURSO ESPECIAL. RECURSO ESPECIAL E AGRAVO EM RECURSO ESPECIAL INTERPOSTOS INTEMPESTIVAMENTE. RECESSO FORENSE, NO TRIBUNAL DE ORIGEM, NÃO DEMONSTRADO. AGRAVO INTERNO IMPROVIDO.
(...).
III. Na forma da jurisprudência – firmada sob a égide do CPC/73 –, "a comprovação da tempestividade do recurso, em decorrência de feriado local ou suspensão de expediente forense no Tribunal de origem que implique prorrogação do termo final pode ocorrer posteriormente, em sede de Agravo Regimental" (STJ, AgRg no AREsp 137.141/SE, Rel. Ministro ANTONIO CARLOS FERREIRA, CORTE ESPECIAL, DJe de 15/10/2012).
IV. O CPC/2015 não possibilita a mitigação ao conhecimento de recurso intempestivo. De fato, nos casos em que a decisão agravada tenha sido publicada já na vigência do novo CPC, descaberia a aplicação da regra do art. 932, parágrafo único, do CPC/2015, para permitir a correção do vício, com a comprovação posterior da tempestividade do recurso. Isso porque o CPC/2015 acabou por excluí-la (intempestividade) do rol dos vícios sanáveis, conforme se extrai do seu art. 1.003, § 6º ("o recorrente comprovará a ocorrência de feriado local no ato de interposição do recurso") e do seu art. 1.029, § 3º ("o Supremo Tribunal Federal ou o Superior Tribunal de Justiça poderá desconsiderar vício formal de recurso tempestivo ou determinar sua correção, desde que não o repute grave)". Nesse sentido: STJ, AgInt no REsp 1.626.179/MT, Rel.
Ministro RICARDO VILLAS BÔAS CUEVA, TERCEIRA TURMA, DJe de 23/03/2017; AgInt no REsp 1.638.816/PE, Rel. Ministra ASSUSETE MAGALHÃES, SEGUNDA TURMA, DJe de 06/04/2017.
V. De qualquer modo, na hipótese dos autos – apesar de terem sido interpostos os recursos sob a égide do CPC/2015 –, nenhum benefício atingiria a parte agravante, quanto à tentativa de comprovação, no Agravo interno, de suspensão do expediente forense, na origem, no dia 16 de novembro de 2016, porque não houve comprovação de tal fato, por documento idôneo, o que também leva à manutenção da decisão ora agravada.
VI. Agravo interno improvido.
(AgInt no AREsp 1041706/DF, Rel. Ministra ASSUSETE MAGALHÃES, SEGUNDA TURMA, julgado em 20/04/2017, DJe 02/05/2017)

Em recente decisão, assim decidiu o S.T.F. quanto à abrangência do p.u. do art. 932 do novo C.P.C.:

> *O prazo de cinco dias previsto no parágrafo único do art. 932 do CPC/2015 ["Art. 932. Incumbe ao relator: ... III – não conhecer de recurso inadmissível, prejudicado ou que não tenha impugnado especificamente. ... Parágrafo único. Antes de considerar inadmissível o recurso, o relator concederá o prazo de 5 (cinco) dias ao recorrente para que seja sanado vício ou complementada a documentação exigível"] só se aplica aos casos em que seja necessário sanar vícios formais, como ausência de procuração ou de assinatura, e não à complementação da fundamentação. Com base nessa orientação, a Primeira Turma, por maioria, negou provimento a agravo regimental e condenou a parte sucumbente ao pagamento de honorários advocatícios. Inicialmente, a Turma rejeitou proposta do Ministro Marco Aurélio de afetar a matéria ao Plenário para analisar a constitucionalidade do dispositivo, que, ao seu ver, padeceria de razoabilidade. Na sequência, o Colegiado destacou que, na situação dos autos, o agravante não atacara todos os fundamentos da decisão agravada. Além disso, estar-se-ia diante de juízo de mérito e não de admissibilidade.* **O Ministro Roberto Barroso, em acréscimo, afirmou que a retificação somente seria cabível nas hipóteses de recurso inadmissível, mas não nas de prejudicialidade ou de ausência de impugnação específica de fundamentos.** *Vencido o Ministro Marco Aurélio, que provia o recurso.*
> ARE 953221 AgR/SP, rel. Min. Luiz Fux, 7.6.2016. (ARE-953221)

Interpretando o art. 932 do novo C.P.C., quanto à sua abrangência, assim, estabelece o Enunciado Administrativo n. 6 do S.T.J.:
Nos recursos tempestivos interpostos com fundamento no CPC/2015 (relativos a decisões publicadas a partir de 18 de março de 2016), somente será concedido o prazo previsto no art. 932, parágrafo único, c/c o art. 1.029, § 3º, do novo CPC para que a parte sane vício estritamente formal.
Sobre o tema, eis ainda os seguintes precedentes do S.T.J.:

(...).
1. Da análise da petição de agravo de fls. 485-502 e-STJ, verifica-se que a agravante não impugnou, de forma específica, os fundamentos da decisão de juízo negativo de admissibilidade recursal realizado na origem relativos à necessidade de revolvimento de matéria fático-probatória para fins de análise da pretensão recursal relativa à aferição da responsabilidade pela demora na prática de atos processuais e à aferição da necessidade de produção de

prova pericial para comprovar a extinção do crédito tributário pela compensação. Dessa forma, não foi possível conhecer do agravo em razão do teor do art. 932, III, do CPC/2015, bem como da incidência, por analogia, do teor da Súmula nº 182 do STJ, in verbis: "É inviável o agravo do artigo 545 do Código de Processo Civil que deixa de atacar especificamente os fundamentos da decisão agravada".

2. A ausência de impugnação de fundamento da decisão agravada, por sua gravidade, não é vício passível de desconsideração na forma do § 3º do art. 1.029 do CPC/2015, nem de abertura de prazo para correção nos termos do parágrafo único do art. 932 do CPC/2015, uma vez que esta Corte interpretou os referidos dispositivos para possibilitar a correção somente de vícios formais, não sendo esse o caso dos autos.

Confira-se o Enunciado Administrativo nº 6 do STJ, in verbis: "Nos recursos tempestivos interpostos com fundamento no CPC/2015 (relativos a decisões publicadas a partir de 18 de março de 2016), somente será concedido o prazo previsto no art. 932, parágrafo único, c/c o art. 1.029, § 3º, do novo CPC para que a parte sane vício estritamente formal".

3. Agravo interno não provido.

(AgInt nos EDcl no AREsp 1037512/SP, Rel. Ministro MAURO CAMPBELL MARQUES, SEGUNDA TURMA, julgado em 08/06/2017, DJe 14/06/2017)

(...).

IV. O CPC/2015 não possibilita a mitigação ao conhecimento de recurso intempestivo. De fato, nos casos em que a decisão agravada tenha sido publicada já na vigência do novo CPC, descaberia a aplicação da regra do art. 932, parágrafo único, do CPC/2015, para permitir a correção do vício, com a comprovação posterior da tempestividade do recurso. Isso porque o CPC/2015 acabou por excluí-la (intempestividade) do rol dos vícios sanáveis, conforme se extrai do seu art. 1.003, § 6º ("o recorrente comprovará a ocorrência de feriado local no ato de interposição do recurso") e do seu art. 1.029, § 3º ("o Supremo Tribunal Federal ou o Superior Tribunal de Justiça poderá desconsiderar vício formal de recurso tempestivo ou determinar sua correção, desde que não o repute grave)".

(STJ, AgInt no REsp 1.626.179/MT, Rel.

Ministro RICARDO VILLAS BÔAS CUEVA, TERCEIRA TURMA, DJe de 23/03/2017; AgInt no REsp 1.638.816/PE, Rel. Ministra ASSUSETE MAGALHÃES, SEGUNDA TURMA, DJe de 06/04/2017).

13.
Suspensão nacional dos processos que tenham por objeto questão sujeita ao Incidente de Resolução de Demandas Repetitivas – IRDR

O incidente de Resolução de Demandas Repetitivas – IRDR, instituído e regulamentado pelo novo C.P.C. nos arts. 976 a 987, tem por objetivo dar tratamento isonômico e segurança jurídica aos processos que contenham controvérsia sobre a mesma questão unicamente de direito.

O que se pretende com a decisão a ser proferida no IRDR é garantir a segurança jurídica, evitando-se decisões conflitantes e impedindo o congestionamento de demandas repetitivas no âmbito do Poder Judiciário.

A competência para julgar o IRDR será dos Tribunais de Apelação.

Contra a decisão proferida no IRDR poderá ser interposto recurso especial ou extraordinário.

Admitido o IRDR, o relator *suspenderá* os processos pendentes, individuais ou coletivos, que tramitam no Estado ou na região, conforme o caso (inc. I do art. 982 do novo C.P.C.).

Em regra, a suspensão dos demais processos ocorrerá apenas no âmbito da jurisdição do tribunal que conhecer do IRDR.

Porém, visando à garantia da segurança jurídica, qualquer legitimado mencionado no art. 977, incs. II e III, do novo C.P.C, poderá requerer, ao tribunal competente para conhecer do recurso extraordinário ou especial, no caso, o S.T.F. ou S.T.J., a suspensão de todos os processos individuais ou coletivos em curso no território nacional que versem sobre a questão objeto do incidente já instaurado (§3º do art. 982 do novo C.P.C.).

Independentemente dos limites da competência territorial, a parte no processo em curso no qual se discuta a mesma questão objeto do incidente é legitimada para requerer a providência prevista no §3º do art. 982 do novo C.P.C.

Portanto, quando do processamento do IRDR, o presidente do Supremo Tribunal Federal ou do Superior Tribunal de Justiça receber requerimento de suspensão de processos em que se discuta questão federal constitucional ou infraconstitucional, poderá, considerando razões de segurança jurídica ou de excepcional interesse social, *estender a suspensão a todo o território nacional*, até ulterior decisão do recurso extraordinário ou do recurso especial a ser interposto (§ 4º do art. 1.029 do atual C.P.C.).

Evidentemente, se não for interposto o recurso especial ou o recurso extraordinário contra a decisão proferida no IRDR, a suspensão dos processos determinadas pelo relator do Tribunal de Apelação ou pelo Presidente do S.T.F. ou do S.T.J. perderá a eficácia jurídica (§5º do art. 982 do novo C.P.C.).

14.
Órgão legitimado para concessão de efeito suspensivo a recurso especial e extraordinário

Os recursos não impedem a eficácia da decisão recorrida, salvo disposição legal ou decisão judicial em sentido diverso (art. 995 do novo C.P.C.).

Consequentemente, o recurso extraordinário e o recurso especial, de competência, respectiva, do S.T.F. e do S.T.J., em regra geral, não apresentam efeito suspensivo quanto à eficácia jurídica da decisão recorrida.

Porém, a eficácia da decisão recorrida poderá ser suspensa por decisão do relator do recurso especial ou do recurso extraordinário, se da imediata produção de seus efeitos houver risco de dano grave, de difícil ou impossível reparação, e ficar demonstrada a probabilidade de provimento do recurso.

Havendo, portanto, risco de dano grave, de difícil ou impossível reparação, bem como demonstrada a probabilidade de provimento do recurso especial ou extraordinário, poderá o relator conceder efeito suspensivo ao recurso especial ou extraordinário.

Ocorre que, a necessidade de concessão de efeito suspensivo a recurso especial ou extraordinário poderá apresentar-se antes mesmo da distribuição do recurso ao respectivo relator no tribunal superior, ou seja, entre a data de sua interposição e a da efetiva distribuição.

O §5º do art. 1.029 do novo C.P.C., na sua redação originária, assim estabelecia a competência para apreciar o pedido de efeito suspensivo a recurso especial ou extraordinário:

> *§ 5º O pedido de concessão de efeito suspensivo a recurso extraordinário ou a recurso especial poderá ser formulado por requerimento dirigido:*

I – ao tribunal superior respectivo, no período compreendido entre a interposição do recurso e sua distribuição, ficando o relator designado para seu exame prevento para julgá-lo;
II – ao relator, se já distribuído o recurso;
III – ao presidente ou vice-presidente do tribunal local, no caso de o recurso ter sido sobrestado, nos termos do art. 1.037.

Tendo em vista que o novo C.P.C. (Lei 13.105 de 16 de março de 2015) foi sancionado com a previsão de extinção de realização de juízo preliminar de admissibilidade do recurso especial ou extraordinário pelo presidente ou vice-presidente dos Tribunais de origem, a redação originária do §5º do art. 1.029 do novo C.P.C. não mais previa a possibilidade de concessão de efeito suspensivo a recurso especial ou extraordinário por parte da presidência ou vice-presidência do tribunal recorrido, salvo na hipótese em que o recurso estivesse sobrestado por força do art. 1.037 do novo C.P.C. Por isso, o inc. I do art. 1.029 do novo C.P.C. (na sua redação originária) estabelecia a competência do tribunal superior respectivo para, no período compreendido entre a interposição e a distribuição do recurso especial ou extraordinário, analisar pedido de suspensão da eficácia da decisão recorrida, ficando o relator designado para seu exame prevento para julgá-lo.

Porém, antes mesmo da entrada em vigor do novo C.P.C. (Lei n. 13.105 de 2015), foi editada a Lei n. 13.256/2016, cujo art. 2º deu nova redação aos incisos I e III do §5º do art. 1.029 do novo C.P.C., a saber:

§ 5º O pedido de concessão de efeito suspensivo a recurso extraordinário ou a recurso especial poderá ser formulado por requerimento dirigido:
I – ao tribunal superior respectivo, no período compreendido entre a publicação da decisão de admissão do recurso e sua distribuição, ficando o relator designado para seu exame prevento para julgá-lo; (Redação dada pela Lei nº 13.256, de 2016) (Vigência)
II – ao relator, se já distribuído o recurso;
III – ao presidente ou ao vice-presidente do tribunal recorrido, no período compreendido entre a interposição do recurso e a publicação da decisão de admissão do recurso, assim como no caso de o recurso ter sido sobrestado, nos termos do art. 1.037. (Redação dada pela Lei nº 13.256, de 2016) (Vigência)

A nova redação dos incs. I e III do §5º do art. 1.029 do novo C.P.C. restabeleceu a sistemática de concessão de efeito suspensivo a recurso especial ou extraordinária já prevista sob a égide do C.P.C. de 1973. Durante a vigência do C.P.C. de 1973, na hipótese acima referida, a competência seria do presidente ou do vice-presidente do tribunal recorrido. Nesse sentido é o teor da Súmula 634 do S.T.F.: *não compete ao Supremo Tribunal Federal conceder medida cautelar para dar efeito suspensivo a recurso extraordinário que ainda não foi objeto de juízo de admissibilidade na origem.*

No mesmo sentido são os seguintes precedentes do S.T.J.:

1. A competência do Superior Tribunal de Justiça para a apreciação de medida cautelar, objetivando concessão de efeito suspensivo a recurso especial, instaura-se após ultrapassado o juízo de admissibilidade, a cargo do tribunal de origem.

(...).

(AgRg na MC 22.658/SP, Rel. Ministro RICARDO VILLAS BÔAS CUEVA, TERCEIRA TURMA, julgado em 26/08/2014, DJe 05/09/2014).

1. O pedido de concessão de efeito suspensivo a recurso especial pendente de admissibilidade pela Corte a quo somente pode ser examinado pelo Superior Tribunal de Justiça quando amplamente demonstrada a presença de situação excepcionalíssima, consistente na manifesta ilegalidade ou teratologia do aresto impugnado, aliado a um evidente risco de dano de difícil reparação, uma vez que, via de regra, a competência para exame de tal pleito é do próprio Tribunal Estadual.

1.1. Tal orientação está consolidada nas Súmulas 634 e 635 do STF, aplicadas analogicamente por esta Corte de Uniformização: Não compete ao Supremo Tribunal Federal conceder medida cautelar para dar efeito suspensivo a recurso extraordinário que ainda não foi objeto de juízo de admissibilidade na origem (súmula 634). Cabe ao Presidente do Tribunal de origem decidir o pedido de medida cautelar em recurso extraordinário ainda pendente de seu juízo de admissibilidade (súmula 635).

(...).

(AgRg na MC 22.257/RJ, Rel. Ministro MARCO BUZZI, QUARTA TURMA, julgado em 19/08/2014, DJe 02/09/2014).

Tendo em vista que haverá duas fases de realização de juízo de admissibilidade de recurso especial ou extraordinário, uma perante o Tribunal de origem e outra perante os Tribunais Superiores, a competência para apreciar pedido de concessão de efeito suspensivo a recurso especial ou extraordinário dependerá do momento processual em que esse pedido for formulado.

Assim, pela nova sistemática, a competência para apreciar pedido de concessão de efeito suspensivo a recurso especial ou extraordinário será: a) da presidência ou vice-presidência do tribunal recorrido, no período compreendido entre a interposição do recurso e a publicação de admissão do recurso, bem como no caso de o recurso ter sido sobrestado, nos termos do art. 1.037 do novo C.P.C.;[211] b) ao tribunal superior, no período compreendido entre a publicação da decisão de admissão de recurso e sua distribuição, ficando o relator designado para seu exame prevento para julgá-lo; c) ao relator se já distribuído o recurso.

Poderá ocorrer que, não obstante proferida decisão de admissibilidade de recurso especial ou extraordinário, não tenha sido apreciado pedido de concessão de efeito suspensivo a recurso especial ou extraordinário. Nesse caso, a competência será do Tribunal Superior, uma vez que a publicação da decisão de admissibilidade do recurso especial ou extraordinário exaure a jurisdição do tribunal recorrido.

O pedido de efeito suspensivo poderá ser requerido como preliminar das próprias razões de recurso ou em petição avulsa, no mesmo processo, sem necessidade de se ingressar com outro procedimento.

Sob a égide do C.P.C. de 1973, era comum que o pedido de concessão de efeito suspensivo a recurso especial ou extraordinário fosse formulado por meio de processo cautelar autônomo incidental. Porém, o novo C.P.C. extinguiu o processo cautelar autônomo, apesar de manter a possibilidade de concessão de medidas cautelares.

Na realidade, a concessão de efeito suspensivo à eficácia da decisão recorrida não se configura como medida cautelar, mas, sim, como tutela antecipada em face de sua natureza satisfativa, razão pela qual o pedido de suspensão poderá ser formulado por meio de petição avulsa ou nas próprias razões de recurso especial ou extraordinário.

Lamentavelmente, o legislador não tratou do denominado *'buraco negro'* ou *'hiato'* para o fim de concessão de efeito suspensivo à decisão que poderá ser objeto de recurso especial e extraordinário. O art. 1.037 do novo C.P.C. não nos diz qual o órgão jurisdicional competente para a concessão de efeito suspensivo à decisão recorrida, no período com-

---

[211] Sobre o tema, estabelece a Súmula 635 do S.T.F.: *Cabe ao presidente do tribunal de origem decidir o pedido de medida cautelar em recurso extraordinário ainda pendente do seu juízo de admissibilidade.*

preendido entre a **data da publicação do acórdão e o transcurso do prazo de 15 (quinze) dias para a interposição do recurso especial ou extraordinário.** Nessa hipótese, ainda não houve a interposição do recurso especial ou extraordinário, uma vez que está em andamento o transcurso do prazo de 15 (quinze) dias para o exercício de referida faculdade processual.

É importante salientar que com a publicação do acórdão, a turma ou a câmara do tribunal cumpre sua função jurisdicional, só podendo voltar a exercer a jurisdição se for interposto embargos de declaração contra o acórdão proferido. A partir desse momento, ou há interposição do recurso especial ou extraordinário e a jurisdição passa a ser exercida pela presidência ou vice-presidência do tribunal, ou o processo retorna para a jurisdição do juízo de primeiro grau em razão do trânsito em julgado do acórdão.

Esse *'buraco negro'* ou *hiato* encontra-se também no âmbito do recurso de apelação, em face do que dispõe o art. 1.012, §3º, incs. I e II, do novo C.P.C., a saber:

> Art. 1.012. *A apelação terá efeito suspensivo.*
> (...).
> *§ 3o O pedido de concessão de efeito suspensivo nas hipóteses do § 1o poderá ser formulado por requerimento dirigido ao:*
> *I – tribunal, no período compreendido entre a interposição da apelação e sua distribuição, ficando o relator designado para seu exame prevento para julgá-la;*
> *II – relator, se já distribuída a apelação.*
> (...).

Observa-se que o §3º do art. 1.012 do novo C.P.C., no que concerne ao recurso de apelação, não diz quem será competente para apreciar eventual pedido de efeito suspensivo da decisão recorrida, ou mesmo para concessão de tutela de urgência cautelar ou antecipatória no período compreendido entre a publicação da sentença e o transcurso do prazo para interposição do recurso de apelação, tendo-se em mente que o juiz, ao publicar a sentença, cumpre e exaure seu ofício jurisdicional, salvo em relação a eventuais embargos de declaração.

No âmbito da apelação, por uma questão meramente pragmática, tem-se tolerado que o próprio juízo de primeiro grau avalie a concessão de efeito suspensivo da decisão proferida, ou mesmo de pedido de tutela provisória de urgência.[212]

Talvez, por uma questão meramente pragmática, o mesmo possa ocorrer em relação às Turmas ou Câmaras dos Tribunais.

Outra questão que se coloca é se o Presidente ou o Vice-Presidente do tribunal recorrido negar o efeito suspensivo postulado pela parte. Nessa hipótese, qual recurso seria cabível?

Em tese, não caberia o agravo interno (art. 1.021 do atual C.P.C.), tendo em vista que o presidente e o vice-presidente não estariam inseridos na função de relatores de uma demanda recursal ou de uma demanda originária do tribunal, muito menos estão subordinados, nessa hipótese, a algum órgão colegiado do tribunal de origem.

Sob a égide do C.P.C. de 1973, o S.T.J., em determinadas decisões, entendia ser possível a interposição de agravo de instrumento externo, aplicando por analogia o art. 544 do C.P.C. de 1973, atual art. 1.042 do novo C.P.C. (agravo em recurso especial ou extraordinário). Nesse sentido, eis o seguinte precedente do S.T.J.:

> *1. Cabe ao STJ, por meio de agravo de instrumento previsto no art. 544 do CPC, exercer o controle jurisdicional de decisão proferida pela Vice-Presidência do Tribunal de origem, concessiva de efeito suspensivo de efeito suspensivo a recurso especial, já que se trata de decisão inserida no exercício das atribuições relacionadas com o juízo de admissibilidade do referido recurso. Precedentes.*
>
> *2. Sendo assim, é incabível, contra a referida decisão, a interposição de meio impugnativo ou recurso interno para órgão colegiado do próprio Tribunal de origem. Assim, ultrapassado o prazo do art. 544 do CPC, resta preclusa a matéria, não sendo cabível buscar seu reexame por medida cautelar.*
>
> *3. Agravo regimental a que se nega provimento.*
>
> (AgRg na MC 14.635/PR, Rel. Ministro TEORI ALBINO ZAVASCKI, PRIMEIRA TURMA, julgado em 16/09/2008, DJe 22/09/2008)

---

[212] Trata-se de um debate interessante sobre se ainda é possível dizer que com a sentença o juiz 'cumpre e exaure o ofício jurisdicional'. Há vozes que sustentam a impossibilidade de tal afirmação diante do sincretismo existente entre conhecimento-execução. Segundo tal pensar, o art. 462 do CPC de 1973 já tinha eliminado esta expressão, retirando do texto normativo o dizer 'extinção com julgamento de mérito' e inserindo o dizer 'resolverá o mérito'.

Todavia, também existia precedente do S.T.J. que não admitia o Agravo de Instrumento previsto no art. 544 do C.P.C. de 1973 contra decisão que indeferia medida cautelar para dar efeito suspensivo a recurso especial interposto. Nesse sentido é o seguinte precedente:

1. Cuida-se de agravo regimental que objetiva combater decisão da Presidência desta Corte que negou seguimento a agravo de instrumento interposto contra decisão monocrática, da Vice-Presidência do Tribunal Regional da 2ª Região, que indeferiu o pedido de tutela cautelar.
2. "As hipóteses de cabimento do denominado agravo de instrumento para esta Corte estão adstritas aos arts. 544 e 539, parágrafo único, ambos do CPC. O primeiro, que passou a ser nos próprios autos diante das alterações decorrentes da Lei n. 12.322/2010, objetiva dar seguimento a recurso especial interposto cujo trânsito fora obstado; o segundo é cabível de decisões interlocutórias proferidas por juiz federal nas 'causas em que forem partes, de um lado, Estado estrangeiro ou organismo internacional e, do outro, Município ou pessoa residente ou domiciliada no País' (art. 539, II, 'b', do CPC)." Precedente: AgRg no Ag 1430927/RJ, Rel. Min. Mauro Campbell Marques, Segunda Turma, julgado em 16.10.2012, DJe 24.10.2012.
3. Incabível, portanto, agravo de instrumento contra decisão monocrática da Vice- -presidência da Corte de origem que indeferiu o pedido de tutela cautelar.
Agravo regimental improvido.
(AgRg no Ag 1431096/RJ, Rel. Ministro HUMBERTO MARTINS, SEGUNDA TURMA, julgado em 06/12/2012, DJe 17/12/2012)

Não se admitindo o agravo de instrumento com base no art. 544 do C.P.C. de 1973, permitia-se que o recorrente interpusesse nova medida cautelar diretamente ao Tribunal Superior. Nesse sentido é o seguinte precedente:

1. A imissão provisória no imóvel cujo valor do depósito baseou-se em prova pericial oficial em face das conjecturas da área expropriada é matéria insindicável pelo E. STJ, mercê de a discricionariedade judicial receber o respaldo do art. 15, § 1º, alínea "d", do Decreto-lei nº 3.365/41 (Precedentes: RESP nº 258.283/RS, RESP nº 74.466/ SP, RESP nº 74.179/RO, RESP 31678/SP, RESP 14.004/SP, ERESP nº 895/SP, ERESP nº 23.649/SP) 2. Deveras, o valor expressivo que considera a inutilização da propriedade e fixa o depósito à luz dessa constatação, atende ao cânone constitucional da "prévia" e justa indenização, mercê de transpor o óbice da Súmula 07, interdições aplicáveis ao recurso especial (ação principal) que se espraiam para a ação cautelar (ação acessória).

3. O recurso especial deve permanecer retido nos autos quando interposto contra decisão interlocutória proferida em processo de conhecimento, cautelar ou embargos à execução (art. 542, § 3º do CPC).

4. A interlocutória que versa medida urgente, com repercussão danosa, impõe o destrancamento do recurso especial. Precedentes: AGA 447101, Rel.Min. Luiz Fux, DJ de 02/12/2002; MC nº 3645/RS, 3ª Turma, Relª Minª NANCY ANDRIGHI, DJ de 15/10/2001; MC nº 3564/MG, 3ª Turma, Rel. Min. CARLOS ALBERTO MENEZES DIREITO, DJ de 27/08/2001.

5. In casu, o acórdão proferido em sede de agravo de instrumento contra o qual foi interposto recurso especial manteve a decisão liminar proferida em sede de ação de desapropriação que condicionou o deferimento da imissão provisória na posse do imóvel expropriado ao pagamento de R$ 5.460.000,00 (cinco milhões quatrocentos e sessenta mil reais), tendo a requerente efetuado depósito judicial do valor de R$ 704.353,00 (setecentos e quatro mil, trezentos e cinquenta e três reais) 6. A apreciação de pedido de efeito suspensivo a recurso especial que encontra-se pendente de admissibilidade é de competência do Tribunal de origem, em razão da incidência dos verbetes sumulares nºs 634 e 635 do STF (Súmula 634 – "Não compete ao Supremo Tribunal Federal conceder medida cautelar para dar efeito suspensivo a recurso extraordinário que ainda não foi objeto de juízo de admissibilidade na origem"; Súmula 635 – "Cabe ao Presidente do Tribunal de origem decidir o pedido de medida cautelar em recurso extraordinário ainda pendente do seu juízo de admissibilidade").

7. O egrégio S.T.J, em casos excepcionais, tem deferido efeito suspensivo a recurso especial ainda não admitido, com o escopo de evitar teratologias, ou a fim de obstar os efeitos de decisão contrária à jurisprudência pacífica desta C. Corte Superior, em hipóteses em que demonstrado o perigo de dano irreparável ou de difícil reparação.

8. In casu, a hipótese delineada nos autos não revela a teratologia da decisão fustigada, haja vista que o aresto impugnado por meio do recurso especial fixou o depósito prévio para fins de imissão provisória na posse do imóvel expropriado, o valor total sugerido pelo perito do juízo de R$5.460.000,00 (fl.210) a título de indenização pela área expropriada, sendo certo que o requerente prestou contra-cautela equivalente a 12,90% (R$ 704.353,00) sobre referido quantum, uma vez que revela-se admissível a exigência de depósito integral para referido fim, e, da mesma forma, não autoriza o destrancamento do recurso especial cuja controvérsia impõe o reexame de matéria de conteúdo fático-probatório.

9. *As interdições à cognição da Corte, implicam no esvaziamento das questões processuais inerentes ao destrancamento do recurso e sua subida independentemente de admissão.*
10. *Agravo Regimental desprovido.*
(AgRg na MC 14.073/RJ, Rel. Ministro LUIZ FUX, PRIMEIRA TURMA, julgado em 17/03/2009, DJe 23/04/2009).

Porém, a questão ficou muito mais dramática com a entrada em vigor do novo C.P.C., especialmente pelo fato de que não há mais processo cautelar autônomo, uma vez que essa forma de tutela de urgência deverá ser concedida somente no âmbito do processo originário.

Na realidade, não tendo a pretensão de outorga de efeito suspensivo a recurso especial ou extraordinário natureza de cautelaridade, deve-se permitir ao recorrente ingressar com recurso de agravo em recurso especial ou extraordinário contra a decisão do vice-presidente ou do presidente que não concede o efeito suspensivo solicitado, aplicando-se por analogia o disposto no art. 1.042 do atual C.P.C.

O mesmo recurso previsto no art. 1.042 do novo C.P.C. também deve ser autorizado, por analogia, na hipótese de o presidente ou vice-presidente conceder efeito suspensivo a recurso especial ou extraordinário.

Essa seria a melhor sistemática, justamente pelo fato de que a análise final sobre a concessão ou não de efeito suspensivo ao recurso extraordinário ou especial é, respectivamente, do Supremo Tribunal Federal ou do S.T.J.

15.
Prazo para interposição do recurso extraordinário e do recurso especial

O recurso extraordinário ou o recurso especial, nos casos previstos na Constituição Federal, deverá ser interposto perante a presidência ou vice-presidência do tribunal recorrido, em petição distinta, conforme estabelece o art. 1.029 do atual C.P.C.

Dentro das disposições gerais sobre os recursos, que regulamentam inclusive o recurso especial e o recurso extraordinário, há previsão normativa prevista no art. 1003, §5º, que, excetuados os embargos de declaração, o prazo para interpor os recursos e para responder-lhes é de *15 (quinze) dias*.

Sendo a fixação do prazo para recurso extraordinário ou especial em dias, aplica-se a regra do art. 219 do novo C.P.C.: *Na contagem de prazo em dias, estabelecido por lei ou pelo juiz, computar-se-ão somente os dias úteis.*

Assim, o prazo para interposição do recurso especial ou extraordinário é de 15 (quinze) dias, devendo a petição do recurso ser recebida pela secretaria do tribunal recorrido (compreendidos os protocolos integralizados) dentro do prazo fixado em lei, sob pena de intempestividade, salvo se o recurso for interposto pelo correio, quando, nos termos do §4º do art. 1.003 do novo C.P.C., a aferição de sua tempestividade será considerada como data de interposição a data de postagem. Com isso, fica superada a Súmula 216 do S.T.J. em relação à interposição do recurso via correio.

É importante salientar o que dispõe o art. 281 da Lei 4.737/65 (Código Eleitoral):

Art. 281. São irrecorríveis as decisões do Tribunal Superior, salvo as que declararem a invalidade de lei ou ato contrário à Constituição Federal e as denegatórias de "habeas corpus"ou mandado de segurança, das quais caberá recurso ordinário para o Supremo Tribunal Federal, interposto no prazo de 3 (três) dias.

§ 1º Juntada a petição nas 48 (quarenta e oito) horas seguintes, os autos serão conclusos ao presidente do Tribunal, que, no mesmo prazo, proferirá despacho fundamentado, admitindo ou não o recurso.

§ 2º Admitido o recurso será aberta vista dos autos ao recorrido para que, dentro de 3 (três) dias, apresente as suas razões.

§ 3º Findo esse prazo os autos serão remetidos ao Supremo Tribunal Federal.

Diante dessa disposição específica do art. 281 do Código Eleitoral, o S.T.F. elaborou a Súmula 728, com o seguinte enunciado: *É de três dias o prazo para a interposição de recurso extraordinário contra decisão do tribunal superior eleitoral, contado, quando for o caso, a partir da publicação do acórdão, na própria sessão de julgamento, nos termos do art. 12 da lei 6055/1974, que não foi revogado pela lei 8950/1994.*

Sobre o tema, eis os seguintes precedentes do S.T.F.:

MATÉRIA ELEITORAL – RECURSO EXTRAORDINÁRIO CONTRA ACÓRDÃO EMANADO DO TRIBUNAL SUPERIOR ELEITORAL – PRAZO DE INTERPOSIÇÃO: TRÊS (3) DIAS – INTEMPESTIVIDADE – AGRAVO DE INSTRUMENTO DEDUZIDO CONTRA A DECISÃO DO PRESIDENTE DO TSE QUE NÃO ADMITIU O APELO EXTREMO – INTEGRAL CORREÇÃO DESSE ATO DECISÓRIO – AGRAVO IMPROVIDO – Em matéria eleitoral, o prazo de interposição do recurso extraordinário é de três (3) dias. A norma legal que define esse prazo recursal (Lei nº 6.055/74, art. 12) – por qualificar-se como lex specialis – não foi derrogada pelo art. 508 do CPC, na redação que lhe deu a Lei nº 8.950/94. Doutrina. Precedentes. – É também de três (3) dias, consoante prescreve o Código Eleitoral (art. 282), o prazo de interposição do agravo de instrumento, cabível contra decisão da Presidência do Tribunal Superior Eleitoral, que nega trânsito a recurso extraordinário deduzido contra acórdão emanado dessa alta Corte judiciária. Doutrina. Precedentes.

(AI 816.288-AgR, Rel. Min. Celso de Mello, Segunda Turma, DJe de 16/12/2010)

1. Recurso extraordinário, via fac-símile, transmitido ao Tribunal Superior Eleitoral, em data anterior ao término do prazo legal de 3 dias (às 19:06 hs.), porém protocolado naquela Corte apenas no dia seguinte, após o transcurso desse prazo.

2. Segundo a jurisprudência desta Corte afere-se a tempestividade do recurso pelo protocolo deste no Tribunal de origem. Precedente. Revela-se, portanto, intempestivo o apelo extremo (Súmula STF nº 728)
3. Agravo regimental improvido.
(RE 587797 AgR, Relator(a): Min. ELLEN GRACIE, Segunda Turma, julgado em 14/10/2008, DJe-216 DIVULG 13-11-2008 PUBLIC 14-11-2008 EMENT VOL-02341-15 PP-02956)

Em relação à contagem dos prazos para interposição do recurso extraordinário ou especial, o novo C.P.C. estabelece regras particulares em relação ao *dia do começo do prazo* em seu art. 231, a saber:

Art. 231. Salvo disposição em sentido diverso, considera-se dia do começo do prazo:
I – a data de juntada aos autos do aviso de recebimento, quando a citação ou a intimação for pelo correio;
II – a data de juntada aos autos do mandado cumprido, quando a citação ou a intimação for por oficial de justiça;
III – a data de ocorrência da citação ou da intimação, quando ela se der por ato do escrivão ou do chefe de secretaria;
IV – o dia útil seguinte ao fim da dilação assinada pelo juiz, quando a citação ou a intimação for por edital;
V – o dia útil seguinte à consulta ao teor da citação ou da intimação ou ao término do prazo para que a consulta se dê, quando a citação ou a intimação for eletrônica;
VI – a data de juntada do comunicado de que trata o art. 232 ou, não havendo esse, a data de juntada da carta aos autos de origem devidamente cumprida, quando a citação ou a intimação se realizar em cumprimento de carta;
VII – a data de publicação, quando a intimação se der pelo Diário da Justiça impresso ou eletrônico;
VIII – o dia da carga, quando a intimação se der por meio da retirada dos autos, em carga, do cartório ou da secretaria.

O art. 231 do novo C.P.C. deve ser interpretado e conjugado com o art. 224 do mesmo estatuto processual, que assim dispõe:

Art. 224. Salvo disposição em contrário, os prazos serão contados excluindo o dia do começo e incluindo o dia do vencimento.
§ 1º Os dias do começo e do vencimento do prazo serão protraídos para o primeiro dia útil seguinte, se coincidirem com dia em que o expediente forense for encerrado

antes ou iniciado depois da hora normal ou houver indisponibilidade da comunicação eletrônica.

§ 2º Considera-se como data de publicação o primeiro dia útil seguinte ao da disponibilização da informação no Diário da Justiça eletrônico.

§ 3º A contagem do prazo terá início no primeiro dia útil que seguir ao da publicação.

Portanto, para se saber a data do efetivo início do prazo para interposição do recurso especial ou extraordinário, não basta simples leitura do art. 231, sem que o interprete fique atento ao que dispõe o art. 224 do novo C.P.C.

O art. 224 trata da contagem dos prazos, determinando a exclusão do dia do começo e a inclusão do dia do vencimento do prazo.

Em se tratando de intimação pelo Diário da Justiça Eletrônico, pois somente nessa situação é que se poderá falar em data de publicação, os §§2º e 3º do art. 224 (combinados) estabelecem que a contagem do prazo terá início *no primeiro dia útil que se seguir ao da publicação*, sendo que nessa hipótese, e somente nessa hipótese, considera-se como data da publicação o primeiro dia útil seguinte ao da disponibilização da informação no Diário da Justiça.

Ressalte-se que o §§2º e 3º do art. 224, ao mencionar expressamente a palavra 'publicação', fez referência somente ao Diário da Justiça eletrônica, pois somente nessa hipótese o legislador falou em publicação.

Outrossim, também o art. 231 somente utiliza a expressão *data da publicação* para o Diário da Justiça Eletrônico e Impresso.

Vejamos pragmaticamente a questão em que a parte foi intimada para se manifestar no prazo de 5 (cinco) dias (Obs: Para facilitar vou considerar a sequência de dias como dias úteis):

a) se a intimação for pelo correio, o começo do prazo se dá pela juntada do aviso de recebimento nos autos. Assim, se o aviso de recebimento foi juntado no dia 1º (útil) esse dia é o começo do prazo. Porém, como o art. 224 preconiza que se exclui o dia do começo, o prazo final será o dia 6 (inclusive, por ser o último dia do prazo).

b) se a intimação for por mandado, o começo do prazo se dá pela juntada do mandado nos autos. Assim, se o mandado foi juntado no dia 1º (que não se computa), o prazo final será o dia 6 (inclusive, por ser o último dia do prazo).

c) se a intimação for por certidão do escrivão ou chefe de secretaria, o começo do prazo se dá na data da ocorrência da intimação. Assim, se a intimação ocorreu no dia 1º, o prazo final será o dia 6 (inclusive, por ser o último dia do prazo).
d) se a intimação for por edital, o começo do prazo se dá no dia útil seguinte ao fim da dilação assinada pelo juiz. Se o Edital foi publicado no dia 1º e o juiz assinou 10 (dez) dias de dilação, o começo do prazo se dá no dia 11 (onze). Excluindo o dia do começo, o prazo final será no dia 16 (dezesseis) (inclusive, por ser o último dia do prazo).
e) se a intimação for eletrônica (processo eletrônico), o começo do prazo será o dia útil seguinte à consulta ao teor da intimação ou ao término do prazo para que a consulta se dê. Suponhamos que a parte tenha consultado o processo eletrônico no dia 1º. O começo do prazo será o dia 2 (dois), ou seja, o dia útil seguinte à consulta. Como não se conta o dia do começo, ou seja, o dia 2 (dois), o prazo final será o dia 7 (sete) (inclusive, por ser o último dia do prazo).
f) se a intimação for pelo diário eletrônico, o começo do prazo ocorrerá na data de publicação, sendo que se considera como data de publicação, nos termos do §2º do art. 224, o primeiro dia útil seguinte ao da disponibilização da informação no Diário da Justiça Eletrônico. Assim, se a disponibilização da intimação no Diário da Justiça ocorreu no dia 1º, a publicação dar-se-á no dia 2 (dois). Por sua vez, o §3º do art. 224 preconiza que a contagem do prazo terá início no primeiro dia útil que seguir ao da publicação. Assim, o primeiro dia útil a seguir ao da publicação será o dia 3 (três). Como não se conta o dia do começo, o prazo final será o dia 8 (oito).

É certo que o art. 231, inc. VII – preconiza que a data da publicação no Diário da Justiça impresso ou eletrônico considerar-se-á o dia do *começo* do prazo. Assim, se a disponibilização da intimação ocorreu no dia 1º, a publicação se dará no dia 2ª (§2º do art. 224). Tendo em vista que o começo do prazo se dá na data da publicação (inc. VII do art. 231), e tendo em vista que se exclui o dia do começo, o prazo final seria o dia 7 (sete).

Há circunstâncias especiais em que o prazo para interposição de recurso especial ou extraordinário não será de 15 (quinze dias). Essas exceções estão previstas nos arts. 180, 183, 186 e 229 do novo C.P.C., *in verbis*:

Art. 180. *O Ministério Público gozará de prazo em dobro para manifestar-se nos autos, que terá início a partir de sua intimação pessoal, nos termos do art. 183, § 1º.*

Art. 183. *A União, os Estados, o Distrito Federal, os Municípios e suas respectivas autarquias e fundações de direito público gozarão de prazo em dobro para todas as suas manifestações processuais, cuja contagem terá início a partir da intimação pessoal.*

Art. 186. *A Defensoria Pública gozará de prazo em dobro para todas as suas manifestações processuais.*

A jurisprudência do S.T.F. é firme no sentido da "inaplicabilidade ao advogado dativo da prerrogativa do prazo em dobro disposta na Lei 1.060/50, com redação dada pela Lei 7.871/89, conferida apenas aos assistidos por defensores públicos" (AI n º 627.334/SP-AgR, Tribunal Pleno, Relatora a Ministra Ellen Gracie, DJe de 26/10/07). Nesse sentido são os seguintes precedentes:

AGRAVO REGIMENTAL NO AGRAVO DE INSTRUMENTO. CRIMINAL. RECURSO EXTRAORDINÁRIO INTEMPESTIVO. DEFENSOR DATIVO. PRAZO EM DOBRO E INTIMAÇÃO PESSOAL. IMPOSSIBILIDADE. É intempestivo o recurso extraordinário que não observa o prazo estabelecido no artigo 508 do CPC. Precedentes. Agravo regimental a que se nega provimento.

(AI nº 763.176 AgR/GO, Segunda Turma, Relator o Ministro Eros Grau, DJe de 9/10/09).

Agravo regimental no recurso extraordinário com agravo. Matéria criminal. Defensor dativo. Prazo em dobro para recorrer. Não incidência. Precedentes. Regimental não provido. 1. É assente, na jurisprudência da Corte, o entendimento de que o defensor dativo possui a prerrogativa da intimação pessoal. Todavia, ele não faz jus ao prazo recursal em dobro. 2. Agravo a que se nega provimento.

(ARE 814800 AgR, Relator(a): Min. DIAS TOFFOLI, Primeira Turma, julgado em 30/09/2014, PROCESSO ELETRÔNICO DJe-225 DIVULG 14-11-2014 PUBLIC 17-11-2014)

No mesmo sentido são os seguintes precedentes do S.T.J.:

PROCESSUAL PENAL. AGRAVO REGIMENTAL NOS EMBARGOS DE DECLARAÇÃO NO AGRAVO EM RECURSO ESPECIAL. RECURSO APRESENTADO FORA DO PRAZO LEGAL. INTEMPESTIVIDADE. DEFENSOR DATIVO. PRAZO SIMPLES PARA RECORRER. INAPLICABILIDADE DO ART. 191 DO CPC AO PROCESSO PENAL.

1. A Corte Especial do Superior Tribunal de Justiça já firmou o posicionamento de que o prazo em dobro para recorrer, previsto no art. 5º, § 5º, da Lei nº 1.060/1950, só é devido aos Defensores Públicos e àqueles que fazem parte do serviço estatal de assistência judiciária, não se incluindo no benefício os defensores dativos, mesmo que credenciados pelas Procuradorias-Gerais dos Estados via convênio com as Seccionais da Ordem dos Advogados do Brasil, uma vez que não exercem cargos equivalentes aos de Defensores Públicos.

Precedente: HC 27.786/SP, Rel. Ministro HUMBERTO GOMES DE BARROS, Corte Especial, julgado em 23/10/2003, DJ 19/12/2003.

2. A jurisprudência do Superior de Justiça é no sentido de que é inaplicável a regra prevista no art. 191 do CPC, que defere o prazo em dobro para litisconsortes com procuradores distintos, no âmbito do processo penal.

3. Agravo regimental não provido.

(AgRg nos EDcl no AREsp 484.204/SC, Rel. Ministro REYNALDO SOARES DA FONSECA, QUINTA TURMA, julgado em 05/05/2016, DJe 13/05/2016)

PROCESSUAL CIVIL. AGRAVO REGIMENTAL NO AGRAVO EM RECURSO ESPECIAL. RECURSO APRESENTADO FORA DO PRAZO LEGAL. INTEMPESTIVIDADE. ART. 258 DO RISTJ. DEFENSOR DATIVO. CONVÊNIO ENTRE OAB E DEFENSORIA PÚBLICA. PRAZO SIMPLES PARA RECORRER. AGRAVO REGIMENTAL NÃO PROVIDO.

1. A interposição de agravo regimental após o prazo legal implica o não conhecimento do recurso, por intempestividade, nos termos do art. 258 do RISTJ.

2. A Corte Especial do Superior Tribunal de Justiça já firmou o posicionamento de que o prazo em dobro para recorrer, previsto no art. 5º, § 5º, da Lei nº 1.060/50, não se estende aos defensores dativos, ainda que credenciados pelas Procuradorias-Gerais dos Estados via convênio com as Seccionais da Ordem dos Advogados do Brasil.

3. Agravo regimental não provido.

(AgRg nos EDcl no AREsp 457.625/SP, Rel. Ministro MOURA RIBEIRO, TERCEIRA TURMA, julgado em 01/09/2015, DJe 10/09/2015)

Ocorre que, conforme estabelece o §3º do art. 186 do novo C.P.C., terá direito ao prazo em dobro para todas as manifestações processuais os escritórios de prática jurídica das faculdades de Direito reconhecidas na forma da lei e às entidades que prestam assistência jurídica gratuita em razão de convênios firmados com a Defensoria.

Art. 229. Os litisconsortes que tiverem diferentes procuradores, de escritórios de advocacia distintos, terão prazos contados em dobro para todas as suas manifestações, em qualquer juízo ou tribunal, independentemente de requerimento.

§ 1º Cessa a contagem do prazo em dobro se, havendo apenas 2 (dois) réus, é oferecida defesa por apenas um deles.[213]

É importante salientar que para a utilização da prerrogativa de prazo em dobro para recorrer, há necessidade de que os litisconsortes tenham diferentes procuradores, e que esses procuradores não sejam do mesmo escritório de advocacia.

No sentido de que deveriam ser diferentes os procuradores, eis a seguinte decisão do S.T.F.:

1. Nos termos do art. 334 do Regimento Interno, é de quinze dias o prazo para a oposição de embargos infringentes. Todavia, conta-se em dobro o prazo recursal quando há litisconsórcio passivo e os réus estejam representados por diferentes procuradores. Aplica-se a essa hipótese, por analogia, o art. 191 do CPC (cf. AP 470 AgR-vigésimo segundo, Relator(a): Min. JOAQUIM BARBOSA, Relator(a) p/ Acórdão: Min. TEORI ZAVASCKI, Tribunal Pleno, Dje de 24-09-2013). 2. Agravo regimental provido.

(AP 470 AgR-vigésimo quinto, Relator(a): Min. JOAQUIM BARBOSA, Relator(a) p/ Acórdão: Min. TEORI ZAVASCKI, Tribunal Pleno, julgado em 18/09/2013, ACÓRDÃO ELETRÔNICO DJe-032 DIVULG 14-02-2014 PUBLIC 17-02-2014).

A jurisprudência do S.T.J., para efeito da contagem do prazo em dobro, também vinha exigindo que os procuradores pertencessem a escritórios diferentes. Nesse sentido é a seguinte decisão:

---

[213] Não há contagem de prazo em dobro no controle concentrado de constitucionalidade: *Embargos de declaração nos embargos de declaração em recurso extraordinário. 2. Decisão monocrática. Embargos de declaração recebidos como agravo regimental. 3. Pessoa jurídica de direito público. Prazo em dobro. Art. 188 do CPC. Inaplicabilidade ao processo de controle concentrado de constitucionalidade. Intempestividade do recurso. Precedente. 4. Art. 191 do CPC. Inaplicabilidade. 5. Agravo regimental a que se nega provimento.*
(RE 561935 ED-ED, Relator(a): Min. GILMAR MENDES, Segunda Turma, julgado em 14/05/2013, ACÓRDÃO ELETRÔNICO DJe-163 DIVULG 20-08-2013 PUBLIC 21-08-2013)

PROCESSUAL CIVIL. AGRAVO INTERNO NO AGRAVO EM RECURSO ESPECIAL. INTEMPESTIVIDADE DO RECURSO ESPECIAL, INTERPOSTO SOB A ÉGIDE DO CPC/73, PERANTE O TRIBUNAL DE ORIGEM. ADVOGADOS DISTINTOS DO MESMO ESCRITÓRIO. PRAZO EM DOBRO. INEXISTÊNCIA. JURISPRUDÊNCIA CONSOLIDADA DO STJ, À LUZ DO CPC/73. AGRAVO INTERNO IMPROVIDO.

I. Trata-se de Agravo interno, interposto em 21/03/2016, contra decisão monocrática publicada em 15/03/2016, na vigência do CPC/73.

II. O acórdão, objeto do Recurso Especial, foi publicado em 30/07/2014, quarta-feira. O Recurso Especial, no entanto, somente foi interposto em 29/08/2014, quando já escoado o prazo legal, em 14/08/2014.

III. Não há falar em prazo em dobro, na presente hipótese, pois, segundo a jurisprudência desta Corte – firmada à luz do CPC/73 –, "a regra contida no art. 191 do CPC tem razão de ser na dificuldade maior que os procuradores dos litisconsortes encontram em cumprir os prazos processuais e, principalmente, em consultar os autos do processo' (STJ, AgRg no AREsp 221.032/SP, Rel. Ministro LUIS FELIPE SALOMÃO, QUARTA TURMA, DJe de 11/04/2014). Logo, quando o preceito legal estabelece a figura dos 'diferentes procuradores', refere-se às hipóteses em que os litisconsortes são patrocinados por advogados distintos e sem vinculação entre si, o que não ocorre no caso concreto, no qual todos os litisconsortes outorgaram procuração ao mesmo grupo de procuradores integrantes de mesmo escritório profissional" (STJ, AgRg no AREsp 359.034/RN, Rel. Ministro HERMAN BENJAMIN, SEGUNDA TURMA, DJe de 25/09/2014). No mesmo sentido: STJ, AgRg nos EDcl no AREsp 690.857/PR, Rel. Ministro MARCO AURÉLIO BELLIZZE, TERCEIRA TURMA, DJe de 04/03/2016; AgRg no AREsp 499.408/RJ, Rel. Ministra MARIA ISABEL GALLOTTI, Rel. p/ acórdão Ministro LUIS FELIPE SALOMÃO, QUARTA TURMA, DJe de 13/03/2015.

IV. Acolhendo tal entendimento, o CPC/2015 restringe a concessão do benefício a litisconsortes cujos advogados, necessariamente, façam parte de escritórios distintos.

V. Agravo interno improvido.

(AgInt no AREsp 751.490/MS, Rel. Ministra ASSUSETE MAGALHÃES, SEGUNDA TURMA, julgado em 16/06/2016, DJe 24/06/2016)

No caso de litisconsortes, cessa a contagem do prazo em dobro se havendo apenas 2 (dois) o mais réus, apenas um apresenta recurso extraordinário ou especial. Nesse sentido são os seguintes precedentes do S.T.J. e do S.T.F.:

AGRAVO REGIMENTAL NO AGRAVO REGIMENTAL NO AGRAVO EM RECURSO ESPECIAL. INTEMPESTIVIDADE. LITISCONSÓRCIO. PRAZO EM DOBRO. ARTIGO 191 DO CPC/1973. INAPLICABILIDADE.

1. Se a decisão recorrida é prejudicial aos litisconsortes, mas apenas um recorre, o prazo em dobro existe em relação a este recurso específico, mas passa a ser simples para os recursos posteriores (art. 191 do CPC/1973).

2. Agravo regimental não provido.

(AgRg no AgRg no AREsp 652.076/RS, Rel. Ministro RICARDO VILLAS BÔAS CUEVA, TERCEIRA TURMA, julgado em 02/08/2016, DJe 08/08/2016)

EMBARGOS DE DIVERGÊNCIA. PROCESSUAL CIVIL. AÇÃO ORDINÁRIA. CONTRATO DE COMPRA E VENDA DE GÁS NATURAL. LITISCONSÓRCIO PASSIVO. ART. 191 DO CPC. PRAZO EM DOBRO PARA RECORRER. APELAÇÃO INTERPOSTA APENAS POR UM DOS LITISCONSORTES. AFERIÇÃO DA TEMPESTIVIDADE DO RECURSO ESPECIAL. PRAZO SIMPLES. ACÓRDÃO EMBARGADO EM CONSONÂNCIA COM A JURISPRUDÊNCIA DO STJ. INCIDÊNCIA DA SÚMULA Nº 168 DO STJ. EMBARGOS DE DIVERGÊNCIA NÃO CONHECIDOS.

1. Hipótese em que o acórdão embargado decidiu em consonância com a jurisprudência consolidada do Superior Tribunal de Justiça, no sentido de que, 'se a decisão recorrida é prejudicial aos litisconsortes, mas apenas um recorre, o prazo em dobro existe em relação ao prazo desse recurso, mas passa a ser simples para os recursos posteriores.'

2. Precedentes citados: AgRg no Ag 1249316/DF, Rel. Ministro LUIZ FUX, PRIMEIRA TURMA, julgado em 18/02/2010, DJe 02/03/2010; AgRg no Ag 1.085.026/SC, Rel. Ministro HERMAN BENJAMIN, SEGUNDA TURMA, DJe de 25/05/2009; AgRg no Ag 1.219.570/SP, SEGUNDA TURMA, Rel. Min. HUMBERTO MARTINS, DJe de 10/03/2010; EDcl no Ag 1154207/SP, Rel. Ministro PAULO FURTADO – Desembargador convocado do TJBA, TERCEIRA TURMA, julgado em 03/08/2010, DJe 20/08/2010; AgRg no Ag 1258459/MT, Rel. Ministra MARIA ISABEL GALLOTTI, QUARTA TURMA, julgado em 18/10/2012, DJe 26/10/2012; AgRg no REsp 1050250/DF, Rel. Ministra LAURITA VAZ, QUINTA TURMA, julgado em 21/09/2010, DJe 11/10/2010.

3. Incidência da Súmula nº 168 do STJ: 'Não cabem embargos de divergência, quando a jurisprudência do tribunal se firmou no mesmo sentido do acórdão embargado.'

4. Embargos de divergência não conhecidos"

(EREsp 1.288.106/MS, Rel. Ministra LAURITA VAZ, CORTE ESPECIAL, julgado em 13/03/2014, DJe 14/04/2014)

(...).

Prazo em dobro para agravar (CPC, art. 191). Inaplicabilidade quando apenas um dos litisconsortes recorre. Precedentes. Regimental ao qual se nega provimento. 1. A Súmula nº 699 da Suprema Corte dispõe ser de cinco dias o prazo para a interposição do agravo de instrumento em recurso extraordinário criminal não admitido na origem, conforme o art. 28 da Lei nº 8.038/90, a qual não foi revogada, em matéria penal, pela Lei nº 8.950/94, de âmbito normativo restrito ao Código de Processo Civil. 2. Não incide a regra do prazo em dobro para recorrer (CPC, art. 191) quando apenas um dos litisconsortes tenha apresentado recurso. 3. Agravo regimental ao qual se nega provimento.

(ARE 818022 AgR, Relator(a): Min. DIAS TOFFOLI, Primeira Turma, julgado em 28/10/2014, PROCESSO ELETRÔNICO DJe-229 DIVULG 20-11-2014 PUBLIC 21-11-2014)

Embargos de declaração em agravo de instrumento. 2. Decisão monocrática do relator. Embargos de declaração recebidos como agravo regimental. 3. Recurso extraordinário intempestivo. Litisconsórcio desfeito. Prazo em dobro. Não aplicação. 3. Agravo regimental a que se nega provimento.

(AI 441880 ED, Relator(a): Min. GILMAR MENDES, Segunda Turma, julgado em 18/12/2007, DJe-041 DIVULG 06-03-2008 PUBLIC 07-03-2008 EMENT VOL-02310-04 PP-00859)

Recurso extraordinário interposto por apenas um de dois co-réus. O trânsito em julgado da decisão em relação ao outro extingue o litisconsórcio e retira a base lógica em que assentada a dobra de prazo para recurso, no caso, tanto para o agravo contrário à decisão de inadmissão do RE quanto para o agravo regimental interposto contra a decisão negativa de seguimento do AI. 2. Agravo regimental de que não se conhece por ser intempestivo.

(AI 447913 AgR, Relator(a): Min. ELLEN GRACIE, Segunda Turma, julgado em 02/12/2003, DJ 19-12-2003 PP-00066 EMENT VOL-02137-16 PP-03188)

Também não haverá a prerrogativa do prazo em dobro quando apenas um dos litisconsortes haja sucumbido. Nesse sentido é a Súmula 641 do S.T.F.: *"Não se conta em dobro o prazo para recorrer, quando só um dos litisconsortes haja sucumbido".*

Em relação ao processo eletrônico, o S.T.J., sob a égide do C.P.C. de
1973, estabelecia que negava vigência ao art. 191 do código revogado
a decisão judicial que não lhe aplicasse por fundamento de ser o processo eletrônico, uma vez que a desnecessidade fática não pode revogar
a lei vigente, bem como sua aplicabilidade visa à segurança jurídica e ao
acesso igualitário ao Judiciário, não podendo ser simplesmente ignorada.
Nesse sentido é a seguinte decisão:

(...).
3. Nega vigência ao art. 191 do CPC a decisão judicial que não lhe aplique por fundamento de ser o processo eletrônico, uma vez que a desnecessidade fática não pode revogar a lei vigente, bem como sua aplicabilidade visa à segurança jurídica e ao acesso igualitário ao Judiciário, não podendo ser simplesmente ignorada.
4. Mesmo estando presente tal inovação legislativa na redação final do novo CPC (art. 229, §2o.), a regra do art. 191 do CPC permanece vigente até ser efetivamente revogada.
5. Recurso Especial parcialmente conhecido e, nessa parte, provido, determinando-se o retorno dos autos à origem para julgamento do agravo retido que foi tido por intempestivo, afastada a alegada intempestividade.
(REsp 1437487/PR, Rel. Ministro NAPOLEÃO NUNES MAIA FILHO,
PRIMEIRA TURMA, julgado em 01/09/2015, DJe 14/09/2015)

Porém, com a entrada em vigor do novo C.P.C., o prazo em dobro deixou de ser aplicado no processo eletrônico, conforme preconiza o art.
229, §2º, do novo estatuto processual, a saber:

Art. 229. Os litisconsortes que tiverem diferentes procuradores, de escritórios de advocacia distintos, terão prazos contados em dobro para todas as suas manifestações, em qualquer juízo ou tribunal, independentemente de requerimento.
§ 1º Cessa a contagem do prazo em dobro se, havendo apenas 2 (dois) réus, é oferecida defesa por apenas um deles.
*§ 2º **Não se aplica o disposto no caput aos processos em autos eletrônicos.***

Porém, o §2º do art. 229 somente passou a ser aplicado após a vigência
do novo C.P.C. Nesse sentido é o seguinte precedente do S.T.J.:

RECURSO ESPECIAL. CIVIL. PROCESSUAL CIVIL. ART. 191 DO CPC.

PRAZO EM DOBRO. APLICAÇÃO AO PROCESSO JUDICIAL ELETRÔNICO. OBSERVÂNCIA DO PRINCÍPIO DA LEGALIDADE. NECESSIDADE DE ALTERAÇÃO LEGISLATIVA. INAPLICABILIDADE PREVISTA APENAS NO NOVO CÓDIGO DE PROCESSO CIVIL.

1. Trata-se de embargos monitórios, opostos por devedores solidários representados por diferentes advogados, que não foram conhecidos sob o fundamento da intempestividade, haja vista os autos tramitarem eletronicamente.

2. Em respeito ao princípio da legalidade e à legítima expectativa gerada pelo texto normativo vigente, enquanto não houver alteração legal, aplica-se aos processos eletrônicos o disposto no art. 191 do CPC.

3. O novo Código de Processo Civil, atento à necessidade de alteração legislativa, no parágrafo único do art. 229, ressalva a aplicação do prazo em dobro no processo eletrônico.

4. A inaplicabilidade do prazo em dobro para litisconsortes representados por diferentes procuradores em processo digital somente ocorrerá a partir da vigência do novo Código de Processo Civil.

5. Recurso especial provido.

(REsp 1488590/PR, Rel. Ministro RICARDO VILLAS BÔAS CUEVA, TERCEIRA TURMA, julgado em 14/04/2015, DJe 23/04/2015)

É importante salientar que o Superior Tribunal de Justiça tem entendido que o prazo para apresentar recurso de agravo em recurso especial contra decisão que não admite recurso especial é simples, independentemente da existência de litisconsortes com procuradores diversos. Nesse sentido são as seguintes decisões:

AGRAVO REGIMENTAL NO AGRAVO EM RECURSO ESPECIAL. INTEMPESTIVIDADE. ART. 191 DO CPC. PRAZO EM DOBRO. NÃO INCIDÊNCIA.

1. É intempestivo o agravo interposto fora do prazo de 10 (dez) dias previsto no art. 544 do Código de Processo Civil.

2. O Superior Tribunal de Justiça é firme no sentido de que o prazo para recorrer da decisão que não admite recurso especial é simples, independentemente da existência de litisconsortes com procuradores diferentes. Precedentes.

3. Agravo regimental não provido.

(AgRg no AREsp 818.346/SP, Rel. Ministro MAURO CAMPBELL MARQUES, SEGUNDA TURMA, julgado em 05/05/2016, DJe 12/05/2016)

PROCESSUAL CIVIL. AGRAVO REGIMENTAL NO AGRAVO EM RECURSO ESPECIAL. INTEMPESTIVIDADE DO AGRAVO. ART. 191 DO CPC. PRAZO EM DOBRO. NÃO INCIDÊNCIA. DECISÃO DA PRESIDÊNCIA MANTIDA.

1. Esta Corte vem admitindo a possibilidade de se comprovar, no regimental, a tempestividade do recurso em decorrência de feriado no Tribunal de origem, desde que feito por documento idôneo capaz de evidenciar a prorrogação do prazo, o que não ocorreu na espécie.

2. O Superior Tribunal de Justiça é firme no sentido de que o prazo para recorrer da decisão que não admite recurso especial é simples, independentemente da existência de litisconsortes com procuradores diferentes. Precedentes.

3. Agravo regimental a que se nega provimento.

(AgRg no AREsp 750.845/BA, Rel. Ministra DIVA MALERBI (DESEMBARGADORA CONVOCADA TRF 3ª REGIÃO), SEGUNDA TURMA, julgado em 19/04/2016, DJe 27/04/2016)

EMBARGOS DE DECLARAÇÃO – CARÁTER INFRINGENTE – RECEBIMENTO COMO AGRAVO REGIMENTAL – FUNGIBILIDADE RECURSAL – POSSIBILIDADE – AGRAVO REGIMENTAL NO AGRAVO DE INSTRUMENTO – PROCESSUAL CIVIL – AGRAVO REGIMENTAL INTEMPESTIVO – SUSPENSÃO DE PRAZO NA CORTE A QUO NÃO COMPROVADA – LITISCONSÓRCIO PASSIVO E PARTES COM PROCURADORES DIFERENTES – ARTIGO 191 DO CPC – CONTAGEM EM DOBRO PARA O AGRAVO CONTRA A INADMISSÃO DO APELO NOBRE – IMPOSSIBILIDADE – RECURSO IMPROVIDO.

(EDcl no Ag 1.362.440/SP, Rel. Ministro MASSAMI UYEDA, TERCEIRA TURMA, julgado em 03/03/2011, DJe 15/03/2011)

16.
Tramitação do recurso extraordinário ou especial no tribunal recorrido

Embora o recurso extraordinário ou especial seja interposto (protocolizado em secretaria, no correio ou no processo eletrônico) perante a presidência ou vice-presidência do tribunal recorrido, nos termos do art. 1.029 do novo C.P.C., a petição não será desde logo conclusa a esses órgãos jurisdicionais.

Recebida a petição do recurso pela Secretaria do tribunal, o recorrido será intimado para apresentar contrarrazões no prazo de 15 (quinze) dias. Essa intimação se dá por ato ordinatório, sem que haja necessidade de qualquer despacho do presidente ou vice-presidente do tribunal recorrido.

De acordo com a redação originária do art. 1.030 e seu parágrafo único do novo C.P.C., findo o prazo para apresentação das contrarrazões ou sem elas, os autos seriam remetidos, independentemente de qualquer juízo de admissibilidade, aos tribunais superiores. Este dispositivo, portanto, retirava da competência do tribunal de origem qualquer possibilidade de realização de juízo de admissibilidade prévio. Na realidade, o tribunal de origem estava sendo configurado como mero tribunal de passagem do recurso especial ou extraordinário.

Essa alteração, sem dúvida, iria esvaziar, e muito, a atual função da vice-presidência ou da presidência do tribunal 'a quo', uma vez que não haveria mais espaço para análise de admissibilidade de recurso especial ou extraordinário.

Porém, antes mesmo da entrada em vigor do novo C.P.C., foi editada a Lei n. 13.256 de 2016, cujo art. 2º deu nova redação ao art. 1.030 do novo C.P.C., a saber:

Art. 1.030. Recebida a petição do recurso pela secretaria do tribunal, o recorrido será intimado para apresentar contrarrazões no prazo de 15 (quinze) dias, findo o qual os autos serão conclusos ao presidente ou ao vice-presidente do tribunal recorrido, que deverá: (Redação dada pela Lei nº 13.256, de 2016) (Vigência)

I – negar seguimento: (Incluído pela Lei nº 13.256, de 2016) (Vigência)

a) a recurso extraordinário que discuta questão constitucional à qual o Supremo Tribunal Federal não tenha reconhecido a existência de repercussão geral ou a recurso extraordinário interposto contra acórdão que esteja em conformidade com entendimento do Supremo Tribunal Federal exarado no regime de repercussão geral; (Incluída pela Lei nº 13.256, de 2016) (Vigência)

b) a recurso extraordinário ou a recurso especial interposto contra acórdão que esteja em conformidade com entendimento do Supremo Tribunal Federal ou do Superior Tribunal de Justiça, respectivamente, exarado no regime de julgamento de recursos repetitivos; (Incluída pela Lei nº 13.256, de 2016) (Vigência)

II – encaminhar o processo ao órgão julgador para realização do juízo de retratação, se o acórdão recorrido divergir do entendimento do Supremo Tribunal Federal ou do Superior Tribunal de Justiça exarado, conforme o caso, nos regimes de repercussão geral ou de recursos repetitivos; (Incluído pela Lei nº 13.256, de 2016) (Vigência)

III – sobrestar o recurso que versar sobre controvérsia de caráter repetitivo ainda não decidida pelo Supremo Tribunal Federal ou pelo Superior Tribunal de Justiça, conforme se trate de matéria constitucional ou infraconstitucional; (Incluído pela Lei nº 13.256, de 2016) (Vigência)

IV – selecionar o recurso como representativo de controvérsia constitucional ou infraconstitucional, nos termos do § 6º do art. 1.036; (Incluído pela Lei nº 13.256, de 2016) (Vigência)

V – realizar o juízo de admissibilidade e, se positivo, remeter o feito ao Supremo Tribunal Federal ou ao Superior Tribunal de Justiça, desde que: (Incluído pela Lei nº 13.256, de 2016) (Vigência)

a) o recurso ainda não tenha sido submetido ao regime de repercussão geral ou de julgamento de recursos repetitivos; (Incluída pela Lei nº 13.256, de 2016) (Vigência)

b) o recurso tenha sido selecionado como representativo da controvérsia; ou (Incluída pela Lei nº 13.256, de 2016) (Vigência)

c) o tribunal recorrido tenha refutado o juízo de retratação. (Incluída pela Lei nº 13.256, de 2016) (Vigência)

§ 1º Da decisão de inadmissibilidade proferida com fundamento no inciso V caberá agravo ao tribunal superior, nos termos do art. 1.042. (Incluído pela Lei nº 13.256, de 2016) (Vigência)

§ 2º Da decisão proferida com fundamento nos incisos I e III caberá agravo interno, nos termos do art. 1.021. (Incluído pela Lei nº 13.256, de 2016) (Vigência)

Portanto, a partir da Lei 13.256, de 2016, apresentadas ou não as contrarrazões de recurso especial ou extraordinário, o processo não mais seguirá para o S.T.J. ou para o S.T.F., mas deverá ser concluso ao presidente ou vice-presidente do tribunal recorrido para realização de um prévio juízo de admissibilidade (se for o caso), aplicando-se uma das hipóteses dos incisos I a V do art. 1.030 do novo C.P.C.

17.
Negativa de seguimento, juízo de retratação, admissibilidade e não admissibilidade a recurso especial e extraordinário

É importante salientar que não se deve confundir *negativa de seguimento* com *juízo de retração* e *admissibilidade e não admissibilidade do recurso especial e extraordinário.*

Uma vez encaminhado o processo ao presidente ou vice-presidente do tribunal recorrido, nos termos do art. 1.030 do novo C.P.C., este órgão jurisdicional poderá proferir as seguintes decisões:

I – **negar seguimento**: *a) a recurso extraordinário que discuta questão constitucional à qual o Supremo Tribunal Federal não tenha reconhecido a existência de repercussão geral ou a recurso extraordinário interposto contra acórdão que esteja em conformidade com entendimento do Supremo Tribunal Federal exarado no regime de repercussão geral; b) a recurso extraordinário ou a recurso especial interposto contra acórdão que esteja em conformidade com entendimento do Supremo Tribunal Federal ou do Superior Tribunal de Justiça, respectivamente, exarado no regime de julgamento de recursos repetitivos.*

Nas hipóteses elencadas, o presidente ou vice-presidente do tribunal recorrido não ingressa no juízo definitivo de admissibilidade do recurso especial ou extraordinário, uma vez que não teria qualquer sentido encaminhar o recurso extraordinário ao S.T.F. quando em outro processo o próprio S.T.F. não reconheceu a repercussão geral da matéria constitucional, ou, ao contrário, quando o acórdão recorrido esteja em conformidade com entendimento do S.T.F. exarado no regimento de repercussão geral. Também não teria sentido encaminhar recurso extraordinário ou recurso especial, respectivamente ao S.T.F. ou ao S.T.J., quando o acórdão recorrido esteja de acordo com entendimento desses tribunais superiores exarados no regime de julgamento de recursos repetitivos.

Tal impedimento normativo respalda-se na força normativa dos precedentes exarados pelo S.T.F. em repercussão geral ou em regime de recurso extraordinário repetitivo, bem como pelo S.T.J. em regime de recurso especial repetitivo.

Note-se que essa possibilidade de negativa de seguimento não se aplica a outras espécies de julgamento do S.T.F. ou do S.T.J., inclusive em relação às decisões isoladas proferidas pelo S.T.J. em recurso especial.

II – **encaminhar o processo**: ao órgão julgador para realização do *juízo de retratação*, se o acórdão recorrido divergir do entendimento do Supremo Tribunal Federal ou do Superior Tribunal de Justiça exarado, conforme o caso, nos regimes de repercussão geral ou de recursos repetitivos.

Pode ocorrer que o acórdão recorrido divirja do entendimento do S.T.F. ou do S.T.J exarado, conforme o caso, nos regimes de repercussão geral ou de recursos repetitivos.

Nessa hipótese, a presidência ou vice-presidência do tribunal recorrido, antes de realizar o juízo definitivo de admissibilidade do recurso, possibilita uma nova *chance* ao órgão jurisdicional que proferiu o acórdão recorrido, para que, *num juízo de retratação*, refaça a decisão proferida, nos moldes do entendimento do S.T.F. ou do S.T.J. exarado, conforme o caso, nos regimes de repercussão geral ou de recursos repetitivos.

É importante salientar, ainda, que o S.T.J. tem entendimento de que não será realizado qualquer juízo de admissibilidade (positivo ou negativo) de recurso especial ou extraordinário, antes que o órgão julgador faça o *juízo de retratação*. Nesse sentido é o seguinte precedente do S.T.J.:

> *AGRAVO EM RECURSO ESPECIAL Nº 590.366 – PR (2014/0250064-5)*
> *DECISÃO*
> *Trata-se de agravo nos próprios autos (CPC, art. 544) interposto contra decisão (e-STJ fls. 409/414) que inadmitiu recurso especial sob o fundamento de incidência da Súmula n. 418/STJ. A decisão agravada ainda acrescentou que o exame de admissibilidade do recurso especial, mesmo nas hipóteses de matérias já julgadas sob o rito do art. 543-C do CPC, deveria anteceder ao juízo de retratação oportunizado em referido dispositivo legal, assim, nas hipóteses de recursos inadmissíveis, não seria possível haver*

retratação, mesmo que o julgado esteja em desconformidade com a orientação sobranceira do STJ.

Em suas razões (e-STJ fls. 417/424), o agravante sustenta que: (a) a presidência do TJPR não poderia ter examinado a admissibilidade do recurso especial antes de remeter os autos à Câmara julgadora para eventual juízo de retratação, na forma do art. 543-C, §§ 7º e 8º, do CPC e (b) não haveria falar em intempestividade, pois o acórdão impugnado ainda não teria transitado em julgado, tendo em vista a pendência de julgamento do recurso especial.

Contraminuta apresentada pela recorrida (e-STJ fls. 431/434).

É o relatório.

Decido.

A irresignação colhe êxito.

Segundo o art. 543-C, § 7º, do CPC, uma vez publicado o acórdão do recurso representativo da controvérsia, os Recursos Especiais sobrestados na origem serão novamente examinados pelo Tribunal de origem para verificar a conformidade do entendimento adotado no acórdão impugnado com a orientação fixada pelo STJ.

Somente em momento posterior, caso o Tribunal tenha concluído pela não aplicação da interpretação fixada no recurso repetitivo, é que o recurso especial deverá ser submetido ao exame de admissibilidade realizado na origem (art. 543-C, § 8º, do CPC).

A propósito:

"*PROCESSUAL CIVIL. RECURSO ESPECIAL. REMESSA DOS AUTOS PARA O EXERCÍCIO DO JUÍZO DE RETRATAÇÃO. ART. 543-C, § 7º, II, DO CPC.*

DESPACHO. NÃO CABIMENTO.

1. Descabe Recurso Especial contra despacho da Vice-Presidência de Tribunal local, que se limita a remeter os autos ao órgão colegiado para efeito do exercício do juízo de retratação de que trata o art. 543-C, § 7º, II, do CPC.

2. Publicado o acórdão do recurso representativo da controvérsia, os Recursos Especiais sobrestados na origem serão novamente examinados pelo tribunal, na hipótese de o acórdão recorrido divergir da orientação do STJ (art. 543-C, § 7º, II, do CPC).

3. Somente em momento posterior, caso seja mantida a decisão divergente, é que o CPC determina a realização do exame de admissibilidade do Recurso Especial (art. 543-C, § 8º, do CPC).

4. Ainda que houvesse conteúdo decisório no ato questionado, não se conhece de Recurso Especial interposto contra decisão monocrática, em razão da falta de esgotamento da instância ordinária, nos termos da Súmula 281/STF.

5. Agravo Regimental não provido.

(AgRg nos EDcl no AREsp 411.785/MG, Relator Ministro HERMAN BENJAMIN, SEGUNDA TURMA, julgado em 08/05/2014, DJe 25/09/2014.)

No mesmo sentido, os seguintes precedentes da Corte Especial que, embora tenham examinado a aplicação do art. 534-B do CPC, podem ser invocados, por analogia:

"PROCESSUAL CIVIL. EMBARGOS DE DIVERGÊNCIA. RECURSO EXTRAORDINÁRIO. REPERCUSSÃO GERAL. JUÍZO DE RETRATAÇÃO PELO ÓRGÃO JULGADOR. ART. 543-B DO CPC. ANÁLISE DOS REQUISITOS DE ADMISSIBILIDADE RECURSAL. IMPOSSIBILIDADE. APLICAÇÃO DA SÚMULA 168/STJ. AGRAVO INTERNO DESPROVIDO.

I – A Corte Especial deste Tribunal pacificou entendimento no sentido de o juízo de retratação, previsto no art. 543-B, § 3º do Código de Processo Civil, não está condicionado à análise da admissibilidade do Recurso Extraordinário pela Vice-Presidência do STJ.

II – Nos termos da Súmula 168/STJ, 'Não cabem embargos de divergência, quando a jurisprudência do tribunal se firmou no mesmo sentido do acórdão embargado.'.

III – Agravo interno desprovido."

(AgRg nos EAg 1181098/RS, Relator Ministro GILSON DIPP, CORTE ESPECIAL, julgado em 01/07/2014, DJe 05/08/2014.)

"AGRAVO REGIMENTAL NOS EMBARGOS DE DIVERGÊNCIA. JUÍZO DE RETRATAÇÃO ART. 543-B DO CPC. PRÉVIO EXAME DE ADMISSIBILIDADE DO RECURSO EXTRAORDINÁRIO. DESNECESSIDADE. RECURSO A QUE SE NEGA

PROVIMENTO.

1. De acordo com a sistemática do art. 543-B do Código de Processo Civil, 'julgado o mérito do recurso extraordinário, os recursos sobrestados serão apreciados pelos Tribunais, Turmas de Uniformização ou Turmas Recursais, que poderão declará-los

prejudicados ou retratar-se' (§ 3º); 'mantida a decisão e admitido o recurso, poderá o Supremo Tribunal Federal, nos termos do Regimento Interno, cassar ou reformar, liminarmente, o acórdão contrário à orientação firmada' (§ 4º).

2. Desse modo, primeiro os recursos sobrestados são reapreciados e, caso não haja retratação, o órgão competente (Vice-Presidência) profere juízo de admissibilidade do apelo extremo.

3. Acórdão embargado em conformidade com a jurisprudência desta Corte. Incidência do enunciado nº 168/STJ.

4. Agravo regimental a que se nega provimento."

(AgRg nos EREsp 1.000.757/RS, Relatora Ministra MARIA THEREZA DE ASSIS MOURA, CORTE ESPECIAL, DJe 26/11/2013.)

No caso dos autos, a Vice-Presidência do TJ-PR não observou essa ordem, afirmando que não seria o caso de verificar a conformidade do acórdão recorrido com a orientação fixada no recurso repetitivo, para efeito de eventual reconsideração, tendo em vista a intempestividade da irresignação.

A orientação fixada nos precedentes antes destacados não significa que o juízo de retratação deva ocorrer a despeito da ausência de um requisito externo de admissibilidade recursal. A jurisprudência desta Corte admite que, nesses casos, seja invocada questão de ordem pública para impedir o juízo de retratação. Mas isso deve ser feito pelo órgão que detém a competência para examinar a compatibilidade do recurso sobrestado com a orientação fixada no repetitivo, não pelo órgão encarregado de exercer a admissibilidade do recurso.

Confiram-se:

"PROCESSUAL CIVIL. RECURSO EXTRAORDINÁRIO. REPERCUSSÃO GERAL. JUÍZO DE RETRATAÇÃO PELO ÓRGÃO JULGADOR. ART. 543-B DO CPC. ANÁLISE DOS REQUISITOS DE ADMISSIBILIDADE RECURSAL. IMPOSSIBILIDADE.

1. Controverte-se acerca da necessidade de prévio juízo de admissibilidade do Recurso Extraordinário pela Vice-Presidência do STJ, para fins de exercício da faculdade de retratação prevista no art. 543-B, § 3º, do CPC.

2. O juízo de retratação não está condicionado à análise da admissibilidade do Recurso Extraordinário pela Vice-Presidência do STJ. Sem embargo, por ocasião do novo julgamento, o órgão julgador do STJ pode conhecer de questão de ordem pública que impeça a retratação, a exemplo da intempestividade do Recurso Extraordinário, com o consequente trânsito em julgado do acórdão recorrido.

3. Embargos de Divergência não providos."

(EREsp 878.579/RS, Relator Ministro HERMAN BENJAMIN, CORTE ESPECIAL, julgado em 16/10/2013, DJe 21/11/2013.)

"PROCESSUAL CIVIL. EMBARGOS DE DECLARAÇÃO NOS EMBARGOS DE DECLARAÇÃO NO AGRAVO REGIMENTAL NO AGRAVO DE INSTRUMENTO. JUÍZO DE RETRATAÇÃO. ADMISSIBILIDADE PRÉVIA DO RECURSO EXTRAORDINÁRIO.

1. Para fins de juízo de retratação decorrente de julgamento, pelo Supremo Tribunal Federal, de recurso com tese fixada como de repercussão geral, não se procede ao prévio juízo de admissibilidade do recurso extraordinário sobrestado, ressalvado eventual descumprimento de requisito extrínseco, a exemplo da intempestividade, o que não é o caso. Precedente da Corte Especial.

2. Embargos de declaração acolhidos, sem efeitos infringentes.

(EDcl nos EDcl no AgRg no Ag 1086131/RS, Relator Ministro ROGERIO SCHIETTI CRUZ, SEXTA TURMA, julgado em 08/05/2014, DJe 02/06/2014.)
A TERCEIRA TURMA, no julgamento de caso idêntico ao dos autos, adotou essa mesma orientação e determinou o retorno dos autos ao Tribunal de origem para que fosse observado o rito previsto no art. 543-C, § 7º, do CPC. (AgRg no AREsp 506.684/PR, Relator Ministro JOÃO OTÁVIO DE NORONHA, TERCEIRA TURMA, julgado em 10/02/2015, DJe 13/02/2015.)
Diante do exposto, DOU PROVIMENTO ao agravo, determinando o retorno
dos autos ao Tribunal de origem para que, pelo órgão competente, avalie se o acórdão recorrido está ou não em sintonia com o entendimento fixado no recurso repetitivo em função do qual se deu a suspensão do feito e, em seguida, entendendo adequado, exerça o juízo de retratação facultado pelo art. 543-C do CPC.
Publique-se e intimem-se.
Brasília-DF, 17 de março de 2015.Relator
(Ministro ANTONIO CARLOS FERREIRA, 31/03/2015)

Portanto, conforme o precedente acima citado, o presidente ou vice-presidente do tribunal de origem não poderá realizar juízo de admissibilidade prévio, quando se trata de remeter o processo sobrestado ao juízo de retratação, para adequação da decisão ao que fora decidido em repercussão geral pelo S.T.F. ou em regime de recurso repetitivo pelo S.T.F. ou pelo S.T.J.

A decisão citada também preconizou que compete ao órgão julgador que deverá realizar o juízo de retratação fazer a análise de eventual falta de requisitos externos para a admissibilidade do recurso especial ou extraordinário, como no caso da *tempestividade* ou *deserção*.

É certo que a decisão acima indicada foi proferida no dia 17 de março de 2015, portanto, antes da vigência do novo C.P.C.

Pelo novo C.P.C., a presidência ou vice-presidência do tribunal recorrido, a pedido do interessado, poderá requerer a exclusão da decisão de sobrestamento e inadmita o recurso especial ou o recurso extraordinário que tenha sido interposto intempestivamente, tendo o recorrente o prazo de 5 (cinco) dias para se manifestar sobre esse requerimento (§2º do art. 1.036 do novo C.P.C.).

Portanto, pelo novo C.P.C., a análise do requisito externo de admissibilidade de recurso especial ou de recurso extraordinário, no caso, a *tempestividade*, também será de competência do presidente ou do vice-

-presidente do tribunal recorrido, antes de encaminhar o processo para que o órgão julgador exerça o juízo de retratação. Da decisão que indeferir o requerimento de exclusão, caberá *agravo interno* (§3º do art. 1.036 do novo C.P.C, com a redação dada pela Lei 13.256 de 2016).

Não obstante entendimento contrário, o juízo de retratação poderá ser realizado monocraticamente pelo relator do acórdão, sem necessidade de tramitação pelo órgão colegiado, conforme lhe permite o disposto no art. 932, incs. IV e V do novo C.P.C., *in verbis*:

> Art. 932. Incumbe ao relator:
> (...).
> IV – *negar provimento a recurso que for contrário a:*
> *a) súmula do Supremo Tribunal Federal, do Superior Tribunal de Justiça ou do próprio tribunal;*
> *b) acórdão proferido pelo Supremo Tribunal Federal ou pelo Superior Tribunal de Justiça em julgamento de recursos repetitivos;*
> *c) entendimento firmado em incidente de resolução de demandas repetitivas ou de assunção de competência;*
> V – *depois de facultada a apresentação de contrarrazões, dar provimento ao recurso se a decisão recorrida for contrária a:*
> *a) súmula do Supremo Tribunal Federal, do Superior Tribunal de Justiça ou do próprio tribunal;*
> *b) acórdão proferido pelo Supremo Tribunal Federal ou pelo Superior Tribunal de Justiça em julgamento de recursos repetitivos;*
> *c) entendimento firmado em incidente de resolução de demandas repetitivas ou de assunção de competência;*
> (...).

Não vejo qualquer prejuízo a essa sistemática de economia processual, pois à parte eventualmente prejudicada pelo juízo de retratação permite-se a interposição de agravo interno contra a decisão do relator. Porém, se ambas as partes concordarem com a retratação realizada monocraticamente pelo relator, o processo encerra-se, transitando em julgado a decisão.

É certo, porém, que há decisões exigindo que o juízo de retratação se dê pelo órgão colegiado que proferiu o acórdão recorrido e não por juízo monocrático do relator. Sobre o tema, eis a seguinte decisão monocrática proferida pelo Presidente do S.T.J. no Agravo em Recurso Especial n. 858.493-SP:

> AGRAVO EM RECURSO ESPECIAL Nº 858.493 – SP (2016/0033820-5)
> RELATOR: MINISTRO PRESIDENTE DO STJ
> AGRAVANTE: COMPANHIA METROPOLITANA DE HABITAÇÃO DE SÃO PAULO COHAB/SP
> ADVOGADOS: ADRIANA CASSEB E OUTRO(S)
> RAPHAEL ALVES DA SILVA CARDOSO
> AGRAVADO: CONDOMINIO LE CORBUSIER (PROJETO JABAQUARA 5)
> ADVOGADO: DANIEL MORET REESE
> DECISÃO
> Trata-se de agravo contra decisão que inadmitiu o recurso especial interposto pela COMPANHIA METROPOLITANA DE HABITAÇÃO DE SÃO PAULO COHAB/SP, no qual se discute questão relativa à responsabilidade pelo pagamento das obrigações condominiais, matéria julgada sob o rito dos recursos repetitivos pela Segunda Seção do Superior Tribunal de Justiça, nos autos do REsp nº 1.345.331 (DJe 20/04/2015), Tema 886, cujo acórdão restou assim ementado:
> PROCESSO CIVIL. RECURSO ESPECIAL REPRESENTATIVO DE CONTROVÉRSIA.
> ART. 543-C DO CPC. CONDOMÍNIO. DESPESAS COMUNS. AÇÃO DE COBRANÇA.
> COMPROMISSO DE COMPRA E VENDA NÃO LEVADO A REGISTRO. LEGITIMIDADE PASSIVA. PROMITENTE VENDEDOR OU PROMISSÁRIO COMPRADOR. PECULIARIDADES DO CASO CONCRETO. IMISSÃO NA POSSE. CIÊNCIA INEQUÍVOCA.
> 1. Para efeitos do art. 543-C do CPC, firmam-se as seguintes teses:
> a) O que define a responsabilidade pelo pagamento das obrigações condominiais não é o registro do compromisso de compra e venda, mas a relação jurídica material com o imóvel, representada pela imissão na posse pelo promissário comprador e pela ciência inequívoca do condomínio acerca da transação.
> b) Havendo compromisso de compra e venda não levado a registro, a responsabilidade pelas despesas de condomínio pode recair tanto sobre o promitente vendedor quanto sobre o promissário comprador, dependendo das circunstâncias de cada caso concreto.

c) Se ficar comprovado: (i) que o promissário comprador se imitira na posse; e (ii) o condomínio teve ciência inequívoca da transação, afasta-se a legitimidade passiva do promitente vendedor para responder por despesas condominiais relativas a período em que a posse foi exercida pelo promissário comprador.

2. No caso concreto, recurso especial não provido (Resp n. 1.345.331/RS, Rel. Min. LUIS FELIPE SALOMÃO, DJe 20/04/2015).

Assim, é necessária a devolução dos autos ao Tribunal de origem para observância da sistemática prevista nos recurso repetitivos, consoante determina o art. 2º da Resolução STJ nº 17, de 4 de setembro de 2013, verbis:

Art. 2º Verificada a subida de recursos fundados em controvérsia idêntica a controvérsia já submetida ao rito previsto no art. 543-C do Código de Processo Civil, o presidente poderá:

I – determinar a devolução ao tribunal de origem, para nele permanecerem sobrestados os casos em que não tiver havido julgamento do mérito do recurso recebido como representativo de controvérsia;

II – determinar a devolução dos novos recursos ao tribunal de origem, para os efeitos dos incisos I e II do § 7º do art. 543-C do Código de Processo Civil, ressalvada a hipótese do § 8º do referido artigo, se já proferido julgamento do mérito do recurso representativo da controvérsia.

Na oportunidade, merece ressaltar que o reexame da questão deve ser feito pelo órgão prolator do acórdão no Tribunal, em atenção ao princípio da colegialidade.

Ante o exposto, determino a devolução dos autos à origem para que se observe a sistemática prevista nos arts. 1.040 e 1.041 do CPC.

Publique-se. Intimem-se.
Brasília (DF), 09 de maio de 2016.
MINISTRO FRANCISCO FALCÃO
Presidente

No mesmo sentido é a seguinte decisão monocrática proferida pelo Ministro Sérgio Kukina no Recurso Especial n. 1.440.395-SC:

RECURSO ESPECIAL Nº 1.440.395 – SC (2014/0048871-7)
RELATOR: MINISTRO SÉRGIO KUKINA
RECORRENTE: INSS INSTITUTO NACIONAL DO SEGURO SOCIAL
ADVOGADO: PROCURADORIA-GERAL FEDERAL – PGF
RECORRIDO: CARLOS ANDRADE DE ARRUDA

ADVOGADOS: ROQUE FRITZEN
REGINA HOWE
DECISÃO

Trata-se de recurso especial manejado com fundamento no art. 105, III, a, da CF, contra acórdão proferido pelo Tribunal Regional Federal da 4ª Região, no sentido de que são devidos os juros de mora no período compreendido entre a data da elaboração da conta e a da expedição do precatório ou da requisição de pequeno valor.

Os autos ascenderam a esta Corte, por força do que determina o art. 543-C, § 8º, do CPC (fl. 446).

É o relatório.

Do exame atento dos autos, verifica-se que, após o julgamento do REsp 1.143.677/RS, submetido ao rito dos recursos repetitivos, a Vice-Presidência do Tribunal a quo determinou o retorno dos autos ao órgão julgador para novo exame, conforme dispõe o art. 543-C, § 7º, II, do CPC.

O relator, por decisão monocrática, entendeu descabida a retratação, em face de pendência de julgamento da matéria de fundo pelo STF, que reconheceu a repercussão geral do tema (fl. 442).

Desta forma, o juízo de admissibilidade de fl. 446 não poderia ocorrer sem que o reexame previsto no art. 543-C, § 7º, II, do CPC fosse realizado pelo órgão prolator do acórdão no Tribunal de origem, em atenção ao princípio da colegialidade.

A Corte Especial do STJ, na sessão do dia 10.12.2009, no julgamento da Questão de Ordem alusiva aos Recursos Especiais ns. 1.148.726-RS, 1.154.288-RS, 1.155.480-RS e 1.158.872-RS, assim deliberou sobre o tema:

a) A restituição, por decisão de órgão fracionário independentemente de acórdão, unipessoal de relator, ou da Presidência (NUPRE), dos recursos especiais à Corte de origem, para que sejam efetivamente apreciadas as apelações e/ou agravos como de direito, à luz do que determinam a Lei n. 11.672/2008 e a Resolução STJ n. 8/2008.

Ante o exposto, determino a devolução dos autos ao Tribunal de origem, para que o respectivo órgão colegiado se pronuncie conforme sistemática prevista no art. 543-C, §§ 7º e 8º, do CPC, a teor do art. 2º da Resolução STJ n. 15/2013.

Publique-se.
Brasília (DF), 1º de agosto de 2014.
MINISTRO SÉRGIO KUKINA
Relator

Mantido o acórdão divergente pelo tribunal de origem, o recurso especial ou extraordinário será remetido ao respectivo tribunal superior, na forma do art. 1.036, § 1o (art. 1.041 do novo C.P.C.).

Realizado o juízo de retratação, com alteração do acórdão divergente, o tribunal de origem, se for o caso, decidirá as demais questões ainda não decididas cujo enfrentamento se tornou necessário em decorrência da alteração.

Quando ocorrer a hipótese do inciso II do caput do art. 1.040 e o recurso versar sobre outras questões, caberá ao presidente ou vice-presidente do tribunal, depois do reexame pelo órgão de origem e independentemente de ratificação do recurso ou de juízo de admissibilidade, determinar a remessa do recurso ao tribunal superior para julgamento das demais questões.

Quando ocorrer a hipótese do inciso II do caput do art. 1.040 e o recurso versar sobre outras questões, caberá ao presidente ou ao vice-presidente do tribunal recorrido, depois do reexame pelo órgão de origem e independentemente de ratificação do recurso, sendo positivo o juízo de admissibilidade, determinar a remessa do recurso ao tribunal superior para julgamento das demais questões.

III – Sobrestar o recurso: que versar sobre controvérsia de caráter repetitivo, ainda não decidida pelo Supremo Tribunal Federal ou pelo Superior Tribunal de Justiça, conforme se trate de matéria constitucional ou infraconstitucional.

Verificando o presidente ou vice-presidente do tribunal recorrido que a matéria posta em juízo versa sobre controvérsia de caráter repetitivo, ainda não decidida pelo Supremo Tribunal Federal ou pelo Superior Tribunal de Justiça, conforme se trate de matéria constitucional ou infraconstitucional, ao invés de realizar juízo definitivo de admissibilidade, deverá sobrestar o recurso, aguardando a decisão final a ser proferida pelas Cortes superiores.

Esse sobrestamento de recurso também deverá ocorrer quando o Supremo Tribunal Federal reconheça, em outro processo, a repercussão geral sobre a matéria constitucional posta em juízo, ainda que não se trate de recurso extraordinário em regime repetitivo.

Decididos os recursos afetados, os órgãos colegiados declararão prejudicados os demais recursos versando sobre idêntica controvérsia ou os decidirão aplicando a tese firmada (art. 1.039 do novo C.P.C.). Negada a existência de repercussão geral no recurso extraordinário afetado, serão considerados automaticamente inadmitidos os recursos extraordinários cujo processamento tenha sido sobrestado (p.u. do art. 1.039 do novo C.P.C.).

Publicado o acórdão paradigma, nos termos do art. 1.040 do novo C.P.C.): I – o presidente ou o vice-presidente do tribunal de origem negará seguimento aos recursos especiais ou extraordinários sobrestados na origem, se o acórdão recorrido coincidir com a orientação do tribunal superior; II – o órgão que proferiu o acórdão recorrido, na origem, reexaminará o processo de competência originária, a remessa necessária ou o recurso anteriormente julgado, se o acórdão recorrido contrariar a orientação do tribunal superior; III – os processos suspensos em primeiro e segundo graus de jurisdição retomarão o curso para julgamento e aplicação da tese firmada pelo tribunal superior; IV – se os recursos versarem sobre questão relativa a prestação de serviço público objeto de concessão, permissão ou autorização, o resultado do julgamento será comunicado ao órgão, ao ente ou à agência reguladora competente para fiscalização da efetiva aplicação, por parte dos entes sujeitos a regulação, da tese adotada.

IV – **Selecionar o recurso:** como representativo de controvérsia constitucional ou infraconstitucional, nos termos do art. 1.036 do novo C.P.C.

Verificando o presidente ou vice-presidente do tribunal recorrido que a matéria inserida no recurso poderá ensejar multiplicidade de recursos extraordinários ou especiais com fundamento em idêntica questão de direito, deverá provocar a afetação para julgamento ao S.T.F. ou ao S.T.J. Nessa hipótese, o presidente ou o vice-presidente de tribunal de justiça ou de tribunal regional federal selecionará 2 (dois) ou mais recursos representativos da controvérsia, que serão encaminhados ao Supremo Tribunal Federal ou ao Superior Tribunal de Justiça para fins de afetação, determinando a suspensão do trâmite de todos os processos pendentes, individuais ou coletivos, que tramitem no Estado ou na região, conforme o caso.

Em relação aos processos escolhidos para encaminhamento ao S.T.F. ou S.T.J., o presidente ou vice-presidente do tribunal recorrido, evidentemente, deverá proferir juízo de admissibilidade, para verificar se estão presentes os requisitos e pressupostos de admissibilidade do recurso extraordinário ou do recurso especial.

Em relação aos demais processos que permanecerão sobrestados na presidência ou na vice-presidência do tribunal recorrido, o interessado pode requerer, ao presidente ou ao vice-presidente, que exclua da decisão de sobrestamento e inadmita o recurso especial ou o recurso extraordinário que tenha sido interposto intempestivamente, tendo o recorrente o prazo de 5 (cinco) dias para manifestar-se sobre esse requerimento.

A escolha feita pelo presidente ou vice-presidente do tribunal de justiça ou do tribunal regional federal não vinculará o relator no tribunal superior, que poderá selecionar outros recursos representativos da controvérsia.

O relator em tribunal superior também poderá selecionar 2 (dois) ou mais recursos representativos da controvérsia para julgamento da questão de direito independentemente da iniciativa do presidente ou do vice-presidente do tribunal de origem.

Somente podem ser selecionados recursos admissíveis que contenham abrangente argumentação e discussão a respeito da questão a ser decidida.

V – **Realizar juízo de admissibilidade:** e, se positivo, remeter o feito ao Supremo Tribunal Federal ou ao Superior Tribunal de Justiça, desde que: a) o recurso ainda não tenha sido submetido ao regime de repercussão geral ou de julgamento de recursos repetitivos; b) o recurso tenha sido selecionado como representativo da controvérsia; ou c) o tribunal recorrido tenha refutado o juízo de retratação.

Portanto, o presidente ou vice-presidente do tribunal recorrido somente deverá realizar juízo definitivo de admissibilidade ou não de recurso extraordinário ou de recurso especial, após ultrapassar as hipóteses I, II e III acima referidas.

Deve-se ressaltar que a presidência ou vice-presidência somente poderá realizar juízo positivo de admissibilidade quando o recurso ainda não tenha sido submetido ao regime de repercussão geral ou de julgamento de recursos repetitivos, ou o recurso tenha sido selecionado como representativo da controvérsia, ou, por fim, se o tribunal recorrido tenha refutado o juízo de retratação.

Contudo, se o recurso já foi submetido ao regime de repercussão geral ou de julgamento de recursos repetitivos, o processo deverá ficar sobrestado até o julgamento final a ser realizado pelo S.T.F. ou S.T.J. Contudo, se o julgamento já foi realizado pelas Cortes Superiores, caberá ao presidente ou vice-presidente do tribunal recorrido, negar seguimento ao recurso quando o acórdão recorrido estiver de acordo com a decisão proferida pelos tribunais superiores ou encaminhar o processo para juízo de retratação, quando o acórdão recorrido não estiver de acordo com a decisão proferida pelo S.T.F. ou S.T.J.

Por sua vez, se o recurso não foi selecionado como representativo de controvérsia, deverá ficar sobrestado até decisão final das Cortes Superiores.

E, por fim, se o tribunal recorrido acolheu o juízo de retratação, nada mais resta a fazer do que aguardar o trânsito em julgado da decisão.

Assim, o presidente ou vice-presidente do tribunal recorrido somente deverá realizar juízo definitivo de admissibilidade ou não de recurso extraordinário ou de recurso especial, após ultrapassar as hipóteses I, II e III acima referidas.

Porém, assim como o presidente ou vice-presidente do tribunal recorrido poderá realizar juízo de admissibilidade do recurso especial ou extraordinário, desde que presentes os pressupostos indicados nas letras 'a' a 'c' do art. 1.030, inc. V, do novo C.P.C., também poderá proferir juízo de *não admissibilidade* do recurso especial ou extraordinário, quando não presentes os pressupostos ou requisitos para a interposição dos aludidos recursos.

Em regra, o presidente ou vice-presidente não admitirá o recurso especial ou extraordinário quando: a) for intempestivo; b) reconhecer--se a deserção; c) não indicar com precisão as hipóteses normativas de constitucionalidade para sua interposição; d) não mencionar a hipótese de repercussão geral; e) não realizar o cotejo das decisões na hipótese de divergência jurisprudencial, e) faltar legitimidade ao recorrente; f) não houver interesse recursal por falta de sucumbência do recorrente, g) inexistência de prequestionamento etc.

Na realidade, existe um grande leque de hipóteses jurídicas que fundamentam a não admissibilidade do recurso extraordinário ou do recurso especial.

Estabelece a Súmula 322 do S.T.F. que *"não terá seguimento pedido ou recurso dirigido ao Supremo Tribunal Federal, quando manifestamente incabível, ou apresentado fora do prazo, ou quando for evidente a incompetência do Tribunal".*

O S.T.J. tem reconhecido como causas que justificam a não admissibilidade de recurso, as seguintes hipóteses:

(...).
2. *Aplicam-se as Súmulas n. 282 e 356 do STF quando as questões suscitadas no recurso especial não tenham sido debatidas no acórdão recorrido nem, a respeito, tenham sido opostos embargos declaratórios.*
(...).
(AgInt no AREsp 868.658/PR, Rel. Ministro JOÃO OTÁVIO DE NORONHA, TERCEIRA TURMA, julgado em 23/06/2016, DJe 01/07/2016)
(...).
1. *O recurso especial não comporta o exame de questões que impliquem revolvimento do contexto fático-probatório dos autos (Súmula n. 7 do STJ).*
2. *No caso concreto, o Tribunal de origem concluiu pela presença dos requisitos para acolher a exceção de usucapião. Para alterar esse entendimento e acolher a alegação da recorrente de que tais pressupostos não foram comprovados, seria imprescindível o reexame das provas produzidas nos autos, o que é vedado em recurso especial.*
3. *Agravo regimental a que se nega provimento.*
(AgRg nos EDcl no AREsp 796.218/RS, Rel. Ministro ANTONIO CARLOS FERREIRA, QUARTA TURMA, julgado em 21/06/2016, DJe 30/06/2016)
(...).
2. *Não é possível a análise de violação de Súmulas editadas pelo STJ, por não se enquadrar no conceito de lei federal, previsto no art. 105, inciso III, alínea a, da CF.*
3. *O sugerido dissídio jurisprudencial não foi analiticamente demonstrado. A interposição de Recurso Especial para o Superior Tribunal de Justiça requer o primoroso atendimento de requisitos constitucionais de alta definição jurídica; assim, a demonstração da chamada divergência pretoriana deve se dar de forma analítica e documentada, por meio do cotejo analítico, para se comprovar que a decisão recorrida está em desacordo com precedentes julgados de outros Tribunais, inclusive e especialmente deste STJ (art. 105, III, c da Carta Magna).*
4. *Agravo Regimental do Sindicato desprovido.*

(AgRg no REsp 1543800/PE, Rel. Ministro NAPOLEÃO NUNES MAIA FILHO, PRIMEIRA TURMA, julgado em 14/06/2016, DJe 22/06/2016).
(...).
3. Ressalvado o entendimento pessoal do relator, a jurisprudência desta Corte de Justiça é pacífica quanto à inadmissibilidade do recurso especial que, a despeito de fundamentar-se em dissídio jurisprudencial, deixa de apontar o dispositivo de lei federal ao qual o tribunal de origem teria dado interpretação divergente daquela firmada por outros tribunais (AgRg no REsp. n. 1.346.588/DF, relator Ministro ARNALDO ESTEVES LIMA, Corte Especial, DJe 17/03/2014).

4. Hipótese em que não se indicou o dispositivo de lei federal supostamente violado em razão do dissídio, tampouco se realizou o cotejo analítico necessário ao conhecimento do recurso interposto pela alínea "c" do permissivo constitucional, sobretudo no que diz respeito à exposição das circunstâncias que identificam ou assemelham os casos confrontados.

5. Embargos de declaração recebidos como agravo regimental, ao qual se nega provimento.

(EDcl no AREsp 840.688/SP, Rel. Ministro GURGEL DE FARIA, PRIMEIRA TURMA, julgado em 19/04/2016, DJe 28/04/2016)

É importante salientar que o art. 328-A do RISTF determina que os tribunais não façam juízo de admissibilidade sobre os processos já sobrestados e sobre os que vierem a ser interpostos até que o STF decida os já selecionados. A ideia dessa alteração regimental é justamente evitar a interposição de agravos perante o STF quando o tribunal faz juízo de admissilidade negativo em recursos que versam sobre temas de repercussão geral.

18.
Recurso cabível contra decisão do presidente ou vice-presidente do tribunal recorrido na hipótese de não seguimento ou de não admissibilidade do recurso extraordinário ou do recurso especial

18.1. Hipóteses em que não se admite a interposição de qualquer recurso

Contra a decisão que tiver por objeto *juízo positivo de admissibilidade* de recurso especial ou de recurso extraordinário realizado pelo presidente ou vice-presidente do tribunal recorrido não caberá qualquer espécie de recurso, pois, neste caso, deverá o tribunal recorrido apenas encaminhar o processo ao S.T.J. ou ao S.T.F.

Igualmente será irrecorrível a decisão proferida pelo presidente ou vice-presidente do tribunal recorrido que *encaminhar o processo ao órgão julgador para realização de juízo de retratação*, se o acórdão recorrido divergir do entendimento do Supremo Tribunal Federal ou do Superior Tribunal de Justiça exarado, conforme o caso, nos regimes de repercussão geral ou de recursos repetitivos. Nesse sentido, eis a seguinte decisão do S.T.J.:

PROCESSUAL CIVIL. RECURSO ESPECIAL. REMESSA DOS AUTOS PARA O EXERCÍCIO DO JUÍZO DE RETRATAÇÃO. ART. 543-C, § 7º, II, DO CPC. DESPACHO. NÃO CABIMENTO.

1. Descabe Recurso Especial contra despacho da Vice-Presidência de Tribunal local, que se limita a remeter os autos ao órgão colegiado para efeito do exercício do juízo de retratação de que trata o art. 543-C, § 7º, II, do CPC.

(...).

(AgRg nos EDcl no AREsp 411.785/MG, Relator Ministro HERMAN BENJAMIN, SEGUNDA TURMA, julgado em 08/05/2014, DJe 25/09/2014.)

Se o órgão julgador não se retratar da decisão proferida contra entendimento do S.T.F. ou do S.T.J., a solução será a realização do juízo de admissibilidade final do recurso e sua remessa ao tribunal superior.

Porém, se o órgão julgador 'colegiado' realizar o juízo de retratação, para adequar sua decisão ao que fora decidido pelo S.T.F. ou pelo S.T.J., contra essa decisão não será permitido qualquer recurso. Nesse sentido é o teor do seguinte precedente do S.T.F.:

> *(...).*
> *Com efeito, é inadmissível o recurso de agravo contra decisão que aplica a sistemática da repercussão geral. Nesse sentido: "Questão de Ordem. Repercussão Geral. Inadmissibilidade de agravo de instrumento ou reclamação da decisão que aplica entendimento desta Corte aos processos múltiplos. Competência do Tribunal de origem. Conversão do agravo de instrumento em agravo regimental.*
> *1. Não é cabível agravo de instrumento da decisão do tribunal de origem que, em cumprimento do disposto no § 3º do art. 543-B, do CPC, aplica decisão de mérito do STF em questão de repercussão geral.*
> *2. Ao decretar o prejuízo de recurso ou exercer o juízo de retratação no processo em que interposto o recurso extraordinário, o tribunal de origem não está exercendo competência do STF, mas atribuição própria, de forma que a remessa dos autos individualmente ao STF apenas se justificará, nos termos da lei, na hipótese em que houver expressa negativa de retratação.*
> *3. A maior ou menor aplicabilidade aos processos múltiplos do quanto assentado pela Suprema Corte ao julgar o mérito das matérias com repercussão geral dependerá da abrangência da questão constitucional decidida.*
> *4. Agravo de instrumento que se converte em agravo regimental, a ser decidido pelo tribunal de origem."*
> *(AI 760.358-QO, Rel. Min. Gilmar Mendes, Tribunal Pleno, DJe de 19/2/2010).*
> AGRAVO REGIMENTAL. RECURSO EXTRAORDINÁRIO COM AGRAVO. DECISÃO DO TRIBUNAL A QUO QUE APLICA A SISTEMÁTICA DA REPERCUSSÃO GERAL (ART. 543-B DO CPC). DESCABIMENTO DO AGRAVO PREVISTO NO ART. 544 DO CPC. CABIMENTO DE AGRAVO REGIMENTAL (OU INTERNO) PARA A ORIGEM. IMPOSSIBILIDADE

DE CONVERSÃO EM AGRAVO REGIMENTAL. ACÓRDÃO RECORRIDO PUBLICADO APÓS 19.11.2009.

É pacífico o entendimento desta Corte de que, por não se cuidar de juízo negativo de admissibilidade de recurso extraordinário, não é cabível o agravo previsto no art. 544 do Código de Processo Civil, para atacar decisão de Presidente de Tribunal ou Turma Recursal de origem que aplique a sistemática da repercussão geral. A parte que queira impugnar decisão monocrática de Presidente de Tribunal ou de Turma Recursal de origem, proferida nos termos do art. 543-B do CPC, deve fazê-lo por meio de agravo regimental (ou interno). Inaplicável a conversão do presente recurso em agravo regimental a ser apreciado pela origem, já que a jurisprudência desta Corte já fixou entendimento de que após 19.11.2009, data em que julgado o AI 760.358-QO, a interposição do agravo previsto no art. 544 do CPC configura erro grosseiro. Agravo regimental a que se nega provimento." (ARE 761.661-AgR, Rel. Min. Joaquim Barbosa, Tribunal Pleno, DJe de 28/4/2014).

Destaco que, após o exame da existência de repercussão geral da matéria versada no recurso extraordinário, pelo Supremo Tribunal Federal, compete às cortes de origem a aplicação da decisão aos demais casos, de forma que somente é cabível a interposição de recurso interno no Tribunal a quo. Nesse sentido, ARE 823.651, Rel. Min. Gilmar Mendes, DJe 16/9/2014; AI 846.808-AgR, Rel. Min. Gilmar Mendes, Segunda Turma, DJe 10/11/2014; Rcl 11.940, Rel. Min. Ricardo Lewandowski, DJe de 14/2/2014; Rcl 12.395-AgR, Rel. Min. Dias Toffoli, Plenário, DJe de 6/11/2013; Rcl 15.080-AgR, Rel. Min. Celso de Mello, Plenário, DJe de 18/2/2014; e Rcl 16.915-AgR, Rel. Min. Cármen Lúcia, Segunda Turma, DJe de 13/3/2014, com a seguinte ementa: "AGRAVO REGIMENTAL EM RECLAMAÇÃO. CONSTITUCIONAL. PROCESSUAL PENAL. APLICAÇÃO DA SISTEMÁTICA DA REPERCUSSÃO GERAL NA ORIGEM. AUSÊNCIA DE PREVISÃO LEGAL DE CABIMENTO DE RECURSO OU DE OUTRA AÇÃO JUDICIAL NO SUPREMO TRIBUNAL FEDERAL. AGRAVO REGIMENTAL AO QUAL SE NEGA PROVIMENTO." Ex positis, NÃO CONHEÇO o agravo, com fundamento no disposto no artigo 21, § 1º, do RISTF. Publique-se. Brasília, 5 de agosto de 2016. Ministro LUIZ FUX Relator Documento assinado digitalmente

(ARE 947842, Relator(a): Min. LUIZ FUX, julgado em 05/08/2016, publicado em PROCESSO ELETRÔNICO DJe-167 DIVULG 09/08/2016 PUBLIC 10/08/2016)

É possível argumentar que contra a decisão de retratação proferida pelo órgão colegiado não caberá novo recurso especial ou extraordinário, uma vez que o juízo de retratação é obrigação normativa impositiva prevista no C.P.C., salvo, evidentemente, se houver outras matérias de natureza constitucional ou infraconstitucional que não foram objeto de análise da temática de repercussão geral ou de recursos repetitivos.

Na decisão acima referida do S.T.F., permitiu-se, porém, a interposição de agravo interno se a decisão provier do presidente ou vice-presidente do tribunal recorrido. Tal previsão normativa recursal encontra-se prevista no §2º do art. 1.030 do novo C.P.C.

Sobre o tema, eis ainda a seguinte decisão do S.T.F.:

> *RECLAMAÇÃO. ALEGAÇÃO DE INOBSERVÂNCIA POR MAGISTRADO DE PRIMEIRA INSTÂNCIA DA DECISÃO PROFERIDA PELO PLENÁRIO DO SUPREMO TRIBUNAL FEDERAL NO JULGAMENTO DO MÉRITO DO RECURSO EXTRAORDINÁRIO 583.955-RG/RJ. INSTITUTO DA REPERCUSSÃO GERAL. COMPETÊNCIA DOS TRIBUNAIS DE ORIGEM PARA SOLUCIONAR CASOS CONCRETOS. CORREÇÃO DA EVENTUAL DESOBEDIÊNCIA À ORIENTAÇÃO ESTABELECIDA PELO STF PELA VIA RECURSAL PRÓPRIA, EM JULGADOS DE MÉRITO DE PROCESSOS COM REPERCUSSÃO GERAL RECONHECIDA. RECLAMAÇÃO NÃO CONHECIDA. 1. As decisões proferidas pelo Plenário do Supremo Tribunal Federal quando do julgamento de recursos extraordinários com repercussão geral vinculam os demais órgãos do Poder Judiciário na solução, por estes, de outros feitos sobre idêntica controvérsia. 2. Cabe aos juízes e desembargadores respeitar a autoridade da decisão do Supremo Tribunal Federal tomada em sede de repercussão geral, assegurando racionalidade e eficiência ao Sistema Judiciário e concretizando a certeza jurídica sobre o tema. 3. O legislador não atribuiu ao Supremo Tribunal Federal o ônus de fazer aplicar diretamente a cada caso concreto seu entendimento. 4. A Lei 11.418/2006 evita que o Supremo Tribunal Federal seja sobrecarregado por recursos extraordinários fundados em idêntica controvérsia, pois atribuiu aos demais Tribunais a obrigação de os sobrestarem e a possibilidade de realizarem juízo de retratação para adequarem seus acórdãos à orientação de mérito firmada por esta Corte. 5. Apenas na rara hipótese de que algum Tribunal mantenha posição contrária à do Supremo Tribunal Federal, é que caberá a este se pronunciar, em sede de recurso extraordinário, sobre o caso particular idêntico para a cassação ou reforma do acórdão, nos termos do art. 543-B, § 4º, do Código de Processo Civil. 6. A competência é dos Tribunais de origem para a solução dos casos concretos, cabendo-lhes, no exercício deste mister, observar a orientação fixada em sede de repercussão geral. 7. A cassação ou revisão das decisões dos Juízes contrárias*

à orientação firmada em sede de repercussão geral há de ser feita pelo Tribunal a que estiverem vinculados, pela via recursal ordinária. 8. A atuação do Supremo Tribunal Federal, no ponto, deve ser subsidiária, só se manifesta quando o Tribunal a quo negasse observância ao leading case da repercussão geral, ensejando, então, a interposição e a subida de recurso extraordinário para cassação ou revisão do acórdão, conforme previsão legal específica constante do art. 543-B, § 4º, do Código de Processo Civil. 9. Nada autoriza ou aconselha que se substituam as vias recursais ordinária e extraordinária pela reclamação. 10. A novidade processual que corresponde à repercussão geral e seus efeitos não deve desfavorecer as partes, nem permitir a perpetuação de decisão frontalmente contrária ao entendimento vinculante adotado pelo Supremo Tribunal Federal. Nesses casos o questionamento deve ser remetido ao Tribunal competente para a revisão das decisões do Juízo de primeiro grau a fim de que aquela Corte o aprecie como o recurso cabível, independentemente de considerações sobre sua tempestividade. 11. No caso presente tal medida não se mostra necessária. 12. Não-conhecimento da presente reclamação.

(Rcl 10793, Relator(a): Min. ELLEN GRACIE, Tribunal Pleno, julgado em 13/04/2011, PROCESSO ELETRÔNICO DJe-107 DIVULG 03-06-2011 PUBLIC 06-06-2011 RT v. 100, n. 910, 2011, p. 379-392).

Estabelece o p.u. do art. 1.039 do novo C.P.C. que uma vez negada a existência de repercussão geral no recurso extraordinário afetado, serão considerados automaticamente inadmitidos os recursos extraordinários cujo processamento tenha sido sobrestado. Como se trata de não admissibilidade legal automática, não caberá qualquer recurso.

Não caberá qualquer recurso, ainda, contra a decisão do presidente ou vice-presidente do tribunal recorrido que *selecionar o recurso como representativo de controvérsia* constitucional ou infraconstitucional, nos termos do art. 1.036 do novo C.P.C., pois o legislador do novo C.P.C. somente previu recurso para as hipóteses dos incisos I, III e V do art. 1.030 do novo C.P.C.

18.2. Negativa de seguimento e recurso cabível

Em relação à decisão do presidente ou vice-presidente do tribunal recorrido que *negar seguimento* a recurso extraordinário que discuta questão constitucional à qual o Supremo Tribunal Federal não tenha reconhecido a existência de repercussão geral ou a recurso extraordinário interposto contra acórdão que esteja em conformidade com entendimento do Supremo Tribunal Federal exarado no regime de repercussão geral;

ou, ainda, *negar seguimento* a recurso extraordinário ou a recurso especial interposto contra acórdão que esteja em conformidade com entendimento do Supremo Tribunal Federal ou do Superior Tribunal de Justiça, respectivamente, exarado no regime de julgamento de recursos repetitivos, a parte prejudicada poderá interpor o recurso de *agravo interno* (art. 1.021 do novo C.P.C.), conforme estabelece o §2º do art. 1.030 do novo C.P.C.

A competência e o processamento do agravo interno serão regulados pelo regimento interno do tribunal.

Por ocasião do C.P.C. de 1973, o S.T.J. permitiu a aplicação do princípio da fungibilidade entre o agravo externo (em recurso especial) e o agravo interno, tendo em vista certa dúvida interpretativa ao art. 544 do C.P.C. de 1973. Nesse sentido é a seguinte decisão:

> *1. No julgamento da Questão de Ordem no Ag 1.154.599/SP, a Corte Especial assentou o entendimento de que não cabe agravo (CPC, art. 544) contra decisão que nega seguimento a recurso especial com base no art. 543-C, § 7º, I, do CPC, podendo a parte interessada manejar agravo interno ou regimental na origem, demonstrando a especificidade do caso concreto.*
>
> *2. Entretanto, o art. 544 do CPC prevê o cabimento do agravo contra a decisão que não admite o recurso especial, sem fazer distinção acerca do fundamento utilizado para a negativa de seguimento do apelo extraordinário. O não cabimento do agravo em recurso especial, naquela hipótese, deriva de interpretação adotada por esta Corte Superior, a fim de obter a máxima efetividade da sistemática dos recursos representativos da controvérsia, implementada pela Lei 11.672/2008.*
>
> *3. Então, se equivocadamente a parte interpuser o agravo do art. 544 do CPC contra a referida decisão, por não configurar erro grosseiro, cabe ao Superior Tribunal de Justiça remeter o recurso à Corte de origem para sua apreciação como agravo interno.*
>
> *4. Agravo interno provido.*

(AgRg no AGRAVO EM RECURSO ESPECIAL Nº 260.033 – PR (2012/0248383-4) RELATOR: MINISTRO RAUL ARAÚJO)

18.3. Sobrestamento de recurso que versar sobre controvérsia de caráter repetitivo e o recurso cabível

Igualmente será permitida a interposição de *agravo interno* (art. 1.021 do novo C.P.C.) quando o presidente ou vice-presidente do tribunal recorrido sobrestar o recurso que versar sobre controvérsia de caráter repetitivo ainda não decidida pelo Supremo Tribunal Federal ou pelo Superior Tribunal de Justiça, conforme se trate de matéria constitucional ou infraconstitucional, nos termos do que dispõe o §2º do art. 1.030 do novo C.P.C.

Em se tratando de recursos extraordinário e especial repetitivos, o presidente ou vice-presidente do tribunal recorrido, após selecionar 2 (dois) ou mais recursos representativos da controvérsia que serão encaminhados ao Supremo Tribunal Federal ou ao Superior Tribunal de Justiça para fins de afetação, determinará *a suspensão do trâmite de todos os processos pendentes, individuais ou coletivos, que tramitem no Estado ou na região, conforme o caso.*

O interessado poderá requerer, ao presidente ou ao vice-presidente, que exclua da decisão de sobrestamento e inadmita o recurso especial ou o recurso extraordinário que tenha sido interposto intempestivamente, tendo o recorrente o prazo de 5 (cinco) dias para manifestar-se sobre esse requerimento.

Se o presidente ou vice-presidente indeferir o pedido de exclusão do processo do sobrestamento, contra essa decisão caberá *agravo interno* (art. 1.021 do novo C.P.C.), conforme determina o §2º do art. 1.030 do novo C.P.C.

Porém, se o presidente ou vice-presidente acolher o pedido de levantamento do sobrestamento, proferindo juízo positivo de admissibilidade do recurso, contra essa decisão não caberá qualquer recurso, devendo o processo ser remetido ao S.T.J ou ao S.T.F., conforme o caso.

Por outro lado, se o presidente ou vice-presidente acolher o pedido de levantamento do sobrestamento, preferindo juízo de não admissibilidade do recurso, contra essa decisão caberá *agravo em recurso especial ou extraordinário*, nos termos do art. 1.042 do novo C.P.C.

18.4. Juízo negativo (de não admissibilidade) e recurso cabível

O presidente ou vice-presidente do tribunal recorrido poderá admitir o recurso especial ou extraordinário, desde que presentes os seguintes pressupostos: a) o recurso ainda não tenha sido submetido ao regime de repercussão geral ou de julgamento de recursos repetitivos (pois se a questão foi submetida, o recurso deverá ficar sobrestado); b) o recurso tenha sido selecionado como representativo da controvérsia (sendo selecionado, não poderá ser remetido diretamente aos tribunais superiores sem que antes tenha sido submetido ao juízo de admissibilidade); ou c) o tribunal recorrido tenha refutado o juízo de retratação (se o tribunal recorrido realizou a retratação do julgamento, não caberá qualquer recurso contra essa decisão).

Porém, assim como o presidente ou vice-presidente do tribunal recorrido poderá realizar juízo de admissibilidade do recurso especial ou extraordinário, desde que presentes os pressupostos indicados nas letras 'a' a 'c' do art. 1.030, inc. V, do novo C.P.C., também poderá proferir juízo de *não admissibilidade* do recurso especial ou extraordinário, quando não presentes os pressupostos ou requisitos para a interposição dos aludidos recursos.

Em regra, o presidente ou vice-presidente não admitirá o recurso especial ou extraordinário quando: a) for intempestivo; b) reconhecer-se a deserção; c) não indicar com precisão as hipóteses normativas de constitucionalidade para sua interposição; d) não mencionar a hipótese de repercussão geral; e) não realizar o cotejo das decisões na hipótese de divergência jurisprudencial, e) faltar legitimidade ao recorrente; f) não houver interesse recursal por falta de sucumbência do recorrente, g) inexistência de prequestionamento etc.

Na realidade, existe um grande leque de hipóteses jurídicas que fundamentam a não admissibilidade do recurso extraordinário ou do recurso especial.

O S.T.J. tem reconhecido como causas que justificam a não admissibilidade de recurso, as seguintes hipóteses:

> (...).
> 2. *Aplicam-se as Súmulas n. 282 e 356 do STF quando as questões suscitadas no recurso especial não tenham sido debatidas no acórdão recorrido nem, a respeito, tenham sido opostos embargos declaratórios.*
> (...).
> (AgInt no AREsp 868.658/PR, Rel. Ministro JOÃO OTÁVIO DE NORONHA, TERCEIRA TURMA, julgado em 23/06/2016, DJe 01/07/2016)
> (...).
> 1. *O recurso especial não comporta o exame de questões que impliquem revolvimento do contexto fático-probatório dos autos (Súmula n. 7 do STJ).*
> 2. *No caso concreto, o Tribunal de origem concluiu pela presença dos requisitos para acolher a exceção de usucapião. Para alterar esse entendimento e acolher a alegação*

da recorrente de que tais pressupostos não foram comprovados, seria imprescindível o reexame das provas produzidas nos autos, o que é vedado em recurso especial.

3. Agravo regimental a que se nega provimento.

(AgRg nos EDcl no AREsp 796.218/RS, Rel. Ministro ANTONIO CARLOS FERREIRA, QUARTA TURMA, julgado em 21/06/2016, DJe 30/06/2016)

(...).

2. Não é possível a análise de violação de Súmulas editadas pelo STJ, por não se enquadrar no conceito de lei federal, previsto no art. 105, inciso III, alínea a, da CF.

3. O sugerido dissídio jurisprudencial não foi analiticamente demonstrado. A interposição de Recurso Especial para o Superior Tribunal de Justiça requer o primoroso atendimento de requisitos constitucionais de alta definição jurídica; assim, a demonstração da chamada divergência pretoriana deve se dar de forma analítica e documentada, por meio do cotejo analítico, para se comprovar que a decisão recorrida está em desacordo com precedentes julgados de outros Tribunais, inclusive e especialmente deste STJ (art. 105, III, c da Carta Magna).

4. Agravo Regimental do Sindicato desprovido.

(AgRg no REsp 1543800/PE, Rel. Ministro NAPOLEÃO NUNES MAIA FILHO, PRIMEIRA TURMA, julgado em 14/06/2016, DJe 22/06/2016).

(...).

3. Ressalvado o entendimento pessoal do relator, a jurisprudência desta Corte de Justiça é pacífica quanto à inadmissibilidade do recurso especial que, a despeito de fundamentar-se em dissídio jurisprudencial, deixa de apontar o dispositivo de lei federal ao qual o tribunal de origem teria dado interpretação divergente daquela firmada por outros tribunais (AgRg no REsp. n. 1.346.588/DF, relator Ministro ARNALDO ESTEVES LIMA, Corte Especial, DJe 17/03/2014).

4. Hipótese em que não se indicou o dispositivo de lei federal supostamente violado em razão do dissídio, tampouco se realizou o cotejo analítico necessário ao conhecimento do recurso interposto pela alínea "c" do permissivo constitucional, sobretudo no que diz respeito à exposição das circunstâncias que identificam ou assemelham os casos confrontados.

5. Embargos de declaração recebidos como agravo regimental, ao qual se nega provimento.

(EDcl no AREsp 840.688/SP, Rel. Ministro GURGEL DE FARIA, PRIMEIRA TURMA, julgado em 19/04/2016, DJe 28/04/2016)

Contra a decisão que *não admitiu* o recurso extraordinário ou especial, poderá a parte prejudicada interpor *agravo em recurso especial ou extraordinário* (art. 1.042 do novo C.P.C.), respectivamente, ao S.T.J. ou S.T.F., conforme estabelece o §1º do art. 1.030 do novo C.P.C.

Segundo estabelece o art. 1.042 do novo C.P.C., *cabe agravo contra decisão do presidente ou do vice-presidente do tribunal recorrido que inadmitir recurso extraordinário ou recurso especial, salvo quando fundada na aplicação de entendimento firmado em regime de repercussão geral ou em julgamento de recursos repetitivos.* (Redação dada pela Lei nº 13.256, de 2016). Se a decisão do presidente ou do vice-presidente do tribunal recorrido não determinou o seguimento do recurso especial ou extraordinário, diante da aplicação do entendimento firmado em regime de repercussão geral ou em julgamento de recursos repetitivos, o recurso cabível será o de *agravo interno*, nos termos do art. 1.021, c/c, art. 1.030, inc. I, letras 'a' e 'b', ambos do novo C.P.C.

A petição de agravo será dirigida ao presidente ou ao vice-presidente do tribunal de origem e independe do pagamento de custas e despesas postais, aplicando-se a ela o regime de repercussão geral e de recursos repetitivos, inclusive quanto à possibilidade de sobrestamento e do juízo de retratação.

Assim, recebendo presidente ou vice-presidente do tribunal recorrido a petição de agravo, poderá, se for o caso, determinar o sobrestamento do processo, caso a matéria já esteja sob o crivo do S.T.F. em face de repercussão geral ou sob a análise do S.T.F. ou do S.T.J. em razão de regime de recursos repetitivos. Penso que somente será caso de sobrestamento, se a própria matéria que fundamentou a não admissibilidade do recurso for objeto de repercussão geral ou de recursos repetitivos, caso contrário, o agravo deverá ser remetido ao S.T.J. ou ao S.T.F.

Também poderá o presidente ou vice-presidente retratar-se da decisão que não admitiu o recurso especial ou extraordinário, realizando, desta vez, juízo positivo de admissibilidade, remetendo o processo ao tribunal superior correspondente.

O agravado será intimado, de imediato, para oferecer resposta no prazo de 15 (quinze) dias.

Após o prazo de resposta, não havendo retratação, o agravo será remetido ao tribunal superior competente.

O agravo poderá ser julgado, conforme o caso, conjuntamente com o recurso especial ou extraordinário, assegurada, neste caso, sustentação oral, observando-se, ainda, o disposto no regimento interno do tribunal do S.T.F. ou do S.T.J., conforme o caso.

Na hipótese de interposição conjunta de recursos extraordinário e especial, o agravante deverá interpor um agravo para cada recurso não admitido.

Havendo apenas um agravo, o recurso será remetido ao tribunal competente, e, havendo interposição conjunta, os autos serão remetidos ao Superior Tribunal de Justiça.

Concluído o julgamento do agravo pelo Superior Tribunal de Justiça e, se for o caso, do recurso especial, independentemente de pedido, os autos serão remetidos ao Supremo Tribunal Federal para apreciação do agravo a ele dirigido, salvo se estiver prejudicado.

19.
Juízo de admissibilidade e recurso no âmbito dos juizados especiais

No âmbito dos juizados especiais também é possível a interposição de recurso extraordinário contra decisão proferida em única ou última instância, nos termos do art. 102, inc. III, da Constituição Federal e do art. 15 da Lei n. 10.259/2001 (Dispõe sobre a Instituição dos Juizados Especiais Cíveis e Criminais no âmbito da Justiça Federal).

Não será permitida, porém, a interposição de recurso especial perante o S.T.J., uma vez que as Turmas Recursais, as Turmas Regionais de Uniformização e a Turma Nacional de Uniformização, além de não terem natureza jurídica de tribunal, não preenchem o requisito previsto no art. 105, inc. III, da Constituição Federal, segundo o qual somente será permitida a interposição de recurso especial em relação às causas decididas, em única ou última instância, pelos Tribunais Regionais Federais ou pelos tribunais dos Estados, do Distrito Federal e Territórios.

É certo que, em relação à decisão proferida pela Turma Recursal dos Juizados Especiais Federais, há previsão legal de interposição de pedido de uniformização de interpretação de lei federal quando houver divergência entre decisões sobre questões de direito material proferidas por Turmas Recursais na interpretação da lei, nos termos do art. 14 da Lei 10.259/01.

O pedido fundado em divergência entre Turmas da mesma Região (Turma Regional de Uniformização – TRU) será julgado em reunião conjunta das Turmas em conflito, sob a presidência do Juiz Coordenador.

O pedido fundado em divergência entre decisões de turmas de diferentes regiões ou da proferida em contrariedade a súmula ou jurisprudência dominante do STJ será julgado por Turma de Uniformização (Turma Nacional de Uniformização – TNU), integrada por juízes de Turmas Recursais, sob a presidência do Coordenador da Justiça Federal.

O pedido de Uniformização perante a T.N.U. tem, num sentido *lato*, o mesmo objetivo que teria o recurso especial para fim de interpretação da lei federal, especialmente quando se trata de garantir o entendimento apresentado em súmula ou jurisprudência dominante do STJ.

Os pedidos de uniformização de jurisprudência serão interpostos no prazo de 15 dias, a contar da publicação do acórdão recorrido, sendo o requerido intimado perante o juízo local para, no mesmo prazo, apresentar contrarrazões. (art. 3º da RESOLUÇÃO N. CJF-RES-2015/00347, de 2 de junho de 2015).

O exame da admissibilidade dos pedidos de uniformização e dos recursos extraordinários compete ao presidente ou ao vice-presidente da turma recursal ou a outro membro designado pelo tribunal regional federal ou mediante previsão no regimento interno das turmas recursais diretamente afetadas pela medida.

19.1. Do recurso extraordinário nos juizados

A interposição de recurso extraordinário nos juizados especiais federais deve observar os requisitos estabelecidos pela Constituição Federal (art. 102, inc. III, letras 'a' a 'd'), bem como o que estabelecem o art. 15 da Lei 10.259/2001 e o art. 35 da RES 345/2015/CJF, *in verbis*:

A) Lei 10.259/01:

Art. 15. O recurso extraordinário, para os efeitos desta Lei, será processado e julgado segundo o estabelecido nos §§ 4o a 9o do art. 14, além da observância das normas do Regimento.

Por sua vez, estabelecem os §§4º a 9º do art. 14 da Lei 10.259/01:

(...).
§ 4º Quando a orientação acolhida pela Turma de Uniformização, em questões de direito material, contrariar súmula ou jurisprudência dominante no Superior Tribunal de Justiça -STJ, a parte interessada poderá provocar a manifestação deste, que dirimirá a divergência.

§ 5º No caso do § 4º, presente a plausibilidade do direito invocado e havendo fundado receio de dano de difícil reparação, poderá o relator conceder, de ofício ou a requerimento do interessado, medida liminar determinando a suspensão dos processos nos quais a controvérsia esteja estabelecida.

§ 6º Eventuais pedidos de uniformização idênticos, recebidos subseqüentemente em quaisquer Turmas Recursais, ficarão retidos nos autos, aguardando-se pronunciamento do Superior Tribunal de Justiça.

§ 7º Se necessário, o relator pedirá informações ao Presidente da Turma Recursal ou Coordenador da Turma de Uniformização e ouvirá o Ministério Público, no prazo de cinco dias. Eventuais interessados, ainda que não sejam partes no processo, poderão se manifestar, no prazo de trinta dias.

§ 8º Decorridos os prazos referidos no § 7º, o relator incluirá o pedido em pauta na Seção, com preferência sobre todos os demais feitos, ressalvados os processos com réus presos, os habeas corpus e os mandados de segurança.

§ 9º Publicado o acórdão respectivo, os pedidos retidos referidos no § 6o serão apreciados pelas Turmas Recursais, que poderão exercer juízo de retratação ou declará-los prejudicados, se veicularem tese não acolhida pelo Superior Tribunal de Justiça.

b) RES 345/2015/CJF

Art. 35. O recurso extraordinário poderá ser interposto, no prazo de 15 dias, perante o Presidente da Turma Nacional de Uniformização.

§ 1º A parte contrária será intimada para apresentar contrarrazões no mesmo prazo, findo o qual os autos serão conclusos ao Presidente da Turma Nacional de Uniformização para juízo de admissibilidade, observado o disposto na Constituição da República, na lei processual e no Regimento Interno do Supremo Tribunal Federal.

§ 2º Admitido o recurso, os autos serão encaminhados ao Supremo Tribunal Federal; inadmitido, pode a parte interpor agravo nos próprios autos, respeitadas as regras processuais pertinentes.

Observa-se que o 35 da Resolução n. 345/2015-CJF trata de recurso extraordinário a ser interposto contra decisão proferida sobre matéria constitucional, não por Turma Recursal, mas, sim, pela própria Turma Nacional de Uniformização – TNU.

Em se tratando de recurso extraordinário interposto contra decisão de Turma Regional de Uniformização – TRU, estabelece o art. 5º da Resolução n. CJF-RES-2015/00347 de 2 de junho de 2015 (Dispõe sobre a compatibilização dos regimentos internos das turmas recursais e das turmas regionais de uniformização dos juizados especiais federais e à atuação dos magistrados integrantes dessas turmas com exclusividade de funções):

> Art. 5º Compete ao presidente da turma regional de uniformização a apreciação da admissibilidade de pedidos de uniformização nacional de jurisprudência e de recursos extraordinários interpostos contra seus acórdãos.

Por sua vez, na hipótese de recurso extraordinário a ser interposto diretamente contra decisão proferida por Turma Recursal, a regulamentação do seu trâmite encontra-se previsto na Resolução n. CJF-RES-2015/00347 de 2 de junho de 2015 (Dispõe sobre a compatibilização dos regimentos internos das turmas recursais e das turmas regionais de uniformização dos juizados especiais federais e à atuação dos magistrados integrantes dessas turmas com exclusividade de funções).

Segundo estabelece o §1º do art. 3º da Resolução CJF-347/15, o exame da admissibilidade dos pedidos dos recursos extraordinários compete ao presidente ou ao vice-presidente da turma recursal ou a outro membro designado pelo tribunal regional federal ou mediante previsão no regimento interno das turmas recursais diretamente afetadas pela medida.

O juiz responsável pelo juízo preliminar de admissibilidade devolverá o feito à turma recursal para adequação, caso o acórdão recorrido esteja em manifesto confronto com súmula ou jurisprudência dominante do Supremo Tribunal Federal.

Essa possibilidade de interposição de recurso extraordinário diretamente contra decisão proferida por Turma Recursal não gera maiores indagações quando a decisão recorrida somente tenha tratado de matéria de natureza constitucional e não de matéria que poderia permitir o pedido de uniformização perante Turma Regional de Uniformização – TRU ou Turma Nacional de Uniformização – TNU

O grande problema que se apresenta, é o atual entendimento do Supremo Tribunal Federal sobre o momento apropriado para a interposição de recurso extraordinário contra decisão proferida por Turma Recursal dos Juizados Especiais Federais, quando ao mesmo tempo seja cabível o recurso extraordinário e o pedido de uniformização.

Se contra a decisão proferida pela Turma Recursal for cabível, simultaneamente, o recurso extraordinário e o incidente de uniformização, entende o S.T.F. que o recurso extraordinário somente poderá ser interposto (sob pena de supressão de instância) após o julgamento definitivo do incidente de uniformização. Nesse sentido é o voto proferido pelo Ministro Ricardo Lewandowski no AgRg. no Recurso Extraordinário com Agravo 911.738, a saber:

> (...).
> *Com efeito, observo que a Turma Recursal, por unanimidade, em juízo de retratação, deu provimento ao recurso da União, nos termos do voto do Relator (Doc. 107, fls. 1).*
> *A parte recorrente, por sua vez, interpôs, concomitantemente, incidente de uniformização de jurisprudência para a Turma Nacional de Uniformização e Recurso Extraordinário para o Supremo Tribunal Federal, tendo sido ambos inadmitidos na origem.*
> **Na espécie, não se estava diante de decisão de única ou última instância a viabilizar o cabimento do recurso extraordinário, pois pendente o julgamento do incidente de uniformização. Isso porque, diante do acórdão da Turma Recursal, a parte recorrente ainda poderia interpor, como de fato o fez, o incidente de uniformização de jurisprudência para a Turma Nacional de Uniformização e aguardar a conclusão do julgamento do incidente, para, em seguida, interpor o apelo extremo. No caso em questão, a parte recorrente não esgotou as vias recursais ordinárias cabíveis. Incide, portanto, a Súmula 281 do STF...**

No mesmo sentido são os seguintes precedentes do S.T.F.:

> *EMBARGOS DE DECLARAÇÃO OPOSTOS DE DECISÃO MONOCRÁTICA. CONVERSÃO EM AGRAVO REGIMENTAL. INTERPOSIÇÃO SIMULTÂNEA DE INCIDENTE DE UNIFORMIZAÇÃO E RECURSO EXTRAORDINÁRIO CONTRA DECISÃO DE TURMA RECURSAL DE JUIZADO ESPECIAL FEDERAL. SUPRESSÃO DE INSTÂNCIA. AGRAVO A QUE NEGA PROVIMENTO.*
> *I – Embargos de declaração recebidos como agravo regimental, na linha da pacífica jurisprudência do Supremo Tribunal Federal, por terem sido opostos de decisão monocrática.*

II – A jurisprudência desta Corte considera inadmissível o recurso extraordinário interposto contra decisão proferida por Turma Recursal dos Juizados Especiais Federais antes do julgamento de pedido de uniformização interposto concomitantemente contra essa mesma decisão.

III – Diante da existência do incidente, pendente de julgamento, não há decisão de única ou última instância, o que daria ensejo a abertura da via extraordinária, circunstância que atrai a incidência da Súmula 281 do STF. Precedentes de ambas as Turmas desta Corte.

IV – Agravo regimental a que se nega provimento.

(ARE 861623 ED, Relator(a): Min. RICARDO LEWANDOWSKI (Presidente), Tribunal Pleno, julgado em 07/05/2015, PROCESSO ELETRÔNICO DJe-100 DIVULG 27-05-2015 PUBLIC 28-05-2015)

EMENTA: AGRAVO REGIMENTAL NO RECURSO EXTRAORDINÁRIO COM AGRAVO. PROCESSUAL CIVIL. INCIDENTE DE UNIFORMIZAÇÃO. INSTÂNCIA NÃO ESGOTADA. SÚMULA N. 281 DO SUPREMO TRIBUNAL FEDERAL. AGRAVO REGIMENTAL AO QUAL SE NEGA PROVIMENTO.

(ARE 761649 AgR, Relator(a): Min. CÁRMEN LÚCIA, Segunda Turma, julgado em 29/10/2013, PROCESSO ELETRÔNICO DJe-217 DIVULG 30-10-2013 PUBLIC 04-11-2013)

Acompanhando a tese, são os seguintes julgados: ARE 823.262-AgR/SC e ARE 657.411- AgR/SE, Rel. Min. Cármen Lúcia; ARE 598.211-AgR/RJ, Rel. Min. Dias Toffoli, AI 786.185-AgR/RS, Rel. Min. Ayres Britto; RE 579.389-AgR/BA, 468.259-AgR/AM e 468.483-AgR/AM, relatoria do Ministro Ricardo

Portanto, no entendimento do S.T.F., o prazo para interposição de recurso extraordinário contra decisão de Turma Recursal sujeita simultaneamente a pedido de uniformização, somente começa a correr após o julgamento do incidente de uniformização. Interposição anterior de recurso extraordinário caracteriza *supressão de instância* e *intempestividade*, o que leva ao não conhecimento do recurso extraordinário.

Porém, há um ponto de ilogicidade que surge com esse entendimento exarado pelo S.T.F., a saber: Se o entendimento do S.T.F. for o de que a decisão de última instância não é da Turma Recursal, mas, sim, da Turma Nacional de Uniformização (quando do julgamento do incidente de uniformização), o recurso extraordinário terá por objeto a decisão proferida pela Turma Nacional de Uniformização e não mais a decisão proferida pela Turma Recursal (justamente por não ser de última instância). Porém, a Turma Nacional de Uniformização não tem competência legal e constitucional para analisar recurso que tenha por objeto matéria *constitucional*, pois tal matéria deverá ser objeto de recurso extraordinário. Assim, não poderá a parte sucumbente invocar o *prequestionamento* da matéria constitucional na decisão proferida no incidente de uniformização, fato esse que impediria o conhecimento do recurso extraordinário por falta de prequestionamento. Contudo, se o recurso extraordinário, apesar de se protrair no tempo, tiver por objeto a decisão proferida pela Turma Recursal, não tem sentido a decisão do S.T.F. que somente permite a interposição do recurso extraordinário após a decisão proferida pelo Turma Nacional de Uniformização, justamente pelo fato de que a temática do recurso extraordinário e do pedido de uniformização é distinta. No caso, se a matéria constitucional foi expressamente tratada na decisão da Turma Recursal, não poderá a Turma Nacional de Uniformização ingressar nesse tema, pois a sua função é analisar controvérsias de lei e não matéria de natureza constitucional. Assim, a decisão de última instância que tratou da matéria constitucional foi, indubitavelmente, da Turma Recursal.

Aliás, por analogia, poder-se-ia aplicar no âmbito dos juizados especiais o disposto no art. 1.031, §1º, do novo C.P.C., *in verbis:*

> Art. 1.031. *Na hipótese de interposição conjunta de recurso extraordinário e recurso especial, os autos serão remetidos ao Superior Tribunal de Justiça.*
>
> *§ 1º Concluído o julgamento do recurso especial, os autos serão remetidos ao Supremo Tribunal Federal para apreciação do recurso extraordinário, se este não estiver prejudicado.*
>
> *§ 2º Se o relator do recurso especial considerar prejudicial o recurso extraordinário, em decisão irrecorrível, sobrestará o julgamento e remeterá os autos ao Supremo Tribunal Federal.*

Portanto, se o relator do incidente de uniformização considerar prejudicial o recurso extraordinário (o que pode ocorrer), em decisão irrecorrível, sobrestará o julgamento e remeterá os autos ao S.T.F.

Essa problemática não se observa no âmbito dos juizados especiais estaduais, quando não haja previsão de incidente de uniformização, ou, se houver, não tenha sido ainda constituído o órgão jurisdicional competente para tal fim, pois, nesta hipótese, o recurso extraordinário será interposto diretamente contra a decisão proferida pela Turma Recursal.

Questão interessante no âmbito dos juizados especiais diz respeito ao disposto no art. 1.033 do novo C.P.C. que assim dispõe: *Se o Supremo Tribunal Federal considerar como reflexa a ofensa à Constituição afirmada no recurso extraordinário, por pressupor a revisão da interpretação de lei federal ou de tratado, remetê-lo-á ao Superior Tribunal de Justiça para julgamento como recurso especial.*

Essa problematização foi trazida à análise do S.T.F. no ARE 952323, assim ementado

> *AGRAVO INTERNO NO RECURSO EXTRAORDINÁRIO COM AGRAVO. CONSUMIDOR. TELEFONIA. RESTABELECIMENTO DE PRESTAÇÃO DE SERVIÇO DE DADOS MÓVEIS DEPOIS DE ATINGIDA A FRANQUIA CONTRATADA. NECESSIDADE DE REEXAME DO CONJUNTO FÁTICO-PROBATÓRIO CARREADO AOS AUTOS E DE CLÁUSULAS CONTRATUAIS. INCIDÊNCIA DAS SÚMULAS 279 E 454 DO STF. ANÁLISE DE LEGISLAÇÃO INFRACONSTITUCIONAL. IMPOSSIBILIDADE. OFENSA REFLEXA À CONSTITUIÇÃO. PRINCÍPIOS DO DEVIDO PROCESSO LEGAL, DA AMPLA DEFESA E DO CONTRADITÓRIO. MATÉRIA COM REPERCUSSÃO GERAL REJEITADA PELO PLENÁRIO VIRTUAL DO STF NO ARE 748.371. VIOLAÇÃO AO ARTIGO 93, IX, DA CONSTITUIÇÃO. INOCORRÊNCIA. ACÓRDÃO RECORRIDO PROFERIDO POR TURMA RECURSAL. RE INTERPOSTO SOB A VIGÊNCIA DO CPC DE 1973. ARTIGO 1.033 DO CPC/2015. INAPLICABILIDADE. REJEIÇÃO DOS ARGUMENTOS EXPENDIDOS PELA PARTE NAS SEDES RECURSAIS ANTERIORES. MANIFESTO INTUITO PROTELATÓRIO. MULTA DO ARTIGO 1.021, § 4º, DO CPC/2015. APLICABILIDADE. AGRAVO INTERPOSTO SOB A ÉGIDE DO NOVO CÓDIGO DE PROCESSO CIVIL. AUSÊNCIA DE CONDENAÇÃO EM HONORÁRIOS ADVOCATÍCIOS NO JUÍZO RECORRIDO. IMPOSSIBILIDADE DE MAJORAÇÃO NESTA SEDE RECURSAL. ARTIGO 85, § 11, DO CPC/2015. AGRAVO INTERNO DESPROVIDO.*
>
> (ARE 952323 AgR, Relator(a): Min. LUIZ FUX, Primeira Turma, julgado em 28/06/2016, ACÓRDÃO ELETRÔNICO DJe-167 DIVULG 09-08-2016 PUBLIC 10-08-2016)

No voto do Ministro Luiz Fux ficou consignado:

(...).
Inconformada com a decisão supra, a agravante interpõe o presente recurso, alegando, em síntese, que "nas hipóteses nas quais o C. STF entender que o fundamento do recurso interposto representa ofensa reflexa à Constituição, sua atribuição é remeter a irresignação para o STJ", nos termos do artigo 1.033 do novo Código de Processo Civil. Entretanto, reconhece que não cabe ao Superior Tribunal de Justiça o julgamento de recursos contra decisões proferidas por Turmas Recursais, aduzindo, então, que a matéria deve ser julgada pelo Supremo Tribunal Federal sob pena de "deixar o jurisdicionado em um limbo judicial, negando-o resposta ao mérito de sua demanda".
(...).
Por oportuno, destaco que a aplicação do artigo 1.033 do novo Código de Processo Civil é inviável in casu, em razão de a interposição do recurso extraordinário ter ocorrido sob a vigência do Código de Processo Civil de 1973. Ademais, a própria agravante reconhece que não compete ao Superior Tribunal de Justiça apreciar recursos especiais contra decisões proferidas por Turmas Recursais dos Juizados Especiais
(...).

Observa-se que o S.T.F. não conheceu da alegação de aplicação do art. 1.033 do novo C.P.C., tendo em vista que o recurso extraordinário foi interposto sob a vigência do C.P.C. de 1973.

Porém, o Ministro Luiz Fux deixou sua impressão ao afirmar: *Ademais, a própria agravante reconhece que não compete ao Superior Tribunal de Justiça apreciar recursos especiais contra decisões proferidas por Turmas Recursais dos Juizados Especiais*

Sem dúvida, se se interpretar o art. 1.030 do novo C.P.C. de forma *literal*, não será possível a sua aplicação no âmbito dos juizados especiais, justamente pelo fato de que não há possibilidade de interposição de recurso especial contra decisão proferida por Turma Recursal.

Também não comungo com o entendimento de que deveria, então, o próprio S.T.F. prosseguir no julgamento da matéria de ordem infraconstitucional, pois tal interpretação fere a Constituição Federal.

Porém, será que não seria possível aplicar o art. 1.033 por analogia no âmbito dos juizados especiais? Verificando o S.T.F. que a matéria discutida no recurso extraordinário seria de competência da Turma Nacional ou Regional de Uniformização, não poderia o S.T.F. encaminhar o recurso para análise da TRU ou da TNU?

E no caso de a Turma Nacional de Uniformização ou de a Turma Regional de Uniformização verificar que a matéria suscitada no incidente de uniformização é de natureza constitucional, não se poderia aplicar por analogia o disposto no art. 1.032 e p.u. do novo C.P.C., que assim dispõe:

> Art. 1.032. *Se o relator, no Superior Tribunal de Justiça, entender que o recurso especial versa sobre questão constitucional, deverá conceder prazo de 15 (quinze) dias para que o recorrente demonstre a existência de repercussão geral e se manifeste sobre a questão constitucional.*
>
> *Parágrafo único. Cumprida a diligência de que trata o caput, o relator remeterá o recurso ao Supremo Tribunal Federal, que, em juízo de admissibilidade, poderá devolvê-lo ao Superior Tribunal de Justiça.*

Em ambos os casos, não obstante os princípios informadores dos juizados especiais, é possível sustentar-se que a aplicação analógica seria de extrema importância, especialmente pela natureza das questões discutidas no âmbito de um recurso extraordinário e do incidente de uniformização.

19.2. Recurso cabível contra decisão que não admite ou nega seguimento ao recurso extraordinário no âmbito dos juizados especiais

O juiz responsável pelo juízo preliminar de admissibilidade do recurso especial (normalmente o presidente da Turma Recursal) devolverá o feito à Turma Recursal para eventual adequação, caso o acórdão recorrido esteja em manifesto confronto com súmula ou jurisprudência dominante do Supremo Tribunal Federal. Não havendo retratação, o presidente da Turma Recursal fará o juízo de admissibilidade do recurso extraordinário interposto.

Se o recurso extraordinário *não for admitido*, a parte poderá interpor *agravo nos próprios autos (agravo em recurso extraordinário)*, dirigido ao Supremo Tribunal Federal, respeitadas as regras processuais pertinentes (§6º do art. 3º da Resolução CJF- 347/15, alterado pela Resolução n. 393, de 19/04/2016).

É importante não se confundir as causas que justificam a não admissibilidade do recurso extraordinário, que são praticamente as mesmas causas previstas no art. 1.030, inc. V, do C.P.C., com as causas que justificam o não seguimento do aludido recurso.

Em se tratando de causas que caracterizam o *não seguimento ou negativa de seguimento* do recurso extraordinário (em geral aquelas previstas nos incisos I, letras 'a' e 'b', do art. 1.030 do novo C.P.C.), o recurso cabível contra decisão que nega seguimento ao recurso extraordinário é *o agravo interno* de competência para apreciação da Turma Recursal, da Turma Regional de Uniformização ou da Turma Nacional de Uniformização, conforme o caso.

Portanto, se a decisão de *não seguimento* do recurso extraordinário, preferida pelo presidente ou vice-presidente de Turma Recursal ou outro membro designado pelo tribunal regional federal ou mediante previsão no regimento interno das turmas recursais diretamente afetadas pela medida, tiver por fundamento questão constitucional à qual o S.T.F. não tenha reconhecido a existência de repercussão geral ou cujo acórdão recorrido esteja em conformidade com o entendimento do S.T.F. exarado no regime de repercussão geral ou em regime de julgamento de recursos repetitivos, o recurso cabível será o *agravo interno* a ser analisado pela própria Turma Recursal. Essa previsão normativa também está expressa no art. 1.042 do novo C.P.C., a saber: *Cabe agravo contra decisão do presidente ou do vice-presidente do tribunal recorrido que inadmitir recurso extraordinário ou recurso especial,* **salvo quando fundada na aplicação de entendimento firmado em regime de repercussão geral ou em julgamento de recursos repetitivos.** *(Redação dada pela Lei nº 13.256, de 2016).*

O reforço à interposição do agravo interno nas hipóteses acima referidas encontra-se também no §2º do art. 1.030 do novo C.P.C.: *Da decisão proferida com fundamento nos incisos I e III caberá agravo interno, nos termos do art. 1.021. (Incluído pela Lei nº 13.256, de 2016) (Vigência).* Este dispositivo também estabelece que caberá agravo interno contra a decisão que sobrestar o recurso que versar sobre controvérsia de caráter repetitivo ainda não decidida pelo Supremo Tribunal Federal ou pelo Superior Tribunal de Justiça, conforme se trate de matéria constitucional ou infraconstitucional; (Incluído pela Lei nº 13.256, de 2016) (Vigência)

Nesse sentido é a seguinte decisão proferida pelo S.T.F.:

> *Decisão:*
> *1. Trata-se de agravo interposto contra decisão que, aplicando precedente formado sob a sistemática da repercussão geral, inadmitiu recurso extraordinário. 2. O Plenário desta Corte firmou o entendimento de que não cabe recurso ou reclamação ao Supremo*

Tribunal Federal para rever decisão do Juízo de origem que aplica a sistemática da repercussão geral, a menos que haja negativa motivada do juiz em se retratar para seguir a decisão da Suprema Corte (AI 760.358-QO, Rel. Min. GILMAR MENDES; Rcl 7.569 e Rcl 7.547, Rel. Min. ELLEN GRACIE, DJe de 11.12.2009; AI 783.839 ED, Rel. Min. CEZAR PELUSO (Presidente), Tribunal Pleno, DJe 1º/2/2011; ARE 682.753-AgR, Rel. Min. CELSO DE MELLO, Segunda Turma, DJe de 1º/8/2012).

3. Diante do exposto, não conheço do agravo e determino a devolução dos autos à instância de origem, a fim de que lá seja apreciado como agravo interno.

Publique-se.

Intime-se.

Brasília, 18 de dezembro de 2015.

Ministro Teori Zavascki Relator

(ARE 922597, Relator(a): Min. TEORI ZAVASCKI, julgado em 18/12/2015, publicado em PROCESSO ELETRÔNICO DJe-010 DIVULG 20/01/2016 PUBLIC 01/02/2016).

No mesmo sentido é o seguinte voto proferido pelo Ministro Edson Fachin no AgRg. Na Reclamação n. 22.924:

"No caso concreto, corretamente ou não, o fato é que a Turma Recursal inadmitiu o recurso extraordinário, e o fez **com base na sistemática da repercussão geral, aplicando tema que compreendeu cabível.** *Essa decisão, e repito, acertada ou não, não se submete a agravo dirigido a esta Corte, razão pela qual não se depreende violação à competência do Supremo Tribunal Federal. Ainda que assim não fosse, caberia ao recorrente a interposição de agravo interno, a fim de esgotar a jurisdição no Juízo a quo. Somente vencida essa etapa cogitar-se-ia da apreciação da questão pelo Juízo ad quem. Consigno que a decisão reclamada não destoa da jurisprudência desta Corte:*

"(...) é irrecorrível a aplicação da sistemática da repercussão geral. (AI 834610 ED, Relator(a): Min. ROSA WEBER, Primeira Turma, julgado em 25/11/2014, grifei).

É irrecorrível, perante esta Corte, a decisão que aplica sistemática da repercussão geral. (AI 790033 AgR, Relator(a): Min. CEZAR PELUSO (Presidente), Tribunal Pleno, julgado em 29/03/2012, grifei)"

"Não é cabível agravo de instrumento da decisão do tribunal de origem que, em cumprimento do disposto no § 3º do art. 543-B, do CPC, aplica decisão de mérito do STF em questão de repercussão geral. (AI 760358 QO, Relator(a): Min. GILMAR MENDES (Presidente), Tribunal Pleno, julgado em 19/11/2009, grifei)"

"Firmou-se nesta Suprema Corte o entendimento de que incabível reclamação ou o agravo previsto na Lei 12.322/10 contra decisão que, na origem, aplica o disposto nos arts. 543-A e 543-B do Código de Processo Civil. Contra decisão desse teor, admissível apenas agravo regimental no âmbito do próprio Tribunal a quo. (Rcl 15453 AgR, Relator(a): Min. ROSA WEBER, Primeira Turma, julgado em 20/10/2015, grifei)"

"O agravo nos próprios autos ou reclamação contra decisão do Tribunal a quo que aplica a sistemática da repercussão geral, nos termos do art. 543-A e do art. 543- B, ambos do CPC, é inadmissível, consoante jurisprudência do Supremo Tribunal Federal. (Rcl 22225 ED, Relator(a): Min. LUIZ FUX, Primeira Turma, julgado em 15/12/2015, grifei)"

Como se vê, a Turma Recursal exerceu competência que lhe é própria, sem usurpar as incumbências desta Corte, a quem não incumbe legal ou regimentalmente a revisão da aplicação dos temas de repercussão geral já decididos...".

19.3. Recurso cabível contra decisão que não admite ou nega seguimento ao pedido de uniformização nos juizados especiais federais

Nos juizados especiais federais, o pedido de uniformização poderá ser dirigido às Turmas Regionais de Uniformização – TRU ou às Turmas Nacionais de Uniformização – TNU.

O juiz responsável pelo juízo preliminar de admissibilidade devolverá o feito à turma recursal para eventual adequação, caso o acórdão recorrido esteja em manifesto confronto com súmula ou jurisprudência dominante da Turma Nacional de Uniformização ou do Superior Tribunal de Justiça. Não havendo retratação, o presidente da Turma Recursal fará o juízo de admissibilidade do incidente de uniformização.

Em se tratando de hipótese de *não admissão* de pedido de uniformização, a parte poderá interpor *agravo nos próprios autos*, no prazo de quinze dias, a contar de sua intimação (§4º do art. 3º da CJF-RES-2015/00347, de 2 de junho de 2015).

O julgamento do agravo nos próprios autos compete à Turma Regional de Uniformização – TRU ou à Turma Nacional de Uniformização – TNU, conforme seja o destinatário do pedido de uniformização inadmitido.

Contra decisão de inadmissão (no caso, de não seguimento) do presidente de Turma Recursal de pedido de uniformização regional fundada em julgamento do Supremo Tribunal Federal, proferido na sistemática de repercussão geral, ou em súmula da Turma Regional de Uniformização, caberá *agravo interno*, no prazo de quinze dias, o qual, após o decurso de igual prazo para contrarrazões, será julgado pela *Turma Recursal* (e não pela TRU), mediante decisão irrecorrível.

Contra decisão de inadmissão (no caso, de não seguimento) do presidente de Turma Recursal de pedido de uniformização nacional fundada em julgamento do Supremo Tribunal Federal, proferido na sistemática de repercussão geral, ou em súmula ou representativo de controvérsia da Turma Nacional de Uniformização, caberá agravo interno, no prazo de quinze dias, o qual, após o decurso de igual prazo para contrarrazões, será julgado pela *Turma Recursal* (e não pela TNU), mediante decisão irrecorrível.

Segundo estabelece o art. 5º da CJF-RES-2015/00347, de 2 de junho de 2015, compete ao presidente da Turma Regional de Uniformização – TRU a apreciação da admissibilidade de pedidos de uniformização nacional de jurisprudência e de recursos extraordinários interpostos contra seus acórdãos.

Contra decisão de inadmissão proferida pelo presidente da Turma Regional de Uniformização fundada em julgamento do Supremo Tribunal Federal, proferido na sistemática de repercussão geral, ou em súmula ou representativo de controvérsia da Turma Nacional de Uniformização, caberá *agravo interno*, no prazo de quinze dias, o qual será julgado pela Turma Regional, mediante decisão irrecorrível.

Em relação aos juizados especiais estaduais, como não há Turma Nacional de Uniformização – TNU, a Resolução STJ n. 12/2009, entende possível a interposição de reclamação para adequar o entendimento adotado por acórdão de turma recursal estadual à jurisprudência da Corte Superior sedimentada em súmula ou em julgamento de recurso especial repetitivo.

19.4. Reclamação ao S.T.J. ou ao S.T.F.

Questão que pode ser suscitada é se será possível a interposição de *reclamação* diretamente ao S.T.F. ou ao S.T.J. quando o acórdão recorrido não observar jurisprudência do S.T.F. proferida em *repercussão geral* ou jurisprudência do S.T.F. ou do S.T.J. proferida em *regime de recursos repetitivos*.

No âmbito do S.T.F., a Reclamação, por expressa determinação constitucional, destina-se a preservar a competência da Suprema Corte e garantir a autoridade de suas decisões, *ex vi* do art. 102, I, alínea l, além de salvaguardar o estrito cumprimento das súmulas vinculantes, nos termos do art. 103-A, § 3º, da Constituição da República, incluído pela EC nº 45/2004.

No âmbito do S.T.J., conforme estabelece o art. 105, inc.I, letra 'f', da Constituição Federal, caberá reclamação para preservação de sua competência e garantia da autoridade de suas decisões.

Segundo preceitua o art. 988 do novo C.P.C., caberá reclamação da parte interessada ou do Ministério Público para:

I – preservar a competência do tribunal;
II – garantir a autoridade das decisões do tribunal;
III – garantir a observância de enunciado de súmula vinculante e de decisão do Supremo Tribunal Federal em controle concentrado de constitucionalidade; (Redação dada pela Lei nº 13.256, de 2016) (Vigência)
IV – garantir a observância de acórdão proferido em julgamento de incidente de resolução de demandas repetitivas ou de incidente de assunção de competência; (Redação dada pela Lei nº 13.256, de 2016) (Vigência).

Assim, segundo permissão contida no art. 988 do novo C.P.C., a parte ou o Ministério Público poderá promover *reclamação* diretamente ao Supremo Tribunal Federal ou ao Superior Tribunal de Justiça, para garantia da autoridade de suas decisões, para garantir a observância de enunciado de súmula vinculante e de decisão do S.T.F. em controle concentrado de constitucionalidade.

A reclamação deverá ser proposta perante o S.T.F ou S.T.J., cabendo o seu julgamento ao órgão jurisdicional cuja autoridade se pretenda garantir.

Não será admitida a reclamação, nos termos do §5º do art. 988 (com a redação dada pela Lei 13.256, de 2016) do novo C.P.C.:

I – proposta após o trânsito em julgado da decisão reclamada;
II – proposta para garantir a observância de acórdão de recurso extraordinário com repercussão geral reconhecida ou de acórdão proferido em julgamento de recursos extraordinário ou especial repetitivos, quando não esgotadas as instâncias ordinárias.

Diante da regulamentação proposta pelo novo C.P.C. ao instituto da *reclamação* não se visualiza a possibilidade de a parte sucumbente ingressar diretamente no S.T.F. ou no S.T.J. com reclamação pelo fato de o acórdão recorrido não ter observado precedentes proferidos em regime de repercussão geral ou de recursos repetitivos.

O primeiro impedimento encontra-se previsto no inc. II, §5º, do art. 988 do novo C.P.C., com a redação dada pela Lei 13.256 de 2016, uma vez que não é admissível a reclamação quando *não esgotadas as instâncias ordinárias*. Muito embora o referido dispositivo não nos diga o que se entenda por *instâncias ordinárias*, é possível dizer que a melhor solução, no que concerne à aplicação de paradigmas proferidos em repercussão geral ou em regime de recursos repetitivos, seja efetivamente a inexistência de *recursos* para corrigir a decisão que eventualmente não tenha observado os precedentes das Cortes Superiores. Com essa interpretação, evita-se que a reclamação seja *sucedâneo de recurso*.[214]

Aliás, o S.T.F. não admite a *reclamação*, quando ainda for possível a interposição de *recurso* contra a decisão reclamada. Nesse sentido são os seguintes precedentes:

> *1. A jurisprudência desta Corte é firme no sentido de que não cabe reclamação por inobservância de súmula do Supremo Tribunal Federal destituída de efeito vinculante. Precedentes.*
>
> *2. O acórdão paradigma foi prolatado em processo de índole subjetiva, desprovido de eficácia erga omnes, no qual não figurou como parte o reclamante, motivo pelo qual a sua invocação não se amolda ao previsto no art. 102, I, "l", da Constituição da República. Precedentes.*
>
> *3. A ressalva do § 4º do art. 33 e a parte final do art. 44 da Lei 11.343/06, dispositivos declarados inconstitucionais por esta Suprema Corte no julgamento do HC 97.256/RS, não foram utilizados pela Corte Estadual como fundamento para negar a substituição da pena privativa de liberdade por restritiva de direitos.*
>
> *4. Não se tratando de progressão de regime, impõe-se reconhecer a ausência de estrita aderência entre o ato reclamado e a invocada Súmula Vinculante nº 26.*

---

[214] Note-se que esse entendimento está de acordo com a tese da *jurisprudência defensiva*, pois se se permitir reclamação direta ao S.T.J. ou ao S.T.F. após a prolação do acórdão do tribunal recorrido, haverá uma 'enxurrada' de reclamação como sucedâneo de recurso especial ou extraordinário.

5. *O manejo de reclamação é restrito às hipóteses expressamente previstas nos arts. 102, I, "l", e 103-A, § 3º, da Constituição da República –, incabível a utilização desse instrumento como sucedâneo de recurso ou atalho processual.*
6. *Agravo regimental conhecido e não provido.*
(Rcl 21313 AgR, Relator(a): Min. ROSA WEBER, Primeira Turma, julgado em 07/06/2016, PROCESSO ELETRÔNICO DJe-128 DIVULG 20-06-2016 PUBLIC 21-06-2016).

AGRAVO REGIMENTAL EM RECLAMAÇÃO. EXECUÇÕES FISCAIS DE BAIXO VALOR. DECISÃOPARADIGMA PROFERIDA EM RECURSO JULGADO COM REPERCUSSÃO GERAL.

1. As decisões proferidas em sede de recurso extraordinário, ainda que em regime de repercussão geral, não geram efeitos vinculantes aptos a ensejar o cabimento de reclamação, que não serve como sucedâneo recursal.

2. Agravo regimental a que se nega provimento.'
(Rcl 17.512 AgR, Rel. Min. Roberto Barroso, Primeira Turma, DJe 25.9.2014)

CONSTITUCIONAL E ADMINISTRATIVO. RECLAMAÇÃO. ALEGAÇÃO DE DESRESPEITO DE DECISÃO PROFERIDA NO JULGAMENTO DE MÉRITO DE RECURSO EXTRAORDINÁRIO COM REPERCUSSÃO GERAL RECONHECIDA. **INADMISSIBILIDADE DO USO DA RECLAMAÇÃO COMO SUCEDÂNEO RECURSAL.** *PRECEDENTES. AGRAVO REGIMENTAL A QUE SE NEGA PROVIMENTO.*
(Rcl 18.368 AgR, Rel. Min. Teori Zavascki, Segunda Turma, DJe 11.3.2015)

Cita-se, ainda, os seguintes julgados: Rcl 18.099 ED, de relatoria do Ministro Luiz Fux, Primeira Turma, DJe 19.3.2015; Rcl 17.566 AgR, de relatoria do Ministro Celso de Mello, Segunda Turma, DJe 21.11.2014; Rcl 16.618 AgR, de relatoria do Ministro Dias Toffoli, Primeira Turma, DJe 21.11.2014; Rcl 15.931 AgR, de relatoria do Ministro Gilmar Mendes, Segunda Turma, DJe 24.9.2014; Rcl 17.914 AgR, de relatoria do Ministro Ricardo Lewandowski, Segunda Turma, DJe 4.9.2014; Rcl 16.004 AgR, de relatoria da Ministra Cármen Lúcia, Tribunal Pleno, DJe 29.11.2013; Rcl 10.793, de relatoria da Ministra Ellen Gracie, Tribunal Pleno, DJe 6.6.2011.

No mesmo sentido são os seguintes precedentes do S.T.J.:

RECLAMAÇÃO CONSTITUCIONAL. AGRAVO REGIMENTAL. ART. 105, I, f, DA CF/88. HIPÓTESES DE CABIMENTO DA RECLAMAÇÃO. PRE-

SERVAÇÃO DA COMPETÊNCIA DO STJ. GARANTIA DA AUTORIDADE DAS DECISÕES DO STJ. UTILIZAÇÃO COMO SUCEDÂNEO RECURSAL. IMPOSSIBILIDADE. AGRAVO REGIMENTAL DESPROVIDO.

1. A reclamação constitucional, prevista no art. 105, I, f, da CF/88, destina-se tão somente à preservação da competência do Superior Tribunal de Justiça ou à garantia da autoridade de suas decisões.

2. "A Reclamação, em razão de sua natureza incidental e excepcional, destina-se a preservação da competência e garantia da autoridade dos julgados somente quando objetivamente violados, não podendo servir como sucedâneo recursal para discutir o teor da decisão hostilizada" (AgRg na Rcl 3.497/RN, Rel. Ministro Napoleão Nunes Maia Filho).

3. "Incabível a reclamação manejada com o propósito de desconstituir o acórdão proferido pelo Tribunal de origem, passível de recurso próprio" (AgRg na Rcl 22.459/MG, Rel. Ministro MOURA RIBEIRO, SEGUNDA SEÇÃO, julgado em 25/3/2015, DJe de 6/4/2015).

4. Agravo regimental desprovido.

(AgRg na Rcl 6.572/RJ, Rel. Ministro RAUL ARAÚJO, SEGUNDA SEÇÃO, julgado em 08/06/2016, DJe 29/06/2016)

"1. Conforme dispõem os arts. 105, f, da Constituição Federal e 187 do RISTJ, compete ao Superior Tribunal de Justiça processar e julgar, originariamente, a reclamação para a preservação de sua competência e garantia da autoridade de suas decisões.

2. Não é cabível reclamação contra decisão do Tribunal de origem que tenha determinado a suspensão do recurso especial com base no art. 543-C do CPC.

3. Não é possível a utilização da reclamação como sucedâneo recursal.

4. "A pretendida análise de violação a dispositivo constitucional não encontra guarida, uma vez que a apreciação de suposta ofensa a preceitos constitucionais não é possível no âmbito desta Corte, nem à guisa de prequestionamento, porquanto matéria reservada ao Supremo Tribunal Federal, nos termos dos arts. 102, III, e 105, III, da Carta Magna". (AgRg nos EAg 1333055/SP, Rel. Ministro HUMBERTO MARTINS, CORTE ESPECIAL, julgado em 02/04/2014, DJe 24/04/2014)

5.Agravo regimental a que se nega provimento.

(AgRg na Rcl 29.267/SP, Rel. Ministro LUIS FELIPE SALOMÃO, SEGUNDA SEÇÃO, julgado em 11/05/2016, DJe 16/05/2016)

PROCESSUAL CIVIL E PREVIDENCIÁRIO. AGRAVO REGIMENTAL NA RECLAMAÇÃO CONSTITUCIONAL. APOSENTADORIA RURAL POR IDADE. DECISÃO DO PRESIDENTE DA TURMA RECURSAL QUE NÃO ADMITIU O INCIDENTE DE UNIFORMIZAÇÃO DIRIGIDO À TURMA

NACIONAL DE UNIFORMIZAÇÃO. UTILIZAÇÃO DA RECLAMAÇÃO COMO SUCEDÂNEO DE RECURSO. IMPOSSIBILIDADE. AGRAVO NÃO PROVIDO.

1. A presente reclamação está sendo instrumentalizada como recurso, eis que impugna decisão do Presidente da Turma Recursal dos Juizados Especiais Federais da Seção Judiciária do Estado do Paraná, que não admitiu o incidente de uniformização dirigido à Turma Nacional de Uniformização dos Juizados Especiais Federais.

2. Nesse contexto, caberia a ora reclamante interpor agravo nos próprios autos, cuja apreciação caberia ao Presidente da Turma Nacional de Uniformização, conforme determina o 15, § 1º, da Resolução 345/2015 do Conselho da Justiça Federal, que substituiu o art. 9º, § 3º da Resolução 390, de 17 de setembro de 2004.

3. Ante o exposto, nego provimento ao agravo regimental.

(AgRg na Rcl 29.501/PR, Rel. Ministro MAURO CAMPBELL MARQUES, PRIMEIRA SEÇÃO, julgado em 27/04/2016, DJe 02/05/2016)

É certo que em relação à decisão de Turma Recursal dos Juizados Especiais Estaduais, a Resolução S.T.J. n. 12/2009 permite a interposição de reclamação para adequar o entendimento adotado por acórdão de turma recursal estadual à jurisprudência da Corte Superior sedimentada em súmula ou em julgamento de recurso especial repetitivo.

É importante ressaltar que o S.T.F. vinha entendendo que não caberia recurso ou mesmo reclamação da decisão do tribunal de origem, que aplica a sistemática de repercussão geral, salvo no caso de negativa de juízo de retratação. Nesse sentido é o voto proferido pelo Ministro Edson Fachin no Emb. Decl. na Reclamação n. 23.381/RJ:

> *(...).*
>
> *Visto isso, verifica-se que o Plenário do Supremo Tribunal Federal, no julgamento das Reclamações 7.569 e 7.547, assentou **não caber recurso nem reclamação da decisão do Tribunal de origem, que aplica a sistemática da repercussão geral, salvo no caso da negativa de juízo de retratação**. Nesse sentido, veja-se a ementa da Rcl 7.569, de relatoria da Ministra Ellen Gracie, DJe 11.12.2009:*
>
> *"RECLAMAÇÃO. SUPOSTA APLICAÇÃO INDEVIDA PELA PRESIDÊNCIA DO TRIBUNAL DE ORIGEM DO INSTITUTO DA REPERCUSSÃO GERAL. DECISÃO PROFERIDA PELO PLENÁRIO DO SUPREMO TRIBUNAL FEDERAL NO JULGAMENTO DO RECURSO EXTRAORDINÁRIO 576.336-RG/RO. ALEGAÇÃO DE USURPAÇÃO DE COMPETÊN-*

CIA DO SUPREMO TRIBUNAL FEDERAL E DE AFRONTA À SÚMULA STF 727. INOCORRÊNCIA.

1. Se não houve juízo de admissibilidade do recurso extraordinário, não é cabível a interposição do agravo de instrumento previsto no art. 544 do Código de Processo Civil, razão pela qual não há que falar em afronta à Súmula STF 727.

2. O Plenário desta Corte decidiu, no julgamento da Ação Cautelar 2.177-MC-QO/PE, que a jurisdição do Supremo Tribunal Federal somente se inicia com a manutenção, pelo Tribunal de origem, de decisão contrária ao entendimento firmado no julgamento da repercussão geral, nos termos do § 4º do art. 543-B do Código de Processo Civil.

3. Fora dessa específica hipótese não há previsão legal de cabimento de recurso ou de outro remédio processual para o Supremo Tribunal Federal.

4. Inteligência dos arts. 543-B do Código de Processo Civil e 328-A do Regimento Interno do Supremo Tribunal Federal.

5. Possibilidade de a parte que considerar equivocada a aplicação da repercussão geral interpor agravo interno perante o Tribunal de origem.

6. Oportunidade de correção, no próprio âmbito do Tribunal de origem, seja em juízo de retratação, seja por decisão colegiada, do eventual equívoco.

7. Não-conhecimento da presente reclamação e cassação da liminar anteriormente deferida.

8. Determinação de envio dos autos ao Tribunal de origem para seu processamento como agravo interno.

9. Autorização concedida à Secretaria desta Suprema Corte para proceder à baixa imediata desta Reclamação."

Posteriormente, essa orientação foi reafirmada pelo Tribunal Pleno desta Corte. Confira-se, a propósito, a Rcl 15.165, de relatoria do Ministro Teori Zavascki, DJe 26.8.2013: *"CONSTITUCIONAL E PROCESSUAL CIVIL. RECURSO EXTRAORDINÁRIO. DECISÃO DENEGATÓRIA DE SEGUIMENTO. AUSÊNCIA DE REPERCUSSÃO GERAL DA MATÉRIA RECONHECIDA. NÃO CABIMENTO DE RECURSO OU RECLAMAÇÃO PARA O STF.*

1. O Plenário desta Corte firmou o entendimento de que não cabe recurso ou reclamação ao Supremo Tribunal Federal para rever decisão do Tribunal de origem que aplica a sistemática da repercussão geral, a menos que haja negativa motivada do juiz em se retratar para seguir a decisão da Suprema Corte. Precedentes.

2. Agravo regimental a que se nega provimento." (Rcl 15.165 AgR, Rel. Min. Teori Zavascki, Tribunal Pleno, DJe de 26/08/2013) Essa orientação continua a *ser fielmente seguida por ambas as Turmas desta Corte: Rcl-AgR 20.112, Rel. Min. Luiz Fux, Primeira Turma, DJe 02.06.2015; Rcl-AgR 19.903, Rel. Min. Teori Zavascki, Segunda Turma, DJe 1º.06.2015; Rcl-AgR 19.827, Rel. Min. Gilmar Mendes, Segunda Turma, DJe 12.05.2015; Rcl-AgR 18.287, Rel. Min. Celso de Mello, Segunda Turma, DJe 27.04.2015; Rcl-AgR 19.582, Rel. Min. Cármen Lúcia, Segunda Turma, DJe 30.03.2015; Rcl-ED 12.656, Rel. Min. Roberto Barroso, Primeira Turma, DJe 26.02.2015; Rcl-AgR 18.355, Rel. Min. Rosa Weber, Primeira Turma, DJe 16.12.2014; Rcl-AgR 16.801, Rel. Min. Ricardo Lewandowski, Segunda Turma, DJe 15.08.2014".*

Sobre o tema, muito esclarecedora é a seguinte decisão proferida pelo Ministro Luiz Fux, já sob a égide do novo C.P.C. de 2015:

> RECLAMAÇÃO. DIREITO PROCESSUAL CIVIL. APLICAÇÃO PELO TRIBUNAL A QUO DA SISTEMÁTICA DA REPERCUSSÃO GERAL. NÃO CABIMENTO DE RECLAMAÇÃO PARA APRECIAR A ADEQUAÇÃO DO PRECEDENTE DE REPERCUSSÃO GERAL AO CASO CONCRETO. **ENTENDIMENTO QUE SE RENOVA TAMBÉM SOB A ÉGIDE DO CPC/2015.** RECLAMAÇÃO A QUE SE NEGA SEGUIMENTO.
>
> *Decisão: Trata-se de reclamação, com pedido de medida liminar, ajuizada por Ari Arcílio Carneiro de Albuquerque, contra decisão proferida pelo Juiz Presidente da Primeira Turma Recursal de Pernambuco, em que se alega afronta à autoridade de decisão desta Corte. O reclamante sustenta, em síntese, que a decisão reclamada deixou de aplicar, ao caso, o que decidido por este Tribunal no julgamento do RE 564.354 RG, recusando-se a garantir a revisão do teto conforme o entendimento firmado no aludido precedente. Aduz, nesse passo, que "o caso em questão é idêntico ao leading case RE 564.354/SE, no qual o STF concedeu a revisão do teto para quem possui aposentadoria proporcional", situação em que se enquadra o reclamante. Requer, liminarmente, a suspensão do processo na origem. No mérito, pugna pela procedência da reclamação para que "seja cassada a decisão que inobservou o conteúdo do Tema 76, a fim de que o recorrente possa ter direito a revisão do teto para seu benefício proporcional com base nas EC 20/98 e EC 41/03 e o leading case 564.354/SE". Pretende, ainda, a concessão da gratuidade da justiça.*
>
> *É o relatório.*
> *Decido.*
> *(...).*

A Reclamação, por expressa determinação constitucional, destina-se a preservar a competência desta Suprema Corte e garantir a autoridade de suas decisões, ex vi do art. 102, I, alínea l, além de salvaguardar o estrito cumprimento das súmulas vinculantes, nos termos do art. 103-A, § 3º, da Constituição da República, incluído pela EC nº 45/2004.

A matéria também veio disciplinada pelo Novo Código de Processo Civil, que, no art. 988, prevê as hipóteses de seu cabimento, verbis:

"Art. 988. Caberá reclamação da parte interessada ou do Ministério Público para: I – preservar a competência do tribunal; II – garantir a autoridade das decisões do tribunal; III – garantir a observância de enunciado de súmula vinculante e de decisão do Supremo Tribunal Federal em controle concentrado de constitucionalidade; (Redação dada pela Lei nº 13.256, de 2016) (Vigência) IV – garantir a observância de acórdão proferido em julgamento de incidente de resolução de demandas repetitivas ou de incidente de assunção de competência; (Redação dada pela Lei nº 13.256, de 2016) (Vigência)

§ 1º A reclamação pode ser proposta perante qualquer tribunal, e seu julgamento compete ao órgão jurisdicional cuja competência se busca preservar ou cuja autoridade se pretenda garantir.

§ 2º A reclamação deverá ser instruída com prova documental e dirigida ao presidente do tribunal.

§ 3º Assim que recebida, a reclamação será autuada e distribuída ao relator do processo principal, sempre que possível.

§ 4º As hipóteses dos incisos III e IV compreendem a aplicação indevida da tese jurídica e sua não aplicação aos casos que a ela correspondam.

§ 5º É inadmissível a reclamação: (Redação dada pela Lei nº 13.256, de 2016) I – proposta após o trânsito em julgado da decisão reclamada; (Incluído pela Lei nº 13.256, de 2016) II – proposta para garantir a observância de acórdão de recurso extraordinário com repercussão geral reconhecida ou de acórdão proferido em julgamento de recursos extraordinário ou especial repetitivos, quando não esgotadas as instâncias ordinárias. (Incluído pela Lei nº 13.256, de 2016)

§ 6º A inadmissibilidade ou o julgamento do recurso interposto contra a decisão proferida pelo órgão reclamado não prejudica a reclamação".

In casu, no entanto, não se observa nenhuma das hipóteses de cabimento da Reclamação estabelecidas no Novel Estatuto Processual Civil, uma vez que: i) não se está diante de usurpação da competência, porquanto o Tribunal reclamado agiu nos limites de sua competência, como se verá adiante; ii) não há falar em afronta à autoridade de decisão desta Corte, que só admite a reclamação para questionar a observância de pre-

cedente firmado em processos objetivos, ou, em se tratando de feitos de índole subjetiva, quando a parte reclamante houver integrado a relação processual em que proferido o decisum que reputa descumprido; iii) não se alega ofensa a enunciado de súmula vinculante, tampouco de acórdão proferido em controle concentrado; e iv) não se argui afronta à autoridade de acórdão proferido em julgamento de incidente de resolução de demandas repetitivas ou de incidente de assunção de competência.

Nem se argumente que o § 5º, II, do art. 988 autoriza a reclamação proposta com o fito de assegurar a observância de precedente de repercussão geral, haja vista que o dispositivo em questão deve ser interpretado à luz do caput do artigo, que, como visto, não prevê essa hipótese de utilização do instrumento reclamatório.

Ainda que assim não fosse, é de se ressaltar que a Carta Magna, ao estabelecer a competência desta Suprema Corte, em rol taxativo, não prevê o manejo da via reclamatória para apreciar a correção da aplicação da sistemática de repercussão geral. Com efeito, o instituto da repercussão geral, introduzido no ordenamento jurídico pela Emenda Constitucional 45/2004 (art. 102, § 3º, da CRFB), resultou em verdadeira cisão na competência funcional quanto ao julgamento do recurso extraordinário, nos seguintes moldes: 1) a matéria de direito constitucional dotada de repercussão geral é julgada pelo Supremo Tribunal Federal; 2) o restante da matéria de fato ou de direito é apreciada pelo tribunal de origem. Essa cisão de competência limita a cognição do Supremo Tribunal Federal, no recurso extraordinário, à questão de repercussão geral reconhecida, não lhe sendo possível, portanto, a incursão em qualquer outra questão de fato ou de direito, visto que, como assinalado, tem-se aqui hipótese de competência funcional e, consectariamente, absoluta. Nessa esteira, devido à cisão de competência no recurso extraordinário, atribuindo-se ao Supremo Tribunal Federal a competência funcional apenas para a apreciação da questão dotada de repercussão geral, sua cognição se afigura limitada no plano horizontal e exauriente no plano vertical. Isso significa que pode a Corte Suprema examinar com toda a profundidade possível a questão dotada de repercussão geral, mas não se pronuncia sobre outras questões versadas nos processos sobrestados com idêntica controvérsia, sob pena de invadir a competência funcional dos tribunais inferiores, que é absoluta.

Nessa repartição de competências, parece claro que, decidida a questão constitucional dotada de repercussão geral, cabe exclusivamente ao tribunal de origem aplicar tal decisão ao caso concreto. Ao fazê-lo, o tribunal deverá realizar a adequação dos fatos provados nos autos à norma jurídica haurida da decisão oriunda da Corte Suprema, quando isso for cabível, ou apontar a distinção, quando não se constatar essa correlação (distinguishing).

Dessa forma, não constando expressamente do catálogo numerus clausus da Constituição Federal essa competência específica para a realização do distinguishing, não pode o STF avocar essa competência. Dessa forma, não há como se afirmar que a decisão que equivocadamente aplica ou deixa de aplicar precedente decidido pelo STF em sede de repercussão geral usurpa sua competência. Isso porque o tribunal de origem, ao apreciar o caso concreto, deve fazê-lo à luz do que decidido pelo STF em repercussão geral, é certo, mas age no exercício de sua competência. A correta aplicação de tais precedentes, no entanto, não é passível de revisão por esta Corte, que não dispõe de competência para tanto, mas pelo próprio tribunal de origem. No caso dos autos, a reclamante alega que o decisum reclamado não teria aplicado o entendimento proferido, em sede de julgamento de repercussão geral, no RE 564.354 RG, e que, portanto, haveria ofensa à autoridade desta Suprema Corte. Verifica-se, entretanto, que decisão reclamada observou entendimento do julgamento utilizado como paradigma. A título de ilustração, destaco do referido julgado:

(...).

O Tribunal a quo, porém, entendeu que o caso do RE interposto não se amoldava à hipótese do RE 564.354 RG e, assim, manteve o acórdão recorrido.

A reclamante, na verdade, pretende questionar a aplicação da Repercussão Geral pela reclamação que se revela como instrumento inadequado para este fim. Nesse contexto, a jurisprudência deste Supremo Tribunal Federal vinha se consolidando no sentido de que a decisão do tribunal de origem que aplica a repercussão geral aos múltiplos processos sobrestados, veiculando idêntica controvérsia, só poderia ser impugnada por meio de agravo interno, a ser julgado pelo órgão a quo, não cabendo a interposição de agravo de instrumento ou o ajuizamento de reclamação dirigidos ao STF. *A ilustrar essa assertiva, menciono o seguinte precedente, verbis: "RECLAMAÇÃO. SUPOSTA APLICAÇÃO INDEVIDA PELA PRESIDÊNCIA DO TRIBUNAL DE ORIGEM DO INSTITUTO DA REPERCUSSÃO GERAL. DECISÃO PROFERIDA PELO PLENÁRIO DO SUPREMO TRIBUNAL FEDERAL NO JULGAMENTO DO RECURSO EXTRAORDINÁRIO 576.336-RG/RO. ALEGAÇÃO DE USURPAÇÃO DE COMPETÊNCIA DO SUPREMO TRIBUNAL FEDERAL E DE AFRONTA À SÚMULA STF 727. INOCORRÊNCIA. 1. Se não houve juízo de admissibilidade do recurso extraordinário, não é cabível a interposição do agravo de instrumento previsto no art. 544 do Código de Processo Civil, razão pela qual não há que falar em afronta à Súmula STF 727. 2. O Plenário desta Corte decidiu, no julgamento da Ação Cautelar 2.177-MC-QO/PE, que a jurisdição do Supremo Tribunal Federal somente se inicia com a manutenção, pelo Tribunal de origem, de decisão contrária ao entendimento fir-*

mado no julgamento da repercussão geral, nos termos do § 4º do art. 543-B do Código de Processo Civil. 3. Fora dessa específica hipótese não há previsão legal de cabimento de recurso ou de outro remédio processual para o Supremo Tribunal Federal. 4. Inteligência dos arts. 543-B do Código de Processo Civil e 328-A do Regimento Interno do Supremo Tribunal Federal. 5. Possibilidade de a parte que considerar equivocada a aplicação da repercussão geral interpor agravo interno perante o Tribunal de origem. 6. Oportunidade de correção, no próprio âmbito do Tribunal de origem, seja em juízo de retratação, seja por decisão colegiada, do eventual equívoco. 7. Não-conhecimento da presente reclamação e cassação da liminar anteriormente deferida. 8. Determinação de envio dos autos ao Tribunal de origem para seu processamento como agravo interno. 9. Autorização concedida à Secretaria desta Suprema Corte para proceder à baixa imediata desta Reclamação" (Rcl 7.569, Rel. Min. Ellen Gracie, Pleno, DJe de 11/12/2009).

Essa orientação foi consolidada no Código de Processo Civil de 2015, que prevê, como instrumento processual adequado para corrigir supostos equívocos na aplicação do instituto da repercussão geral, a interposição de agravo interno perante o próprio Tribunal de origem (art. 1035, § 7º, do CPC 2015).

Vale ressaltar que a única hipótese de remessa de recurso a esta Corte é a prevista no artigo 1030, V, 'c', do CPC 2015, que reproduz o que determinava o art. 543-B, § 4º, do Código de Processo Civil de 1973, qual seja, aquela em que o Tribunal de origem, recusando-se a se retratar, mantém posição contrária ao entendimento firmado pelo Supremo Tribunal Federal em sede de repercussão geral. Nesse sentido, cito os seguintes precedentes: "RECLAMAÇÃO. ALEGAÇÃO DE INOBSERVÂNCIA POR MAGISTRADO DE PRIMEIRA INSTÂNCIA DA DECISÃO PROFERIDA PELO PLENÁRIO DO SUPREMO TRIBUNAL FEDERAL NO JULGAMENTO DO MÉRITO DO RECURSO EXTRAORDINÁRIO 583.955-RG/RJ. INSTITUTO DA REPERCUSSÃO GERAL. COMPETÊNCIA DOS TRIBUNAIS DE ORIGEM PARA SOLUCIONAR CASOS CONCRETOS. CORREÇÃO DA EVENTUAL DESOBEDIÊNCIA À ORIENTAÇÃO ESTABELECIDA PELO STF PELA VIA RECURSAL PRÓPRIA, EM JULGADOS DE MÉRITO DE PROCESSOS COM REPERCUSSÃO GERAL RECONHECIDA. RECLAMAÇÃO NÃO CONHECIDA. 1. As decisões proferidas pelo Plenário do Supremo Tribunal Federal quando do julgamento de recursos extraordinários com repercussão geral vinculam os demais órgãos do Poder Judiciário na solução, por estes, de outros feitos sobre idêntica controvérsia. 2. Cabe aos juízes e desembargadores respeitar a autoridade da decisão do Supremo Tribunal Federal tomada em sede de repercussão geral, assegurando racionalidade e eficiência ao Sis-

tema Judiciário e concretizando a certeza jurídica sobre o tema. 3. O legislador não atribuiu ao Supremo Tribunal Federal o ônus de fazer aplicar diretamente a cada caso concreto seu entendimento. 4. A Lei 11.418/2006 evita que o Supremo Tribunal Federal seja sobrecarregado por recursos extraordinários fundados em idêntica controvérsia, pois atribuiu aos demais Tribunais a obrigação de os sobrestarem e a possibilidade de realizarem juízo de retratação para adequarem seus acórdãos à orientação de mérito firmada por esta Corte. 5. **Apenas na rara hipótese de que algum Tribunal mantenha posição contrária à do Supremo Tribunal Federal, é que caberá a este se pronunciar, em sede de recurso extraordinário, sobre o caso particular idêntico para a cassação ou reforma do acórdão, nos termos do art. 543-B, § 4º, do Código de Processo Civil. 6. A competência é dos Tribunais de origem para a solução dos casos concretos, cabendo-lhes, no exercício destae mister, observar a orientação fixada em sede de repercussão geral. 7. A cassação ou revisão das decisões dos Juízes contrárias à orientação firmada em sede de repercussão geral há de ser feita pelo Tribunal a que estiverem vinculados, pela via recursal ordinária. 8. A atuação do Supremo Tribunal Federal, no ponto, deve ser subsidiária, só se manifesta quando o Tribunal a quo negasse observância ao leading case da repercussão geral, ensejando, então, a interposição e a subida de recurso extraordinário para cassação ou revisão do acórdão, conforme previsão legal específica constante do art. 543-B, § 4º, do Código de Processo Civil. 9. Nada autoriza ou aconselha que se substituam as vias recursais ordinária e extraordinária pela reclamação.** *10. A novidade processual que corresponde à repercussão geral e seus efeitos não deve desfavorecer as partes, nem permitir a perpetuação de decisão frontalmente contrária ao entendimento vinculante adotado pelo Supremo Tribunal Federal. Nesses casos o questionamento deve ser remetido ao Tribunal competente para a revisão das decisões do Juízo de primeiro grau a fim de que aquela Corte o aprecie como o recurso cabível, independentemente de considerações sobre sua tempestividade. 11. No caso presente tal medida não se mostra necessária. 12. Não-conhecimento da presente reclamação. (Rcl 10793, Rel. Min. Ellen Gracie, Tribunal Pleno, Dje de 6/6/2011).* "AGRAVO REGIMENTAL EM RECLAMAÇÃO. APLICAÇÃO, PELO TRIBUNAL DE ORIGEM, DA SISTEMÁTICA DA REPERCUSSÃO GERAL. RECLAMAÇÃO INCABÍVEL. 1. *Não cabe recurso nem reclamação dirigidos ao STF, da decisão do tribunal de origem que aplica a sistemática da repercussão geral, salvo no caso da negativa de retratação a que alude o art. 543-B, § 4º, do CPC.* 2. Agravo regimental a que se nega provimento." (Rcl 17218 AgR, Rel. Min. EDSON FACHIN, Primeira Turma, Dje de 1/10/2015- grifos meus). "RECLAMAÇÃO. AGRAVO REGIMENTAL. APLICAÇÃO DA SISTEMÁTICA DO ART. 543-B

DO CÓDIGO DE PROCESSO CIVIL. USURPAÇÃO DE COMPETÊNCIA DO SUPREMO TRIBUNAL FEDERAL. INEXISTÊNCIA. AGRAVO NÃO PROVIDO. I – Não cabe reclamação para se corrigir supostos equívocos na aplicação, pelos Tribunais, do instituto da repercussão geral, a não ser que haja negativa motivada do juiz em se retratar para seguir a decisão da Suprema Corte. Precedentes. II – A correção de possíveis desacertos deve ser realizada pelo próprio Tribunal de origem, seja em juízo de retratação, seja por decisão colegiada, já que não está exercendo competência do STF, mas atribuição própria. Precedentes. III – Agravo regimental a que se nega provimento" (Rcl 16.801 AgR, Rel. Min. RICARDO LEWANDOWSKI, Segunda Turma, DJe 15/8/2014). **Anoto, em arremate, que a inadmissibilidade de reclamação perante esta Corte com o fim de questionar a aplicação de precedente de repercussão geral não significa, por outro lado, que os tribunais inferiores poderão interpretar a Constituição Federal cada qual ao seu modo, em desrespeito à função precípua do Supremo Tribunal Federal, de guardião da Carta Política e intérprete derradeiro das suas normas. Deveras, tendo o Plenário do Supremo Tribunal Federal fixado o sentido e o alcance de uma determinada norma jurídica à luz da Constituição Federal, não pode a instância a quo divergir do entendimento firmado, máxime em se tratando de decisão proferida no julgamento de questão dotada de repercussão geral. Consectariamente, a decisão de tribunal inferior que afronte tal paradigma, incide em error in judicando, produzindo decisão passível de desconstituição por meio do ajuizamento de ação rescisória perante o tribunal de origem, a teor do art. 966, § 5º, do CPC/2015.** *Ex positis, nego seguimento à presente Reclamação (art. 932, VIII, do CPC/2015 combinado com o art. 21, § 1º, do Regimento Interno do Supremo Tribunal Federal). Resta prejudicado o pedido liminar. Publique-se. Brasília, 8 de agosto de 2016. Ministro Luiz Fux Relator Documento assinado digitalmente*

(Rcl 24384, Relator(a): Min. LUIZ FUX, julgado em 08/08/2016, publicado em PROCESSO ELETRÔNICO DJe-169 DIVULG 10/08/2016 PUBLIC 12/08/2016).

Portanto, se o tribunal de origem não seguir o entendimento do S.T.F. em decisão proferida em regime de repercussão geral, caberá recurso de agravo interno (art. 1.021 do novo C.P.C.), conforme estabelece o §7º do art. 1035 do novo C.P.C., *in verbis: Da decisão que indeferir o requerimento referido no § 6º ou que aplicar entendimento firmado em regime de repercussão geral ou em julgamento de recursos repetitivos caberá agravo interno. (Redação dada pela Lei nº 13.256, de 2016) (Vigência)*

E se o órgão julgador não se retratar nos termos do que fora decidido pelo S.T.F. no regime de repercussão geral, caberá ao presidente ou vice-presidente do tribunal recorrido realizar juízo positivo de admissibilidade ao recurso extraordinário interposto, nos termos do art. 1.030, inc. V, letra 'c', do novo C.P.C., remetendo o feito ao S.T.F.

O segundo impedimento está no fato de que as decisões proferidas pelo S.T.F. ou pelo S.T.J. em recursos repetitivos ou em repercussão geral, apesar de terem efeito *erga omnes* (geram efeitos em relação às decisões a serem proferidas pelos demais órgãos do Poder Judiciário), não apresentam efeito vinculante à luz da Constituição Federal, pois o texto maior somente concede 'efeito vinculante' à *Súmula Vinculante ou ao controle concentrado de constitucionalidade*. Como foi a própria Constituição Federal que elegeu as decisões judiciais que possam ter efeito vinculante, não poderia a lei ordinária estender esse efeito a outras decisões judiciais.

Sobre o tema, eis os seguintes precedentes do S.T.F.:

AGRAVO REGIMENTAL EM RECLAMAÇÃO. DESCABIMENTO DA VIA. ALEGAÇÃO DE OFENSA A DIREITO OBJETIVO E A PRECEDENTE SEM FORÇA VINCULANTE. PRECLUSÃO DA DISCUSSÃO SOBRE A QUESTÃO IMPUGNADA NAS INSTÂNCIAS INFERIORES. 1. A reclamação dirigida a esta Corte só é cabível quando sustenta usurpação de sua competência, ofensa à autoridade de suas decisões ou contrariedade a Súmula Vinculante (CRFB/1988, arts, 102, I, l, e 103-A, § 3º). No segundo e no terceiro casos, exige-se que o pronunciamento tenha efeito vinculante ou, ao menos, que tenha sido proferido em processo subjetivo no qual o reclamante figurou como parte. 2. A alegação de ofensa ao direito objetivo ou a enunciado de Súmula sem força vinculante não dá ensejo à propositura de reclamação. 3. Não cabe reclamação para o exame da tese de fundo quando o que se pretende, na verdade, é viabilizar um recurso não interposto. 4. Agravo regimental desprovido.

(Rcl 23051 AgR, Relator(a): Min. ROBERTO BARROSO, Primeira Turma, julgado em 21/06/2016, PROCESSO ELETRÔNICO DJe-159 DIVULG 29-07-2016 PUBLIC 01-08-2016)

EMENTA: AGRAVO REGIMENTAL. DECISÃO QUE NEGOU SEGUIMENTO A RECLAMAÇÃO EM QUE SE ALEGAVA DESCUMPRIMENTO A SÚMULA DO SUPREMO TRIBUNAL FEDERAL, DESPIDA DE EFEITO VINCULANTE.

1. Eventual descumprimento de súmula do Supremo Tribunal Federal, mas desprovida de efeito vinculante, não autoriza o manejo da reclamação.
2. Agravo a que se nega provimento". (Rcl 5.063/PR AgR, Rel. Min. Ayres Britto)

RECLAMAÇÃO – ALEGADO DESRESPEITO A DECISÕES PROFERIDAS PELO SUPREMO TRIBUNAL FEDERAL EM PROCESSOS DE ÍNDOLE SUBJETIVA, VERSANDO CASOS CONCRETOS NOS QUAIS A PARTE RECLAMANTE NÃO FIGUROU COMO SUJEITO PROCESSUAL – INADMISSIBILIDADE – INADEQUAÇÃO DO EMPREGO DA RECLAMAÇÃO COMO SUCEDÂNEO DE AÇÃO RESCISÓRIA, DE RECURSOS OU DE AÇÕES JUDICIAIS EM GERAL – EXTINÇÃO DO PROCESSO DE RECLAMAÇÃO – PRECEDENTES – RECURSO DE AGRAVO IMPROVIDO.

Não se revela admissível a reclamação quando invocado, como paradigma, julgamento do Supremo Tribunal Federal proferido em processo de índole subjetiva que versou caso concreto no qual a parte reclamante sequer figurou como sujeito processual. Precedentes. Não cabe reclamação quando utilizada com o objetivo de fazer prevalecer a jurisprudência desta Suprema Corte, em situações nas quais os julgamentos do Supremo Tribunal Federal não se revistam de eficácia vinculante, exceto se se tratar de decisão que o STF tenha proferido em processo subjetivo no qual haja intervindo, como sujeito processual, a própria parte reclamante. O remédio constitucional da reclamação não pode ser utilizado como um (inadmissível) atalho processual destinado a permitir, por razões de caráter meramente pragmático, a submissão imediata do litígio ao exame direto do Supremo Tribunal Federal. Precedentes. [...]"
(Rcl 4.381 AgR/RJ, Rel. Min. Celso de Mello).

EMBARGOS DE DECLARAÇÃO EM RECLAMAÇÃO, DIREITO TRIBUTÁRIO. ICMS. LEASING. REQUISITOS. AUSÊNCIA DE OMISSÃO, CONTRADIÇÃO, OBSCURIDADE OU ERRO MATERIAL. ART. 1.022 DO CPC.

1. Nos termos do artigo 1.022 do Código de Processo Civil, os embargos de declaração são cabíveis nos casos de obscuridade, contradição ou omissão da decisão impugnada, assim como para corrigir erro material. Na hipótese, não se constata nenhum dos referidos vícios. 2. A jurisprudência do STF é firme no sentido de não admitir reclamação com fundamento em recurso extraordinário julgado segundo a sistemática da repercussão geral, uma vez que essa decisão não possui efeito vinculante

3. Assentou-se no Plenário do Supremo Tribunal Federal não caber recurso nem reclamação da decisão do Tribunal de origem, que aplica a sistemática da repercussão geral, salvo no caso da negativa de juízo de retratação. É inaplicável a orientação firmada na Súmula 727 do STF ao caso, porquanto não há usurpação de competência.

4. Embargos de declaração rejeitados.
(Rcl 23381 ED, Relator(a): Min. EDSON FACHIN, Primeira Turma, julgado em 31/05/2016, PROCESSO ELETRÔNICO DJe-159 DIVULG 29-07-2016 PUBLIC 01-08-2016)

Confiram-se, ainda: Rcl 4.119 AgR/BA, Rel. Min. Cármen Lúcia; Rcl 5.391 AgR, Rel. Min. Dias Toffoli.

No âmbito do S.T.J., eis o seguinte precedente em relação ao regime de recurso repetitivo:

PREVIDENCIÁRIO E PROCESSUAL CIVIL. AUXÍLIO-ACIDENTE. RECLAMAÇÃO UTILIZADA COMO SUCEDÂNEO RECURSAL, PARA APLICAR ENTENDIMENTO CONSOLIDADO EM RECURSO ESPECIAL REPRESENTATIVO DE CONTROVÉRSIA (ART. 543-C DO CPC). IMPOSSIBILIDADE. EFEITO VINCULANTE. INEXISTÊNCIA. PRECEDENTES. AGRAVO REGIMENTAL IMPROVIDO.
[...]
II. A Reclamação é ação de natureza constitucional, que visa preservar a competência desta Corte ou garantir a autoridade de suas decisões, conforme dispõem os arts. 105, I, f, da Constituição Federal e 13 e seguintes da Lei 8.038/90, sendo indevido o seu uso como sucedâneo recursal.

III. Os julgamentos proferidos pelo STJ, em recursos repetitivos, sob o rito do art. 543-C do CPC, não vinculam os Tribunais de Apelação, no julgamento de matérias semelhantes – salvo, evidentemente, em relação às partes que litigaram em tais processos –, sendo a Reclamação incabível, para conferir tal efeito vinculante. *Precedentes*

(STJ, AgRg na Rcl 15.102/SP, Rel. Ministro BENEDITO GONÇALVES, PRIMEIRA SEÇÃO, DJe de 17/12/2013; AgRg na Rcl 5.065/PB, Rel. Ministro HAMILTON CARVALHIDO, PRIMEIRA SEÇÃO, DJe de 05/04/2011).
[...] (AgRg na Rcl 14.527/RJ, Rel. Ministra ASSUSETE MAGALHÃES, PRIMEIRA SEÇÃO, julgado em 10/12/2014, DJe 16/12/2014

20.
Interposição simultânea de recurso especial e extraordinário – consequências jurídicas

É possível que a decisão recorrida apresente pressuposto constitucional para a interposição simultânea do recurso especial e do recurso extraordinário. Nessa hipótese, os autos serão primeiramente remetidos ao S.T.J., para que, posteriormente, e sendo o caso, sejam remetidos ao S.T.F. (art. 1.031 do novo C.P.C.).

Na hipótese de ter sido interposto somente o recurso extraordinário, os autos serão remetidos, não ao Superior Tribunal de Justiça, mas diretamente ao Supremo Tribunal Federal, que é competente para julgar o aludido recurso.

Interpostos tanto o recurso especial quanto o recurso extraordinário, os autos serão primeiramente encaminhados ao Superior Tribunal de Justiça, ficando suspensa a análise do recurso extraordinário.

Se o Superior Tribunal de Justiça der provimento ao recurso especial, ficará prejudicado o recurso extraordinário interposto pela mesma parte sucumbente, uma vez que o provimento do recurso especial acolhe a pretensão recursal formulada pelo recorrente.

Porém, se o Superior Tribunal de Justiça não conhecer ou negar provimento ao recurso especial, os autos serão remetidos ao Supremo Tribunal Federal para análise do recurso extraordinário.

Assim, serão analisadas, em primeiro lugar, as razões recursais do recurso especial, sendo que, e se for o caso, após essa análise é que o recurso extraordinário será remetido ao S.T.F para sua apreciação, se não estiver prejudicado.

20.1. Obrigatoriedade de interposição conjunta de recurso especial e extraordinário

Durante a vigência do C.P.C. de 1973, a parte sucumbente teria o dever jurídico de ingressar tanto com recurso especial quanto com recurso extraordinário caso o acórdão recorrido estivesse sustentado em fundamento constitucional e infraconstitucional, sob pena de não ser conhecido o recurso especial. Nesse sentido é o teor da Súmula 126 do S.T.J.: *"É inadmissível recurso especial, quando o acórdão recorrido assenta em fundamentos constitucional e infraconstitucional, qualquer deles suficiente, por si só, para mantê-lo, e a parte vencida não manifesta recurso extraordinário"*. Também nesse sentido são os seguintes precedentes do S.T.J.:

> AgRg no REsp 1471559/RJ, Rel. Ministra ASSUSETE MAGALHÃES, SEGUNDA TURMA, julgado em 24/02/2015, DJe 05/03/2015; AgRg no REsp 1263658/RS, Rel. Ministro SÉRGIO KUKINA, PRIMEIRA TURMA, julgado em 24/02/2015, DJe 04/03/2015; AgRg no AREsp 630148/RJ, Rel. Ministro HUMBERTO MARTINS, SEGUNDA TURMA, julgado em 24/02/2015, DJe 03/03/2015; AgRg no AREsp 555603/PI, Rel. Ministra MARIA ISABEL GALLOTTI, QUARTA TURMA, julgado em 12/02/2015, DJe 24/02/2015; AgRg no AREsp 590607/ RJ, Rel. Ministro MARCO BUZZI, QUARTA TURMA, julgado em 12/02/2015, DJe 24/02/2015; AgRg no REsp 1499457/SC, Rel. Ministro MAURO CAMPBELL MARQUES, SEGUNDA TURMA, julgado em 10/02/2015, DJe 18/02/2015; AgRg no AREsp 377829/PR, Rel. Ministra REGINA HELENA COSTA, PRIMEIRA TURMA, julgado em 05/02/2015, DJe 13/02/2015; AgRg no REsp 1258314/SP, Rel. Ministro JOÃO OTÁVIO DE NORONHA, TERCEIRA TURMA, julgado em 03/02/2015, DJe 12/02/2015; AgRg no AgRg no AREsp 597718/PE, Rel. Ministro OG FERNANDES, SEGUNDA TURMA, julgado em 18/12/2014, DJe 04/02/2015; AgRg no REsp 1457931/RS, Rel. Ministro NAPOLEÃO NUNES MAIA FILHO, PRIMEIRA TURMA, julgado em 18/12/2014, DJe 03/02/2015.

O mesmo entendimento encontra-se no enunciado da Súmula 283: *"É inadmissível o recurso extraordinário, quando a decisão recorrida assenta em mais de um fundamento suficiente e o recurso não abrange todos eles"*.
Nesse sentido são os seguintes precedentes do S.T.F.:

Agravo regimental no recurso extraordinário. Recurso administrativo. Exigência de depósito prévio do valor da multa ambiental para conhecimento do recurso. Trânsito em julgado administrativo. Inércia da parte interessada. Fundamento infraconstitucional suficiente. Ausência de recurso especial. Incidência da Súmula 283/STF.

1. O Tribunal de origem não decidiu sobre a constitucionalidade ou não da exigência do depósito do valor da multa como condição de admissibilidade do recurso na esfera administrativa, limitando-se a assentar que a parte interessada deveria ter agido judicialmente antes do trânsito em julgado administrativo para fazer valer seu direito de ter o recurso analisado.

2. Incidência da Súmula nº 283 do STF, uma vez que o recurso extraordinário não atacou fundamento infraconstitucional suficiente, por si só, para a manutenção do acórdão recorrido, tampouco foi interposto recurso especial.

3. Agravo regimental não provido.

(RE 896209 AgR, Relator(a): Min. DIAS TOFFOLI, Segunda Turma, julgado em 22/09/2015, PROCESSO ELETRÔNICO DJe-251 DIVULG 14-12-2015 PUBLIC 15-12-2015)

AGRAVO REGIMENTAL NO RECURSO EXTRAORDINÁRIO. PROCESSUAL CIVIL. ACÓRDÃO RECORRIDO. DUPLA FUNDAMENTAÇÃO: CONSTITUCIONAL E INFRACONSTITUCIONAL. AUSÊNCIA DE INTERPOSIÇÃO DE RECURSO ESPECIAL. FUNDAMENTO INFRACONSTITUCIONAL SUFICIENTE À MANUTENÇÃO DO JULGADO. SÚMULA N. 283 DO SUPREMO TRIBUNAL FEDERAL. AGRAVO REGIMENTAL AO QUAL SE NEGA PROVIMENTO.

(RE nº 888.335/SP – AgR, Segunda Turma, Rel. Min. Cármen Lúcia, DJe 4/9/15)

É possível que esse entendimento jurisprudencial mantenha-se na égide do novo C.P.C. brasileiro, pois se a decisão recorrida assentar-se em fundamento constitucional e infraconstitucional ao mesmo tempo, a parte deverá obrigatoriamente e simultaneamente ingressar com recurso especial e recurso extraordinário.

20.2. Matéria constitucional suscitada em recurso especial

Poderá ocorrer que o acórdão recorrido tenha por fundamento somente matéria de natureza constitucional, o que ensejaria apenas a interposição do recurso extraordinário perante o S.T.F. Poderá ocorrer, também, que a parte recorrente, ao invés de ingressar com o recurso extraordinário, interponha o recurso especial que é de competência do S.T.J.

Em tal hipótese, sob a égide do C.P.C. de 1973, o recurso especial não seria conhecido para se evitar a usurpação de competência, muito menos seria remetido ao S.T.F. Nesse sentido é a seguinte decisão do S.T.J.:

> AGRAVO REGIMENTAL NO RECURSO ESPECIAL. PROCESSUAL CIVIL E TRIBUTÁRIO. COFINS. LEI 9.718/98. CONSTITUCIONALIDADE. EC 20/98.
> ACÓRDÃO FUNDADO EM INTERPRETAÇÃO DE MATÉRIA EMINENTEMENTE CONSTITUCIONAL. INADEQUAÇÃO DA VIA ELEITA.
>
> *1. Fundando-se o acórdão recorrido em interpretação de matéria eminentemente constitucional, descabe a esta Corte examinar a questão, porquanto reverter o julgado significaria usurpar competência que, por expressa determinação da Carta Maior, pertence ao Colendo STF, e a competência traçada para o STJ, no julgamento de recurso especial, restringe-se unicamente à uniformização da legislação infraconstitucional (Precedentes: REsp. 614.535/DF, Rel. Min. CASTRO MEIRA, 2ª Turma, DJU 01.04.2008, AgRg no REsp. 953.929/SP, Rel. Min. HUMBERTO MARTINS, 2ª Turma, DJU 19.12.07; REsp. 910.621/SP, desta relatoria, 1ªTurma, DJU 20.09.07).*
>
> *2. A discussão acerca da ofensa ao princípio constitucional da hierarquia das leis e da validade da 9.718/98, ante o conceito de faturamento extraído do art. 195 da CF e posteriores alterações da EC 20/98, por ser de índole eminentemente constitucional, é obstada em sede de recurso especial, sob pena de usurpação da competência do E. Pretório Excelso.*
>
> *3. Agravo Regimental desprovido.*
>
> (AgRg no REsp 1162733/MG, Rel. Ministro LUIZ FUX, PRIMEIRA TURMA, julgado em 17/06/2010, DJe 01/07/2010)

Porém, sob a égide do novo C.P.C., a solução deverá ser diversa.

O art. 1.032 do novo C.P.C. preconiza que se o relator, no Superior Tribunal de Justiça, entender que o recurso especial versa sobre questão constitucional, deverá conceder prazo de 15 (quinze) dias para que o recorrente demonstre a existência de repercussão geral e se manifeste sobre a questão constitucional.

Essa permissibilidade procedimental, como se verificou acima, não havia no C.P.C. de 1973.

O art. 1.032 do novo C.P.C. reforça a concepção ideológica do legislador do novo C.P.C. em respaldar com maior força o princípio da *instrumentalidade do processo* e da *instrumentalidade das formas procedimentais*, evitando-se deixar de conhecer recursos por mero erro formal de nomenclatura.

Assim, se o recorrente inserir como fundamento do recurso especial matéria de natureza constitucional, e o relator, no Superior Tribunal de Justiça, entender que o recurso especial versa efetivamente sobre questão constitucional, deverá conceder prazo de quinze dias para que o recorrente deduza as razões que revelem a existência de repercussão geral, remetendo, em seguida, os autos ao Supremo Tribunal Federal, que procederá ao juízo de admissibilidade ou devolverá os autos ao Superior Tribunal de Justiça, por decisão irrecorrível.

Portanto, o fato de o recurso especial encontrar-se fundamentado única e exclusivamente em questão constitucional, não mais autoriza, de plano, a sua inadmissibilidade ou não conhecimento do recurso, mas, sim, após a devida inserção nas razões recursais que revelem a existência de repercussão geral, a aplicação do *princípio da fungibilidade* recursal, mediante a remessa dos autos ao S.T.F., que procederá à sua admissibilidade ou devolverá os autos ao S.T.J., por decisão irrecorrível.

Na realidade, o S.T.J., diante dessas circunstâncias, aplica o princípio da fungibilidade recursal, dando contornos de típico recurso extraordinário ao recurso especial para legitimar a remessa dos autos ao S.T.F.

Note-se que a disposição prevista no art. 1.032 do novo C.P.C. não é a mesma tratada pela Súmula 126 do S.T.J.

A Súmula 126 do S.T.J. diz respeito aos fundamentos do acórdão recorrido, esclarecendo que aludida decisão poderá ter por fundamento questões constitucionais e infraconstitucionais, obrigando à parte sucumbente ingressar com ambos os recursos, especial e extraordinário, sob pena de não conhecimento do recurso especial.

Já o art. 1.032 do novo C.P.C. trata somente do fundamento do recurso especial, o qual poderá versar única e exclusivamente sobre matéria constitucional. Nessa hipótese, sob a égide do C.P.C. de 1973, o S.T.J. não conheceria do recurso especial, justamente pelo fato de que os argumentos expendidos não diriam respeito a questão infraconstitucional, mas somente constitucional.

Agora, pelo que estabelece o novo C.P.C., o relator no S.T.J. não poderá simplesmente deixar de conhecer do recurso especial, mas deverá conceder prazo de 15 (quinze) dias para que o recorrente demonstre a existência de repercussão geral e se manifeste sobre a questão constitucional.

É importante salientar que o S.T.J. não poderá ingressar na questão sobre a existência ou não da repercussão geral, pois tal prerrogativa é de competência exclusiva do S.T.F.

Cumprida a diligência, ou seja, indicada a repercussão geral, o relator remeterá o recurso ao Supremo Tribunal Federal, que, em juízo de admissibilidade, poderá devolvê-lo ao Superior Tribunal de Justiça (p.u. do art. 1.032 do novo C.P.C.).

Algumas questões podem surgir sobre o disposto no p.u. do art. 1.032 do novo C.P.C., a saber:

a) Encaminhado o processo, o S.T.F., reconhecendo a repercussão geral e que a matéria tratada no recurso especial é sim de natureza constitucional, procederá ao juízo de admissibilidade recursal;

b) Se o S.T.F. entender que muito embora a questão tenha natureza constitucional, mas não ficou demonstrada a repercussão geral, proferirá decisão não admitindo o recurso de natureza extraordinário;

c) Se o S.T.F., em juízo de admissibilidade, entender que o recurso especial não apresenta natureza Constitucional, devolverá o recurso ao S.T.J. para, desta feita, realizar seu juízo de admissibilidade, salvo em relação à questão até então dita de natureza constitucional, podendo admitir ou não o recurso especial.

d) Observa-se a existência de fungibilidade de mão dupla, pois, conforme estabelece o art. 1.033 do novo C.P.C., se o Supremo Tribunal Federal considerar como reflexa a ofensa à Constituição afirmada no recurso extraordinário, por pressupor a revisão da interpretação de lei federal ou de tratado, remetê-lo-á ao Superior Tribunal de Justiça para julgamento como recurso especial.

Um problema que surge é se o presidente ou vice-presidente do tribunal recorrido poderia aplicar o disposto no art. 1.032 do novo C.P.C., quando, ao realizar o juízo preliminar de admissibilidade, constatar que a matéria inserida no recurso especial apresenta natureza constitucional.

Penso que até por uma questão de economia processual, deve-se permitir tal prerrogativa ao tribunal recorrido, pois, se o vice-presidente ou presidente não admitir o recurso especial, tendo em vista que a matéria nele suscitada apresenta natureza constitucional, tal decisão estará sujeita ao agravo em recurso especial (art. 1042 do novo C.P.C.). E, uma vez interposto o agravo em recurso especial, o relator, no S.T.J., deverá aplicar o disposto no art. 1.032 do novo C.P.C.

20.3. Conclusão do julgamento do recurso especial

Havendo impugnação conjunta do acórdão proferido pelo tribunal *a quo*, mediante recurso especial e extraordinário, o Superior Tribunal de Justiça deverá conhecer, em primeiro lugar, do recurso de sua competência.

Se o Superior Tribunal de Justiça negar provimento ao recurso especial, os autos serão remetidos ao Supremo Tribunal Federal para a análise e julgamento do recurso extraordinário, independentemente de qualquer ato do relator. A remessa é automática pela Secretaria do tribunal.

Por sua vez, se o Superior Tribunal de Justiça der provimento ao recurso especial, resta prejudicado o recurso extraordinário, por falta de objeto. Nesse sentido é o seguimento precedente do Supremo Tribunal Federal:

> (...).
> *2. Aresto do Superior Tribunal de Justiça, que, em Recurso Especial contra acórdão regional, julga extinto o processo, por ilegitimidade passiva "ad causam", deixando claro a Corte, posteriormente, em embargos declaratórios, que a extinção abrange toda a relação processual e não apenas aquela relativa a um dos pedidos alternativos (o de isenção), e, sim, também, quanto ao outro (o de inexigibilidade). 3. Com o trânsito em julgado desse acórdão, assim esclarecido nos embargos declaratórios, restou prejudicado o recurso extraordinário para o S.T.F., interposto contra o mesmo julgado regional e que visava ao exame do pedido de reconhecimento da inexigibilidade do tributo, porque não recebido pela Constituição (fundamento constitucional). Agravo regimental improvido.*
> (RE 182416 AgR, Relator(a): Min. SYDNEY SANCHES, Primeira Turma, julgado em 09/05/1995, DJ 10-11-1995 PP-38327 EMENT VOL-01808-06 PP-01160).

20.4. Prejudicialidade do recurso extraordinário em relação ao recurso especial

É possível que na interposição conjunta dos recursos de competência do S.T.F. e do S.T.J., o relator do recurso especial considere prejudicial o recurso extraordinário em relação ao recurso especial. Nessa hipótese, o relator, em decisão irrecorrível, sobrestará o julgamento do recurso especial, remetendo os autos ao Supremo Tribunal Federal (§2º do art. 1.031 do novo C.P.C.).

Um exemplo típico dessa hipótese de prejudicialidade ocorre quando o acórdão recorrido tiver por fundamento tanto a interpretação de determinada lei federal, quanto a inconstitucionalidade da própria lei.

Interposto tanto o recurso especial quanto o recurso extraordinário sobre a questão da interpretação da referida lei, a análise da sua inconstitucionalidade, objeto do recurso extraordinário, é prejudicial em relação ao que for decido pelo S.T.J. no recurso especial.

Diante dessa circunstância, o relator do S.T.J., em decisão irrecorrível, sobrestará o julgamento e remeterá os autos ao Supremo Tribunal Federal para que analise a questão de natureza constitucional que é objeto do recurso extraordinário.

É de inteira *discricionariedade* do relator do recurso especial decidir se o recurso extraordinário é ou não *prejudicial* em relação ao recurso de competência do S.T.J. Nesse sentido são os seguintes precedentes do S.T.J.:

> (...).
> 3. *O sobrestamento não é uma obrigação que se impõe ao julgador, mas sim uma faculdade que lhe é atribuída, ficando a seu exclusivo critério decidir sobre a prejudicialidade do recurso extraordinário em relação ao especial.*
> 4. *Recurso especial parcialmente provido.*
> (REsp 585.516/SC, Rel. Ministro JOÃO OTÁVIO DE NORONHA, SEGUNDA TURMA, julgado em 06/12/2005, DJ 01/02/2006, p. 481)
> (...).
> 3. *O sobrestamento não é uma obrigação que se impõe ao julgador, mas sim uma faculdade que lhe é atribuída, ficando a seu exclusivo critério decidir sobre a prejudicialidade do recurso extraordinário em relação ao especial.*
> 4. *Recurso especial dos titulares improvido.*
> (REsp 761.847/SC, Rel. Ministro JOÃO OTÁVIO DE NORONHA, SEGUNDA TURMA, julgado em 01/09/2005, DJ 26/09/2005, p. 348)
> (...).
> 5. *Havendo fundamento predominante no acórdão recorrido de natureza constitucional ou ação pendente de julgamento no colendo STF, não significa que há de se cumprir o disposto no art. 543, § 2º, do CPC (sobrestamento do recurso especial até o julgamento do recurso extraordinário). Para aplicar tal dispositivo legal, o relator deve considerar que, na hipótese, o recurso extraordinário é prejudicial ao recurso especial.*

É ato de pura discricionariedade, devendo se atentar pelo sobrestamento ou, se assim achar, negar seguimento ou não conhecer do Especial ante à predominância de tema de ordem constitucional.
6. Embargos rejeitados.
(EDcl no AgRg no Resp 306888/SC, Rel. Ministro JOSÉ DELGADO, PRIMEIRA TURMA, julgado em 02/10/2001, DJ 04/02/2002, p. 300)

Assim, se o acórdão recorrido estruturar-se basicamente em fundamento constitucional e infraconstitucional, devendo o primeiro fundamento ser afastado para que se possa ingressar no segundo fundamento, haverá, no caso, prejudicialidade do recurso extraordinário em relação ao recurso especial. Nesse sentido é o seguinte precedente do S.T.J.:

AGRAVO REGIMENTAL. RECURSO ESPECIAL. SOBRESTAMENTO ANTE A PREJUDICIALIDADE DO RECURSO EXTRAORDINÁRIO (ARTIGO 543, §2º, DO CPC). DISCRICIONARIEDADE DO RELATOR. USO DE PASSAPORTE ESTRANGEIRO FALSO. INCOMPETÊNCIA DA JUSTIÇA FEDERAL. FUNDAMENTAÇÃO EXCLUSIVAMENTE CONSTITUCIONAL. IMPOSSIBILIDADE DE APRECIAÇÃO PELO SUPERIOR TRIBUNAL DE JUSTIÇA. RECURSO IMPROVIDO.
1. É assente o entendimento de que a previsão contida no artigo 543, § 2º, do Código de Processo Civil trata-se de faculdade do relator do recurso especial, que decidirá, conforme o seu livre convencimento, se é necessário ou não o seu sobrestamento até o julgamento do recurso extraordinário.
2. A solução acerca da incompetência da Justiça Federal fundou-se à luz do artigo 109 da Constituição Federal, o qual disciplina o rol de competência atribuída ao Juízo Federal, não cabendo a este Sodalício se manifestar acerca de eventual ofensa à norma constitucional, que deve ser apreciada pelo Supremo Tribunal Federal em sede de recurso extraordinário.
3. Agravo regimental a que se nega provimento.
(AgRg no REsp 1447278/SP, Rel. Ministro LEOPOLDO DE ARRUDA RAPOSO (DESEMBARGADOR CONVOCADO DO TJ/PE), QUINTA TURMA, julgado em 18/08/2015, DJe 01/09/2015)
i – o acórdão impugnado acha-se apoiado, basicamente, em fundamento constitucional (inocorrência de violação ao princípio da isonomia) e fundamento infraconstitucional (interpretação restritiva art. 6. do decreto-lei n. 2.434, de 1988). Nessa hipótese, só se o Supremo entender que não houve ofensa ao princípio da isonomia, com

o desprovimento do agravo de instrumento ou não conhecimento ou desprovimento do recurso extraordinário é que aflora a oportunidade desta corte julgar de forma eficaz o recurso especial: dando-lhe provimento, decide a favor do contribuinte; negando-lhe provimento, em prol da união.

ii – sobrestamento, no caso, do julgamento do recurso especial, até que o supremo tribunal federal decida o agravo de instrumento, interposto do despacho denegatório da subida do recurso extraordinário manifestado pelo contribuinte.

(REsp 19.017/PE, Rel. Ministro ANTÔNIO DE PÁDUA RIBEIRO, SEGUNDA TURMA, julgado em 18/03/1992, DJ 13/04/1992, p. 4991).

Por sua vez, a existência de recurso extraordinário admitido pelo S.T.F. não é motivo para sobrestamento do recurso especial, se a decisão deste estiver em consonância com o atual entendimento do S.T.F., já manifestado em precedentes anteriores. (Nesse sentido é o Resp n. 35.264-SP, rel. Min. José de Jesus Filho, j. 12.9.95).

Uma vez remetido o processo ao S.T.F., se o relator do recurso extraordinário, em decisão irrecorrível, rejeitar a prejudicialidade, devolverá os autos ao Superior Tribunal de Justiça, para o julgamento do recurso especial (§3º do art. 1.031 do novo C.P.C.).

A decisão proferida pelo relator no S.T.J., reconhecendo a existência de uma questão prejudicial de constitucionalidade, em hipótese alguma vincula o Supremo Tribunal Federal, a quem compete proferir a última palavra sobre o tema. Nesse sentido é o seguinte precedente do S.T.F.:

(...).
– A decisão proferida pelo Superior Tribunal de Justiça – reconhecendo, na causa, a existência de uma questão prejudicial de constitucionalidade – não vincula o Supremo Tribunal Federal, a quem compete o monopólio da última palavra sobre esse tema.

(AI 246239 AgR, Relator(a): Min. CELSO DE MELLO, Segunda Turma, julgado em 26/10/1999, DJ 26-11-1999 PP-00111 EMENT VOL-01973-12 PP-02558).

Portanto, se o relator do recurso extraordinário, em decisão irrecorrível, rejeitar a prejudicialidade, devolverá os autos ao Superior Tribunal de Justiça para prosseguimento do julgamento do recurso especial.

21.
Ofensa reflexa à Constituição Federal

O Supremo Tribunal Federal não admite o recurso extraordinário em que a matéria constitucional nele tratada caracteriza *ofensa reflexa ou indireta* à Constituição Federal, demonstrando com essa atitude uma tendência de se valorizar a denominada *jurisprudência defensiva* dos tribunais, a qual tem por finalidade impedir o acesso ao exercício da tutela jurisprudencial.

Aliás, segundo teor da Súmula 636 do S.T.F., *não cabe recurso extraordinário por contrariedade ao princípio constitucional de legalidade, quando a sua verificação pressuponha rever a interpretação dada a normas infraconstitucionais pela decisão recorrida.*

Nesse sentido, ainda, os seguintes precedentes do S.T.F.:

> PROCESSUAL CIVIL. AGRAVO REGIMENTAL NO RECURSO EXTRAORDINÁRIO COM AGRAVO. PRELIMINAR DE REPERCUSSÃO GERAL. FUNDAMENTAÇÃO INSUFICIENTE. ÔNUS DO RECORRENTE. VIOLAÇÃO AO DIREITO ADQUIRIDO, AO ATO JURÍDICO PERFEITO, À COISA JULGADA OU AOS PRINCÍPIOS DA LEGALIDADE, DO CONTRADITÓRIO, DA AMPLA DEFESA, DO DEVIDO PROCESSO LEGAL E DA INAFASTABILIDADE DA JURISDIÇÃO. QUESTÃO INFRACONSTITUCIONAL. REPERCUSSÃO GERAL NEGADA (ARE 748.371, REL. MIN. GILMAR MENDES, TEMA 660). ANÁLISE DA LEGISLAÇÃO ORDINÁRIA. OFENSA À CONSTITUIÇÃO FEDERAL MERAMENTE REFLEXA. SERVIDOR PÚBLICO MILITAR ESTADUAL. APOSENTADORIA. PROMOÇÃO AO GRAU HIERÁRQUICO IMEDIATAMENTE SUPERIOR. MATÉRIA INFRACONSTITUCIONAL. AUSÊN-

CIA DE TRANSCENDÊNCIA GERAL (ARE 717.898-RG, REL. MIN. GILMAR MENDES, TEMA 687). AGRAVO REGIMENTAL A QUE SE NEGA PROVIMENTO. HONORÁRIOS ADVOCATÍCIOS ADICIONAIS CORRESPONDENTES A 20% DO VALOR A ESSE TÍTULO JÁ FIXADO NO PROCESSO (CPC/2015, ART. 85, § 11).
(ARE 946340 AgR, Relator(a): Min. TEORI ZAVASCKI, Segunda Turma, julgado em 02/08/2016, PROCESSO ELETRÔNICO DJe-174 DIVULG 17-08-2016 PUBLIC 18-08-2016)

EMENTA Agravo regimental no recurso extraordinário com agravo. Não indicação dos dispositivos constitucionais violados. Súmula nº 284/STF. Prequestionamento. Ausência. Súmulas nºs 282 e 356/STF. Execução fiscal. Alegada violação do art. 5º, LV, da CF/88. Desconsideração da personalidade jurídica. Infraconstitucional. Necessidade de reexame dos fatos e das provas. Súmula nº 279/STF. 1. No tocante à preliminar de prescrição trazida no recurso extraordinário, nota-se que o recorrente não indicou os dispositivos constitucionais que, porventura, teriam sido violados. Incidência da Súmula nº 284/STF. 2. Não se admite o recurso extraordinário quando os dispositivos constitucionais que nele se alega violados não estão devidamente prequestionados. Incidência das Súmulas nºs 282 e 356/STF. 3. A afronta aos princípios da legalidade, do devido processo legal, da ampla defesa, do contraditório, dos limites da coisa julgada ou da prestação jurisdicional, quando depende, para ser reconhecida como tal, da análise de normas infraconstitucionais, configura apenas ofensa indireta ou reflexa à Constituição Federal. 4. A questão relativa à desconsideração da personalidade jurídica está limitada ao plano da legislação infraconstitucional bem como do conjunto fático e probatório constante dos autos, cujo reexame é incabível no âmbito de recurso extraordinário. Incidência da Súmula nº 279/STF. 5. Agravo regimental não provido.
(ARE 946110 AgR, Relator(a): Min. DIAS TOFFOLI, Segunda Turma, julgado em 28/06/2016, PROCESSO ELETRÔNICO DJe-165 DIVULG 05-08-2016 PUBLIC 08-08-2016)

Segundo entendimento incontestável do S.T.F., a violação a preceito constitucional que autoriza o conhecimento do recurso extraordinário há de ser direta e frontal, não podendo ser acolhida alegação que se funda na má interpretação da legislação infraconstitucional, pois, em tais hipóteses, somente se pode chegar à conclusão de vulneração à Constituição a partir do acertamento quanto à existência de negativa de vigência da lei federal.

Por sua vez, segundo o S.T.F., não prospera o argumento de que se trata de questão constitucional, "só porque se invoca lei ordinária que regula matéria prevista na Constituição, porquanto, a argumentar-se assim, todas as matérias reguladas em lei ordinária como desdobramento de princípios gerais contidos na Constituição seriam de ordem constitucional" (RE nº 72.959, relator Ministro Luiz Gallotti, publicado na RTJ 60/294) e, "se para provar a contrariedade à Constituição tem-se, antes, de demonstrar a ofensa à lei ordinária, esta conta para a admissibilidade do recurso extraordinário" (RE 92.264, relator Ministro Décio Miranda, acórdão publicado na RTJ 94/462). Precedentes: RE 596.682, relator Ministro Carlos Britto, DJe de 21.10.10; AI 808.361, relator Ministro Marco Aurélio, DJe de 08.09.10; AI 804.854 (Agr), relatora Ministra Cármen Lúcia, DJe de 24.11.2010; AI 756.336 (Agr), relatora Ministra Ellen Gracie, DJe de 22.10.2010).

É certo que há muito o Ministro Gilmar Mendes vinha exteriorizando sua preocupação com a denominada *jurisprudência defensiva* que estava sendo construída no S.T.F. Sua manifestação ficou bem evidenciada no julgamento do RE n. 591.033/SP., *in verbis*:

> *"Presidente, só gostaria de fazer uma nota a propósitos de decisórios, casos que foram relembrados na fala também da Ministra Cármen Lúcia, quanto a evidentes contradições entre os nossos julgados, especialmente no que diz respeito ao reconhecimento de matéria constitucional ou infraconstitucional, essa referência que sempre fazemos.*
>
> *Parte disso, nós sabemos, foi estimulada pela jurisprudência defensiva. Diante de cem mil processos/ano, certamente nós acabávamos por referendar resultados. A outra explicação diz respeito, claro, à articulação do caso, como ele nos é apresentado, como ele é submetido, se de fato o recorrente consegue articular uma questão constitucional ou se de fato o tem é apresentado como se fosse uma questão meramente de feição legal, como ocorreu em vários desses casos, muitos de nós temos certamente manifestação nesse sentido. Mas gostaria de fazer este registro, porque, à medida que o sistema de filtro da repercussão geral vai se tornando mais efetivo, talvez nós tenhamos que fazer uma revisão em relação a questões como o princípio da legalidade, a esta mesma questão que a Ministra Ellen traz hoje da proteção judicial efetiva e a do princípio federativo, à autonomia do ente municipal ou comunal que foi afetada. Felizmente, é um caso em que essa questão se articulou com essa feição, mas é preciso, talvez, que nós pensemos criticamente nesses aspectos porque praticamente toda semana manifestam-se, nas sessões, essas contradições. Casos que nós julgamentos inicialmente como casos infraconstitucionais e, depois, tratamos como questões constitucionais".*

Na sequência do julgamento, afirmou o Ministro Marco Aurélio: *"Verdadeiras situações ambíguas quanto ao envolvimento apenas de tema legal ou de tema também constitucional.*

O novo C.P.C., de certa forma, atenuou a dramaticidade do entendimento proferido pelo S.T.F. no que concerne à sua jurisprudência *defensiva*.

Em que pese ainda deva prevalecer o entendimento do S.T.F. de que não seja possível ser apreciada no âmbito do recurso extraordinário ofensa reflexa ou indireta à Constituição, o fato é que a partir da vigência do novo C.P.C. (tendo como marco intertemporal a data da publicação do acórdão recorrido), os recursos extraordinários que contenham tal circunstâncias não poderão ser simplesmente declarados *não admitidos*, por força da normatização contida no art. 1.033 do novo C.P.C., que assim dispõe: *Se o Supremo Tribunal Federal considerar como reflexa a ofensa à Constituição afirmada no recurso extraordinário, por pressupor a revisão da interpretação de lei federal ou de tratado, remetê-lo-á ao Superior Tribunal de Justiça para julgamento como recurso especial.*

Portanto, se o Supremo Tribunal Federal considerar como reflexa a ofensa à Constituição afirmada no recurso extraordinário, por pressupor a revisão da interpretação de lei federal ou de tratado, remetê-lo-á ao Superior Tribunal de Justiça para julgamento como recurso especial.

O art. 1033 do novo C.P.C. vem reforçar a concepção ideológica do legislador do novo C.P.C. em respaldar com mais força o princípio da *instrumentalidade do processo* e da *instrumentalidade das formas procedimentais*, evitando-se deixar de conhecer recursos por mero erro formal.

Na realidade, durante a vigência do C.P.C. de 1973, o Supremo Tribunal Federal, ao deparar-se com recurso extraordinário em que a questão nele ventilada tivesse conteúdo simplesmente infraconstitucional, sendo somente indireta a ofensa à Constituição Federal, o recurso extraordinário seria impiedosamente considerado inadmissível, não havendo a possibilidade de remessa dos autos ao S.T.J. Nesse sentido eis os seguintes precedentes do S.T.F.:

> *I – Esta Corte firmou orientação no sentido de ser inadmissível, em regra, a interposição de recurso extraordinário para discutir matéria relacionada à ofensa aos princípios constitucionais do devido processo legal, da ampla defesa, do contraditório e da prestação jurisdicional, quando a verificação dessa alegação depender de exame*

prévio de legislação infraconstitucional, por configurar situação de ofensa reflexa ao texto constitucional. II – A exigência do art. 93, IX, da Constituição não impõe seja a decisão exaustivamente fundamentada. O que se busca é que o julgador indique de forma clara as razões de seu convencimento. III – É inadmissível o recurso extraordinário quando sua análise implica rever a interpretação de norma infraconstitucional que fundamenta a decisão a quo. A afronta à Constituição, se ocorrente, seria apenas indireta. IV – Agravo regimental a que se nega provimento. (ARE 788756 AgR, Relator(a): Min. RICARDO LEWANDOWSKI, Segunda Turma, julgado em 26/08/2014, PROCESSO ELETRÔNICO DJe-171 DIVULG 03-09-2014 PUBLIC 04-09-2014).

– *A situação de ofensa meramente reflexa ao texto constitucional, quando ocorrente, não basta, só por si, para viabilizar o acesso à via recursal extraordinária.* (ARE 782590 AgR, Relator(a): Min. CELSO DE MELLO, Segunda Turma, julgado em 26/08/2014, PROCESSO ELETRÔNICO DJe-174 DIVULG 08-09-2014 PUBLIC 09-09-2014)

Pelo novo C.P.C., deparando-se o S.T.F. com hipótese de ofensa reflexa à Constituição Federal, não será mais o caso de não se conhecer do recurso extraordinário, mas, sim, de se aplicar o princípio da fungibilidade recursal, mediante decisão irrecorrível, a fim de que o recurso seja remetido ao S.T.J. para julgamento da questão infraconstitucional.

Na realidade, essa foi uma grande inovação do legislador em prol da garantia do acesso à justiça, pois a questão da ofensa indireta ou reflexa à Constituição era extremamente complexa e gerava muita insegurança aos recorrentes, pois essa análise ficava ao crivo subjetivo e às vezes discricionário do relator do recurso extraordinário.

Recebendo o processo proveniente do S.T.F., o S.T.J. poderá realizar novamente o juízo de admissibilidade do recurso especial, não podendo mais discutir a questão da fungibilidade aplicada pelo S.T.F.

Uma questão que se coloca é se a aplicação do art. 1.033 do novo C.P.C. ocorrerá somente na hipótese em que a parte tenha ingressado apenas com o recurso extraordinário ou se tal observância ocorrerá igualmente quando a parte ingressou simultaneamente com recurso extraordinário e o recurso especial. Poder-se-á argumentar que nessa segunda hipótese, o S.T.F. não poderá aplicar o art. 1.033 do novo C.P.C., uma vez que o S.T.J. teria que apreciar, na realidade, dois recursos especiais, ferindo--se desta forma o princípio da *unirrecorribilidade* da decisão. Porém, também se pode argumentar que a interposição do recurso extraordinário foi correta, mas que a interpretação de que a ofensa à Constituição foi meramente *reflexa ou indireta* provém do próprio S.T.F., fato esse que não poderá prejudicar a parte recorrente.

Outra questão que se pode suscitar é se o presidente ou vice-presidente do tribunal recorrido poderá aplicar o disposto no art. 1033 do novo C.P.C., quando da realização prévia de juízo de admissibilidade perceber que a contrariedade à norma constitucional é meramente reflexa ou indireta.

Tendo em vista que o presidente ou vice-presidente do tribunal recorrido exerce a função de análise de admissibilidade do recurso extraordinário por delegação de competência do S.T.F., bem como pelo fato de que a questão sobre ser ou não reflexa a contrariedade à Constituição é requisito de admissibilidade do recurso, não se observa impedimento para que o tribunal recorrido aplique o art. 1.033 do novo C.P.C.

Esse entendimento está de acordo, inclusive, com o princípio da *economia processual*, pois, impedindo-se o presidente ou vice-presidente do tribunal recorrido de aplicar o art. 1033 do novo C.P.C., a parte sucumbente ingressará com recurso de agravo em recurso extraordinário perante o S.T.F. contra a decisão que não admitiu o recurso extraordinário. E se o S.T.F., ao analisar o agravo, entender que a questão é efetivamente *reflexa*, deverá encaminhar o processo ao S.T.J., nos termos do art. 1.033 do novo C.P.C.

22.
Admissibilidade do recurso extraordinário e especial – aplicação do direito – *jura novit curia*

Para que o S.T.F ou o S.T.J. possa conhecer do recurso extraordinário ou especial, é necessário que tenha havido o devido prequestionamento da questão de direito constitucional ou infraconstitucional a ser levada ao conhecimento desses tribunais superiores.

Havendo o prequestionamento, o S.T.J e o S.T.F. julgará a causa de acordo com o Direito, aplicando o princípio *jura novit curia* (art. 1.034 do novo C.P.C.).

Nesse sentido, aliás, é o que dispõe a Súmula 456 do S.T.F., a saber: *"O Supremo Tribunal Federal, conhecendo do recurso extraordinário, julgará a causa, aplicando o direito à espécie"*. No mesmo sentido é a Súmula 457 do S.T.F., desta vez fazendo referência ao Tribunal Superior do Trabalho: *"O Tribunal Superior do Trabalho, conhecendo da revista, julgará a causa, aplicando o direito à espécie"*.

O mesmo preceito normativo encontra-se no art. 257 do RISTJ e art. 324 do RISTF.

Tendo sido admitido o recurso extraordinário ou especial por um fundamento, devolve-se ao tribunal superior o conhecimento dos demais e de todas as questões relevantes para a solução do capítulo impugnado (p.u. do art. 1.034 do novo C.P.C.).

Assim, se o recurso extraordinário/especial for admitido por um fundamento, poderá o S.T.J. ou o S.T.F., ao julgá-lo, conhecer *ex offício* ou por provocação de todos os demais fundamentos e todas as questões relevantes para a solução do capítulo impugnado, mesmo que não tenham sido enfrentados no acórdão recorrido.[215]

---

[215] Didier Jr., F.; da Cunha, L. J. C., op. cit., p. 236.

Há certa flexibilidade no conhecimento da causa de pedir, especialmente pelo efeito devolutivo que esse tipo de recurso apresenta.

Diante dessas considerações, percebe-se que o S.T.F. ou o S.T.J. poderá analisar matéria que não foi examinada na instância inferior, desde que tenha ocorrido a admissibilidade do recurso. Sobre o tema, eis a seguinte lição de Didier Jr. e Carneiro da Cunha: *"Assim, poderá o STF/STJ analisar matéria que não foi examinada na instância 'a quo', pois o prequestionamento diz respeito apenas ao juízo de admissibilidade. O juízo de rejulgamento da causa é diferente do juízo de admissibilidade do recurso extraordinário: para que se admita o recurso é indispensável o prequestionamento, mas, uma vez admitido, no juízo de rejulgamento, não há qualquer limitação cognitiva, a não ser a limitação horizontal estabelecida pelo recorrente (extensão do efeito devolutivo). Conhecido o recurso excepcional, a profundidade do seu efeito devolutivo não tem qualquer peculiaridade. Nada há de especial no 'julgamento' de um recurso excepcional; o 'excepcional' em um recurso excepcional está em seu juízo de admissibilidade, tendo em vista as suas estritas hipóteses de cabimento".*[216]

Diante dessas considerações, chega-se à seguinte conclusão: a) o recurso extraordinário e especial não são recursos de cassação, mas de revisão; b) para o juízo de admissibilidade desses recursos deverá haver prequestionamento de determinada questão jurídica; c) para fins de julgamento (efeito translativo ou profundidade do efeito devolutivo), porém, uma vez admitido o recurso extraordinário ou especial, poderá o tribunal superior examinar todas as matérias que possam ser examinadas a qualquer tempo, inclusive prescrição e decadência e as questões de ordem pública. E é com base nessa premissa que se permite ao STJ fazer controle de constitucionalidade, no julgamento de recurso especial, da lei que se reputa ofendida.[217]

É importante salientar que segundo o teor da Súmula 528 do S.T.F., se a decisão contiver partes autônomas, a admissão parcial, pelo Presidente do Tribunal *a quo*, de recurso extraordinário que, sobre qualquer delas se manifestar, não limitará a apreciação de todas pelo Supremo Tribunal Federal, independentemente de interposição de agravo de instrumento.

Sobre o tema, eis os seguintes precedentes do S.T.J.:

---

[216] DIDIER JR., F.; DA CUNHA, L. J. C., idem, p. 237.
[217] DIDIER JR., F., DA CUNHA, L. J. C., idem, p. 238.

Recurso especial. Conhecimento. Aplicação do direito a espécie (sumula n. 456 – s.t.f. e ristj, art. 257). Amplitude.

i – caracterizado o dissenso entre o acórdão recorrido e o paradigma colacionado, quanto a natureza da isenção, impõe-se, na espécie, o conhecimento do recurso, aplicando-se o direito a espécie.

ii – no contexto assinalado, deve o órgão julgador limitar-se ao exame da questão federal colacionada, mas, se, ao assim proceder, tiver de julgar o mérito da controvérsia, pode, de ofício, conhecer das praticas atinentes as condições da ação e os pressupostos processuais.

iii – recurso especial de que se conhece, a fim de se julgar extinto o processo sem julgamento do mérito (c.p.c., artigo 267, vi).

(REsp 36.663/RS, Rel. Ministro ANTÔNIO DE PÁDUA RIBEIRO, SEGUNDA TURMA, julgado em 18/10/1993, DJ 08/11/1993, p. 23547)

1. Em sede de recurso especial, é possível examinar, de ofício, questões que envolvam a declaração de nulidade processual absoluta, ainda que tal exame esteja subordinado ao conhecimento do recurso especial, dado o efeito translativo dos recursos. Nesse sentido: REsp 609.144/SC, 1ª Turma, Rel. Min. Teori Albino Zavascki, RDR, vol. 30, p. 333; AgRg no REsp 803.656/PR, 1ª Turma, Rel. Min. Denise Arruda, DJe 13.11.2009; EDcl nos EDcl no REsp 920.334/SP, 2ª Turma, Rel. Min. Castro Meira, DJe 12.8.2008.

2. Na presente ação de consignação em pagamento, a autora pretende a quitação do saldo devedor de seu contrato de financiamento celebrado no âmbito do Programa de Crédito Educativo, mediante depósito do valor que ela entende devido e apurado de acordo com os seguintes critérios: a) desconto de 30% (trinta por cento) sobre o saldo devedor consolidado, com fundamento no art. 6º, II, da Medida Provisória n. 1.706/98; b) exclusão da Taxa Referencial a título de correção monetária; c) aplicação de juros simples à razão de 6% (seis por cento) ao ano, com afastamento da capitalização de juros.

3. Verifica-se a ocorrência de nulidade processual absoluta por inobservância dos arts. 128, 460 e 515 do Código de Processo Civil, pois o Tribunal de origem incorreu em julgamento citra petita, na medida em que não se pronunciou sobre o pretendido desconto de 30% a que se refere o art. 6º, II, da Medida Provisória n. 1.706/98, tampouco sobre a alegada inaplicabilidade da Taxa Referencial a título de correção monetária. Por outro lado, ao se manifestar sobre a tabela PRICE, o Tribunal de origem incorreu em julgamento extra petita.

4. *Recursos especiais conhecidos e decretada, de ofício, a nulidade do acórdão recorrido, determinando-se ao Tribunal de origem que proceda a um novo julgamento da causa, com a observância dos limites em que a lide foi proposta.*

(REsp 1205340/PE, Rel. Ministro MAURO CAMPBELL MARQUES, SEGUNDA TURMA, julgado em 16/12/2010, DJe 08/02/2011)

1. Até mesmo as questões de ordem pública, passíveis de conhecimento ex officio, em qualquer tempo e grau de jurisdição ordinária, não podem ser analisadas no âmbito do recurso especial se ausente o requisito do prequestionamento.

2. Excepciona-se a regra se o recurso especial ensejar conhecimento por outros fundamentos, ante o efeito translativo dos recursos, que tem aplicação, mesmo que de forma temperada, na instância especial.

Precedentes.

3. Aplicação analógica da Súmula 456/STF, segundo a qual "o Supremo Tribunal Federal, conhecendo do recurso extraordinário, julgará a causa, aplicando o direito à espécie".

4. Diz-se extra petita a decisão que aprecia pedido ou causa de pedir distintos daqueles apresentados pelo autor na inicial, isto é, aquela que confere provimento judicial sobre algo que não foi pedido.

5. Na hipótese, as autoras, ora recorrentes, defenderam que o enquadramento das atividades da empresa, para fins de apuração das alíquotas do SAT, deve corresponder ao grau de risco da atividade desenvolvida em cada estabelecimento da empresa. A Corte regional, porém, proferiu julgamento diverso relativo à possibilidade de o decreto regulamentador dispor sobre o grau de risco das atividades desenvolvidas pelas empresas, dada a impossibilidade de a lei prever todas as condições sociais, econômicas e tecnológicas que emergem das atividades laborais.

6. Embargos de declaração acolhidos com efeitos modificativos, para conhecer do recurso especial e dar-lhe provimento.

(EDcl nos EDcl no REsp 920.334/SP, Rel. Ministro CASTRO MEIRA, SEGUNDA TURMA, julgado em 24/06/2008, DJe 12/08/2008)

No mesmo sentido são os seguintes precedentes do S.T.F.:

EMENTA: 1. Servidor Público do Município de São Paulo: aplicação do novo critério de reajuste dos vencimentos dos servidores fixado pela Lei Municipal 11.722/95, no mês de fevereiro de 1995, que viola o princípio constitucional da irredutibilidade de vencimentos: orientação firmada pelo plenário do STF no julgamento dos RREE 258980 (10.4.2003, Galvão, DJ 6.6.2003) e 298.694 (6.8.2003, Pertence, DJ

23.4.2004). 2. Recurso extraordinário: letra a: possibilidade de confirmação da decisão recorrida por fundamento constitucional diverso daquele que o tenha lastreado: baseado o acórdão recorrido na violação do direito adquirido, pode o Supremo Tribunal conhecer do RE, a, por violação ao princípio da irredutibilidade de vencimentos, ante a sua função precípua de guarda da Constituição (RE 298.694, Pl., 6.8.2003, DJ 23.4.2004).

(RE 389302 AgR, Relator(a): Min. SEPÚLVEDA PERTENCE, Primeira Turma, julgado em 18/10/2005, DJ 11-11-2005 PP-00027 EMENT VOL-02213-04 PP-00667)

I. Recurso extraordinário: alínea "b": devolução de toda a questão de constitucionalidade da lei, sem limitação aos pontos aventados na decisão recorrida. Precedente (RE 298.694, Pl. 6.8.2003, Pertence, DJ 23.04.2004). II. Controle incidente de inconstitucionalidade e o papel do Supremo Tribunal Federal. Ainda que não seja essencial à solução do caso concreto, não pode o Tribunal – dado o seu papel de "guarda da Constituição" – se furtar a enfrentar o problema de constitucionalidade suscitado incidentemente (v.g. SE 5.206-AgR; MS 20.505). III. Medida provisória: requisitos de relevância e urgência: questão relativa à execução mediante precatório, disciplinada pelo artigo 100 e parágrafos da Constituição: caracterização de situação relevante de urgência legislativa. IV. Fazenda Pública: execução não embargada: honorários de advogado: constitucionalidade declarada pelo Supremo Tribunal, com interpretação conforme ao art. 1º-D da L. 9.494/97, na redação que lhe foi dada pela MPr 2.180-35/2001, de modo a reduzir-lhe a aplicação à hipótese de execução por quantia certa contra a Fazenda Pública (C. Pr. Civil, art. 730), excluídos os casos de pagamento de obrigações definidos em lei como de pequeno valor (CF/88, art. 100, § 3º).

(RE 420816, Relator(a): Min. CARLOS VELLOSO, Relator(a) p/ Acórdão: Min. SEPÚLVEDA PERTENCE, Tribunal Pleno, julgado em 29/09/2004, DJ 10-12-2006 PP-00050 EMENT VOL-02255-04 PP-00722)

Dentro do efeito translativo da matéria recursal que será apreciada pelo S.T.F. ou pelo S.T.J. há, também, a possibilidade de se verificar que a causa de pedir que deve ser analisada é de competência de outro tribunal.

É importante salientar que segundo o teor da Súmula 528 do S.T.F., se a decisão contiver partes autônomas, a admissão parcial, pelo Presidente do Tribunal *a quo*, de recurso extraordinário que, sobre qualquer delas se manifestar, não limitará a apreciação de todas pelo Supremo Tribunal Federal, independentemente de interposição de agravo de instrumento.

23.
Da repercussão geral – nota introdutória

Diante da crise vivenciada há muito pelo Supremo Tribunal Federal, especialmente pela sobrecarga de recursos que são encaminhados mensalmente à Corte Constitucional, o saudoso Ministro Victor Nunes Leal, já em 1965, sugeria a instituição do requisito da *'arguição de relevância'*, que no seu sentir seria a melhor maneira de aliviar a sobrecarga do S.T.F. Segundo o Ministro Victor Nunes Leal, essa técnica provinha do direito norte-americano que, nas palavras de Estern e Gressman, qualquer tipo de questão que chegasse à Corte Suprema sofreria um processo preliminar de triagem e somente sobreviveria naqueles casos em que a Corte considerasse suficientemente importantes ou significativos (*important or meritorius*).[218]

A *'arguição de relevância'*, não repetida pela Constituição Federal de 1988, *"fora criada pela Emenda Regimental 3, de 12.06.1975 (consagrada pela EC 7/77), e que o art. 327, §1º, do RISTF, com a redação da Emenda 2/85, definia como aquela que, 'pelos reflexos na ordem jurídica, e considerados os aspectos morais, econômicos, políticos ou sociais da causa, exigir a apreciação do recurso extraordinário pelo Tribunal'. De início, questionou-se em sede doutrinária e jurisprudencial acerca da natureza jurídica da arguição de relevância. Ao depois, o tema pacificou-se no entendimento de que não se tratava de recurso, e sim de um expediente que – pondo em realce a importância jurídica, social, econômica ou política da matéria versada no recurso extraordinário – buscava obter sua admissão ao STF, nas hipóteses que, em princípio, estariam excluídas de seu âmbito.*

A arguição de revelância configurava um expediente vocacionado à 'inclusão' de recurso extraordinário (para alcançar 'os demais feitos', dizia a primitiva reda-

---

[218] MANCUSO, R., op. cit., p. 76.

ção do inciso XI do art. 325 do RISTF), em contraposição à atual 'repercussão geral da questão constitucional' (CF, §3º do art. 102 – EC 45/2004) a qual, embora bastem quatro votos para ser reconhecida (CPC, §4º do art. 543-A: Lei 11.418/2006), apresenta índole 'restritiva', por se apresentar como um pré-requisito 'genérico' e 'excludente', agregado às demais exigências para a admissão do RE...

Com efeito, tirante os casos de ofensa à Constituição; de divergência com súmula do STF (incisos I e II do art. 325 do RISTF – ER 2/85) e de outras oito hipóteses específicas e restritas (incisos III a X), a ideia-força do sistema vigente à época era de barrar a admissibilidade do recurso extraordinário, à exceção daqueles casos onde o recorrente conseguisse demonstrar 'a relevância da questão federal' (inciso XI)...".[219]

Muito embora a Constituição Federal de 1988 não tenha recepcionado como requisito da interposição do recurso extraordinário a então conhecida 'arguição de relevância', o certo é que a EC n. 45/2004 (Reforma do Judiciário) consagrou, no art. 102, §3º, da C.F., o instituto da *repercussão geral*, segundo o qual '*no recurso extraordinário o recorrente deverá demonstrar a 'repercussão geral' das questões constitucionais discutidas no caso, nos termos da lei, a fim de que o Tribunal examine a admissão do recurso, somente podendo recusá-la pela manifestação de dois terços de seus membros*".

Note-se que preceito semelhante já existia em relação ao *recurso de revista* previsto no art. 896-A da C.L.T., introduzido pela Medida Provisória n. 2.226/2001, *in verbis*: "*O Tribunal Superior do Trabalho, no recurso de revista, examinará previamente se a causa oferece transcendência com relação aos reflexos gerais de natureza econômica, política, social ou jurídica*".

A Lei 11.418/06 introduziu no art. 543-A do CPC de 1973 a nova disciplina do recurso extraordinário, tendo em vista a exigência de demonstração, em preliminar do recurso, da existência de *repercussão geral*.

Estabelecia o art. 543-A do C.P.C. de 1973:

> Art. 543-A. O Supremo Tribunal Federal, em decisão irrecorrível, não conhecerá do recurso extraordinário, quando a questão constitucional nele versada não oferecer repercussão geral, nos termos deste artigo. (Incluído pela Lei nº 11.418, de 2006).

---

[219] MANCUSO, R., idem, p. 76 e 77.

§ 1º Para efeito da repercussão geral, será considerada a existência, ou não, de questões relevantes do ponto de vista econômico, político, social ou jurídico, que ultrapassem os interesses subjetivos da causa. (Incluído pela Lei nº 11.418, de 2006).

§ 2º O recorrente deverá demonstrar, em preliminar do recurso, para apreciação exclusiva do Supremo Tribunal Federal, a existência da repercussão geral. (Incluído pela Lei nº 11.418, de 2006).

§ 3º Haverá repercussão geral sempre que o recurso impugnar decisão contrária a súmula ou jurisprudência dominante do Tribunal. (Incluído pela Lei nº 11.418, de 2006).

§ 4º Se a Turma decidir pela existência da repercussão geral por, no mínimo, 4 (quatro) votos, ficará dispensada a remessa do recurso ao Plenário. (Incluído pela Lei nº 11.418, de 2006).

§ 5º Negada a existência da repercussão geral, a decisão valerá para todos os recursos sobre matéria idêntica, que serão indeferidos liminarmente, salvo revisão da tese, tudo nos termos do Regimento Interno do Supremo Tribunal Federal. (Incluído pela Lei nº 11.418, de 2006).

§ 6º O Relator poderá admitir, na análise da repercussão geral, a manifestação de terceiros, subscrita por procurador habilitado, nos termos do Regimento Interno do Supremo Tribunal Federal. (Incluído pela Lei nº 11.418, de 2006).

§ 7º A Súmula da decisão sobre a repercussão geral constará de ata, que será publicada no Diário Oficial e valerá como acórdão. (Incluído pela Lei nº 11.418, de 2006).

Com efeito, o instituto da repercussão geral, introduzido no ordenamento jurídico pela Emenda Constitucional 45/2004 (art. 102, § 3º, da CRFB), resultou em verdadeira cisão na competência funcional quanto ao julgamento do recurso extraordinário, nos seguintes moldes: 1) a matéria de direito constitucional dotada de repercussão geral é julgada pelo Supremo Tribunal Federal; 2) o restante da matéria de fato ou de direito é apreciada pelo tribunal de origem. Essa cisão de competência limita a cognição do Supremo Tribunal Federal, no recurso extraordinário, à questão de repercussão geral reconhecida, não lhe sendo possível, portanto, a incursão em qualquer outra questão de fato ou de direito, visto que, tem-se aqui hipótese de competência funcional e, consectariamente, absoluta. Nessa esteira, devido à cisão de competência no recurso extraordinário, atribuindo-se ao Supremo Tribunal Federal a competência funcional apenas para a apreciação da questão dotada de repercussão geral, sua cognição se afigura limitada no plano horizontal e exauriente no plano vertical. Isso significa que pode a Corte Suprema examinar com toda a profundidade possível a questão dotada de repercussão geral, mas não se pronuncia sobre outras questões versadas nos processos sobrestados com idêntica controvérsia, sob pena de invadir a competência funcional dos tribunais inferiores, que é absoluta.[220]

Tem-se aqui efetivamente importante mudança do controle incidental, uma vez que os recursos extraordinários terão de passar pelo crivo de admissibilidade referente à *repercussão geral*.

A existência da repercussão geral da questão constitucional suscitada é requisito necessário para o conhecimento de todos os recursos extraordinários, inclusive em matéria penal.

Exige-se a inserção de preliminar formal de repercussão geral, sob pena de não ser admitido o recurso extraordinário.

A falta de inserção de preliminar de repercussão geral nas razões do recurso extraordinário caracteriza vício formal grave, impedindo a aplicação do disposto no §3º do art. 1.029 do novo C.P.C., que assim dispõe: *O Supremo Tribunal Federal ou o Superior Tribunal de Justiça poderá desconsiderar vício formal de recurso tempestivo ou determinar sua correção, desde que não o repute grave.*

A única hipótese em que se permitirá que a parte esclareça sobre a existência de repercussão geral após a interposição do recurso se dá quando presente a circunstância prevista no art. 1.032 do novo C.P.C., a saber: *Se o relator, no Superior Tribunal de Justiça, entender que o recurso especial versa sobre questão constitucional, deverá conceder prazo de 15 (quinze) dias para que o recorrente demonstre a existência de repercussão geral e se manifeste sobre a questão constitucional.*

A verificação da existência da preliminar formal referente à repercussão geral é de competência concorrente do Tribunal recorrido, da Turma Recursal ou da Turma de Uniformização de origem e, logicamente, do próprio S.T.F.

Já a análise sobre a efetiva existência ou não da repercussão geral, inclusive o reconhecimento de presunção legal de repercussão geral, é de competência exclusiva do S.T.F.

---

[220] Luiz Fux (Rcl 24384/DF – DISTRITO FEDERAL – Julgamento: 08/08/2016).

Mantendo a sistemática processual então vigente no C.P.C. de 1973, o art. 1.035 do novo C.P.C. preconiza que o Supremo Tribunal Federal, em decisão irrecorrível, não conhecerá do recurso extraordinário quando a questão constitucional nele versada não tiver repercussão geral.

A exigência de demonstração de repercussão geral dos recursos extraordinários também é prevista no art. 322 do Regimento Interno do S.T.F.: *"O Tribunal recusará recurso extraordinário cuja questão constitucional não oferecer repercussão geral, nos termos deste capítulo".*

A repercussão geral deverá ser demonstrada como preliminar do recurso extraordinário, sendo que a apreciação de sua efetiva ocorrência será exclusiva do S.T.F.

O S.T.F., por meio de decisões, já estabeleceu alguns critérios delineadores do instituto da *repercussão geral*, a saber: a) a fundamentação da repercussão geral somente poderá ser exigida nos recursos extraordinários cujo início do prazo para sua interposição tenha ocorrido após o dia 3-7-2007, data em que foi publicada a Emenda Regimental n. 21 do S.T.F. (AI/QO n. 664.567, Rel. Min. Sepúlveda Pertence); b) cabe exclusivamente ao S.T.F. reconhecer a efetiva existência da repercussão geral, não obstante tanto o S.T.F. quanto os demais tribunais de origem possam verificar a existência da demonstração formal e fundamentada da repercussão geral.

Evidentemente, a introdução em nosso ordenamento jurídico do instituto da *repercussão geral* é efetivamente uma forma de se estabelecer um filtro para ingresso de recurso extraordinário no âmbito do S.T.F., filtro esse amparado em dados axiológicos vinculados à questão política, social, econômica e jurídica da questão inserida no âmbito do recurso extraordinário.

De todo modo, *"parece indisputável que algum tipo de 'controle, filtro ou triagem' há de existir para o acesso às Cortes Superiores, quanto mais não seja ante a evidente desproporção entre o número de ministros e o volume exacerbado de processos que, de outro modo, ali aportariam, sem um critério distintivo ou regulador; outrossim a alternativa do aumento do número de julgadores, sobre não resolver o problema, acarretaria a indesejável 'macrocefalia' da estrutura do Poder Judiciário, de 'per si' bastante avantajada".*[221]

---

[221] MANCUSO, R., op.cit., p. 80.

23.1. Diferenciação entre repercussão geral e recurso extraordinário repetitivo

É importante salientar que o instituto da *repercussão geral* não se confunde com o instituto *do recurso extraordinário repetitivo.*

No recurso extraordinário repetitivo, previsto nos arts. 1.036 a 1.041 do atual C.P.C., o fundamento para a sua instauração é justamente a *multiplicidade de recurso extraordinário com fundamento na mesma questão de direito.*[222]

Portanto, para que seja possível a instauração do recurso extraordinário repetitivo, é necessário demonstrar a existência de *multiplicidade de recurso.*

Já em relação ao instituto de *repercussão geral,* não se exige a demonstração de que aquela questão poderá ensejar a interposição de multiplicidade de recurso extraordinário.

No âmbito da repercussão geral, é necessário que o recorrente demonstre que a decisão a ser proferida no recurso extraordinário terá grande relevância do ponto de vista econômico, político, social ou jurídico, ultrapassando os limites dos interesses subjetivos do processo, ainda que essa questão não venha a gerar multiplicidade de recursos.

É certo, porém, seja num recurso extraordinário singular ou num recurso extraordinário que decorra de multiplicidade de recurso, a *repercussão geral* deverá sempre ser arguida e demonstrada, sob pena de o recurso não ser admitido.

23.2. Demonstração da existência de repercussão geral para apreciação exclusiva do S.T.F.

A expressão 'repercussão geral' é um conceito vago, indeterminado, plurívoco ou polissêmico, razão pela qual o constituinte houve por bem delegar a sua definição à *lei*, para modelar com mais precisão este instituto jurídico.[223]

Diante desse conceito vago e indeterminado, indaga-se se o S.T.F. exerce competência discricionária quando avalia se a causa tem ou não

---

[222] Tratamos do julgamento dos Recursos Extraordinário e Especial Repetitivos em nossa obra *"Resolução de Demandas Repetitivas – Comunicação de Demanda Individual, Incidente de Resolução de Demandas Repetitivas e Recursos Repetitivos,* desta Coleção.
[223] Mancuso, R., op. Cit., p. 195.

repercussão geral. Respondendo a essa indagação, Regina Helena Costa aduz que a resposta dependerá se o conceito é de *experiência* ou de *valor*. Segundo a referida doutrinadora: *"Conceito de experiência é um conceito que diz respeito a objetos sensíveis, que remete a ideia técnica, e, portanto, é um conceito que, uma vez apreciado e esgotado o processo interpretativo, o aplicador chegará a uma única solução para o caso concreto. Os conceitos de experiência não outorgam a margem de apreciação subjetiva que pode ser ensejada pelos conceitos de valor, que são conceitos que envolvem sentimentos e desejos...Já os conceitos de valor são sempre mais difíceis de lidar – tais como 'boa fé', 'justo preço', 'justa indenização'. Esses conceitos, quando apreciados, ou seja, uma vez esgotado o processo interpretativo, por vezes, deixarão uma margem de apreciação subjetiva que o processo interpretativo não foi capaz de eliminar. E essa margem de apreciação subjetiva, em nosso sentir, traduz-se em discricionariedade".*[224]

Para Regina Helena Costa, muito embora a *repercussão geral* seja um conceito jurídico indeterminado, esse conceito tem a natureza de um conceito de experiência, pois é possível identificar quando a causa realmente produzirá repercussão geral, transcendendo os interesses subjetivos das partes no processo.[225]

Porém, não obstante esse entendimento de Regina Helena Costa, não se pode deixar de afirmar que o S.T.F. poderá recusar a existência de repercussão geral pelo voto de 2/3 de seus membros, sendo que contra essa decisão não caberá qualquer recurso (art. 326 do Regimento Interno do S.T.F).

A repercussão geral deverá ser demonstrada como preliminar do recurso extraordinário, para análise exclusiva do S.T.F.

A análise das questões relevantes do ponto de vista econômico, político, social ou jurídico é de competência exclusiva do S.T.F.

Assim, há necessidade de que o recorrente apresente, em capítulo próprio, nas razões recursais, os fundamentos que demonstrem a existência da repercussão geral, fundamentos esses que indiquem questões relevantes do ponto de vista econômico, político, social ou jurídico, que ultrapassem os interesses subjetivos da causa.

---

[224] COSTA, Regina Helena. Repercussão em matéria tributária: primeiras reflexões. *In*: Leandro Paulsen (Coord.). *Repercussão geral no recurso extraordinário*. Porto Alegre: Livraria do Advogado, 2011. p. 115.
[225] COSTA, R. H., idem, p. 116.

De acordo com a orientação firmada pelo S.T.F., é insuficiente a simples alegação de que a matéria em debate no recurso extraordinário apresenta repercussão geral sem que a parte recorrente aponte *de forma expressa e clara as circunstâncias que poderiam configurar a relevância*. Sobre o tema, eis os seguintes precedentes do S.T.F.:

> *A peça de recurso extraordinário prescinde da necessária fundamentação da preliminar de repercussão geral, o que inviabiliza o processamento do recurso extraordinário. Precedente. Questões alegadas no recurso extraordinário que não foram objeto de análise pelo Tribunal de origem. Incidência da Súmula 282/STF. A jurisprudência do Supremo Tribunal Federal afasta o cabimento de recurso extraordinário para o questionamento de alegadas violações à legislação infraconstitucional. Precedentes. Agravo regimental a que se nega provimento.*
>
> (ARE 764381 AgR, Relator(a): Min. ROBERTO BARROSO, Primeira Turma, julgado em 10/12/2013, ACÓRDÃO ELETRÔNICO DJe-026 DIVULG 06-02-2014 PUBLIC 07-02-2014).
>
> *De acordo com a orientação firmada neste Tribunal, é dever da parte recorrente apresentar preliminar formal e fundamentada da repercussão geral da questão constitucional em debate no recurso extraordinário. Cabe à parte recorrente apontar de forma expressa e clara as circunstâncias que poderiam configurar a relevância – do ponto de vista econômico, político, social ou jurídico – das questões constitucionais invocadas no recurso extraordinário (CPC, art. 543-A, §§ 1º e 2º). Agravo regimental a que se nega provimento.*
>
> (ARE 682069 AgR, Relator(a): Min. JOAQUIM BARBOSA (Presidente), Tribunal Pleno, julgado em 26/06/2013, ACÓRDÃO ELETRÔNICO DJe-162 DIVULG 19-08-2013 PUBLIC 20-08-2013)

Cabe à parte recorrente demonstrar de forma expressa e clara as circunstâncias que poderiam configurar a relevância do **ponto** de **vista econômico**, **político**, **social** ou **jurídico** das questões constitucionais invocadas no recurso extraordinário. A deficiência na fundamentação inviabiliza o recurso interposto.

O momento processual oportuno para a demonstração das questões relevantes do **ponto** de **vista econômico**, **político**, **social** ou **jurídico** que ultrapassem os interesses subjetivos das partes é em tópico exclusivo, devidamente fundamentado, no recurso extraordinário, e não nas razões recursais de outros recursos, como, por exemplo, nas razões recursais do agravo em recurso extraordinário ou em agravo interno.

Estabelece o art. 327 do Regimento Interno do S.T.F.: *"A Presidência do Tribunal recusará recursos que não apresentem preliminar formal e fundamentada de repercussão geral, bem como aqueles cuja matéria carecer de repercussão geral, segundo precedente do Tribunal, salvo se a tese tiver sido revista ou estiver em procedimento de revisão".*

Igual competência terá o relator quando o recurso não tiver sido liminarmente recusado pela Presidência (art. 327, §1º, do Regimento Interno do S.T.F.).

Portanto, segundo estabelece a jurisprudência do S.T.F, é dever da parte demonstrar a existência de repercussão geral para conhecimento do recurso extraordinário. Nesse sentido são os seguintes precedentes:

1. É dever processual da parte recorrente apresentar preliminar, formal e fundamentada, de repercussão geral das questões constitucionais versadas no apelo extremo. Dever, esse, constante do § 3º do art. 102 da Constituição Federal, incluído pela EC 45/2004 e regulamentado pelo § 2º do art. 543-A do Código de Processo Civil, na redação da Lei 11.418/2006. 2. Agravo regimental desprovido. (ARE 641296 AgR, Relator(a): Min. AYRES BRITTO (Presidente), Tribunal Pleno, julgado em 31/10/2012, ACÓRDÃO ELETRÔNICO DJe-235 DIVULG 29-11-2012 PUBLIC 30-11-2012)

Ausência da preliminar formal e fundamentada de repercussão geral no recurso extraordinário. Inobservância do art. 543-A, § 2º, do CPC. Reconhecimento da repercussão geral em caso análogo que não dispensa a satisfação do requisito. Precedentes. Agravo regimental a que se nega provimento. (AI 799377 AgR, Relator(a): Min. ROSA WEBER, Primeira Turma, julgado em 03/04/2012, ACÓRDÃO ELETRÔNICO DJe-076 DIVULG 18-04-2012 PUBLIC 19-04-2012)

1. As razões do agravo regimental não atacam todos os fundamentos da decisão agravada, incidindo o óbice da Súmula nº 283/STF. Precedentes. 2. Não se conhece de recurso extraordinário se a alegada afronta a Constituição é reflexa, a depender de interpretação da legislação infraconstitucional. 3. Acórdão que contém motivação suficiente não se ressente do vício da ausência de fundamentação, com afronta ao art. 93, IX, da Constituição Federal. 4. Inconfundíveis os pressupostos processuais e condições da ação constitucional do habeas corpus e os requisitos de admissibilidade do recurso extraordinário. 5. Não se admite o recurso extraordinário se ausente a preliminar de repercussão geral, incluído o que trata de matéria criminal. Precedentes. 6. Agravo regimental a que se nega provimento. (AI 834125 AgR, Relator(a): Min. ROSA WEBER, Primeira Turma, julgado em 03/04/2012, ACÓRDÃO ELETRÔNICO DJe-089 DIVULG 07-05-2012 PUBLIC 08-05-2012)

1. Inobservância ao que disposto no artigo 543-A, § 2º, do Código de Processo Civil, que exige a apresentação de preliminar sobre a repercussão geral na petição de recurso extraordinário, significando a demonstração da existência de questões constitucionais relevantes sob o ponto de vista econômico, político, social ou jurídico, que ultrapassem os interesses subjetivos das partes. 2. A ausência dessa preliminar na petição de interposição permite que a Presidência do Supremo Tribunal Federal negue, liminarmente, o processamento do recurso extraordinário, bem como do agravo de instrumento interposto contra a decisão que o inadmitiu na origem (13, V, c, e 327, caput e § 1º, do Regimento Interno do Supremo Tribunal Federal). 3. Cuida-se de novo requisito de admissibilidade que se traduz em verdadeiro ônus conferido ao recorrente pelo legislador, instituído com o objetivo de tornar mais célere a prestação jurisdicional almejada. 4. O simples fato de haver outros recursos extraordinários sobrestados, aguardando a conclusão do julgamento de ação direta de inconstitucionalidade, não exime o recorrente de demonstrar o cabimento do recurso interposto. 5. Agravo regimental desprovido. (RE 569476 AgR, Relator(a): Min. ELLEN GRACIE, Tribunal Pleno, julgado em 02/04/2008, DJe-074 DIVULG 24-04-2008 PUBLIC 25-04-2008 EMENT VOL-02316-09 PP-01926 RTJ VOL-00205-01 PP-00468 RJTJRS v. 47, n. 283, 2012, p. 45-48)

23.3. Circunstâncias que denotam a existência de repercussão geral

A finalidade do instituto da repercussão geral é de servir como um importante filtro para a admissibilidade do recurso extraordinário, delimitando-se a competência do S.T.F. no julgamento dessa espécie recursal.

Contudo, o S.T.F. somente irá verificar se há ou não fundamento para acolher a repercussão geral no recurso extraordinário, após constatar que estão presentes os demais requisitos de admissibilidade do recurso extraordinário, pois a repercussão geral pressupõe recurso admissível sob o crivo dos demais requisitos constitucionais e processuais de admissibilidade (art. 323 do RISTF). Nesse sentido é o seguinte precedente:

AGRAVO REGIMENTAL NO RECURSO EXTRAORDINÁRIO COM AGRAVO. DIREITO ADMINISTRATIVO. MILITAR. REAJUSTE DE SOLDO. LEI ESTADUAL Nº 11.216/95. SÚMULA 280 DO STF. AGRAVO REGIMENTAL A QUE SE NEGA PROVIMENTO.

1. A repercussão geral pressupõe recurso admissível sob o crivo dos demais requisitos constitucionais e processuais de admissibilidade (art. 323 do RISTF). Consectariamente, se o recurso é inadmissível por outro motivo, não há como se pretender seja reconhecida a repercussão geral das questões constitucionais discutidas no caso (art. 102, III, § 3º, da CF).
(ARE 678596 AgR, Relator(a): Min. LUIZ FUX, Primeira Turma, julgado em 05/02/2013, ACÓRDÃO ELETRÔNICO DJe-037 DIVULG 25-02-2013 PUBLIC 26-02-2013)

Segundo estabelece o §1º do art. 1035 do novo C.P.C., para efeito de repercussão geral, será considerada a existência ou não de questões relevantes do ponto de vista *econômico, político, social ou jurídico* que ultrapassem os interesses subjetivos do processo.

O §1º do art. 1.035 do novo C.P.C. indica quais são as hipóteses ensejadoras da existência de repercussão geral para efeito de admissibilidade do recurso extraordinário.

É importante salientar que o S.T.F., no RE-QO 582.650, rel. Min. Ellen Gracie, preconizou que a relevância social, política, jurídica e econômica não é do recurso, mas, sim, *da questão constitucional nele indicada*.

Para que haja a repercussão geral, a questão constitucional inserida no âmbito do recurso extraordinário deverá ser considerada cumulativamente com a existência de questões relevantes do ponto de vista econômico, político, social ou jurídico, que ultrapassem os limites dos interesses subjetivos do processo.

O recorrente deverá demonstrar, em preliminar do recurso extraordinário, para apreciação exclusiva do Supremo Tribunal Federal, a existência de repercussão geral.

Verifica-se pragmaticamente hipótese de questão relevante do ponto de vista econômico, político, social ou jurídico, por meio de análise de algumas hipóteses em que o próprio S.T.F. reconheceu a existência de repercussão geral. Eis alguns julgamentos realizados pelo S.T.F. em relação a temas aceitos pelo referido Tribunal como de repercussão geral:

a) STF declara inconstitucional critério para concessão de benefício assistencial a idoso;
b) Plenário julga recursos sobre Imposto de Renda de empresas controladas no exterior;

c) Supremo entende que ICMS não pode incidir no fornecimento de água canalizada;
d) O STF declara a constitucionalidade da reincidência como agravante de pena;
e) Empresa pública tem de justificar dispensa de empregado.
g) STF julga inconstitucional norma sobre PIS e Cofins em importações;
h) Teto constitucional deve ser aplicado sobre valor bruto da remuneração de servidor;
i) Decisão que autorizava incorporação de quintos ofende princípio da legalidade;
j) Entes federados têm responsabilidade solidária na assistência à saúde, reafirma STF;
l) Servidor nomeado por decisão judicial não tem direito à indenização, decide STF;
m) STF garante imunidade de vereador no exercício de mandato;
n) Plenário mantém validade de MP que regula capitalização de juros;
o) STF decide que processos penais em curso não podem ser considerados maus antecedentes;
p) STF define marco temporal para distinção do pagamento da GDATFA a ativos e inativos;
q) Lei que veda nepotismo não tem iniciativa exclusiva do Executivo;
r) Uso de equipamento de proteção individual (EPI) pode afastar aposentadoria especial;
s) Intervalo de 15 minutos para mulheres antes de hora extra é compatível com a Constituição;
t) Férias anuais de procuradores federais devem ser de 30 dias;
u) Plenário mantém decisão sobre competência;
v) Prazo prescricional para cobrança de valores referentes ao FGTS é de cinco anos;
x) Desvinculação de receitas não gera direito à devolução de tributo a contribuinte.
etc.

Segundo Rodolfo C. Mancuso, apresentam-se como *leading cases*, nos quais o STF reconheceu presente a *repercussão geral*: "i – relevância econômica – RE 573.675-SC (*questionamento sobre a constitucionalidade de lei muni-*

cipal que instituiu cobrança de contribuição para custeio de iluminação pública; ii – relevância política – RE 579.951-RN (alegada inaplicabilidade de REs. CNJ 07/2005 em face do Executivo e do Legislativo, cuidando a espécie de nomeação de parentes para cargos em comissão na Administração; iii – relevância social – RE 500.171-GO (cobrança de taxa de matrícula de estudantes por universidade federal); iv – relevância jurídica – RE 576.847-BA (indeferimento liminar de mandado de segurança contra decisão liminar de Juizado Especial)".[226]

Não se considera matéria de repercussão geral a questão dos pressupostos de admissibilidade de recursos de competência de outros tribunais que não sejam o próprio Supremo Tribunal Federal (STF). Nesse sentido eis a seguinte notícia publicada no sitio do S.T.J. http://www.stj.jus.br/sites/STJ/default/pt_BR/noticias/noticias/Cabimento-de-recursos-no--STJ-n%C3%A3o-%C3%A9-tema-para-recurso-extraordin%C3%A1rio:

> *Os pressupostos de admissibilidade de recursos da competência de outros tribunais que não sejam o próprio Supremo Tribunal Federal (STF) constituem matéria infraconstitucional – portanto, sem possibilidade de atender ao requisito da repercussão geral e sem nenhuma chance de ser discutida em recurso extraordinário.*
>
> *Com base nesse entendimento, a vice-presidente do Superior Tribunal de Justiça (STJ), ministra Laurita Vaz, indeferiu o processamento de recurso extraordinário interposto pelo Condomínio Shopping Center Ibirapuera contra acórdão da Primeira Turma do STJ lavrado pelo ministro Benedito Gonçalves.*
>
> *O caso envolve o fornecimento de água pela Companhia de Saneamento Básico de São Paulo (Sabesp). A Turma entendeu que a Justiça paulista havia decidido a questão com base na interpretação de dois decretos estaduais, e não de leis federais. Como o papel do STJ é uniformizar a interpretação das leis federais, a Turma concluiu que não tinha competência para julgar o litígio.*
>
> *No recurso extraordinário, o condomínio alegou que o decreto não é norma autônoma, mas ato da administração que apenas regulamenta disposições legais. Segundo ele, a decisão da Primeira Turma teria contrariado a Constituição, pois uma das competências do STJ é julgar conflitos entre lei federal e ato de governo local.*
>
> *Para o condomínio, caberia ao STJ, na função de uniformizar a aplicação das leis federais, analisar conflitos entre essas leis e os atos administrativos que as regulamentam.*
> **Sem repercussão geral**

---

[226] MANCUSO, R., op. Cit., p. 198.

A ministra Laurita Vaz disse que o acórdão do STJ firmou-se no não preenchimento dos pressupostos de admissibilidade necessários para a análise do mérito do recurso especial do condomínio. Segundo ela, o STF já decidiu que "a questão alusiva ao cabimento de recursos da competência de outros tribunais se restringe ao âmbito infraconstitucional" e, por isso mesmo, não havendo implicação constitucional, não pode haver repercussão geral.

De acordo com a ministra, é "inafastável" a conclusão de que os fundamentos do acórdão da Primeira Turma do STJ não são passíveis de revisão pelo STF "em face da ausência de repercussão geral sobre a matéria, independentemente dos argumentos aventados pela parte".

Com respaldo do artigo 543-A, parágrafo 5º, do Código de Processo Civil – segundo o qual o STF não conhecerá do recurso extraordinário quando a questão discutida não tiver repercussão geral –, a ministra indeferiu liminarmente o processamento do recurso.

Nesse sentido é o seguinte precedente do S.T.F.:

A questão alusiva ao cabimento de recursos da competência de outros Tribunais se restringe ao âmbito infraconstitucional. Precedentes. Não havendo, em rigor, questão constitucional a ser apreciada por esta nossa Corte, falta ao caso 'elemento de configuração da própria repercussão geral', conforme salientou a ministra Ellen Gracie, no julgamento da Repercussão Geral no RE 584.608.

(RE 598.365 RG, Rel. Min. AYRES BRITTO, Tribunal Pleno, DJe 26/03/2010.)

23.4. Repercussão geral presumida

Enquanto o §1º do art. 1.035 do atual C.P.C. estabelece que as questões relevantes do ponto de vista econômico, político, social ou jurídico, que ultrapassem os interesses subjetivos do processo, devem ser expressamente demonstradas e fundamentadas para o efeito de admissibilidade no recurso extraordinário, o §3º do mesmo dispositivo apresenta hipóteses normativas indicativas da repercussão geral *presumida*.

O novo C.P.C. indica, portanto, expressamente, hipóteses em que a repercussão geral será considerada *presumida*, ou seja, hipóteses que dispensam o recorrente de demonstrar os aspectos econômicos, políticos, sociais ou jurídicos da questão constitucional.

Estabelece o § 3º, incs. I e III, do art. 1.035 do atual C.P.C. que haverá repercussão geral *presumida* sempre que o acórdão: a) contrariar súmula ou jurisprudência dominante do Supremo Tribunal Federal; b) tenha reconhecido a inconstitucionalidade de tratado ou de lei federal, nos termos do art. 97 da Constituição Federal.

O §3º, inc. II, do art. 1.035 do novo C.P.C., também previa, como repercussão geral presumida, a hipótese em que o acórdão recorrido contrariava *'tese fixada em julgamento de casos repetitivos'*. Contudo, a Lei n. 13.256, de 2016, revogou expressamente o inc. II do §3º do art. 1.035 do novo C.P.C.

Assim, nos termos do §3º, incs. I e III, do art. 1.035 do novo C.P.C., são hipóteses de repercussão geral *presumida*:

a) a decisão recorrida contraria súmula ou jurisprudência dominante do S.T.F.
Poderá ser qualquer espécie de súmula do S.T.F., vinculante ou não.

A jurisprudência deverá ser dominante no S.T.F., ou seja, seguida por ambas as Turmas ou ser decorrente de decisão proferida pelo Plenário do S.T.F.

Porém, a doutrina sempre questionou o que se poderia entender por *jurisprudência dominante*, ou seja, qual o período da coleta da jurisprudência, recente ou de épocas anteriores, se essa jurisprudência seria apenas das turmas ou também do plenário etc.

Segundo anota Cândido Rangel Dinamarco, o conceito de jurisprudência dominante é indeterminado, sendo que para que esse conceito possa ser aplicado pelos relatores dos tribunais é necessário que eles tenham a consciência de que não existe um critério quantitativo que seja suficiente para sua especificação. Muito menos há um critério objetivo que possa ser enquadrado referido conceito. Em linhas gerais, tem-se por *jurisprudência dominante* em determinado tribunal uma linha de julgamentos significativamente majoritária em seus órgãos fracionários, ainda que não pacífica. Eventual existência de decisões contrárias ou de votos-vencidos, não desnatura a existência de jurisprudência dominante.[227]

---

[227] DINAMARCO. Cândido Rangel. *A reforma da reforma*. 4ªed. São Paulo: Malheiros, 2003. p. 187.

Por sua vez, Rodolfo de Camargo Mancuso apresenta a seguinte sugestão para identificação da *jurisprudência dominante* de determinado tribunal: a) *"a somatória indiscriminada do produto judiciário, isto é, a grande massa de decisões, de mérito ou não, consonantes ou discrepantes, terminativas ou finais, prolatadas por órgãos singulares ou colegiados, em todo país e em todas as Justiças"*; b) *"um sentido 'mais próprio, técnico-jurídico', já agora identificando 'uma sequência ordenada de acórdãos consonantes sobre certa matéria, prolatados num dado Tribunal ou numa certa Justiça"*; c) *"enfim, num 'sentido potencializado', a jurisprudência atinge seu ponto ótimo quando, resolvido o caso concreto, a tese fixada se destaca, projetando efeitos em face de outras demandas, virtuais ou pendentes, assim projetando uma eficácia pan-processual"*.[228]

Aliás, a importância da sedimentação da jurisprudência do S.T.F. é de tal ordem que o Ministro Relator, analisando repercussão geral presumida em face de jurisprudência do S.T.F., poderá suscitar em *questão de ordem* o reconhecimento da repercussão geral, e, de imediato, julgar o processo reafirmando a jurisprudência dominante do tribunal.[229] Nesse sentido é o seguinte precedente do S.T.F.:

> 1. *Aplica-se, plenamente, o regime da repercussão geral às questões constitucionais já decididas pelo Supremo Tribunal Federal, cujos julgados sucessivos ensejaram a formação de súmula ou de jurisprudência dominante. 2. Há, nessas hipóteses, necessidade de pronunciamento expresso do Plenário desta Corte sobre a incidência dos efeitos da repercussão geral reconhecida para que, nas instâncias de origem, possam ser aplicadas as regras do novo regime, em especial, para fins de retratação ou declaração de prejudicialidade dos recursos sobre o mesmo tema (CPC, art. 543-B, § 3º). 3. Fica, nesse sentido, aprovada a proposta de adoção de procedimento específico que autorize a Presidência da Corte a trazer ao Plenário, antes da distribuição do RE, questão de ordem na qual poderá ser reconhecida a repercussão geral da matéria tratada, caso atendidos os pressupostos de relevância. Em seguida, o Tribunal poderá, quanto ao mérito, (a) manifestar-se pela subsistência do entendimento já consolidado ou (b) deliberar pela renovação da discussão do tema. Na primeira hipótese, fica a Presidência autorizada*

---

[228] MANCUSO, Rodolfo C. *Divergência jurisprudencial e súmula vinculante*. 4ª ed. São Paulo: RT, 2010. p. 148.

[229] Na realidade, atualmente o procedimento de reafirmação da jurisprudência não ocorre mais por questão de ordem. O Plenário Virtual do S.T.F. foi adaptado para permitir a reafirmação no mesmo momento do reconhecimento da repercussão geral via plenário virtual.

a negar distribuição e a devolver à origem todos os feitos idênticos que chegarem ao STF, para a adoção, pelos órgãos judiciários a quo, dos procedimentos previstos no art. 543-B, § 3º, do CPC. Na segunda situação, o feito deverá ser encaminhado à normal distribuição para que, futuramente, tenha o seu mérito submetido ao crivo do Plenário. 4. Possui repercussão geral a discussão sobre o tema do cabimento de juros de mora no período compreendido entre a data da conta de liquidação e da expedição da requisição de pequeno valor ou do precatório, dada a sua evidente relevância. Assunto que exigirá maior análise em futuro julgamento no Plenário. 5. Questão de ordem resolvida com a definição do procedimento, acima especificado, a ser adotado pelo Tribunal para o exame da repercussão geral nos casos em que já existente jurisprudência firmada na Corte. Deliberada, ainda, o envio dos autos do presente recurso extraordinário à distribuição normal, para posterior enfrentamento de seu mérito.

(RE-QO 579431, Relator(a): Min. MARCO AURÉLIO)

b) questionar decisão que tenha reconhecido a inconstitucionalidade de tratado ou lei federal, nos termos do art. 97 da Constituição da República.

Quando o reconhecimento de inconstitucionalidade de tratado ou lei federal for de competência de tribunais colegiados, a competência será do plenário ou do órgão especial e não do órgão fracionário, conforme estabelece o art. 97 da C.F.: *"Somente pelo voto da maioria absoluta de seus membros ou dos membros do respectivo órgão especial poderão os tribunais declarar inconstitucionalidade de lei ou ato normativo do Poder Público".*

Sobre o ponto, o S.T.F. editou a Súmula Vinculante n. 10: *"Viola a cláusula de reserva de plenário (CF, artigo 97), a decisão de órgão fracionário de tribunal que, embora não declare expressamente a inconstitucionalidade de lei ou ato normativo do poder público, afasta sua incidência, no todo ou em parte".*[230]

---

[230] Cita-se a seguir jurisprudência do S.T.F. sobre a Súmula Vinculante n. 10, indicadas no sitio: http://www.stf.jus.br/portal/jurisprudencia/menuSumario.asp?sumula=1216
• Violação à súmula vinculante 10: não aplicação de dispositivo legal por fundamento constitucional
"A 3ª Câmara Cível do Tribunal de Justiça do Estado do Mato Grosso do Sul afastou a legitimidade da Defensoria Pública para a propositura de ação civil pública na defesa de interesses difusos, imprecisos e abstratos, ao entendimento de que os arts. 5º, LXXIV, e 134, caput, da Constituição da República autorizam a assistência jurídica integral e gratuita somente às pessoas que comprovem insuficiência de recursos. A referida restrição, consoante registrado na decisão reclamada, seria justificável sob pena '(...) de a atuação dessa instituição extravasar manifestamente suas finalidades constitucionais'. Concluiu, ainda,

Assim, há *presunção* de existência de repercussão geral sempre que o plenário ou o órgão especial do tribunal *a quo* declarar a inconstitucionalidade de tratado ou lei federal.

que a atribuição de '(...) defesa da ordem jurídica, do regime democrático e dos interesses sociais e individuais indisponíveis é atribuição institucional do Ministério Público, a teor do art. 127 da Constituição Federal.' Nessa medida, verifica-se que, com base em fundamentos extraídos da Constituição Federal, o órgão fracionário da Corte reclamada afastou, em parte, a aplicação do art. 5º, II, da Lei nº 7.347/85, com redação da Lei nº 11.448/2007, o qual legitima a propositura a ação civil pública pela Defensoria Pública: 'Art. 5º Têm legitimidade para propor a ação principal e a ação cautelar: I – o Ministério Público; II – a Defensoria Pública'. Assim, ao afastar, com espeque na Constituição da República, a aplicação do dispositivo supracitado, sem a observância da cláusula de reserva de plenário, o acórdão reclamado contrariou, inegavelmente, o enunciado da Súmula Vinculante nº 10. Destaco que esta Suprema Corte, em 07.5.2015, julgou improcedente a ADI 3.943, de relatoria da Ministra Cármem Lúcia, em que questionada a inconstitucionalidade do art. 5º, II, da Lei nº 7.347/85. Registro que, no referido julgamento, foi afastada a interpretação adotada na decisão reclamada, que condiciona a atuação da Defensoria Pública, diante de situação justificadora do ajuizamento de ação civil pública, à comprovação prévia da pobreza do público-alvo." (Rcl 17744 AgR, Relatora Ministra Rosa Weber, Primeira Turma, julgamento em 15.3.2016, DJe de 18.4.2016)
"In casu, a negativa de aplicação do dispositivo do Código Civil se deu por fundamento constitucional, isto é, por sua suposta incompatibilidade com o art. 217, I, da CRFB/88, representando verdadeira declaração velada de inconstitucionalidade por órgão fracionário e revelando ofensa à Súmula Vinculante nº 10." (Rcl 11760 AgR, Relator Ministro Luiz Fux, Primeira Turma, julgamento em 23.2.2016, DJe de 14.3.2016)
• Violação à súmula vinculante 10: interpretação conforme e omissão inconstitucional parcial
"Feitas essas considerações, observo que a autoridade reclamada, ao realizar o que denominou de 'interpretação da legislação conforme à Constituição', afastou a aplicação do art. 1º da Lei 10.698/2003, que assim dispõe: (...) E assim o fez por entender que o referido diploma legal teria natureza de revisão geral anual, razão pela qual o reajuste deveria ser concedido de forma igualitária a todos os servidores. Tal leitura pelo Tribunal reclamado configura, na verdade, omissão inconstitucional parcial, na medida em que considera a incompletude do legislador em conceder o aumento para todos os servidores públicos. Ao assim decidir, observo que, por via transversa (interpretação conforme), houve o afastamento da aplicação do referido texto legal, o que não foi realizado pelo órgão do Tribunal designado para tal finalidade. Dessa forma, restou configurada a violação ao artigo 97 da Constituição Federal, cuja proteção é reforçada pela Súmula Vinculante 10 do STF, (...):" (Rcl 14872, Relator Ministro Gilmar Mendes, Segunda Turma, julgamento em 31.5.2016, DJe de 29.6.2014)

Não haverá a presunção legal se a declaração de inconstitucionalidade ocorrer em relação a outros atos normativos do poder público, como, por exemplo, decreto, portaria, resolução etc.

• Exceção à cláusula de reserva de plenário e jurisprudência firmada do STF
"A parte agravante, em síntese, alega que 'esse STF no julgamento do RE 389.808 (...), por maioria (ocasional) de cinco votos a quatro, conferiu ao art. 6º da LC 105 'interpretação conforme a Constituição (portanto não declarando a inconstitucionalidade do dispositivo), firmando o entendimento de que conflita com a Carta da República norma legal atribuindo à Receita Federal – parte na relação jurídico tributária – o afastamento do sigilo de dados relativos ao contribuinte. Não obstante, a decisão foi proferida em sede de controle difuso, não ostentando efeitos erga omnes nem eficácia vinculante.' (...) A decisão agravada está alinhada com a orientação do Supremo Tribunal Federal (...). (...) No caso, conforme assentado na decisão agravada, no julgamento do RE 398.808, o Plenário do Supremo Tribunal Federal julgou inconstitucional o art. 6º da LC 105/01. (...) 'É certo que a questão está em revisão no âmbito do Supremo Tribunal, tendo sido admitida, no RE 601.314, a repercussão geral do tema. A despeito disso, os tribunais que seguem a orientação atualmente fixada não necessitam submeter a questão aos respectivos plenários' (Rcl 17.574, Rel. Min. Gilmar Mendes)." (Rcl 18598 AgR, Relator Ministro Roberto Barroso, Primeira Turma, julgamento em 7.4.2015, DJe de 5.5.2015)

• Exceção à cláusula de reserva de plenário e pronunciamento prévio do plenário ou do órgão especial
"Não se vislumbra contrariedade à Súmula Vinculante n. 10 deste Supremo Tribunal por inobservância do princípio da reserva de plenário, pois 'os órgãos fracionários dos tribunais não submeterão ao plenário, ou ao órgão especial, a arguição de inconstitucionalidade, quando já houver pronunciamento destes ou do plenário do Supremo Tribunal Federal sobre a questão' (parágrafo único do art. 481 do Código de Processo Civil). A Súmula Vinculante n. 10 do Supremo Tribunal Federal não retirou, como não o poderia, a higidez da exceção ao princípio da reserva de plenário (art. 97 da Constituição da República), conforme se extrai dos precedentes mencionados na elaboração do verbete citado." (RE 876067 AgR, Relatora Ministra Cármen Lúcia, Segunda Turma, julgamento em 12.5.2015, DJe de 22.5.2015)

• Exceção à cláusula de reserva de plenário e desnecessidade de aplicação literal de precedente
"A jurisprudência desta Corte admite exceção à cláusula de reserva de plenário, quando o órgão fracionário declara a inconstitucionalidade de uma norma, com base na própria jurisprudência do Supremo Tribunal Federal." (Rcl 11055 ED, Relator Ministro Roberto Barroso, Primeira Turma, julgamento em 4.11.2014, DJe de 19.11.2014)
"A aplicação do precedente não precisa ser absolutamente literal. Se a partir do julgado for possível concluir um posicionamento acerca de determinada matéria, já se afigura suficiente a invocação do aresto para afastar a vigência da norma maculada pelo vício já

Também não haverá repercussão geral presumida se o plenário ou órgão especial não reconhecer a inconstitucionalidade do tratado ou da lei federal.

reconhecido pelo Supremo Tribunal Federal." (RE 578582 AgR, Relator Ministro Dias Tofolli, Primeira Turma, julgamento em 27.11.2012. DJe de 19.12.2012)
"Além disso, sobre a desnecessidade de observância do art. 97 da Lei Maior, saliente-se que, nos termos da jurisprudência deste Tribunal, '(...) não é necessária identidade absoluta para aplicação dos precedentes dos quais resultem a declaração de inconstitucionalidade ou de constitucionalidade. Requer-se, sim, que as matérias examinadas sejam equivalentes' (AI 607.616-AgR/RJ, Rel. Min. Joaquim Barbosa)." (RE 571968 AgR, Relator Ministro Ricardo Lewandowski, Segunda Turma, julgamento em 22.5.2012, DJe de 5.6.2012)
No mesmo sentido: AI 607616 AgR, Relator Ministro Joaquim Barbosa, Segunda Turma, julgamento em 31.8.2010, DJe de 1.10.2010.
• Reserva de Plenário e Juizados de Pequenas Causas ou Juizados Especiais
"Realmente, o art. 97 da Constituição, ao subordinar o reconhecimento da inconstitucionalidade de preceito normativo a decisão nesse sentido da 'maioria absoluta de seus membros ou dos membros dos respectivos órgãos especiais', está se dirigindo aos Tribunais indicados no art. 92 e aos respectivos órgãos especiais de que trata o art. 93, XI. A referência, portanto, não atinge juizados de pequenas causas (art. 24, X) e juizados especiais (art. 98, I), que, pela configuração atribuída pelo legislador, não funcionam, na esfera recursal, sob regime de plenário ou de órgão especial. As Turmas Recursais, órgãos colegiados desses juizados, podem, portanto, sem ofensa ao art. 97 da Constituição e à Súmula Vinculante 10, decidir sobre a constitucionalidade ou não de preceitos normativos." (ARE 792562 AgR, Relator Ministro Teori Zavascki, Segunda Turma, julgamento em 18.3.2014, DJe de 2.4.2014)
No mesmo sentido: ARE 868457 RG, Relator Ministro Teori Zavascki, Tribunal Pleno, julgamento em 16.4.2015, DJe de 24.4.2015.
• Violação à reserva de plenário e recurso extraordinário interposto com outro fundamento
"1. Irretocável a decisão que negou trânsito ao agravo de instrumento, por ausência de requisito formal de cabimento do recurso extraordinário. Como decidido, evidencia-se que o órgão fracionário do Tribunal de origem, ao reduzir a multa de ofício prevista no art. 4º, inciso I, da Lei nº 8.218/91, sob o fundamento de que o percentual de 100% nela previsto fere o princípio da vedação de confisco de que trata o art. 150, inciso IV, da Constituição Federal, acabou por declarar a inconstitucionalidade do citado dispositivo legal. Dessa forma, o apelo extremo, interposto com fundamento na letra a do permissivo constitucional, deveria ter veiculado afronta ao art. 97 da Constituição Federal, o que não ocorreu. 2. Descabe a pretensão de avançar na apreciação do mérito do recurso, pois a declaração de inconstitucionalidade por órgão parcial dá ensejo ao questionamento da própria declaração, e não do mérito, por este se encontrar maculado pelo vício." (AI

É importante salientar que nos termos da Súmula 513 do S.T.F. *a decisão que enseja a interposição de recurso ordinário ou extraordinário não é a do ple-*

749030 AgR, Relator Ministro Dias Toffoli, Primeira Turma, julgamento em 10.9.2013, DJe de 7.11.2013)
• Reserva de Plenário e decisão do Pleno ou órgão especial após interposição do recurso extraordinário
"(...) esta Corte, em Sessão Plenária de 18/6/2008, corroborada pela discussão que envolveu o julgamento do RE 482.090/SP, Rel. Min. Joaquim Barbosa, aprovou a Súmula Vinculante 10, cujo teor segue transcrito: (...) Ressalte-se que, durante os debates, fixou-se entendimento de que a afronta ao art. 97 da Constituição persiste mesmo que o Tribunal a quo tenha, por meio do pleno ou de seu órgão especial, declarado, após a interposição do recurso extraordinário sob julgamento, a inconstitucionalidade do dispositivo afastado. Nessa hipótese, a decisão atacada também será cassada, mas apenas para aplicação, pelo relator ou pelo órgão fracionário, do precedente firmado pelo pleno ou pelo órgão especial competente para a declaração de inconstitucionalidade." (RE 594801 AgR, Relator Ministro Ricardo Lewandowski, Decisão Monocrática, julgamento em 12.6.2012, DJe de 15.6.2012)
No mesmo sentido: RE 613725, Relatora Ministra Rosa Weber, Decisão Monocrática, DJe de 4.12.2012; ARE 710241, Relator Ministro Ricardo Lewandowski, Decisão Monocrática, DJe de 23.11.2012; RE 614.354 Relatora Ministra Rosa Weber, Decisão Monocrática, DJe de 22.10.2012; RE 705958, Relator Ministro Ricardo Lewandowski, Decisão Monocrática, DJe de 21.9.2012; RE 516814 ED, Relator Ministro Joaquim Barbosa, Segunda Turma, julgamento em 14.9.2010, DJe de 8.10.2010.
• Reserva de Plenário e interpretação da lei aplicável ao caso
"Registro, ainda, que é permitido aos magistrados, no exercício de atividade hermenêutica, revelar o sentido das normas legais, limitando a sua aplicação a determinadas hipóteses, sem que estejam declarando a sua inconstitucionalidade. Se o Juízo reclamado não declarou a inconstitucionalidade de norma nem afastou sua aplicabilidade com apoio em fundamentos extraídos da Constituição, não é pertinente a alegação de violação à Súmula Vinculante 10 e ao art. 97 da Constituição." (Rcl 12122 AgR, Relator Ministro Gilmar Mendes, Tribunal Pleno, julgamento em 19.6.2013, DJe de 24.10.2013)
"Ementa: Reclamação – Arguição de ofensa ao postulado da reserva de plenário (CF, art. 97) – Súmula Vinculante nº 10/STF – Inaplicabilidade – Inexistência, no caso, de juízo ostensivo ou disfarçado de inconstitucionalidade de qualquer ato estatal – Precedentes – Recurso de Agravo improvido. (...) Cumpre assinalar, no ponto, que não transgride a autoridade da Súmula Vinculante nº 10/STF o acórdão proferido por órgão fracionário que, sem invocar nas razões conflito entre ato do Poder Público e critérios resultantes do texto constitucional, limita-se a interpretar normas de direito local." (Rcl 13514 AgR, Relator Ministro Celso de Mello, Segunda Turma, julgamento em 10.6.2014, DJe de 1.8.2014)
"Ementa: (...) 1. A simples ausência de aplicação de uma dada norma jurídica ao caso sob exame não caracteriza, apenas por isso, violação da orientação firmada pelo Supremo Tri-

nário, que resolve o incidente de inconstitucionalidade, mas a do órgão (câmaras, grupos ou turmas) que completa o julgamento do feito.

bunal Federal. 2. Para caracterização da contrariedade à súmula vinculante 10 do Supremo Tribunal Federal, é necessário que a decisão fundamente-se na incompatibilidade entre a norma legal tomada como base dos argumentos expostos na ação e a Constituição. 3. O Superior Tribunal de Justiça não declarou a inconstitucionalidade ou afastou a incidência dos arts. 273, §2º, e 475-o, do Código de Processo Civil e do art. 115, da Lei nº 8.213/91, restringindo-se a considerá-los inaplicáveis ao caso." (Rcl 6944, Relatora Ministra Cármen Lúcia, Tribunal Pleno, julgamento em 23.6.2010, DJe de 13.8.2010)
No mesmo sentido: RE 628267 AgR, Relatora Ministra Rosa Weber, Primeira Turma, julgamento em 5.11.2013, DJe de 21.11.2013.
• Reserva de Plenário e embasamento da decisão em princípios constitucionais
Ementa: "(...) Ensino Superior. Supletivo. Idade mínima não alcançada. Súmula STF 10. Art. 97, CF. Inaplicabilidade. 1. Para a caracterização de ofensa ao art. 97 da Constituição; que estabelece a reserva de plenário (full bench), é necessário que a norma aplicável à espécie seja efetivamente afastada por alegada incompatibilidade com a Constituição Federal. 2. Não incidindo a norma no caso e não tendo sido ela discutida, não se caracteriza ofensa à Súmula Vinculante 10, do Supremo Tribunal Federal. 3. O embasamento da decisão em princípios constitucionais não resulta, necessariamente, em juízo de inconstitucionalidade." (RE 566502 AgR, Relatora Ministra Ellen Gracie, Segunda Turma, julgamento em 1.3.2011, DJe de 24.3.2011)
No mesmo sentido: RE 694944, Relatora Ministra Cármen Lúcia, Decisão Monocrática, DJe de 8.11.2012.
• Reserva de Plenário e decisão cautelar
"(...) a decisão proferida em medida cautelar em ação direta de inconstitucionalidade estadual não se submete à cláusula da reserva de plenário, não havendo falar, em decorrência, de violação da Súmula Vinculante nº 10/STF. (...) o Relator atua monocraticamente como longa manus do órgão colegiado na presença do periculum in mora. (Rcl 11768 Agr, Relatora Ministra Rosa Weber, Primeira Turma, julgamento em 2.2.2016, DJe de 24.2.2016)
"Ementa: Agravo regimental em reclamação. Súmula vinculante nº 10. Decisão liminar monocrática. Não configurada violação da cláusula de reserva de plenário. Agravo regimental ao qual se nega provimento. 1. Decisão proferida em sede de liminar prescinde da aplicação da cláusula de reserva de plenário (art. 97 da CF/88) e, portanto, não viola a Súmula Vinculante nº 10. Precedentes. 2. A atuação monocrática do magistrado, em sede cautelar, é medida que se justifica pelo caráter de urgência da medida, havendo meios processuais para submeter a decisão liminar ao crivo do órgão colegiado em que se insere a atuação do relator original do processo. 3. Agravo regimental não provido." (Rcl 17288 AgR, Relator Ministro Dias Toffoli, Primeira Turma, julgamento em 25.6.2014, DJe de 26.8.2014)
"Ementa: Agravo regimental na reclamação. Decisão monocrática que indefere medida cautelar em ação direta de inconstitucionalidade. Alegação de contrariedade à Súmula

É importante salientar que não se adotará o procedimento de análise virtual da repercussão geral, quando o recurso versar questão cuja

Vinculante n. 10 do Supremo Tribunal Federal. Agravo ao qual se nega provimento. 1. Indeferimento de medida cautelar não afasta a incidência ou declara a inconstitucionalidade de lei ou ato normativo. 2. Decisão proferida em sede cautelar: desnecessidade de aplicação da cláusula de reserva de plenário estabelecida no art. 97 da Constituição da República." (Rcl 10864 AgR, Relatora Ministra Cármen Lúcia, Tribunal Pleno, julgamento em 24.3.2011, DJe de 13.4.2011)
No mesmo sentido: Rcl 8848 AgR, Relatora Ministra Cármen Lúcia, Tribunal Pleno, julgamento em 17.11.2011, DJe de 1.12.2011.
• Reserva de Plenário e decisão de primeira instância
"Veja-se, assim, que o objetivo da Súmula Vinculante nº 10 é dar eficácia à cláusula constitucional da reserva de plenário, cuja obediência é imposta aos tribunais componentes da estrutura judiciária do Estado Brasileiro. Ocorre que a decisão, ora reclamada, foi proferida por juiz singular, o que torna o objeto da presente ação incompatível com o paradigma de confronto constante da Súmula Vinculante nº 10. Isso porque é inviável a aplicação da súmula ou da cláusula de reserva de plenário, dirigida a órgãos judicantes colegiados, à juízo de caráter singular, por absoluta impropriedade, quando da realização de controle difuso de constitucionalidade." (Rcl 13158, Relator Ministro Dias Toffoli, Decisão Monocrática, julgamento em 8.8.2012, DJe de 15.8.2012)
"O art. 97 da Constituição e a SV 10 são aplicáveis ao controle de constitucionalidade difuso realizado por órgãos colegiados. Por óbvio, o requisito é inaplicável aos juízes singulares, que não dispõem de 'órgãos especiais'. Ademais, o controle de constitucionalidade incidental, realizado pelos juízes singulares, independe de prévia declaração de inconstitucionalidade por tribunal. A tese exposta na inicial equivaleria à extinção do controle de constitucionalidade difuso e incidental, pois caberia aos juízes singulares tão somente aplicar decisões previamente tomadas por tribunais no controle concentrado e abstrato de constitucionalidade". (Rcl 14889 MC, Relator Ministro Joaquim Barbosa, Decisão Monocrática, julgamento em 13.11.2012, DJe de 19.11.2012)
• Reserva de plenário e órgão que exerce atividade de caráter administrativo
"Sendo esse o contexto, passo a analisar a pretensão deduzida nesta sede reclamatória. E, ao fazê-lo, assinalo que o exame do contexto delineado nos presentes autos leva-me a reconhecer a inexistência, na espécie, de situação caracterizadora de transgressão ao enunciado constante da Súmula Vinculante nº 10/STF. É que a alegação de desrespeito à exigência constitucional da reserva de plenário (CF, art. 97) supõe, para restar configurada, a existência de decisão emanada de autoridades ou órgãos judiciários proferida em sede jurisdicional. Assinalo, no entanto, que o Conselho da Magistratura do E. Tribunal de Justiça do Estado do Paraná, no âmbito de suas atribuições, exerce atividade de caráter eminentemente administrativo, circunstância essa que descaracteriza, por completo, a alegação de desrespeito ao enunciado constante da Súmula Vinculante nº 10/STF."

repercussão geral já houver sido reconhecida pelo Tribunal, ou quando impugnar decisão contrária a súmula ou a jurisprudência dominante,

(Rcl 15287 MC, Relator Ministro Celso de Mello, Decisão Monocrática, julgamento em 30.9.2013, DJe de 3.10.2013)
No mesmo sentido: Rcl 9360, Relator Ministro Dias Toffoli, Primeira Turma, julgamento em 30.9.2014, DJe de 14.11.2014.
• Reserva de Plenário e norma anterior à Constituição de 1988
"Agravo Regimental. Reclamação. Alegado desrespeito à cláusula de reserva de plenário. Violação da Súmula Vinculante 10. Não ocorrência. Norma pré-constitucional. Agravo regimental a que se nega provimento. I – A norma cuja incidência teria sido afastada possui natureza préconstitucional, a exigir, como se sabe, um eventual juízo negativo de recepção (por incompatibilidade com as normas constitucionais supervenientes), e não um juízo declaratório de inconstitucionalidade, para o qual se imporia, certamente, a observância da cláusula de reserva de plenário." (Rcl 15786 AgR, Relator Ministro Ricardo Lewandowski, Tribunal Pleno, julgamento em 18.12.2013, DJe de 19.2.2014)
"Ementa: (...) 1. A cláusula de reserva de plenário (full bench) é aplicável somente aos textos normativos erigidos sob a égide da atual Constituição. 2. As normas editadas quando da vigência das Constituições anteriores se submetem somente ao juízo de recepção ou não pela atual ordem constitucional, o que pode ser realizado por órgão fracionário dos Tribunais sem que se tenha por violado o art. 97 da CF. (...)" (AI 669872 AgR, Relator Ministro Luiz Fux, Primeira Turma, julgamento em 11.12.2012, DJe de 14.2.2013)
"(...) sustenta o recorrente que houve violação ao artigo 97 da Constituição Federal, bem como ao enunciado da Súmula Vinculante n. 10, em virtude de o Tribunal a quo ter negado aplicação ao § 3º do artigo 4º da Lei 4.156/62, sem, contudo, declarar sua inconstitucionalidade. No entanto, verifico que a pretensão do recorrente não encontra amparo na jurisprudência do Supremo Tribunal Federal, uma vez que o diploma legislativo afastado é anterior à Constituição Federal. Dessa forma, inaplicável a reserva de plenário prevista no artigo 97 da Constituição Federal, existindo mero juízo de recepção do texto pré-constitucional. Em outros termos, examinar se determinada norma foi ou não revogada pela Constituição Federal não depende da observância do princípio do Full Bench." (AI 831166 AgR, Relator Ministro Gilmar Mendes, Segunda Turma, julgamento em 29.3.2011, DJe de 29.4.2011)
• Violação à reserva de Plenário e Súmula 331, IV, do TST
"1. Acórdão que entendeu ser aplicável ao caso o que dispõe o inciso IV da Súmula TST 331, sem a consequente declaração de inconstitucionalidade do art. 71, § 1º, da Lei 8.666/1993 com a observância da cláusula da reserva de Plenário, nos termos do art. 97 da Constituição Federal. 2. Não houve no julgamento do Incidente de Uniformização de Jurisprudência TST-IUJ-RR-297.751/96 a declaração formal da inconstitucionalidade do art. 71, § 1º, da Lei 8.666/1993, mas apenas e tão-somente a atribuição de certa interpretação ao mencionado dispositivo legal. (...) 6. O acórdão impugnado, ao aplicar ao presente caso a interpretação consagrada pelo Tribunal Superior do Trabalho no item IV do Enunciado 331, esvaziou a

casos em que se presume a existência de repercussão geral (art. 323, §2º do Regimento Interno do S.T.F.). Na realidade, este dispositivo, embora

força normativa do art. 71, § 1º, da Lei 8.666/1993. 7. Ocorrência de negativa implícita de vigência ao art. 71, § 1º, da Lei 8.666/1993, sem que o Plenário do Tribunal Superior do Trabalho tivesse declarado formalmente a sua inconstitucionalidade. 8. Ofensa à autoridade da Súmula Vinculante 10 devidamente configurada. 9. Agravo regimental provido. 10. Procedência do pedido formulado na presente reclamação. 11. Cassação do acórdão impugnado." (Rcl 8150 AgR, Relatora Ministra Ellen Gracie, Tribunal Pleno, julgamento em 24.11.2010, DJe de 3.3.2011)
• Responsabilidade subsidiária da Administração Pública por débitos trabalhistas
"1. Na ADC 16, este Tribunal afirmou a tese de que a Administração Pública não pode ser responsabilizada automaticamente por débitos trabalhistas de suas contratadas ou conveniadas. Só se admite sua condenação, em caráter subsidiário, quando o juiz ou tribunal conclua que a entidade estatal contribuiu para o resultado danoso ao agir ou omitir-se de forma culposa (in eligendo ou in vigilando). 2. Afronta a autoridade da ADC 16 e da Súmula Vinculante 10 acórdão de órgão fracionário de Tribunal que sustenta a responsabilidade da Administração em uma presunção de culpa – i.e., que condena o ente estatal com base no simples inadimplemento da prestadora." (Rcl 16846 AgR, Relator Ministro Roberto Barroso, Primeira Turma, julgamento em 19.5.2015, DJe de 5.8.2015)
"O Plenário retomou julgamento de agravo regimental em que se discute a responsabilidade subsidiária do Estado pelo pagamento de direitos decorrentes de serviço prestado por meio de terceirização, tendo em conta o que decidido pelo STF nos autos da ADC 16/DF (DJe de 9.9.2011). Na espécie, Estado-membro impugna decisão monocrática proferida pelo Ministro Dias Toffoli (relator), que negara seguimento a reclamação, ao fundamento de inadequação da via para reapreciar a decisão do tribunal de origem formulada com base em situação concreta. Na sessão de 27.2.2014, o relator negou provimento ao agravo. Salientou que a reclamação não se amoldaria ao que decidido no paradigma, pois estaria provada a desídia, por parte da Administração, na fiscalização do contrato. Explicou que não se trataria de reconhecer a responsabilidade objetiva estatal, mas de constatar que, no caso concreto, não teria havido o pertinente acompanhamento da execução contratual. Na presente assentada, o Ministro Joaquim Barbosa (Presidente), em voto-vista, acompanhou o relator. Lembrou que, na ADC 16/DF, a Corte afirmara a constitucionalidade do artigo 71, § 1º, da Lei 8.666/1993. Consignou que, de acordo com aquela decisão, a análise da situação concreta poderia resultar na responsabilidade subsidiária da Administração em face do inadimplemento de débitos trabalhistas. Analisou que a culpa do ente estatal poderia decorrer da ausência de fiscalização da empresa contratada, e que seria essa a hipótese dos autos. Em divergência, os Ministros Marco Aurélio e Teori Zavascki proveram o agravo. O Ministro Marco Aurélio afirmou que, de acordo com a decisão tomada na ADC 16/DF, não caberia responsabilidade subsidiária da entidade pública que contratasse empresa para prestar serviços terceirizados. Sublinhou que o órgão público não poderia se substituir à própria empresa para fiscalizar a observância dos direitos trabalhistas, mesmo

existente, nunca foi aplicado. Os Ministros do S.T.F. preferem reafirmar a jurisprudência, para não deixar dúvidas quanto aos efeitos transcendentes de suas decisões.

Questão que se coloca é se a parte, diante de uma situação que gera a presunção de existência de repercussão geral, deverá, também, em preliminar, arguir de forma expressa a repercussão geral. Sobre o tema, assim já se manifestou a Juíza Federal Taís Schilling Ferraz:

porque não haveria previsão legal nesse sentido. O Ministro Teori Zavascki reputou que a Corte decidira pela impossibilidade de se transferir à Administração a responsabilidade civil, no caso de inadimplemento contratual. Afirmou que remanesceria a possibilidade de ocorrência [da] responsabilidade principal – e não subsidiária –, quando existente nexo entre a ação ou a omissão do Estado e o dano causado. Considerou, entretanto, que a hipótese dos autos trataria de responsabilidade por transferência, o que seria vedado. Em seguida, pediu vista dos autos o Ministro Gilmar Mendes." (Rcl 15052, Relator Ministro Dias Toffoli, Tribunal Pleno, julgamento em 30.4.2014, Informativo 744)
No mesmo sentido: Rcl 15003 AgR, Relator Ministro Dias Toffoli, Tribunal Pleno, julgamento em 30.4.2014, DJe de 6.6.2014; Rcl 12580 AgR, Relator Ministro Celso de Mello, Tribunal Pleno, julgamento em 21.2.2013, DJe de 13.3.2013.
• Súmula Vinculante 10 e ausência de manifestação expressa sobre dispositivos questionados
"Trata-se de agravo regimental contra decisão do Ministro Ayres Britto, que negou seguimento à reclamação sob fundamento de que esta, nos termos da jurisprudência da Corte, não pode ser utilizada como sucedâneo de recurso. Na reclamação, a ora agravante sustentou que, durante julgamento de recurso especial contra acórdão do Tribunal de Justiça da Bahia, o relator do processo no Superior Tribunal de Justiça teria se dirigido ao advogado da instituição financeira recorrente para obter esclarecimentos, que foram prestados. Sustenta, entretanto, que idêntica possibilidade teria sido negada ao advogado da ora reclamante, o que desrespeitaria a súmula vinculante 10, porquanto com referida postura o relator teria afastado a incidência dos arts. 105, 125, I, 183, 458, I e III, e 474 do CPC, bem como do art. 7º, X, da Lei 8906/1994. (...) a ausência de manifestação expressa quanto aos dispositivos apontados pela reclamante, que versam sobre normas processuais que teriam sido desrespeitadas, não representa declaração de inconstitucionalidade destas, sem a indispensável submissão do caso ao Órgão Especial, uma vez que a causa foi decidida com base em outros fundamentos. É evidente, portanto, a natureza recursal da pretensão deduzida na reclamação de que se cuida, o que a consolidada jurisprudência desta Corte não admite." (Rcl 11859 AgR, Relator Ministro Teori Zavascki, Tribunal Pleno, julgamento em 23.5.2013, DJe de 14.6.2013)

"A preliminar de repercussão geral no RE, no exame de admissibilidade, pelos Tribunais, tem sido exigida mesmo nas hipóteses de decisão contrária à súmula ou jurisprudência dominante, em que o CPC fala em presunção da existência de repercussão geral. Alguns órgãos de origem interpretaram o §3º do art. 543-A do CPC (1973) ('Haverá repercussão geral sempre que o recurso impugnar decisão contrária a súmula ou jurisprudência dominante do Tribunal') teria dispensado a formulação de razões específicas pelo recorrente. O STF, entretanto, decidiu que sempre há necessidade de preliminar formal e fundamentada, até porque a subsunção da matéria do RE aos precedentes anteriores, que demonstram a existência de jurisprudência dominante, demandará esforço do recorrente e análise específica pelo Relator. Não se trata de examinar se os fundamentos carreados são adequados ou suficientes à demonstração da relevância do tema, mas de verificação do cumprimento formal do requisito".[231]

No mesmo sentido é o seguinte precedente do S.T.F.:

AGRAVO REGIMENTAL NO RECURSO EXTRAORDINÁRIO COM AGRAVO. REPERCUSSÃO GERAL DAS QUESTÕES CONSTITUCIONAIS. AUSÊNCIA DE PRELIMINAR. EXAURIMENTO DE INSTÂNCIA. SÚMULA 281 DO STF. AGRAVO A QUE SE NEGA PROVIMENTO.

*I – **Nos termos do art. 327, caput, do Regimento Interno do STF, com a redação dada pela Emenda Regimental 21/2007, os recursos que não apresentem preliminar de repercussão geral serão recusados. Exigência que também se aplica às hipóteses de repercussão geral presumida ou já reconhecida pelo Supremo Tribunal Federal. Precedentes.***

II – A competência do Supremo Tribunal Federal (art. 102, III, da CF/88) restringe-se às causas decididas em única ou última instância.

III – A parte recorrente não esgotou as vias recursais ordinárias cabíveis, incidindo no óbice da Súmula 281 deste Tribunal. IV – Agravo regimental a que se nega provimento.

(ARE 861573 AgR, Relator(a): Min. RICARDO LEWANDOWSKI (Presidente), Tribunal Pleno, julgado em 28/05/2015, PROCESSO ELETRÔNICO DJe-119 DIVULG 19-06-2015 PUBLIC 22-06-2015)

De acordo com a orientação firmada neste Tribunal, é dever da parte recorrente apresentar preliminar formal e fundamentada da repercussão geral da questão cons-

---

[231] FERRAZ, T. S., op. cit., p. 85.

titucional em debate no recurso extraordinário. Cabe à parte recorrente apontar de forma expressa e clara as circunstâncias que poderiam configurar a relevância – do ponto de vista econômico, político, social ou jurídico – das questões constitucionais invocadas no recurso extraordinário (CPC, art. 543-A, §§ 1º e 2º). **Exigência que também se aplica às hipóteses de repercussão geral presumida ou já reconhecida pelo Supremo Tribunal Federal. Agravo regimental a que se nega provimento.**
(ARE 746718 AgR, Relator(a): Min. JOAQUIM BARBOSA (Presidente), Tribunal Pleno, julgado em 26/06/2013, ACÓRDÃO ELETRÔNICO DJe-162 DIVULG 19-08-2013 PUBLIC 20-08-2013)

23.5. Do procedimento normativo para análise da repercussão geral

Os fundamentos jurídicos do instituto da repercussão geral encontram-se delineados nos seguintes preceitos normativos: a) CF/88, artigo 102, § 3º, acrescido pela Emenda Constitucional nº 45/04; b) novo C.P.C. de 2015, artigo 1.035; c) artigo 13, com a redação das Emendas Regimentais nº 24/2008, nº 29/2009 e nº 41/2010; d) artigos nº 21, 340 e 341, com a redação das Emendas Regimentais nº 41/2010 e 42/2010; e) artigos nº 38, 57, 59, 60, 67, 78, 323-A e 325-A, com a redação da Emenda Regimental nº 42/2010; f) artigos nºs 322-A e 328, com a redação da Emenda Regimental nº 21/2007; g) artigo nº 324, com a redação das Emendas Regimentais nº 31/2009 e nº 41/2010; h) artigo nº 328-A, com a redação da Emenda Regimental nº 23/08 e da Emenda Regimental nº 27/2008; i) Portaria 138/2009 da Presidência do STF.

Segundo estabelece o art. 323 do Regimento Interno do S.T.F., quando não for o caso de inadmissibilidade do recurso por outra razão, o (a) Relator (a) ou o Presidente submeterá, por meio eletrônico, aos demais Ministros, cópia de sua manifestação sobre a existência, ou não, de repercussão geral.

A análise da existência de repercussão geral ocorrerá por meio do Plenário Virtual, um sistema eletrônico por meio do qual o ministro relator ou o presidente insere um tema e submete-o à votação em sessão eletrônica, apresentando seu voto pelo reconhecimento ou não da repercussão geral.

Após a inserção no plenário eletrônico, os demais ministros terão o prazo de vinte dias para se pronunciar (art. 324 do Regimento Interno do S.T.F.), sendo que no caso de ausência de pronunciamento, o silêncio caracterizará a aceitação da repercussão geral, salvo se o relator rejeitar a repercussão (art. 324, §1º do Regimento Interno do S.T.F.). Há intenção de se alterar tal procedimento. A proposta de alteração do regimento interno é no sentido de que a ausência de manifestação signifique concordância com a proposta do relator.

Nos termos da norma Constitucional, há necessidade de voto de dois terços dos membros do Supremo Tribunal Federal, para que não seja reconhecida a repercussão geral alegada no recurso extraordinário. Não se trata de *quorum* para a instalação da sessão ou de *quorum* de votantes em determinado processo, que pode variar, segundo situações de impedimento, licenças etc. Tendo em vista que a Corte, na sua composição plena, conta com onze ministros, e a Constituição fala em dois terços dos membros do Tribunal (art. 102, §3º), será necessário o voto de oito deles para que se negue a repercussão geral a determinado tema constitucional.[232]

É possível ao relator, no STF, determinar o sobrestamento, nas instâncias de origem, de processos que versem sobre matéria com repercussão geral.

As decisões proferidas nos processos paradigmas espraiam seus efeitos para uma série de demandas sobre igual tema, antes mesmo da conversão do entendimento em súmula vinculante. É mais uma faceta do fenômeno de *'objetivação'* do recurso extraordinário.

Este efeito será sentido ainda no âmbito de cada tribunal, em relação aos processos que tragam o mesmo fundamento, total ou parcial, da questão jurídica constitucional. Disso resulta a importância de estabelecimento de canais rápidos e seguros de comunicação entre o STF e as cortes de origem. Na realidade, uma vez *"selecionado o recurso extraordinário em que será feito o exame da repercussão geral de determinado tema, e incluído o feito no Plenário virtual, os tribunais e turmas recursais já poderão proceder à separação dos feitos múltiplos sobre o mesmo assunto, sobrestando-os, inicialmente, até o julgamento da própria repercussão geral e, no caso de ser esta reconhecida, até o julgamento do mérito da questão constitucional...Para garantir que os recursos múltiplos fossem efetivamente submetidos ao regime de sobrestamento, seja porque seu tema constitucional já esteve submetido à análise de repercussão geral, seja porque já existem no Tribunal recursos suficientes e representativos de idêntica controvér-*

---

[232] FERRAZ T. S., idem, p. 86.

sia, *a Presidência do STF editou as Portarias 177/2007 e 138/2009, permitindo a devolução aos órgãos recursais de origem, diretamente pela Secretaria Judiciária, dos processos múltiplos ainda não distribuídos, bem como dos recursos em que os ministros tenha determinado o sobrestamento ou a restituição".*[233] É certo que o Ministro Lewandowski deixou de aplicar as aludidas portarias e determinou a distribuição dos processos. Quando for o caso, os próprios relatores devolvem. A Ministra Cármen Lúcia estuda retomar o procedimento anterior.

O Supremo Tribunal Federal, no AI-QO n. 664.567, Relator Min. Gilmar Mendes, Dje de 6.9.2007, avaliando a questão do direito *intertemporal* em razão da introdução do instituto da *repercussão geral* em nosso ordenamento jurídico, firmou o entendimento de que a exigência de demonstração de repercussão geral nos recursos extraordinários teve início a partir de 3-5-2007, data da entrada em vigor da Emenda Regimental n. 21 do RISTF, cuja normatização preconizou as normas necessárias para a execução das disposições legais do novel instituto.

Porém, o S.T.F. também optou por estender a aplicação da sistemática do instituto da repercussão geral a recursos extraordinários e agravos de instrumento anteriores a 3-5-2007, conforme se observa pelos seguintes precedentes:

> *O Plenário do Supremo Tribunal Federal já proclamou a existência de repercussão geral da questão relativa à obrigatoriedade de o Poder Público fornecer medicamento de alto custo. Incidência do art. 328 do RISTF e aplicação do art. 543-B do CPC. Responsabilidade solidária entre União, Estados-membros e Municípios quanto às prestações na área de saúde. Precedentes. Impossibilidade de exame, em recurso extraordinário, de alegada violação, acaso existente, situada no âmbito infraconstitucional. Acórdão do Tribunal de origem publicado antes de 03.5.2007, data da publicação da Emenda Regimental 21/2007, que alterou o RISTF para adequá-lo à sistemática da repercussão geral (Lei 11.418/2006). Possibilidade de aplicação do art. 543-B do CPC, conforme decidido pelo Plenário desta Corte no julgamento do AI 715.423-QO/RS. Agravo regimental conhecido e não provido.* (RE 627411 AgR, Relator(a): Min. ROSA WEBER, Primeira Turma, julgado em 18/09/2012, PROCESSO ELETRÔNICO DJe-193 DIVULG 01-10-2012 PUBLIC 02-10-2012)

---

[233] FERRAZ T. S., idem, p. 87.

*1. Os embargos de declaração opostos objetivando a reforma da decisão do Relator devem ser recebidos, por força do princípio da fungibilidade, como agravo regimental, que é o recurso cabível. (Precedentes: Rcl n. 11.022-ED, Relatora a Ministra Cármen Lúcia, Pleno, DJe de 7.4.2011; AI n. 547.827-ED, Relator o Ministro Dias Tofolli, 1ª Turma, DJe de 9.3.2011; RE n. 546.525-ED, Relator o Ministro Ellen Gracie, 2ª Turma, DJe de 5.4.2011, entre outros). 2. Ao apreciar as questões de ordem nos autos do AI n. 715.410, Relatora a Ministra Ellen Gracie e do RE n. 540.410, Relator o Ministro Cezar Peluso, Dje de 05.09.2008, O Plenário do Supremo Tribunal Federal decidiu que, nos casos de matérias com repercussão geral reconhecida, ocorrerá a devolução dos recursos extraordinários aos Tribunais de origem, inclusive daqueles interpostos em data anterior a 03.05.2007, e dos respectivos agravos de instrumento, para os fins previstos no artigo 543-B, § 3º, do CPC. Esse ato judicial previsto no artigo 543-B, § 3º, do CPC, constitui mero procedimento, sem cunho decisório, contra o qual não cabe recurso. 3. Embargos de declaração rejeitados. (*RE 660527 AgR-ED, Relator(a): Min. LUIZ FUX, Primeira Turma, julgado em 18/09/2012, ACÓRDÃO ELETRÔNICO DJe-196 DIVULG 04-10-2012 PUBLIC 05-10-2012).

O julgamento da questão de repercussão geral, por meio de *leading case* selecionado, ocorre por decisão do pleno do S.T.F., respeitando a forma de julgamento dos recurso extraordinários.[234]

Por sua vez, o julgamento de mérito de questões com repercussão geral, nos casos de reafirmação de jurisprudência dominante da Corte, também poderá ser realizado por meio eletrônico (art. 323-A do Regimento Interno do S.T.F.).

23.6. Participação de terceiro na análise da repercussão geral

O relator poderá admitir, na análise da repercussão geral, a manifestação de terceiros, subscrita por procurador habilitado, nos termos do Regimento Interno do Supremo Tribunal Federal (§4º do art. 1.035 do atual C.P.C.).

A Lei 11.418/2006 já assegurava a participação de *amicus curiae* nos processos em que foi reconhecida a repercussão geral do recurso extraordinário, permitindo-se a apresentação de memoriais com reforço de argumentação para o aprimoramento do julgamento.

---

[234] FERRAZ, T. S., idem, p. 96.

O relator do recurso extraordinário poderá, para efeito de verificar a existência ou não de repercussão geral, valer-se de manifestação de terceiros, desde que estejam habilitados nos autos por meio de procurador constituído.

Essa previsão normativa encontra-se também no art. 323, §3º, do Regimento Interno do S.T.F.: *"Mediante decisão irrecorrível, poderá o (a) Relator (a) admitir de ofício ou a requerimento, em prazo que fixar, a manifestação de terceiros, subscrita por procurador habilitado, sobre a questão de repercussão geral.*

Sobre a intervenção do *amicus curiae*, é importante salientar a seguinte decisão do S.T.J.:

> DIREITO PROCESSUAL CIVIL. INTERVENÇÃO DA DPU COMO AMICUS CURIAE EM PROCESSO REPETITIVO.
>
> *A eventual atuação da Defensoria Pública da União (DPU) em muitas ações em que se discuta o mesmo tema versado no recurso representativo de controvérsia não é suficiente para justificar a sua admissão como amicus curiae. Precedente citado: REsp 1.333.977-MT, Segunda Seção, DJe 12/3/2014.*
>
> (REsp 1.371.128-RS, Rel. Min. Mauro Campbell Marques, julgado em 10/9/2014).

23.7. Reconhecimento da repercussão geral – suspensão dos demais processos

Reconhecida a repercussão geral, o relator no Supremo Tribunal Federal determinará a suspensão do processamento de todos os processos pendentes, individuais ou coletivos, que versem sobre a questão e tramitem no território nacional (§5º do art. 1.035 do atual C.P.C.).

Uma vez acolhida a arguição de repercussão geral sobre determinada matéria, é importante que o relator do recurso no S.T.F. determine a suspensão de todos os processos pendentes, individuais ou coletivos, que versem sobre a questão e tramitem no território nacional, evitando-se, assim, desperdício de tempo e de dinheiro, bem como, garantindo-se a segurança jurídica e a isonomia dos julgamentos.

O ideal é que todos os processos permaneçam suspensos na fase em que se encontrem, aguardando a manifestação definitiva do S.T.F., uma vez que essa definição terá efeito *erga omnes*.

Porém, é importante que o S.T.F. tenha uma efetiva e constante preocupação em julgar o mais rápido possível as repercussões gerais que estão pendentes de julgamento, pois o que se percebe até o presente momento é a existência de milhares de processos sobrestados nas presidências ou vice-presidências dos inúmeros tribunais e turmas recursais do país, sendo que alguns processos encontram-se sobrestados há mais de cinco anos, sem qualquer solução em curto prazo.

Na realidade, os institutos jurídicos somente funcionam se forem aplicados e resolvidos em curto espaço de tempo.

Em consulta ao sitio do S.T.F., no dia 18.08.2016, observou-se que havia 326 (temas) sujeitos a repercussão geral, aguardando julgamento no S.T.F.

Para se ter uma ideia, o Tema n. 6, leading case RE 566471, que trata da assistência à saúde e do fornecimento de medicamento de alto custo pelo Poder Público, teve sua repercussão geral reconhecida em 15.11.2007, portanto, há mais de 8 (oito) anos, sem qualquer previsão de julgamento definitivo.

É certo que o §9º do art. 1.035 do novo C.P.C. preconiza que o recurso que tiver a repercussão geral reconhecida deverá ser julgado no prazo de 1 (um) ano e terá preferência sobre os demais feitos, ressalvados os que envolvam réu preso e os pedidos de habeas corpus.

Contudo, não se acredita que o S.T.F. conseguirá dar solução aos processos com repercussão geral reconhecida no prazo estabelecido no §9º do art. 1.035 do novo C.P.C.

Penso que diante dessa morosidade do S.T.F. em julgar os temas sujeitos a repercussão geral, tem razão o Ministro Luís Roberto Barroso (http://www.conjur.com.br/2016-ago-13/ministro-barroso-cobra-reducao-competencias-supremo):

> *Para o ministro Luís Roberto Barroso, do Supremo Tribunal Federal, a corte está sobrecarregada com temas que não deveriam estar lá. Esse excesso de ações, segundo ele, prejudica a consistência dos julgamentos e a solução do problema passa pela retirada de alguns processos da competência do tribunal, por exemplo, a extradição e as ações envolvendo prerrogativa de foro. "Não temos estrutura nem tempo para isso. Os processos prescrevem no Supremo, essa é a verdade".*
>
> *O ministro cobrou uma "redução drástica" de competências durante palestra no 7º Congresso Brasileiro de Sociedades de Advogados, promovido pelo Sindicato das Sociedades de Advogados dos estados de São Paulo e Rio de Janeiro (Sinsa) na capital paulista. Barroso reclamou que o Supremo julga casos que não deveriam chegar à corte.*

Ele cita o exemplo da extradição. "Em nenhum lugar do mundo a extradição é competência da Supremo Corte. Penso que a extradição deveria ser um processo administrativo no Ministério da Justiça. Se a parte quiser recorrer, ela vai recorre para a primeira instância. E se o primeiro grau mantiver o deferimento da extradição acabou, não cabe mais recurso", disse o ministro.

Em relação à prerrogativa de foro, Barroso sugeriu a criação de uma vara especializada, em Brasília. "Não tem nenhum sentido o Supremo funcionar como um juízo de primeiro grau, ouvindo testemunha, fazendo perícia, para julgar casos criminais de parlamentares. Tenho defendido de longa data a criação de uma vara federal especializada, em Brasília, com competência para julgar os casos que hoje são do foro por prerrogativa, cabendo recurso ao STF ou ao STJ conforme a autoridade".

O ministro sugeriu que essa vara especializada seja liderada por um juiz, para dar uniformidade às decisões, que tenha a ajuda de magistrados auxiliares. Esse julgador seria, segundo Barroso, escolhido pelo Supremo para um mandato de quatro anos. "No caso dos parlamentares, como são pessoas expostas politicamente, você mandar para a justiça estadual pode sujeitar, a meu ver, tanto a perseguição quanto o favorecimento. Por esta razão, uma vara federal em Brasília seria uma garantia maior de imparcialidade."

"Acho que teremos uma cultura em que todos se contem com julgamento em primeiro grau e, no máximo, um julgamento sem segundo grau. Aí acabou o processo. O Supremo Tribunal Federal deve julgar um punhado limitado de processos – 100, 200 processos – que sejam importantes para o país. Deve julgar com visibilidade, debate de qualidade e capacidade de influenciar a agenda do país. Quando você julga 50 mil processos por semestre, você está julgando uma grande quantidade de coisas irrelevantes, que deveriam ter terminado no segundo grau", finalizou.

Outro aspecto importante é que se o processo foi suspenso após o julgamento da apelação, essa suspensão não suspende a eficácia da sentença, salvo se na repercussão geral o Ministro relator estender a suspensão também à eficácia da decisão já proferida.

23.8. – Exclusão de processo do sobrestamento
O interessado pode requerer, ao presidente ou ao vice-presidente do tribunal de origem, que exclua da decisão de sobrestamento e inadmita o recurso extraordinário que tenha sido interposto intempestivamente, tendo o recorrente o prazo de 5 (cinco) dias para manifestar-se sobre esse requerimento (§6º do art. 1.035 do atual C.P.C.).

Sendo a tempestividade um dos requisitos objetivos de admissibilidade do recurso, não haveria motivo lógico manter um recurso extraordinário sobrestado, tendo sido ele interposto fora do prazo legal, isto é, sendo ele intempestivo.

Assim, havendo intempestividade, o interessado poderá requerer ao presidente ou vice-presidente do tribunal de origem que o exclua da decisão de sobrestamento e inadmita o recurso extraordinário que tenha sido interposto intempestivamente.

Porém, antes de proferir decisão de não admissibilidade do recurso por intempestividade, deverá ser ouvido, no prazo de cinco dias (úteis), o recorrente.

É importante salientar que o §6º do art. 1.035 do atual C.P.C. somente permite que o presidente ou vice-presidente do tribunal de origem retire do sobrestamento processo no qual se argua a intempestividade do recurso extraordinário, e não por outro motivo referente a outros requisitos de admissibilidade de recurso. Trata-se de matéria restrita e delimitada.

Porém, não se encontra nos limites estabelecidos pelo §6º do art. 1.035 do novo C.P.C., eventual erro material na determinação de sobrestamento do processo. Seria tecnicamente absurda a suspensão de processo cujo objeto da demanda nada tem a ver com a temática do objeto da repercussão geral.

Assim, havendo o sobrestamento equivocado de determinado recurso, a parte poderá requerer ao presidente ou vice-presidente do tribunal de origem que analise o erro do sobrestamento.

Havendo erro material no sobrestamento do processo, entendo que se deve aplicar, por analogia, no que couber, os §§9º a 13º do art. 1.037 do novo C.P.C., *in verbi*:

> *Art. 1.037. (...).*
> *(...).*
> *§ 9o Demonstrando distinção entre a questão a ser decidida no processo e aquela a ser julgada no recurso especial ou extraordinário afetado, a parte poderá requerer o prosseguimento do seu processo.*
>
> *§ 10. O requerimento a que se refere o § 9o será dirigido:*
> *I – ao juiz, se o processo sobrestado estiver em primeiro grau;*
> *II – ao relator, se o processo sobrestado estiver no tribunal de origem;*

III – ao relator do acórdão recorrido, se for sobrestado recurso especial ou recurso extraordinário no tribunal de origem;

IV – ao relator, no tribunal superior, de recurso especial ou de recurso extraordinário cujo processamento houver sido sobrestado.

§ 11. A outra parte deverá ser ouvida sobre o requerimento a que se refere o § 9º, no prazo de 5 (cinco) dias.

§ 12. Reconhecida a distinção no caso:

I – dos incisos I, II e IV do § 10, o próprio juiz ou relator dará prosseguimento ao processo;

II – do inciso III do § 10, o relator comunicará a decisão ao presidente ou ao vice-presidente que houver determinado o sobrestamento, para que o recurso especial ou o recurso extraordinário seja encaminhado ao respectivo tribunal superior, na forma do art. 1.030, parágrafo único.

§ 13. Da decisão que resolver o requerimento a que se refere o § 9º caberá:

I – agravo de instrumento, se o processo estiver em primeiro grau;

II – agravo interno, se a decisão for de relator.

23.9. Recurso contra decisão que indeferir a retirada do processo do sobrestamento

A redação originária do §7º do art. 1035 do novo C.P.C. preconizava que na hipótese de o presidente ou vice-presidente do tribunal de origem não deferir a exclusão do processo do sobrestamento, caberia agravo em recurso extraordinário, nos termos do art. 1042 do novo C.P.C.

Porém, o §7º do art. 1.035 do novo C.P.C. foi alterado pela Lei 13.256 de 2016, passando a ter a seguinte redação: *Da decisão que indeferir o requerimento referido no § 6º ou que aplicar entendimento firmado em regime de repercussão geral ou em julgamento de recursos repetitivos caberá agravo interno. (Redação dada pela Lei nº 13.256, de 2016) (Vigência)*

Portanto, a partir da vigência da Lei n. 13.256 de 2016, caberá recurso de agravo interno (art. 1.021 do novo C.P.C.) da decisão que indeferir o requerimento de exclusão do processo do sobrestamento para efeito de analisar a tempestividade do recurso extraordinário.

Porém, se o presidente ou vice-presidente do tribunal de origem acolher o pedido de exclusão do sobrestamento do processo, nos termos do §6º do art. 1.035 do novo C.P.C., duas situações poderão ocorrer: a) o presidente ou vice-presidente, não constatando a intempestividade do recurso, determinará o retorno dos autos ao sobrestamento. Contra essa decisão não caberá recurso algum; b) o presidente ou vice-presidente, em análise de juízo de admissibilidade, constata a intempestividade do recurso, não admitindo o recurso extraordinário. Contra essa decisão caberá agravo em recurso extraordinário, nos termos do art. 1.042 do novo C.P.C.

23.10. Consequências jurídicas da negativa da repercussão geral
Negada a repercussão geral, o presidente ou o vice-presidente do tribunal de origem negará seguimento aos recursos extraordinários sobrestados na origem que versem sobre matéria idêntica (§8º do art. 1.035 do novo C.P.C.).

Somente será admitido o recurso extraordinário quando o S.T.F. reconhecer a existência de questão que possa ser considerada como de *repercussão geral*.

Por outro lado, o S.T.F. somente poderá recusar a *repercussão geral* pela manifestação de dois terços de seus membros.

Uma vez recusada pelo S.T.F. a repercussão geral, tal decisão valerá para todos os recursos que apresentem matéria idêntica. Nessa hipótese, o presidente ou vice-presidente do tribunal de origem negará seguimento aos recursos extraordinários sobrestados na origem que versem sobre matéria idêntica.

Contra a decisão do presidente ou vice-presidente do tribunal de origem que aplicar entendimento firmado em regime de repercussão geral caberá agravo interno (art. 1.021 do novo C.P.C.), nos termos do que estabelece o §7º do art. 1.035 do novo C.P.C., com a redação dada pela Lei n. 13.256 de 2016.

23.11. Prazo máximo de sobrestamento dos processos em face da repercussão geral
O recurso que tiver a repercussão geral reconhecida deverá ser julgado no prazo de 1 (um) ano e terá preferência sobre os demais feitos, ressalvados os que envolvam réu preso e os pedidos de habeas corpus (§9º do art. 1.035 do novo C.P.C.).

Trata-se de uma determinação legal importante (muito embora de duvidosa aplicação), pois atualmente há recurso com repercussão geral reconhecida pendente de julgamento no S.T.F. há mais de cinco anos, gerando insatisfação e descrédito no Poder Judiciário, bem como ferindo o princípio da celeridade processual.

Assim, deverá o recurso com repercussão geral ser julgado no prazo de um ano, tendo preferência sobre os demais feitos, ressalvados os que envolvam réu preso e o pedido de habeas corpus.

Não ocorrendo o julgamento do recurso no prazo de 1 (um) ano a contar do reconhecimento da repercussão geral, havia a previsão normativa que estabelecia uma determinada sanção processual. Essa previsão encontrava-se no §10 do art. 1.035 do novo C.P.C., *in verbis*: *"Não ocorrendo o julgamento no prazo de 1 (um) ano a contar do reconhecimento da repercussão geral, cessa, em todo o território nacional, a suspensão dos processos, que retomarão seu curso normal".*

Assim, se o S.T.F. não respeitasse o prazo de um ano estipulado pelo legislador para julgamento do recurso com repercussão geral, os prejudicados seriam, indubitavelmente, os jurisdicionados, pois haveria a movimentação dos processos até então sobrestados; porém, essa movimentação não ensejaria resolução final da pretensão formulada em juízo, pois a questão sempre estaria sujeita ao resultado do processo com repercussão geral a ser decido pelo S.T.F.

Diante dessa incongruência, a Lei 13.256 de 2016 revogou expressamente o §10 do art. 1.035 do novo C.P.C., razão pela qual os processos permanecerão sobrestados, mesmo que o S.T.F. não julgue a temática objeto de repercussão geral no prazo de 1 (um) ano.

23.12. Súmula da decisão sobre repercussão geral

A súmula da decisão sobre a repercussão geral constará de ata, que será publicada no diário oficial e valerá como acórdão (§11º do art. 1.035 do atual C.P.c.).

Não haverá necessidade, portanto, de ser lavrado acórdão pelo relator, sendo que a súmula do julgamento da repercussão geral terá essa finalidade, pois deverá constar em ata que será publicada no diário oficial.

Por sua vez, estabelece o art. 329 do Regimento Interno do S.T.F.: *"A Presidência do Tribunal promoverá ampla e específica divulgação do teor das decisões sobre repercussão geral, bem como formação e atualização de banco eletrônico de dados a respeito".*

A Resolução n. 235 de 13 de julho de 2016 do Conselho Nacional de Justiça, dispõe sobre a padronização de procedimentos administrativos decorrentes de julgamentos de repercussão geral, sendo que em seu art. 5º assim estabelece: *"Fica criado, no âmbito do CNJ, banco nacional de dados com informações da repercussão geral, dos casos repetitivos e dos incidentes de assunção de competência do Supremo Tribunal Federal (STF), do STJ, do TST, do TSE, do STM, dos Tribunais Regionais Federais, dos Tribunais Regionais do Trabalho e dos Tribunais de Justiça dos Estados e do Distrito Federal".*

24.
Decisão monocrática do relator sobre a admissibilidade ou não do recurso extraordinário e recurso especial

A Lei 8.038, de 28.05.1990, denominada de *Lei dos Recursos*, estabelecia em seu art. 38 que o relator, tanto na esfera do recurso especial quanto na do recurso extraordinário decidiria o pedido ou o recurso que houvesse perdido seu objeto, bem como negaria seguimento a pedido ou recurso manifestamente intempestivo, incabível ou improcedente, ou, ainda, que contrariasse as questões predominantemente de direito e de Súmula do respectivo tribunal.

A permissibilidade prevista no art. 38 da Lei 8.038/90 foi incorporada, inclusive ampliada, no art. 557 do C.P.C. de 1973, com a redação dada pela Lei n. 9.756, de 1998, a saber:

> Art. 557. O relator negará seguimento a recurso manifestamente inadmissível, improcedente, prejudicado ou em confronto com súmula ou com jurisprudência dominante do respectivo tribunal, do Supremo Tribunal Federal, ou de Tribunal Superior. (Redação dada pela Lei nº 9.756, de 1998)
>
> § 1º-A Se a decisão recorrida estiver em manifesto confronto com súmula ou com jurisprudência dominante do Supremo Tribunal Federal, ou de Tribunal Superior, o relator poderá dar provimento ao recurso. (Incluído pela Lei nº 9.756, de 1998)
>
> § 1º Da decisão caberá agravo, no prazo de cinco dias, ao órgão competente para o julgamento do recurso, e, se não houver retratação, o relator apresentará o processo em mesa, proferindo voto; provido o agravo, o recurso terá seguimento. (Incluído pela Lei nº 9.756, de 1998)
>
> § 2º Quando manifestamente inadmissível ou infundado o agravo, o tribunal condenará o agravante a pagar ao agravado multa entre um e dez por cento do valor corrigido da causa, ficando a interposição de qualquer outro recurso condicionada ao depósito do respectivo valor. (Incluído pela Lei nº 9.756, de 1998)

Seguindo essa autorização legislativa dada ao relator para agir de modo monocrático, o novo C.P.C., além de manter as hipóteses previstas no art. 557 do C.P.C. de 1973, também ampliou os poderes do relator ao estabelecer em seu art. 932:

> *Art. 932. Incumbe ao relator:*
>
> *I – dirigir e ordenar o processo no tribunal, inclusive em relação à produção de prova, bem como, quando for o caso, homologar autocomposição das partes;*
>
> *II – apreciar o pedido de tutela provisória nos recursos e nos processos de competência originária do tribunal;*
>
> *III – não conhecer de recurso inadmissível, prejudicado ou que não tenha impugnado especificamente os fundamentos da decisão recorrida;*
>
> *IV – negar provimento a recurso que for contrário a:*
>
> *a) súmula do Supremo Tribunal Federal, do Superior Tribunal de Justiça ou do próprio tribunal;*
>
> *b) acórdão proferido pelo Supremo Tribunal Federal ou pelo Superior Tribunal de Justiça em julgamento de recursos repetitivos;*
>
> *c) entendimento firmado em incidente de resolução de demandas repetitivas ou de assunção de competência;*
>
> *V – depois de facultada a apresentação de contrarrazões, dar provimento ao recurso se a decisão recorrida for contrária a:*
>
> *a) súmula do Supremo Tribunal Federal, do Superior Tribunal de Justiça ou do próprio tribunal;*
>
> *b) acórdão proferido pelo Supremo Tribunal Federal ou pelo Superior Tribunal de Justiça em julgamento de recursos repetitivos;*
>
> *c) entendimento firmado em incidente de resolução de demandas repetitivas ou de assunção de competência;*
>
> *VI – decidir o incidente de desconsideração da personalidade jurídica, quando este for instaurado originariamente perante o tribunal;*
>
> *VII – determinar a intimação do Ministério Público, quando for o caso;*
>
> *VIII – exercer outras atribuições estabelecidas no regimento interno do tribunal.*
>
> *Parágrafo único. Antes de considerar inadmissível o recurso, o relator concederá o prazo de 5 (cinco) dias ao recorrente para que seja sanado vício ou complementada a documentação exigível.*

Sobre a aplicação do p.u. do art. 932 do novo C.P.C., eis a seguinte decisão do S.T.F.:

> *O prazo de cinco dias previsto no parágrafo único do art. 932 do CPC/2015 ["Art. 932. Incumbe ao relator: ... III – não conhecer de recurso inadmissível, prejudicado ou que não tenha impugnado especificamente. ... Parágrafo único. Antes de considerar inadmissível o recurso, o relator concederá o prazo de 5 (cinco) dias ao recorrente para que seja sanado vício ou complementada a documentação exigível"] só se aplica aos casos em que seja necessário sanar vícios formais, como ausência de procuração ou de assinatura, e não à complementação da fundamentação. Com base nessa orientação, a Primeira Turma, por maioria, negou provimento a agravo regimental e condenou a parte sucumbente ao pagamento de honorários advocatícios. Inicialmente, a Turma rejeitou proposta do Ministro Marco Aurélio de afetar a matéria ao Plenário para analisar a constitucionalidade do dispositivo, que, ao seu ver, padeceria de razoabilidade. Na sequência, o Colegiado destacou que, na situação dos autos, o agravante não atacara todos os fundamentos da decisão agravada. Além disso, estar-se-ia diante de juízo de mérito e não de admissibilidade.* **O Ministro Roberto Barroso, em acréscimo, afirmou que a retificação somente seria cabível nas hipóteses de recurso inadmissível, mas não nas de prejudicialidade ou de ausência de impugnação específica de fundamentos.** *Vencido o Ministro Marco Aurélio, que provia o recurso.*
> ARE 953221 AgR/SP, rel. Min. Luiz Fux, 7.6.2016. (ARE-953221)

Saliente-se que nos termos do art. 21, inc. IX, do Regimento Interno do S.T.F., poderá o relator *julgar prejudicado pedido ou recurso que haja perdido o objeto*, assim como, *negar seguimento a pedido ou recurso manifestamente inadmissível, improcedente ou contrário à jurisprudência dominante ou a Súmula do Tribunal, deles não conhecer em caso de incompetência manifesta, encaminhando os autos ao órgão que repute competente, bem como cassar ou reformar, liminarmente, acórdão contrário à orientação firmada nos termos do art. 543-B do Código de Processo Civil*, nos termos do §1º do art. 21 do Regimento Interno do S.T.F.

Por sua vez, estabelece o art. 34, incs. XI e XVIII, do Regimento Interno do S.T.J., que são atribuições do relator julgar prejudicado pedido ou recurso que haja perdido o objeto e negar seguimento a pedido ou recurso manifestamente intempestivo, incabível, improcedente, contrário a súmula do Tribunal, ou quando for evidente a incompetência deste.

Em relação à questão de o relator proferir monocraticamente juízo de admissibilidade em recurso especial ou extraordinário, o que nos interessa mais de perto, é o disposto no art. 932 do novo C.P.C., o qual estabeleceu as seguintes prerrogativas:

a) Poderá o relator não conhecer de recurso: *inadmissível, prejudicado ou que não tenha impugnado especificamente os fundamentos da decisão recorrida.*
b) Poderá o relator negar provimento a recurso que for contrário: b.1) *súmula do Supremo Tribunal Federal, do Superior Tribunal de Justiça ou do próprio tribunal;* b.2) *acórdão proferido pelo Supremo Tribunal Federal ou pelo Superior Tribunal de Justiça em julgamento de recursos repetitivos.*
c) Depois de facultada a apresentação de contrarrazões, poderá o relator dar provimento ao recurso se a decisão recorrida contrariar: c.1.) *súmula do Supremo Tribunal Federal, do Superior Tribunal de Justiça ou do próprio tribunal;* c.2) *acórdão proferido pelo Supremo Tribunal Federal ou pelo Superior Tribunal de Justiça em julgamento de recursos repetitivos ou assunção de competência.*

Muito embora o relator aja nessas situações de forma monocrática, a jurisprudência tem admitido como legítima essa forma de atuação de juízo não coletivo. Nesse sentido é o teor da Súmula 253 do S.T.J: *"O art. 557 do CPC, que autoriza o relator a decidir o recurso, alcança o reexame necessário".*

Conforme já teve oportunidade de afirmar Cândido Rangel Dinamarco, *"(...)ao conferir ao relator poderes assim tão amplos, a nova lei assumiu o risco de abrir caminho para erros de um juiz singular julgando recursos e sua admissibilidade . Mas é inerente à vida de todo processo um sistema 'de certezas', 'probabilidades e riscos' – a ser equilibrado mediante a oferta de meios corretivos dos erros porventura se cometam. Por isso, instituiu-se o 'agravo' a ser interposto em cinco dias pela parte que tiver seu agravo de instrumento contrariado pelo relator. Equilibrou-se o sistema".*[235]

É importante salientar que essa prerrogativa outorgada ao relator não abrange a análise isolada sobre a existência ou não de 'repercussão geral', uma vez que para avaliar a existência de tal requisito o relator encaminhará sua avaliação por meio eletrônico aos demais Ministros (RISTF, art. 323).

Contra a decisão monocrática do relator que não admitir o recurso especial ou extraordinário, caberá recurso de agravo interno, nos termos do art. 1.021 do novo C.P.C.

---

[235] DINAMARCO, Cândido Rangel *A reforma do código de processo civil.* 3ª ed. São Paulo: Malheiros, 1996. p. 1991.

25.
Recurso adesivo em recurso especial e extraordinário

Cada parte interporá o recurso especial ou extraordinário independentemente, no prazo e com observância das exigências legais.

Porém, sendo vencidos autor e réu, o recurso interposto por qualquer deles poderá aderir o outro.

O legislador do novo C.P.C. permitiu a interposição de *recurso adesivo* no âmbito do recurso de apelação, no recurso *extraordinário* e no recurso *especial*.

Assim, o recurso especial ou extraordinário pode ser interposto pela via principal, independente, ou pela forma adesiva.

A interposição do recurso extraordinário ou especial pela forma adesiva não significa que se trate de um novo recurso não previsto no rol taxativo indicado no atual C.P.C., mas, sim, de uma forma particular de se ingressar com o recurso especial ou extraordinário.

Sendo vencidos autor e réu, ao recurso interposto por qualquer deles poderá aderir ou outro (§1º do art. 997 do novo C.P.C.).

Segundo anota José Carlos Barbosa Moreira, *"afere-se à luz da função processual do recurso adesivo, que é a de levar à cognição do órgão 'ad quem' matéria ainda não abrangida pelo efeito devolutivo do recurso principal, e que portanto ficaria preclusa em não ocorrendo a adesão. Se o órgão 'ad quem' já poderia conhecer da matéria ao julgar o primeiro recurso, em princípio deve negar-se ao recorrente adesivo o interesse em recorrer, por falta de necessidade. Daí surgem, como é intuitivo, diferenças relevantes entre a adesão à apelação e a adesão ao recurso extraordinário ou especial, como reflexo da diversidade de amplitude de efeito devolutivo, numa e noutros. Pode acontecer que o recorrido, no recurso extraordinário ou especial, tenha necessidade de aderir para ensejar ao órgão 'ad quem' a apreciação de determinada questão, e em hipótese análoga o apelado não tenha igual necessidade, por já estar devolvido ao tribunal o exame da questão, mercê da apelação interposta pela outra parte... o caso será, então, de inadmissibilidade do recurso adesivo, por falta de interesse*".[236]

Na lição de Rodolfo C. Mancuso: *"ainda outra particularidade no tocante à adesão ao recurso extraordinário e ao especial. É que a regra do 'tantum devolutum quantum appellatum', prevista no art. 515, §1º, do CPC de 1973, que tem plena aplicação aos recursos de tipo comum, sofre temperamentos em se tratando de recursos excepcionais, em função de seu 'restrito efeito devolutivo': eles não devolvem ao STF e ao STJ o conhecimento da matéria de fato e sim apenas a 'matéria jurídica', desde que 'prequestionada', e ainda assim, limitada ao direito constitucional ou federal, comum – limitações, portanto, nos dois planos cognoscitivos: o horizontal, da 'extensão', e o vertical, da 'profundidade'.*[237]

O recurso adesivo, que será dirigido ao órgão perante o qual o recurso independente fora interposto, no prazo de que a parte dispõe para responder (15 dias), fica subordinado ao recurso autônomo, principal, sendo-lhe aplicáveis as mesmas regras deste quanto aos requisitos de admissibilidade e julgamento no tribunal, salvo disposição legal diversa.

Assim, o recurso adesivo especial e extraordinário, para que possa ser admitido, deverá observar os mesmos requisitos processuais e procedimentais do recurso especial e extraordinário, especialmente no que concerne à questão de *prequestionamento* e *matéria de direito e não de fato*.

Não se exige, porém, que a matéria de mérito do recurso adesivo esteja relacionada com a matéria de mérito do recurso principal.

Questão que se coloca é se no recurso extraordinário adesivo, o recorrente também deverá demonstrar a existência de repercussão geral da questão constitucional inserida no recurso. Devendo-se observar no recurso adesivo as mesmas regras e os mesmos requisitos de admissibilidade do recurso principal, isso significa dizer que o recorrente adesivo deverá demonstrar que a questão constitucional posta em seu recurso apresenta repercussão geral.

O recurso adesivo não será conhecido se houver desistência do recurso principal ou se for ele considerado inadmissível. Aliás, sobre a subordinação do recurso adesivo ao recurso principal, eis a seguinte passagem no

---

[236] BARBOSA MOREIRA, José Carlos. *Comentários ao código de processo civil.*, 16º ed. Rio de Janeiro: Forense, 2012. p. 319.
[237] MANCUSO, R. C., op. cit., p. 334.

voto proferido pelo Ministro Sepúlveda Pertence no RE n. 200.736-6/SC: *"No voto que proferi no RE 196.430, acolhida pela Turma em 9.9.97, parti, para afirmá-lo de que a marca característica do recurso recurso adesivo – por isso, melhor chamado, na lei portuguesa, de 'recurso subordinado' (J. C. Barbosa Moreira, Comentários ao C. Pr. Civil, Forense, 6ª, 1993, v/280; Sérgio Bermudes, Comentários, Ed. RT, 2ª, 1977, VII/68) – é a sua dependência do recurso principal, que, na expressiva dicção de Bermudes, constitui a sua causa eficiente".*

O art. 321, §2º, do RISTF, preceitua que o recurso extraordinário adesivo não será processado ou conhecido quando houver desistência do recurso principal, ou for este declarado inadmissível ou deserto.

O adesivo depende de que o recurso principal (independente) seja admitido e não que seja provido.[238]

Note-se que quando se fala em *inadmissibilidade* do recurso principal, isso significa dizer que o S.T.F. ou o S.T.J. não admitiu o recurso em razão de questão processual ou procedimental.

Se o recurso principal (independente) não foi conhecido, mas houve análise de mérito, o recurso adesivo deverá também ser analisado.

Há entendimento de que tendo a parte ingressado com recurso autônomo, não poderá mais aderir ao da contraparte, tendo em vista que já exerceu o poder de recorrer, ocorrendo a *preclusão consumativa*.[239]

Na concepção de Rodolfo C. Mancuso, *"isso não pode ser singelamente 'transposto' para os casos do recurso extraordinário e do especial, se os 'fundamentos' do recurso 'principal' e do adesivo forem 'diversos'. É que nesse caso aplica-se o princípio da independência dos recursos: estes são interpostos com base em permissivos diferentes; logo, são recursos diversos, bem podendo um ser conhecido e outro não. Exemplo: as duas partes interpuseram recurso extraordinário (ou especial); o do réu foi admitido e não o do autor. Cremos que o autor pode aderir ao recurso do réu, fundando sua adesão em permissivo constitucional (ou infraconstitucional) 'diverso' daquele em que fundara seu recurso autônomo', inadmitido. É verdade que há jurisprudência em sentido contrário('Não cabe recurso adesivo quando a parte já tenha manifestado recurso autônomo' – STJ, AI 487.381/SC – AGRg, 2ª T. j. 12.08.2003, v.eu., rel. Min. Otávio de Noronha, negaram provimento, DJU 15.09.2003, p. 197), mas cremos que aquela outra posição, 'data venia', é*

---

[238] MANCUSO, R., D., idem, p. 340
[239] MANCUSO, R. C., idem, p. 336, citando Nery & Nery.

perfeitamente sustentável; com razão, já se decidiu que 'a inadmissibilidade do recurso principal, que autoriza o não conhecimento do recurso extraordinário adesivo, é aquela de ordem processual, não abrangendo a de índole específica do recurso extraordinário (RTJ 95/210)".[240]

Ocorre que o S.T.J. vem adotando a tese de que não pode a parte se valer de recurso adesivo quando, em momento anterior, já houver manifestado sua irresignação por meio de recurso autônomo, ante a preclusão consumativa. Nesse sentido eis os seguintes precedentes:

1. Não pode a parte se valer de recurso adesivo quando, em momento anterior, já houver manifestado sua irresignação por meio do recurso autônomo, ante a preclusão consumativa.

2. Recurso especial não provido.

(REsp 1173908/PI, Rel. Ministra ELIANA CALMON, SEGUNDA TURMA, julgado em 02/03/2010, DJe 10/03/2010).

1. O inconformismo veiculado no recurso adesivo não pode apreciar incidenter tantum eventual violação de lei quanto à inadmissão do recurso especial por força do requisito do prequestionamento. 2. A exegese jurisprudencial aplica-se ainda que o apelo não tenha sido recebido por error in judicando, porquanto o raciocínio inverso reabriria preclusão já consumada sem prejuízo de o recurso adesivo fazer as vezes de recurso de agravo, notoriamente, nesse momento processual, intempestivo. 3. O recurso adesivo é inadmissível pela parte que já interpusera apelo autônomo, ainda que não conhecido, ante a ocorrência de preclusão consumativa. (Precedentes: AgRg nos EREsp 611395/MG, Corte Especial, publicado no DJ de 01.08.2006; AgRg no Ag 487381/ SC, Segunda Turma, publicado no DJ de 15.09.2003; REsp 179586/RS, Segunda Turma, publicado no DJ de 18.12.2000; REsp 245768/SP, Quarta Turma, publicado no DJ de 22.05.2000; e REsp 75573/RS, Quarta Turma, publicado no DJ de 16.03.1998) 4. Recurso especial desprovido. (REsp 739.632/RS, Rel. Ministro LUIZ FUX, PRIMEIRA TURMA, julgado em 15/05/2007, DJ 11/06/2007 p. 268).

Tendo em vista o propósito do recurso adesivo e o princípio da consumação, a parte que, no prazo legal, apresentou recurso autônomo não pode recorrer adesivamente. Recurso não conhecido.

---

[240] MANCUSO, R. C., idem, p. 336.

(REsp 179.586/RS, Rel. Ministro FRANCISCO PEÇANHA MARTINS, SEGUNDA TURMA, julgado em 16/11/2000, DJ 18/12/2000 p. 175)

(...).

IV. Descabido o uso de recurso adesivo se a parte, antes, já interpusera apelação não conhecida por deserção.

(REsp 232.506/DF, Rel. Ministro ALDIR PASSARINHO JUNIOR, QUARTA TURMA, julgado em 21/09/2000, DJ 27/11/2000 p. 168)

26.
Recurso especial e recurso extraordinário em modo retido

O art. 542, §3º, do C.P.C. de 1973 estabelecia que o recurso extraordinário e o recurso especial, quando interpostos contra decisão interlocutória em processo de conhecimento, cautelar ou embargos à execução, ficaria retido nos autos e somente seria processado se fosse reiterado pela parte, no prazo para a interposição do recurso contra a decisão final, ou para as contrarrazões.

Esse preceito normativo não foi repetido pelo novo C.P.C.

27.
Recurso especial e recurso extraordinário repetitivo

Tratou-se exaustivamente do recurso especial e do recurso extraordinário repetitivo, disciplinados nos arts. 1.036 a 1.041 do novo C.P.C., na obra desta Coleção do Novo C.P.C., intitulada: *Resolução de Demandas Repetitivas – Comunicação de Demanda Individual, Incidente de Resolução de Demandas Repetitivas e Recursos Repetitivos*, publicada pela Almedina, em 2015, para qual remeto o leitor.

28.
Interposição do recurso especial e extraordinário antes do julgamento dos embargos de declaração

Estabelece o § 5º do art. 1.024 do atual C.P.C. que se os embargos de declaração forem rejeitados ou não alterarem a conclusão do julgamento anterior, o recurso interposto pela outra parte antes da publicação do julgamento dos embargos de declaração será processado e julgado *independentemente de ratificação*.

Este dispositivo vem demonstrar a autonomia existente entre a interposição dos embargos de declaração e outros recursos que possam ser apresentados.

Assim, se os embargos de declaração forem rejeitados ou não alterarem a conclusão do julgamento anterior, o recurso interposto pela outra parte não precisará ser ratificado.

Note-se que o S.T.J., sob a égide do C.P.C. de 1973, exigia a ratificação do recurso interposto, nos termos da Súmula 418 do S.T.J.: *"É inadmissível o recurso especial interposto antes da publicação do acórdão dos embargos de declaração, sem posterior ratificação"*.

Sobre o tema, eis a seguinte decisão:

> 1. A interposição de embargos de divergência antes da publicação do acórdão que julga os embargos de declaração, sem ulterior ratificação das razões recursais, implica na incidência por analogia da Súmula n. 418 do STJ: *"É inadmissível o recurso especial interposto antes da publicação do acórdão dos embargos de declaração, sem posterior ratificação".*
> 2. Agravo regimental desprovido.
> (AgRg nos EREsp 1306390/SP, Rel. Ministro ANTONIO CARLOS FERREIRA, SEGUNDA SEÇÃO, julgado em 27/08/2014, DJe 08/09/2014).

O mesmo posicionamento era adotado pelo S.T.F., conforme os seguintes precedentes:

Ementa: agravo regimental no agravo regimental na ação rescisória. Acolhimento dos embargos de declaração. Ausência de ratificação do recurso: intempestividade. Precedentes. Agravo regimental ao qual se nega provimento. (AR 1332 AgR-AgR, Relator(a): Min. CÁRMEN LÚCIA, Tribunal Pleno, julgado em 01/08/2014, ACÓRDÃO ELETRÔNICO DJe-159 DIVULG 18-08-2014 PUBLIC 19-08-2014).

Embargos de declaração em recurso extraordinário. 2. Decisão monocrática. Embargos de declaração recebidos como agravo regimental. 3. Recurso intempestivo. Ausência de ratificação. 4. É irrelevante que os embargos infringentes não tenham sido interpostos pelo recorrente. 5. Agravo regimental a que se nega provimento. (RE 793949 ED, Relator(a): Min. GILMAR MENDES, Turma, julgado em 08/04/2014, ACÓRDÃO ELETRÔNICO DJe-080 DIVULG 28-04-2014 PUBLIC 29-04-2014).

É certo, porém, que tanto o S.T.F. quanto o S.T.J já vinham relativizando o teor da Súmula 418 do S.T.J., conforme se pode observar dos seguintes precedentes:

RECURSO EXTRAORDINÁRIO – EMBARGOS DECLARATÓRIOS – PENDÊNCIA – OPORTUNIDADE. O recurso extraordinário surge oportuno ainda que pendentes embargos declaratórios interpostos pela parte contrária, ficando a problemática no campo da prejudicialidade se esses últimos forem providos com modificação de objeto.
(RE 680.371 AgR, Relator Min. DIAS TOFFOLI, Relator p/ Acórdão Min. MARCO AURÉLIO, Primeira Turma, julgado em 11/06/2013, ACÓRDÃO ELETRÔNICO, DJe-181, divulgado em 13.9.2013, publicado em 16.9.2013.)
ADMINISTRATIVO. PROCESSUAL CIVIL. AGRAVO REGIMENTAL NO AGRAVO EM RECURSO ESPECIAL. RECONSIDERAÇÃO. NOVA INTERPRETAÇÃO DA SÚMULA 418/STJ. (QO NO RESP 1.129.215/DF). RECURSO INTERPOSTO ANTES DA PUBLICAÇÃO DO ACÓRDÃO EMBARGADO. AUSÊNCIA DE MODIFICAÇÃO NO JULGADO. DESNECESSIDADE DE RATIFICAÇÃO. ANÁLISE DO RECURSO ESPECIAL: ALEGAÇÃO DE VIOLAÇÃO DE DISPOSITIVOS CONSTITUCIONAIS. IMPOSSIBILIDADE. COMPETÊNCIA DO STF. AUSÊNCIA DE PREQUESTIONAMENTO DOS

DISPOSITIVOS LEGAIS TIDOS POR VIOLADOS. SÚMULA 211/STJ. NÃO ALEGAÇÃO DE VIOLAÇÃO DO ART. 535 DO CPC. FUNDAMENTOS DO ACÓRDÃO NÃO INFIRMADOS. SÚMULA 283/STF.

1. A Corte Especial do STJ, ao analisar a Questão de Ordem no REsp 1.129.215/DF, de relatoria do Ministro Luis Felipe Salomão, pendente de publicação, firmou entendimento segundo o qual o enunciado da Súmula 418/STJ deverá ser interpretado de forma que a necessidade de ratificação do recurso interposto na pendência de embargos declaratórios apenas seja exigida quando houver alteração na conclusão do julgamento anterior. O acolhimento dos presentes embargos de declaração é medida que se impõe, afastando-se o óbice da Súmula 418/STJ.

(...).

(EDcl no AgRg no REsp 1503251/BA, Rel. Ministro HUMBERTO MARTINS, SEGUNDA TURMA, julgado em 27/10/2015, DJe 13/11/2015).

RECURSO ESPECIAL. PROCESSO CIVIL. RECURSO INTERPOSTO ANTES DO JULGAMENTO DOS EMBARGOS DE DECLARAÇÃO. NÃO ALTERAÇÃO DA DECISÃO EMBARGADA. DESNECESSIDADE DE RATIFICAÇÃO. INSTRUMENTALISMO PROCESSUAL. CONHECIMENTO DO RECURSO. NOVA INTERPRETAÇÃO DA SÚMULA 418 DO STJ QUE PRIVILEGIA O MÉRITO DO RECURSO E O AMPLO ACESSO À JUSTIÇA. AGRAVO RETIDO. INTEMPESTIVIDADE. AUSÊNCIA DE JUSTA CAUSA OU DÚVIDA PARA RELATIVIZAÇÃO DO PRAZO RECURSAL.

1. O agravo retido tem o seu conhecimento condicionado à prolação de juízo positivo de admissibilidade da apelação, isto é, só haverá juízo de admissibilidade do agravo retido se antes houver o conhecimento da apelação pelo próprio tribunal, sendo pressuposto para o seu julgamento. Precedentes.

2. A Corte Especial, no julgamento da Questão de Ordem afetada pela Quarta Turma, conferiu nova exegese à Súmula 418 do STJ, entendendo que a única interpretação cabível para referido enunciado é "aquela que prevê o ônus da ratificação do recurso interposto na pendência de embargos declaratórios apenas quando houver alteração na conclusão do julgamento anterior" (REsp 1129215/DF, Rel. Ministro Luis Felipe Salomão, Corte Especial, julgado em 16/09/2015, DJe 03/11/2015).

3. Um dos requisitos de admissibilidade dos recursos é a tempestividade, implicando dizer que deve ser interposto dentro do prazo peremptório estabelecido em lei, sob pena de preclusão ou, em se decidindo o mérito da causa, de formação da coisa julgada.

4. Em razão disso, por ser o prazo recursal legal, próprio e peremptório, é que ao juiz não é permitido ampliá-lo, salvo em havendo justa causa (CPC, art. 183, § 1º). É de se ter, ademais, que os prazos recursais podem ser suspensos e interrompidos nas hipóteses especificadas em lei, sendo irrelevante eventos estranhos à previsão normativa.

5. Na hipótese, o agravo de instrumento foi interposto a destempo.

Deveras, não há tipificação de hipótese de suspensão ou interrupção do prazo recursal, assim como não há justa causa que pudesse dar azo à perda do prazo pela imobiliária recorrida nem dúvida alguma advinda do conteúdo da decisão agravada.

6. Recurso especial parcialmente provido.

(REsp 1129215/DF, Rel. Ministro LUIS FELIPE SALOMÃO, QUARTA TURMA, julgado em 08/03/2016, DJe 06/04/2016)

Portanto, o teor normativo previsto no §5º do art. 1.024 do novo C.P.C. provém dessa nova interpretação dada pelo S.T.J. e pelo S.T.F. em relação à desnecessidade de ratificação do recurso interposto.

Só prevalecerá o disposto na Súmula 418 do S.T.J. se a decisão dos embargos de declaração alterar a conclusão do julgamento anterior.

29.
Do direito *intertemporal*. – Transição entre o C.P.C. de 1973 e o novo C.P.C. em relação à legislação aplicável quando da interposição do recurso especial ou extraordinário

Uma das maiores complicações jurídicas existentes na transição entre duas legislações processuais no tempo diz respeito à definição de qual norma deverá ser observada e aplicada em relação à interposição e em relação ao juízo de admissibilidade a ser adotado para cada recurso previsto na legislação processual.

Essas complicações serão mais acentuadas no que concerne à transição entre o revogado C.P.C. de 1973 e o atual C.P.C. brasileiro, especialmente pelo fato de que houve diversas alterações pontuais em cada espécie de recurso existente na sistemática de impugnação processual.

Se durante a pendência do processo sobrevém lei nova modificando a sistemática dos recursos, quer para permitir algum recurso contra a decisão até então irrecorrível, quer para suprimir o recurso até então existente, quer para alterar os seus requisitos de admissibilidade, a orientação doutrinária é que deverá prevalecer a lei em vigor quando da publicação da decisão recorrida. Assim, a norma processual superveniente haverá de respeitar os atos já praticados e os seus respectivos efeitos antes de sua vigência. Nesse sentido é a lição de Seabra Fagundes, José Frederico Marques, Arruda Alvim.[241] Assim, à luz deste princípio, *"se a lei nova con-*

---

[241] BARBOSA MOREIRA, José Carlos. *Comentários ao código de processo civil.* V. Vol. (arts. 476 a 565). Rio de Janeiro: Forense, 1976. p. 250.

cedeu recurso que não cabia, a decisão permanece irrecorrível, mesmo que, ao entrar aquela em vigor, ainda não tenha decorrido lapso de tempo equivalente ao prazo de interposição por ela fixado. Se a lei nova suprimiu recurso existente, subsiste a interponibilidade em relação às decisões que, pela lei anterior, podiam ser impugnadas pelo recurso suprimido, até o termo final do respectivo prazo, ou até que ocorra, eventualmente, outra causa de inadmissibilidade; 'a fortiori', têm de ser processados e julgados os recursos já interpostos na data em que a nova lei começou a viger. Se o recurso cabível era um, e passou a ser outro, continua interponível aquele que o era ao entrar em vigor a lei nova; e o recurso antigo porventura já interposto processa-se e julga-se como tal".[242]

Quando da entrada em vigor do C.P.C. de 1973, firmou o S.T.F. esse entendimento. No R.E. 78.057, publicado na R.T.J. vol. 68, págs. 879 e 880, consagrou o entendimento de que o recurso previsto no C.P.C. de 1939, e extinto pelo novo C.P.C., deveria continuar a ser cabível em relação às decisões que foram publicadas à época de sua vigência. Eis a ementa da decisão:

> *Agravo de petição. Recurso extinto pelo novo código de processo civil. Regula o cabimento do recurso a lei vigente ao tempo da decisão recorrida. Ação executiva, que o novo código substituiu pela execução com base em títulos, extrajudiciais (art.585). Esses títulos, porém, devem ser líquidos (art.586), o que não ocorre com a duplicata não aceita. Acresce que o agravo de petição já foi julgado improcedente. Seria inútil, assim, mandar julgar-lhe o mérito. Recurso extraordinário conhecido, mas não provido.*
>
> (RE 78057, Relator(a): Min. LUIZ GALLOTTI, PRIMEIRA TURMA, julgado em 05/03/1974, DJ 29-03-1974 PP-*****)

O art. 14 do atual C.P.C. preconiza que *a norma processual não retroagirá e será aplicável imediatamente aos processos em curso, respeitados os atos processuais praticados e as situações jurídicas consolidadas sob a vigência da norma revogada.*

A jurisprudência, no que concerne à questão da aplicação da norma recursal no tempo, tem se inclinado por uma solução cujo marco delimitador é a publicação da decisão judicial.

---

[242] BARBOSA MOREIRA, J. C., idem, p. 251.

Assim, para a jurisprudência, a lei que deverá reger o recurso e os requisitos de admissibilidade será aquela em vigor quando da publicação da decisão judicial recorrida. Nesse sentido eis os seguintes precedentes:

1. A eficácia da lei processual no tempo obedece à regra geral no sentido de sua aplicação imediata (artigo 1.211 do CPC).
2. O processo, como um conjunto de atos, suscita severas indagações, fazendo-se mister isolá-los para o fim de aplicação da lei nova.
3. A regra mater, sob essa ótica, é a de que "a lei nova, encontrando um processo em desenvolvimento, respeita a eficácia dos atos processuais já realizados e disciplina o processo a partir de sua vigência (Amaral Santos)." 4. A regra tempus regit actum produz inúmeras conseqüências jurídicas no processo como relação complexa de atos processuais, impondo-se a técnica de isolamento.
(...).
7. A lei vigente à época da prolação da decisão que se pretende reformar é que rege o cabimento e a admissibilidade do recurso.
Com o advento da Lei nº 11.232/2005, em vigor desde 24/06/2006, o recurso cabível para impugnar decisão proferida em liquidação é o agravo de instrumento (art. 475-H do CPC).
8. Recurso especial desprovido.
(REsp 1132774/ES, Rel. Ministro LUIZ FUX, PRIMEIRA TURMA, julgado em 09/02/2010, DJe 10/03/2010)

Segundo princípio do direito intertemporal, salvo alteração constitucional, o recurso próprio é o existente à data em que publicada a decisão"
(STJ – 2ª Seção, CC 1.133-RS, rel. Min. Sálvio de Figueiredo, j. 11.3.92, v.u., DJU 13.4.92, p. 4.971).

"Sendo constitucional o princípio de que a lei não pode prejudicar o ato jurídico perfeito, ela se aplica também às leis de ordem pública"
(RTJ 173/263);

"CABIMENTO DO RECURSO COM BASE NA LEI VIGENTE AO TEMPO DA INTIMAÇÃO DA DECISÃO RECORRIDA"
STF – RTJ 68/879, 79/569, 105/197"

Da mesma forma a doutrina tem entendimento com base nos precedentes acima citado.

Luiz Rodrigues Wambier apresenta alguns delineamentos sobre o direito intertemporal das normas processuais, a saber: a) no que tange aos requisitos da petição inicial, importa saber quais as regras que estão em vigor no momento da propositura da demanda; b) relativamente aos títulos executivo extrajudiciais, vale a regra do momento do ajuizamento da ação executiva; **c) no que tange ao cabimento do recurso, é aplicável a regra que está em vigor no momento em que é publicada a decisão;** d) quanto à natureza dos efeitos das decisões, vale também a regra em vigor no momento em que a decisão é publicada; e) no que tange às hipóteses de rescisão de sentença, importa saber as que estavam em vigor no momento do trânsito em julgado; f) quando a lei aumenta determinado prazo, tal aumento incidirá apenas nos casos em que o prazo anterior ainda não tenha decorrido integralmente (por exemplo, se a lei previa prazo de cinco dias para o agravo e passou a prever dez dias, e se o prazo estava no seu quarto dia quando a lei entrou em vigor, o prazo encerrou-se naquele quinto dia, operando, caso não tenha sido interposto o recurso, a preclusão temporal); g) por outro lado, quando a lei diminui o prazo, e tal prazo já estava em curso no caso concreto, cabe verificar quanto faltava fluir do prazo antigo. Se o remanescente, de acordo com a lei antiga, é menor do que o total do novo prazo, computa-se o remanescente. Caso contrário, computa-se o total do novo prazo. Isso aconteceu, por exemplo, quando o Código de Processo Civil de 1973 reduziu o prazo da ação rescisória de cinco para dois anos; h) quando a lei suprime determinado tipo de processo, a regra não se aplica aos processos que já estejam em curso.[243]

Poder-se-ia indagar se a norma aplicável ao juízo de admissibilidade do recurso especial ou extraordinário seria aquela em vigor quando da publicação da decisão de primeiro grau ou aquela em vigor quando da publicação do acórdão pelo Tribunal de Apelação.

Tendo em vista o *princípio da unirrecorribilidade* da decisão, o mais lógico é que a norma que deverá reger determinado recurso seja aquela vigente *quando da publicação da decisão que se pretende recorrer*, pois o recurso tem por objeto a impugnação de determinada decisão específica.

---

[243] WAMBIER. Luiz Rodrigues. *Curso avançado de processo civil*. V. 1. Teoria Geral do Processo e Processo de Conhecimento, 10ª edição, revista, atualizada e ampliada. São Paulo: Ed. R.T., 2008. p. 67 e 68.

Porém, não se pode esquecer a seguinte interpretação dada pelo S.T.F. quando da entrada em vigor da lei que condicionou a interposição do recurso extraordinário à demonstração da *repercussão geral*.

O Supremo Tribunal Federal, no AI-QO n. 664.567, Relator Min. Gilmar Mendes, Dje de 6.9.2007, avaliando a questão do direito *intertemporal* em razão da introdução do instituto da *repercussão geral* em nosso ordenamento jurídico, firmou o entendimento de que a exigência de demonstração de repercussão geral nos recursos extraordinários teve início a partir de 3-5-2007, data da entrada em vigor da Emenda Regimental n. 21 do RISTF, cuja normatização preconizou as normas necessárias para a execução das disposições legais do novel instituto.

Porém, o S.T.F. também optou por estender a aplicação da sistemática do instituto da repercussão geral a recursos extraordinários e agravos de instrumento anteriores a 3-5-2007, conforme se observa pelo seguinte precedente:

> *O Plenário do Supremo Tribunal Federal já proclamou a existência de repercussão geral da questão relativa à obrigatoriedade de o Poder Público fornecer medicamento de alto custo. Incidência do art. 328 do RISTF e aplicação do art. 543-B do CPC. Responsabilidade solidária entre União, Estados-membros e Municípios quanto às prestações na área de saúde. Precedentes. Impossibilidade de exame, em recurso extraordinário, de alegada violação, acaso existente, situada no âmbito infraconstitucional. Acórdão do Tribunal de origem publicado antes de 03.5.2007, data da publicação da Emenda Regimental 21/2007, que alterou o RISTF para adequá-lo à sistemática da repercussão geral (Lei 11.418/2006). Possibilidade de aplicação do art. 543-B do CPC, conforme decidido pelo Plenário desta Corte no julgamento do AI 715.423-QO/RS. Agravo regimental conhecido e não provido.* (RE 627411 AgR, Relator(a): Min. ROSA WEBER, Primeira Turma, julgado em 18/09/2012, PROCESSO ELETRÔNICO DJe-193 DIVULG 01-10-2012 PUBLIC 02-10-2012).

Penso que nessa hipótese o S.T.F. aplicou a regra enunciada na Súmula 325, *in verbis:*

> *As emendas ao regimento do Supremo Tribunal Federal, sobre julgamento de questão constitucional, aplicam-se aos pedidos ajuizados e aos recursos interpostos anteriormente a sua aprovação.*

Sem dúvida que a questão da repercussão geral diz respeito a requisito de admissibilidade a ser verificado na interposição do recurso extraordinário. E, no caso, o S.T.F. entendeu que a nova lei deveria ser aplicada retroativamente, inclusive em relação aos processos cujas decisões foram publicadas à época em que não se exigia a condicionante da repercussão geral.[244]

Em relação ao direito intertemporal do recurso extraordinário e do recurso especial em face do novo C.P.C., citam-se abaixo decisões proferidas já sob a égide do C.P.C. de 2015:

> *PROCESSUAL CIVIL. ADMINISTRATIVO. AGRAVO INTERNO NO RECURSO ESPECIAL. CÓDIGO DE PROCESSO CIVIL DE 2015. APLICABILIDADE.*
>
> *ARGUMENTOS INSUFICIENTES PARA DESCONSTITUIR A DECISÃO ATACADA. VIOLAÇÃO AO ART. 535 DO CPC/73. INOCORRÊNCIA. AUSÊNCIA DE PREQUESTIONAMENTO DO ART. 163 DA LEI N. 9.472/97. INCIDÊNCIA DA SÚMULA N. 211/STJ. MULTA. APLICAÇÃO INDEVIDA. RECORRIDA AMPARADA POR DECISÃO JUDICIAL. REVISÃO. IMPOSSIBILIDADE. SÚMULA N. 7/STJ. INCIDÊNCIA.*
>
> **I – Consoante o decidido pelo Plenário desta Corte na sessão realizada em 09.03.2016, o regime recursal será determinado pela data da publicação do provimento jurisdicional impugnado. Assim sendo, in casu, aplica-se o Código de Processo Civil de 2015.**
>
> (...).
>
> (AgInt no REsp 1596987/RS, Rel. Ministra REGINA HELENA COSTA, PRIMEIRA TURMA, julgado em 04/08/2016, DJe 12/08/2016).

---

[244] É certo que nessa questão o S.T.F. tentou fazer uma distinção entre a lei do momento da interposição (ex. não precisa repercussão geral em recurso anterior, que pode ser admitido) e o do julgamento do recurso (vale a lei vigente no julgamento (ex. mesmo que o tema não precisasse ter a repercussão geral para ser conhecido, tendo em vista que o recurso é anterior, se este tema for relevante, ou seja, tiver repercussão geral, pode-se aplicar a sistemática do sobrestamento, julgamento e de irradiação dos efeitos. AI-QO 715.423, Relatora Ministra Ellen Gracie, j. 11 de jun. 2006, DJe 5 set. 2008: *"Segunda questão de ordem resolvida no sentido de autorizar os tribunais, turmas recursais e turmas de uniformização a adotarem, quanto aos recursos extraordinários interpostos contra acórdão publicados anteriormente a 03.05.2007 (e aos seus respectivos agravos de instrumento), os mecanismos de sobrestamento, retratação e declaração de prejudicialidade previstos no art. 543-B, do Código de Processo Civil".*

PROCESSUAL CIVIL. AGRAVO INTERNO NO AGRAVO EM RECURSO ESPECIAL. RECURSO INTERPOSTO SOB A ÉGIDE DO CPC/1973. IMPOSSIBILIDADE DE APLICAÇÃO DO CPC/2015. SISTEMA DE ISOLAMENTO DOS ATOS PROCESSUAIS. ADVOGADO SUBSTABELECENTE. ASSINATURA DIGITALIZADA OU ESCANEADA. INADMISSIBILIDADE. DECISÃO MANTIDA.

1. O novo Código de Processo Civil traz disposição referente ao direito intertemporal no art. 14, que tem a seguinte redação: "A norma processual não retroagirá e será aplicável imediatamente aos processos em curso, respeitados os atos processuais praticados e as situações jurídicas consolidadas sob a vigência da norma revogada." 2. A regra geral é de que os recursos devem ser regidos pela lei vigente à época da decisão recorrida.

3. No caso concreto, a publicação do acórdão recorrido ocorreu na vigência do Código de Processo Civil de 1973, portanto, essa é a norma jurídica que deve ser observada para o exame dos pressupostos recursais, inclusive com as interpretações dadas pela jurisprudência desta Corte.

4. O Superior Tribunal de Justiça, sob a égide do CPC de 1973, consolidou o entendimento de que a assinatura digitalizada ou escaneada, por se tratar de mera inserção de imagem em documento, não se confunde com a assinatura digital baseada em certificado digital emitido por autoridade certificadora credenciada, prevista no art. 1º, § 2º, III, a, da Lei n. 11.419/2006, não sendo possível, ademais, a aplicação do art. 13 do CPC/1973 em sede de recurso excepcional.

5. Dessa forma, a parte ora recorrente deveria ter observado, no momento da interposição, o requisito para o conhecimento de seu recurso especial, qual seja, a existência de instrumento de mandato válido do advogado subscritor. Não atendida tal exigência, o recurso é inadmissível.

6. Agravo interno a que se nega provimento.

(AgInt no AREsp 543.508/PE, Rel. Ministro ANTONIO CARLOS FERREIRA, QUARTA TURMA, julgado em 28/06/2016, DJe 01/07/2016).

PROCESSUAL CIVIL. EMBARGOS DE DECLARAÇÃO NOS EMBARGOS DE DECLARAÇÃO NO AGRAVO REGIMENTAL NO AGRAVO EM RECURSO ESPECIAL. RECURSO MANEJADO SOB A ÉGIDE DO NCPC. VIOLAÇÃO DO ART. 1.022 DO NCPC. OMISSÃO. NÃO CONFIGURADA. EMBARGOS DE DECLARAÇÃO REJEITADOS COM APLICAÇÃO DE MULTA EM VIRTUDE DO CARÁTER PROTELATÓRIO.

1. Aplicabilidade do NCPC a este julgamento ante os termos do Enunciado Administrativo nº 2 aprovado pelo Plenário do STJ na sessão de 9/3/2016: Aos recursos interpostos com fundamento no CPC/1973 (relativos a decisões publicadas a partir de 18 de março de 2016) serão exigidos os requisitos de admissibilidade recursal na forma do novo CPC.

2. De acordo com o NCPC, considera-se omissa a decisão que deixa de se manifestar sobre tese firmada em julgamento de casos repetitivos ou em incidente de assunção de competência aplicável ou incorra em qualquer das condutas descritas no art. 489, § 1º, do NCPC.

3. Não foi demonstrado nenhum vício na decisão embargada a ensejar a integração do julgado, porquanto a fundamentação adotada no acórdão é clara e suficiente para respaldar a conclusão alcançada quanto à deserção do apelo nobre.

4. Os aclaratórios não se prestam à manifestação de inconformismo ou à rediscussão do julgado.

5. No caso em apreço, verifica-se a oposição dos segundos aclaratórios com manifesto intuito protelatório, já que as omissões apontadas foram expressamente decididas pela decisão embargada.

6. Embargos de declaração rejeitados, com aplicação de multa em virtude do caráter protelatório.

(EDcl nos EDcl no AgRg no AREsp 743.156/SP, Rel. Ministro MOURA RIBEIRO, TERCEIRA TURMA, julgado em 16/06/2016, DJe 22/06/2016).

PROCESSUAL CIVIL, PROCESSUAL PENAL E PENAL. AGRAVO REGIMENTAL EM EMBARGOS DE DIVERGÊNCIA. EVASÃO DE DIVISAS. 1) LEI PROCESSUAL APLICÁVEL AO RECURSO – DIREITO INTERTEMPORAL – TEMPUS REGIT ACTUM – LEI DA DATA DA SESSÃO DO JULGAMENTO. 2) DESCABIMENTO DE INDICAÇÃO DE HABEAS CORPUS E DE ENUNCIADO DE SÚMULA COMO PARADIGMA MESMO SOB AS REGRAS DO NOVO CPC. 3) INEXISTÊNCIA DE CONFISSÃO NO CASO CONCRETO.

4) UTILIZAÇÃO DE ELEMENTAR DO DELITO COMO JUSTIFICATIVA PARA A MAJORAÇÃO DA PENA BASE: QUESTÃO NÃO DEVOLVIDA AO CONHECIMENTO DA CORTE. 5) CONHECIMENTOS DO RÉU SOBRE MERCADO DE CÂMBIO E TRÂMITES NEGOCIAIS INTERNACIONAIS NÃO CONSTITUEM ELEMENTAR DA EVASÃO DE DIVISAS: SÚM 168/STJ.

1. É firme o entendimento desta Corte no sentido de que "O recurso rege-se pela lei do tempo em que proferida a decisão, assim considerada nos órgãos colegiados a data da sessão de julgamento em que anunciado pelo Presidente o resultado" (EREsp 649.526/MG, Rel.

Ministro CARLOS ALBERTO MENEZES DIREITO, CORTE ESPECIAL, julgado em 15/06/2005, DJ 13/02/2006, p. 643). Precedentes: AgRg nos EREsp 617.427/DF, Rel. Ministro FERNANDO GONÇALVES, CORTE ESPECIAL, julgado em 23/11/2006, DJ 11/12/2006, p. 296; AgRg no AgRg no AgRg nos EREsp 1.114.110/SC, Rel. Ministro OG FERNANDES, CORTE ESPECIAL, julgado em 02/04/2014, DJe 08/04/2014; EDcl no REsp 1.381.695/RS, Rel. Ministro ROGERIO SCHIETTI CRUZ, SEXTA TURMA, julgado em 03/09/2015, DJe 23/09/2015; EDcl nos EAREsp 799.644/SP, Rel. Ministro LUIS FELIPE SALOMÃO, CORTE ESPECIAL, julgado em 20/04/2016, DJe 28/04/2016.

2. A definição da data da prolação da decisão judicial como o marco definidor da lei processual aplicável ao cabimento e requisitos do recurso visa a evitar distorções que afetem diferentemente as partes, a depender da data de sua efetiva intimação do julgado.

3. É essa a interpretação que se deve dar ao enunciado administrativo n. 2, aprovado pelo Plenário desta Corte em 9/3/2016 (ata publicada em 11/3/2016), segundo o qual: "Aos recursos interpostos com fundamento no CPC/1973 (relativos a decisões publicadas até 17 de março de 2016) devem ser exigidos os requisitos de admissibilidade na forma nele prevista, com as interpretações dadas, até então, pela jurisprudência do Superior Tribunal de Justiça."

4. Mesmo na égide do novo CPC, o § 1º do art. 1.043 restringe os julgados que podem ser objetos de comparação, em sede de embargos de divergência, a recursos e ações de competência originária, não podendo, portanto, funcionar como paradigma acórdãos proferidos em ações que têm natureza jurídica de garantia constitucional, como os habeas corpus, mandado de segurança, habeas data e mandado de injunção. O mesmo raciocínio vale para enunciados de súmula de tribunais.

5. Uma eventual inobservância, pelo acórdão embargado, do verbete n.
545 da Súmula do STJ, segundo o qual "Quando a confissão for utilizada para a formação do convencimento do julgador, o réu fará jus à atenuante prevista no art. 65, III, d, do Código Penal", demandaria a existência de uma confissão que o acórdão embargado deixou claro não existir. O fato de o réu ter admitido ser o efetivo administrador da sociedade bem longe está de uma confissão de responsabilidade ou de participação em esquema de evasão de divisas.

6. No que toca à terceira dissonância apontada nos embargos de divergência (possibilidade, ou não, de fundamentação de exasperação da pena-base no vetor culpabilidade, em condenações por crimes econômicos, quando esses são realizados com habilidades ínsitas à atividade empresarial), a controvérsia não chegou a ser devolvida ao conhecimento desta Corte, pois demandaria prévia arguição de ofensa ao art. 59 do Código Penal, o que não foi feito pelo réu, que se limitou a apontar violação ao art. 381, III, do CPP, no recurso especial.

7. Ainda que assim não fosse, no ponto, o recurso esbarraria no óbice do verbete n. 168 da Súmula do STJ, já que a jurisprudência de ambas as Turmas componentes da 3ª Seção desta Corte tem entendido que, no delito de evasão de divisas, "a experiência do agente é valor de maior reprovação social, não se constituindo em elementar do crime ou seu elemento subjetivo" (HC 200.292/PR, Rel. Ministro ROGERIO SCHIETTI CRUZ, Rel. p/ Acórdão Ministro NEFI CORDEIRO, SEXTA TURMA, julgado em 07/08/2014, DJe 03/09/2014). Precedente: HC 206.145/PR, Rel. Ministra LAURITA VAZ, QUINTA TURMA, julgado em 22/05/2012, DJe 05/06/2012.

8. Como decorrência dessa orientação, o alto nível de conhecimento que o réu detém do funcionamento do mercado de câmbio e de trâmites negociais internacionais não constitui elementar do delito de evasão de divisas e pode ser utilizado como justificativa para reputar maior a reprovabilidade de sua conduta e, por consequência, para majorar a pena base.

9. Agravo regimental a que se nega provimento.

(AgRg nos EREsp 1535956/RS, Rel. Ministro REYNALDO SOARES DA FONSECA, TERCEIRA SEÇÃO, julgado em 25/05/2016, DJe 01/06/2016)

PROCESSUAL CIVIL. EMBARGOS DE DECLARAÇÃO NO AGRAVO REGIMENTAL NO AGRAVO EM RECURSO ESPECIAL. ART. 1.022, CPC/2015. OMISSÃO, CONTRADIÇÃO OU OBSCURIDADE. AUSÊNCIA. ART. 1.032 DO NCPC. REGRA DE ADMISSIBILIDADE RELATIVA AO RECURSO ESPECIAL. INAPLICABILIDADE NA HIPÓTESE.

1. Os embargos declaratórios são cabíveis quando houver contradição nas decisões judiciais ou quando for omitido ponto sobre o qual se devia pronunciar o juiz ou tribunal, ou mesmo correção de erro material, na dicção do art. 1.022 do CPC vigente.

2. Não há vício de fundamentação quando o aresto recorrido decide integralmente a controvérsia de maneira sólida e fundamentada, tal qual se observa no caso concreto.

3. Na hipótese, a controvérsia foi dirimida com base em fundamento constitucional, qual seja, a aplicação do art. 105, I, "e", da CF/88, sendo certo que os insurgentes não interpuseram, simultaneamente ao recurso especial, o apelo extraordinário, razão pela qual se aplicou a Súmula 126/STJ.

4. A revisão da conclusão a que chegou a Corte de origem, no sentido de que houve integral análise do mérito da demanda quando da apreciação do REsp 834.941/SP pelo Superior Tribunal de Justiça, implicaria reexame do conjunto fático-probatório dos autos, providência incabível nesta via a teor da Súmula 7/STJ.

5. Em relação ao pedido de aplicação do art. 1.032 do NCPC ao presente recurso especial, oportunizando aos embargantes a apresentação de complementação quanto à matéria tida por constitucional, não assiste razão aos interessados.

6. Os requisitos de admissibilidade do recurso especial devem ser analisados com base no sistema normativo previsto no CPC de 1973, levando-se em conta que foi interposto em 13 de junho de 2014 contra acórdão do Tribunal paulista publicado em maio de 2014. A decisão que inadmitiu o recurso na origem data de 1º de outubro de 2014, sendo o presente agravo em recurso especial interposto em 16 de abril de 2015.

7. Não se cogita de aplicação das novas regras do Código de Processo Civil, o qual entrou em vigor em 18 de março de 2016, quando se trata da admissibilidade do presente recurso especial, cujos marcos temporais são anteriores à vigência do Novo CPC.

8. Embora os presentes embargos de declaração tenham sido manejados na vigência do Novo Código de Processo Civil, eles não têm o condão de alterar as regras de admissibilidade relativas ao recurso especial, interposto sob a sistemática do CPC/1973.

9. Embargos de declaração rejeitados.

(EDcl no AgRg no AREsp 818.737/SP, Rel. Ministra DIVA MALERBI (DESEMBARGADORA CONVOCADA TRF 3ª REGIÃO), SEGUNDA TURMA, julgado em 03/05/2016, DJe 11/05/2016)

PROCESSUAL CIVIL. AGRAVO INTERNO NO RECURSO ESPECIAL. RECURSO ESPECIAL SUBSCRITO POR ADVOGADO SEM PROCURAÇÃO NOS AUTOS.

IMPOSSIBILIDADE DE CONHECIMENTO. SÚMULA 115 DO STJ. INAPLICABILIDADE DOS ARTS. 13 E 37 DO CPC/73, NA INSTÂNCIA ESPECIAL. PRECEDENTES. AGRAVO INTERNO IMPROVIDO.

I. Agravo interno interposto em 28/03/2016, contra decisão publicada em 16/03/2015, na vigência do CPC/73.

II. Esta Corte firmou jurisprudência, em face do CPC/73, considerando inexistente o recurso endereçado à instância especial, no qual o advogado subscritor, que transmite digitalmente o apelo, não possui procuração ou substabelecimento regular nos autos (Súmula 115/STJ), devendo a regularidade da representação processual ser comprovada no ato da interposição do recurso.

III. *É pacífico nesta Corte o entendimento, firmado à luz do CPC/73, no sentido de ser impossível a "aplicação dos arts. 13 e 37, segunda parte, ambos do Código de Processo Civil, a fim de que o defeito seja sanado, porquanto tal providência revela-se incompatível com a instância especial" (STJ, AgRg no AREsp 321.374/SP, Rel. Ministra REGINA HELENA COSTA, PRIMEIRA TURMA, DJe de 07/04/2015).*

IV. *Improcede a alegação de que o novo Código de Processo Civil – que sequer estava em vigor, ao tempo de publicação do acórdão recorrido e da interposição do Recurso Especial (24/06/2015) – deveria ter sido aplicado e, em consequência, afastado o referido óbice formal, pois devem ser observadas as regras processuais vigentes à data da publicação da decisão recorrida, em consonância ao princípio tempus regit actum, conforme entendimento firmado pelo pleno do STJ, em face da vigência do novo CPC.*

V. *Agravo interno improvido.*

(AgInt no REsp 1576626/MG, Rel. Ministra ASSUSETE MAGALHÃES, SEGUNDA TURMA, julgado em 10/05/2016, DJe 19/05/2016)

PROCESSUAL CIVIL. AGRAVO INTERNO NO AGRAVO EM RECURSO ESPECIAL.

DECISÃO DE INADMISSIBILIDADE. FUNDAMENTO NÃO IMPUGNADO. SÚMULA 182/STJ. INCIDÊNCIA.

1. *A jurisprudência do STJ entende ser necessária a impugnação de todos os fundamentos da decisão denegatória da subida do recurso especial para que seja conhecido o respectivo agravo. Logo, a Súmula 182/STJ foi corretamente aplicada ao caso.*

2. Os requisitos de admissibilidade do agravo em recurso especial devem ser analisados com base no sistema normativo previsto no CPC de 1973, levando- -se em conta que foi interposto em 30 de setembro de 2014, contra decisão que inadmitiu o recurso especial na origem, datada de 26 de agosto de 2014.

3. Não se cogita de aplicação das novas regras do Código de Processo Civil, o qual entrou em vigor em 18 de março de 2016, quando se trata da admissibilidade do presente recurso especial, cujos marcos temporais são anteriores à vigência do Novo CPC.

4. Embora o presente agravo tenha sido manejado na vigência do Novo Código de Processo Civil, ele não tem o condão de alterar as regras de admissibilidade relativas ao recurso especial, interposto sob a sistemática do CPC/1973.

5. *Agravo interno a que se nega provimento.*

(AgInt no AREsp 864.599/SP, Rel. Ministra DIVA MALERBI (DESEMBARGADORA CONVOCADA TRF 3ª REGIÃO), SEGUNDA TURMA, julgado em 02/06/2016, DJe 08/06/2016)

GRAVO INTERNO NO RECURSO EXTRAORDINÁRIO COM AGRAVO. PREVIDENCIÁRIO. REVISÃO DE BENEFÍCIO. PRAZO DECADENCIAL. BENEFÍCIOS CONCEDIDOS ANTERIORMENTE À VIGÊNCIA DA MEDIDA PROVISÓRIA Nº 1.523/1997. AGRAVO INTERNO QUE NÃO ATACA OS FUNDAMENTOS DA DECISÃO AGRAVADA. SÚMULA 283/STF. INCIDÊNCIA. RECURSO INTERPOSTO SOB A ÉGIDE DO NOVO CÓDIGO DE PROCESSO CIVIL. APLICAÇÃO DE NOVA SUCUMBÊNCIA. AGRAVO INTERNO DESPROVIDO.

(ARE 953221 AgR, Relator(a): Min. LUIZ FUX, Primeira Turma, julgado em 07/06/2016, PROCESSO ELETRÔNICO DJe-164 DIVULG 04-08-2016 PUBLIC 05-08-2016)

REPRESENTAÇÃO PROCESSUAL – NATUREZA – RECURSO EXTRAORDINÁRIO INTERPOSTO SOB REGÊNCIA DO CÓDIGO DE PROCESSO CIVIL DE 1973. A regular representação processual consubstancia pressuposto objetivo de recorribilidade e, portanto, ônus processual, ou seja, meio sem o qual não se pode chegar à admissão do recurso. Sendo o extraordinário formalizado sob a égide do Código de Processo Civil de 1973, descabe pleitear a aplicação de dispositivos do atual diploma legal. HONORÁRIOS DE SUCUMBÊNCIA RECURSAL – FIXAÇÃO – ARTIGO 85, § 11, DO CÓDIGO DE PROCESSO CIVIL DE 2015. Havendo interposição de agravo interno sob regência do Código de Processo Civil de 2015, cabível é a fixação de honorários de sucumbência recursal previstos no artigo 85, § 11 do diploma legal. AGRAVO – ARTIGO 1.021, § 4º, DO CÓDIGO DE PROCESSO CIVIL DE 2015 – MULTA. Se o agravo é manifestamente infundado, impõe-se a aplicação da multa prevista no § 4º do artigo 1.021 do Código de Processo Civil de 2015, arcando a parte com o ônus decorrente da litigância de má-fé.

(ARE 938519 AgR, Relator(a): Min. MARCO AURÉLIO, Primeira Turma, julgado em 24/05/2016, PROCESSO ELETRÔNICO DJe-125 DIVULG 16-06-2016 PUBLIC 17-06-2016)

30.
Agravo em recurso especial ou extraordinário

30.1. Considerações gerais

Houve época em que contra a decisão de não seguimento de recurso extraordinário, o recurso cabível seria a *carta testemunhável*.

O C.P.C. de 1939, em seu art. 868, alterou essa perspectiva, permitindo a interposição de agravo (em autos suplementares ou por instrumento) contra a decisão do tribunal de origem que não admitisse a subida do recurso extraordinário. O procedimento que deveria ser observado seria o mesmo do agravo de instrumento.

No sistema do C.P.C. de 1973, manteve-se o mesmo procedimento adotado no Código de Processo Civil de 1939, admitindo-se o agravo de instrumento, embora regulado especificamente em seu art. 544.

O prazo para a interposição do recurso de agravo de instrumento contra decisão denegatória do recurso extraordinário ou especial era de dez dias, conforme preconizava o art. 544 do C.P.C. de 1973.

O novo C.P.C. manteve o paradigma de que contra a decisão proferida pelo presidente ou vice-presidente do tribunal de origem, em determinadas situações, cabe recurso de agravo, mas agora passou a ser denominado não mais de agravo de instrumento, mas, sim, de *agravo em recurso especial e extraordinário*.

O prazo para a interposição e para a resposta ao *agravo* será de quinze dias (úteis). Este prazo está sujeito às normas processuais comuns de contagem e suspensão de prazo.

Já se manifestou o S.T.J. que não se aplica o benefício do prazo em dobro aos litisconsortes para interposição do agravo em recurso especial, conforme estabelece a seguinte decisão:

> *Agravo regimental. Recurso especial não admitido. Tempestividade do agravo de instrumento.*
> *Inaplicável a regra do art. 191 do Código de Processo Civil ao agravo de instrumento interposto contra o despacho que não admitiu o recurso especial.*
> *Agravo regimental desprovido".*
> (AgRg no Agravo de Instrumento n. 447.161, relator Min. Carlos Alberto Menezes Direito, D.J. 5.9.2012.).

Tendo em vista que se está diante de *agravo*, o recurso deverá subir ao S.T.F. ou ao S.T.J. no mesmo processo e não mais por instrumento, razão pela qual não tem mais aplicação o disposto na Súmula n. 288 do S.T.F.: *Nega-se provimento a agravo para subida de recurso extraordinário, quando faltar no traslado o despacho agravado, a decisão recorrida, a petição de recurso extraordinário ou qualquer peça essencial à compreensão da controvérsia.*

Tal mudança é muito salutar, pois impede que o S.T.F. ou o S.T.J. deixe de conhecer do agravo por falta de peça obrigatória, aliás como previa a Súmula 223 do S.T.J.: *"A certidão de intimação do acórdão recorrido constitui peça obrigatória do instrumento do agravo".*

No mesmo sentido é a seguinte decisão do S.T.F.:

> *"A ausência de certidão de publicação do aresto recorrido impede seja aferida a tempestividade do recurso interposto e inadmitido. A finalidade processual do agravo de instrumento é o destrancamento do recurso obstado, mas de recurso tempestivamente oposto, requisito que somente pode ser aferido à luz da peça não trasladada".* (AgRg em AgIn. 181265-6/RJ, rel. Min. Maurício Correa).

A mudança de paradigma quanto à sistemática do recurso a ser interposto contra decisão de não admissibilidade do recurso extraordinário ou especial evita o não conhecimento do agravo por falta de peça essencial, especialmente pelo fato de que, sob a égide do C.P.C. de 1973, deveriam ser apresentadas até o término do prazo para sua interposição.

30.2. Hipóteses em que cabe o agravo em recurso especial e extraordinário

O art. 1.042 do atual C.P.C., na sua redação originária, estabelecia que caberia agravo contra decisão de presidente ou de vice-presidente do tribunal, nas seguintes hipóteses:

Art. 1.042. Cabe agravo contra decisão de presidente ou de vice-presidente do tribunal que:

I – indeferir pedido formulado com base no art. 1.035, § 6o, ou no art. 1.036, § 2o, de inadmissão de recurso especial ou extraordinário intempestivo;

II – inadmitir, com base no art. 1.040, inciso I, recurso especial ou extraordinário sob o fundamento de que o acórdão recorrido coincide com a orientação do tribunal superior;

III – inadmitir recurso extraordinário, com base no art. 1.035, § 8o, ou no art. 1.039, parágrafo único, sob o fundamento de que o Supremo Tribunal Federal reconheceu a inexistência de repercussão geral da questão constitucional discutida.

§ 1o Sob pena de não conhecimento do agravo, incumbirá ao agravante demonstrar, de forma expressa:

I – a intempestividade do recurso especial ou extraordinário sobrestado, quando o recurso fundar-se na hipótese do inciso I do caput deste artigo;

II – a existência de distinção entre o caso em análise e o precedente invocado, quando a inadmissão do recurso:

a) especial ou extraordinário fundar-se em entendimento firmado em julgamento de recurso repetitivo por tribunal superior;

b) extraordinário fundar-se em decisão anterior do Supremo Tribunal Federal de inexistência de repercussão geral da questão constitucional discutida.

§ 2ºo A petição de agravo será dirigida ao presidente ou vice-presidente do tribunal de origem e independe do pagamento de custas e despesas postais.

§ 3º O agravado será intimado, de imediato, para oferecer resposta no prazo de 15 (quinze) dias.

§ 4º Após o prazo de resposta, não havendo retratação, o agravo será remetido ao tribunal superior competente.

§ 5º O agravo poderá ser julgado, conforme o caso, conjuntamente com o recurso especial ou extraordinário, assegurada, neste caso, sustentação oral, observando-se, ainda, o disposto no regimento interno do tribunal respectivo.

§ 6º Na hipótese de interposição conjunta de recursos extraordinário e especial, o agravante deverá interpor um agravo para cada recurso não admitido.

§ 7º Havendo apenas um agravo, o recurso será remetido ao tribunal competente, e, havendo interposição conjunta, os autos serão remetidos ao Superior Tribunal de Justiça.

§ 8º Concluído o julgamento do agravo pelo Superior Tribunal de Justiça e, se for o caso, do recurso especial, independentemente de pedido, os autos serão remetidos ao

Supremo Tribunal Federal para apreciação do agravo a ele dirigido, salvo se estiver prejudicado.[245]

---

[245] *Se permanecesse a redação originária do art. 1.042 do novo C.P.C., o presidente ou vice-presidente do tribunal de origem poderia decidir sobre a inadmissão do recurso especial ou extraordinário, a saber:*
a) Interposto o recurso extraordinário e reconhecida a repercussão geral, o relator no Supremo Tribunal Federal determinaria a suspensão do processamento dos processos pendentes, individuais ou coletivos, que versassem sobre a questão e tramitassem no território nacional (§5º do art. 1.035 do atual C.P.C.). O interessado poderia requerer, ao presidente ou vice-presidente do tribunal de origem, após a oitiva do recorrente no prazo de cinco dias, que excluisse da decisão de sobrestamento e inadmitisse o recurso extraordinário que tivesse sido interposto intempestivamente (§6º do art. 1.035 do atual C.P.C.). Contra a decisão que indeferisse o pedido de exclusão e de inadmissão do recurso extraordinário (§6º do art. 1.035 do atual C.P.C.) caberia agravo ao S.T.F.
Por sua vez, da decisão que acolhesse o pedido e inadmitisse o recurso extraordinário caberia, s.m.j., agravo interno para o órgão colegiado competente do tribunal de origem.
b) Sempre que houvesse multiplicidade de recursos com fundamento em idêntica questão de direito, o recurso extraordinário ou especial seria afetado para julgamento de acordo com as normas do novo C.P.C., observado o disposto no Regimento Interno do Supremo Tribunal Federal e do Superior Tribunal de Justiça (art. 1.036 do atual C.P.C.). O interessado poderia requerer, ao presidente ou vice- -presidente, após oitiva do recorrente no prazo de cinco dias, que excluísse da decisão de sobrestamento e inadmitisse o recurso especial ou recurso extraordinário que tivesse sido interposto intempestivamente (§2º do art. 1.036 do atual C.P.C.).
Contra a decisão que indeferisse o pedido de exclusão e inadmissão do recurso extraordinário ou especial caberia agravo ao S.T.F. ou ao S.T.J.
Contra a decisão que deferir o pedido de exclusão e inadmissão, s.m.j., caberá agravo interno para o órgão colegiado competente do tribunal de origem.
c) Publicado o paradigma do julgamento de recurso repetitivo especial ou extraordinário, o presidente ou vice-presidente do tribunal de origem negará seguimento aos recursos especiais ou extraordinários sobrestados na origem, se o acórdão recorrido coincidir com a orientação superior (art. 1.040, inc. I, do atual C.P.C.).
Contra essa decisão que inadmitisse o recurso especial ou extraordinário em razão do acórdão na origem coincidir com a orientação superior, caberia agravo ao S.T.J. ou ao S.T.F.
Se o presidente ou vice-presente do tribunal de origem não acolhesse o pedido, por entender que o paradigma não se aplicava ao acórdão de origem, deveria encaminhar o processo ao órgão colegiado competente para a devida retratação.
d) O Supremo Tribunal Federal, em decisão irrecorrível, não conheceria do recurso extraordinário quando a questão constitucional nele versada não oferecesse repercussão geral, nos termos do art. 1.035 do atual C.P.C. Negada a repercussão geral, o presidente ou o vice-presidente do tribunal de origem negaria seguimento aos recursos extraordinários sobrestados na origem que versassem sobre matéria idêntica (§8º do art. 1.035 do atual C.P.C.).

A redação originária prevista no art. 1.042 do novo C.P.C. estava de acordo com a sistemática (revogada) de que o presidente ou o vice-presidente do tribunal de apelação não mais faria o prévio juízo de admissibilidade do recurso especial ou extraordinário, uma vez que esse juízo ficaria restrito aos Tribunais Superiores.

Ocorre que, o art. 1.042 do novo C.P.C. foi alterado pela Lei n. 13.256 de 4 de fevereiro de 2016 (que entrou em vigor na mesma data do novo C.P.C.). Estabelece o art. 2º da referida norma:

Art. 2º A Lei nº 13.105, de 16 de março de 2015 (Código de Processo Civil), passa a vigorar com as seguintes alterações: (Vigência)

(...).

"Art. 1.042. Cabe agravo contra decisão do presidente ou do vice-presidente do tribunal recorrido que inadmitir recurso extraordinário ou recurso especial, salvo quando fundada na aplicação de entendimento firmado em regime de repercussão geral ou em julgamento de recursos repetitivos.

I – (Revogado);
II – (Revogado);
III – (Revogado).
§ 1º (Revogado):
I – (Revogado);
II – (Revogado):
a) (Revogada);
b) (Revogada).
§ 2º A petição de agravo será dirigida ao presidente ou ao vice-presidente do tribunal de origem e independe do pagamento de custas e despesas postais, aplicando-se a ela o regime de repercussão geral e de recursos repetitivos, inclusive quanto à possibilidade de sobrestamento e do juízo de retratação.

.." (NR)

Tendo em vista que a Lei 13.256 de 4 de fevereiro e 2016 restabeleceu sistemática de juízo de admissibilidade de recurso especial ou extraordinário de acordo como era no C.P.C. de 1973, houve necessidade de se

---

Outrossim, negada a existência de repercussão geral no recurso extraordinário afetado, seriam considerados automaticamente inadmitidos os recursos extraordinários cujo processamento tivesse sido sobrestado (p.u. do art. 1.039 do atual C.P.C.).

Contra a decisão que inadmitisse o recurso extraordinário em face de que o S.T.F. reconheceu a inexistência de repercussão geral da questão constitucional debatida, caberia agravo ao S.T.F.

reformular as hipóteses de interposição do agravo previstas no art. 1.042 do novo C.P.C.

Portanto, pela nova redação dada ao art. 1.042 do novo C.P.C., pela Lei 13.256/2016, caberá agravo contra decisão do presidente ou vice-presidente do tribunal recorrido que inadmitir recurso extraordinário ou recurso especial, salvo quando a inadmissibilidade do recurso fundar-se na aplicação de entendimento firmado em regime de repercussão geral ou em julgamento de recursos repetitivos do S.T.J. ou do S.T.F.

É importante salientar que o *agravo* terá por finalidade permitir ou não a admissão e a apreciação do recurso extraordinário ou especial, não se permitindo a invocação de fundamento novo para recurso extraordinário ou especial denegado. Aliás, nesse sentido já havia se manifestado o S.T.J. na seguinte decisão:

> *É defeso ao recorrente alegar fundamento novo por ocasião do agravo da lei 8.038/90.*
> *Agravo denegado.*
> *Unânime.*
> (AgRg no Ag 31945/MG, Rel. Ministro FONTES DE ALENCAR, QUARTA TURMA, julgado em 24/06/1993, DJ 20/06/1994, p. 16107)

30.3. Órgão jurisdicional competente para interposição do agravo
A petição de agravo será dirigida ao presidente ou vice-presidente do tribunal de origem e independe do pagamento de custas e despesas postais.

A petição do agravo será interposta e dirigida à presidência ou vice-presidência do tribunal de origem e não ao tribunal superior.

A interposição do agravo não depende de pagamento de custas ou despesas postais, ou seja, do porte de remessa e retorno quando se tratar de processo físico.

Porém, muito embora não se exija o recolhimento de custas da interposição do recurso de agravo, não está o recorrente dispensado de comprovar o recolhimento das custas judiciais pela interposição do recurso especial ou extraordinário.

A petição do agravo deverá conter as razões do pedido de reforma da decisão agravada, atacando os fundamentos que não admitiram o recurso especial ou extraordinário.

30.4. Prazo para interposição e resposta do agravo

Excetuados os embargos de declaração, o prazo para se interpor recurso, inclusive agravo em recurso especial ou extraordinário, é de 15 dias (§5º do art. 1003 do atual C.P.C.).

Interposto o agravo, o agravado será intimado, de imediato, para oferecer resposta também no prazo de 15 (quinze) dias (§3º do art. 1.042 do novo C.P.C.).

A intimação do agravado para responder ao *agravo* poderá ser realizada por simples ato ordinatório da Secretaria, justamente pelo fato de que o presidente ou vice-presente do tribunal de origem não analisam qualquer aspecto de admissão do agravo.

É importante salientar o que dispõe o art. 282 da Lei n. 4.737 de 1965 (Código Eleitoral): *Denegado recurso, o recorrente poderá interpor, dentro de 3 (três) dias, agravo de instrumento, observado o disposto no art. 279 e seus parágrafos, aplicada a multa a que se refere o § 6º pelo Supremo Tribunal Federal.*

Portanto, em relação ao agravo em recurso extraordinário de decisão proferida no T.S.E., o prazo será de 3 (três) dias e não de 15 (quinze) dias.

30.5. Processamento do agravo

O §2º do art. 1.042 do novo C.P.C., com a redação dada pela Lei 13.256/2016, estabelece que se deve aplicar à petição do agravo o regime de repercussão geral e de recursos repetitivos, inclusive quanto à possibilidade de sobrestamento e do juízo de retratação.

Aplicando-se o regime de recursos repetitivos ao agravo em recurso especial ou extraordinário, eis as seguintes possibilidades jurídicas: a) verificando a possibilidade de multiplicidade de recursos extraordinários ou especiais com fundamento em idêntica questão de direito, quando da análise da petição do agravo, o presidente ou o vice-presidente de tribunal de justiça ou de tribunal regional federal selecionará 2 (dois) ou mais recursos representativos da controvérsia, que serão encaminhados ao Supremo Tribunal Federal ou ao Superior Tribunal de Justiça, juntamente com o agravo, para fins de afetação, determinando a suspensão do trâmite de todos os processos pendentes, individuais ou coletivos, que tramitem no Estado ou na região, conforme o caso (§1º do art. 1.036 do novo C.P.C); b) a escolha feita pelo presidente ou vice-presidente do tribunal de justiça ou do tribunal regional federal não vinculará o relator no tribunal superior, que poderá selecionar outros recursos (§4º do art.

1.036 do novo C.P.C.); c) o relator em tribunal superior também poderá selecionar 2 (dois) ou mais recursos para julgamento da questão de direito independentemente da iniciativa do presidente ou do vice-presidente do tribunal de origem; d) devem ser selecionados recursos que contenham abrangente argumentação e discussão a respeito da questão a ser decidida (§6º do art. 1.036 do novo C.P.C.); e) O interessado pode requerer, ao presidente ou ao vice-presidente, que exclua da decisão de sobrestamento e inadmita o recurso especial ou extraordinário que tenha sido interposto intempestivamente, tendo o recorrente o prazo de 5 (cinco) dias para manifestar-se sobre esse requerimento (§2º do art. 1.036 do novo C.P.C. Da decisão que indeferir este requerimento caberá apenas agravo interno (§§2º e 3º do art. 1.036 do novo C.P.C. com a redação dada pela Lei 13.256/2016).

Após o prazo de resposta, não havendo retratação, o agravo será remetido ao tribunal superior competente.

Aplicando-se a sistemática do recurso especial ou extraordinário repetitivo, pode-se ainda estabelecer as seguintes situações jurídicas no âmbito dos tribunais superiores: a) selecionados os recursos de agravo em recurso especial ou extraordinário, o relator ou o órgão colegiado, no tribunal superior, dando provimento ao agravo e constatando a presença dos pressupostos para interposição de recurso especial ou extraordinário, proferirá decisão, na qual: a) identificará com precisão a questão a ser submetida a julgamento; b) determinará a suspensão do processamento de todos os processos pendentes, individuais ou coletivos, que versem sobre a questão e que tramitem no território nacional; c) poderá requisitar aos presidentes ou vice-presidentes dos tribunais de justiça ou dos tribunais regionais federais a remessa de um recurso representativo da controvérsia.

Se, após receber os recursos selecionados pelo presidente ou pelo vice-presidente de tribunal de justiça ou de tribunal regional federal, não for dado provimento ao agravo ou não se proceder à afetação, o relator, no tribunal superior, comunicará o fato ao presidente ou ao vice-presidente que os houver enviado, para que seja revogada a decisão de suspensão referida no art. 1.036, § 1º.[246]

---

[246] Para alguns, quando o novo C.P.C. diz para aplicar ao agravo o regime da repercussão geral e dos recursos repetitivos, é em razão da possibilidade, que foi construída pela via pretoriana (no S.T.F.), de se reconhecer repercussão geral em agravo remetido por falta

É vedado ao órgão colegiado decidir, para os fins do art. 1.040 do novo C.P.C., questão não delimitada na decisão a que se refere o inciso I do caput do art. 1.037 do novo C.P.C.

Havendo mais de uma afetação, será prevento o relator que primeiro tiver proferido a decisão a que se refere o inciso I do caput do art. 1.037 do novo C.P.C.

Os recursos afetados deverão ser julgados no prazo de 1 (um) ano e terão preferência sobre os demais feitos, ressalvados os que envolvam réu preso e os pedidos de habeas corpus.

Nos termos da redação originária do §5º do art. 1.037 do novo C.P.C., se os recursos não fossem julgados no prazo de 1 (um) ano a contar da publicação da decisão de que trata o inciso I do caput do art. 1.037 do novo C.P.C., cessariam automaticamente, em todo território nacional, a afetação e a suspensão dos processos, que retomariam o seu curso normal. Porém, o §5º do art. 1.037 do novo C.P.C. foi expressamente revogado pelo art. 3º, inc. II, da Lei 13.256, de 4 de fevereiro de 2016.

Quando os recursos requisitados na forma do inciso III do caput do art. 1.037 do novo C.P.C. contiverem outras questões além daquela que é objeto da afetação, caberá ao tribunal decidir esta em primeiro lugar e depois as demais, em acórdão específico para cada processo.

As partes deverão ser intimadas da decisão de suspensão de seu processo, a ser proferida pelo respectivo juiz ou relator quando informado da decisão a que se refere o inciso II do caput do art. 1.037 do novo C.P.C.

Demonstrando distinção entre a questão a ser decidida no processo e aquela a ser julgada no recurso especial ou extraordinário afetado, a parte poderá requerer o prosseguimento do seu processo. Esse requerimento deverá ser dirigido: I – ao juiz, se o processo sobrestado estiver em primeiro grau; II – ao relator, se o processo sobrestado estiver no tribunal de origem; III – ao relator do acórdão recorrido, se for sobrestado recurso

---

de admissibilidade de um RE. Nesse caso, o relator ou manda subir o RE inadmitido ou decido no próprio agravo, levando o tema, por meio dessa via, ao exame da repercussão geral. Este preceito serve igualmente para autorizar os tribunais de origem a sobrestar agravos interpostos quando o tema já tiver repercussão geral reconhecida e estiver pendente de julgamento ou a negar seguimento quando o tema tiver sido julgado no mérito pelo S.T.F. Para essa corrente, a ideia do dispositivo não seria a remessa ao S.T.F. de agravos como representativos juntamente com os respectivos recursos extraordinários.

especial ou recurso extraordinário no tribunal de origem; IV – ao relator, no tribunal superior, de recurso especial ou de recurso extraordinário cujo processamento houver sido sobrestado. A outra parte deverá ser ouvida sobre o requerimento, no prazo de 5 (cinco) dias.

Reconhecida a distinção no caso: I – dos incisos I, II e IV do § 10 do art. 1.037 do novo C.P.C., o próprio juiz ou relator dará prosseguimento ao processo; II – do inciso III do § 10 do art. 1.037 do novo C.P.C., o relator comunicará a decisão ao presidente ou ao vice-presidente que houver determinado o sobrestamento, para que o recurso especial ou o recurso extraordinário seja encaminhado ao respectivo tribunal superior, após a realização do juízo de admissibilidade, nos termos do art. 1.030, inc. V, do novo C.P.C. (É importante ressaltar que o p.u. do art. 1.030 foi revogado pela Lei 13.256/2016).

Da decisão que resolver o requerimento a que se refere o §9º do art. 1.037 do novo C.P.C. caberá: I – agravo de instrumento, se o processo estiver em primeiro grau; II – agravo interno, se a decisão for de relator.

O relator poderá: I – solicitar ou admitir manifestação de pessoas, órgãos ou entidades com interesse na controvérsia, considerando a relevância da matéria e consoante dispuser o regimento interno; II – fixar data para, em audiência pública, ouvir depoimentos de pessoas com experiência e conhecimento na matéria, com a finalidade de instruir o procedimento;

III – requisitar informações aos tribunais inferiores a respeito da controvérsia e, cumprida a diligência, intimará o Ministério Público para manifestar-se. No caso do inciso III, os prazos respectivos são de 15 (quinze) dias, e os atos serão praticados, sempre que possível, por meio eletrônico.

Transcorrido o prazo para o Ministério Público e remetida cópia do relatório aos demais ministros, haverá inclusão em pauta, devendo ocorrer o julgamento com preferência sobre os demais feitos, ressalvados os que envolvam réu preso e os pedidos de habeas corpus.

O conteúdo do acórdão abrangerá a análise de todos os fundamentos da tese jurídica discutida, favoráveis ou contrários.

Decididos os recursos afetados, os órgãos colegiados declararão prejudicados os demais recursos versando sobre idêntica controvérsia ou os decidirão aplicando a tese firmada.

Negada a existência de repercussão geral no recurso extraordinário afetado, serão considerados automaticamente inadmitidos os recursos extraordinários cujo processamento tenha sido sobrestado.

Publicado o acórdão paradigma: I – o presidente ou o vice-presidente do tribunal de origem negará seguimento aos recursos especiais ou extraordinários sobrestados na origem, se o acórdão recorrido coincidir com a orientação do tribunal superior; II – o órgão que proferiu o acórdão recorrido, na origem, reexaminará o processo de competência originária, a remessa necessária ou o recurso anteriormente julgado, se o acórdão recorrido contrariar a orientação do tribunal superior; III – os processos suspensos em primeiro e segundo graus de jurisdição retomarão o curso para julgamento e aplicação da tese firmada pelo tribunal superior; IV – se os recursos versarem sobre questão relativa a prestação de serviço público objeto de concessão, permissão ou autorização, o resultado do julgamento será comunicado ao órgão, ao ente ou à agência reguladora competente para fiscalização da efetiva aplicação, por parte dos entes sujeitos a regulação, da tese adotada.

A parte poderá desistir da ação em curso no primeiro grau de jurisdição, antes de proferida a sentença, se a questão nela discutida for idêntica à resolvida pelo recurso representativo da controvérsia.

Se a desistência ocorrer antes de oferecida contestação, a parte ficará isenta do pagamento de custas e de honorários de sucumbência.

A desistência apresentada nos termos do §1º do art. 1.040 independe de consentimento do réu, ainda que apresentada contestação.

Mantido o acórdão divergente pelo tribunal de origem, o recurso especial ou extraordinário será remetido ao respectivo tribunal superior, após realização do juízo de admissibilidade, nos termos do art. 1.030, inc. V., letra 'c', do novo C.P.C.

Realizado o juízo de retratação, com alteração do acórdão divergente, o tribunal de origem, se for o caso, decidirá as demais questões ainda não decididas cujo enfrentamento se tornou necessário em decorrência da alteração.

Quando ocorrer a hipótese do inciso II do caput do art. 1.040 do novo C.P.C. e o recurso versar sobre outras questões, caberá ao presidente do tribunal, depois do reexame pelo órgão de origem e independentemente de ratificação do recurso, determinar a remessa do recurso ao tribunal superior para julgamento das demais questões, após a realização do juízo de admissibilidade.

Aplicando-se o regime da repercussão geral no agravo em recurso extraordinário, eis as seguintes possibilidades jurídicas a) o Supremo Tribunal Federal, em decisão irrecorrível, não conhecerá do agravo em recurso extraordinário quando a questão constitucional nele versada não tiver repercussão geral, nos termos do art. 1.035 do novo C.P.C.; b) para efeito de repercussão geral, será considerada a existência ou não de questões relevantes do ponto de vista econômico, político, social ou jurídico que ultrapassem os interesses subjetivos do processo; c) o recorrente deverá demonstrar a existência de repercussão geral para apreciação exclusiva pelo Supremo Tribunal Federal; d) haverá repercussão geral sempre que o recurso impugnar acórdão que: I – contrarie súmula ou jurisprudência dominante do Supremo Tribunal Federal; II – *tenha sido proferido em julgamento de casos repetitivos*(revogado pelo art. 2º da Lei 13.256 de 4 de fevereiro de 2016); III – tenha reconhecido a inconstitucionalidade de tratado ou de lei federal, nos termos do art. 97 da Constituição Federal; e) o relator poderá admitir, na análise da repercussão geral, a manifestação de terceiros, subscrita por procurador habilitado, nos termos do Regimento Interno do Supremo Tribunal Federal; f) reconhecida a repercussão geral, o relator no Supremo Tribunal Federal determinará a suspensão do processamento de todos os processos pendentes, individuais ou coletivos, que versem sobre a questão e tramitem no território nacional; g) o interessado pode requerer, ao presidente ou ao vice-presidente do tribunal de origem, que exclua da decisão de sobrestamento e inadmita o recurso extraordinário que tenha sido interposto intempestivamente, tendo o recorrente o prazo de 5 (cinco) dias para manifestar-se sobre esse requerimento. Da decisão que indeferir o aludido requerimento ou que aplicar entendimento firmado em regime de repercussão geral ou em julgamento de recursos repetitivos caberá agravo interno (§7º do art. 1.035 do novo C.P.C. com base na redação dada pela Lei 13.256/2016); h) negada a repercussão geral, o presidente ou o vice-presidente do tribunal de origem negará seguimento aos recursos extraordinários sobrestados na origem que versem sobre matéria idêntica; i) o recurso que tiver a repercussão geral reconhecida deverá ser julgado no prazo de 1 (um) ano e terá preferência sobre os demais feitos, ressalvados os que envolvam réu preso e os pedidos de habeas corpus. Nos termos da redação originária do §10º do art. 1.035 do novo C.P.C., se não ocorresse o julgamento no prazo de 1 (um) ano a contar do reconhecimento da repercussão geral, cessaria, em todo o território nacional, a suspensão dos processos, que retomariam seu curso normal; porém, esse parágrafo foi expressamente revogado pela Lei 13.256/2016.; j) a súmula da decisão sobre a repercussão geral constará de ata, que será publicada no diário oficial e valerá como acórdão.

Prescreve o § 5º do art. 1.042 do atual C.P.C. que o agravo poderá ser julgado, conforme o caso, conjuntamente com o recurso especial ou extraordinário, assegurada, neste caso, sustentação oral, observando-se, ainda, o disposto no regimento interno do tribunal respectivo.

Tendo em vista que o agravo em recurso especial ou extraordinário é interposto de forma incidental do processo originário, o recurso de agravo sobe ao tribunal superior conjuntamente com o recurso especial ou extraordinário interposto. Em razão disso, o S.T.J. ou o S.T.F. poderá promover julgamento simultâneo do agravo em recurso especial ou extraordinário, conforme o caso, desde que assegurada a ambas as partes a possibilidade de sustentação oral, observando-se o disposto no regimento interno do tribunal respectivo.

Em relação à conversão do agravo em recurso especial, e, em especial, ao direito intertemporal, a 1ª Turma do Superior Tribunal de Justiça (STJ) usou uma regra do Novo Código de Processo Civil (CPC) no julgamento de um processo proposto durante a vigência do Código de Processo Civil de 1973, conforme se observa pela notícia abaixo publicada no http://jota.uol.com.br/stj-aplica-novo-cpc-processo-anterior-ao-codigo:

A 1ª Turma do Superior Tribunal de Justiça (STJ) usou uma regra do Novo Código de Processo Civil (CPC) no julgamento de um processo proposto durante a vigência do Código de 73. A norma mais recente foi aplicada em uma questão processual. E dividiu o colegiado.

Ao fim, venceu a posição de que o procedimento presente no Código em vigor não traria prejuízo às partes e geraria maior celeridade no julgamento.

A aplicação do Novo CPC a casos em andamento é um tema indefinido no STJ. Debates sobre o assunto têm sido frequentes no tribunal, principalmente por conta de alterações em prazos, pedidos de vista e sustentações orais trazidas pelo Código de 2015.

Três dos cinco ministros da 1ª Turma do STJ votaram pela possibilidade de utilização do Novo CPC a um caso tributário – Napoleão Nunes Maia, Gurgel de Faria e o presidente do colegiado, Sergio Kukina.

Os magistrados debateram se o artigo 1.042 do código em vigor poderia ser aplicado ao AResp 851.938, envolvendo a empresa Ctil Logística, que foi ajuizado e chegou ao STJ quando estava em vigor o CPC de 73.

"Subida" negada

O artigo 1.042 alterou o tratamento dado a situações nas quais a 2ª instância nega a "subida" de um recurso ao STJ, mas posteriormente a Corte superior entende que o processo pode ser analisado.

Nos casos em que os tribunais regionais entendem que um recurso não pode ser admitido no STJ as partes podem ajuizar um recurso denominado agravo. O tipo processual pode ser convertido em Recurso Especial (REsp) caso o relator decida que o STJ pode julgar a ação.

De acordo com o CPC antigo, era necessário o relator converter o agravo em REsp, para posteriormente analisar o mérito do processo. O artigo 1.042, porém, permitiu que os dois recursos sejam pautados simultaneamente, com possibilidade de sustentação oral das partes.

De acordo com o advogado da Ctil Logística, Fabio Luis de Luca, do Lippert Advogados, era comum que os relatores convertessem agravos em recursos especiais de forma monocrática (individual). Posteriormente o REsp era colocado em pauta.

O procedimento do CPC vigente é facultativo, e permite que o relator, em uma mesma sessão, analise a admissibilidade do recurso e o mérito da questão. A sistemática foi usada pelo ministro Gurgel de Farias, relator do Aresp 851.938.

Durante o julgamento do assunto nessa quinta-feira (16/06), Farias salientou que o dispositivo do Novo CPC busca agilizar a tramitação dos processos. Além disso, para ele, a regra "não traz qualquer prejuízo às partes".

Entenderam da mesma forma os ministros Sérgio Kukina e Napoleão Nunes Maia Filho. O último considerou que as partes do processo não serão prejudicadas com o procedimento, e que não há risco de a aplicação do dispositivo ao caso gerar alguma nulidade da ação.

Na ponta oposta ficaram os ministros Benedito Gonçalves e Regina Helena Costa, que entenderam que aplica-se ao caso o CPC revogado, já que o caso foi ajuizado durante a vigência do Código de 73. Regina Helena salientou que as partes têm direito à "previsibilidade" ao procurarem o Judiciário, e que a decisão pode levar a tratamentos diferentes em processos idênticos.

A polêmica ficou restrita à questão processual. A decisão no mérito da ação foi unânime, e os ministros consideraram que o contribuinte poderia tomar créditos de ICMS proporcionais aos insumos aplicados nas atividades de transportes para fins de exportação.

O processo tem como parte a transportadora Ctil Logística, que, dentre outras atividades, realiza o transporte de contêineres que posteriormente serão exportados. Segundo De Luca, a companhia buscava a possibilidade de creditamento, por exemplo, pelo óleo diesel utilizado nessas operações.

Direito de defesa

A advogada Ariane Costa Guimarães, do Mattos Filho Advogados, diz que não tinha conhecimento de outras situações nas quais o STJ optou por aplicar pontos do Novo CPC a casos anteriores à vigência na norma. "Na maior parte das decisões o procedimento é sempre seguir a legislação vigente na data do ato processual", diz.

Ela questiona, porém, se a aplicação do artigo 1.042 pode levar à impossibilidade de realização de sustentação oral, por exemplo. Isso porque o advogado, esperando um trâmite processual maior, pode não estar preparado ou não poder ir à Brasília na data do julgamento de seu agravo.

"Nas regras [do Novo CPC] que suprimiram fases processuais, por mais que sejam louváveis, deve se observar o direito de defesa", afirma.

O procedimento para julgamento do agravo no S.T.F. ou no S.T.J. será de acordo com o que dispuser o regimento interno de cada tribunal.

O agravo em recurso especial ou extraordinário é regulado, respectivamente, pelo art. 253 do RISTJ e pelos artigos 313 a 316 do RISTF, in verbis:

Do Agravo no S.T.J. (Redação dada pela Emenda Regimental n. 16, de 2014):

Art. 253. O agravo interposto de decisão que não admitiu o recurso especial obedecerá, no Tribunal de origem, às normas da legislação processual vigente. (Redação dada pela Emenda Regimental n. 16, de 2014)

Parágrafo único. Distribuído o agravo e ouvido, se necessário, o Ministério Público no prazo de cinco dias, o relator poderá: (Redação dada pela Emenda Regimental n. 16, de 2014)

I – não conhecer do agravo que for manifestamente inadmissível, intempestivo, infundado ou prejudicado, ou que não tiver atacado especificamente todos os fundamentos da decisão agravada; (Redação dada pela Emenda Regimental n. 16, de 2014)

II – conhecer do agravo para: (Redação dada pela Emenda Regimental n. 16, de 2014)

a) negar-lhe provimento se correta a decisão que não admitiu o recurso especial, podendo manter a decisão agravada por seus próprios fundamentos; (Redação dada pela Emenda Regimental n. 16, de 2014)

b) negar seguimento ao recurso especial que for manifestamente inadmissível, intempestivo, infundado, prejudicado ou improcedente, ou que confrontar súmula

ou jurisprudência consolidada do Superior Tribunal de Justiça ou do Supremo Tribunal Federal; (Redação dada pela Emenda Regimental n. 16, de 2014)

c) dar provimento ao recurso especial se o acórdão recorrido confrontar súmula ou jurisprudência consolidada do Superior Tribunal de Justiça ou do Supremo Tribunal Federal; (Redação dada pela Emenda Regimental n. 16, de 2014)

d) determinar sua autuação como recurso especial quando não verificada qualquer das hipóteses previstas nas alíneas b e c, observando-se, daí em diante, o procedimento relativo a esse recurso. (Redação dada pela Emenda Regimental n. 16, de 2014).

Do Agravo no STF (Resolução/STF 450/2010):

Art. 313. Caberá agravo de instrumento: RISTF: § 2º do art. 131.

I – de decisão de juiz de primeira instância nas causas a que se refere o art. 6º, III, d, nos casos admitidos na legislação processual (Atual competência do STJ: art. 105, II, c, da CF/1988).

II – de despacho de Presidente de Tribunal que não admitir recurso da competência do Supremo Tribunal Federal (CPC: art. 496, II (classe) – art. 544, caput. Lei 8.038/1990: art. 26 a art. 29 (AI e RE em matéria penal).

III – quando se retardar, injustificadamente, por mais de trinta dias, o despacho a que se refere o inciso anterior, ou a remessa do processo ao Tribunal.

Parágrafo único. Na petição do agravo a que se refere o inciso I deste artigo, poderá o agravante requerer que o agravo fique retido nos autos, a fim de que o Tribunal dele conheça, preliminarmente, por ocasião do julgamento da apelação, desde que assim o solicite nas razões ou contrarrazões desta. (Atual competência do STJ: art. 105, II, c, da CF/1988).

Art. 314. O agravo de instrumento obedecerá, no juízo ou tribunal de origem, às normas da legislação processual vigente. (CPC: art. 508 (prazo) – art. 511 (preparo) – art. 544, § 1º e § 2º com a redação da Lei 10.352/2001 (traslado). Lei 8.038/1990: art. 25 a art. 29 (AI e RE em matéria penal).

Art. 315. Distribuído o agravo e ouvido, se necessário, o Procurador-Geral, o Relator o colocará em mesa para julgamento, sem prejuízo das atribuições que lhe confere o art. 21, nos incisos VI e IX e no seu § 1º. (RISTF: art. 21, § 3º (apresentar em mesa) – art. 52, XV (Procurador-Geral da República: 15 dias) – art. 57 a art. 59 (distribuição e preparo) – art. 69 (prevenção). CPC: art. 542 com a redação da Lei 10.352/2001, e seu § 2º (distribuição)).

Parágrafo único. Quando interposto contra despacho que houver indeferido o processamento de arguição de relevância, o agravo de instrumento prescindirá de Relator e será julgado em Conselho, observando-se, no que couber, o disposto no art. 328, VII e X.

Art. 316. O provimento de agravo de instrumento, ou a determinação do Relator para que subam os autos, não prejudica o exame e o julgamento, no momento oportuno, do cabimento do recurso denegado. (RISTF: art. 21, VI (provimento pelo Relator). CPC: art. 544, § 4º (conversão em RE).

§ 1º O provimento será registrado na ata e certificado nos autos, juntando-se ulteriormente a transcrição do áudio. (Atualizado com a introdução da Emenda Regimental 26/2008. RISTF: parágrafo único do art. 22, a e b (quando é julgado pelo Pleno ou pela Turma) – art. 83, III (independe de pauta) – parágrafo único do art. 93 (dispensa acórdão).

§ 2º O provimento do agravo de instrumento e a determinação do Relator para que suba o recurso serão comunicadas ao tribunal de origem pelo Presidente do Tribunal para processamento do recurso. (Norma aplicada: art. 544, § 3º e § 4º (conversão do AI em RE nos próprios autos), do CPC. RISTF: art. 340 a art. 344 (execução). Resolução/STF 132/1995: delega poderes).

§ 3º Se os autos principais tiverem subido em virtude de recurso da parte contrária, serão devolvidos à origem para processamento do recurso admitido. (Norma aplicada: art. 544, § 3º e § 4º (conversão do AI em RE nos próprios autos), do CPC).

O relator poderá apreciar livremente as condições de admissibilidade do recurso extraordinário ou especial, não tendo qualquer vinculação com a decisão proferida pelo presidente ou vice-presidente do tribunal de origem (RTJ 149, pág. 918).

A competência do relator abrange todas as questões, inclusive as pertinentes às circunstâncias de cabimento de recurso, inclusive aquelas relacionadas ao mérito (RTJ 159/680).

É possível, ainda, que o relator do agravo, por meio de decisão monocrática, no S.T.F. ou no S.T.J., julgue de plano o recurso extraordinário ou especial, negando seguimento ou dando provimento a esses recursos.

Contra a decisão proferida monocraticamente pelo relator do agravo caberá *agravo interno* para o respectivo órgão colegiado.

Evidentemente, o S.T.J. ou o S.T.F. somente passará ao julgamento do recurso especial ou do recurso extraordinário após a prolação da decisão no agravo, pois muitas vezes o conhecimento daqueles recursos dependerá do que for decidido no agravo.

Preceitua o § 6º do art. 1.042 do atual C.P.C. que na hipótese de interposição conjunta de recursos extraordinário e especial, o agravante deverá interpor um agravo para cada recurso não admitido.

Tendo em vista que cada tribunal superior mantém sua competência em relação ao agravo contra a decisão que não admitiu o respectivo recurso extraordinário ou especial, haverá necessidade de interposição de agravo específico e independente contra cada decisão que não admitir o recurso extraordinário ou especial, quando essa interposição for conjunta.

Se não houver a interposição individual ou específica de agravo, o tribunal superior não mais poderá conhecer do recurso extraordinário ou especial, transitando em julgado a decisão do tribunal de origem.

Se o tribunal de origem não receber o agravo em recurso especial ou extraordinário por qualquer motivo, segundo anota Nelson Nery Jr e Rosa Nery, será possível interpor *reclamação* perante o S.T.J. ou S.T.F. por usurpação de competência.[247]

Assim, não poderá o tribunal ou juízo de origem impedir o conhecimento do agravo em recurso especial ou extraordinário pelo tribunal superior. Nesse sentido é o teor da Súmula 727 do S.T.F.: *"Não pode o magistrado deixar de encaminhar ao Supremo Tribunal Federal o agravo de instrumento interposto de decisão que não admite recurso extraordinário, ainda que referente a causa instaurada no âmbito dos juizados especiais"*.

No mesmo sentido é seguinte decisão do S.T.J.:

---

[247] Nery Jr. Nelson. Nery, Rosa. Apud. WAMBIER. Teresa Arruda Alvim. *Os agravos no CPC brasileiro*. 4ª ed. São Paulo: Ed. Revista dos Tribunais, 2005. p. 598.

I – Sendo interposto agravo de instrumento ante a denegação de seguimento do apelo especial, não pode o Tribunal de origem obstar sua remessa ao Tribunal ad quem, sob qualquer pretexto.

II – Reclamação conhecida e julgada procedente, para determinar a subida do agravo de instrumento que atacou a decisão que inadmitiu o recurso especial no Tribunal a quo.

(Rcl 971/SP, Rel. Ministro FRANCISCO FALCÃO, PRIMEIRA SEÇÃO, julgado em 09/05/2002, DJ 16/09/2002, p. 129).

Mesmo que o agravo em recurso especial ou extraordinário seja intempestivo, não poderá o tribunal de origem impedir o seu conhecimento pelo S.T.J. ou pelo S.T.F.

Aduz o § 7º do art. 1.042 do atual C.P.C. que havendo apenas um agravo, o recurso será remetido ao tribunal competente, e, havendo interposição conjunta, os autos serão remetidos ao Superior Tribunal de Justiça.

Se houver a interposição de apenas um agravo, o recurso será remetido ao tribunal competente.

Havendo, porventura, a interposição conjunta de agravo que diga respeito simultaneamente a recurso extraordinário e especial, os autos serão remetidos primeiramente ao Superior Tribunal de Justiça, justamente pelo fato de que na interposição simultânea de recurso extraordinário e especial os autos serão inicialmente remetidos ao S.T.J.

Decidido o agravo no S.T.J., e dependendo do resultado, os autos serão posteriormente remetidos ao S.T.F. para o julgamento de agravo de sua competência.

Assim, se o S.T.J., ao conhecer do agravo, também proferir julgamento no recurso especial, tal decisão, de acordo com o conteúdo do provimento, poderá tornar prejudicado o recurso extraordinário interposto, razão pela qual o processo não será remetido ao S.T.F., mas retornará ao tribunal de origem.

Por fim, estabelece o § 8º do art. 1.042 do atual C.P.C. que concluído o julgamento do agravo pelo Superior Tribunal de Justiça e, se for o caso, do recurso especial, independentemente de pedido, os autos serão remetidos ao Supremo Tribunal Federal para apreciação do agravo a ele dirigido, salvo se estiver prejudicado.

Concluído o julgamento do agravo pelo S.T.J., e se for o caso, do recurso especial, os autos serão remetidos ao Supremo Tribunal Federal para a apreciação do agravo a ele dirigido.

Porém, poderá ocorrer que o agravo interposto contra a decisão do tribunal de origem que negou seguimento ao recurso extraordinário esteja prejudicado em razão da decisão proferida no agravo ou no próprio recurso especial interposto perante o S.T.J.

Poderá ocorrer que o S.T.J. conheça do agravo e passe a julgar o recurso especial, dando provimento ao pedido formulado pelo recorrente, prejudicando a análise do recurso extraordinário e do agravo de competência do S.T.F.

Agora, se o S.T.J. não admitir o agravo ou negar provimento ao recurso especial, os autos serão remetidos ao S.T.F. para a análise do agravo de sua competência ou do recurso extraordinário interposto.

Eis o teor da Súmula 289 do S.T.F.: *O provimento do agravo por uma das Turmas do Supremo Tribunal Federal ainda que sem ressalva, não prejudica a questão do cabimento do recurso extraordinário.*

31.
Referências

ANDREWS, *A New Civil Procedural Code for England: Party-Control 'Going. Going. Gone', in* 19 *Ci. Just. Quart.*, 2000.

BARBOSA MOREIRA, José Carlos. *Comentários ao código de processo civil.* 16ª ed. Rio de Janeiro: Forense, 2011 e 2012.

BASTOS, Celso Ribeiro. *Hermenêutica e Interpretação Constitucional.* São Paulo: Celso Bastos Editor, 1999.

BERTOLINO, Giulia, *Giusto processo civile e giusta decisione – riflexioni sul concetto di giustizia procedurale in relazione al valore della accurateza delle decisión nel processo civile.* Tese de Doutorado em Alma Mater Studiorum – Universidade di Bologna (XIX CICLO).

BRACCIALINI, Roberto. Garanti o no del risultato sostanziale? Spunti tardivi sul giusto processo. *In Questione Giustizia*, FrancoAngeli, n. 1, 2005.,

BURGER, Warren E. Constituição norte-americana. Conferência pronunciada perante a ABA (American Bar Association), publicada *in Revista de Direito Público*, São Paulo, Ed. Revista dos Tribunais, n. 80 – out./dez de 1986.

BUZAID, Alfredo. *A crise do Supremo Tribunal Federal. In:* www.revistas.usp.br/rfdusp/article/download/66355/68965

CAMBI, Eduardo; NALIN, Paulo. O controle da boa-fé contratual por meio de recurso de estrito sentido. *IN: Aspectos polêmicos e atuais dos recursos cíveis e de outros meios de impugnação às decisões judiciais.* Teresa Wambier e Nelson Nery Jr. (coord.). São Paulo: Editora Revista dos Tribunais, 2003.

CARNEIRO, Athos Gusmão. *Recurso especial, agravos e agravo interno.* 6ª ed. Rio de Janeiro: Gen-Forense, 2009.

Carneiro, Athos Gusmão. Requisitos específicos de admissibilidade de recurso especial. *In: Aspectos polêmicos e atuais dos recursos cíveis de acordo com a Lei 9.756/98.* São Paulo: Revista dos Tribunais, 1999.

Carnelutti, Francesco. *Sistema de direito processual.* Trad. Hiltomar Martins Oliveira. Vol. I. São Paulo: Classic Book, 2000. p. 168.

Carrata, Antonio. Prova e convincimento del giudice nel processo civile. *In Rivista di Diritto Processuale*, Bologna, CEDAM, Anno LVIII, gennaio-marzo, 2003.

Cavalcante. Mantovani Colares. A lei 11.672 de 2008 e o novo processamento do recurso especial com identidade de matérias, em confronto com a feição transindividual do recurso extraordinário. *Revista de Processo*, São Paulo, R.T., 2008.

Chiarloni, Sergio. Processo civile e verità, *IN: Questione Giustizia*, Sommario n.1, 1987.

Chiarloni, Sergio. Reflexioni sui limiti del giudizio di fatto nel processo civile. *In: Rivista Trimestrale di Diritto e Procedura Civile*, Anno XL, 1986, Milano, Giuffrê Editore.

Coelho, Inocêncio Mártires. *Interpretação constitucional.* Porto Alegre: Sergio Fabris Editor, 1997.

Comoglio, Luigi Paulo; Ferri, Corrado; Taruffo, Michele. *Lezioni sul processo civile.* I. Il processo ordinario di cognizione. Bologna: Il Mulino, 2006.

Cooley, Thomas M. *Princípios gerais de direito constitucional nos estados unidos da América.* Traduzido e anotado por Ricardo Rodrigues Gama. Campinas: Russell, 2002.

Costa, Regina Helena. Repercussão em matéria tributária: primeiras reflexões. *In:* Leandro Paulsen (Coord.). *Repercussão geral no recurso extraordinário.* Porto Alegre: Livraria do Advogado, 2011

Cunha Gonçalves, Luiz da. *Tratado de direito civil.* 2ªed. Vol. I. Tomo I. São Paulo: Max Limonad, 1955.

Cunha, Leonardo Carneiro. A função do Supremo Tribunal Federal e a força de seus precedentes: enfoque nas causas repetitivas. *In:* Leandro Pausen (Coord.) *Repercussão geral no recurso extraordinário.* Porto Alegre: Livraria do Advogado Editora, 2011.

Dinamarco. Cândido Rangel. *A reforma da reforma.* 4ªed. São Paulo: Malheiros, 2003.

Dinamarco, Cândido Rangel. *Instituições de direito processual civil.* 4ª ed. rev. e atual. São Paulo: Malheiros, 2004.

Ernest-Wolfgang Böckenförde. *Escritos sobre derechos fundamentales.* Baden-Baden, Nomos Verlagsgesellschaft, 1993.

Fernandez, Ricardo Cueva. *De los niveladores a Marbury vs.Madison: la génesis de la democracia constitucional.* Madrid: Centro de Estudios Políticos y Constitucionales, 2011.

Ferraz, Taís Schilling. Repercussão geral – muito mais que um pressuposto de admissibilidade. Coord. Leandro Paulsen. *Repercussão geral no recurso extraordinário.* Porto Alegre: Livraria do Advogado, 2011.

Godoy, Arnaldo Sampaio de Moraes. *Direito nos estados unidos. Obra inédita.*

Gomes Canotilho, J. J. *Direito constitucional,* Coimbra: Almedina, 1991.

Gomes Canotilho, J. J..; Moreira, Vital. *Fundamentos da constituição.* Coimbra: Editora Coimbra, 1991.

Gordo, Alfonso Pérez. *El tribunal constitucional y sus funciones.* Barcelona: BOSCH – Casa Editorial, S.A., 1982.

Guasp, Jaime; Aragoneses, Pedro. *Derecho procesal civil.* Tomo II – parte especial: procesos declarativos y de ejecución

Jolowicz, The Woolf Report and the Adversary System, in 15 Civ. Just. Quart., 1996.

Konrad Resse. *Escritos de derecho constitucional,* Madrid, Centro de Estudios Constitucionales, 1983.

Larenz, Karl. *Metodologia da ciência do direito.* Trad. José Lamego. 3ªed. Lisboa: Fundação Calouste Gulbenkian.

Lenza, Pedro. *Direito constitucional esquematizado.* 16ª ed. São Paulo: Saraiva, 2012.

Lima, João Franzen. Irretroatividade das leis. *In*: *Revista dos Tribunais,* São Paulo, Vol. 132.

Lombardi, Giorgi. *Carl Schmitt y Hans Kelsen – la polémica Schmitt/Kelsen sobre la justicia constitucional: El defensor de la Constitución versus quién debe ser el defensor de la Constitución?.* Trad. Manuel Sánchez Sarto y Roberto J. Brie. Madrid: Tecnos, 2009.

Mancuso, Rodolfo C. *Divergência jurisprudencial e súmula vinculante.* 4ª ed. São Paulo: RT, 2010.

Mancuso, Rodolfo. *Recurso extraordinário e recurso especial.* 12ª edição. São Paulo: Revista dos Tribunais, 2013.

Marcus, *Discovery Containment Redux,* in 39 *Boston Coll. Law Rev.,* 1998.

Marinoni, Luiz Guilherme; Arenhart, Sérgio Cruz. *Comentários ao código de processo civil.* 2. ed. Tomo 1. São Paulo: Ed. Revista dos Tribunais, 2005.

Marinoni, Luiz Guilherme. *Precedentes obrigatórios.* São Paulo: Revista dos Tribunais, 2010.

Meador, Daniel John. *Os tribunais nos estados unidos.* Tradução de Ellen G. Northfleet. Brasília: Serviço de Divulgação e Relações Culturais dos Estados Unidos da América – USIS, 1996.

Mangone. Kátia Aparecida. *Prequestionamento e questões de ordem pública no recurso extraordinário e no recurso especial.* São Paulo: Editora Saraiva, 2013.

Medina, José Miguel Garcia. *O prequestionamento nos recursos extraordinário e especial.* São Paulo: Ed. Revista dos Tribunais, 1998.

Mello Filho, José Celso de. O supremo tribunal federal e a defesa das liberdades públicas sob a Constituição de 1988: alguns tópicos relevantes. *In:* Leandro Pausen (Coord.) *Repercussão geral no recurso extraordinário.* Porto Alegre: Livraria do Advogado Editora, 2011.

Mendes, Gilmar F. *Jurisdição Constitucional.* São Paulo: Saraiva, 1996.

Mendes, Gilmar Ferreira, Branco, Paulo Gustavo Gonet. *Curso de direito constitucional.* São Paulo: Editora Saraiva, 2012.

Mendes, Gilmar. Prefácio à obra de Coelho, Inocêncio Mártires. *Interpretação constitucional.* Porto Alegre: Sergio Antonio Fabris Editor, 1997.

Miranda, Pontes de. *Comentários ao código de processo civil.* Vol. VIII, Rio de Janeiro: Forense, 2002.

Monteleone, Girolamo. Intorno al conceitto di verità 'materiale' o 'oggettiva' nel processo civile. In: *Rivista di Diritto Processuale.* CEDAM, 2009. Volume LXIV (II Serie), Anno 2009.

Moreira, José Carlos Barbosa. *Comentários ao código de processo civil.* Vol. V. (arts. 476 a 565). Rio de Janeiro: Forense, 1976.

Nery JR., Nelson. Ainda sobre o prequestionamento – embargos de declaração prequestionadores. *In: Aspectos polêmicos e atuais dos recursos cabíveis e de outras formas de impugnação às decisões judiciais.* Nelson Nery Jr. e Teresa Wambier (Coord.). São Paulo: Ed. Revista dos Tribunais, 2000.

Pinto, Rui. *Notas ao código de processo civil.* Coimbra: Coimbra Editora, 2014.

Pontes de Miranda, *Comentários ao código de processo civil,* Tomo VIII. Rio de Janeiro: Forense, 2002.

Pontes de Miranda. *Comentários à constituição de 1946.* 4ª ed. Tomo III. Rio de Janeiro: 1963.

Pontes de Miranda. *Comentários à constituição de 1967, com a Emenda n. 1 de 1969.* Tomo III. 3ª ed. Rio de Janeiro: Forense, 1987.

PONTES DE MIRANDA. *Comentários ao código de processo civil,* 2ª ed., Tomo VIII. Rio de Janeiro: Forense, 1973.

RESNIK, *Managerial Judges,* in 96 *Haw. Law Rev.,* 1982.

REZEK, Francisco. *Direito internacional público – curso elementar.* 12ª ed., São Paulo: Editora Saraiva, 2010.

REZEK, Francisco. *Direito internacional público – curso elementar.* 12ª ed., São Paulo: Editora Saraiva, 2010.

RODRIGUES Júnior, Otávio Luiz. Jurisprudência do direito do consumidor evolui na frança, *in: http://www.conjur.com.br/2013-nov-20/direito-comparado-direito-consumidor-nacional-evolui-frances*

ROGEIRO, Nuno. *A lei fundamental da república federal da alemanha.* Coimbra: Coimbra Editora, 1996.

ROSAS, Roberto. Suprema corte Americana: acompanhamento da realidade política e econômica. *In Arquivos do Ministério da Justiça.* ano 49, número 187, janeiro/junho de 1996.

SERPA LOPES, Miguel Maria de. *Comentários à lei de introdução ao código civil.* 2ª ed. Vol. I, São Paulo: Livraria Freitas Bastos, 1959.

TARUFFO, Michele. Cultura e processo. *Rivista trimestrale di diritto e procedura civile,* Milano, v. 63, n. 1, p. 63-92, mar. 2009.

TARUFFO, Michele. Idee per una teoria della decisione giusta, in *Riv. Trim. Dir. E proc. Civ.* 1997.

TARUFFO, Michele. Poteri probatori delle parti e del giudice in Europa, *In: Rivista Trimestrale di Diritto e Procedura Civile,* Milano, Giuffrè, 2006.

VALADÃO, Arildo. *A nova função do recurso extraordinário.* Coleção Andrea Proto Pisana; Coord. Ada Pellegrini Grinover e Petroniol Calmon, Vol. 8. Brasília: Gazeta Jurídica, 2013.

VERGOTTINI, Giuseppe. *Diritto costituzionale comparato.* Quinta Edizione. Padova: CEDAM, 1999.

WAMBIER. Luiz Rodrigues. *Curso avançado de processo civil.* V. 1. Teoria Geral do Processo e Processo de Conhecimento, 10ª edição, revista, atualizada e ampliada. São Paulo: Ed. R.T., 2008.

WAMBIER, Teresa Arruda Alvim. Distinção entre questão de fato e questão de direito para fins de cabimento de recurso especial, *Revista AJURIS,* n. 74, nov/98.

ZUCKERMAN, *Riform in the Shadow of Lawyers Interests,* in *Reform of civil Procedure a* cura dello stesso e di Cranston, Oxford, 1995.

Anexo I
Súmulas do S.T.F. e do S.T.J.

ANEXO I – SÚMULAS

Súmulas do Supremo Tribunal Federal Sobre Recurso Extraordinário:

SÚMULA 228
NÃO É PROVISÓRIA A EXECUÇÃO NA PENDÊNCIA DE RECURSO EXTRAORDINÁRIO, OU DE AGRAVO DESTINADO A FAZÊ-LO ADMITIR.

SÚMULA 233
SALVO EM CASO DE DIVERGÊNCIA QUALIFICADA (LEI 623/1949), NÃO CABE RECURSO DE EMBARGOS CONTRA DECISÃO QUE NEGA PROVIMENTO A AGRAVO OU NÃO CONHECE DE RECURSO EXTRAORDINÁRIO, AINDA QUE POR MAIORIA DE VOTOS.

SÚMULA 249
É COMPETENTE O SUPREMO TRIBUNAL FEDERAL PARA A AÇÃO RESCISÓRIA, QUANDO, EMBORA NÃO TENDO CONHECIDO DO RECURSO EXTRAORDINÁRIO, OU HAVENDO NEGADO PROVIMENTO AO AGRAVO, TIVER APRECIADO A QUESTÃO FEDERAL CONTROVERTIDA.

SÚMULA 253
NOS EMBARGOS DA LEI 623, DE 19/2/1949, NO SUPREMO TRIBUNAL FEDERAL, A DIVERGÊNCIA SOMENTE SERÁ ACOLHIDA, SE TIVER SIDO INDICADA NA PETIÇÃO DE RECURSO EXTRAORDINÁRIO.

SÚMULA 272
NÃO SE ADMITE COMO ORDINÁRIO RECURSO EXTRAORDINÁRIO DE DECISÃO DENEGATÓRIA DE MANDADO DE SEGURANÇA.

SÚMULA 273
NOS EMBARGOS DA LEI 623, DE 19/2/1949, A DIVERGÊNCIA SOBRE QUESTÃO PREJUDICIAL OU PRELIMINAR, SUSCITADA APÓS A INTERPOSIÇÃO DO RECURSO EXTRAORDINÁRIO, OU DO AGRAVO, SOMENTE SERÁ ACOLHIDA SE O ACÓRDÃO-PADRÃO FOR ANTERIOR À DECISÃO EMBARGADA.

SÚMULA 279
PARA SIMPLES REEXAME DE PROVA NÃO CABE RECURSO EXTRAORDINÁRIO.

SÚMULA 280
POR OFENSA A DIREITO LOCAL NÃO CABE RECURSO EXTRAORDINÁRIO.

SÚMULA 281
É INADMISSÍVEL O RECURSO EXTRAORDINÁRIO, QUANDO COUBER NA JUSTIÇA DE ORIGEM, RECURSO ORDINÁRIO DA DECISÃO IMPUGNADA.

SÚMULA 282
É INADMISSÍVEL O RECURSO EXTRAORDINÁRIO, QUANDO NÃO VENTILADA, NA DECISÃO RECORRIDA, A QUESTÃO FEDERAL SUSCITADA.

SÚMULA 283
É INADMISSÍVEL O RECURSO EXTRAORDINÁRIO, QUANDO A DECISÃO RECORRIDA ASSENTA EM MAIS DE UM FUNDAMENTO SUFICIENTE E O RECURSO NÃO ABRANGE TODOS ELES.

SÚMULA 284
É INADMISSÍVEL O RECURSO EXTRAORDINÁRIO, QUANDO A DEFICIÊNCIA NA SUA FUNDAMENTAÇÃO NÃO PERMITIR A EXATA COMPREENSÃO DA CONTROVÉRSIA.

SÚMULA 285
NÃO SENDO RAZOÁVEL A ARGÜIÇÃO DE INCONSTITUCIONALIDADE, NÃO SE CONHECE DO RECURSO EXTRAORDINÁRIO FUNDADO NA LETRA "C" DO ART. 101, III, DA CONSTITUIÇÃO FEDERAL.

SÚMULA 286
NÃO SE CONHECE DO RECURSO EXTRAORDINÁRIO FUNDADO EM DIVERGÊNCIA JURISPRUDENCIAL, QUANDO A ORIENTAÇÃO DO PLENÁRIO DO SUPREMO TRIBUNAL FEDERAL JÁ SE FIRMOU NO MESMO SENTIDO DA DECISÃO RECORRIDA.

SÚMULA 287
NEGA-SE PROVIMENTO AO AGRAVO, QUANDO A DEFICIÊNCIA NA SUA FUNDAMENTAÇÃO, OU NA DO RECURSO EXTRAORDINÁRIO, NÃO PERMITIR A EXATA COMPREENSÃO DA CONTROVÉRSIA.

SÚMULA 288
NEGA-SE PROVIMENTO A AGRAVO PARA SUBIDA DE RECURSO EXTRAORDINÁRIO, QUANDO FALTAR NO TRASLADO O DESPACHO AGRAVADO, A DECISÃO RECORRIDA, A PETIÇÃO DE RECURSO EXTRAORDINÁRIO OU QUALQUER PEÇA ESSENCIAL À COMPREENSÃO DA CONTROVÉRSIA.

SÚMULA 289
O PROVIMENTO DO AGRAVO POR UMA DAS TURMAS DO SUPREMO TRIBUNAL FEDERAL AINDA QUE SEM RESSALVA, NÃO PREJUDICA A QUESTÃO DO CABIMENTO DO RECURSO EXTRAORDINÁRIO.

SÚMULA 291
NO RECURSO EXTRAORDINÁRIO PELA LETRA "D" DO ART. 101, III, DA CONSTITUIÇÃO, A PROVA DO DISSÍDIO JURISPRUDENCIAL FAR-SE-Á POR CERTIDÃO, OU MEDIANTE INDICAÇÃO DO "DIÁRIO DA JUSTIÇA" OU DE REPERTÓRIO DE JURISPRUDÊNCIA AUTORIZADO, COM A TRANSCRIÇÃO DO TRECHO QUE CONFIGURE A DIVERGÊNCIA, MENCIONADAS AS CIRCUNSTÂNCIAS QUE IDENTIFIQUEM OU ASSEMELHEM OS CASOS CONFRONTADOS.

SÚMULA 292
INTERPOSTO O RECURSO EXTRAORDINÁRIO POR MAIS DE UM DOS FUNDAMENTOS INDICADOS NO ART. 101, III, DA CONSTITUIÇÃO, A ADMISSÃO APENAS POR UM DELES NÃO PREJUDICA O SEU CONHECIMENTO POR QUALQUER DOS OUTROS.

SÚMULA 293
SÃO INADMISSÍVEIS EMBARGOS INFRINGENTES CONTRA DECISÃO EM MATÉRIA CONSTITUCIONAL SUBMETIDA AO PLENÁRIO DOS TRIBUNAIS.

SÚMULA 294
SÃO INADMISSÍVEIS EMBARGOS INFRINGENTES CONTRA DECISÃO DO SUPREMO TRIBUNAL FEDERAL EM MANDADO DE SEGURANÇA.

SÚMULA 295
SÃO INADMISSÍVEIS EMBARGOS INFRINGENTES CONTRA DECISÃO UNÂNIME DO SUPREMO TRIBUNAL FEDERAL EM AÇÃO RESCISÓRIA.

SÚMULA 296
SÃO INADMISSÍVEIS EMBARGOS INFRINGENTES SOBRE MATÉRIA NÃO VENTILADA, PELA TURMA, NO JULGAMENTO DO RECURSO EXTRAORDINÁRIO.

SÚMULA 299
O RECURSO ORDINÁRIO E O EXTRAORDINÁRIO INTERPOSTOS NO MESMO PROCESSO DE MANDADO DE SEGURANÇA, OU DE "HABEAS CORPUS", SERÃO JULGADOS CONJUNTAMENTE PELO TRIBUNAL PLENO.

SÚMULA 300
SÃO INCABÍVEIS OS EMBARGOS DA LEI 623, DE 19/2/1949, CONTRA PROVIMENTO DE AGRAVO PARA SUBIDA DE RECURSO EXTRAORDINÁRIO.

SÚMULA 322
NÃO TERÁ SEGUIMENTO PEDIDO OU RECURSO DIRIGIDO AO SUPREMO TRIBUNAL FEDERAL, QUANDO MANIFESTAMENTE INCABÍVEL, OU APRESENTADO FORA DO PRAZO, OU QUANDO FOR EVIDENTE A INCOMPETÊNCIA DO TRIBUNAL.

SÚMULA 325
AS EMENDAS AO REGIMENTO DO SUPREMO TRIBUNAL FEDERAL, SOBRE JULGAMENTO DE QUESTÃO CONSTITUCIONAL, APLICAM-SE AOS PEDIDOS AJUIZADOS E AOS RECURSOS INTERPOSTOS ANTERIORMENTE A SUA APROVAÇÃO.

SÚMULA 355
EM CASO DE EMBARGOS INFRINGENTES PARCIAIS, É TARDIO O RECURSO EXTRAORDINÁRIO INTERPOSTO APÓS O JULGAMENTO DOS EMBARGOS, QUANTO À PARTE DA DECISÃO EMBARGADA QUE NÃO FORA POR ELES ABRANGIDA.

SÚMULA 356
O PONTO OMISSO DA DECISÃO, SOBRE O QUAL NÃO FORAM OPOSTOS EMBARGOS DECLARATÓRIOS, NÃO PODE SER OBJETO DE RECURSO EXTRAORDINÁRIO, POR FALTAR O REQUISITO DO PREQUESTIONAMENTO.

SÚMULA 369
JULGADOS DO MESMO TRIBUNAL NÃO SERVEM PARA FUNDAMENTAR O RECURSO EXTRAORDINÁRIO POR DIVERGÊNCIA JURISPRUDENCIAL.

SÚMULA 389
SALVO LIMITE LEGAL, A FIXAÇÃO DE HONORÁRIOS DE ADVOGADO, EM COMPLEMENTO DA CONDENAÇÃO, DEPENDE DAS CIRCUNSTÂNCIAS DA CAUSA, NÃO DANDO LUGAR A RECURSO EXTRAORDINÁRIO.

SÚMULA 399
NÃO CABE RECURSO EXTRAORDINÁRIO, POR VIOLAÇÃO DE LEI FEDERAL, QUANDO A OFENSA ALEGADA FOR A REGIMENTO DE TRIBUNAL.

SÚMULA 400
DECISÃO QUE DEU RAZOÁVEL INTERPRETAÇÃO À LEI, AINDA QUE NÃO SEJA A MELHOR, NÃO AUTORIZA RECURSO EXTRAORDINÁRIO PELA LETRA "A" DO ART. 101, III, DA CONSTITUIÇÃO FEDERAL.

SÚMULA 432
NÃO CABE RECURSO EXTRAORDINÁRIO COM FUNDAMENTO NO ART. 101, III, "D", DA CONSTITUIÇÃO FEDERAL, QUANDO A DIVERGÊNCIA ALEGADA FOR ENTRE DECISÕES DA JUSTIÇA DO TRABALHO.

SÚMULA 454
SIMPLES INTERPRETAÇÃO DE CLÁUSULAS CONTRATUAIS NÃO DÁ LUGAR A RECURSO EXTRAORDINÁRIO.

SÚMULA 455
DA DECISÃO QUE SE SEGUIR AO JULGAMENTO DE CONSTITUCIONALIDADE PELO TRIBUNAL PLENO, SÃO INADMISSÍVEIS EMBARGOS INFRINGENTES QUANTO À MATÉRIA CONSTITUCIONAL.

SÚMULA 456
O SUPREMO TRIBUNAL FEDERAL, CONHECENDO DO RECURSO EXTRAORDINÁRIO, JULGARÁ A CAUSA, APLICANDO O DIREITO À ESPÉCIE.

SÚMULA 475
A LEI 4686, DE 21/6/1965, TEM APLICAÇÃO IMEDIATA AOS PROCESSOS EM CURSO, INCLUSIVE EM GRAU DE RECURSO EXTRAORDINÁRIO.

SÚMULA 505
SALVO QUANDO CONTRARIAREM A CONSTITUIÇÃO, NÃO CABE RECURSO PARA O SUPREMO TRIBUNAL FEDERAL, DE QUAISQUER DECISÕES DA JUSTIÇA DO TRABALHO, INCLUSIVE DOS PRESIDENTES DE SEUS TRIBUNAIS.

SÚMULA 513
A DECISÃO QUE ENSEJA A INTERPOSIÇÃO DE RECURSO ORDINÁRIO OU EXTRAORDINÁRIO NÃO É A DO PLENÁRIO, QUE RESOLVE O INCIDENTE DE INCONSTITUCIONALIDADE, MAS A DO ÓRGÃO (CÂMARAS, GRUPOS OU TURMAS) QUE COMPLETA O JULGAMENTO DO FEITO.

SÚMULA 515
A COMPETÊNCIA PARA A AÇÃO RESCISÓRIA NÃO É DO SUPREMO TRIBUNAL FEDERAL, QUANDO A QUESTÃO FEDERAL, APRECIADA NO RECURSO EXTRAORDINÁRIO OU NO AGRAVO DE INSTRUMENTO, SEJA DIVERSA DA QUE FOI SUSCITADA NO PEDIDO RESCISÓRIO.

SÚMULA 527
APÓS A VIGÊNCIA DO ATO INSTITUCIONAL 6, QUE DEU NOVA REDAÇÃO AO ART. 114, III, DA CONSTITUIÇÃO FEDERAL DE 1967, NÃO CABE RECURSO EXTRAORDINÁRIO DAS DECISÕES DO JUIZ SINGULAR.

SÚMULA 528
SE A DECISÃO CONTIVER PARTES AUTÔNOMAS, A ADMISSÃO PARCIAL, PELO PRESIDENTE DO TRIBUNAL "A QUO", DE RECURSO EXTRAORDINÁRIO QUE, SOBRE QUALQUER DELAS SE MANIFESTAR, NÃO LIMITARÁ A APRECIAÇÃO DE TODAS PELO SUPREMO TRIBUNAL FEDERAL, INDEPENDENTEMENTE DE INTERPOSIÇÃO DE AGRAVO DE INSTRUMENTO.

SÚMULA 598
NOS EMBARGOS DE DIVERGÊNCIA NÃO SERVEM COMO PADRÃO DE DISCORDÂNCIA OS MESMOS PARADIGMAS INVOCADOS PARA DEMONSTRÁ-LA MAS REPELIDOS COMO NÃO DISSIDENTES NO JULGAMENTO DO RECURSO EXTRAORDINÁRIO.

SÚMULA 633
É INCABÍVEL A CONDENAÇÃO EM VERBA HONORÁRIA NOS RECURSOS EXTRAORDINÁRIOS INTERPOSTOS EM PROCESSO TRABALHISTA, EXCETO NAS HIPÓTESES PREVISTAS NA LEI 5584/1970.

SÚMULA 634
NÃO COMPETE AO SUPREMO TRIBUNAL FEDERAL CONCEDER MEDIDA CAUTELAR PARA DAR EFEITO SUSPENSIVO A RECURSO EXTRAORDINÁRIO QUE AINDA NÃO FOI OBJETO DE JUÍZO DE ADMISSIBILIDADE NA ORIGEM.

SÚMULA 635
CABE AO PRESIDENTE DO TRIBUNAL DE ORIGEM DECIDIR O PEDIDO DE MEDIDA CAUTELAR EM RECURSO EXTRAORDINÁRIO AINDA PENDENTE DO SEU JUÍZO DE ADMISSIBILIDADE.

SÚMULA 636
NÃO CABE RECURSO EXTRAORDINÁRIO POR CONTRARIEDADE AO PRINCÍPIO CONSTITUCIONAL DA LEGALIDADE, QUANDO A SUA VERIFICAÇÃO PRESSUPONHA REVER A INTERPRETAÇÃO DADA A NORMAS INFRACONSTITUCIONAIS PELA DECISÃO RECORRIDA.

SÚMULA 637
NÃO CABE RECURSO EXTRAORDINÁRIO CONTRA ACÓRDÃO DE TRIBUNAL DE JUSTIÇA QUE DEFERE PEDIDO DE INTERVENÇÃO ESTADUAL EM MUNICÍPIO.

SÚMULA 638
A CONTROVÉRSIA SOBRE A INCIDÊNCIA, OU NÃO, DE CORREÇÃO MONETÁRIA EM OPERAÇÕES DE CRÉDITO RURAL É DE NATUREZA INFRACONSTITUCIONAL, NÃO VIABILIZANDO RECURSO EXTRAORDINÁRIO.

SÚMULA 639
APLICA-SE A SÚMULA 288 QUANDO NÃO CONSTAREM DO TRASLADO DO AGRAVO DE INSTRUMENTO AS CÓPIAS DAS PEÇAS NECESSÁRIAS À VERI-

FICAÇÃO DA TEMPESTIVIDADE DO RECURSO EXTRAORDINÁRIO NÃO ADMITIDO PELA DECISÃO AGRAVADA.

SÚMULA 640
É CABÍVEL RECURSO EXTRAORDINÁRIO CONTRA DECISÃO PROFERIDA POR JUIZ DE PRIMEIRO GRAU NAS CAUSAS DE ALÇADA, OU POR TURMA RECURSAL DE JUIZADO ESPECIAL CÍVEL E CRIMINAL.

SÚMULA 641
NÃO SE CONTA EM DOBRO O PRAZO PARA RECORRER, QUANDO SÓ UM DOS LITISCONSORTES HAJA SUCUMBIDO.

SÚMULA 727
NÃO PODE O MAGISTRADO DEIXAR DE ENCAMINHAR AO SUPREMO TRIBUNAL FEDERAL O AGRAVO DE INSTRUMENTO INTERPOSTO DA DECISÃO QUE NÃO ADMITE RECURSO EXTRAORDINÁRIO, AINDA QUE REFERENTE A CAUSA INSTAURADA NO ÂMBITO DOS JUIZADOS ESPECIAIS.

SÚMULA 728
É DE TRÊS DIAS O PRAZO PARA A INTERPOSIÇÃO DE RECURSO EXTRAORDINÁRIO CONTRA DECISÃO DO TRIBUNAL SUPERIOR ELEITORAL, CONTADO, QUANDO FOR O CASO, A PARTIR DA PUBLICAÇÃO DO ACÓRDÃO, NA PRÓPRIA SESSÃO DE JULGAMENTO, NOS TERMOS DO ART. 12 DA LEI 6055/1974, QUE NÃO FOI REVOGADO PELA LEI 8950/1994.

SÚMULA 733
NÃO CABE RECURSO EXTRAORDINÁRIO CONTRA DECISÃO PROFERIDA NO PROCESSAMENTO DE PRECATÓRIOS.

SÚMULA 734
NÃO CABE RECLAMAÇÃO QUANDO JÁ HOUVER TRANSITADO EM JULGADO O ATO JUDICIAL QUE SE ALEGA TENHA DESRESPEITADO DECISÃO DO SUPREMO TRIBUNAL FEDERAL.

SÚMULA 735
NÃO CABE RECURSO EXTRAORDINÁRIO CONTRA ACÓRDÃO QUE DEFERE MEDIDA LIMINAR.

Súmulas do Superior Tribunal de Justiça Sobre Recurso Especial:

Súmula 5
A SIMPLES INTERPRETAÇÃO DE CLAUSULA CONTRATUAL NÃO ENSEJA RECURSO ESPECIAL.

Súmula 7
A PRETENSÃO DE SIMPLES REEXAME DE PROVA NÃO ENSEJA RECURSO ESPECIAL.

Súmula 13
A DIVERGENCIA ENTRE JULGADOS DO MESMO TRIBUNAL NÃO ENSEJA RECURSO ESPECIAL.

Súmula 83
NÃO SE CONHECE DO RECURSO ESPECIAL PELA DIVERGENCIA, QUANDO A ORIENTAÇÃO DO TRIBUNAL SE FIRMOU NO MESMO SENTIDO DA DECISÃO
RECORRIDA.

Súmula 86
CABE RECURSO ESPECIAL CONTRA ACORDÃO PROFERIDO NO JULGAMENTO DE AGRAVO DE INSTRUMENTO.

Súmula 98
EMBARGOS DE DECLARAÇÃO MANIFESTADOS COM NOTORIO PROPOSITO DE PREQUESTIONAMENTO NÃO TEM CARATER PROTELATORIO.

Súmula 115
NA INSTANCIA ESPECIAL É INEXISTENTE RECURSO INTERPOSTO POR ADVOGADO SEM PROCURAÇÃO NOS AUTOS.

Súmula 116
A FAZENDA PUBLICA E O MINISTERIO PUBLICO TEM PRAZO EM DOBRO PARA INTERPOR AGRAVO REGIMENTAL NO SUPERIOR TRIBUNAL DE JUSTIÇA.

Súmula 123
A DECISÃO QUE ADMITE, OU NÃO, O RECURSO ESPECIAL DEVE SER FUNDAMENTADA, COM O EXAME DOS SEUS PRESSUPOSTOS GERAIS E CONSTITUCIONAIS.

Súmula 126
E INADMISSIVEL RECURSO ESPECIAL, QUANDO O ACORDÃO RECORRIDO ASSENTA EM FUNDAMENTOS CONSTITUCIONAL E INFRACONSTITUCIONAL, QUALQUER DELES SUFICIENTE, POR SI SO, PARA MANTE-LO, E A PARTE VENCIDA NÃO MANIFESTA RECURSO EXTRAORDINARIO.

Súmula 187
E DESERTO O RECURSO INTERPOSTO PARA O SUPERIOR TRIBUNAL DE JUSTIÇA, QUANDO O RECORRENTE NÃO RECOLHE, NA ORIGEM, A IMPORTANCIA DAS DESPESAS DE REMESSA E RETORNO DOS AUTOS.

Súmula 203
NÃO CABE RECURSO ESPECIAL CONTRA DECISÃO PROFERIDA POR ÓRGÃO DE SEGUNDO GRAU DOS JUIZADOS ESPECIAIS.(*)

Súmula 207
E INADMISSIVEL RECURSO ESPECIAL QUANDO CABIVEIS EMBARGOS INFRINGENTES CONTRA O ACORDÃO PROFERIDO NO TRIBUNAL DE ORIGEM.

Súmula 211
Inadmissível recurso especial quanto à questão que, a despeito da oposição de embargos declaratórios, não foi apreciada pelo Tribunal a quo.

(*) A Corte Especial, na sessão extraordinária de 23 de maio de 2002, julgando o AgRg no Ag 400.076-BA, deliberou pela ALTERAÇÃO do enunciado da Súmula n. 203. REDAÇÃO ANTERIOR (decisão de 04/02/1998, DJ 12/02/1998, PG: 35): NÃO CABE RECURSO ESPECIAL CONTRA DECISÃO PROFERIDA, NOS LIMITES DE SUA COMPETÊNCIA, POR ÓRGÃO DE SEGUNDO GRAU DOS JUIZADOS ESPECIAIS.

Súmula 216
A tempestividade de recurso interposto no Superior Tribunal de Justiça é aferida pelo registro no protocolo da secretaria e não
pela data da entrega na agência do correio.

Súmula 253
O art. 557 do CPC, que autoriza o relator a decidir o recurso, alcança o reexame necessário.

Súmula 256 (CANCELADA)
O sistema de "protocolo integrado" não se aplica aos recursos dirigidos ao Superior Tribunal de Justiça. (*) CANCELADA

Súmula 315
Não cabem embargos de divergência no âmbito do agravo de instrumento que não admite recurso especial.

Súmula 316
Cabem embargos de divergência contra acórdão que, em agravo regimental, decide recurso especial.

Súmula 320
A questão federal somente ventilada no voto vencido não atende ao requisito do prequestionamento.

Súmula 418
É inadmissível o recurso especial interposto antes da publicação do acórdão dos embargos de declaração, sem posterior ratificação.

ÍNDICE

1. INTRODUÇÃO 37
2. DO CONTROLE DE CONSTITUCIONALIDADE – UMA PERSPECTIVA HISTÓRICA 41
3. MODELOS DE CONTROLE DE CONSTITUCIONALIDADE 53
4. ANTECEDENTE HISTÓRICO NO BRASIL DO RECURSO EXTRAORDINÁRIO COMO MEIO DE CONTROLE DE CONSTITUCIONALIDADE 63
5. ORIGEM DO 'RECURSO ESPECIAL' DE COMPETÊNCIA DO SUPERIOR TRIBUNAL DE JUSTIÇA 81
6. SISTEMAS RECURSAIS DAS CORTES SUPERIORES NO DIREITO COMPARADO 87
7. PRECEITOS NORMATIVOS PROCEDIMENTAIS DE ADMISSIBILIDADE DO RECURSO EXTRAORDINÁRIO E DO RECURSO ESPECIAL NO NOVO C.P.C. 123
8. FUNDAMENTOS CONSTITUCIONAIS PARA INTERPOSIÇÃO DO RECURSO EXTRAORDINÁRIO 227

9. FUNDAMENTOS CONSTITUCIONAIS PARA INTERPOSIÇÃO
   DO RECURSO ESPECIAL 277

10. REQUISITOS DA PETIÇÃO DO RECURSO EXTRAORDINÁRIO
    E ESPECIAL 323

11. DISSÍDIO JURISPRUDENCIAL – NÃO CONHECIMENTO –
    MOTIVAÇÃO 391

12. DESCONSIDERAÇÃO DE VÍCIOS FORMAIS –
    POSSIBILIDADE DE REGULARIZAÇÃO DA INTERPOSIÇÃO
    DO RECURSO ESPECIAL OU EXTRAORDINÁRIO 393

13. SUSPENSÃO NACIONAL DOS PROCESSOS QUE TENHAM
    POR OBJETO QUESTÃO SUJEITA AO INCIDENTE
    DE RESOLUÇÃO DE DEMANDAS REPETITIVAS.............. 405

14. ÓRGÃO LEGITIMADO PARA CONCESSÃO DE EFEITO
    SUSPENSIVO A RECURSO ESPECIAL E EXTRAORDINÁRIO   407

15. PRAZO, TRAMITAÇÃO, ADMISSIBILIDADE E REMESSA
    DOS RECURSOS ESPECIAIS OU EXTRAORDINÁRIOS 417

16. TRAMITAÇÃO DO RECURSO EXTRAORDINÁRIO
    OU ESPECIAL NO TRIBUNAL RECORRIDO 431

17. NEGATIVA DE SEGUIMENTO, JUÍZO DE RETRATAÇÃO,
    ADMISSIBILIDADE E NÃO ADMISSIBILIDADE A RECURSO
    ESPECIAL E EXTRAORDINÁRIO............................. 435

18. RECURSO CABÍVEL CONTRA DECISÃO DO PRESIDENTE
    OU VICE-PRESIDENTE DO TRIBUNAL RECORRIDO
    NA HIPÓTESE DE NÃO SEGUIMENTO OU DE NÃO
    ADMISSIBILIDADE DO RECURSO EXTRAORDINÁRIO
    OU DO RECURSO ESPECIAL................................. 451

19. JUÍZO DE ADMISSIBILIDADE E RECURSO NO ÂMBITO
    DOS JUIZADOS ESPECIAIS.................................. 463

ÍNDICE

20. INTERPOSIÇÃO SIMULTÂNEA DE RECURSO ESPECIAL
E EXTRAORDINÁRIO – CONSEQÜÊNCIAS JURÍDICAS...... 493

21. OFENSA REFLEXA À CONSTITUIÇÃO FEDERAL 503

22. ADMISSIBILIDADE DO RECURSO EXTRAORDINÁRIO E
ESPECIAL – APLICAÇÃO DO DIREITO – *JURA NOVIT CURIA* 509

23. DA REPERCUSSÃO GERAL – NOTA INTRODUTÓRIA 515

24. DECISÃO MONOCRÁTICA DO RELATOR SOBRE A
ADMISSIBILIDADE OU NÃO DO RECURSO
EXTRAORDINÁRIO E RECURSO ESPECIAL.................. 553

25. RECURSO ADESIVO EM RECURSO ESPECIAL
E EXTRAORDINÁRIO... 559

26. RECURSO ESPECIAL E RECURSO EXTRAORDINÁRIO
EM MODO RETIDO 565

27. RECURSO ESPECIAL E RECURSO EXTRAORDINÁRIO
REPETITIVO.. 567

28. INTERPOSIÇÃO DO RECURSO ESPECIAL
E EXTRAORDINÁRIO ANTES DO JULGAMENTO
DOS EMBARGOS DE DECLARAÇÃO 569

29. DO DIREITO *INTERTEMPORAL.* – TRANSIÇÃO ENTRE
O C.P.C. DE 1973 E O NOVO C.P.C. EM RELAÇÃO
À LEGISLAÇÃO APLICÁVEL QUANDO DA INTERPOSIÇÃO
DO RECURSO ESPECIAL OU EXTRAORDINÁRIO 573

30. AGRAVO EM RECURSO ESPECIAL OU EXTRAORDINÁRIO . 587

31. REFERÊNCIAS 607